河南省文物考古研究院田野考古报告甲种第72号

三门峡刚玉砂厂墓葬

河南省文物考古研究院
三门峡市文物考古研究所　编著

科学出版社
北　京

内 容 简 介

本书是三门峡刚玉砂厂墓葬的考古发掘资料及相关研究。2020 年 10 月至 2021 年 3 月，河南省文物考古研究院联合三门峡市文物考古研究所、安阳师范学院历史与文博学院对该墓葬群进行了考古发掘，共发现战国秦汉、北魏、唐代、宋金和明清时期墓葬 281 座，出土各类器物 700 余件（套）。本书全面、系统地收录了刚玉砂厂墓葬的发掘成果，详细介绍了墓葬形制、出土器物组合和特征以及墓葬年代推断等方面的情况，为豫西地区战国至明清时期的葬制和葬俗提供了丰富的实物材料，具有重要的学术意义。

本书适合考古学、历史学研究者及大专院校相关专业的师生和爱好者阅读参考。

图书在版编目（CIP）数据

三门峡刚玉砂厂墓葬 / 河南省文物考古研究院，三门峡市文物考古研究所编著 . —北京：科学出版社，2023.9
（河南省文物考古研究院田野考古报告甲种第 72 号）
ISBN 978-7-03-076353-2

Ⅰ. ①三…　Ⅱ. ①河…②三…　Ⅲ. ①墓葬（考古）—发掘报告—三门峡　Ⅳ. ① K878.85

中国国家版本馆 CIP 数据核字（2023）第 180212 号

责任编辑：张亚娜　周艺欣 / 责任校对：宁辉彩
责任印制：肖　兴 / 封面设计：美光设计

科 学 出 版 社 出版
北京东黄城根北街16号
邮政编码：100717
http://www.sciencep.com

北京汇瑞嘉合文化发展有限公司 印刷
科学出版社发行　各地新华书店经销

*

2023年9月第　一　版　开本：889×1194　1/16
2023年9月第一次印刷　印张：31　插页：46
字数：890 000

定价：398.00 元
（如有印装质量问题，我社负责调换）

《三门峡刚玉砂厂墓葬》
编委会

主　编
胡赵建

副主编
张　凤

项目承担单位
河南省文物考古研究院
三门峡市文物考古研究所

目　　录

插 图 目 录

插 表 目 录

彩 版 目 录

图 版 目 录

绪　言

第一节　地理位置与环境

　　三门峡市位于河南省西部，处于豫、秦、晋三省交界地带。辖区东北接洛阳市新安县，东临洛阳市宜阳县和洛宁县，南邻南阳市西峡县，西和陕西省渭南市潼关县共界，北隔黄河与山西省运城市相望（图一）。随着山脉河流走向，该市地形北高南低，地势自北向南倾斜，属秦岭余脉崤山延伸地带，境内起伏不平，沟壑纵横；该市属于暖温带大陆性季风型半干旱气候，四季分明，气候宜人。优越的地理环境和气候，为人类的生存活动，尤其是人类早期的农业活动提供了保障。

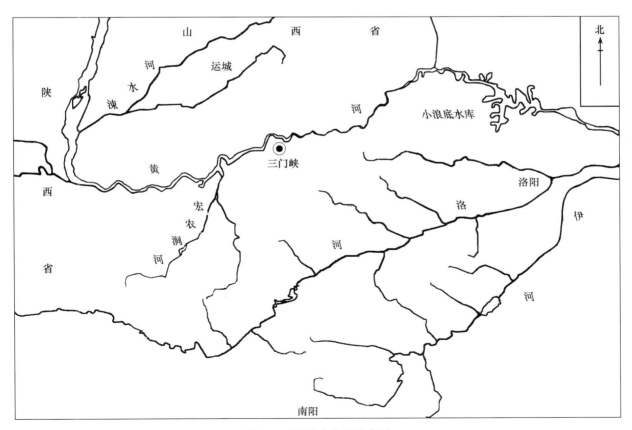

图一　三门峡市位置示意图

三门峡市历史悠久，是中华民族发祥地之一。早在远古时代，中华民族的祖先就在这里生息繁衍，创造了灿烂的原始文明。距今六千年前，就已出现了较大的氏族部落。夏、商时期乃豫州之域。西周初年周公、召公于此分陕而治天下，焦国、虢国先后立国建都此地。春秋时期晋假虞灭虢，该地被纳入晋国版图，三家分晋之后，魏占其地。秦国时置陕县，属三川郡。汉属弘农郡，三国为曹魏恒农郡。晋属司州弘农郡，北魏置陕州。隋属弘农郡，唐设大都督府。五代十国之后，宋、金又置陕州，元、明时期陕州隶属河南府，清代升陕州为直隶州，州属河陕汝道。三门峡险要的地理位置，使其在历史上有着复杂的建置沿革。1949年以后，这里置陕州专员公署，后并入洛阳专员公署。伴随着三门峡水库的修建，1957年设立三门峡市，归河南省管辖。如今三门峡市辖渑池县、卢氏县二县，灵宝市、义马市二市，以及湖滨区、陕州区二区，属地级市。

三门峡市刚玉砂厂位于三门峡市湖滨区，早在1985年冬，三门峡市文物工作队为配合基本建设在刚玉砂厂就已发掘了22座西汉初期的秦人墓[①]。刚玉砂厂墓地位于甘棠北路以东，八一路以南，上官路以西，黄河西路以北，西北距后川墓地约500米，北距黄河约1000米，东南距三门峡印染厂墓地约650米（图二）。

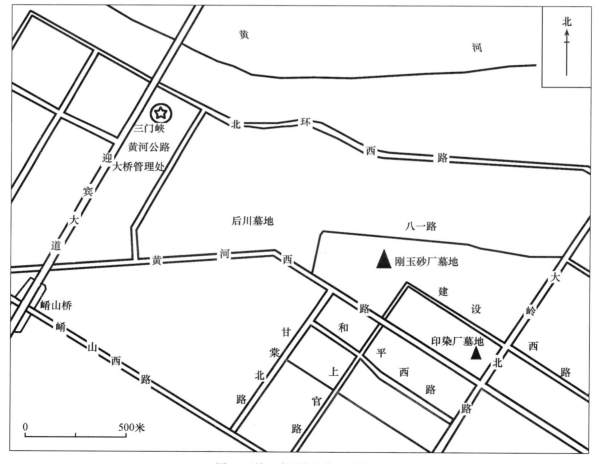

图二　刚玉砂厂墓地位置示意图

---

① 三门峡市文物工作队：《三门峡市司法局、刚玉砂厂秦人墓发掘简报》，《华夏考古》1993年第4期。

第二节　工作经历

三门峡市刚玉砂厂周边棚户区改造项目（黄河花园）文物保护工作，由河南省文物考古研究院和三门峡市文物考古研究所共同商定发掘工作的具体事宜。在前期工作基础上，河南省文物局委托具有考古发掘资质的河南省文物考古研究院担任项目团体领队，三门峡市文物考古研究所为合作发掘单位承担该项目的考古发掘及出土文物整理保护工作。

2020年7月，依据有关法律及相关规定，三门峡市文物考古勘探公司对三门峡城市发展集团有限公司拟建的三门峡市刚玉砂厂周边棚户区改造项目（黄河花园）工程范围内进行了文物勘探工作，勘探面积66042平方米，共勘探出墓葬219座（彩版一）。2020年12月，对部分渣坑进行了补探，补探面积3000平方米，发现墓葬48座。两次勘探共发现墓葬267座。

2020年10月，以三门峡市文物考古研究所为主展开考古发掘工作。至2021年3月中旬，田野发掘工作结束，历时5个多月。共发掘墓葬281座，时代跨战国、秦代、西汉、北魏、唐代、宋金、明清等时期（彩版二）。

本次发掘领队为许海星；参加发掘的成员有：河南省文物考古研究院胡赵建、张凤、李幸辉，三门峡市文物考古研究所郑立超、杨海清、李永涛、杨赞赞、陈明珠、石可翔等；安阳师范学院考古系教师魏唯一、金海旺，2018级本科生徐鑫、代纪闯、吴印、张康宁、苏雨露、王艳航、王振爽、徐思洋、袁海腾、刘琦、秦岳、王名飞、赵梦婉、赵学敏、颜湛蓝；2017级本科生刘彦等。此外，郑州大学历史学院考古系研究生周要港和黑龙江大学本科生张嘉訸等也参与了考古发掘工作。

器物的修复和整理工作于2021年3月初开始，于2021年5月底结束。南阳市文物考古研究所技工杜祖生、杜祖双承担了器物修复工作；安阳师范学院考古系教师金海旺，2018级本科生徐鑫、代纪闯、吴印、张康宁、苏雨露、王艳航、王振爽、徐思洋、袁海腾、刘琦、秦岳、王名飞、赵梦婉、赵学敏、颜湛蓝等也参与了器物修复工作；郑州市文物局王羿、梁立俊和虢国博物馆赵昂承担了器物摄影工作；器物绘图由孙广贺负责；器物卡片制作由金海旺负责；铜钱、铜镜拓片由张雪娇、李冰洁、赵薇制作；线图扫描和处理由孙宁、张雪娇、李冰洁、赵薇等完成。

2021年6月至2022年6月编写考古简报和报告，相继整理出《三门峡市刚玉砂厂金代墓葬M212发掘简报》、《河南三门峡刚玉砂厂唐墓发掘简报》（M003）、《三门峡刚玉砂厂三座唐墓发掘简报》（M187、M190、M191）、《河南三门峡市刚玉砂厂四座秦人墓发掘简报》（M70、M94、M110、M114）和《河南三门峡刚玉砂厂战国秦汉墓发掘简报》等简报。报告编写工作自2021年6月开始，主编胡赵建、张凤，参编人员有郑立超、金海旺，孙宁、王可鑫、邵兰、游鑫、张康宁等也参与了资料整理工作。前期发掘简报中的材料及认识若与报告不符，则以报告为准。

整个发掘工作期间，得到了各级领导的鼎力支持。为了确保基本建设和考古发掘协调进行，加快建设工程速度，有效保护珍贵文物资源，河南省文物考古研究院、三门峡市文化广电和旅游局、三门峡文物考古研究所领导多次亲临发掘现场，给予诸多关怀和鼓励。

第三节　主要收获概况

　　三门峡市刚玉砂厂周边棚户区改造项目（黄河花园）在文物勘探之前，建设单位对地表建筑及其他附属物已经进行了清理，对拟建区的部分区域下挖约0.5～1.0米。根据现场情况，结合勘探及发掘情况看，墓葬基本开口于表土层下，开口深度不一。同期墓葬基本无打破现象，不过存在晚期唐墓叠压或打破早期战国秦汉墓的情况（彩版一、二）。

　　此次发掘共发现墓葬281座，其中41座墓葬被破坏严重，无随葬品和人骨，其余墓葬共出土各类器物700多件（套）。根据墓葬形制、出土物及叠压打破关系等因素，我们将本次发掘的墓葬分为五个时期。

　　一：战国秦汉时期，161座。

　　二：北魏时期，1座。

　　三：唐代墓葬，49座。

　　四：宋金时期墓葬，11座。

　　五：明清时期，18座。

第一章 战国秦汉墓葬

第一节 墓葬综述

刚玉砂厂本次发掘共发现战国秦汉墓葬161座。

出土随葬品的墓葬有115座，分别为M3、M16、M17、M20、M24、M25、M27、M29、M31、M34、M36、M39、M40、M42、M43、M44、M45、M48、M49、M50、M51、M52、M53、M55、M58、M59、M61、M63、M64、M70、M71、M73、M74、M75、M76、M78、M80、M81、M82、M83、M85、M87、M90、M91、M94、M95、M99、M102、M103、M104、M105、M107、M108、M110、M114、M115、M116、M117、M119、M120、M121、M122、M123、M125、M126、M127、M128、M133、M134、M135、M137、M139、M146、M151、M153、M154、M155、M159、M160、M162、M163、M166、M167、M172、M173、M174、M175、M176、M178、M179、M182、M185、M186、M188、M189、M192、M194、M200、M211、M213、M217、M227、M239、M244、M245、M256、M258、M259、M261、M262、M264、M267、M0017、M0021、M0022。

另有46座未出随葬品的墓葬，根据其方向和墓葬形制以及分布情况亦可判断为战国秦汉墓。分别为M15、M47、M57、M68、M72、M77、M88、M89、M92、M96、M98、M101、M109、M111、M124、M129、M130、M136、M140、M142、M143、M144、M145、M149、M150、M158、M161、M181、M197、M198、M201、M202、M203、M204、M205、M207、M208、M210、M215、M218、M219、M220、M233、M243、M002、M006（图三）。

第二节 墓葬分述

一、出土随葬品墓葬

1. M3

（1）墓葬概况

位置和层位关系　位于发掘区东南部。该墓开口于扰土层下，向下打破生土，墓口距现地表深1.30米。方向190°。

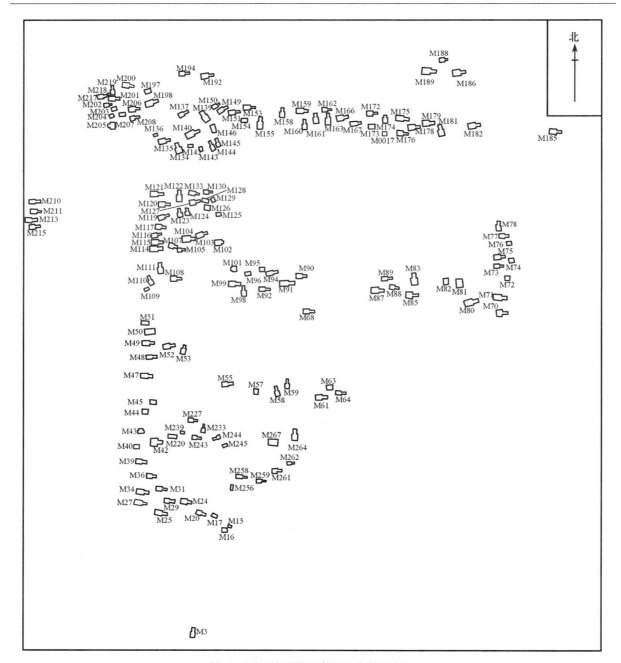

图三　刚玉砂厂战国秦汉墓分布示意图

　　形制与结构　竖穴墓道土洞墓，由墓道、墓室组成。墓道位于墓室南侧，口底同大，墓道口平面呈长方形，墓壁较直，加工一般。墓道长3.25、宽2.50、深2.80米。墓道南壁发现3个脚窝，西壁发现1个脚窝。墓室为土洞室，弧形顶，平面呈长方形，墓室壁较直，加工一般。墓室长2.36、宽1.24、高0.70～1.55米，墓门高1.55米。

　　填土　墓道填土为黄褐色花土，较软较疏松。墓室内为黄褐色淤土，较软较疏松。

　　葬具　不详。

　　人骨　一具。仰身直肢葬，头向南，面向上，保存状况较完好，性别、年龄不详（图四）。

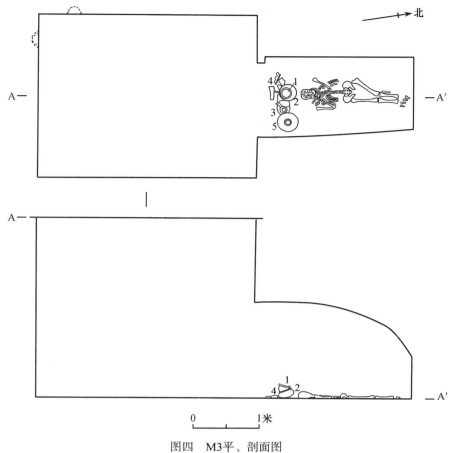

图四　M3平、剖面图

1.陶甗　2.陶鼎　3.陶蒜头壶　4.陶釜　5.陶缶

（2）出土器物

共出土5件随葬品。位于墓室南侧，为陶甗、陶鼎、陶蒜头壶、陶釜、陶缶。

陶甗　1件。M3：1、2，泥质灰陶，甑、鼎分体。M3：1，陶甑，敞口，卷沿，方唇，唇面微凹，折腹，上腹近直内凹，下腹斜收，平底，喇叭形圈足。腹部饰有三周凹弦纹，底部有十个圆孔，内底有戳印的文字，字体无法辨识。M3：2，陶鼎，子母口，圆唇，深弧腹，平底，近中腹部接三兽蹄形足。腹部饰有一周凹弦纹和两周弦断细绳纹，底部有"日"字形凸棱。甑口径24.0、圈足径16.0、高13.8厘米，鼎口径11.6、高11.6厘米，通高25.4厘米（图五，1；图版一，1）。

陶蒜头壶　1件。M3：3，泥质灰陶。小口，尖圆唇，头部呈扁圆状，细长颈，广肩，扁鼓腹，平底，圈足。肩部饰有四周凹弦纹。口径3.0、圈足径13.4、高21.4厘米（图五，2；图版一，3）。

陶釜　1件。M3：4，夹砂灰陶。侈口，卷沿，方唇，束颈，溜肩，鼓腹，圜底。肩腹交接处明显，有一周凸弦纹，上腹部饰旋断细绳纹，下腹及底部饰交错粗绳纹。器身有烟熏痕迹。口径18.0、肩径23.8、高16.6厘米（图六，1；图版一，4）。

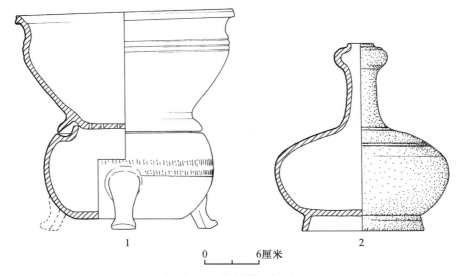

图五　M3出土器物（一）

1.陶甗（M3∶1、2）　2.陶蒜头壶（M3∶3）

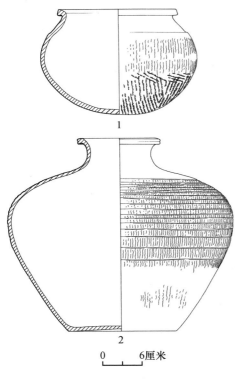

图六　M3出土器物（二）

1.陶釜（M3∶4）　2.陶缶（M3∶5）

葬具　木棺。已腐朽，残留棺痕。

人骨　一具。仰身屈肢葬，头向西，面向上，保存状况一般，性别、年龄不详（图七；彩版三，1）。

陶缶　1件。M3∶5，泥质灰陶。侈口，卷沿，方唇，唇面内凹，束颈，广肩，弧腹，底略凹圜。肩部刻有"陕"字，肩腹部饰有十八周弦断细绳纹。口径11.0、肩径34.3、底径16.4、高30.2厘米（图六，2；图版一，2）。

2. M16

（1）墓葬概况

位置和层位关系　位于发掘区东南部。该墓开口于地表土层下，向下打破生土，墓口距现地表深0.20米。方向279°。

形制与结构　长方形竖穴土坑墓，墓口平面近方形，底近平，墓壁较直，加工一般。墓口长3.12、宽2.54米，墓底距墓口深1.61米。墓室四周有两层生土二层台，第一层二层台南、北、东、西分别宽0.64、0.64、0.34、0.70米，台高0.23米；第二层二层台南、北、东、西分别宽0.33、0.21、0.34、0.35米，台高0.26米。

填土　褐色花土，土质较软较疏松。

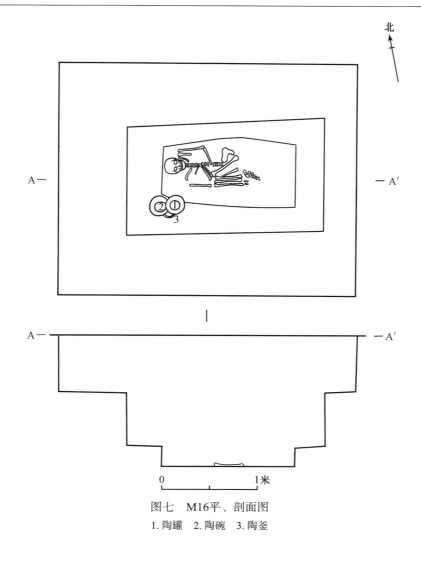

图七 M16平、剖面图
1. 陶罐 2. 陶碗 3. 陶釜

（2）出土器物

共出土3件随葬品。位于墓室西南角二层台上，为陶罐、陶碗、陶釜各1件。

陶罐 1件。M16：1，泥质灰陶。侈口，折沿，沿面中部有一周凸棱，方唇微内凹，束颈，弧肩，鼓腹，最大腹径偏上部，腹下部斜收，平底，底部有一圆孔。颈腹交接处饰有细绳纹，上腹部饰六周旋断竖向细绳纹，下腹部绳纹经刮削后部分不显。口径12.0、肩径22.0、底径12.0、高26.0厘米（图八，1；图版二，1）。

陶碗 1件。M16：2，泥质灰陶。敞口，卷沿，方唇，折腹，上腹近直，下腹缓斜收，底近平，矮圈足，器身留有轮制痕迹。口径15.0、底径5.5、通高6.5厘米（图八，3；图版二，2）。

陶釜 1件。M16：3，夹砂灰陶。侈口，卷沿，沿面上扬，斜方唇，束颈，溜肩，弧腹，圜底。上腹饰竖向的细绳纹，下腹及底部饰横向交错的粗绳纹，下腹局部有烟熏痕。口径16.4、肩径18.5、高12.4厘米（图八，2；图版二，3）。

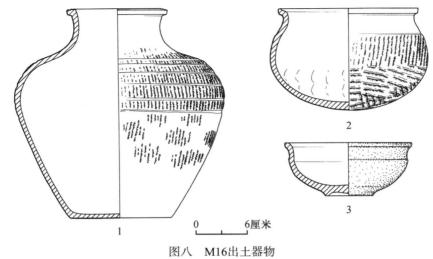

图八　M16出土器物

1. 陶罐（M16∶1）　2. 陶釜（M16∶3）　3. 陶碗（M16∶2）

3. M17

（1）墓葬概况

位置和层位关系　位于发掘区南部。该墓开口于扰土层下，向下打破生土，墓口距现地表深1.00米。方向275°。

形制与结构　竖穴墓道土洞墓，由墓道和墓室组成。墓道位于墓室西侧，口大底小，墓道口平面呈长方形，墓壁斜直，加工较好。墓口长3.40、宽2.60米，墓道底长3.10、宽2.38米，墓底距墓口深2.80米。在墓道底部北、南、西三面设有生土二层台，二层台距墓口深1.91米，台宽：北壁0.50、南壁0.80、西壁1.00米，台高0.90米。墓室为土洞室，平面呈长方形，平顶，墓室壁近直，加工一般。墓室长1.60、宽1.00～1.32、高0.90米，墓门高0.90米。

填土　墓道填土为黄褐色花土，土质较硬。墓室内为浅褐色淤土，较软较疏松。

葬具　不详。

人骨　一具。仰身屈肢葬，头向西，面向南，保存状况较差，性别、年龄不详（图九）。

（2）出土器物

共出土1件陶釜，位于墓室北部。

陶釜　1件。M17∶1，夹砂灰陶。侈口，卷沿，沿面下翻，方唇，束颈，鼓肩，弧腹，圜底。肩部饰一周抹断绳纹，上腹部饰竖向细绳纹，下腹及底部饰横向粗绳纹。口径18.6、肩径25.0、高16.2厘米（图一〇；图版三，1）。

4. M20

（1）墓葬概况

位置和层位关系　位于发掘区东部，西邻M24。该墓开口于地表扰土层下，向下打破生

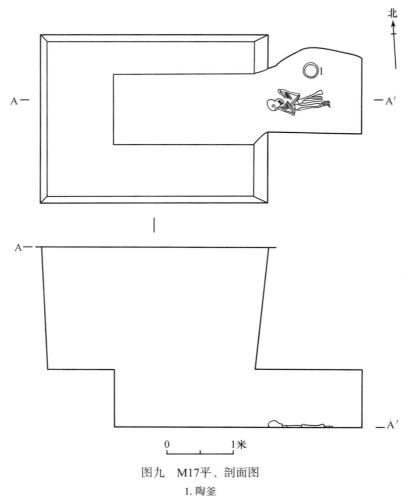

图九　M17平、剖面图
1. 陶釜

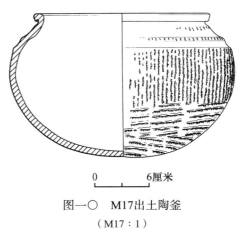

图一〇　M17出土陶釜
（M17：1）

土，墓道口距地表0.30米。方向296°。

形制与结构　竖穴墓道土洞墓，由墓道和墓室和壁龛三部分组成。墓道位于墓室西侧，口底同大，墓道口平面近长方形，墓壁较直，加工一般，平底，比墓道底部高0.30米。墓道长3.00、宽2.50、深3.30米，墓道西壁和南壁各有3个脚窝。墓室为土洞室，平面近长方形，弧形顶，墓室壁较直，加工一般，平底，比墓道底部高0.30米。墓室长2.20、宽1.48、高0.67～1.33米，墓门高1.33米。墓室北壁有一壁龛，已塌陷，平面近长方形，平顶，长0.57、高0.31、进深0.18米。

填土　墓道填土为黄褐色花土，较软较疏松，在3.00米深处出现夯土，土质硬，呈浅黄色。墓室内为黄褐色淤土，较软较疏松。

葬具　不详。

人骨　一具。仰身屈肢葬，头朝西，面向上，保存状况良好，推测为男性，年龄不详（图一一）。

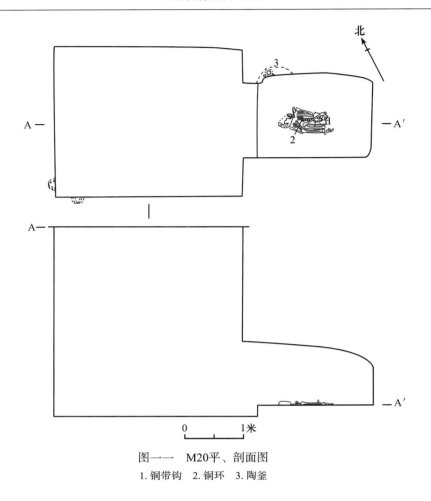

图一一　M20平、剖面图
1. 铜带钩　2. 铜环　3. 陶釜

（2）出土器物

共出土3件随葬品。其中铜带钩位于腿骨附近，铜环位于胸骨下部，陶釜位于墓室北侧壁龛内。

铜带钩　1件。M20：1，曲棒形，钩首残断，圆形钮位于钩身中部，钩尾横截面呈椭圆形。残长14.1、宽1.1厘米，钮径1.3、高0.8厘米（图一二，3；图版一，6）。

铜环　1件。M20：2，圆环状，横截面呈圆形。直径3.6厘米（图一二，1；图版一，6）。

陶釜　1件。M20：3，夹砂灰陶。侈口，折沿，方唇，束颈，鼓肩，弧腹，圜底。肩腹交接明显，上腹饰竖向细绳纹，下腹及底部饰交错细绳纹。口径14.0、肩径17.8、高12.6厘米（图一二，2；图版一，5）。

5. M24

（1）墓葬概况

位置和层位关系　位于发掘区南部。该墓开口于表土层下，向下打破生土，墓口距现地表深0.50米。方向286°。

形制与结构　竖穴墓道土洞墓，由墓道、墓室和壁龛三部分组成。墓道位于墓室西

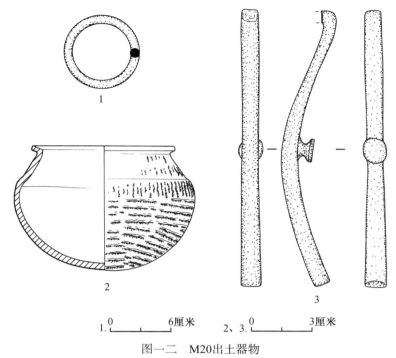

1.
0　　　　　6厘米

2、3.
0　　　3厘米

图一二　M20出土器物
1. 铜环（M20：2）　2. 陶釜（M20：3）　3. 铜带钩（M20：1）

侧，墓道口平面呈长方形，墓壁较直，加工较好。墓道长3.90、宽2.80、深3.50米。墓道西壁发现2个脚窝，第1个距开口0.30米，距南壁0.80米，宽0.20、高0.20、进深0.15米；第2个距开口1.10米，距南壁0.84米，宽0.18、高0.15、进深0.10米。在墓道底部北、南、西三面设有生土二层台，二层台距墓口深2.60米，台宽：北壁及南壁0.78、西壁1.30米，台高0.90米。墓室为土洞室，平面呈长方形，平顶，墓室壁近直，加工一般。墓室长2.10、宽1.24、高1.60米，墓门高1.60米。墓室北壁有一壁龛，已塌陷，龛口立面呈半圆形，拱顶，长1.12、高0.87、进深0.30米。

填土　墓道填土为黄褐色花土，土质较硬。墓室内为浅褐色淤土，较软较疏松。

葬具　发现有草木灰，长1.10、宽0.54米，厚度不详。

人骨　一具。仰身屈肢葬，头向西，面向上，保存状况较差，性别为男性，年龄不详（图一三）。

（2）出土器物

共出土3件随葬品。其中陶盆位于墓室北部，陶釜灶位于壁龛内，铜镞位于右盆骨处。

铜镞　1件。M24：1，三棱柱形，尖首。残长2.3、铤部残宽0.9厘米（图一四，3；图版二，6）。

陶釜灶　1件。M24：2，夹砂灰陶，釜、灶连体。釜侈口，卷沿，沿面外翻，方唇，束颈，鼓肩，弧腹，圜底。肩腹处与灶连接，灶下部已残。腹部饰竖向细绳纹，底部饰交错细绳纹，有烟熏痕迹。口径15.2、肩径18.9、通高12.6厘米（图一四，1；图版二，4）。

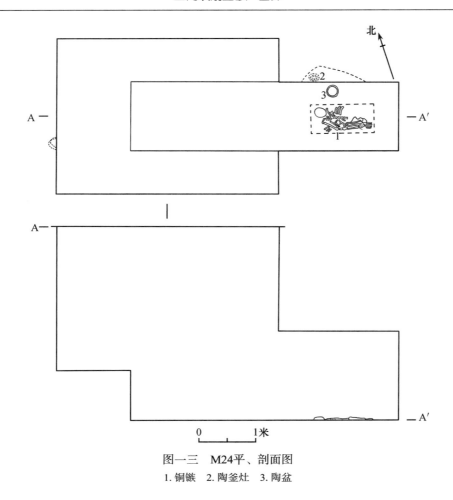

图一三　M24平、剖面图
1. 铜镞　2. 陶釜灶　3. 陶盆

陶盆　1件。M24∶3，微敛口，折沿，方唇，唇下有一周凹槽，弧腹，近平底，矮圈足。腹部饰三周凸弦纹，器表有明显的轮制痕迹。口径19.2、圈足径10.8、高8.4厘米（图一四，2；图版二，5）。

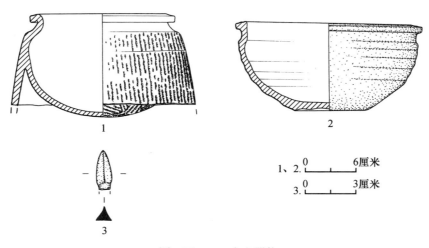

图一四　M24出土器物
1. 陶釜灶（M24∶2）　2. 陶盆（M24∶3）　3. 铜镞（M24∶1）

6. M25

（1）墓葬概况

位置和层位关系 位于发掘区南部，北邻M28。该墓开口于地表土层下，向下打破生土，墓口距现地表深0.13米。方向291°。

形制与结构 竖穴墓道土洞墓，由墓道、墓室组成。墓道位于墓室西侧，墓道口平面呈长方形，墓壁斜直。墓道口长4.03、宽2.73～2.80米，墓底长3.67、宽2.38～2.48米，墓底距墓口深3.48米。墓道西壁发现一个脚窝，距开口1.15米，距南壁0.40米，宽0.23、高0.18、进深0.10米。在墓道底部北、南、西三面设有生土二层台，二层台距墓口深2.24米，台宽：北壁及南壁3.64、西壁1.18、台高1.16～1.24米。墓室为土洞室，平面近长方形，弧形顶，墓室壁近直，加工一般。墓室长2.54、宽1.13～1.37、高0.95～1.42米，墓门高1.42米。

填土 墓道填土为黄褐色花土，较疏松。墓室内为黄褐色淤土，较软较疏松。

葬具 木棺。已腐朽，仅存棺痕，长1.84、宽0.80～0.86米。

人骨 一具。仰身屈肢葬，头向西，面向北，保存状况较好，性别、年龄不详（图一五）。

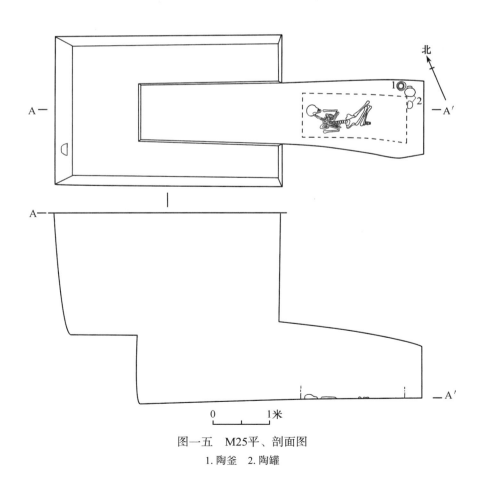

图一五 M25平、剖面图
1. 陶釜 2. 陶罐

（2）出土器物

共出土2件随葬品。位于墓室东北角，为陶釜、陶罐，内有兽骨。

陶釜　1件。M25：1，夹砂灰陶。侈口，折沿，沿面微凹，方唇，束颈，鼓肩，弧腹，圜底。肩腹交接明显，腹及底部饰交错的细绳纹，器身有明显的烟熏痕迹。口径14.8、肩径17.0、高11.4厘米（图一六，2；图版四，2）。

陶罐　1件。M25：2，泥质灰陶。侈口，卷沿，圆唇，束颈，溜肩，鼓腹，平底。肩部饰一周凹弦纹。口径8.6、肩径17.8、底径10.3、高18.8厘米（图一六，1；图版四，1）。

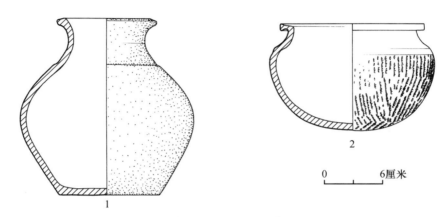

图一六　M25出土器物
1. 陶罐（M25：2）　　2. 陶釜（M25：1）

7. M27

（1）墓葬概况

位置和层位关系　位于发掘区东南部，东邻M28，西邻M33，北邻M34。该墓开口于地表土层下，向下打破生土，墓道开口距现地表深0.50米。方向288°。

形制与结构　竖穴墓道土洞墓，由墓道、墓室组成。墓道位于墓室西侧，墓道口平面呈长方形，墓壁较直，加工一般。墓道长3.83、宽2.42～2.55、深2.92米。在墓道南壁发现1个脚窝，墓道西壁发现2个脚窝。墓道底部北、南、西三面设有生土二层台，二层台距墓口深1.99米，台宽：北壁0.67～0.81、南壁0.55～0.69、西壁0.81米，台高1.99米。墓室为土洞室，平面呈长方形，弧形顶，墓室壁较直，加工一般。墓室长2.23、宽0.95～1.03、高1.02～1.25米，墓门高1.25米。

填土　墓道填土为黄褐色花土，较软较疏松。墓室内为黄褐色淤土，较软较疏松。

葬具　不详。

人骨　一具。仰身屈肢葬，头向西，面向南，保存状况良好，性别、年龄不详（图一七）。

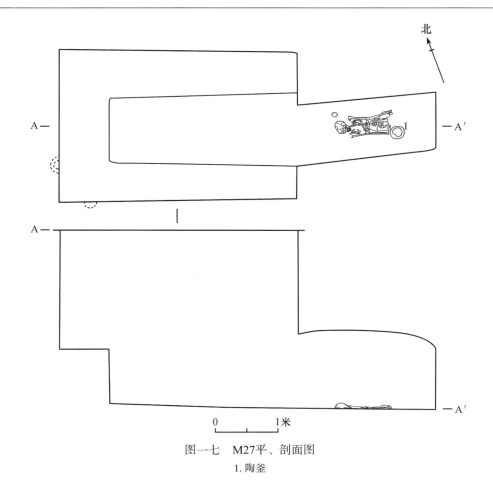

图一七　M27平、剖面图

1. 陶釜

（2）出土器物

共出土1件陶釜，位于墓室内人骨东南。

陶釜　1件。M27：1，夹砂灰陶。侈口，卷沿，沿面略下垂，方唇，束颈，溜肩，鼓腹，圜底近平。肩腹交界明显，上腹饰竖向细绳纹，下腹及底部饰交错粗绳纹，腹及底部有烟熏痕迹。口径16.8、肩径21.4、高13.4厘米（图一八；图版三，2）。

8. M29

（1）墓葬概况

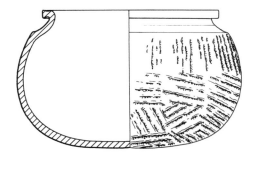

图一八　M27出土陶釜

（M27：1）

位置和层位关系　位于发掘区东南部，东邻M24，西邻M28，北邻M30、M31，南邻M25。该墓开口于地表土层下，向下打破生土，墓道开口距现地表深0.43米。方向275°。

形制与结构　竖穴墓道土洞墓，由墓道、墓室组成。墓道位于墓室西侧，口大底小，墓道口平面呈长方形，斜直壁，加工一般。墓道口长3.10、宽2.40米，墓道底长2.90、宽2.16米，墓底距墓口深2.20米。墓室为土洞室，平面呈长方形，平顶，墓室壁较直，加工一般，墓室平底，比墓道底部高0.30米。墓室长1.90、宽1.12、高1.08米，墓门高1.08米。

填土　墓道填土为黄褐色夹杂红褐色的花土，较硬较致密。墓室内为黄褐色淤土，较软较疏松。

葬具　不详。

人骨　一具。仰身屈肢葬，头向西，面向上，保存状况一般。性别、年龄不详（图一九）。

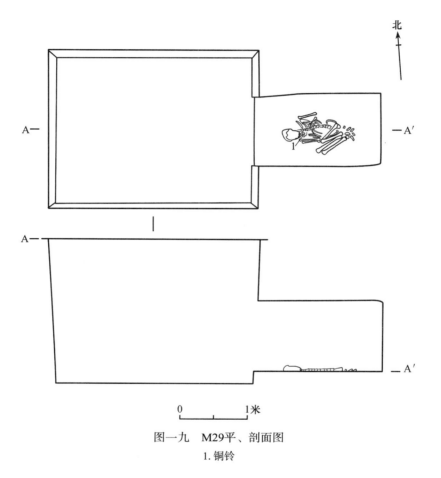

图一九　M29平、剖面图
1. 铜铃

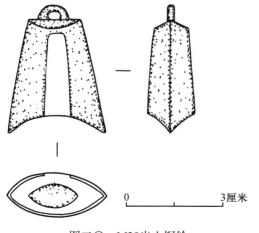

图二〇　M29出土铜铃
（M29∶1）

（2）出土器物

共出土1件铜铃，位于墓室中部人骨胸骨处。

铜铃　1件。M29∶1，残，整体呈上窄下宽的扁筒形，顶有半圆钮，下部弧形口，两端外张而稍尖，铃舌不存。通高4.1、口宽3.0厘米（图二〇）。

9. M31

（1）墓葬概况

位置和层位关系　位于发掘区南部，东邻M30。该墓开口于地表土层下，向下打破生土，墓口距现地表深0.40米。方向267°。

形制与结构 竖穴墓道土洞墓，由墓道、墓室组成。墓道位于墓室西侧，口大底小，墓道口平面呈长方形，墓壁较直，加工一般。墓道口长3.28、宽2.33～2.37米，墓道底长3.12、宽2.34～2.46米，墓底距墓口深2.61米。墓室为土洞室，平面近长方形，弧形顶，墓室壁较直，加工一般，墓室平底，比墓道底部高0.30米。墓室长1.88、宽0.94～1.14、高0.53～0.99米，墓门高0.99米。

填土 墓道填土为黄褐色花土，土质较硬。墓室内为黄褐色淤土，土质较硬。

葬具 木棺。已朽，残留棺痕，人骨下有草木灰。

人骨 一具。仰身屈肢葬，头向西，面向北，保存状况一般，性别、年龄不详（图二一）。

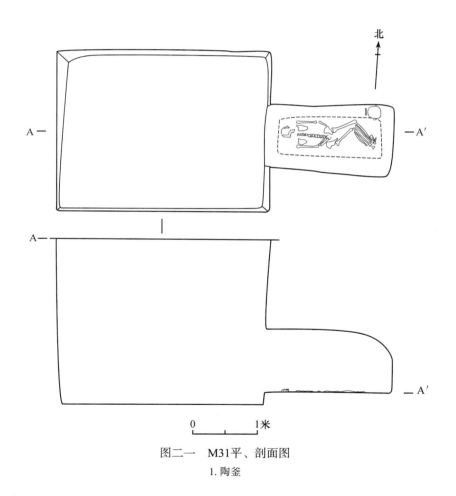

图二一 M31平、剖面图
1. 陶釜

（2）出土器物

共出土1件陶釜，位于墓室东北部，内有兽骨。

陶釜 1件。M31：1，夹砂褐陶。敞口，尖圆唇，矮领，鼓肩，深弧腹，圜底。肩腹交接

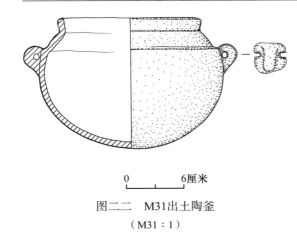

0 ——— 6厘米

图二二　M31出土陶釜

（M31：1）

处明显，有一周凸棱。肩腹部饰有对称双系。器身有烟熏痕迹。口径14.0、肩径19.2、高14.0厘米（图二二；图版三，3）。

10. M34

（1）墓葬概况

位置和层位关系　位于发掘区西南部，东邻M28，北邻M35。该墓开口于地表土层下，被M33打破，向下打破生土，墓口距现地表深0.50米。方向290°。

形制与结构　竖穴墓道洞室墓，由墓道、墓室组成。墓道位于墓室西侧，墓道口平面呈近长方形，墓壁较直，加工一般。墓道长4.22、宽2.92、深3.86米。墓底北、南、西三面设有生土二层台，二层台距墓口深2.46米，台宽：北壁0.86、南壁0.85、西壁1.42米，台高1.42米。墓室为土洞室，平面近长方形，平顶，墓室壁较直，加工一般，墓室平底，比墓道底部高0.10米。墓室长2.12、宽1.50、高1.70米，墓门高1.70米。

填土　墓道填土为黄褐色花土，较软较疏松。墓室内为黄褐色淤土，较软较疏松。

葬具　不详。

人骨　一具。仰身屈肢葬，头向西，面向南，保存状况一般，性别为女性，年龄不详（图二三）。

（2）出土器物

共出土2件随葬品。位于墓室西北角，为陶罐、陶盆。

陶罐　1件。M34：1，泥质灰陶。侈口，圆唇，束颈，深筒腹，圜底。颈肩部有一周凸棱，上腹饰细绳纹，下腹及底部饰五周抹断细绳纹。口径10.5、肩径14.5、通高21.6厘米（图二四，1；图版四，4）。

陶盆　1件。M34：2，泥质灰陶。敞口，圆唇较厚，微折腹，上腹近直，下腹斜收，平底。素面。口径20.8、底径10.2、高8.0厘米（图二四，2；图版四，3）。

11. M36

（1）墓葬概况

位置和层位关系　位于发掘区南部，南邻M34，西邻M35、M37。该墓开口于地表土层下，被M38和现代管道沟打破，向下打破生土，墓口距现地表深1.00米。方向271°。

形制与结构　竖穴墓道土洞墓，由墓道、墓室组成。墓道位于墓室西侧，口大底小，墓道口平面呈长方形，墓壁斜直，加工较好。墓道口残长2.89、宽2.94米，墓道底残长2.78、宽2.70米，墓底距墓口深3.83米。墓底北、南、西三面设有生土二层台，二层台距墓口深2.62米，台宽：北壁及南壁0.74、西壁1.31米，台高1.21米。墓室为土洞室，平面近长方形，平顶，墓室

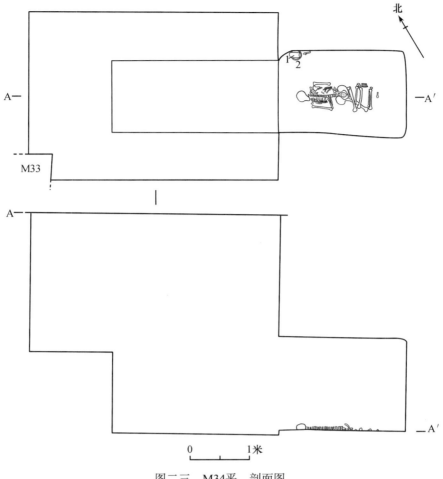

图二三　M34平、剖面图
1. 陶罐　2. 陶盆

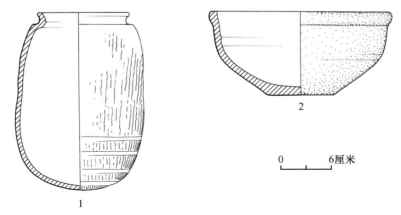

图二四　M34出土器物
1. 陶罐（M34：1）　2. 陶盆（M34：2）

壁近直，加工一般。墓室长3.12、宽1.44、高1.70米，墓门高1.70米。

填土　墓道填土为黄褐色花土，较疏松。墓室内为黄褐色淤土，较软较疏松。

葬具　不详。人骨下见草木灰，长约1.74米，宽约0.72米。

人骨　一具。侧身屈肢葬，头向西，面向南，保存状况一般，性别为男性，年龄不详（图二五）。

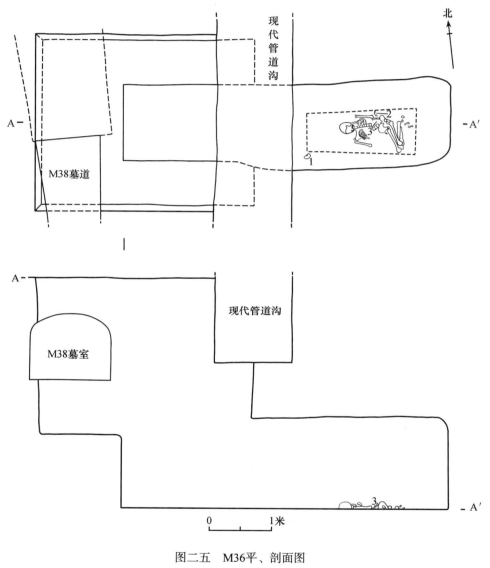

图二五　M36平、剖面图
1. 铜镜　2. 铜镞　3. 铜带钩

（2）出土器物

共出土3件随葬品。其中铜镜位于墓室西南部，铜镞位于人骨椎骨处，铜带钩位于人骨盆骨上部。

铜镜　1枚。M36：1，残。弦纹镜。镜钮为三弦钮，镜背有两周凸弦纹。直径6.7、缘厚

0.2、钮高0.5厘米（图二六，2）。

铜镞　1件。M36：2，三棱形，三刃向前相聚成锋，有銎，残断。残长6.00厘米（图二一，1）。

铜带钩　1件。M36：3，曲棒形，钩首呈蛇首，钩身细长，背面中部略偏下处有圆形钮，钩身横截面呈圆形。长15.2、宽1.7厘米，钮径1.7、高0.8厘米（图二六，3；彩版六，3）。

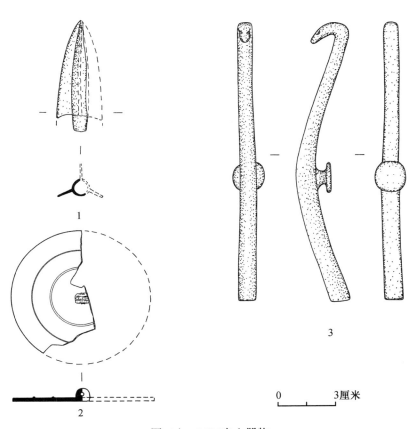

图二六　M36出土器物

1. 铜镞（M36：2）　2. 铜镜（M36：1）　3. 铜带钩（M36：3）

12. M39

（1）墓葬概况

位置和层位关系　位于发掘区西南，南邻M38，东北邻M41。该墓开口于扰土层下，向下打破生土，墓口距现地表深0.70米。方向270°。

形制与结构　竖穴墓道土洞墓，由墓道、墓室组成。墓道位于墓室西侧，墓道口平面呈近长方形，墓壁较直，加工一般。墓道长3.90、宽2.83、深2.80米。墓底北、西、南三面设有生土二层台，二层台距墓口深2.02米，台宽：北壁0.88、南壁0.86、西壁2.00米，台高0.80米。墓室为土洞室，平面近长方形，弧形顶，墓室壁较直，底近平。墓室长2.00、宽0.90～0.94、高0.81～0.90米，墓门高0.81米。

填土　墓道填土为黄褐色花土。墓室内为黄褐色淤土，土质较硬。

葬具　不详。

人骨　一具。仰身屈肢葬，头向西，面向上，性别、年龄不详（图二七）。

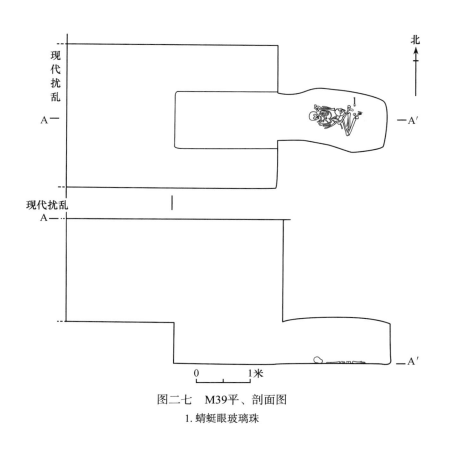

图二七　M39平、剖面图

1. 蜻蜓眼玻璃珠

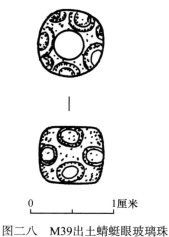

图二八　M39出土蜻蜓眼玻璃珠

（M39：1）

（2）出土器物

共出土1件蜻蜓眼玻璃珠，位于墓主足部以北。

蜻蜓眼玻璃珠　1件。M39：1，淡绿色，近圆形，有穿孔。表面饰三排共12个大小略同、形似蜻蜓眼的涡纹。直径1.2厘米（图二八；彩版六，1）。

13. M40

（1）墓葬概况

位置和层位关系　位于发掘区西南，南邻M39，北邻M43。该墓开口于地表土层下，向下打破生土，墓口距现地表深0.90米。方向266°。

形制与结构　长方形竖穴土坑墓，墓口平面近长方形，壁斜直，底较平。墓口长3.66、宽2.66米，墓室长2.00、宽0.96米，墓室距墓口深3.12米。墓室四周设有生土二层台，二层台距墓口深2.11米，台宽：北壁0.72～0.80、南壁0.66～0.70、西壁0.56～0.64、东壁0.68米，台高1.00米。西、南壁各有一个圆角三角形脚窝。西壁脚窝距开口0.96米，距南壁0.20米，底长0.16、高0.20、进深0.14米，南壁脚窝距开口0.98米，距西壁0.36米，底长0.17、高0.16、进深0.14米。

填土　黄褐色花土，土质较疏松。

葬具　不详。

人骨　一具。仰身屈肢葬，头向西，面向上，性别、年龄不详（图二九）。

（2）出土器物

共有1件铁带钩，位于墓室人骨左肱骨处。

铁带钩　1件。M40：1，曲棒形，蛇形钩首，背面中部有圆钮，锈蚀严重，钩身横截面呈方形。残长12.0、宽1.5厘米（图三〇）。

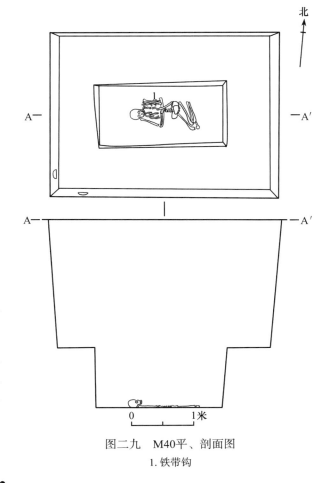

图二九　M40平、剖面图
1.铁带钩

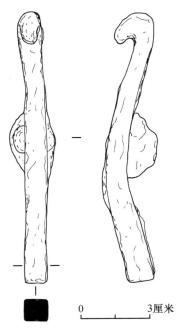

图三〇　M40出土铁带钩
（M40：1）

14. M42

（1）墓葬概况

位置和层位关系　位于发掘区西侧，南邻M41。该墓开口于扰土层下，向下打破生土，墓道口距现地表深1.85米。方向276°。

形制与结构　竖穴墓道土洞墓，由墓道、墓室和壁龛三部分组成。墓道位于墓室西侧，被现代管道打破，口略大，墓道口平面近方形，斜直壁，加工较一般。墓道口残长3.92、宽3.14～3.21米，墓道底长3.92、宽3.06米，墓底距墓口深2.00米。墓室为土洞室，平面呈长方形，弧形顶，底近平，加工较一般。墓室长2.20、宽1.40、高1.23～1.52米，墓门高1.52米。墓室东壁偏南有一壁龛，平面近方形，平顶，长1.00、高0.76、进深0.30米。

填土　墓道填土为黄褐色花土，较疏松。墓室内为黄褐色淤土，土质较硬。

　　葬具　不详。

　　人骨　不详（图三一）。

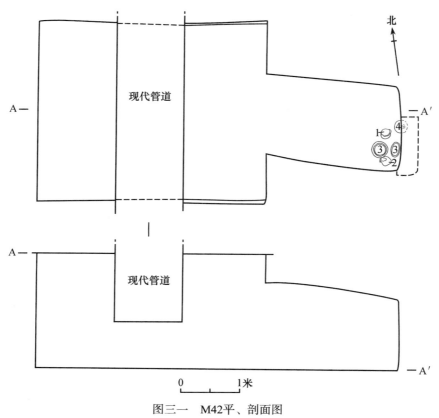

图三一　M42平、剖面图

1.陶釜　2.陶罐　3.陶盒　4.陶蒜头壶

（2）出土器物

　　共出土4件随葬品。位于墓室东南角近壁龛处，为陶釜、陶罐、陶盒、陶蒜头壶。

　　陶釜　1件。M42：1，夹砂灰陶。侈口，折沿，方唇，束颈，溜肩，鼓腹，圜底。肩腹交接明显，有一周凸弦纹。上腹部饰竖向细绳纹，下腹及底部饰斜向交错粗绳纹。口径15.2、肩径17.7、高12.0厘米（图三二，2；图版五，2）。

　　陶罐　1件。M42：2，泥质灰陶。侈口，卷沿，方唇，束颈，鼓肩，弧腹，平底。素面。口径9.2、肩径16.3、底径7.6、高16.8厘米（图三二，3；图版五，3）。

　　陶盒　1件。M42：3，泥质灰陶。盒身子母口，尖圆唇，深弧腹，上部近直，下腹斜收，平底，矮圈足。口部饰有波折纹，腹部有三周凸弦纹，内壁饰有数周凹弦纹。盒盖为矮圈足状捉手，弧腹，近直口，方唇。捉手内饰有凹弦纹和波折纹，腹部近圈足处有1/3的波折纹，其下为数周凹弦纹。内壁饰凹弦纹。盒身口径19.6、圈足径9.2、高10.3厘米，盖口径23.6、捉手径10.6、高7.0厘米，通高17.3厘米（图三二，1；图版五，4、5）。

陶蒜头壶 1件。M42:4，泥质灰陶。小直口，口部呈蒜瓣形，细长颈，溜肩，鼓腹，平底微凹，圈足。器身有轮制痕迹，圈足上有一周凹弦纹，圈足底微凹，底部刻划有"十"字。口径5.4、圈足径11.2、高31.6厘米（图三二，4；图版五，1）。

15. M43

（1）墓葬概况

位置和层位关系 位于发掘区南部，北邻M44。该墓开口于地表土层下，向下打破生土，墓口距现地表深0.80米。方向283°。

形制与结构 竖穴墓道偏洞室墓，由墓道、墓室组成。墓道位于墓室南侧，口大底小，墓道口平面呈长方形，墓壁较斜直，底部较平，加工一般。墓道口长2.94、宽1.63米，墓道底长2.71、宽1.35~1.38米，墓底距墓口深1.70米。墓室为土洞偏室，平面为近长方形，弧形顶，墓室壁较直，加工一般，底为平底，比墓道底部高0.30米。墓室长2.08、宽0.30~0.76、高1.16米。

填土 墓道填土为红褐色花土，较软较疏松。墓室内为红褐色淤土，较软较疏松。

葬具 不详。

人骨 一具。仰身屈肢葬，头向西，面向上，保存状况较好，性别、年龄不详（图三三）。

（2）出土器物

共出土2件随葬品。位于墓室西侧，为陶釜、陶钵。

陶釜 1件。M43:1，夹砂灰陶。口沿及腹部变形，侈口，折沿，沿面外翻微凹，方唇，束颈，溜肩，鼓腹，圜底。上腹饰抹断细绳纹，下腹及底部饰粗绳纹。口径17.6、肩径21.9、通高14.0厘米（图三四，1；图版三，5）。

陶钵 1件。M43:2，泥质灰陶。敞口，圆唇，弧腹，平底略内凹。素面。口径14.2、底径6.0、高6.4厘米（图三四，2；图版三，6）。

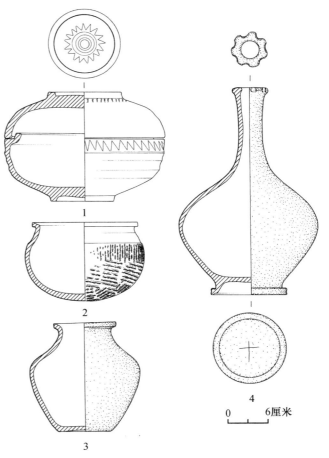

图三二 M42出土器物

1. 陶盒（M42:3） 2. 陶釜（M42:1）

3. 陶罐（M42:2） 4. 陶蒜头壶（M42:4）

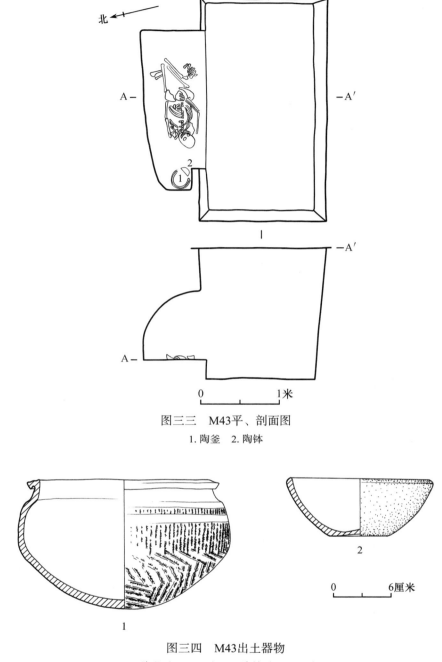

图三三　M43平、剖面图
1. 陶釜　2. 陶钵

图三四　M43出土器物
1. 陶釜（M43：1）　2. 陶钵（M43：2）

16. M44

（1）墓葬概况

位置和层位关系　位于发掘区西部，南邻M43。该墓开口于地表土层下，向下打破生土，墓口距现地表深0.60米。方向283°。

形制与结构　　长方形竖穴土坑墓，墓口平面呈长方形，墓壁较直，平底，加工一般。墓口长3.37、宽2.37米，墓室长1.90、宽0.90~1.00米，墓室距墓口深3.20米。墓室四周设有生土二层台，二层台距墓口深2.22米，台宽：北壁0.80~0.95、南壁0.52~0.62、西壁0.62、东壁0.87米，台高1.03米。

填土　　红褐色五花土，较疏松。

葬具　　木棺。已朽，在人骨下发现有草木灰，长1.33、宽0.56、厚0.05米。

人骨　　一具。仰身屈肢葬，头向西，面向不详，年龄、性别不详，保存状况较差（图三五）。

（2）出土器物

共出土2件随葬品。位于墓室西侧，为陶碗、陶釜。

陶碗　　1件。M44：1，泥质灰陶。近直口，折沿，方唇内凹，折腹，下腹斜收，底部近平，矮圈足。器身留有轮制痕迹。口径15.5、底径5.5、高6.5厘米（图三六，2；图版六，1）。

陶釜　　1件。M44：2，夹砂灰陶。侈口，平折沿，沿面微上扬，方唇，束颈，鼓腹，圜底。腹部及底部饰交错绳纹，器身上有明显的烟熏痕迹。口径16.4、肩径18.7、高13.2厘米（图三六，1；图版六，2）。

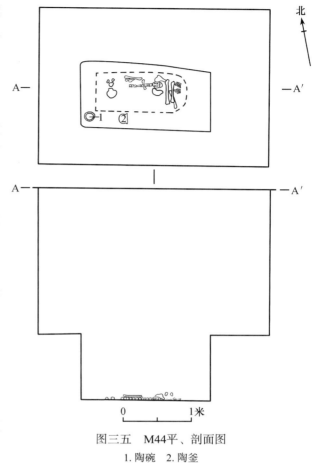

图三五　M44平、剖面图
1.陶碗　2.陶釜

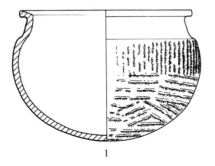
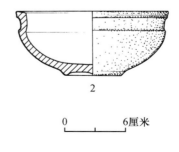

图三六　M44出土器物
1.陶釜（M44：2）　2.陶碗（M44：1）

17. M45

（1）墓葬概况

位置和层位关系　位于发掘区西侧，南邻M44。该墓开口于地表土层下，东部被现代管道沟打破，向下打破生土，墓口距现地表深1.39米。方向274°。

形制与结构　长方形竖穴土坑墓，平底，加工一般。墓口残长2.20、宽2.13米，墓底长1.73～1.77、宽0.76～0.80米，墓底距墓口深1.71米。墓底北、南、西三面设有生土二层台，二层台距离墓口深1.02米，台宽：北壁0.57～0.67、南壁0.57～0.75、西壁0.40～0.44、东壁0.40米。

填土　黄褐色花土，土质较疏松。

葬具　木棺。已腐朽，残留棺痕，长1.30、宽0.50米。

人骨　一具。仰身屈肢葬，头朝西，面向上，保存状况较好，年龄、性别不详（图三七）。

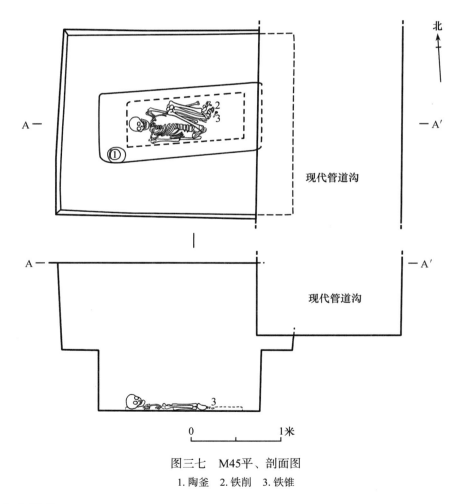

图三七　M45平、剖面图
1. 陶釜　2. 铁削　3. 铁锥

（2）出土器物

共出土3件随葬品。陶釜位于墓室西南角，铁削、铁锥分别位于下肢骨北侧和足部。

陶釜　1件。M45：1，夹砂灰陶。侈口，折沿，方唇，束颈，鼓肩，弧圆腹，圜底。上腹饰纵向细绳纹，下腹及底部饰交错绳纹，器身有烟熏痕迹。口径15.6、肩径17.3、高12.0厘米（图三八，1；图版三，4）。

铁削　1件。M45：2，残，锈蚀严重。环首，直背，直刃。长16.7、宽1.5、厚1.0厘米（图三八，3）。

铁锥　1件。M45：3，残，锈蚀严重。整体呈T字形，锥身横截面呈圆形。长8.0、宽3.1、厚0.6厘米（图三八，2）。

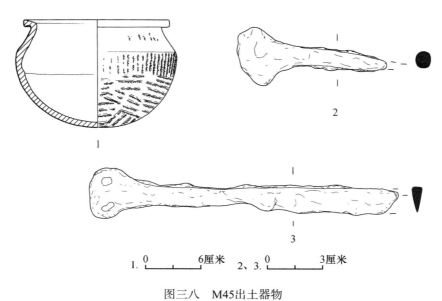

图三八　M45出土器物

1. 陶釜（M45：1）　2. 铁锥（M45：3）　3. 铁削（M45：2）

18. M48

（1）墓葬概况

位置和层位关系　位于发掘区南部。该墓开口于扰土层下，向下打破生土，墓口距现地表深0.70米。方向268°。

形制与结构　为长方形竖穴墓道土洞墓，由墓道、墓室和壁龛三部分组成，墓道位于墓室西侧，口底同大，墓道口平面呈长方形，墓壁较直，加工较好。墓道长3.63、宽2.57、深3.32米。墓室为土洞室，平面近长方形，弧形顶，墓室壁近直，加工一般。墓室长2.12、宽1.46～1.50、高1.17～1.50米，墓门高1.50米。墓室北壁有一壁龛，平面呈半圆形，拱顶，长0.66、高0.44、进深0.24米。

填土　墓道填土为黄褐色花土，土质较硬。墓室及壁龛内为浅褐色淤土，土质较硬。

葬具　木棺。已腐朽，仅存棺痕，长1.50、宽0.80米，厚度不详。

人骨　一具。仰身屈肢葬，头向西，面向上，性别、年龄不详（图三九）。

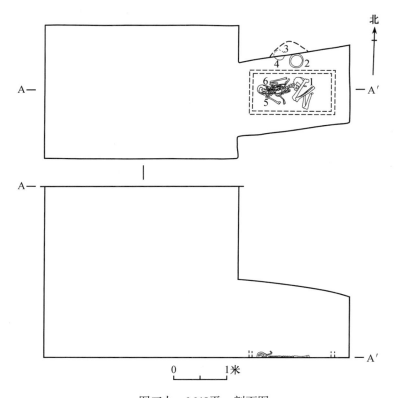

图三九　M48平、剖面图

1. 蜻蜓眼玻璃珠　2. 陶甑　3. 陶盆　4. 陶釜　5. 铜带钩　6. 料塞

（2）出土器物

共出土6件随葬品。陶釜、陶甑、陶盆位于墓室北侧壁龛处，蜻蜓眼玻璃珠、铜带钩、料塞位于人骨附近。

蜻蜓眼玻璃珠　1枚。M48：1，淡黄色，近圆形，有穿孔。表面饰三排共12个大小略同、形似蜻蜓眼的涡纹。直径1.5厘米（图四〇，5；彩版七，5）。

陶甑　1件。M48：2，泥质灰陶。敞口，平折沿，方唇，折腹，上腹近直，下腹斜弧内收，平底，底部有一个圆孔。素面。器身有轮制和修整痕迹。口径25.2、底径12.4、高10.5厘米（图四〇，3；彩版七，2）。

陶盆　1件。M48：3，泥质灰陶。敞口，平折沿，方唇，上腹近直，下腹斜收，小平底略凹。口沿上有对称"川"字形划纹，器身有轮制痕迹。口径20.5、底径8.0、高9.6厘米（图四〇，2；彩版七，3）。

陶釜　1件。M48：4，夹砂灰陶，含砂粒较多。微侈口，斜折沿，方唇，束颈，溜肩，圆腹，圜底。肩腹处有一周凸棱，器身及内壁留有烟熏痕迹。器表上腹部饰竖向绳纹，下腹部和底部饰横向交错绳纹。口径16.2、肩径18.8、高13.8厘米（图四〇，1；彩版七，1）。

铜带钩　1件。M48：5，琵琶形，钩首呈蛇形，颈部较细长，钩体渐宽，钩尾呈扁圆形，背面有圆钮。长11.4、宽1.3厘米，钮径1.3、高0.9厘米（图四〇，4；彩版七，4）。

料塞　1枚。M48：6，八棱柱形，两端平。器表涂一层细黄泥浆并磨光，内部呈紫色。最

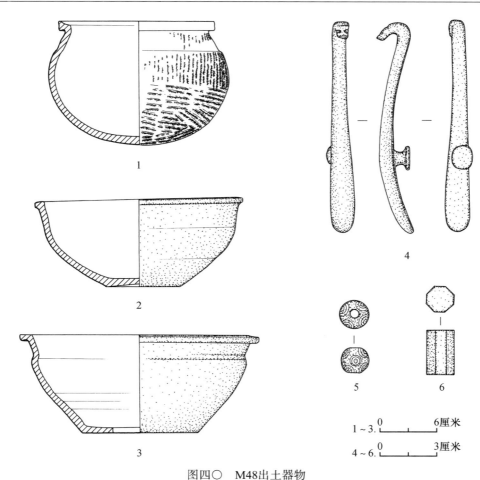

图四〇 M48出土器物

1. 陶釜（M48：4） 2. 陶盆（M48：3） 3. 陶瓿（M48：2）
4. 铜带钩（M48：5） 5. 蜻蜓眼玻璃珠（M48：1） 6. 料塞（M48：6）

大径1.3、高2.4厘米（图四〇，6；彩版七，6）。

19. M49

（1）墓葬概况

位置和层位关系 位于发掘区南部，南邻M48。该墓开口于扰土层下，向下打破生土，墓口距现地表深2.00米。方向265°。

形制与结构 长方形竖穴墓道土洞墓，由墓道、墓室组成。墓道位于墓室西侧，口底同大，墓道口平面呈长方形，墓壁较直，加工较好。墓道长4.20、宽2.60、深5.84米。墓室为土洞室，平面呈长方形，弧形顶，墓室壁近直，加工一般。墓室长1.66、宽1.20、高1.12～1.44米，墓门高1.44米。

填土 墓道填土为浅褐色花土，土质较硬。墓室内为浅褐色淤土，土质较硬。

葬具 不详。

人骨 一具。仰身屈肢葬，头向西，面向北，保存状况较差，性别、年龄不详（图四一）。

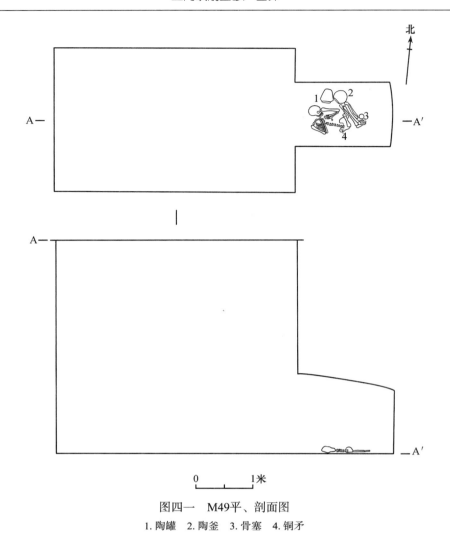

图四一　M49平、剖面图
1. 陶罐　2. 陶釜　3. 骨塞　4. 铜矛

（2）出土器物

共出土4件随葬品。陶罐、陶釜位于墓室北侧，铜矛位于墓主盆骨处，骨塞位于足部。

陶罐　1件。M49：1，夹砂灰陶。微敛口，重唇，矮领，广折肩，弧腹，平底。最大径在肩腹交界处。器表腹部饰竖向绳纹，多处经削刮后纹饰模糊。口径15.5、肩径25.2、底径15.4、高21.2厘米（图四二，2；图版六，3）。

陶釜　1件。M49：2，夹砂灰陶。侈口，卷沿，方唇，部分唇面有凹槽，束颈，溜肩，深圆腹，圜底。上腹部饰旋断细绳纹，纹饰较浅，部分绳纹经削刮后模糊。下腹部和底部饰横向交错的指压纹。内壁有修整抹光痕迹。口径17.9、肩径21.0、高18.0厘米（图四二，1；图版六，4）。

铜矛　1件。M49：4，柳叶式。矛脊截面呈菱形，叶部较窄，刃部平直，前端收聚成锋，有血槽，骹延伸到矛叶中部，残长8.4厘米（图四二，3；图版六，6）。

骨塞　1件。M49：3，顶端残。喇叭形，上窄下宽，束腰，平底，横截面呈圆形。器表呈牙白色。底径1.3、残高1.8厘米（图四二，4；图版六，5）。

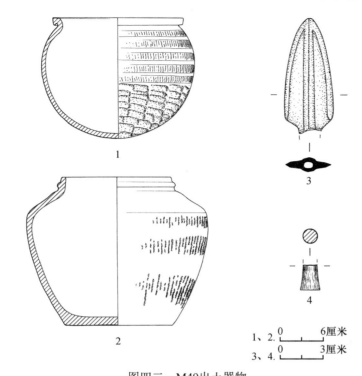

图四二　M49出土器物

1. 陶釜（M49∶2）　2. 陶罐（M49∶1）　3. 铜矛（M49∶4）　4. 骨塞（M49∶3）

20. M50

（1）墓葬概况

位置和层位关系　位于发掘区中西部，北邻M51，南邻M49。该墓开口于地表土层下，向下打破生土，墓口距现地表深0.70米。方向82°。

形制与结构　长方形竖穴墓道土洞墓，由墓道和墓室组成。墓道位于墓室东侧，口大底小，墓道口平面呈长方形，墓壁斜直，加工较好。墓道口长3.90、宽3.28米，墓道底长3.70、宽3.16米，墓底距墓口深3.60米。墓底北、南、东三面设有生土二层台，二层台距墓口深2.81米，台宽：北壁0.82～0.85、南壁0.85～0.88、东壁1.50米，台高0.81米。墓室为土洞室，平面呈长方形，弧形顶，墓室壁近直，加工一般。墓室长1.82、宽1.36、高1.16～1.26米，墓门高1.26米。

填土　墓道填土为黄褐色花土，较硬较致密。墓室内为黄褐色淤土，较软较疏松。

葬具　木棺。已腐朽，人骨下发现草木灰，残长1.50、宽0.68～0.80米。

人骨　一具。侧身屈肢葬，头向东，面向北，性别、年龄不详（图四三）。

（2）出土器物

共出土铜带钩1套（带钩和环），位于墓室西南部。

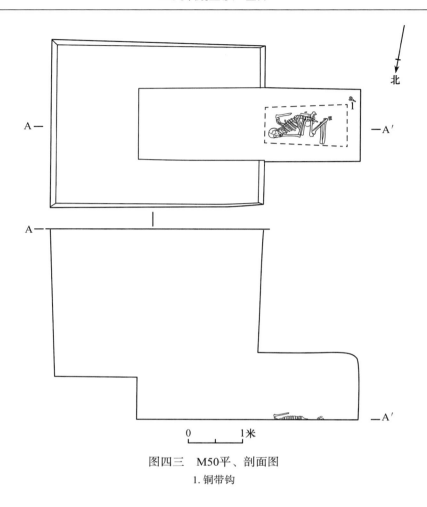

图四三　M50平、剖面图
1. 铜带钩

　　铜带钩　1套。M50：1-1，带钩，曲棒形，钩首残缺，背弧，圆钮位于背面中部略偏下处，钩尾横截面呈椭圆形。钩身上部有两道凸棱。长7.0、宽1.3厘米，钮径1.2、高0.8厘米。M50：1-2，环，扁圆形，较薄，素面。外径3.2、内径2.2厘米（图四四；彩版六，4）。

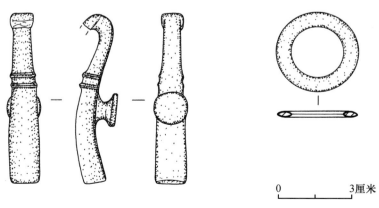

图四四　M50出土铜带钩
（M50：1）

21. M51

（1）墓葬概况

位置和层位关系　位于发掘区西部，南邻M50。该墓开口于地表土层下，向下打破生土，墓口距现地表深3.90米。方向275°。

形制与结构　长方形竖穴土坑墓，墓口平面呈长方形，墓壁斜直略内收，平底，加工一般。墓口长3.52、宽2.30米，墓室长2.38、宽1.40米，墓室距墓口深5.14米。墓室四周设有生土二层台，二层台距墓口深3.92米，台宽：北壁0.32、南壁0.61~0.74、西壁0.54、东壁0.59米，台高1.22米。

填土　浅黄色夹杂红褐色的花土，土质硬，无包含物，土质纯净。

葬具　不详。

人骨　一具。仰身屈肢葬，头朝西，面向南，保存状况良好，性别、年龄不详（图四五）。

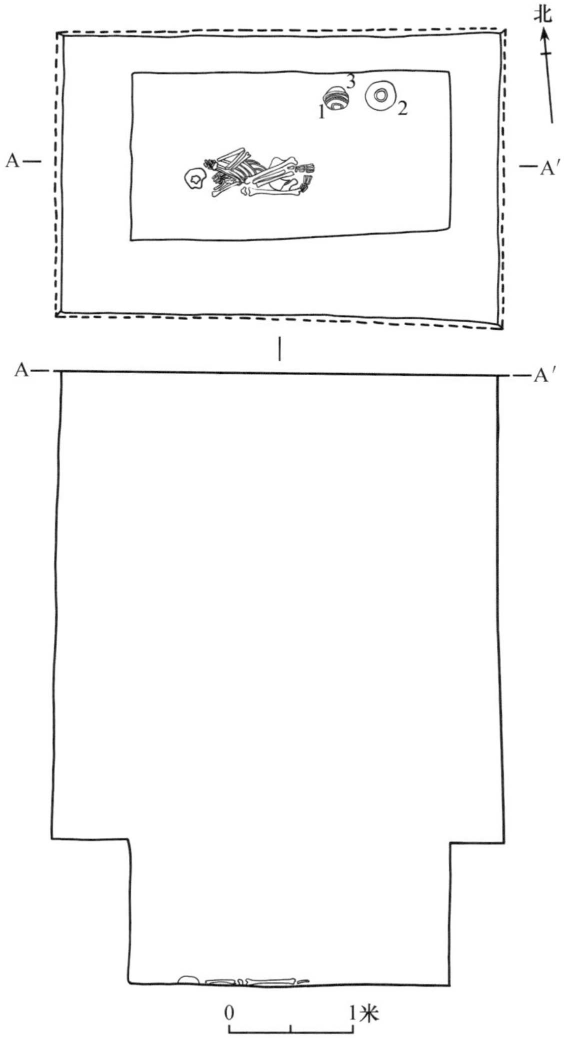

（2）出土器物

共出土3件随葬品。位于墓室东北部，为陶盆、陶罐、陶釜。

陶盆　1件。M51：1，泥质灰陶。敞口，平折沿，方唇，腹壁缓曲，矮圈足。腹部有三周凸弦纹。口径22.5、底径9.2、高10.1厘米（图四六，3；图版七，2）。

陶罐　1件。M51：2，泥质灰陶。侈口，平折沿，沿面有一周凹槽，方唇，唇面微凹，束颈，圆肩，弧腹，平底略内凹。器口变形，器表颈肩处饰数周弦纹，纹饰较浅，腹部饰九周旋断绳纹，间距不等。轮修时将下腹部纹饰削平，器内壁下腹部有指压痕迹，肩部饰有杂乱的刻划线条和模印文字，文字模糊不清。口径10.3、肩径23.0、底径11.8、高25.9厘米（图四六，1；图版七，1）。

陶釜　1件。M51：3，夹砂黑陶。侈口，平折沿，圆唇，束颈，扁鼓腹，圜底。上腹部饰竖向旋断细绳纹，下腹部和底部饰交错的指压纹。口径17.0、肩径19.5、高11.5厘米（图四六，2；图版七，3）。

图四五　M51平、剖面图
1.陶盆　2.陶罐　3.陶釜

0　　　　　1米

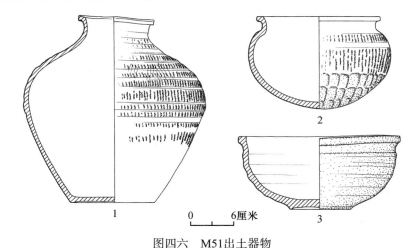

图四六　M51出土器物

1. 陶罐（M51：2）　2. 陶釜（M51：3）　3. 陶盆（M51：1）

22. M52

（1）墓葬概况

位置和层位关系　位于发掘区中部。该墓开口于地表扰土层下，向下打破生土，墓口距现地表深2.00米。方向272°。

形制与结构　长方形竖穴墓道土洞墓，由墓道、墓室和壁龛三部分组成。墓道位于墓室西侧，口大底小，墓道口平面呈长方形，墓壁斜直，加工较好。墓道口长3.59、宽2.70米，墓道底长3.25、宽2.48米，墓底距墓口深3.22米。墓底北、南、西三面设有生土二层台，二层台距墓口深2.21米，台宽：北壁0.52～0.68、南壁0.67、西壁0.74米，台高1.00米。墓室为土洞室，平面近长方形，弧形顶，墓室壁近直，加工一般。墓室长2.10、宽1.12～1.32、高0.71～1.11米，墓门高1.11米。墓室北壁有一壁龛，平面呈半圆形，拱顶，长0.28、高0.20、进深0.18米。

填土　墓道填土为黄褐色花土，较疏松。墓室内为黄褐色淤土，较软较疏松。

葬具　不详。

人骨　一具。仰身屈肢葬，头向西，面向上，保存状况较好，性别、年龄不详（图四七）。

（2）出土器物

共出土5件随葬品。其中铁带钩、铁器、铜铃位于人头骨西侧和南侧，陶釜和铜饰位于墓室北部壁龛内。

铁带钩　1件。M52：1，已锈残。原呈曲棒形，钩身横截面近圆形，背面有圆形钮。残长10.3厘米（图四八，2）。

铁器　1件。M52：2，薄片状，锈蚀严重，无法辨认器形。

铜铃　1件。M52：3，呈上窄下宽的扁筒形，顶有半圆钮，下部弯口，两端外张而稍尖，截面呈弧形，铃舌下端呈三角形，铃身饰云纹和X形纹。通高3.1、口宽4.2厘米（图四八，3；彩版六，5）。

陶釜　1件。M52：4，夹砂灰陶。侈口，斜折沿，沿面内凹，方唇，微束颈，折肩，鼓

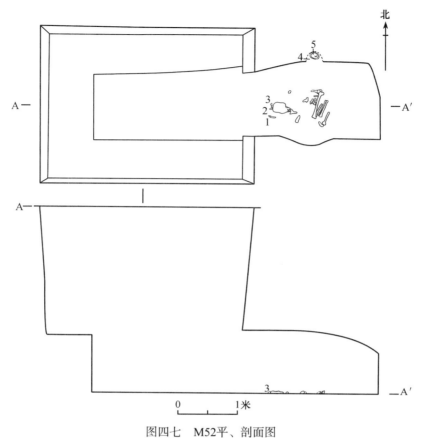

图四七　M52平、剖面图

1. 铁带钩　2. 铁器　3. 铜铃　4. 陶釜　5. 铜饰

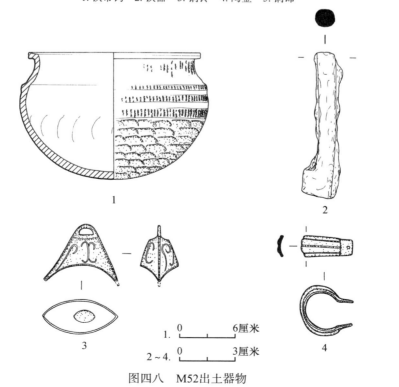

图四八　M52出土器物

1. 陶釜（M52：4）　2. 铁带钩（M52：1）　3. 铜铃（M52：3）　4. 铜饰（M52：5）

腹，圜底。颈部饰一周细绳纹，纹饰较浅，肩腹交接处分界明显，上腹部饰旋断竖向细绳纹，下腹部和底部饰交错指压纹，纹饰较深。器内壁不平整，有一周指压痕迹。口径18.3、肩径20.3、高13.9厘米（图四八，1；图版七，4）。

铜饰　1件。M52：5，圆环状，里侧未封口，上下平行伸出两个带孔的插片。表面有两周凸棱。推测可能为漆器上的饰件。最大径2.8、开口宽1.3厘米（图四八，4）。

23. M53

（1）墓葬概况

位置和层位关系　位于发掘区南部，北邻M52。该墓开口于扰土层下，向下打破生土，墓口距现地表深2.20米。方向172°。

形制与结构　竖穴墓道土洞墓，由墓道、墓室组成。墓道位于墓室南侧，口大底小，墓道口平面呈长方形，墓壁斜直，加工一般。墓道口长3.24、宽2.34米，墓道底长2.89、宽2.10～2.14米，墓底距墓口深2.33米。墓室为土洞室，平面近长方形，弧形顶，墓室壁近直，加工一般。墓室长1.66、宽1.06、高0.67～1.12米，墓门高1.12米。

填土　墓道填土为黄褐色花土，较疏松。墓室内为黄褐色淤土，较软较疏松。

葬具　不详。

人骨　一具。仰身直肢葬，头向北，面向上，保存状况较好，性别为男性，年龄不详（图四九）。

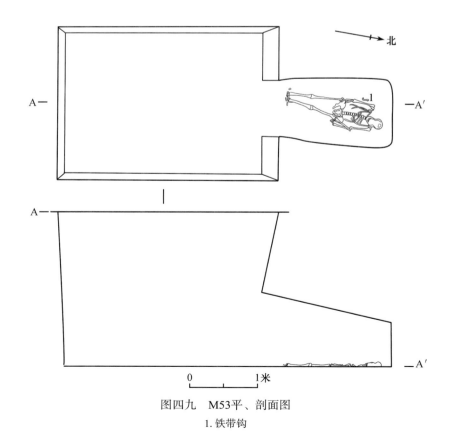

图四九　M53平、剖面图

1. 铁带钩

（2）出土器物

共出土1件铁带钩，位于墓室西北部。

铁带钩　1件。M53：1，锈蚀严重。钩首为蛇形，钩体呈扁条形，钩钮残，钩尾上卷。长8.8、宽1.4厘米（图五〇）。

24. M55

（1）墓葬概况

位置和层位关系　位于发掘区中部，东邻M56。该墓开口于扰土层下，向下打破生土，墓口距现地表深1.90米。方向265°。

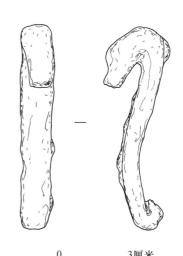

图五〇　M53出土铁带钩
（M53：1）

形制与结构　竖穴墓道土洞墓，由墓道、墓室和壁龛三部分组成。墓道位于墓室西侧，口大底小，墓道口平面呈长方形，墓壁斜直，加工一般。墓口长2.98、宽2.42～2.44米，墓道底长2.96、宽2.08～2.10米，墓底距墓口深3.50米。墓底北、南、西三面设有生土二层台，二层台距墓口深2.53米，台宽：北壁0.47～0.53、南壁0.48～0.58、西壁0.68米，台高0.98米。墓室为土洞室，平面近长方形，平顶，墓室壁较直，加工一般，底近平，比墓道底部高0.40米。墓室长2.14、宽0.94～1.20、高1.20米，墓门高1.20米。墓室北壁有一壁龛，平面呈半圆形，拱顶，长0.28、高0.20、进深0.22米。

填土　墓道填土为黄褐色花土，土质较硬。墓室内为黄褐色淤土，土质较硬。

葬具　木棺。已腐朽，残留有棺痕、棺钉。

人骨　一具。仰身屈肢葬，头向西，面向北，保存状况一般，性别、年龄不详（图五一）。

（2）出土器物

共出土1件陶釜，位于北壁壁龛内。

陶釜　1件。M55：1，夹砂灰陶。微侈口，卷沿，斜方唇，束颈，溜肩，鼓腹，圜底。肩腹交接处明显有一周凸弦纹，肩腹处有对称双系。器身及内底有烟熏痕迹。口径18.0、肩径22.1、高14.2（图五二；图版七，5）。

25. M58

（1）墓葬概况

位置和层位关系　位于发掘区中部偏南，东邻M59。该墓开口于地表土层下，向下打破生土，墓口距现地表深2.20米。方向174°。

形制与结构　竖穴墓道土洞墓，由墓道、墓室组成。墓道位于墓室南侧，口大底小，墓道口平面呈长方形，平底，加工一般。墓道口长2.75、宽1.62米，墓道底长2.33、宽1.34米，墓

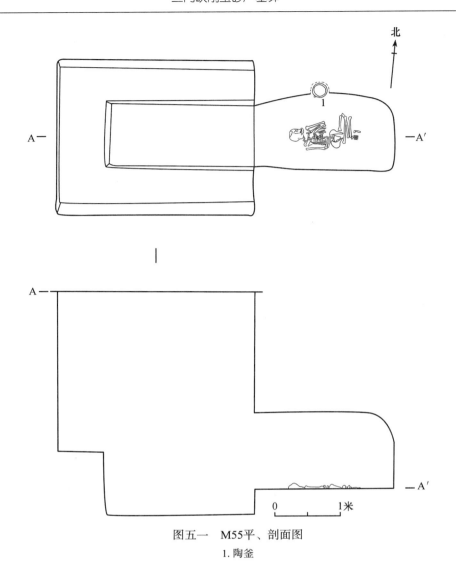

图五一　M55平、剖面图
1. 陶釜

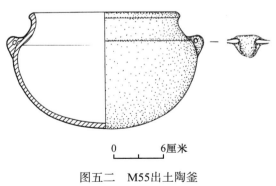

图五二　M55出土陶釜
（M55 : 1）

底距墓口深1.68米。墓室为土洞室，平面呈长方形，弧形顶，底近平，加工一般。墓室长1.67、宽1.00、高1.12～0.74米，墓门高1.12米。

填土　墓道填土为黄褐色花土，土质相对坚硬。墓室内为黄褐色淤土。

葬具　木棺。已腐朽，残留棺痕。

人骨　一具。仰身直肢葬，头向北，面向西，保存状况一般，年龄、性别不详（图五三）。

（2）出土器物

共出土料塞1组，位于墓室东侧。

料塞　1组2枚。M58 : 1，八棱柱形，两端平。器表呈紫色（图五四；彩版六，2）。

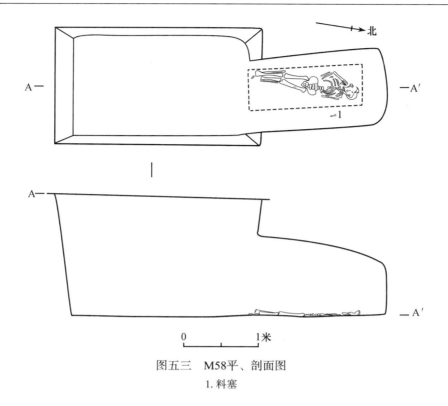

图五三 M58平、剖面图
1. 料塞

M58：1-1，最大径1.2、高2.0厘米。M58：1-2，最大径1.2、高2.0~2.3厘米。

26. M59

（1）墓葬概况

位置和层位关系 位于发掘区南部，西邻M57。该墓开口于扰土层下，向下打破生土，墓口距现地表深1.90米。方向180°。

形制与结构 竖穴墓道土洞墓，由墓道、墓室组成。墓道位于墓室南侧，口大底小，墓道口平面近长方形，墓壁斜直，平底。墓道口长3.00、宽1.86~1.98米，墓道底长2.40、宽

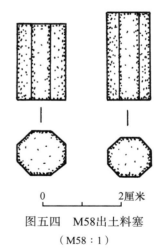

图五四 M58出土料塞
（M58：1）

1.44~1.46米，墓底距墓口深1.79米。墓室为土洞室，平面近长方形，弧形顶，墓室直壁，加工一般，墓底平，比墓道底部高0.10米。墓室长1.78、宽0.88~1.10、高0.65~1.05米，墓门高1.17米。

填土 墓道填土为黄褐色花土，较疏松。墓室内为黄褐色夹杂红褐色淤土，较软较疏松。

葬具 不详。

人骨 一具。仰身屈肢葬，头向北，面向上，保存状况一般，性别、年龄不详（图五五）。

（2）出土器物

共出土1件铁带钩，位于墓室北部人头骨旁边。

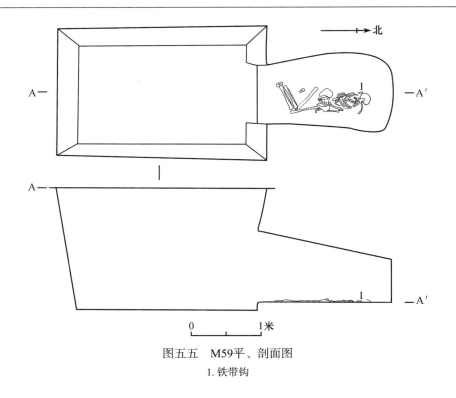

图五五　M59平、剖面图
1. 铁带钩

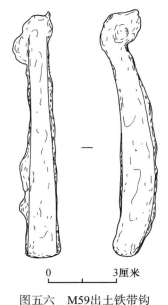

图五六　M59出土铁带钩
（M59∶1）

铁带钩　1件。M59∶1，锈蚀严重。曲棒形，钩首、钩钮残。残长11.3、宽1.6厘米（图五六）。

27. M61

（1）墓葬概况

位置和层位关系　位于发掘区中部偏南，东邻M63。该墓开口于扰土层下，向下打破生土，墓口距现地表深2.20米。方向276°。

形制与结构　竖穴墓道土洞墓，由墓道、墓室和壁龛三部分组成。墓道位于墓室西侧，口大底小，墓道口平面呈长方形，墓壁斜直，平底。墓道口长3.23、宽2.27米，墓道底长3.05、宽2.13米，墓底距墓口深2.47米。墓底北、南、西三面设有生土二层台，二层台距墓口深1.51米，台宽：北壁及南壁0.58、西壁0.90米，台高0.95米。墓室为土洞室，平面呈长方形，弧形顶，墓室壁近直，加工一般。底长1.82、宽1.16、高1.08~1.20米，墓门高1.20米。墓室北壁有一壁龛，平面呈半圆形，拱顶，长0.30、高0.18、进深0.15米。

填土　墓道填土为黄褐色花土，较疏松。墓室内为黄褐色淤土，较软较疏松。

葬具　不详。

人骨　不详（图五七）。

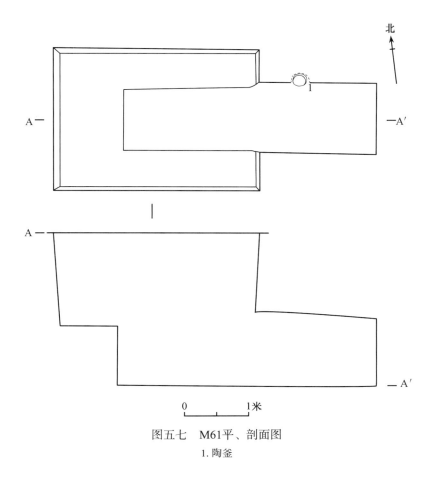

图五七　M61平、剖面图
1. 陶釜

（2）出土器物

共出土1件陶釜，位于墓室北壁的壁龛内。

陶釜　1件。M61：1，夹砂灰陶。侈口，折沿，沿面微凹，尖唇，束颈不明显，溜肩，圆鼓腹，圜底。肩腹交接明显，上腹饰竖向绳纹，下腹及底饰斜向交错粗绳纹。底部有烟熏痕迹。口径17.0、肩径18.9、高13.6厘米（图五八；图版七，6）。

28. M63

（1）墓葬概况

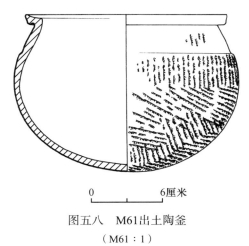

图五八　M61出土陶釜
（M61：1）

位置和层位关系　位于发掘区中部偏南，东邻M64，西邻M60。该墓开口于地表土层下，被M62打破，向下打破生土，墓口距现地表深2.20米。方向268°。

形制与结构　长方形竖穴土坑墓，口大底小，墓口平面呈长方形，斜壁，近平底，加工一般。墓口长3.62米，宽2.50～2.60米，墓室长2.15、宽1.14～1.22米，墓室距墓口深2.50米。墓室四周设有二层台，二层台距墓口深1.70米，台宽：北壁0.54～0.66、南壁0.70、西壁0.68、东壁0.64米，台高0.80米。

填土　黄褐色花土，土质较松软。

葬具　木棺。已腐朽，仅存棺痕。

人骨　一具。仰身屈肢葬，头向西，面向上，推测为中年男性（图五九）。

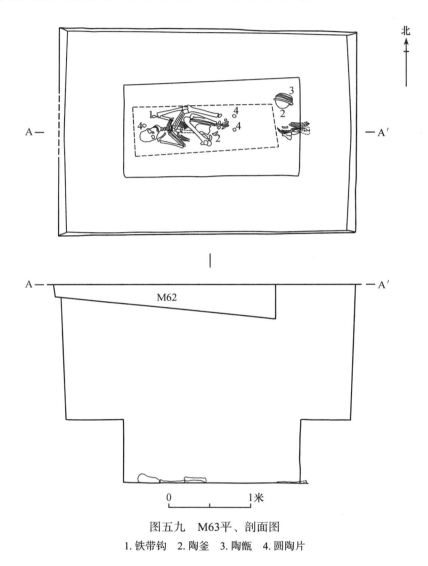

图五九　M63平、剖面图

1.铁带钩　2.陶釜　3.陶甗　4.圆陶片

（2）出土器物

共出土4件（套）随葬品。陶釜、陶甗位于墓室东北部，铁带钩位于人骨左臂上方，圆陶片位于人骨附近。墓室东部发现有猪骨，摆放较规整。

铁带钩　1件。M63：1，锈蚀严重。琵琶形，钩首残断，颈部较细，钩身渐宽，腹下钮残断，尾部呈扁圆形。残长6.3、宽1.7厘米，钮柱径0.6、高0.3厘米（图六〇，4）。

陶釜　1件。M63：2，夹砂灰陶。微侈口，折沿，尖唇，束颈，鼓腹，圜底。肩腹交接处明显，上腹饰竖向篮纹，下腹部饰有交错粗绳纹，下腹部烧造变形。器表与器内底部有烟熏痕迹。口径16.4、肩径16.4、高12.0厘米（图六〇，1；图版八，2）。

陶甂　1件。M63：3，泥质灰陶。直口，平折沿，沿面有弦纹，方唇，折腹，上腹较直，下腹弧收，平底，矮圈足。底部正中有一圆孔，腹部饰五周凸弦纹。器身有轮制痕迹。口径21.5、最大腹径20.0、底径9.0、高9.5厘米（图六〇，2；图版八，1）。

圆陶片　1组3枚。M63：4，泥质灰陶。近圆形，由器物腹片制成，其上分别饰有细绳纹、粗绳纹和三道凹弦纹。直径3.5～4.0厘米（图六〇，3）。

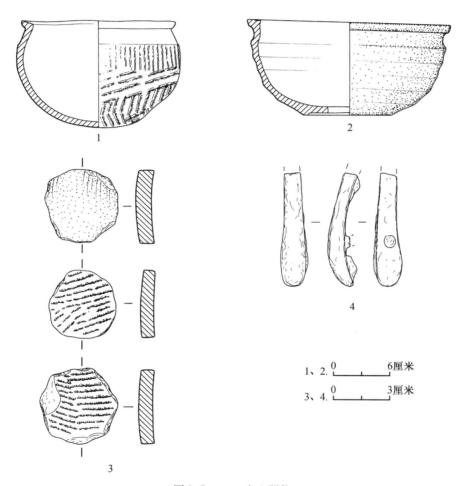

图六〇　M63出土器物

1. 陶釜（M63：2）　2. 陶甂（M63：3）　3. 圆陶片（M63：4）　4. 铁带钩（M63：1）

29. M64

（1）墓葬概况

位置和层位关系　位于发掘区中部偏南，西邻M62、M63。该墓开口于地表扰土层下，向下打破生土，墓口距现地表深2.20米。方向220°。

形制与结构　竖穴墓道土洞墓，由墓道、墓室组成。墓道位于墓室西南侧，口大底小，墓道口平面呈长方形，加工较一般。墓道口长3.01、宽1.85～1.92米，墓道底长2.60～2.68、宽

1.56～1.65米，墓底距墓口深1.15～1.20米。墓室为土洞室，平面近长方形，弧形顶，近平底。墓室长1.33、宽0.68、高0.60～0.80米，墓门高0.80米。

　　填土　墓道填土为黄褐色花土，土质较疏松。墓室内为黄褐色淤土，土质松软。

　　葬具　不详。

　　人骨　一具。侧身屈肢葬，头向西，面向上，保存状况一般，年龄、性别不详（图六一）。

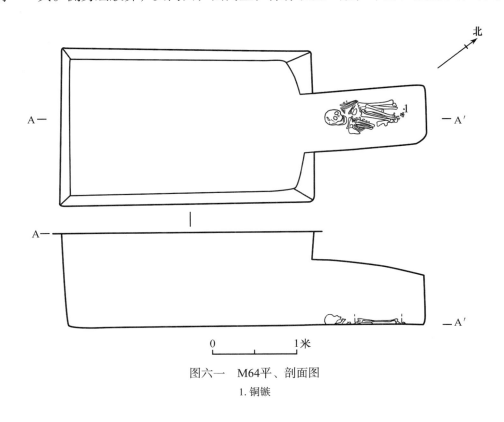

图六一　M64平、剖面图

1. 铜镞

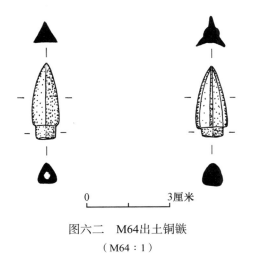

图六二　M64出土铜镞

（M64：1）

（2）出土器物

　　共出土1套铜镞，分别位于人骨左肩、右臂骨、腿骨、脚骨处。

　　铜镞　1组6件。M64：1，铤部残断，大小形制不一，有三棱形、三翼形之分。三棱形有4枚，其中3枚有镦，横截面呈正三角形。三翼形有2枚，圆铤式，横截面呈内凹的三角形。残长2.7～2.8厘米（图六二；彩版六，6）。

30. M70

（1）墓葬概况

　　位置和层位关系　位于发掘区东南部。该墓开口于扰土层下，向下打破生土，墓口距现地表深0.50米。方向276°。

形制与结构　长方形竖穴土坑墓，口大底小，墓口平面呈长方形，斜直壁，底部内收。墓口长5.14、宽3.60米，墓室长3.44、宽1.75米，墓室距墓口深4.76～4.80米。墓壁西南角设有脚窝，平面呈圆角三角形，脚窝长0.36、高0.25、进深0.15米。墓室四周设有生土二层台，二层台斜直壁，底部内收，底近平。二层台距墓口深3.58米，台宽：北壁及南壁0.53、西壁0.60、东壁0.58、台高1.22米。

填土　红褐色为主的花土，土质较疏松。

葬具　一棺一椁。已腐朽，木椁置于墓室中部，木棺置于木椁中东部。木椁长2.92、宽1.32～1.40米，木棺长2.08、宽0.92米，椁板、棺板厚约0.04～0.06、残高0.10米。

人骨　一具。侧身屈肢葬，头向西，面向北，双手交叉置于腹部，人骨保存状况较差，性别为男性，年龄不详（图六三；彩版三，2）。

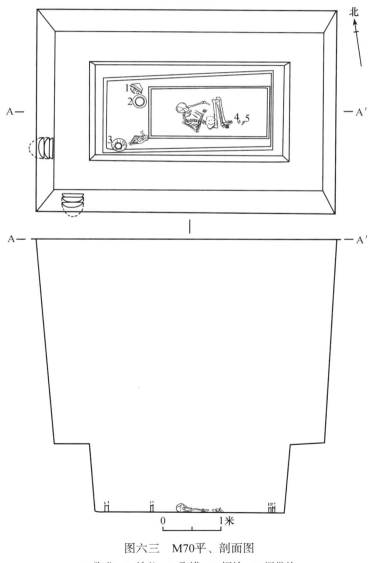

图六三　M70平、剖面图

1.陶盆　2.铁釜　3.陶罐　4.铜铃　5.铜带钩

（2）出土器物

共出土7件随葬品。陶盆、陶釜、铁釜位于椁室西部，铜带钩、铜铃位于棺内墓主人足部东侧。另在填土中发现1件陶罐。

陶罐　1件。M70：3，泥质灰陶。侈口，折沿下垂，方唇，束颈，溜肩，鼓腹，最大腹径近中部，平底。肩腹部饰有六周旋断细绳纹，下腹有轮制痕迹。口径11.7、底径13.0、肩径25.6、通高25.6厘米（图六四，1；图版九，2）。

陶釜　1件。M70：7，夹砂灰陶。侈口，卷沿，沿面有凹槽，方唇，束颈，溜肩，圆腹，圜底。上腹部饰四周旋断细绳纹，下腹及底部饰交错粗绳纹。口径23.3、肩径28.9、通高22.4厘米（图六四，2；图版九，4）。

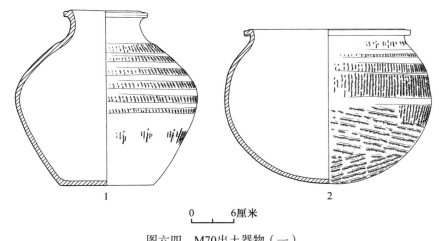

图六四　M70出土器物（一）
1. 陶罐（M70：3）　2. 陶釜（M70：7）

陶盆　2件。M70：1、6，泥质灰陶。敞口，折沿，沿面微凹，方唇，折腹，上腹近直，下腹斜收，平底微凹。折腹部有一周凹槽，下腹饰有浅绳纹和弦纹。M70：1，口径28.4、底径12.4、高12.4厘米（图六五，1；图版九，1）。M70：6，体较宽。口径29.8、底径14.0、高12.0厘米（图六五，3；图版九，3）。

铁釜　1件。M70：2，锈蚀严重。侈口，卷沿，方唇，束颈，溜肩，扁鼓腹，平底。腹部间饰圆形乳丁。口径16.8、肩径20.3、残高10.6厘米（图六五，2）。

铜带钩　1件。M70：5，琵琶形，钩首残缺，颈部较细，钩身渐宽。钩尾呈扁圆形，背面有椭圆形钮。残长5.3、宽1.4厘米，钮径1.6、高1.0厘米（图六五，4；图版九，6）。

铜铃　1件。M70：4，呈上窄下宽的扁筒形，顶有半圆钮，已残。下部弯口，两端外张而稍尖，截面呈弧形，铃舌下端呈三角形，铃身用单线阳文勾成兽面。口宽4.4、高3.2厘米（图六五，5；图版九，5）。

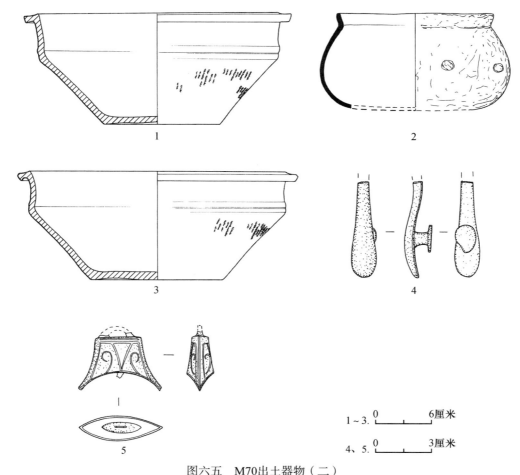

图六五 M70出土器物（二）

1、3.陶盆（M70：1、6） 2.铁釜（M70：2） 4.铜带钩（M70：5） 5.铜铃（M70：4）

31. M71

（1）墓葬概况

位置和层位关系 位于发掘区东部。该墓开口于地表扰土层下，向下打破生土，墓口距现地表深2.00米。方向266°。

形制与结构 竖穴墓道土洞墓，由墓道、墓室组成。墓道位于墓室西侧，口大底小，墓道口平面呈长方形，斜壁，近平底，加工一般。墓道口长4.60、宽3.00～3.10米，墓底长4.50、宽2.80～2.95米，墓底距墓口深4.10米。墓室为土洞室，平面近长方形，弧形顶，底近平，加工一般。墓室长2.65、宽1.42～1.91、墓室高0.90～1.80米，墓门高1.80米。

填土 墓道填土为黄褐色花土，土质坚硬。墓室内为黄褐色淤土，土质较软。

葬具 木棺。已腐朽，残存棺痕。

人骨 一具。仰身屈肢葬，头向西，面向上，保存较好，性别、年龄不详（图六六）。

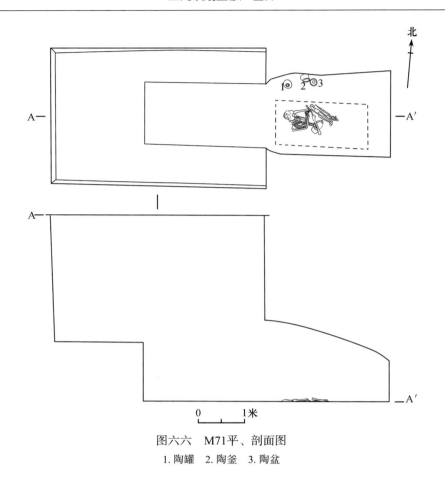

图六六　M71平、剖面图
1. 陶罐　2. 陶釜　3. 陶盆

（2）出土器物

共出土3件随葬品。位于墓室北侧和西侧，为陶罐、陶釜、陶盆。

陶罐　1件。M71：1，泥质灰陶。侈口，折沿外翻，沿面有凹槽，方唇，束颈，圆肩，弧腹，平底。肩腹部饰九周抹断细绳纹。口径10.8、肩径24.9、底径12.0、高26.8厘米（图六七，1；图版八，3）。

陶釜　1件。M71：2，夹砂灰陶。侈口，折沿外翻，沿面微凹，方唇，束颈，溜肩，圆鼓腹，圜底。肩腹部有两周凹槽，上腹部饰浅细绳纹，下腹及底部饰横向交错粗绳纹。口径19.2、肩径23.0、高18.0厘米（图六七，2；图版八，4）。

陶盆　1件。M71：3，泥质灰陶。敞口，折沿，沿面微凹，方唇，折腹，上腹近直，下腹斜收，平底。折腹处有一周凹槽。口径34.6、底径14.0、高12.6厘米（图六七，3；图版八，5）。

32. M73

（1）墓葬概况

位置和层位关系　位于发掘区东部，北邻M74、南邻M72。该墓开口于地表土层下，向下打破生土，墓口距现地表深0.34米。方向275°。

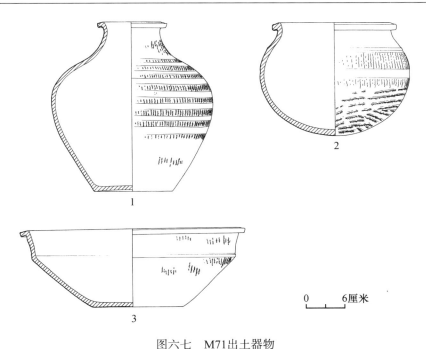

图六七　M71出土器物

1. 陶罐（M71：1）　　2. 陶釜（M71：2）　　3. 陶盆（M71：3）

　　形制与结构　　长方形竖穴墓道土洞墓，由墓道、墓室组成。墓道位于墓室西侧，口大底小，墓道口平面呈长方形，墓壁斜直加工一般。墓道口长3.05、宽2.12～2.14米，墓道底长2.85、宽1.99～2.02米，墓底距墓口深2.09米。墓室为土洞室，平面近长方形，弧形顶，底近平，比墓道底部高0.30米，加工较一般。墓室长1.80、宽1.00、高0.70～1.10米，墓门高1.10米。

　　填土　　墓道内填土为黄褐色花土，土质较松软。墓室内为黄褐色淤土，土质较松软。

　　葬具　　不详。

　　人骨　　一具。侧身屈肢葬，头向东，面向北，保存状况一般，年龄、性别不详（图六八）。

　　（2）出土器物

　　共出土3件随葬品。陶罐、陶盆、陶釜位于墓室西部近墓道处。

　　陶罐　　1件。M73：1，泥质灰陶。口部残，圆肩，弧腹，平底。肩腹部有四周凹槽，下腹部有修整痕迹。底径8.0、肩径17.0、高16.4厘米（图六九，3）。

　　陶盆　　1件。M73：2，泥质灰陶。直口，折沿，方唇，弧腹，近平底，矮圈足。腹部饰五周凹槽。口径21.0、圈足径8.0、高9.8厘米（图六九，2；图版一〇，1）。

　　陶釜　　1件。M73：3，夹砂灰陶。侈口，折沿，尖圆唇，束颈，溜肩，弧腹，圜底。上腹饰竖向细绳纹，下腹及底部饰斜向交错粗绳纹。口径17.2、肩径19.8、高15.2厘米（图六九，1；图版一〇，2）。

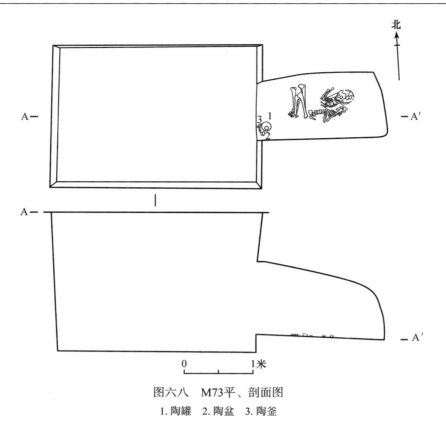

图六八　M73平、剖面图
1.陶罐　2.陶盆　3.陶釜

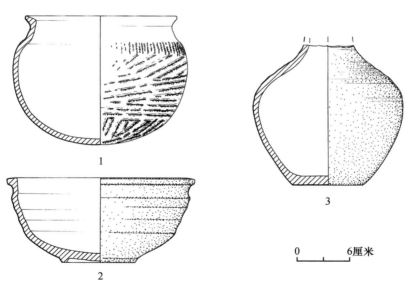

图六九　M73出土器物
1.陶釜（M73：3）　2.陶盆（M73：2）　3.陶罐（M73：1）

33. M74

（1）墓葬概况

位置和层位关系　位于发掘区北部。该墓开口于地表土层下，向下打破生土，墓口距现地表深0.40米。方向285°。

形制与结构 长方形竖穴土坑墓，墓口平面近长方形，直壁，平底，加工较好。墓口长2.71~3.01、宽2.87~2.90米，墓室长1.83~1.93、宽1.05~1.24、墓室距墓口深2.32米。墓室北、南、西三面设有生土二层台，二层台距墓口深1.62米，台宽：北壁0.90~1.06、南壁0.72~0.79、西壁1.01米，台高0.73米。

填土 黄褐色淤土，较软较疏松。

葬具 不详

人骨 内有少量散乱人骨，葬式不详，性别、年龄不详（图七〇）。

（2）出土器物

共出土1件铁锸，位于墓底近西壁处。

铁锸 1件。M74：1，锈蚀严重。平面呈长方形，直刃，刃部残，顶部有銎。长14.0、宽8.0厘米（图七一）。

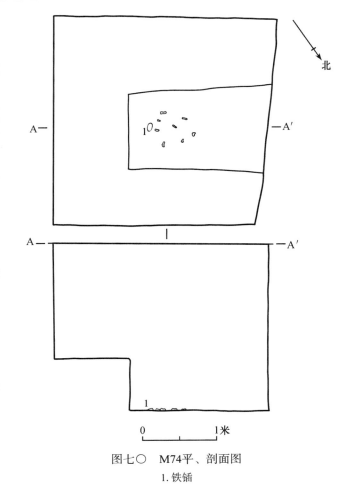

图七〇 M74平、剖面图
1. 铁锸

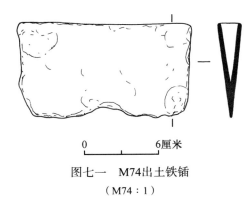

图七一 M74出土铁锸
（M74：1）

34. M75

（1）墓葬概况

位置和层位关系 位于发掘区中部。该墓开口于地表土层下，向下打破生土，墓口距现地表深0.40米。方向335°。

形制与结构 竖穴墓道土洞墓，由墓道、墓室组成。墓道位于墓室西北侧，口大底小，墓道口平面呈长方形，墓壁较直，加工一般。墓道口长3.26、宽2.50米，墓道底长3.16、宽2.30~2.42米，墓底距墓口深2.71米。墓室为土洞室，平面近长方形，平顶，底近平，比墓道底部高0.35米，近墓道一端呈坡状。墓室长2.08、宽1.14~1.24、高1.2~1.42米，墓门高1.42米。

填土 墓道填土为红褐色花土，较软较疏松。墓室内为黄褐色淤土，较软较疏松。

葬具 不详。

人骨 一具。侧身屈肢葬，头向北，面向不详，保存状况较差，性别、年龄不详（图七二）。

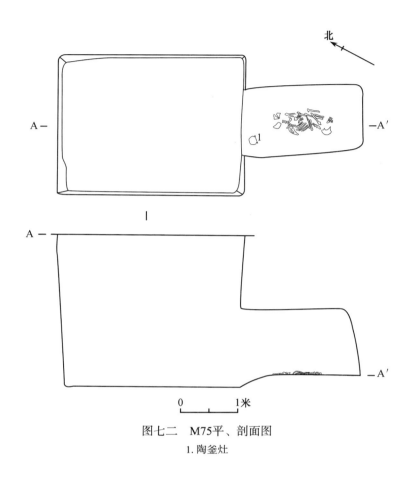

图七二　M75平、剖面图
1. 陶釜灶

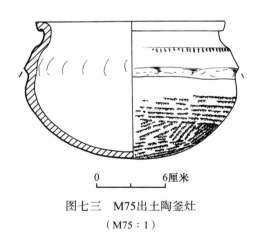

图七三　M75出土陶釜灶
（M75：1）

（2）出土器物

共出土1件陶釜灶，位于墓室西北侧。

陶釜灶　1件。M75：1，夹砂灰陶。釜、灶连体。釜侈口，折沿，斜方唇，束颈，溜肩，鼓腹，圜底。肩腹处与灶连接，灶已残佚。肩部饰抹断细绳纹，上腹饰竖向细绳纹，下腹及底部饰横向细绳纹。口径16.4、肩径18.7、高12.4厘米（图七三；图版八，6）。

35. M76

（1）墓葬概况

位置和层位关系　该墓开口于地表土层下，向下打破生土，墓口距现地表深0.24米。方向281°。

形制与结构　长方形竖穴土坑墓，口大底小，墓口平面近长方形，底近平，壁较直，加工一般。墓口长2.80、宽1.98～2.14米，墓室长1.80、宽0.95～1.06米，墓室距墓口深2.22米。墓室四周设有生土二层台，二层台距墓口深1.31米，台宽：北壁0.40～0.48、南壁0.40～0.50、西壁0.52、东壁0.32～0.36米，台高0.90米。

　　填土　红褐色花土，土质较软较疏松。

　　葬具　木棺。已朽，仅存棺痕。

　　人骨　一具。仰身屈肢葬，头向西，面向北，性别、年龄不详（图七四）。

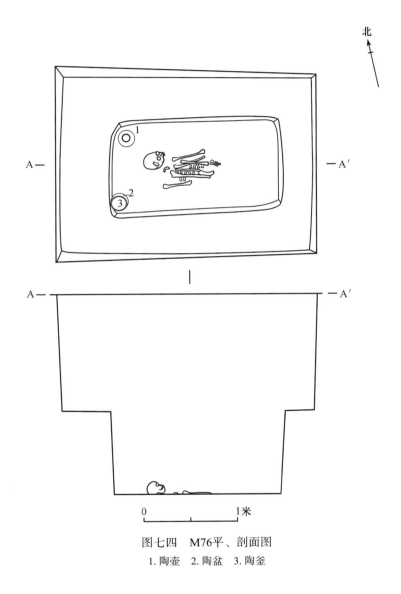

图七四　M76平、剖面图
1.陶壶　2.陶盆　3.陶釜

（2）出土器物

　　共出土3件随葬品。其中陶壶位于墓室西北角，陶盆和陶釜位于墓室西南，陶釜内有兽骨。

　　陶壶　1件。M76：1，泥质灰陶。侈口，平折沿，沿面有两周凹槽，斜方唇，束颈，溜肩，鼓腹，平底，矮假圈足。颈部有两周凸弦纹，腹部饰四周凹弦纹。口径10.4、底径12.8、高19.6厘米（图七五，3；图版一〇，3）。

　　陶盆　1件。M76：2，泥质灰陶。直口，折沿，方唇，折腹，上腹弧曲，下腹斜收，近平底，矮圈足。口径20.0、圈足底径8.8、高10.6厘米（图七五，2）。

陶釜　1件。M76：3，夹砂灰陶，微侈口，卷沿外翻，沿面有一周凹槽，方唇，束颈，鼓腹，圜底。上腹部饰竖向细绳纹，下腹及底部饰竖向粗绳纹，腹部残留烟熏痕迹。口径15.0、肩径18.8、通高13.0厘米（图七五，1；图版一〇，4）。

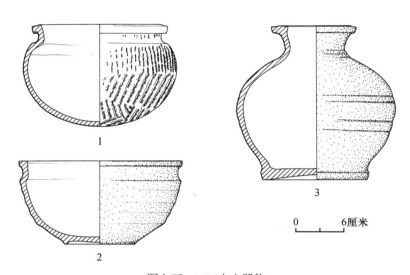

图七五　M76出土器物

1. 陶釜（M76：3）　2. 陶盆（M76：2）　3. 陶壶（M76：1）

36. M78

（1）墓葬概况

位置和层位关系　位于发掘区北部。该墓开口于地表土层下，向下打破生土，墓口距现地表深0.80米。方向270°。

形制与结构　竖穴墓道土洞墓，由墓道、墓室组成。墓道位于墓室南侧，口大底小，墓道口平面呈长方形，墓壁斜直，加工较好。墓道口长4.00、宽3.26米，墓道底长3.90、宽3.07米，墓底距墓口深2.40米。墓底北、南、西三面设有生土二层台，二层台距墓口深1.66米，台宽：北壁0.72～0.77、南壁0.68～0.81、西壁1.04～1.06米，台高0.76米。墓室为土洞室，平面呈长方形，弧形顶，墓室壁近直，加工一般。墓室长2.16、宽1.50、高1.21～1.40米，墓门高1.40米。墓室北壁有一壁龛，平面呈半圆形，拱顶，长0.38、高0.14、进深0.28米。

填土　墓道填土为黄褐色花土，较软较疏松。墓室内为黄褐色淤土，较软较疏松。

葬具　不详。

人骨　一具。仰身屈肢葬，头向西，面向南，保存状况较好，性别、年龄不详（图七六）。

（2）出土器物

共出土4件随葬品。其中陶甑、陶釜位于墓室北壁壁龛内，铜带钩位于人骨头骨北部，铁器位于人骨椎骨下方。

陶甑　1件。M78：1，泥质灰陶。敞口，折沿外翻，沿面微凹，尖圆唇，折腹，上腹近

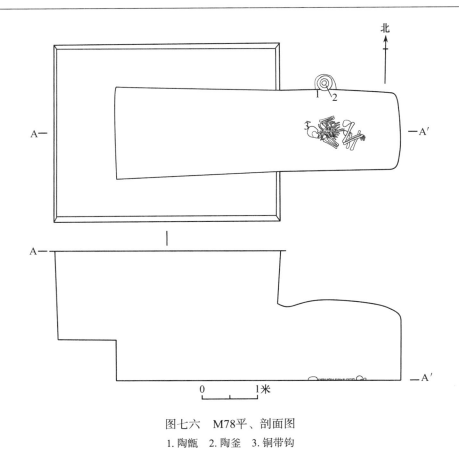

图七六 M78平、剖面图
1.陶甑 2.陶釜 3.铜带钩

直，下腹斜收，平底。下腹部饰有模糊的细绳纹，局部不显。口径30.0、底径15.0、高12.8厘米（图七七，1；图版一〇，5）。

陶釜 1件。M78：2，夹砂灰陶。侈口，折沿，尖唇，束颈，折肩，弧腹，圜底。肩腹交接明显，上腹饰竖向细绳纹，下腹及底部饰交错粗绳纹。口径16.5、肩径18.0、高14.0厘米（图七七，2；图版一〇，6）。

铜带钩 1件。M78：3，琵琶形，钩首残，颈部细长，钩身渐宽，背面中部偏下处有圆钮，钩尾呈扁圆形。残长11.0、宽1.4厘米，钮径1.5、高0.8厘米（图七七，4）。

铁器 1件。M78：4，锈蚀严重。整体呈长方形，两端残断。残长4.8、宽2.5厘米（图七七，3）。

37. M80

（1）墓葬概况

位置和层位关系 位于发掘区东部，东邻M71。该墓开口于扰土层下，向下打破生土，墓口距现地表深2.00米。方向256°。

形制与结构 竖穴墓道土洞墓，由墓道、墓室和壁龛三部分组成。墓道位于墓室西侧，口大底小，墓道口平面呈长方形。墓道口长5.44～5.49、宽3.14～3.20米，墓道底长5.12～5.17、宽2.84米，墓底距墓口深2.76米。墓道西壁有1个脚窝，南壁有2个脚窝。墓室为土洞室，

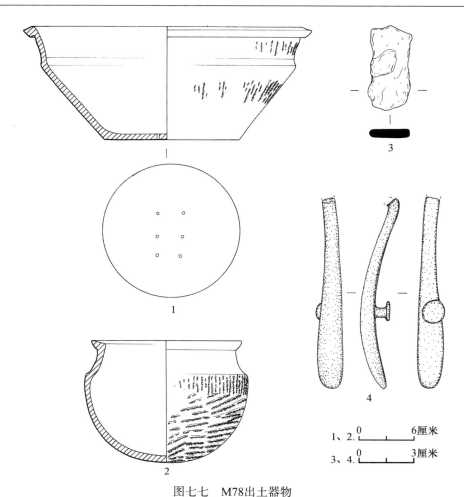

图七七　M78出土器物

1. 陶甑（M78：1）　2. 陶釜（M78：2）　3. 铁器（M78：4）　4. 铜带钩（M78：3）

平面近长方弧形顶，底近平，比墓道底部高0.10米，加工较一般。墓室长2.21～2.46、宽1.33～1.73、高0.70～1.66米，墓门高1.66米。墓室北壁有一壁龛，平面呈半圆形，拱顶，长0.88、高0.54、进深0.52米。

　　填土　墓道填土为黄褐色掺杂红褐色花土，墓室内为黄褐色淤土。

　　葬具　木棺。已腐朽，仅存棺痕，长2.04、宽0.84、厚0.06米。

　　人骨　一具。仰身屈肢葬，头向西，面向上，判断为中年女性（图七八）。

（2）出土器物

　　共出土3件随葬品。其中铜带钩位于人骨腰椎处，陶罐位于人骨北侧，陶釜位于墓室北侧壁龛内，内有兽骨。

　　铜带钩　1件。M80：1，曲棒形，钩首残，钩身扁长，正面中部有两道凹弦纹，背面中部有一圆形柱钮。钩长7.1、宽1.2厘米，钮径1.0、高0.5厘米（图七九，3；图版一一，2）。

　　陶罐　1件。M80：2，泥质灰陶。侈口，折沿，尖唇，束颈，鼓肩，弧腹，平底。颈部饰两周凹弦纹，肩腹部饰两周凹弦纹。口径10.2、肩径17.4、底径9.0、高18.6厘米（图

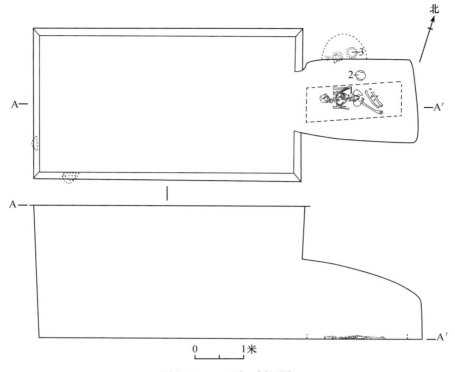

图七八　M80平、剖面图

1. 铜带钩　2. 陶罐　3. 陶釜

七九，2；图版一一，1）。

　　陶釜　1件。M80：3，夹砂灰陶。侈口，折沿外翻，沿面微凹，方唇，束颈，折肩，鼓腹，圜底。肩、腹交接处有一周凹槽；上腹部饰竖向细绳纹，下腹及底部饰竖向交错粗绳纹。口径18.2、肩径21.9、高15.6厘米（图七九，1；图版一一，3）。

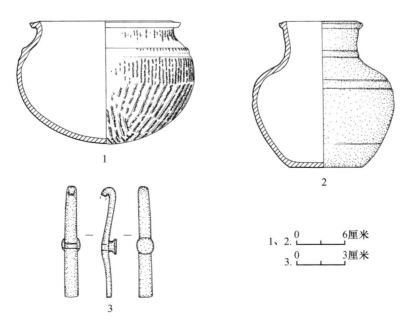

图七九　M80出土器物

1. 陶釜（M80：3）　2. 陶罐（M80：2）　3. 铜带钩（M80：1）

38. M81

（1）墓葬概况

位置和层位关系　位于发掘区北部，西邻M82。该墓开口于扰土层下，上部被M84打破，向下打破生土，墓口距现地表深2.00米。方向355°。

形制与结构　长方形竖穴土坑墓，墓口平面呈长方形，墓壁近直，加工一般。墓口长4.80、宽3.70米，墓室长3.20、宽1.44米，墓室距墓口3.55米。墓室四周设有生土二层台，二层台距墓口深2.74米，台宽：北壁0.59、南壁1.00、西壁1.25、东壁1.05米，台高0.83米。墓室北侧人头骨方向有一壁龛，平面呈半圆形，拱顶，长0.64、高0.34、进深0.20米。

填土　浅褐色花土，土质较硬。

葬具　木棺。已腐朽，仅存棺痕，长1.96、宽0.80、厚0.06米，棺内铺有草木灰。

人骨　一具。仰身屈肢葬，头向北，面向上，保存状况较差，性别、年龄不详（图八〇）。

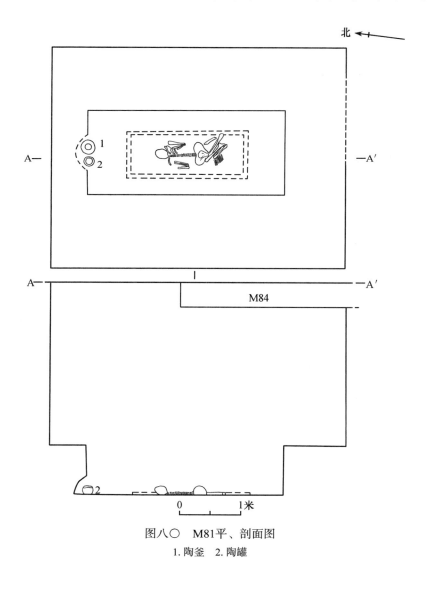

图八〇　M81平、剖面图

1. 陶釜　2. 陶罐

（2）出土器物

共出土2件随葬品。位于墓室北壁壁龛内，为陶釜、陶罐。

陶釜　1件。M81:1，夹砂灰陶。侈口，折沿上扬，方唇内凹，束颈，鼓腹，圜底。上腹饰竖向细绳纹，下腹部饰有交错粗绳纹，器表有烟熏痕迹。口径16.0、肩径17.0、高12.4厘米（图八一，2；图版一一，4）。

陶罐　1件。M81:2，夹砂灰陶。侈口，微卷沿内凹，方唇，束颈，鼓肩，弧腹，下腹斜内收，平底。上腹部饰六周旋断细绳纹，下腹部绳纹经刮削修整后残留局部。口径10.6、肩径21.2、底径10.8、通高23.0厘米（图八一，1；图版一一，5）。

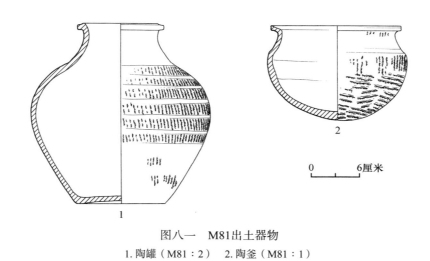

图八一　M81出土器物
1. 陶罐（M81:2）　2. 陶釜（M81:1）

39. M82

（1）墓葬概况

位置和层位关系　位于发掘区东部，东邻M81。该墓开口于地表土层下，向下打破生土，墓口距现地表深1.70米。方向10°。

形制与结构　竖穴墓道土洞墓，由墓道、墓室组成。墓道位于墓室北侧，口大底小，墓道口平面呈近长方形。墓道口长3.39、宽2.60～2.65米，墓道底长2.80、宽2.02～2.13米，墓底距墓口深2.90米。墓底北、南、西三面设有生土二层台，二层台距墓口深1.91米，台宽：北壁0.66、南壁0.39、西壁0.42、东壁0.54米，台高0.98米。墓室为土洞室，平面近长方形，弧形顶，底近平，比墓道底部高0.25米，墓室壁较直，加工一般。墓室长2.30、宽1.30、高0.89～1.70米，墓门高1.70米。

填土　墓道填土为黄褐色花土，土质较硬。墓室内为黄褐色淤土，土质较硬。

葬具　木棺。已腐朽，仅存棺痕，长约1.72、宽0.60～0.74、厚0.06米。

人骨　一具。侧身屈肢葬，头朝北，面向上，保存状况较差，性别、年龄不详（图八二）。

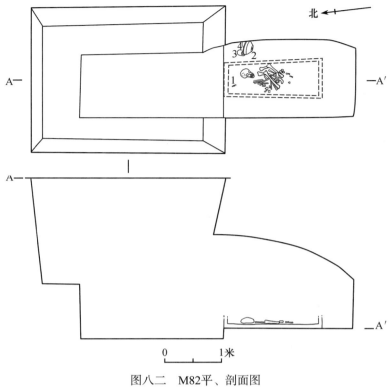

图八二　M82平、剖面图
1. 铜带钩　2. 陶甑　3. 陶茧形壶　4. 陶釜

（2）出土器物

共出土4件随葬品。铜带钩位于人头骨西北，陶甑、陶茧形壶、陶釜位于墓室近入口处东壁下。

铜带钩　1件。M82：1，曲棒形，横截面呈椭圆形，钩首残，背部有一圆形柱钮。残长9.0、宽1.5厘米，钮径2.9、高1.6厘米（图八三，4；图版一二，1）。

陶甑　1件。M82：2，泥质灰陶。敞口，折沿上扬，沿面微凹，方唇，折腹，上腹近直，下腹斜收，平底，底部正中有一穿孔。器身饰有红彩，下腹饰有细绳纹，局部有修整痕迹。口径31.0、底径16.0、高13.0厘米（图八三，3；图版一二，2）。

陶茧形壶　1件。M82：3，泥质灰陶。高领，口微侈，折沿，沿面有一周凹槽，圆唇下垂，束颈，横椭圆形腹呈蚕茧形，圜底。颈部有一周凹弦纹，腹部饰有七周横向细绳纹带。口径8.6、高18.0厘米（图八三，1；图版一二，3）。

陶釜　1件。M82：4，夹砂灰陶。侈口，卷沿，方唇下垂，束颈，溜肩，圆腹，圜底。肩腹交接处明显，肩部绳纹不显，上腹饰竖向绳纹，下腹及底部饰交错篮纹。口径18.0、肩径21.4、高18.0厘米（图八三，2；图版一二，4）。

40. M83

（1）墓葬概况

位置和层位关系　位于发掘区中东部，东邻M82，南邻M85，M86。该墓开口于扰土层下，向下打破生土，墓道开口距现地表深1.60米。方向255°。

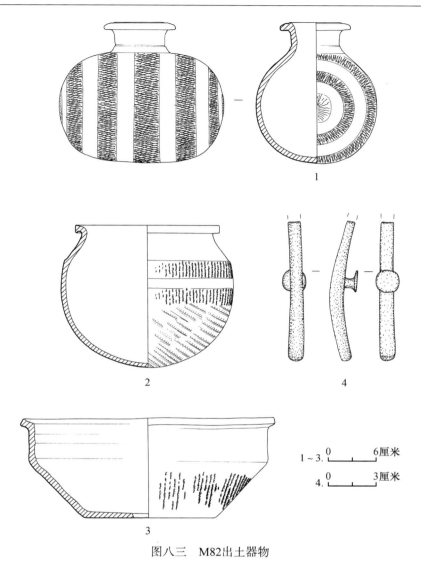

图八三 M82出土器物

1.陶茧形壶（M82：3） 2.陶釜（M82：4） 3.陶甑（M82：2） 4.铜带钩（M82：1）

　　形制与结构　竖穴墓道土洞墓，由墓道、墓室组成。墓道位于墓室西侧，墓道口平面呈长方形，墓壁较直，加工一般。墓道长4.00、宽3.04～3.08、深3.70米。墓底东、南、西三面设有生土二层台，二层台距墓口深2.50米，台宽：东壁宽及西壁0.92～0.98、南壁1.36米，台高1.20米。墓室为土洞室，平面呈长方形，弧形顶，墓室壁近直，加工一般。墓室长2.42、宽1.10～1.20、高1.20～1.40米，墓门高1.40米。

　　填土　墓道填土为黄褐色花土，较疏松。墓室内为黄褐色淤土，较软较疏松。

　　葬具　木棺。已腐朽，仅存棺痕，长1.38～1.44、宽0.54～0.56米。

　　人骨　一具。侧身屈肢葬，头向西，面向上，保存状况一般，性别不详，年龄为老年（图八四）。

　　（2）出土器物

　　共出土2件随葬品。铜带钩、铁器位于墓室中部。

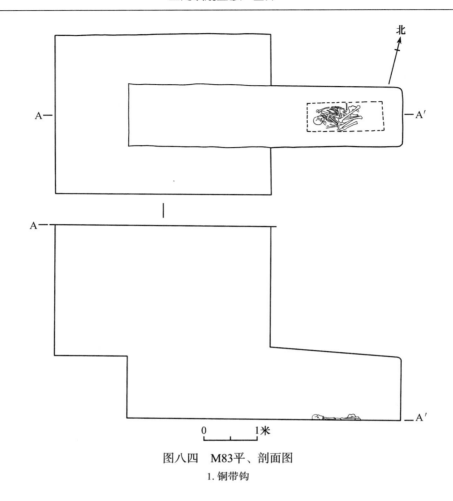

图八四　M83平、剖面图
1.铜带钩

　　铜带钩　1件。M83：1，曲棒形，横截面呈扁长条形，一端弯曲成钩首，背面中部略偏下处有一圆角方形柱钮，钩首上有两道凸棱，钩体上有三组共12条凸棱。长11.7、宽1.1厘米，钮径1.3、高0.8厘米（图八五，1；图版一一，6）。

　　铁器　1件。M83：2，呈长条形，残断，锈蚀严重，疑似铁刀残片。残长8.6、宽2.0厘米（图八五，2）。

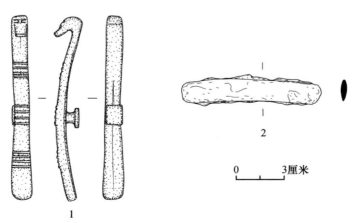

图八五　M83出土器物
1.铜带钩（M83：1）　2.铁器（M83：2）

41. M85

（1）墓葬概况

位置和层位关系　位于发掘区东部，东邻M80。该墓开口于扰土层下，向下打破生土，墓口距现地表深1.80米。方向270°。

形制与结构　竖穴墓道土洞墓，由墓道、墓室组成。墓道位于墓室西侧，口大底小，墓道口平面呈长方形，墓壁斜直，平底。墓道口长5.30、宽3.68米，墓道底长4.90、宽3.07米，墓底距墓口深4.91米。墓底北、南、西三面设有生土二层台，二层台距墓口深3.52米，台宽：北壁0.81、南壁0.74、西壁2.04米，台高1.41米。墓室为土洞室，平面近长方形，弧形顶，墓室直壁，加工一般。墓室长2.70、宽1.68～2.08、高1.30～1.80米，墓门高1.80米。

填土　墓道填土为黄褐色花土，较疏松，深度在0.80～3.50米之间的填土土质较硬，或为夯土，夯层不明显。墓室内为黄褐色淤土，较软较疏松。

葬具　木棺。已腐朽，残留棺痕，长2.14、宽0.98、厚0.03、残高0.12米。

人骨　一具。仰身屈肢葬，头向西，面向北，保存状况较差，性别、年龄不详（图八六；彩版四，1、3）。

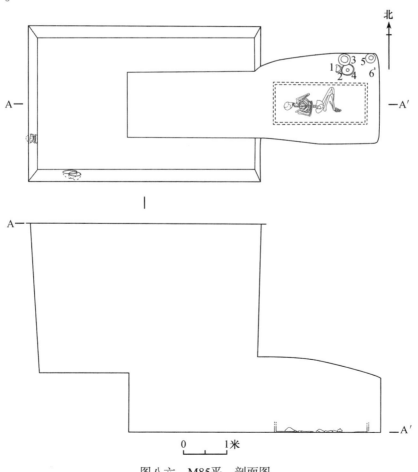

图八六　M85平、剖面图

1、4.陶盆　2.陶釜　3、5.陶罐　6.铜鍪

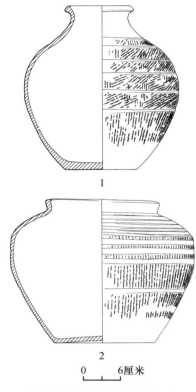

图八七　M85出土器物（一）

1、2. 陶罐（M85：5、3）

（2）出土器物

共出土6件随葬品。位于墓室东北角，分别为陶盆2件、陶釜1件、陶罐2件、铜錾1件。

陶罐　2件。M85：3、5，泥质灰陶。M85：3，微侈口，卷沿，方唇，沿面有一周凹槽，矮领，广肩，鼓腹，平底。肩上饰十二周凹弦纹，腹部饰六周抹断细绳纹。口径16.2、肩径29.2、底径16.0、高23.2厘米（图八七，2；图版一三，3）。M85：5，侈口，卷沿外翻，尖圆唇，束颈，溜肩，鼓腹，平底。肩及腹部饰七周抹断细绳纹。口径9.6、肩径24.6、底径11.2、高27.0厘米（图八七，1；图版一三，5）。

陶釜　1件。M85：2，夹砂灰陶。侈口，折沿外翻，唇面有一周凹弦纹，方唇下垂，束颈，溜肩，圆腹，圜底。肩腹交接处有一周凸棱，上腹饰细绳纹，下腹饰交错的指压纹，腹内壁有水渍痕迹。口径16.7、肩径22.7、高18.2厘米（图八八，1；图版一三，2）。

陶盆　2件。M85：1、4，夹砂灰陶。敞口，折沿外翻，沿面微凹，圆唇，折腹，上腹近直，下腹斜收，平底。M85：1，底面微凹，上腹饰有模糊细绳纹。口径29.7、底径12.2、高11.6厘米（图八八，2；图版一三，1）。M85：4，底面不平，器身局部有较浅的绳

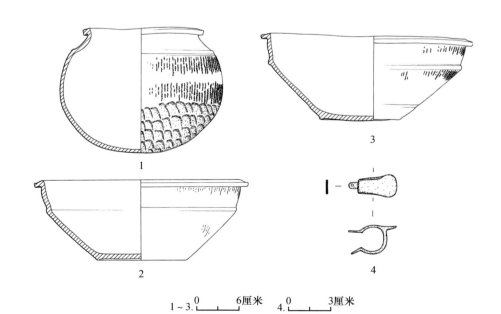

图八八　M85出土器物（二）

1. 陶釜（M85：2）　2、3. 陶盆（M85：1、4）　4. 铜錾（M85：6）

纹和轮制痕迹。口径29.5、底径11.0、高12.6厘米（图八八，3；图版一三，4）。

铜錾　1件。M85：6为漆器上的环耳錾。圆环状，环里侧未封口，上下伸出两个带圆孔的插片以固定于器壁，环上部向外伸出一翘尾。最大径2.1、开口宽1.7厘米（图八八，4；图版一三，6）。

42. M87

（1）墓葬概况

位置和层位关系　位于发掘区东部，东邻M88。该墓开口于扰土层下，向下打破生土，墓口距现地表深1.90米。方向264°。

形制与结构　竖穴墓道土洞墓，由墓道、墓室组成。墓道位于墓室西侧，口大底小，墓道口平面呈长方形，墓壁较斜直，底近平。墓道口长3.90、宽2.84米，墓底长3.06、宽1.94～2.04米，墓底距墓口深2.60米。墓道西壁、南壁各有脚窝2个，脚窝平面呈圆角三角形。墓室为土洞室，平面呈不规则四边形，弧形顶，墓室壁较直，底近平。墓室长1.40、宽0.92～1.26、高0.70～1.30米，墓门高1.30米。

填土　墓道填土为红褐色花土，土质较软较疏松。墓室内为黄褐色淤土，土质较硬。

葬具　木棺。已朽，人骨下有草木灰，长约1.48、宽0.20～0.72米。

人骨　一具。仰身屈肢葬，头向西，面向上，年龄、性别不详（图八九）。

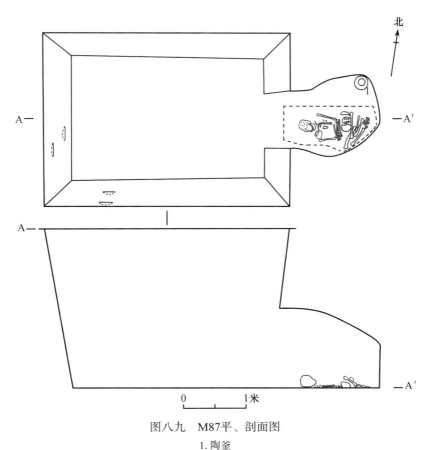

图八九　M87平、剖面图
1. 陶釜

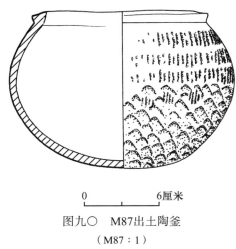

图九〇　M87出土陶釜

（M87：1）

（2）出土器物

共出土1件陶釜，位于墓室东北部。

陶釜　1件。M87：1，夹砂灰陶。敛口，重唇，圆肩，鼓腹，圜底。肩及上腹部饰旋断细绳纹，下腹及底部饰交错的长方形按压纹。口径14.1、肩径18.2、高13.0厘米（图九〇；图版一二，5）。

43. M90

（1）墓葬概况

位置和层位关系　位于发掘区西北部。该墓开口于地表土层下，向下打破生土，墓口距现地表深0.70米。方向278°。

形制与结构　竖穴墓道土洞墓，由墓道、墓室组成。墓道位于墓室西侧，口大底小，墓道口平面呈长方形，墓壁较直，底近平。墓道口长3.22、宽2.46米，墓道底长2.90、宽1.90～2.10米，墓底距墓口深2.50米。墓室为土洞室，平面近长方形，弧形顶，墓室壁较直，底近平。墓室长2.20、宽1.04～1.09、高0.80～1.30米，墓门高1.30米。

填土　墓道填土为红褐色夹杂黄褐色花土，土质较软较疏松。墓室内为红褐色淤土，较软较疏松。

葬具　不详。

人骨　一具。侧身屈肢葬，头向西北，面向上，蜷曲较甚，性别、年龄不详（图九一）。

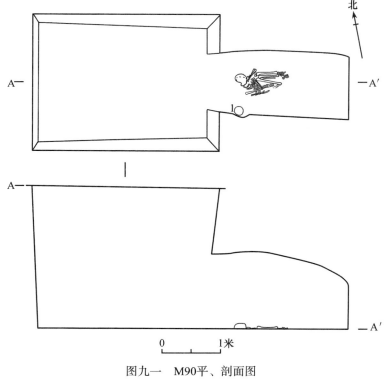

图九一　M90平、剖面图

1. 陶碗

（2）出土器物

共出土1件陶碗，位于墓室南壁壁龛内。

陶碗 1件。M90：1，泥质灰陶。敞口，折沿，方唇，折腹，上腹近直，下腹斜收，近平底，矮圈足。腹部有四周凹槽，器身有轮制痕迹。口径16.0、圈足径5.6、高6.7厘米（图九二；图版一二，6）。

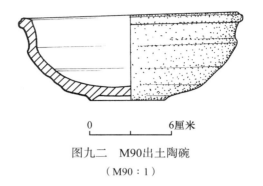

0   6厘米

图九二 M90出土陶碗
（M90：1）

44. M91

（1）墓葬概况

位置和层位关系 位于发掘区中部，北邻M94，东邻M90，南邻M92。该墓开口于扰土层下，向下打破生土，墓道开口距现地表深1.70米。方向266°。

形制与结构 竖穴墓道土洞墓，由墓道、墓室组成。墓道位于墓室西侧，口大底小，墓道口平面呈长方形，墓壁斜直，加工较好，平底。墓道口长4.60、宽3.36米，墓道底长4.00、宽2.54米，墓底距墓口深4.70米。墓室为土洞室，平面近长方形，弧形顶，墓室壁近直，加工一般。墓室长2.60、宽1.36～1.70、高1.20～1.42米，墓门高1.42米。

填土 墓道填土为黄褐色花土，较疏松。墓室内为黄褐色淤土，较软较疏松。

葬具 不详。人骨下见草木灰，残长1.54～1.74、残宽0.70～0.80米。

人骨 一具。仰身屈肢葬，头向西，面向南，保存状况一般，性别为女性，年龄不详（图九三；彩版四，2）。

（2）出土器物

随葬品共计11件（套）。铜壶、铁釜、陶罐、漆木盒各1件位于墓室近入口处北壁下，铜镜、料珠、铜带钩、蜻蜓眼玻璃珠、铁刀、漆木盒各1件位于人骨附近。

铜镜 1枚。M91：1，羽状纹地四叶镜。圆形，三弦钮，方形钮座。钮座四边中间各伸出一单片桃形叶纹，四叶下满铺羽状地纹。方缘。直径8.8、缘厚0.5、钮高0.5厘米（图九四，1；彩版八，2）。

铜壶 1件。M91：7，侈口，束颈，溜肩，鼓腹，平底，高圈足微外撇。上腹部附有一对兽面辅首，环已缺，肩腹部饰有三周凸棱。口径9.2、圈足底径12.1、高27.5厘米（图九四，2；彩版八，1）。

铁釜 1件。M91：8，锈蚀严重。侈口，折沿，尖唇，束颈，溜肩，鼓腹，圜底。肩腹部有一对称环耳，已残断。器盖为陶质，呈覆盆状，近直口，方唇，折腹，上腹近直，下腹斜收，近平底，腹部饰有一周凸棱。口径18.0、肩径23.0、高15.9厘米，盖口径19.8、底径10.7、高5.6厘米，通高20.3厘米（图九五，1）。

陶罐 1件。M91：9，泥质灰陶。子母口，重唇，矮领，鼓肩，弧腹，平底，矮假圈足。腹部饰有一周细绳纹和两周凹槽，颈部饰三周暗纹。器盖呈覆盆状，敞口，斜折沿，方唇，浅

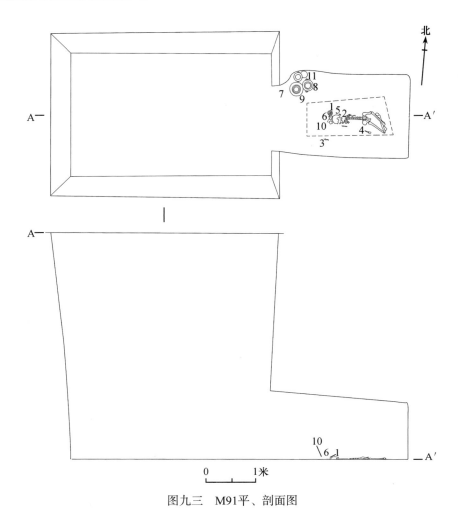

图九三　M91平、剖面图

1. 铜镜　2. 料珠　3、4. 铜带钩　5. 蜻蜓眼玻璃珠　6. 铁刀　7. 铜壶　8. 铁釜　9. 陶罐　10、11. 漆木盒

弧腹，近平底，矮圈足状捉手，腹部饰两周凹弦纹。罐口径16.8、肩径26.6、底径12.8、高17.2厘米，盖口径18.9、捉手径8.9、高6.1厘米，通高23.3厘米（图九五，2）。

　　铜带钩　2件。M91：3、4，均为琵琶形。M91：3，钩首残断，钩体扁宽，背弧，圆形柱钮，钩尾有两道凸棱。长14.2、宽3.2厘米，钮径1.5、高0.9厘米（图九六，1）。M91：4，钩首残断，钩体较窄，背弧渐宽，断面呈半圆形，圆形柱钮。长7.3、宽1.4厘米，钮径1.0、高0.6厘米（图九六，2；彩版八，4）。

　　铁刀　1件。M91：6，环首，有柄，刃部残断，刀身锈蚀严重。残长8.1厘米（图九六，3）。

　　蜻蜓眼玻璃珠　1组2枚。M91：5，呈不规则形，中部穿孔。器表呈天蓝色，外嵌白色蚌珠，大多已残佚。直径1.2厘米（图九六，5；彩版八，3）。

　　料珠　1组2枚。M91：2，呈六瓣花形，中部穿孔。器表呈米白色。直径1.1～1.2厘米（图九六，4；彩版八，5）。

　　漆木盒　2件。M91：10、11，皆已腐朽，无法提取。

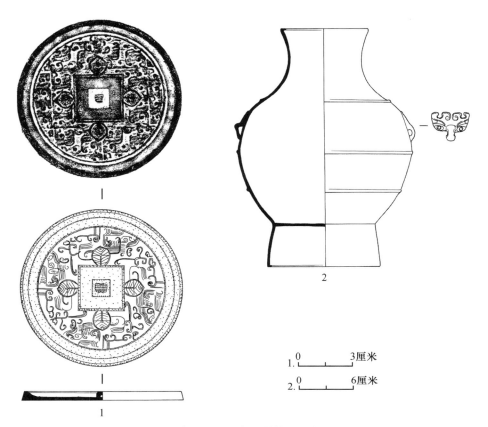

图九四 M91出土器物（一）
1. 铜镜（M91：1） 2. 铜壶（M91：7）

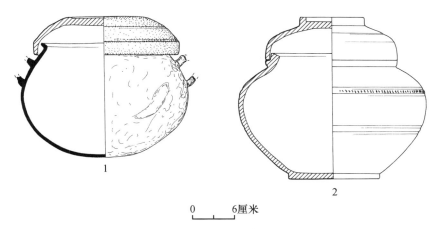

图九五 M91出土器物（二）
1. 铁釜（M91：8） 2. 陶罐（M91：9）

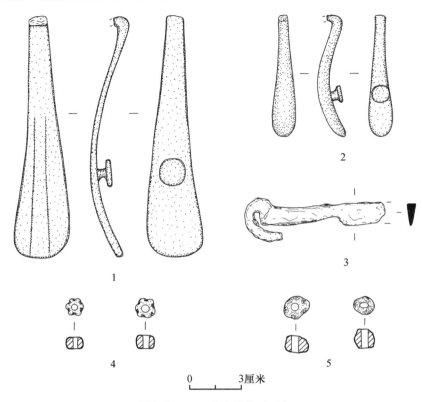

0　　　　3厘米

图九六　M91出土器物（三）

1、2.铜带钩（M91：3、4）　3.铁刀（M91：6）　4.料珠（M91：2）　5.蜻蜓眼玻璃珠（M91：5）

45. M94

（1）墓葬概况

位置和层位关系　位于发掘区南部，西邻M95。该墓开口于扰土层下，向下打破生土，墓口距现地表深1.55米。方向268°。

形制与结构　竖穴墓道土洞墓，由墓道、墓室组成。墓道位于墓室西侧，口大底小，墓道口平面呈长方形，墓壁斜直，平底。墓道口长3.30、宽2.35米，墓底长3.04、宽2.18米，墓底距墓口深2.80米。墓底北、西、南三面设有生土二层台，二层台距墓口深1.75米，台宽：北壁0.52、南壁0.48～0.59、西壁0.80～0.96米，台高1.03米。墓室为土洞室，平面呈长方形，弧形顶，墓室壁近直，加工一般。墓室长2.05、宽1.20～1.28、高1.31～1.45米，墓门高1.45米。

填土　墓道填土为黄褐色花土，较疏松。墓室内为黄褐色淤土，较软较疏松。

葬具　木棺。已腐朽，残存棺痕。

人骨　一具。仰身屈肢葬，头向西，面向南，保存状况较好，性别、年龄不详（图九七；彩版四，4）。

（2）出土器物

共出土7件（套）随葬品。陶釜、陶茧形壶、陶盆位于墓室东北部，铜带钩、铜印章位于墓室东侧，料塞、玉印章位于墓室近人骨处。

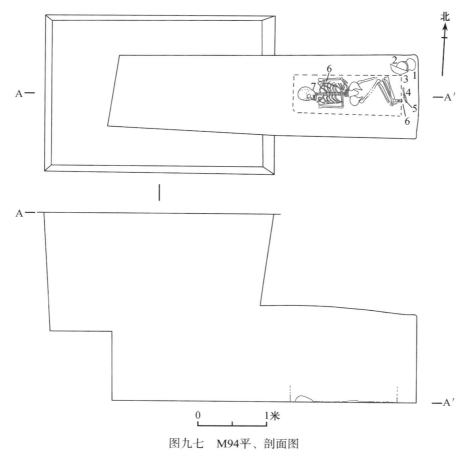

图九七 M94平、剖面图

1. 陶釜 2. 陶茧形壶 3. 陶盆 4. 铜带钩 5. 铜印章 6. 料塞 7. 玉印章

陶茧形壶 1件。M94：2，泥质灰陶。喇叭形口，折沿，方唇，束颈，横椭圆形腹呈蚕茧形，圜底。腹部饰有七周等间距横向细绳纹。口径10.0、腹径20.5、通高18.5厘米（图九八，1；彩版九，2）。

陶釜 1件。M94：1，夹砂灰陶。微侈口，折沿，尖圆唇，束颈，溜肩，鼓腹，圜底。上腹饰竖向细绳纹，下腹及底部饰交错绳纹。口径19.7、肩径22.3、通高16.0厘米（图九八，2；彩版九，1）。

陶盆 1件。M94：3，泥质灰陶。敞口，折沿，方唇，弧腹，平底。腹部饰有三周凹槽。口径25.2、底径13.4、高10.7厘米（图九八，3）。

铜带钩 1件。M94：4，曲棒形，钩体较长，断面呈圆形，钩首为蛇形，颈部稍细，背面中部偏上处有圆形柱钮。通长22.6、宽1.3、钮径1.3、高0.8厘米（图九八，4；彩版九，5）。

铜印章 1枚。M94：5，方形，桥形钮，锈蚀严重，镌刻文字不详。边长1.1、高1.0厘米（图九八，5；彩版九，6）。

料塞 1组2枚。M94：6，呈柱状，横截面为八边形。M94：6-1，个体较大，边长1.2、高2.4厘米。M94：6-2，个体较小，边长0.7、高1.9厘米（图九八，6；彩版九，3）。

玉印章 1枚。M94：7，青玉质。方形，盝顶，桥形钮，镌刻阳文。边长0.9～1.0、高1.9厘米（图九八，7；彩版九，4）。

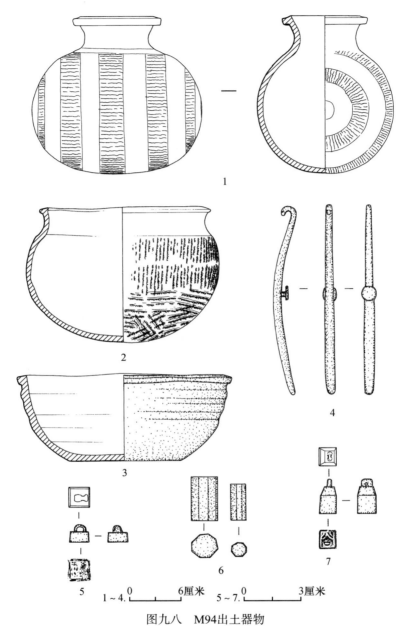

图九八　M94出土器物

1. 陶茧形壶（M94：2）　2. 陶釜（M94：1）　3. 陶盆（M94：3）

4. 铜带钩（M94：4）　5. 铜印章（M94：5）　6. 料塞（M94：6）　7. 玉印章（M94：7）

46. M95

（1）墓葬概况

位置和层位关系　位于发掘区中部偏南，东邻M94。该墓开口于地表土层下，向下打破生土，墓口距现地表深0.50米。方向278°。

形制与结构　长方形竖穴土坑墓。口大底小，墓口平面近长方形，墓壁斜直。墓口长

2.76、宽2.04～2.08米，墓室长1.83～1.88、宽0.65～0.73米，墓室距墓口深2.21米。墓室四面设有生土二层台，二层台距墓口深1.85米，台宽：北壁0.48、南壁0.52、西壁0.08、东壁0.36米，台高0.40米。

　　填土　黄褐色花土。

　　葬具　不详。

　　人骨　一具。仰身屈肢葬，头向西，面向不详（图九九）。

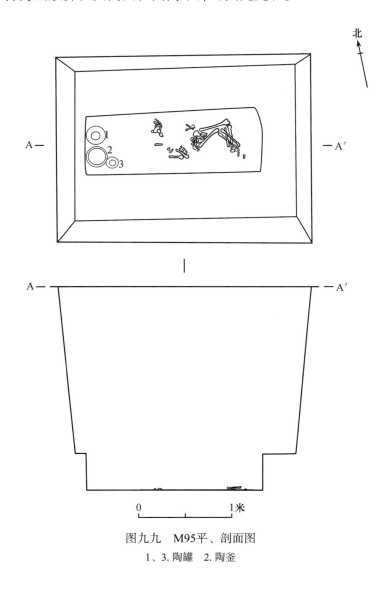

图九九　M95平、剖面图
1、3.陶罐　2.陶釜

（2）出土器物

　　共出土3件随葬品。位于墓葬西侧，有陶罐2件、陶釜1件。

　　陶罐　2件。泥质灰陶。M95：1，侈口，微卷沿外翻，沿面内凹，方唇，束颈，鼓肩，弧腹，下腹斜内收，平底。上腹部饰六周旋断细绳纹。口径12.2、肩径22.0、底径12.2、通高

24.8厘米（图一〇〇，1；图版一四，1）。M95：3，微侈口，方唇，矮领，领部有一对对称圆孔，弧肩，鼓腹，平底。上腹部饰三周凸弦纹，器身有轮制和修整痕迹。口径7.5、肩径12.5、底径6.0、通高9.0厘米（图一〇〇，3；图版一四，3）。

陶釜　1件。M95：2，夹砂灰陶。侈口，折沿，沿面内凹，方唇，束颈，溜肩，鼓腹，圜底。口部烧制变形，肩腹交接处有一周凸棱，上腹饰竖向细绳纹，下腹部饰有交错粗绳纹，器表有烟熏痕迹。口径19.3、肩径22.5、高16.0厘米（图一〇〇，2；图版一四，2）。

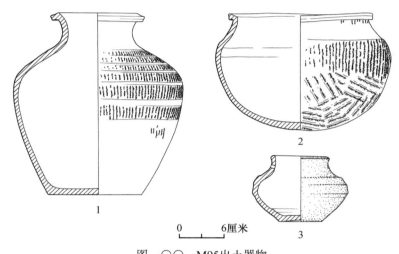

图一〇〇　M95出土器物
1、3.陶罐（M95：1、3）　2.陶釜（M95：2）

47. M99

（1）墓葬概况

位置和层位关系　位于发掘区中部，东邻M98。该墓开口于地表土层下，向下打破生土，墓口距现地表深0.48米。方向262°。

形制与结构　竖穴墓道土洞墓，由墓道、墓室组成。墓道位于墓室西侧，口大底小，墓道口平面呈长方形，加工一般。墓道口长3.76、宽2.76米，墓道底长3.47、宽2.65米，墓底距墓口深3.08米。墓室为土洞室，平面近长方形，弧形顶，平底，加工较一般。墓室长2.24、宽1.24、高0.68～1.36米，墓门高1.36米。

填土　墓道填土为黄褐色花土，土质上方松软，下方坚硬。墓室内土质坚硬，混有植物根茎。

葬具　木棺。已朽，人骨下发现草木灰，长1.62、宽0.66、厚约0.05米。

人骨　一具。侧身屈肢葬，头向西，面向南，保存状况较差，年龄、性别不详（图一〇一）。

（2）出土器物

共出土6件随葬品。陶盆、陶釜位于墓室西北角，铜带钩、铁刀位于人骨西北角，铜环位于

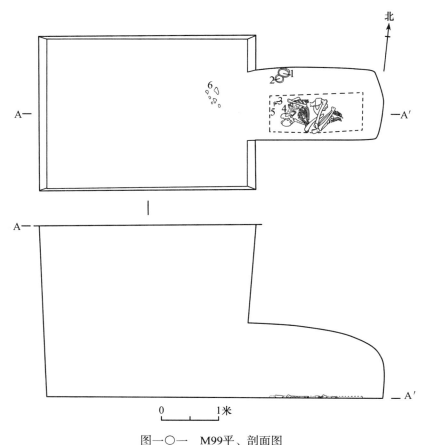

图一〇一 M99平、剖面图

1.陶盆 2.陶釜 3.铜带钩 4.铜环 5.铁刀 6.铁犁铧

人骨头骨、手骨附近。另于墓道内发现铁犁铧1件，应是建造墓葬的工具。

陶盆 1件。M99：1，泥质灰陶。敞口，平折沿，方唇，弧腹，近平底，矮圈足。腹部有四周凸弦纹。口径20.2、底径8.4、高10.2厘米（图一〇二，1；图版一四，4）。

陶釜 1件。M99：2，夹砂灰陶。侈口，卷沿上扬，方唇，束颈，溜肩，鼓腹，圜底。肩腹部饰有两周凸弦纹，上腹部饰竖向细绳纹，下腹部和底饰交错粗绳纹。器内壁不规整，有指压痕迹。口径16.8、肩径18.3、通高12.0厘米（图一〇二，2；图版一四，5）。

铜带钩 1件。M99：3，曲棒形，横截面呈椭圆形，钩首残，颈部稍细，背面中部略偏下处有圆形柱钮，钩体颈部饰有两道凸棱，尾部饰有两道凹棱。通长6.8、宽2.2厘米，钮径1.3厘米，高0.7厘米（图一〇二，4；图版一四，6）。

铜环 1件。M99：4，已残，断面呈圆形。外径2.6、内径1.8厘米（图一〇二，6）。

铁刀 1件。M99：5，环首，刀身残断，锈蚀严重。残长10.8、宽2.8厘米（图一〇二，3）。

铁犁铧 1件。M99：6，残断，部分残块呈三角形。背面拱起，两翼开刃。残长8.6、宽15.0厘米（图一〇二，5）。

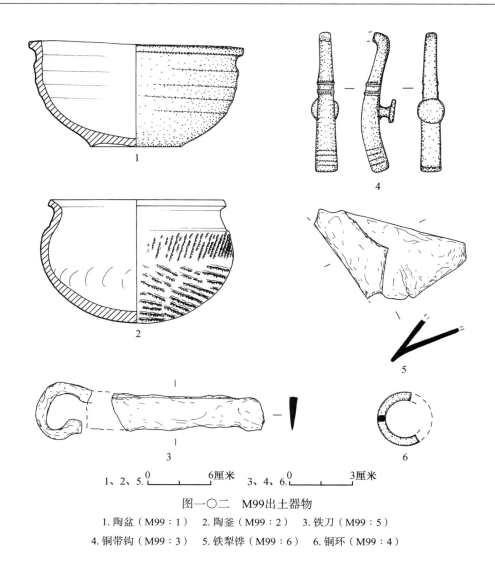

图一〇二　M99出土器物

1. 陶盆（M99：1）　2. 陶釜（M99：2）　3. 铁刀（M99：5）
4. 铜带钩（M99：3）　5. 铁犁铧（M99：6）　6. 铜环（M99：4）

48. M102

（1）墓葬概况

位置和层位关系　位于发掘区中部。该墓开口于地表土层下，向下打破生土，墓口距现地表深0.64米。方向265°。

形制与结构　竖穴墓道土洞墓，由墓道、墓室和壁龛三部分组成。墓道位于墓室西侧，口大底小，墓道平面呈不规则四边形，墓壁斜直，加工一般。墓道口长3.28～3.36、宽2.52米，墓道底长3.12、宽1.88～2.00米，墓底距墓口深4.32米。墓道西侧各有2个脚窝。墓室为土洞室，平面近长方形，平顶，墓室壁较直，加工一般，底近平，比墓道底部高0.10米。底长1.74、宽0.88～1.08、高1.04米，墓门高1.04米。墓室北壁偏南有一壁龛，口部呈半圆形，拱顶，长0.44、高0.20、进深0.16米。

填土　墓道填土为红褐色花土，较软较疏松。墓室内为黄褐色淤土，较软较疏松。

　　葬具　木棺。已腐朽，残留棺痕，长1.20、宽0.60米。

　　人骨　一具。仰身屈肢葬，头向西，面向南，保存状况一般，性别、年龄不详（图一○三）。

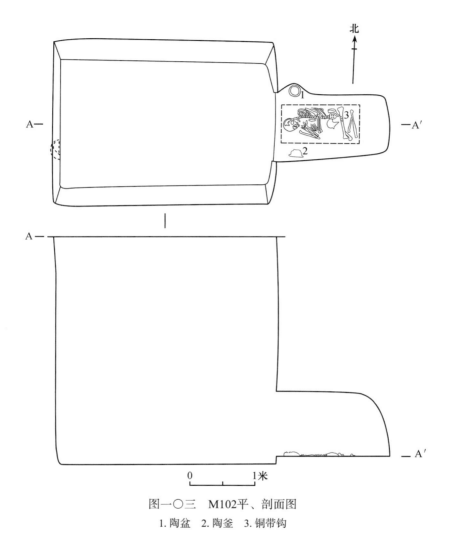

图一○三　M102平、剖面图
1. 陶盆　2. 陶釜　3. 铜带钩

　　（2）出土器物

　　共出土3件随葬品。陶盆位于墓室西北侧，陶釜位于墓室西南侧，铜带钩位于人骨右腿下。

　　陶盆　1件。M102：1，泥质灰陶。近直口，平折沿，方唇，唇下内凹，弧腹，近平底，矮圈足。腹部饰有四周凸棱，腹内壁饰有三周凹弦纹。口径21.2、圈足径9.0、高9.8厘米（图一○四，1；图版一五，3）。

　　陶釜　1件。M102：2，夹砂灰陶。侈口，折沿，沿面微凹，斜方唇，束颈，溜肩，鼓腹，圜底。肩腹交接明显，有一周凸弦纹，上腹饰竖向细绳纹，下腹及底部饰斜向交错粗绳纹。口径14.8、肩径17.6、高12.4厘米（图一○四，2；图版一五，1）。

　　铜带钩　1件。M102：3，琵琶形，个体较小。钩首残，钩体渐宽，钩尾呈扁圆形，背面有圆形柱钮。长4.8、宽1.4厘米，钮径1.1、高0.6厘米（图一○四，3；图版一五，2）。

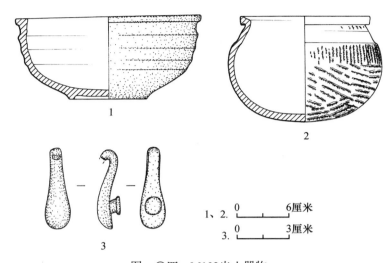

图一〇四　M102出土器物

1. 陶盆（M102∶1）　2. 陶釜（M102∶2）　3. 铜带钩（M102∶3）

49. M103

（1）墓葬概况

位置和层位关系　位于发掘区南部，西邻M104，东邻M102。该墓开口于扰土层下，向下打破生土，墓道开口距现地表深2.00米。方向252°。

形制与结构　竖穴墓道土洞墓，由墓道、墓室组成，墓道位于墓室西侧。口大底小，墓道口平面呈长方形，墓壁斜直，加工较好，平底。墓道口长4.20、宽2.80～2.88米，墓道底长3.92、宽2.57～2.73米，墓底距墓口深4.00米。墓室为土洞室，平面近长方形，弧形顶，墓室壁近直，加工一般。墓室长2.30、宽1.12～1.42、高1.20～1.50米，墓门高1.50米（图一〇五）。

填土　墓道填土为黄褐色花土，较疏松。墓室内为黄褐色淤土，较软较疏松。

葬具　不详。人骨下见草木灰。

人骨　仅见股骨，葬式不详，性别、年龄不详。

（2）出土器物

共出土4件随葬品。陶罐、陶壶、陶釜位于墓室西南部，铜镜位于墓室西北部。

陶罐　1件。M103∶1，泥质灰陶。微侈口，卷沿，重唇，束颈，圆肩，鼓腹，平底。器身饰六周抹断细绳纹。口径16.4、肩径27.0、底径15.0、高23.4厘米（图一〇六，1；图版一五，4）。

陶壶　1件。M103∶2，夹砂灰陶。浅盘口，平折沿，束颈，溜肩，鼓腹，平底。素面。口径9.4、底径6.4、高19.8厘米（图一〇六，3；图版一五，5）。

陶釜　1件。M103∶3，夹砂灰陶。微侈口，折沿，沿面微凹，尖圆唇，束颈，溜肩，鼓腹，圜底。肩腹部饰竖向细绳纹，底部饰交错细绳纹。腹部有烟熏痕迹。口径12.2、肩径17.7、高13.6厘米（图一〇六，2；图版一五，6）。

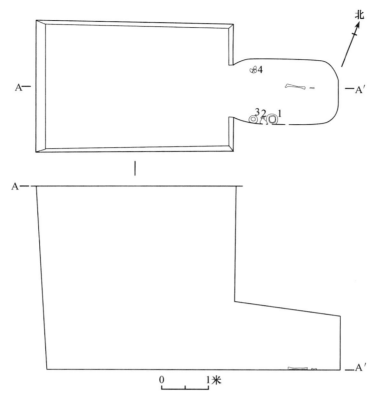

图一〇五 M103平、剖面图
1.陶罐 2.陶壶 3.陶釜 4.铜镜

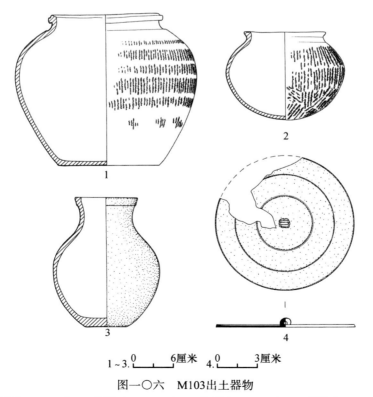

图一〇六 M103出土器物
1.陶罐（M103：1） 2.陶釜（M103：3） 3.陶壶（M103：2） 4.铜镜（M103：4）

铜镜　1枚。M103：4，残。弦纹镜。镜钮为三弦钮，方缘，镜背饰有两周凸弦纹。直径10.4、缘厚0.2、钮高0.5厘米（图一〇六，4）。

50. M104

（1）墓葬概况

位置和层位关系　位于发掘区中部，该墓开口于扰土层下，向下打破生土，墓口距现地表深0.70米。方向273°。

形制与结构　竖穴墓道土洞墓，由墓道、墓室和壁龛组成。墓道位于墓室西侧，口大底小，墓道口平面呈长方形，墓壁斜直，加工较好，平底。墓道口长4.26、宽3.20米，墓道底长3.70、宽2.55米，墓底距墓口深3.70米。墓室为土洞室，平面近长方形，弧形顶，墓室壁近直，加工一般。墓室长2.56、宽1.25、高1.30～1.60米，墓门高1.60米。墓室北壁近墓门处有一壁龛，口部平面呈半圆形，拱顶，长0.40、高0.20、进深0.20米。

填土　墓道填土为黄褐色花土，较疏松。墓室内为黄褐色淤土，较软较疏松。

葬具　木棺。已腐朽，残存棺痕，长1.96、宽0.86米。

人骨　一具。仰身屈肢葬，头向西，面向上，保存状况较好，性别、年龄不详（图一〇七）。

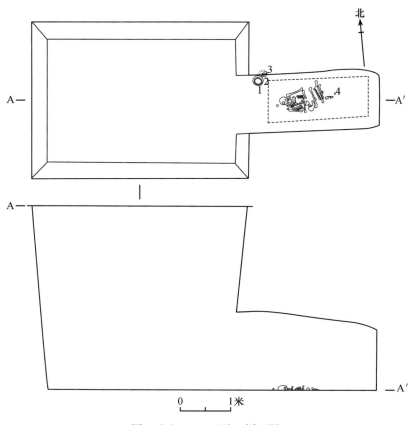

图一〇七　M104平、剖面图

1. 陶罐　2. 铁釜　3. 铜勺　4. 铜带钩

（2）出土器物

共出土4件随葬品。陶罐、铁釜、铜勺位于墓室北壁壁龛内，铜带钩位于墓室东部人骨趾骨处。

陶罐　1件。M104：1，泥质灰陶。微侈口，卷沿，方唇，矮领，圆肩，弧腹，平底。腹部饰两周抹断细绳纹。口径14.5、肩径21.6、底径12.0、高17.8厘米（图一〇八，1；图版一六，1）。

铁釜　1件。M104：2，锈蚀严重。侈口，卷沿，尖唇，束颈，溜肩，扁鼓腹，圜底。肩部有对称双环形耳，已残。口径13.6、肩径15.6、通高10.8厘米（图一〇八，2）。

铜勺　1件。M104：3，勺体呈椭圆形，浅腹，柄中空，上端残。残长7.6、宽4.6厘米（图一〇八，4；图版一六，2）。

铜带钩　1件。M104：4，琵琶形，钩首呈蛇形，颈部较细，钩身渐宽，钩尾呈扁圆形，背面有圆形柱钮。长8.5、宽3.6厘米，钮径2.2、高1.0厘米（图一〇八，3；图版一六，4）。

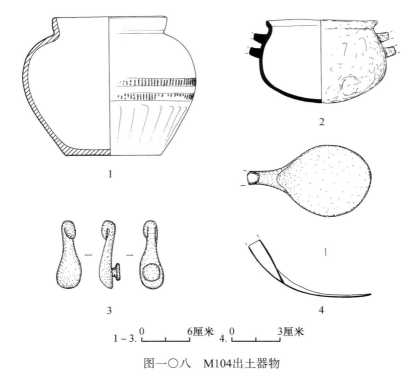

1 ~ 3. |0_____6厘米　4. |0____3厘米

图一〇八　M104出土器物

1.陶罐（M104：1）　2.铁釜（M104：2）　3.铜带钩（M104：4）　4.铜勺（M104：3）

51. M105

（1）墓葬概况

位置和层位关系　位于发掘区中部，西邻M107。该墓开口于地表土层下，向下打破生土，墓口距现地表深0.70米。方向266°。

形制与结构　竖穴墓道土洞墓，由墓道、墓室组成。墓道位于墓室西侧，口大底小，墓道口平面呈长方形，墓壁斜直，加工一般。墓道口长2.90、宽2.12米，墓道底长2.74、宽1.90米，墓底距墓口深2.30米。墓室为土洞室，平面近长方形，平顶，底近平，比墓道底部高0.14米，墓室壁较直，加工一般。墓室长1.90、宽0.66~0.76、高1.20米，墓门高1.20米。

　　填土　墓道填土为黄褐色花土，较软较疏松。墓室内为黄褐色淤土，较软较疏松。

　　葬具　木棺。已腐朽，残留棺痕，长1.22、宽0.56米。

　　人骨　一具。侧身屈肢葬，头向西，面向南，保存状况一般，性别、年龄不详（图一〇九）。

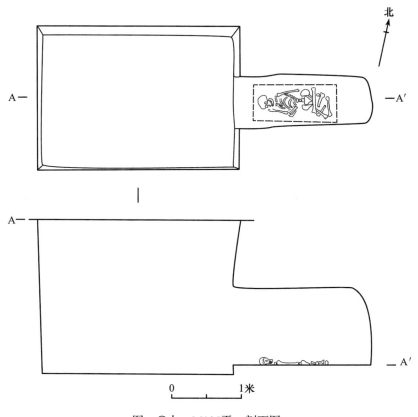

图一〇九　M105平、剖面图

（2）出土器物

共出土1件铁器，位于人骨右股骨下。

　　铁器　1件。M105：1，锈蚀严重，一端较尖呈铁锥状，一端弯曲。残长8.0厘米（图一一〇）。

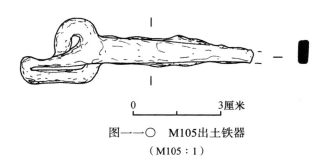

图一一〇　M105出土铁器

（M105：1）

52. M107

（1）墓葬概况

位置和层位关系　位于发掘区西部，西邻M114。该墓开口于地表土层下，向下打破生土，墓口距现地表深0.70米。方向280°。

形制与结构　竖穴墓道土洞墓，由墓道、墓室和壁龛三部分组成。墓道位于墓室西侧，口大底小，墓道口平面近梯形，墓道口长3.20、宽2.60米，墓道底长2.56、宽2.06米，墓底距墓口深3.09米。墓底北、南、西三面设有生土二层台，二层台距墓口深2.48米，台宽：北壁0.43～0.57、南壁0.46～0.49、西壁0.60米。墓室为土洞室，平面近长方形，弧形顶，墓室壁较直，加工一般。墓室长1.94、宽1.20、高0.59～1.13米，墓门高1.13米。墓室北壁有一壁龛，口部呈半圆形，拱顶，长0.30、高0.16、进深0.12米。

填土　墓道填土为红褐色花土，土质较软较疏松。墓室内为黄褐色淤土，较软较疏松。

葬具　木棺。已腐朽，残存棺痕，长1.56、宽约0.72米。

人骨　一具。仰身屈肢葬，头朝西，面向上，保存状况良好，性别、年龄不详（图一一一）。

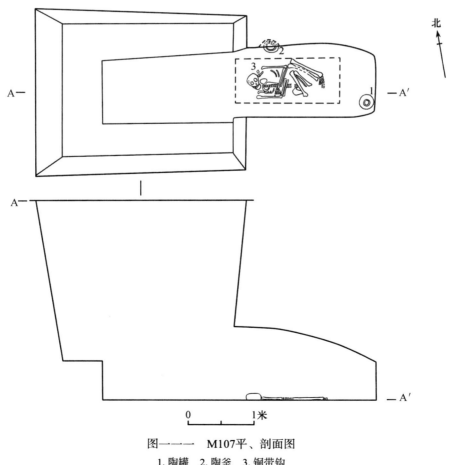

图一一一　M107平、剖面图

1. 陶罐　2. 陶釜　3. 铜带钩

（2）出土器物

共出土3件随葬品。陶罐位于墓室东南角，陶釜位于墓室北侧壁龛内，铜带钩位于头骨北侧。

陶罐　1件。M107：1，泥质灰陶。侈口，折沿，沿面内凹，方唇，束颈，溜肩，鼓腹，平底。肩腹交接明显，腹部饰模糊的细绳纹。口径11.6、肩径23.5、底径12.4、高26.2厘米（图一一二，1；图版一六，5）。

陶釜　1件。M107：2，夹砂灰陶。侈口，折沿，沿面微凹，方唇，束颈，溜肩，鼓腹，圜底。肩腹交接处明显，有一周凸棱。上腹饰三周旋断细绳纹，下腹及底部饰竖向交错粗绳纹。器形烧造严重变形，腹及底部有烟熏痕迹。口径20.0、肩径21.5、通高14.0厘米（图一一二，2；图版一六，3）。

铜带钩　1件。M107：3，琵琶形，整体较厚重。钩首为蛇形，钩体渐宽，背部有圆形柱钮，钩尾呈扁圆形。长10.8、宽2.8厘米，钮径2.5、高1.2厘米（图一一二，3；图版一六，6）。

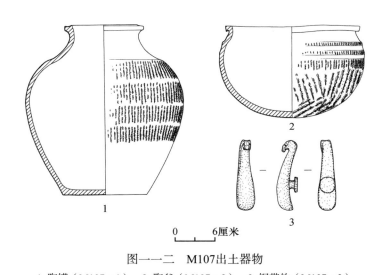

0　　　6厘米

图一一二　M107出土器物

1.陶罐（M107：1）　2.陶釜（M107：2）　3.铜带钩（M107：3）

53. M108

（1）墓葬概况

位置和层位关系　位于发掘区中部偏西，西邻M111。该墓开口于现代扰土层下，向下打破生土，墓口距地表1.20米。方向260°。

形制与结构　竖穴墓道土洞墓，由墓道、墓室和壁龛三部分组成。墓室位于墓道东侧，口底同大，墓道口平面呈为长方形，四壁较直，平底。墓道长3.10、宽2.00、深3.99米。墓底北、南、西三面设有生土二层台，二层台距墓口深3.10米，台宽：北壁0.38～0.46、南壁0.39～0.50、西壁0.91米，台高0.90米。墓室为土洞室，平面近长方形，弧形顶，平底。墓室长

2.00、宽1.20、高0.60~1.09米，墓门高1.09米。墓室南壁有一壁龛，口部呈半圆形，拱顶，长0.26、高0.20、进深0.18米。

填土　黄褐色花土，土质较硬。

葬具　不详。

人骨　一具。葬式不详，性别、年龄不详（图一一三）。

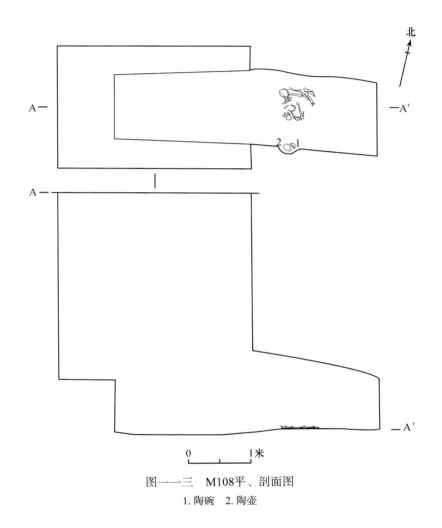

图一一三　M108平、剖面图
1. 陶碗　2. 陶壶

（2）出土器物

共出土2件随葬品。位于墓室南壁偏西的壁龛内，为陶碗、陶壶。

陶碗　1件。M108：1，泥质灰陶。敞口，平折沿，方唇，折腹，上腹近直，下腹弧收，近平底，矮圈足。素面。口径16.2、圈足径5.4、高6.6厘米（图一一四，2；图版一七，2）。

陶壶　1件。M108：2，夹砂灰陶。浅盘口，卷沿，方唇，束颈，溜肩，鼓腹，平底。颈腹部饰有四组8周凹弦纹。口径8.4、底径7.6、高17.0厘米（图一一四，1；图版一七，1）。

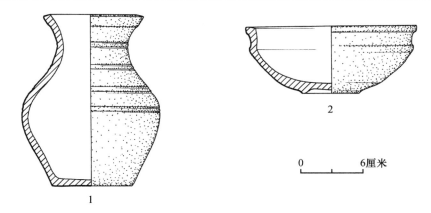

图——四　M108出土器物
1. 陶壶（M108：2）　2. 陶碗（M108：1）

54. M110

（1）墓葬概况

位置和层位关系　位于发掘区中南部。该墓开口于扰土层下，向下打破生土，墓口距现地表深2.00米。方向262°。

形制与结构　竖穴墓道土洞墓，由墓道、墓室和壁龛三部分组成。墓道位于墓室西侧，口大底小，墓道口平面呈长方形，墓壁斜直，加工较好，平底。墓道口长4.21、宽3.14米，墓道底长3.43、宽2.57米，墓底距墓口深4.00米。墓室为土洞室，平面近长方形，弧形顶，墓室壁近直，加工一般。墓室长2.10、宽1.24、高1.10～1.65米，墓门高1.65米。墓室北壁有一壁龛，龛口立面呈半圆形，拱顶，长0.66、高0.28、进深0.30米。

填土　墓道填土为黄褐色花土，较疏松。墓室内为黄褐色淤土，较软较疏松。

葬具　木棺。已腐朽，残存棺痕，长1.42、宽0.76米。

人骨　一具。仰身屈肢葬，头向西，面向北，保存状况较好，性别、年龄不详（图一一五）。

（2）出土器物

共出土7件随葬品。陶罐、陶釜、陶盆、陶甑位于墓室北侧的壁龛内，铜带钩、料塞、铁器位于人骨附近。

陶罐　1件。M110：1，泥质灰陶。侈口，卷沿，尖唇，束颈，鼓肩，弧腹，平底。肩腹交接处有一周凸弦纹，腹部饰六周旋断细绳纹。口径11.4、肩径22.0、底径12.6、高22.4厘米（图一一六，1；图版一八，1）。

陶釜　1件。M110：2，夹砂灰陶。敛口，平折沿，尖唇，圆肩，弧腹，圜底。肩部有一周凹弦纹，上腹部饰有三周旋断细绳纹，下腹及底部饰交错的长方形按压纹。口径15.2、肩径20.0、高15.2厘米（图一一六，2；图版一八，2）。

陶盆　1件。M110：3，泥质灰陶。敞口，折沿，方唇，弧腹，近平底，矮圈足。腹部饰有四周凸弦纹。口径22.0、底径8.2、高9.4厘米（图一一六，3；图版一八，3）。

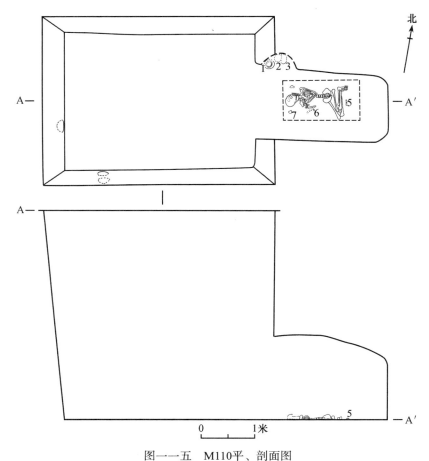

图一一五　M110平、剖面图
1.陶罐　2.陶釜　3.陶盆　5.铜带钩　6.料塞　7.铁器

陶瓶　1件。M110：4，泥质灰陶。敞口，折沿，方唇，弧腹，近平底，矮圈足，底部正中有一圆孔。腹部饰有三周凸弦纹。口径22.4、圈足径9.0、高10.0厘米（图一一六，4；图版一八，4）。

铜带钩　1件。M110：5，曲棒形，作蛇状。钩首残，颈部细长，背部有圆形柱钮，钩体近柱钮处有两道凹弦纹，钩尾呈蛇尾状。残长11.4、宽1.2厘米，钮径1.1、高0.7厘米（图一一六，5；图版一八，5）。

料塞　1枚。M110：6，八棱柱形。长2.1、宽0.9厘米（图一一六，6；图版一八，6）。

铁器　1件。M110：7，锈蚀严重，残断成数块，器形不明。疑似铁工具，残长7.0、宽4.9厘米（图一一六，7）。

55. M114

（1）墓葬概况

位置和层位关系　位于发掘区西部，北邻M115。该墓开口于扰土层下，向下打破生土，墓口距现地表深1.90米。方向270°。

形制与结构　竖穴墓道土洞墓，由墓道、墓室组成。墓道位于墓室西侧，口大底小，墓道

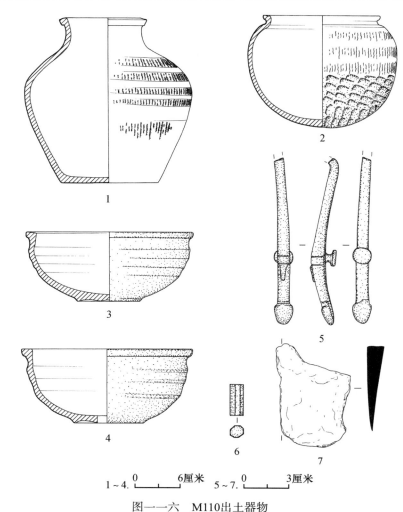

图一一六　M110出土器物

1. 陶罐（M110∶1）　2. 陶釜（M110∶2）　3. 陶盆（M110∶3）　4. 陶甑（M110∶4）

5. 铜带钩（M110∶5）　6. 料塞（M110∶6）　7. 铁器（M110∶7）

口平面呈长方形，墓道口长4.40、宽3.00米，墓道底长4.20、宽2.75～2.82、墓底距墓口深4.00米。墓底北、南、西三面设有生土二层台，二层台距墓口深2.73米，台宽：北壁0.56～0.67、南壁0.70～0.75、西壁1.43米，台高1.31米。在墓道西壁有脚窝2个，南壁1个。墓室为土洞室，平面近长方形，弧形顶，底近平，墓室壁较直，加工一般。墓室长2.40、宽1.50、高1.30～1.80米，墓门高1.80米。

填土　墓道填土为黄褐色花土，土质较硬。墓室内为黄褐色淤土，较软较疏松。

葬具　不详。人骨下有草木灰，长1.60、宽0.77米。

人骨　一具。葬式不详，头向、面向不明，保存状况较差，性别、年龄不详（图一一七）。

（2）出土器物

共出土4件随葬品。陶釜、陶罐位于墓室西南角，玉印章位于人骨东侧，铜带钩位于墓室西部。

铜带钩　1件。M114∶1，琵琶形。钩首呈蛇形，钩尾呈扁圆形，背部有圆形柱钮。钩面铸

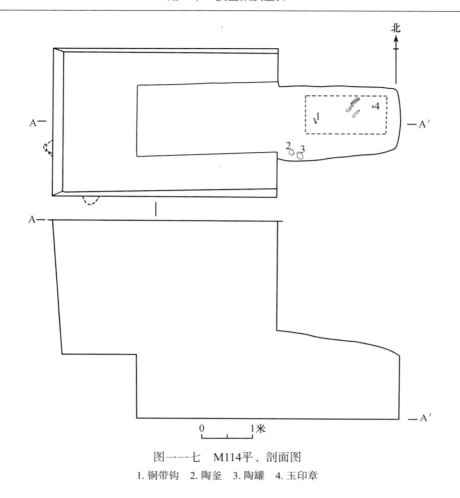

图一一七　M114平、剖面图
1. 铜带钩　2. 陶釜　3. 陶罐　4. 玉印章

V形、X形纹和涡纹。长12.1、宽3.5厘米，钮径2.0、高1.0厘米（图一一八，3；彩版一〇，1）。

　　陶釜　1件。M114：2，夹砂灰陶。侈口，卷沿，沿面微凹，方唇，束颈，溜肩，鼓腹，圜底。肩腹交接明显，上腹饰弦断细绳纹，下腹饰较深的不规则形按压纹。口径14.4、肩径20.5、高17.6厘米（图一一八，2；彩版一〇，2）。

　　陶罐　1件。M114：3，泥质灰陶。侈口，折沿，沿面微凹，方唇，束颈，溜肩，鼓腹，平底。颈肩部绳纹不显，腹部饰九周旋断细绳纹。颈部有刻画，内容不辨。口径9.4、肩径24.3、底径12.8、高25.3厘米（图一一八，1；彩版一〇，3、4）。

　　玉印章　1枚。M114：4，青玉质。长方形，桥形钮。阴线刻字，四周有阴线刻的方框。长1.9、宽1.4、高1.7厘米（图一一八，4；彩版一〇，5、6）。

56. M115

（1）墓葬概况

　　位置和层位关系　位于发掘区西部，北邻M116。该墓开口于地表土层下，向下打破生土，墓口距现地表深1.90米。方向270°

　　形制与结构　竖穴墓道土洞墓，由墓道、墓室组成。墓道位于墓室西侧，口大底小，墓道口平面呈长方形，墓道口长3.93、宽2.64～2.71米，墓道底长3.61、宽2.38～2.44，墓底距

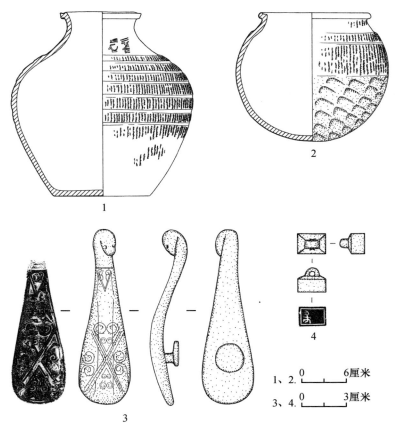

图一一八　M114出土器物

1. 陶罐（M114:3）　2. 陶釜（M114:2）

3. 铜带钩（M114:1）　4. 玉印章（M114:4）

墓口深3.21米。墓底北、南、西三面设有生土二层台，二层台距墓口深2.28米，台宽：北壁0.49～0.53、南壁0.73～0.79、西壁1.06～1.11米，台高0.99米。在墓道西壁和南壁分别有脚窝2个。墓室为土洞室，平面近长方形，弧形顶，墓室壁较直，加工一般。墓室长2.29、宽1.00～1.29、高1.00～1.43米，墓门高1.43米。墓室北壁近后壁处有一壁龛，立面呈半圆形，高0.40、宽0.32、进深0.05米。

填土　墓道填土为黄褐色花土，土质较硬。墓室内为黄褐色淤土，较软较疏松。

葬具　不详。

人骨　一具。仰身屈肢葬，头朝西，面向上，保存状况差，性别为女性，年龄不详（图一一九）。

（2）出土器物

共出土3件随葬品。陶罐位于墓室北侧壁龛内，铁器位于头骨南侧，玉环位于盆骨南侧。

陶罐　1件。M115:1，泥质灰陶。侈口，折沿外翻，沿面微凹，方唇，束颈，溜肩，鼓腹，平底。肩部有戳印文字，内容不辨。腹部饰八周旋断细绳纹。口径9.6、肩径24.3、底径12.4、高24.8厘米（图一二〇，1；图版一七，3、4）。

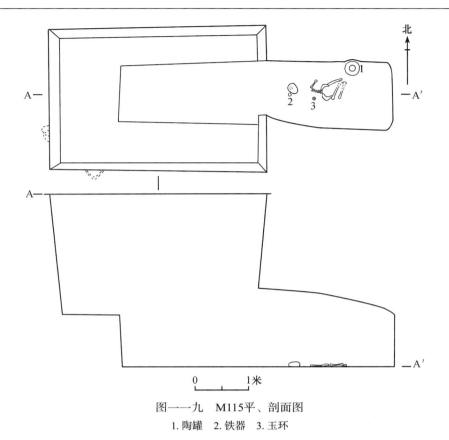

图一一九　M115平、剖面图
1. 陶罐　2. 铁器　3. 玉环

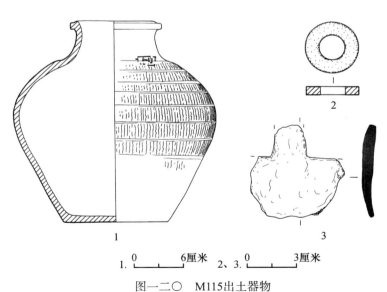

图一二〇　M115出土器物
1. 陶罐（M115：1）　2. 玉环（M115：3）　3. 铁器（M115：2）

　　铁器　1件。M115：2，锈蚀严重。呈半椭圆形，柄部残断，器形似铁勺。长5.8、宽5.7厘米（图一二〇，3）。

　　玉环　1件。M115：3，青白玉质。横截面呈长方形。外径3.2、内径1.5厘米（图一二〇，2；彩版一一，1）。

57. M116

（1）墓葬概况

位置和层位关系　位于发掘区南部，北邻M117。该墓开口于地表土层下，向下打破生土，墓口距现地表深1.90米。方向260°。

形制与结构　竖穴墓道土洞墓，由墓道、墓室组成。墓道位于墓室西侧，口大底小，墓道口平面呈长方形，墓壁斜直，平底。墓道口长3.13、宽2.20米，墓道底长3.07、宽2.20米，墓底距墓口深1.86米。墓底北、南、西三面设有生土二层台，二层台距墓口深0.95米，台宽：北壁0.47、南壁0.63、西壁0.63米，台高0.89米。墓室为土洞室，平面呈长方形，弧形顶，墓室壁近直，加工一般。墓室长2.07、宽0.93～1.07、高0.60～0.93米，墓门高0.93米。

填土　墓道填土为黄褐色花土，较疏松。墓室内为黄褐色淤土，较软较疏松。

葬具　木棺。已腐朽，残留棺痕，长1.60、宽0.75～0.83、残高0.08米。

人骨　一具。仰身屈肢葬，头向西，面向北，保存状况较好，性别、年龄不详（图一二一）。

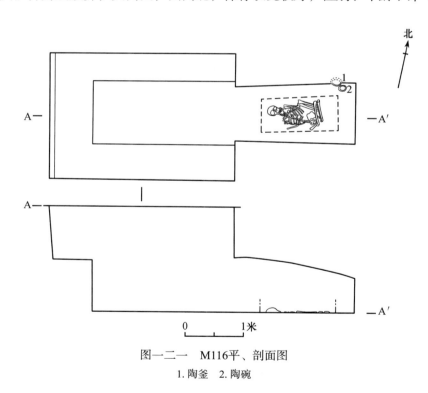

图一二一　M116平、剖面图
1. 陶釜　2. 陶碗

（2）出土器物

出土2件随葬品。陶釜、陶碗位于墓室东北角。

陶釜　1件。M116：1，夹砂灰陶。侈口，折沿，沿面有一周凹槽，圆唇，束颈，溜肩，鼓腹，圜底。肩腹交接明显，有一周凸弦纹。上腹饰旋断细绳纹，下腹及底部饰较深的不规则形按压纹。口径15.2、肩径21.7、高17.6厘米（图一二二，1；图版一七，5）。

陶碗　1件。M116：2，泥质灰陶。敞口，圆唇，折腹，上腹较直，下腹斜收，平底微凹。器身有轮制痕迹。口径15.6、底径5.6、高6.4厘米（图一二二，2；图版一七，6）。

58. M117

（1）墓葬概况

位置和层位关系　位于发掘区西部，南邻M116。该墓开口于地表土层下，向下打破生土，墓口距现地表深1.90米。方向270°。

形制与结构　竖穴墓道土洞墓，由墓道、墓室和壁龛三部分组成。墓道位于墓室西侧，口大底小，墓道口平面呈近长方形，墓壁斜直，墓道口长3.60、宽2.40米，墓道底长3.18、宽2.10米，墓底距墓口深1.79米。墓室为土洞室，平面近长方形，弧形顶，底近平，墓室壁较直，加工一般。墓室长2.26、宽1.16～1.26、高0.90～1.20米，墓门高1.20米。墓室南壁偏西有一壁龛，龛口立面呈半圆形，拱顶，长0.74、高0.24、进深0.26米。

填土　墓道填土为黄褐色花土，土质较硬。墓室内为黄褐色淤土，较软较疏松。

葬具　不详。人骨下有草木灰，长约1.25、宽0.62米。

人骨　一具。仰身屈肢葬，头朝西，面向南，保存状况良好，性别为男性，年龄不详（图一二三）。

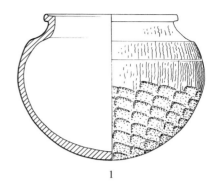

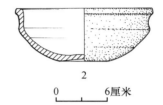

图一二二　M116出土器物
1. 陶釜（M116：1）
2. 陶碗（M116：2）

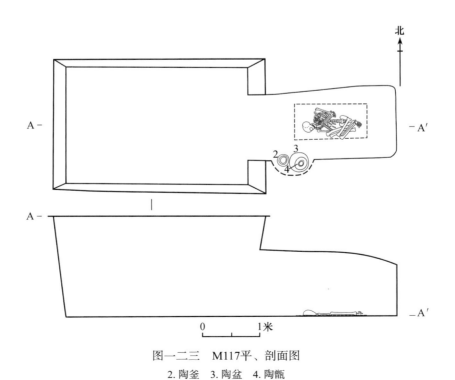

图一二三　M117平、剖面图
2. 陶釜　3. 陶盆　4. 陶甑

（2）出土器物

共出土4件随葬品。其中铜镞位于肋骨附近，陶釜、陶盆、陶甑放置于墓室南侧壁龛内。

铜镞　1件。M117：1，三翼形，三刃向前相聚成锋，横截面呈内凹的三角形。圆铤。残长6.5厘米（图一二四，4；图版一九，2）。

陶釜　1件。M117：2，夹砂灰陶。侈口，卷沿，圆唇，束颈，溜肩，鼓腹，圜底。上腹饰竖向细绳纹，下腹及底部饰交错粗绳纹。器身及内底有烟熏痕迹。口径16.0、肩径19.3、高13.6厘米（图一二四，1；图版一九，4）。

陶盆　1件。M117：3，泥质灰陶。敞口，折沿外翻，方唇，折腹较明显，上腹近直，下腹斜收，平底。下腹部饰有细绳纹。口径29.4、底径12.2、高12.8厘米（图一二四，3；图版一九，1）。

陶甑　1件。M117：4，泥质灰陶。直口，折沿，方唇，弧腹，近平底，矮圈足。底部有一不规则形孔。腹部内外均有四周轮制凹槽。口径21.2、圈足径8.6、高10.4厘米（图一二四，2；图版一九，3）。

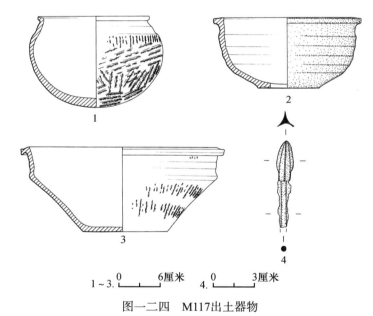

图一二四　M117出土器物
1. 陶釜（M117：2）　2. 陶甑（M117：4）　3. 陶盆（M117：3）　4. 铜镞（M117：1）

59. M119

（1）墓葬概况

位置和层位关系　位于发掘区南部，北邻M120。该墓开口于扰土层下，墓道东壁及墓室西部被现代污水管道打破，向下打破生土，墓口距现地表深2.00米。方向255°。

形制与结构　竖穴墓道土洞墓，由墓道、墓室组成。墓道位于墓室西侧，墓道口平面呈长方形，墓壁近直，加工较好，平底。墓道残长3.40、宽2.40、深2.30米。墓底北、南、西三面设有生土二层台，二层台距墓口深1.59米，台宽：北壁及南壁0.56、西壁1.72米，台高0.60米。墓室为土洞室，平面近长方形，弧形顶，墓室壁近直，加工一般。墓室长1.52、宽1.10~1.25、高1.03~1.30米。

填土　墓道填土为黄褐色花土，土质较硬。墓室内为浅褐色淤土，土质较硬。

葬具　不详。

人骨　一具。侧身屈肢葬，头向西，面向南，保存状况较好，性别、年龄不详（图一二五）。

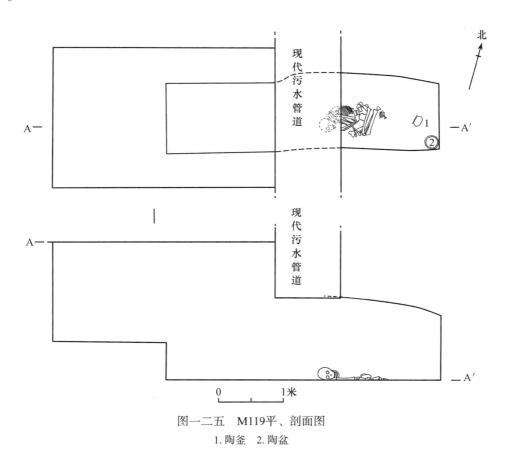

图一二五　M119平、剖面图
1.陶釜　2.陶盆

（2）出土器物

共出土2件随葬品。位于墓室东壁下，为陶釜、陶盆。

陶釜　1件。M119：1，夹砂灰陶。侈口，卷沿，沿面微凹，方唇，束颈，弧肩，鼓腹，圜底。上腹饰竖向细绳纹，下腹及底部饰横向交错粗绳纹。口径16.0、肩径17.9、高12.6厘米（图一二六，1；图版一九，6）。

陶盆　1件。M119：2，泥质灰陶。直口，折沿，方唇，弧腹，近平底，矮圈足。腹部饰五周凸弦纹，器内饰四周凹弦纹。口径22.8、圈足径7.4、高10.6厘米（图一二六，2；图版一九，5）。

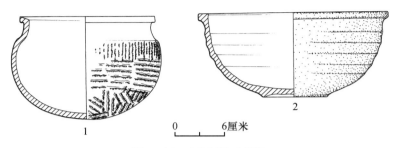

图一二六　M119出土器物
1. 陶釜（M119：1）　2. 陶盆（M119：2）

60. M120

（1）墓葬概况

位置和层位关系　位于发掘区西北部。该墓开口于扰土层下，向下打破生土，墓道东部及墓室西部被现代管道打破。墓口距现地表深1.90米。方向274°。

形制与结构　竖穴墓道土洞墓，由墓道、墓室组成。墓道位于墓室西侧，口大底小，墓道口平面呈长方形，墓壁较直，底近平。现存墓道口长2.82、宽2.45米，墓道底长2.94、宽2.11～2.21米，墓底距墓口深2.35米，墓道西壁、南壁有脚窝5个，平面呈圆角三角形。墓室为土洞室，平面近长方形，弧形顶，底近平，墓室壁较直。墓室长2.47、宽1.14、残高1.05～1.75米，墓门情况不详。

填土　墓道填土为黄褐色花土，土质较硬，未发现夯土痕迹。墓室内为黄褐色淤土，较软较疏松。

葬具　不详。

人骨　一具。仰身直肢葬，头向西，面向上，性别、年龄不详（图一二七）。

（2）出土器物

共出土4件（套）随葬品。铜镜、料塞、贝币、铜带钩均位于人头骨北侧。

铜镜　1枚。M120：1，弦纹镜。三弦钮，镜体较薄，镜背有两周弦纹。直径8.0、缘厚0.2、钮高0.2厘米（图一二八，1；彩版一一，2）。

料塞　1组4枚。M120：2，个体较小。M120：2-1～3，青灰色，八棱柱形。长1.9～2.2厘米。M120：2-4，青白色，圆柱状。长2.0厘米（图一二八，3；彩版一一，3）。

贝币　1枚。M120：3，平面近椭圆形，顶端有一近圆形孔，有火烧痕迹。长2.4、宽1.8厘米（图一二八，4）。

铜带钩　1件。M120：4，全兽形，钩首呈禽状，钩尾为椭圆形，上铸蟠螭，呈盘绕状，螭首在下，背部靠下处有椭圆形柱钮。长8.4、宽4.1厘米，钮径1.1、高0.3厘米（图一二八，2；彩版一一，4）。

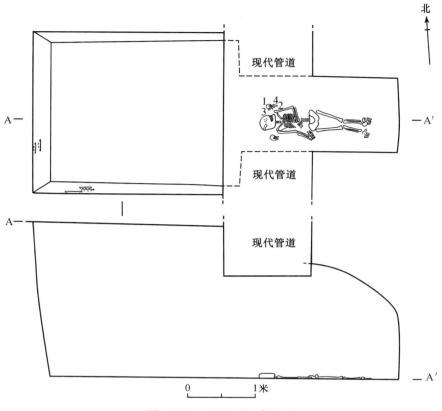

图一二七　M120平、剖面图
1.铜镜　2.料塞　3.贝币　4.铜带钩

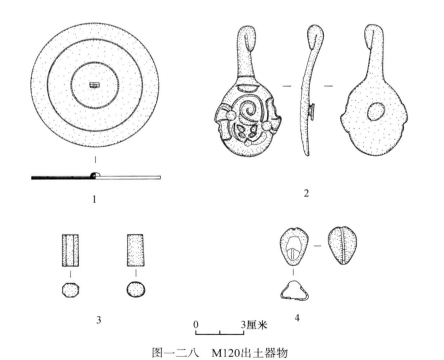

图一二八　M120出土器物
1.铜镜（M120：1）　2.铜带钩（M120：4）　3.料塞（M120：2）　4.贝币（M120：3）

61. M121

（1）墓葬概况

位置和层位关系　位于发掘区西北部。该墓开口于地表土层下，向下打破生土，墓口距现地表深0.50米。方向275°。

形制与结构　竖穴墓道土洞墓，由墓道、墓室组成。墓道位于墓室西侧，口大底小，墓道口平面呈长方形，墓壁斜直，底近平，加工较好。墓道口长4.10、宽2.80米，墓道底长3.74、宽2.60米，墓底距墓口深3.75米。墓道西壁和南壁分别有2、3个脚窝，墓底北、西、南三面设有二层台，二层台距墓口深2.82米，台宽：北壁0.67～0.76、南壁0.86、西壁1.04米，台高0.97米。墓室为土洞室，平面近长方形，弧形顶，底近平，墓室壁较直。墓室长1.80、宽0.92～1.21、高1.16米，墓门高1.05米。

填土　墓道填土为黄褐色花土，土质较硬。墓室内为黄褐色淤土，土质较硬。

葬具　不详。

人骨　一具。仰身屈肢葬，头向西，面向上，性别、年龄不详（图一二九）。

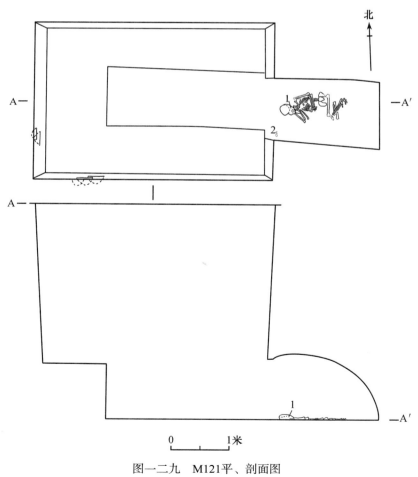

图一二九　M121平、剖面图

1. 玉环　2. 铜带钩

（2）出土器物

共出土2件随葬品。玉环位于人骨下颌骨处，铜带钩位于墓门南侧。

玉环　　1件。M121∶1，青白玉质，呈半透明状。横截面近三角形。外径4.2、内径2.28厘米（图一三〇，1；彩版一一，5）。

铜带钩　　1件。M121∶2，耜形。钩首残断，钩尾呈半圆形，有肩，形仿农具耜。钩尾背面有圆形柱钮。残长5.4、宽2.8厘米，钮径1.0、高0.4厘米（图一三〇，2；图版二〇，6）。

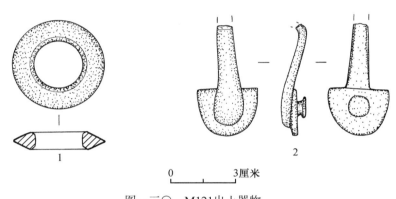

图一三〇　M121出土器物
1. 玉环（M121∶1）　2. 铜带钩（M121∶2）

62. M122

（1）墓葬概况

位置和层位关系　　位于发掘区西北，南邻M123，西邻M121。该墓开口于现代地表土层下，向下打破生土，墓道口距现地表深0.4米。方向175°。

形制与结构　　竖穴墓道土洞墓，由墓道、墓室组成。墓室位于墓道北侧，口底同大，墓道口平面呈长方形，四壁较直，平底。墓道长3.40、宽2.40、深2.70米。墓室为土洞室，平面近长方形，弧形顶，平底。墓室长2.00、宽1.40、高0.80～1.35米，墓门高1.35米。

填土　　墓道填土为黄褐色花土，较软较疏松；墓室内为黄褐色淤土。

葬具　　不详。人骨下铺有厚约0.03米草木灰。

人骨　　一具。侧身屈肢葬，头北向，面向西，性别为女性，年龄不详（图一三一）。

（2）出土器物

共出土3件随葬品。陶釜位于墓室西北角，陶罐位于墓室东北角，玉环位于墓主头骨下。

陶釜　　1件。M122∶1，夹砂灰陶。侈口，折沿，方唇，束颈，鼓肩，弧腹，圜底。肩腹交接处明显，有两周凸棱。上腹饰竖向绳纹，下腹及底饰斜向交错粗绳纹。口径16.2、肩径18.6、高11.6厘米（图一三二，1；图版二〇，2）。

陶罐　　1件。M122∶2，泥质灰陶。侈口，卷折沿，沿面有一周凹弦纹，方唇，束颈，耸

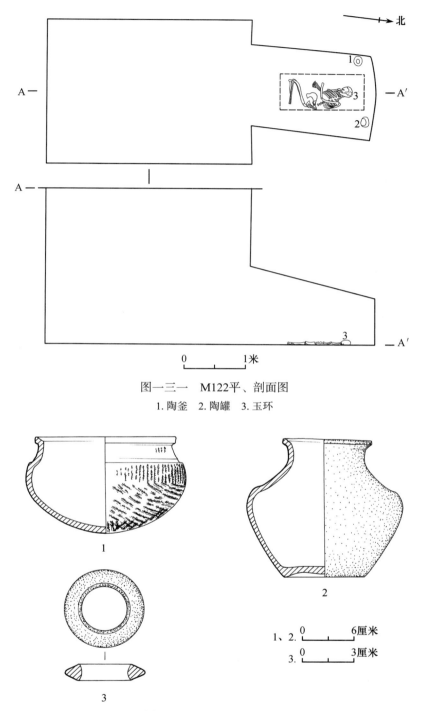

图一三一　　M122平、剖面图
1. 陶釜　2. 陶罐　3. 玉环

图一三二　　M122出土器物
1. 陶釜（M122：1）　2. 陶罐（M122：2）　3. 玉环（M122：3）

肩，弧腹，平底内凹。肩腹交接处明显，器身有轮制痕迹。口径10.0、肩径18.1、底径9.2、高16.8厘米（图一三二，2；图版二〇，1）。

玉环　1件。M122：3，青白玉质，呈半透明状。横截面近三角形。外径4.6、内径2.6厘米（图一三二，3；彩版一一，6）。

63. M123

（1）墓葬概况

位置和层位关系 位于发掘区中东部。该墓开口于扰土层下，自身向下打破生土，墓口距现地表深0.30米。方向171°。

形制与结构 竖穴墓道土洞墓，由墓道、墓室和壁龛三部分组成。墓道位于墓室南侧，墓道口平面呈长方形，底部西高东低，呈斜坡状，近直壁，加工较为规整。墓道长3.54、宽2.78～2.86、深2.58米。墓底东、西、南三面设有生土二层台，二层台距墓口深1.69米，台宽：东壁0.82～0.86、西壁0.91～0.99、南壁0.90米，台高0.78米。墓室为土洞室，平面呈长方形，弧形顶，墓室周壁近直壁，加工较为规整，底近平，比墓道底部高0.15米。墓室长2.54、宽1.02～1.25、高1.15～1.35米，墓门高1.35米。墓室东壁中部有一壁龛。龛口立面近方形，拱顶，长0.48、高0.40、进深0.20米。

填土 墓道内填土为以红褐色为主的花土，土质较疏松。墓室内为淤土。

葬具 不详。

人骨 一具。仰身屈肢葬，头朝北，面向西，双手交叉置于腹部，人骨保存状况较差，墓主人性别、年龄不详（图一三三）。

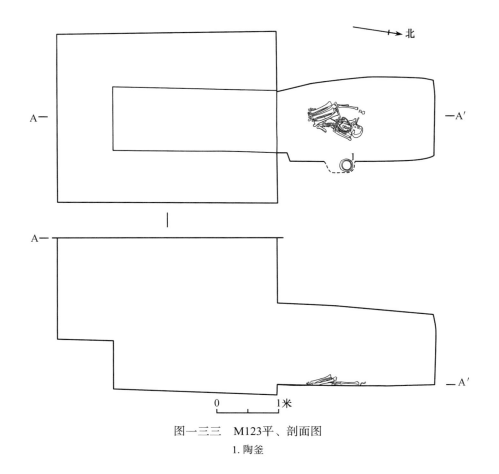

图一三三 M123平、剖面图

1. 陶釜

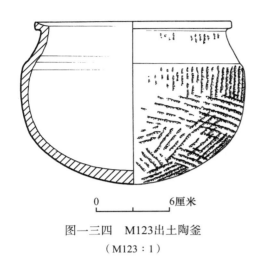

图一三四　M123出土陶釜
（M123：1）

表土层下，向下打破生土。方向255°。

形制与结构　竖穴土坑墓，墓口平面近梯形，墓壁近直，加工一般。墓口长2.51、宽1.83～2.01米，墓室长1.90、宽0.86米，墓室距墓口深1.47米。墓室北、南、西三面设有生土二层台，二层台距墓口深1.11米，台宽：北壁0.49～0.56、南壁0.47～0.53、西壁0.59～0.62米，台高0.36米。

填土　黄褐色花土，较疏松。

葬具　人骨下铺有草木灰，长1.00、宽0.25、厚0.02米。

人骨　一具。仰身屈肢葬，头向西，面向上，保存状况较好，性别为男性，年龄不详（图一三五）。

（2）出土器物

出土2件随葬品。位于墓室内人骨南侧，为陶盆、陶釜。

陶盆　1件。M125：1，泥质灰陶。敞口，折沿，方唇，折腹，平底。局部有浅绳纹。口径25.6、底径12.0、高11.0厘米（图一三六，2；图版二〇，3）。

陶釜　1件。M125：2，夹砂灰陶。微侈口，折沿，沿面内凹，尖唇，束颈，鼓肩，弧腹，

（2）出土器物

共出土1件陶釜，位于墓室东侧壁龛内。

陶釜　1件。M123：1，夹砂灰陶。侈口，折沿，沿面微凹，方唇，束颈，溜肩，弧腹，圜底。肩腹交接明显，有一周凸弦纹。上腹饰竖向粗绳纹，下腹及底部饰交错粗绳纹。器身有烟熏痕迹。口径16.0、肩径18.4、高13.8厘米（图一三四；图版二〇，5）。

64. M125

（1）墓葬概况

位置和层位关系　位于发掘区南部。该墓开口于地

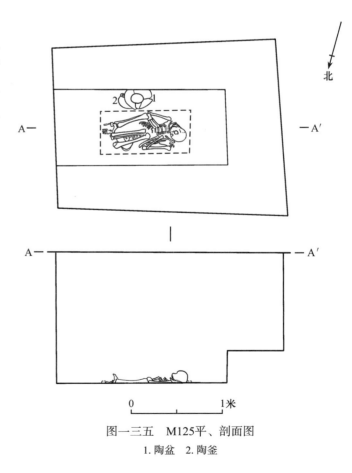

图一三五　M125平、剖面图
1.陶盆　2.陶釜

圜底。肩腹部交接明显，有一周凸棱；上腹饰两周弦断细绳纹，下腹及底部饰交错细绳纹。器身有明显的烟熏痕迹。口径16.0、肩径19.3、通高13.2厘米（图一三六，1）。

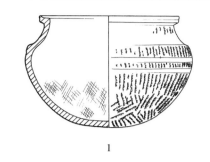

65. M126

（1）墓葬概况

位置和层位关系　位于发掘区中部偏西，南邻M125，北邻M128。该墓开口于地表土层下，向下打破生土，墓口距现地表深0.50米。方向262°。

形制与结构　竖穴土坑墓，墓口平面呈长方形，墓室壁近直，加工一般。墓口长2.17、宽1.80米，墓室长1.32、宽0.74米，墓室距墓口深1.89米。墓室四周有生土二层台，二层台距墓口深1.32米，台宽：北壁0.48~0.52、南壁0.54~0.58、西壁0.38、东壁0.47米，台高0.56米。墓室东壁中部下方有一壁龛，口部呈半圆形，拱顶，长0.60、高0.50、进深0.30米。

填土　黄褐色花土，较软较疏松。

葬具　木棺。已朽，人骨下见草木灰，残长1.36、残宽0.56、厚度0.05米。

人骨　一具。仰身屈肢葬，头向西，面向上，保存状况一般，性别为男性，年龄不详（图一三七）。

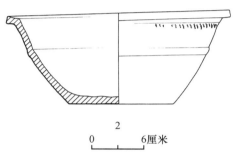

图一三六　M125出土器物
1. 陶釜（M125：2）　2. 陶盆（M125：1）

（2）出土器物

共出土4件随葬品。位于墓室东侧壁龛内，为陶釜1件、陶罐1件、陶盆2件。

陶釜　1件。M126：1，夹砂灰陶。侈口，折沿，方唇微内凹，束颈，溜肩，弧腹，圜底。肩腹交接处有一周凸棱，上腹饰竖向细绳纹，下腹部饰有交错粗绳纹。器表与器内底部有烟熏痕迹。口径15.6、肩径16.7、高12.9厘米（图一三八，1；图版二一，1）。

陶罐　1件。M126：2，夹砂灰陶。侈口，微卷沿，方唇内凹，束颈，弧肩，鼓腹，下腹斜内收，平底。肩腹交接处饰一周明显凸棱，腹部饰一周凹槽，口径9.0、肩径12.0、底径8.0、通高14.5厘米（图一三八，3；图版二一，2）。

陶盆　2件。M126：3、4，泥质灰陶。M126：3，直口微敛，平折沿，方唇，腹壁缓曲，微圜底，矮圈足，腹部饰五道凸弦纹。口径20.2、底径8.2、高10.0厘米（图一三八，2）。M126：4，直口，折沿下翻，方唇下垂，浅折腹，上腹近直，下腹斜收，平底较厚，腹部饰一周明显凸棱，下腹饰有少量绳纹，其余部分经修整纹饰不存。口径19.8、底径12.0、高8.0厘米（图一三八，4；图版二一，3）。

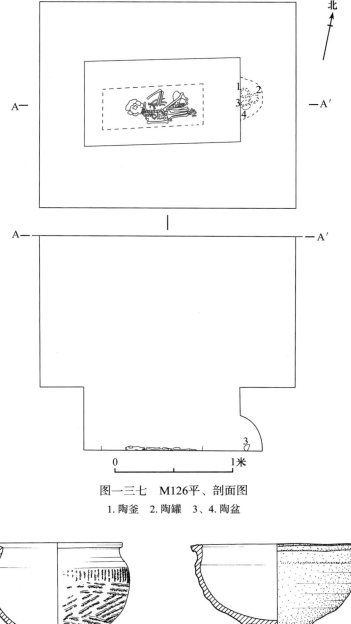

图一三七　M126平、剖面图

1. 陶釜　2. 陶罐　3、4. 陶盆

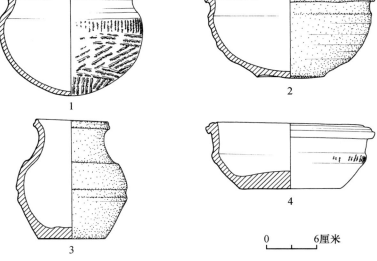

图一三八　M126出土器物

1. 陶釜（M126：1）　2、4. 陶盆（M126：3、4）　3. 陶罐（M126：2）

66. M127

（1）墓葬概况

位置和层位关系　位于发掘区中西部，北邻M133、M131，东邻M128。该墓开口于地表土层下，向下打破生土，墓道开口距现地表深0.16米。方向210°。

形制与结构　竖穴墓道土洞墓，由墓道、墓室组成。墓道位于墓室西南侧，墓道口平面呈长方形，墓壁较直，平底，加工一般。墓道长3.70、宽2.58~2.64、深4.25米。墓底东、南、西三面设有生土二层台，二层台距墓口深2.94米，台宽：北壁0.70、南壁0.80、西壁1.25米，台高1.30米。墓室为土洞室，平面呈长方形，弧形顶，墓室壁近直，加工一般。墓室长2.10、宽1.00~1.12米，高1.10~1.30米，墓门高1.30米。

填土　墓道填土为黄褐色花土，较疏松。墓室内为黄褐色淤土，较软较疏松。

葬具　木棺。已朽，人骨下发现草木灰，长1.30~1.34、宽0.60米。

人骨　一具。侧身屈肢葬，头向南，面向东，保存状况差，性别为男性，年龄不详（图一三九）。

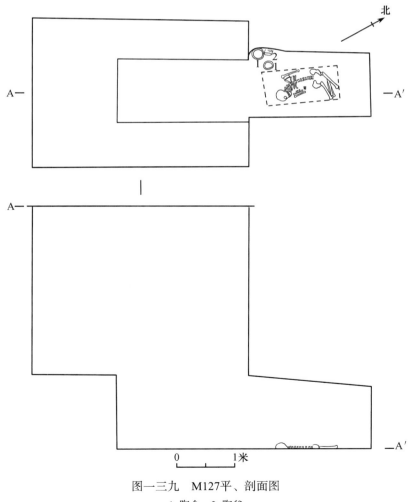

图一三九　M127平、剖面图

1. 陶盒　2. 陶釜

（2）出土器物

共出土3件随葬品。位于墓室西南部，为陶盒、陶釜、铜带钩。

陶盒　1件。M127：1，夹砂灰陶。整体呈扁圆形。盒身敛口，方唇，鼓腹，平底。腹部饰三周凸弦纹。盒盖近直口，折沿，沿面微凹，方唇，折腹，上腹近直，下腹斜收，平顶。盒身口径15.0、底径10.0、高7.5厘米，盖口径17.0、底径8.8、高6.6厘米，通高14.4厘米（图一四〇，2；图版二一，4）。

陶釜　1件。M127：2，泥质灰陶。侈口，方唇，束颈，斜折肩，弧腹，圜底。腹及底部饰交错绳纹。口径13.6、肩径16.0、高11.4厘米（图一四〇，1；图版二一，5）。

铜带钩　M127：3，琵琶形，钩首残，颈部较细，钩身渐宽，钩尾呈扁圆形，背部近钩尾处有圆形柱钮。长6.6、宽1.5厘米，钮径1.6、高0.9厘米（图一四〇，3；图版二一，6）。

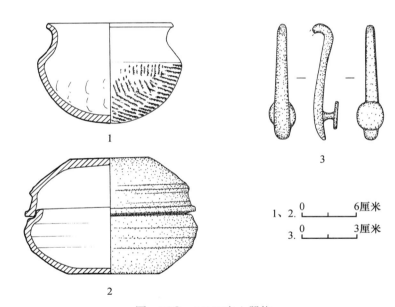

图一四〇　M127出土器物

1.陶釜（M127：2）　2.陶盒（M127：1）　3.铜带钩（M127：3）

67. M128

（1）墓葬概况

位置和层位关系　位于发掘区中部偏西，南邻M125。该墓开口于地表土层下，向下打破生土，墓葬开口距现地表深0.50米。方向70°。

形制与结构　竖穴土坑墓，口底同大，墓口平面呈长方形，墓室近直，加工一般。墓口长2.80、宽2.14米，墓室长1.98、宽0.93米，墓室距墓口深1.88米。墓室四周设有生土二层台，二层台距墓口深1.11米，台宽：北壁0.58、南壁0.64、西壁0.40、东壁0.43米，台高0.76米。墓室西壁中部下方有一壁龛，龛口立面呈半圆形，拱顶，长0.62、高0.50、进深0.31米。

填土　黄褐色花土，土质较软较疏松。

葬具　不详。

人骨　一具。仰身屈肢葬，头向东，面向上，保存状况良好，性别为男性，年龄不详（图
一四一）。

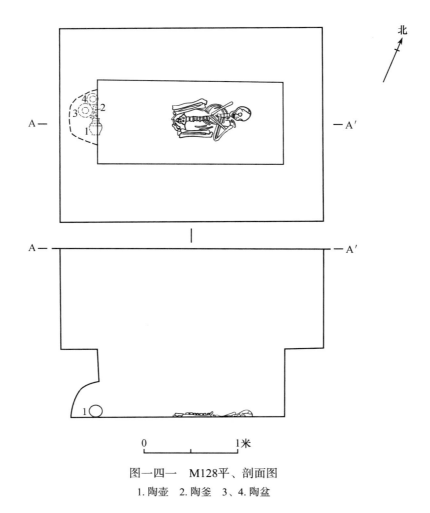

图一四一　M128平、剖面图
1. 陶壶　2. 陶釜　3、4. 陶盆

（2）出土器物

共出土4件随葬品。位于墓室西侧壁龛内，为陶壶1件、陶釜1件、陶盆2件。

陶壶　1件。M128：1，泥质灰陶。侈口，圆唇，束颈，溜肩，圆腹，平底略凹。器身有
明显的轮制痕迹，颈部饰两组四周凹弦纹，肩部饰一周凸弦纹，腹部饰两组四周凹弦纹。口径
8.7、最大腹径14.0、底径8.5、通高19.0厘米（图一四二，1；图版二二，1）。

陶釜　1件。M128：2，夹砂灰陶。侈口，折沿上扬，方唇，束颈，溜肩，鼓腹，圜底。
上腹饰竖向细绳纹，下腹及底部饰有交错粗绳纹。器身有烟熏痕迹。口径14.7、肩径16.4、高
12.7厘米（图一四二，2；图版二二，2）。

陶盆　2件。M128：3、4，泥质灰陶。M128：3，敞口，平折沿，方唇，弧腹，近平底，
矮圈足。腹部饰四周凸弦纹。口径22.0、最大腹径20.0、底径9.0、高10.0厘米（图一四二，3；

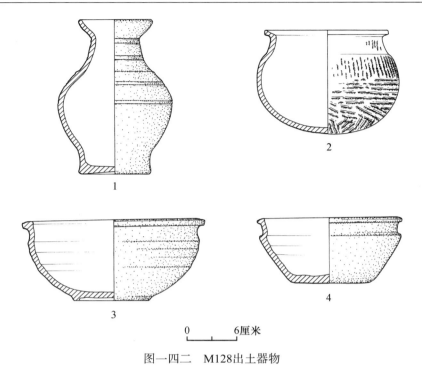

图一四二　M128出土器物

1. 陶壶（M128：1）　2. 陶釜（M128：2）　3、4. 陶盆（M128：3、4）

图版二二，3）。M128：4，敞口，折沿，圆唇，折腹明显，上腹微弧，下腹斜收，平底。口径17.5、最大腹径16.0、底径9.5、高8.0厘米（图一四二，4；图版二二，4）。

68. M133

（1）墓葬概况

位置和层位关系　位于发掘区中西部，东邻M131，M130，西邻M122，南邻M127。该墓开口于地表土层下，向下打破生土，墓道开口距现地表深0.30米。方向279°。

形制与结构　竖穴墓道土洞墓，由墓道、墓室组成。墓道位于墓室西侧，口大底小，墓道口平面呈长方形，墓壁斜收，墓道壁和底加工情况一般，未发现脚窝。墓道口长3.70、宽2.76米，墓道底长3.30、宽2.48~2.60米，墓底距墓口深2.31米。墓室为土洞室，平面呈长方形，弧形顶，墓室壁近直，加工一般。墓室长2.00、宽0.87、高0.80米，墓门高0.80米。

填土　墓道填土为红褐色花土，较疏松。墓室内为红褐色淤土，较软较疏松。

葬具　木棺。已朽，人骨下见草木灰，残长0.96、残宽0.42米。

人骨　一具。仰身屈肢葬，头向西，面向上，保存状况较差，性别为女性，年龄为老年（图一四三）。

（2）出土器物

共出土2件随葬品。陶釜、陶盒均位于墓室东部。

陶釜　1件。M133：1，夹砂灰陶。侈口，折沿，沿面微凹，方唇，束颈，弧肩，圆腹，

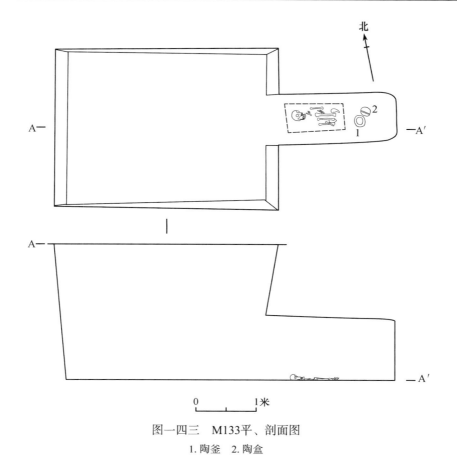

图一四三　M133平、剖面图
1. 陶釜　2. 陶盒

圜底。上腹饰两周抹断细绳纹，下腹及底部饰交错粗绳纹。口径19.8、肩径24.5、高17.6厘米（图一四四，1；图版二二，6）。

陶盒　1件。M133：2，泥质灰陶。盒身子母口，尖圆唇，折腹，上腹近直，下腹斜收，近平底，矮圈足。腹部有三周凸弦纹。盒盖敞口，方唇，浅斜腹，矮圈足状捉手。盖身饰有数周凹弦纹。盒身口径13.0、圈足径8.0、高7.2厘米，盒盖口径16.2、捉手径6.8、高4.0厘米，通高11.4厘米（图一四四，2；图版二二，5）。

69. M134

（1）墓葬概况

位置和层位关系　位于发掘区北部。该墓开口于地表土层下，向下打破生土，墓口距现地表深0.80米。方向150°。

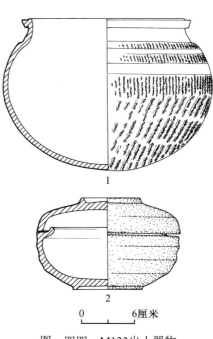

图一四四　M133出土器物
1. 陶釜（M133：1）　2. 陶盒（M133：2）

形制与结构　　竖穴墓道偏洞室墓，由墓道、墓室组成。墓道位于墓室南侧，墓道口大底小，墓道口平面呈长方形，墓道东壁被M0012打破。墓道口长3.47、宽2.86米，墓道底长3.32、宽2.71米，墓底距墓口深1.66米。墓底东、西、南三面设有二层台，二层台距墓口深0.72米，台宽：东壁0.55、西壁0.63～0.72、南壁0.80米，台高0.93米。墓室为土洞偏室，平面近长方形，弧形顶，墓室壁较直，加工一般，底为平底。墓室长2.12、宽1.10、高0.91～1.25米，墓门高0.91米。

填土　　墓道填土为黄褐色花土，土质较硬。墓室内为黄褐色淤土，土质较硬。

葬具　　不详。

人骨　　一具。侧身屈肢葬，头朝西，面向北，保存状况较差，性别、年龄不详（图一四五）。

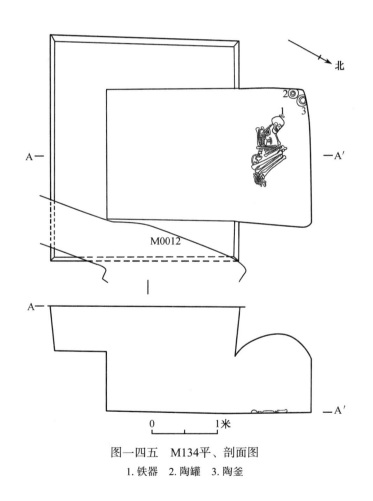

图一四五　M134平、剖面图
1. 铁器　2. 陶罐　3. 陶釜

（2）出土器物

共出土3件随葬品。陶罐、陶釜位于墓室西侧，铁器位于墓主头骨西侧。

铁器　　1件。M134：1，锈蚀严重，呈长条形。残长7.5、宽1.7厘米（图一四六，3）。

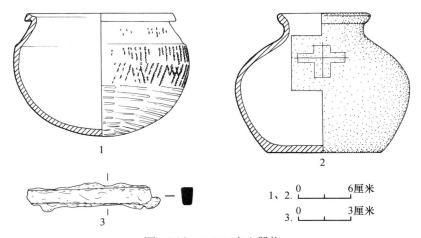

图一四六　M134出土器物

1. 陶釜（M134：3）　2. 陶罐（M134：2）　3. 铁器（M134：1）

陶罐　1件。M134：2，泥质灰陶。侈口，圆唇，束颈，溜肩，鼓腹，平底。肩部有划纹，呈"十"字。口径10.0、肩径20.3、底径13.0、高16.5厘米（图一四六，2；图版二三，1）。

陶釜　1件。M134：3，夹砂灰陶。侈口，卷折沿，沿面有一周凹槽，方唇，束颈，溜肩，圆腹，圜底。肩腹交接明显，有一周凸弦纹。上腹饰竖向绳纹，下腹及底部饰横向篮纹。器身有烟熏痕迹。口径16.4、肩径20.8、高14.4厘米（图一四六，1；图版二三，2）。

70. M135

（1）墓葬概况

位置和层位关系　位于发掘区西北部，南邻M121。该墓开口于地表土层下，向下打破生土，墓口距现地表深0.45米。方向254°。

形制与结构　竖穴墓道土洞墓，由墓道、墓室组成。墓道位于墓室西侧，口大底小，墓壁斜直，加工一般。墓道口平面呈长方形，墓道口长3.50、宽2.80～2.94米，墓道底长3.32、宽2.63米，墓底距墓口深2.94米。墓底北、南、西三面设有生土二层台，二层台距墓口深1.88米，台宽：北壁0.71～0.76、南壁0.71、西壁0.82米，台高1.17米。墓室为土洞室，平面近长方形，弧形顶，近平底，加工一般。墓室长1.90、宽1.00～1.20、高0.86～1.16米，墓门高1.14米。

填土　墓道填土为黄褐色花土，较软较疏松。墓室内为黄褐色淤土，土质坚硬。

葬具　不详。

人骨　一具。仰身屈肢葬，头向西，面向南，保存状况较好，性别、年龄不详（图一四七）。

（2）出土器物

共出土1件陶盒，位于墓室西侧。

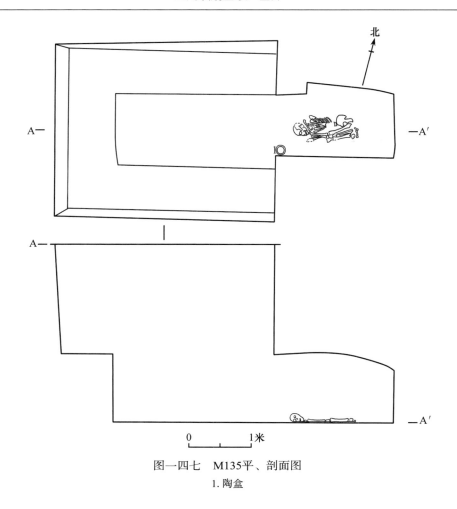

图一四七　M135平、剖面图
1. 陶盒

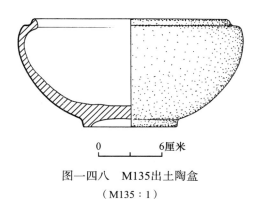

图一四八　M135出土陶盒
（M135：1）

陶盒　1件。M135：1，泥质褐陶。仅存盒身。子母口，圆唇，鼓腹，近平底，矮圈足。素面。口径18.0、圈足径8.8、高10.5厘米（图一四八；图版二三，3）。

71. M137

（1）墓葬概况

位置和层位关系　位于发掘区北部，东南邻M138。该墓开口于地表土层下，向下打破生土，墓口距现地表深0.80米。方向244°。

形制与结构　竖穴墓道土洞墓，由墓道、墓室组成。墓道位于墓室西侧，口大底小，墓道口平面呈长方形。墓道口长3.10、宽2.32米，墓道底长2.90、宽2.14米，墓底距墓口深2.59米。墓底北、南、西三面设有生土二层台，二层台距墓口深1.32米，台宽：北宽0.50、南宽0.61、西宽0.80米，台高1.26米。墓室为土洞室，平面近长方形，弧形顶，墓室壁较直，加工一般。墓室长2.20、宽1.10、高1.40～1.63米，墓门高1.63米。

填土　墓道填土为黄褐色花土，土质较硬。墓室内为黄褐色淤土，较硬。

葬具　木棺。已朽，人骨下有草木灰，长1.14、宽0.58～0.66米。

人骨　一具。侧身屈肢葬，头朝西，面向北，保存状况差，性别，年龄不详（图一四九）。

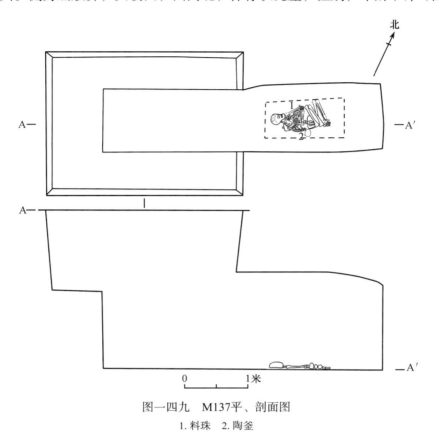

图一四九　M137平、剖面图
1. 料珠　2. 陶釜

（2）出土器物

共出土2件随葬品。料珠位于人骨左上肢骨附近，陶釜位于人骨右侧。

料珠　1件。M137：1，浅蓝色，方形，中部为一圆孔。长0.7、宽0.7厘米（图一五〇，2；彩版一二，1）。

陶釜　1件。M137：2，夹砂黑陶。侈口，卷沿，圆唇，束颈，鼓腹，圜底。上腹饰横向细绳纹，下腹及底部饰斜向篮纹。口径17.0、肩径21.0、高13.4厘米（图一五〇，1；图版二三，4）。

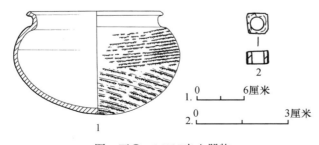

图一五〇　M137出土器物
1. 陶釜（M137：2）　2. 料珠（M137：1）

72. M139

〔1〕墓葬概况

位置和层位关系　位于发掘区北部，南邻M146。该墓开口于地表土层下，向下打破生土，墓口距现地表深0.80米。方向150°。

形制与结构　竖穴墓道土洞墓，由墓道、墓室和壁龛组成。墓道位于墓室南侧，口大底小，墓道口平面呈长方形。墓道口长3.47、宽2.53米，墓道底长3.27、宽2.40米，墓底距墓口深2.87米。墓底东、西、南三面设有生土二层台，二层台距墓口深2.25米，台宽：东壁0.60、西壁0.70、南壁1.25米，台高0.60米。墓室为土洞室，平面近长方形，弧形顶，底近平，墓室壁较直，加工一般。墓室长2.31、宽1.13~1.33、高1.65米，墓门高1.65米。壁龛位于墓室东北角，平面半圆形，宽0.50、高0.35、进深0.30米（图一五一）。

填土　墓道填土为黄褐色花土，土质较硬。墓室内为黄褐色淤土，土质较硬。

葬具　不详。人骨下有草木灰，长1.34、宽0.78米。

人骨　一具。仰身屈肢葬，头朝北，面向上，保存状况差，性别、年龄不详。

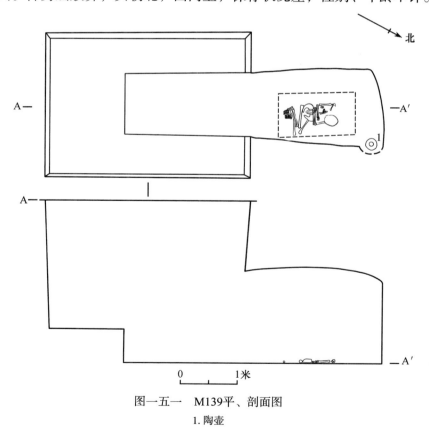

图一五一　M139平、剖面图

1. 陶壶

〔2〕出土器物

共出土1件陶壶，位于墓室东北角。

陶壶　1件。M139：1，泥质灰陶。浅盘口，方唇，束颈，溜肩，鼓腹，平底。上腹部饰有四周凹槽。口径11.0、底径10.2、高25.0厘米（图一五二；图版二四，5）。

73. M146

（1）墓葬概况

位置和层位关系　位于发掘区南部。该墓开口于地表土层下，向下打破生土，墓口距现地表深0.80米。方向14°。

形制与结构　竖穴土坑墓，口大底小，墓口平面呈长方形，墓壁斜直，底近平。墓口长3.35、宽2.35，墓室长1.74、宽0.90米，墓室距墓口深2.06米。墓室四周设有生土二层台，二层台距墓口深1.48米，台宽：北壁0.58、南壁0.72、西壁0.64、东壁0.56米，台高0.60米。

填土　红褐色花土，土质较软较疏松。

葬具　不详。

人骨　一具。仰身屈肢葬，头向北，面向上，保存状况较好，性别推测为女性，年龄不详（图一五三）。

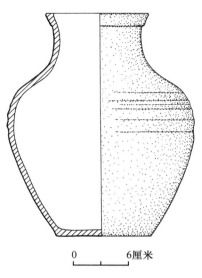

0　　　6厘米

图一五二　M139出土陶壶

（M139∶1）

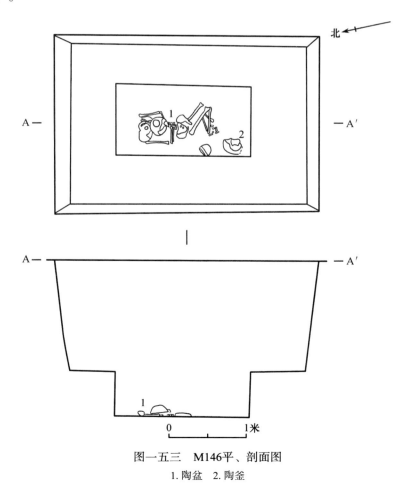

0　　　1米

图一五三　M146平、剖面图

1. 陶盆　2. 陶釜

（2）出土器物

共出土2件随葬品。陶盆位于墓主胸椎骨上，陶釜位于墓葬西南部。

陶盆　1件。M146：1，泥质灰陶。直口，折沿，方唇，弧腹，近平底，矮圈足。腹部饰五周凸弦纹，器身有明显的轮制痕迹。口径22.4、肩径22.3、圈足底径8.0、高11.0厘米（图一五四，2；图版二三，5）。

陶釜　1件。M146：2，夹砂灰陶。侈口，折沿，方唇，溜肩，鼓腹，圜底。肩腹部有一周凸棱，上腹饰竖向细绳纹，下腹部饰交错的指压纹或修整痕。底部细砂含量较多。口径18.4、高15.6厘米（图一五四，1；图版二三，6）。

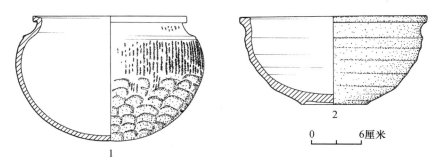

图一五四　M146出土器物

1. 陶釜（M146：2）　2. 陶盆（M146：1）

74. M151

（1）墓葬概况

位置和层位关系　位于发掘区北部。该墓开口于地表土层下，向下打破生土，墓口距现地表深0.80米。方向240°。

形制与结构　竖穴墓道土洞墓，由墓道、墓室组成。墓道位于墓室西侧，口大底小，墓道口平面呈长方形，直壁近平底，加工一般。墓道口长3.84、宽2.59米，墓道底长3.65、宽2.35～2.47米，墓底距墓口深2.51米。墓底北、南、西三面设有生土二层台，二层台距墓口深1.77米，台宽：北壁0.55～0.61、南壁0.67～0.78、西壁1.11米，台高0.72米。墓室为土洞室，平面近长方形，弧形顶，底近平，加工一般。墓室长2.20、宽1.18～1.41、高0.94～1.24米，墓门高1.24米。

填土　墓道填土为黄褐色花土，土质较软。墓室内为黄褐色淤土，土质较软。

葬具　木棺。已腐朽，仅存棺痕，长1.51、宽0.67～0.89米。

人骨　一具。仰身屈肢葬，头向西，面向上，保存较好，性别、年龄不详（图一五五）。

（2）出土器物

共出土3件随葬品。陶釜、陶盆位于墓室东北部，铜带钩位于人头骨附近。

陶釜　1件。M151：1，夹砂灰陶。侈口，束颈，折沿，沿面略凹，圆唇，溜肩，圆腹，圜底。上腹饰两周弦断细绳纹，下腹及底部饰较深的指压纹。底部含砂较多。口径14.2、肩径20.0、高15.8厘米（图一五六，1；图版二五，2）。

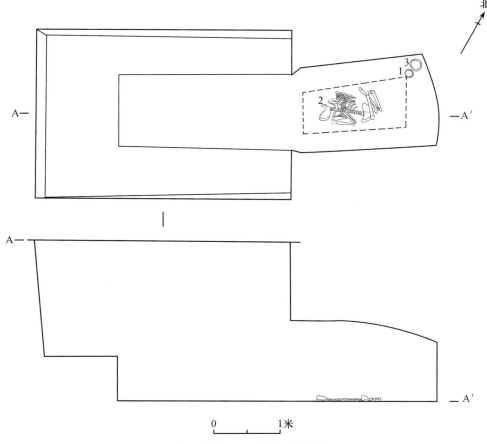

图一五五　M151平、剖面图

1.陶釜　2.铜带钩　3.陶盆

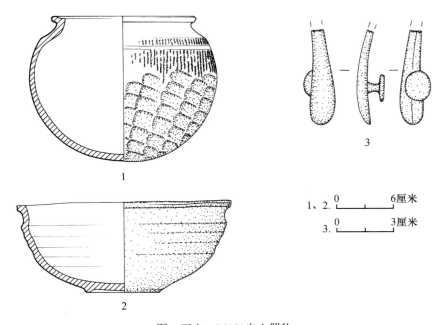

图一五六　M151出土器物

1.陶釜（M151：1）　2.陶盆（M151：3）　3.铜带钩（M151：2）

铜带钩　1件。M151：2，琵琶形，钩首残断，钩体渐宽，钩尾呈扁圆形，背部近钩尾处有一圆形钩钮。残长5.2、宽1.6厘米，钮径1.6、高0.9厘米（图一五六，3）。

陶盆　1件。M151：3，泥质褐陶。敞口，折沿，方唇，弧腹，近平底，矮圈足。腹部饰四周凸弦纹。口径22.6、圈足径7.7、高10.2厘米（图一五六，2；图版二五，1）。

75. M153

（1）墓葬概况

位置和层位关系　位于发掘区北部。该墓开口于扰土层下，向下打破生土，墓口距现地表深0.30米。方向270°。

形制与结构　竖穴墓道土洞墓，由墓道、墓室组成。墓道位于墓室南侧，口底同大，墓道口平面呈长方形，墓壁较直，加工较好。墓道长3.61、宽2.52、深1.81米。墓室为土洞室，平面近长方形，弧形顶。墓室长2.40、宽1.40～1.60、高0.94～1.13米，墓门高1.13米。

填土　墓道填土为黄褐色花土，土质较硬。墓室内为黄褐色淤土，较软较疏松。

葬具　木棺。已朽，人骨下有草木灰，长1.40、宽0.06米，厚度不详。

人骨　一具。仰身屈肢葬，头向西，面向上，性别、年龄不详（图一五七）。

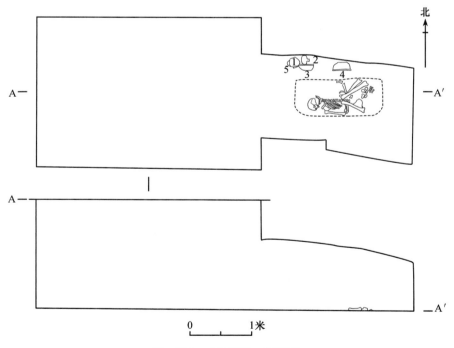

图一五七　M153平、剖面图
1. 陶罐　2. 陶茧形壶　3. 陶盆　4. 陶甑　5. 陶釜

（2）出土器物

共出土5件随葬品。陶罐、陶茧形壶、陶盆、陶釜位于墓室西北部，陶甑位于墓室北部。

陶罐　1件。M153：1，泥质灰陶。微侈口，方唇，矮领，溜肩，圆腹，平底内凹。领部有一周凸棱，腹部饰四周凹弦纹。口径9.8、肩径15.3、底径8.7、高13.6厘米（图一五八，3；图版二五，3）。

陶茧形壶 1件。M153：2，泥质灰陶。小口，卷沿，沿面微凹，方唇，束颈，横椭圆形腹，圜底。腹部饰有七周竖向弦纹带。口径8.8、高19.4厘米（图一五八，1；图版二五，4）。

陶盆 1件。M153：3，泥质灰陶。敞口，平折沿，方唇，唇下内凹，弧腹，近平底，矮圈足。腹部饰有六周凸弦纹。口径20.8、圈足径8.6、高10厘米（图一五八，4；图版二五，5）。

陶瓿 1件。M153：4，残缺较甚，形制不详。

陶釜 1件。M153：5，夹砂灰陶。侈口，折沿，方唇，束颈，鼓肩，肩腹交接明显，弧腹，圜底。腹及底部饰交错的细绳纹。口径15.4、肩径18.0、高12.0厘米（图一五八，2；图版二五，6）。

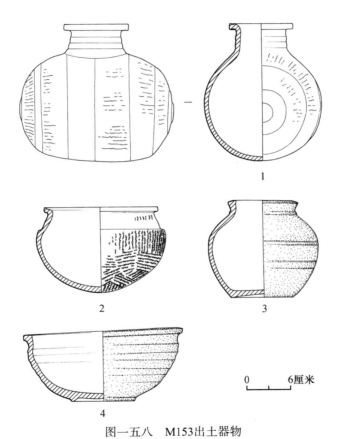

图一五八 M153出土器物

1.陶茧形壶（M153：2） 2.陶釜（M153：5） 3.陶罐（M153：1） 4.陶盆（M153：3）

76. M154

（1）墓葬概况

位置和层位关系 位于发掘区北部，西邻M152。该墓开口于地表土层下，向下打破生土，墓口距现地表深0.80米。方向265°。

形制与结构 竖穴土坑墓，口大底小，墓口平面呈长方形，墓壁较直，近平底。墓口长

3.06、宽2.21~2.36米，墓室长2.36、宽1.04米，墓室距墓口深1.62米。墓室西、北、南三壁设有生土二层台，二层台距墓口深0.71米，台宽：北壁0.51~0.58、南壁0.58~0.61、西壁0.60米，台高0.90米。

填土　黄褐色花土，包含有植物根茎，土质较为松软。

葬具　木棺。已朽，人骨下有厚约0.05米草木灰，长1.70、宽0.66米，内含有若干细碎红烧土块与石块及碎陶片。

人骨　一具。侧身屈肢葬，头向西，面向北，保存较一般，性别、年龄不详（图一五九）。

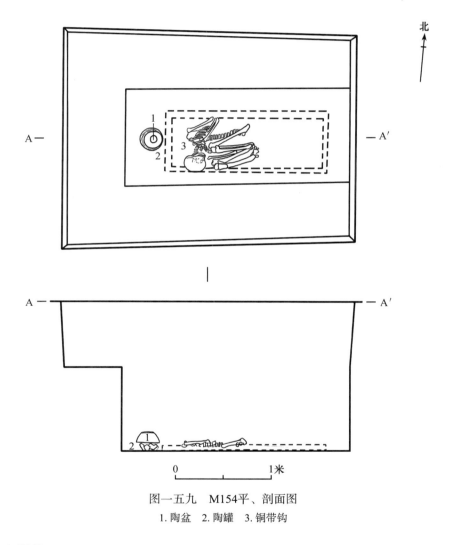

图一五九　M154平、剖面图
1. 陶盆　2. 陶罐　3. 铜带钩

（2）出土器物

共出土3件随葬品。陶盆、陶罐位于墓室西侧，铜带钩位于人头骨北侧。

陶盆　1件。M154：1，泥质灰陶。直口，折沿，方唇，弧腹，近平底，矮圈足。腹部有五周凸棱。口径20.4、圈足径8.0、高9.6厘米（图一六〇，2；图版二四，1）。

陶罐　1件。M154：2，夹砂灰陶。侈口，卷沿，方唇，束颈，圆肩，鼓腹，平底。腹部饰绳纹。口径14.8、肩径18.0、底径10.6、高16.2厘米（图一六〇，1；图版二四，2）。

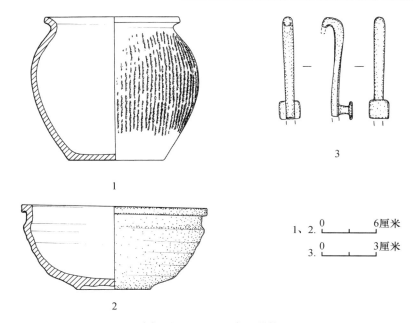

图一六〇　M154出土器物

1. 陶罐（M154∶2）　　2. 陶盆（M154∶1）　　3. 铜带钩（M154∶3）

铜带钩　1件。M154∶3，曲棒形，钩首残断，钩身较细，背面有方钮，尾部残断。残长5.5、宽0.7厘米，钮长1.1、宽1.1、高0.7厘米（图一六〇，3）。

77. M155

（1）墓葬概况

位置和层位关系　位于发掘区西北部，东邻M156。该墓开口于扰土层下，向下打破生土，墓口距现地表深2.64米。方向170°。

形制与结构　竖穴墓道土洞墓，由墓道、墓室组成。墓道位于墓室南侧，口大底小，墓道口平面近方形，斜直壁，平底。墓道口长2.94、宽2.86米，墓道底长2.84、宽2.56米，墓底距墓口深2.64米。墓室为土洞室，平面近长方形，弧形顶，底近平，墓室壁较直，加工一般。墓室长2.16、宽1.10、高1.40～1.74米，墓门高1.44米。

填土　墓道填土为黄褐色花土，土质较软。墓室内为黄褐色掺杂红褐色土，土质较软。

葬具　不详。人骨下有草木灰，长1.60、宽0.60米。

人骨　一具。仰身屈肢葬，头朝南，面向上，保存状况一般，性别、年龄不详（图一六一）。

（2）出土器物

共出土2件随葬品。陶釜、陶茧形壶均位于墓室中部西壁下。

陶釜　1件。M155∶1，夹砂灰陶。侈口，折沿，沿面微凹，方唇，束颈，溜肩，弧腹，圜底。肩腹交接明显，有一周凸弦纹。上腹饰竖向细绳纹，下腹及底部饰交错粗绳纹。口径16.0、肩径18.3、高12.2厘米（图一六二，2；图版二四，4）。

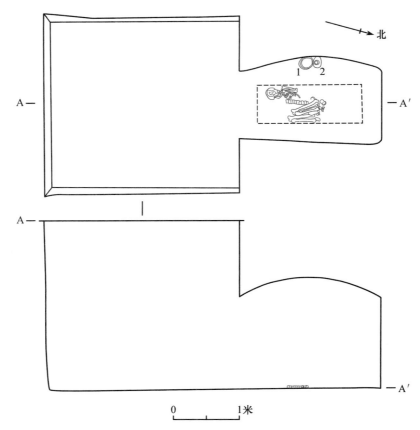

图一六一　M155平、剖面图

1. 陶釜　2. 陶茧形壶

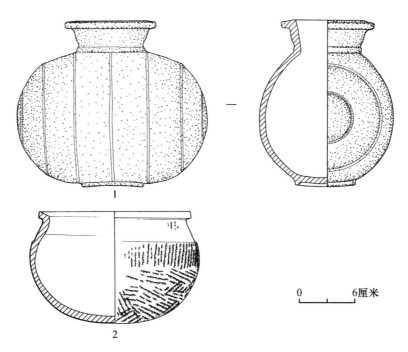

图一六二　M155出土器物

1. 陶茧形壶（M155：2）　2. 陶釜（M155：1）

陶茧形壶　1件。M155：2，泥质灰陶。侈口，平折沿，方唇，束颈，横椭圆形腹呈蚕茧状，圜底，矮圈足。腹部饰七周竖向弦纹。口径9.7、高18.4厘米（图一六二，1；图版二四，3）。

78. M159

（1）墓葬概况

位置和层位关系　位于发掘区中部。该墓开口于地表土层下，向下打破生土，墓口距现地表深0.80米。方向273°。

形制与结构　竖穴墓道土洞墓，由墓道、甬道、墓室组成。墓道位于墓室西侧，口大底小，墓道口平面呈长方形，墓壁较直，加工一般。墓道口长4.05、宽2.88～2.97米，墓道底长3.88、宽2.74～2.86米，墓底距墓口深3.52米。墓底北、南、西三面设有生土二层台，二层台距墓口深2.62米，台宽：北壁0.80～0.84、南壁0.72、西壁1.02米，台高0.91米。甬道位于墓道与墓室之间，平面近长方形，进深0.50、高1.06米。墓室为土洞室，平面近长方形，弧形顶，底近平，墓室壁较直，加工一般。墓室长1.72、宽0.92～1.36、高1.06米。

填土　墓道填土为红褐色花土，较软较疏松。墓室内为黄褐色淤土，较软较疏松。

葬具　木棺。已腐朽，仅存棺痕，长1.48、宽0.72、残高0.04、厚0.04米。

人骨　一具。仰身屈肢葬，头向西，面向上，保存状况一般，性别、年龄不详（图一六三）。

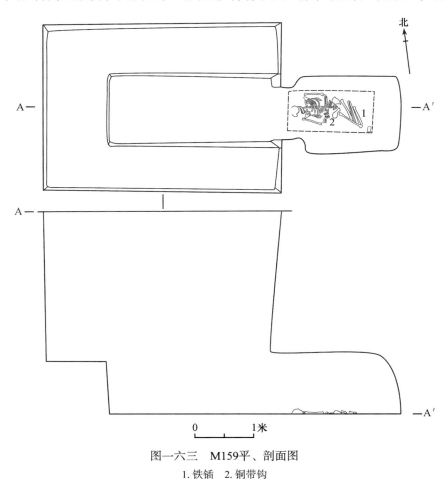

图一六三　M159平、剖面图

1. 铁锸　2. 铜带钩

（2）出土器物

共出土2件随葬品。铁锸位于墓室东侧，铜带钩位于人骨骨盆下方。

铁锸　1件。M159：1，整体呈长方形，直刃，上部渐宽，有銎，长6.0、宽13.6厘米（图一六四，2）。

铜带钩　1件。M159：2，琵琶形。钩首残，钩身渐宽，背面中部偏下处有圆形柱钮，钩面有四道凸棱。长11.0、宽6.0厘米，钮径1.4、高1.0厘米（图一六四，1；彩版一二，4）。

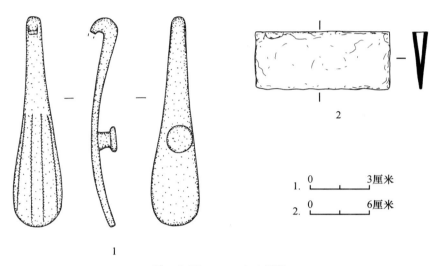

图一六四　M159出土器物
1. 铜带钩（M159：2）　2. 铁锸（M159：1）

79. M160

（1）墓葬概况

位置和层位关系　位于发掘区北部。该墓开口于扰土层下，向下打破生土，墓口距现地表深1.30米。方向175°。

形制与结构　竖穴墓道土洞墓，由墓道、墓室组成。墓道位于墓室南侧，口大底小，墓道口平面呈长方形，斜壁，近平底，加工一般。墓道口东西长2.20、南北宽2.00米，墓道底长2.09~2.12、宽1.72~1.90米，墓底距墓口深1.58米。墓室为土洞室，平面呈长方形，弧形顶，近平底，加工一般。墓室长1.92、宽1.11~1.14、高0.58~1.01米，墓门高1.01米。墓室西北角有一壁龛，龛口立面呈半圆形，拱顶，长0.30、高0.14、进深0.18米。

填土　墓道填土为黄褐色花土，土质较软。墓室内为黄褐色淤土，土质较软。

葬具　不详。

人骨　一具。仰身屈肢葬，头向北，面向上，保存较差，性别、年龄不详（图一六五）。

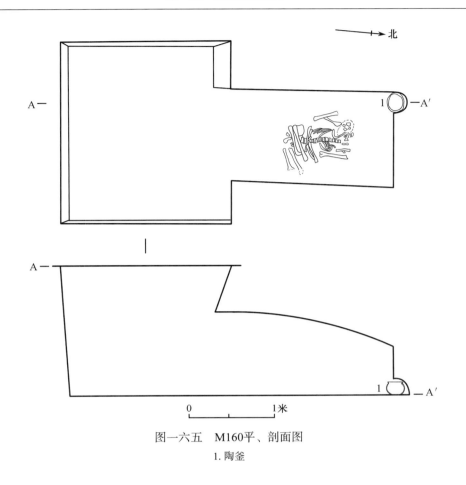

图一六五 M160平、剖面图
1.陶釜

（2）出土器物

共出土1件陶釜，位于墓室西北部壁龛内。

陶釜 1件。M160：1，夹砂灰陶。侈口，卷沿，沿面微凹，方唇，束颈，鼓肩，弧腹，圜底。肩腹交接明显，有一周凸弦纹。上腹饰模糊的细绳纹，下腹及底部饰横向交错粗绳纹。器身有烟熏痕迹。口径14.6、肩径18.3、高12.4厘米（图一六六；图版二四，6）。

80. M162

（1）墓葬概况

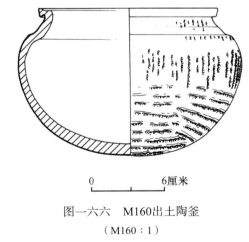

图一六六 M160出土陶釜
（M160：1）

位置和层位关系 位于发掘区南部。该墓开口于扰土层下，向下打破生土，墓口距现地表深1.80米。方向260°。

形制与结构 竖穴墓道土洞墓，由墓道、墓室组成。墓道位于墓室西侧，墓道口平面呈长方形，墓壁较直，加工较好。墓道长3.23、宽2.10~2.20、深1.59~1.68米。墓底北、南、西三面设有生土二层台，二层台距墓口深0.64米，台宽：北壁0.46~0.56、南壁0.50~0.64、西壁0.81米，台高0.93米。墓室为土洞室，平面近长方形，弧形顶，墓壁加工较好。墓室长1.78、宽1.06～1.20、高1.10米，墓门高1.10米。

　　填土　墓道填土为黄褐色花土，土质较硬。墓室内为黄褐色淤土，较软较疏松。

　　葬具　不详。发现少量草木灰。

　　人骨　一具。仰身屈肢葬，头朝西，面向南，保存状况一般，性别为女性，年龄不详（图一六七）。

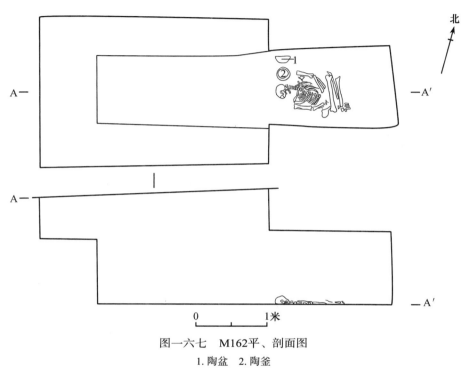

图一六七　M162平、剖面图
1. 陶盆　2. 陶釜

（2）出土器物

　　共出土2件随葬品。陶盆、陶釜均位于墓室西北角，内有兽骨。

　　陶盆　1件。M162：1，泥质灰陶。敞口，折沿，方唇，唇下微凹，弧腹，近平底，矮圈足。腹部饰五周凸棱。口径22.1、圈足径8.2、高10.0厘米（图一六八，2；图版二六，2）。

　　陶釜　1件。M162：2，夹砂灰陶。侈口，折沿上扬，沿面微凹，圆唇，束颈，溜肩。肩腹交接明显，鼓腹，圜底。上腹部饰竖向细绳纹，下腹及底部饰斜向交错的粗绳纹。器身有烟熏痕迹。口径15.6、肩径17.9、高12.0厘米（图一六八，1；图版二六，1）。

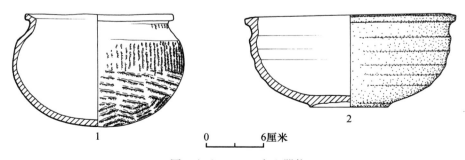

图一六八　M162出土器物
1. 陶釜（M162：2）　2. 陶盆（M162：1）

81. M163

（1）墓葬概况

位置和层位关系　位于发掘区北部。该墓开口于地表土层下，向下打破生土，墓口距现地表深0.80米。方向185°。

形制与结构　竖穴墓道土洞墓，由墓道、墓室组成。墓室位于墓道北侧，口大底小，墓道口平面呈长方形。有生土二层台，墓道口长4.02、宽2.74～2.76米，墓道底长3.81、宽2.50～2.52米，墓底距墓口深2.53米。墓底东、西、南三面设有生土二层台，二层台距墓口深1.53米，台宽：东壁0.76、西壁0.66、南壁1.40米，台高1.00米。墓道西壁、南壁各有1个脚窝，近三角形。墓室为土洞室，平面呈长方形，弧形顶，加工较一般。墓室长2.20、宽1.20、高0.85～1.54米，墓门高1.54米。

填土　墓道填土为黄褐色掺杂红褐色花土，包含有少量植物根茎。墓室内为黄、红色交杂的淤土。

葬具　木棺。已朽，人骨下有长1.52、宽0.80、厚0.05米的草木灰，草木灰中掺杂有红烧土块与零星碎陶片。

人骨　一具。仰身屈肢葬，人骨双手交叉于胸前，头向北，面向东，保存一般，性别、年龄不详（图一六九）。

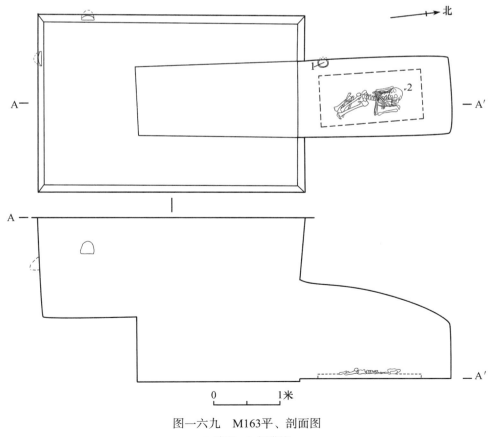

图一六九　M163平、剖面图

1. 陶釜　2. 铜带钩

（2）出土器物

共出土2件随葬品。陶釜位于墓室西南角，铜带钩位于墓室墓主头骨北侧。

陶釜　1件。M163：1，夹砂灰陶。侈口，卷沿，方唇，束颈，圆肩，鼓腹，圜底。上腹饰竖向细绳纹，下腹及底部饰交错粗绳纹。器身有烟熏痕迹。口径15.0、肩径17.3、高11.8厘米（图一七〇，1；图版二六，3）。

铜带钩　1件。M163：2，琵琶形，钩首残，细长颈，向下渐宽，钩尾较尖，背部靠下处有一近圆形柱钮。残长8.1、宽2.7厘米，钮径1.3、高0.9厘米（图一七〇，2）。

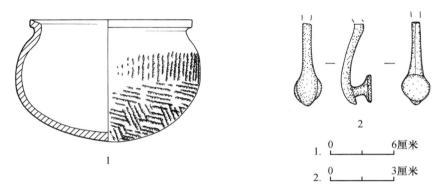

图一七〇　M163出土器物
1. 陶釜（M163：1）　　2. 铜带钩（M163：2）

82. M166

（1）墓葬概况

位置和层位关系　位于发掘区南部，北邻M0015，东邻M0014。该墓开口于扰土层下，向下打破生土，墓道开口距现地表深1.60米。方向265°。

形制与结构　竖穴墓道土洞墓，由墓道、墓室组成。墓道位于墓室西侧，口大底小，墓道口平面呈长方形，平底，墓壁斜直，加工一般。墓道口长3.69、宽2.82～2.92米，墓道底长3.50、宽2.67～2.82米，墓底距墓口深2.78米。墓底北、南、西三面设有生土二层台，二层台距墓口深1.90米，台宽：北壁0.84、南壁0.82、西壁1.30米，台高0.88米。墓室为土洞室，平面近长方形，弧形顶，墓室壁近直，加工一般。墓室长2.20、宽1.12～1.20、高0.71～1.11米，墓门高1.11米。

填土　墓道填土为黄褐色花土，较疏松。墓室内为黄褐色淤土，较软较疏松。

葬具　木棺。已腐朽，残留棺痕，长1.62、宽0.68～0.76米。

人骨　一具。仰身屈肢葬，头向西，面向上，保存状况一般，性别、年龄不详（图一七一）。

（2）出土器物

共出土3件随葬品。陶罐位于墓道北壁近门处，陶釜、陶盆位于墓室西北部壁龛内。

陶罐　1件。M166：1，泥质灰陶。侈口，卷沿，圆唇，束颈，溜肩，鼓腹，平底内凹。素面。口径19.4、肩径29.0、底径18.0、高21.2厘米（图一七二，3；图版二六，4）。

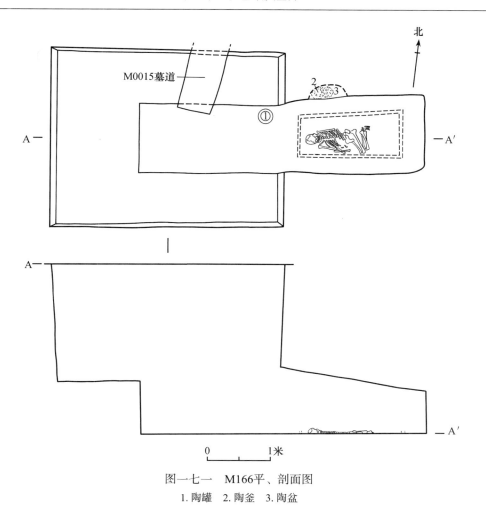

图一七一　M166平、剖面图
1.陶罐　2.陶釜　3.陶盆

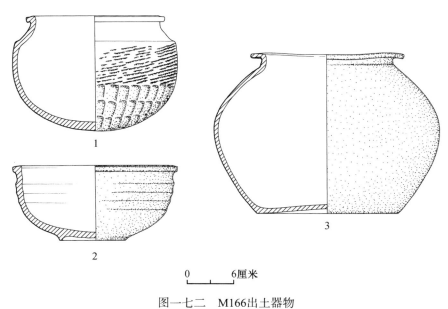

图一七二　M166出土器物
1.陶釜（M166∶2）　2.陶盆（M166∶3）　3.陶罐（M166∶1）

陶釜　1件。M166：2，夹砂灰陶。侈口，卷沿，沿面有一周凹槽，方唇，束颈，折肩，弧腹，圜底。肩腹交接明显，有一周凸弦纹。上腹饰模糊的细绳纹，下腹及底部饰交错指压纹，下腹有烟熏痕迹。口径17.6、肩径21.2、高15.2厘米（图一七二，1；图版二六，5）。

陶盆　1件。M166：3，泥质灰陶。直口，折沿，方唇，弧腹，近平底，矮圈足。腹部饰四周凸弦纹，器内壁饰三周凹弦纹。口径19.0、圈足径8.2、高9.8厘米（图一七二，2；图版二六，6）。

83. M167

（1）墓葬概况

位置和层位关系　位于发掘区中东北部，北邻M168，东邻M169，西邻M165。该墓开口于扰土层下，向下打破生土，墓室以东被M170打破，墓道开口距现地表深1.60米。方向290°。

形制与结构　竖穴墓道土洞墓，由墓道、墓室和壁龛三部分组成。墓道位于墓室西侧，口大底小，墓道口平面呈长方形，平底，墓壁斜直，加工较好。墓道口长3.40、宽2.12米，墓道底长3.23、宽1.94米，墓底距墓口深1.86米。墓室为土洞室，平面近长方形，弧形顶，墓室壁近直，加工一般。墓室长1.98、宽0.90～1.08米，高0.96～1.26米，墓门高1.26米。墓室北壁有一壁龛，口部呈半圆形，拱顶，长0.61、高0.22、进深0.18米。

填土　墓道填土为黄褐色花土，较疏松。墓室内为黄褐色淤土，较软较疏松。

葬具　不详。

人骨　一具。仰身屈肢葬，头向西，面向南，保存状况一般，性别为男性，年龄不详（图一七三）。

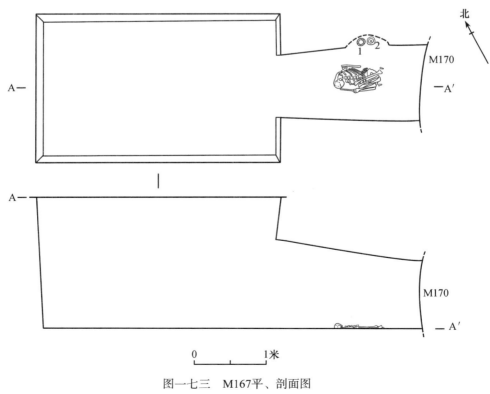

图一七三　M167平、剖面图
1. 陶釜　2. 陶盆

（2）出土器物

共出土2件随葬品。陶釜、陶盆均位于墓室北侧壁龛内。

陶釜　1件。M167：1，夹砂灰陶。侈口，卷沿，方唇，束颈，溜肩，鼓腹，圜底。肩腹交接明显。上腹饰竖向细绳纹，下腹及底部饰交错粗绳纹。器身有烟熏痕迹。口径15.8、肩径18.4、高12.0厘米（图一七四，1；图版二七，2）。

陶盆　1件。M167：2，泥质灰陶。敞口，折沿，方唇，唇下内凹，深弧腹，近平底，矮圈足。腹部饰五周凸棱，近底部有轮制痕迹。口径22.4、圈足径7.2、高10.4厘米（图一七四，2；图版二七，1）。

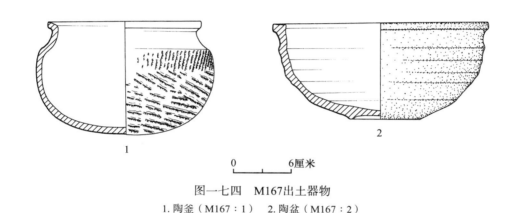

0　　　　6厘米

图一七四　M167出土器物
1. 陶釜（M167：1）　　2. 陶盆（M167：2）

84. M172

（1）墓葬概况

位置和层位关系　位于发掘区东北部，东邻M174，西邻M168。该墓开口于扰土层下，向下打破生土，墓道北部被M171打破。墓道开口距现地表深1.60米。方向290°。

形制与结构　竖穴墓道土洞墓，由墓道、墓室组成。墓道位于墓室西侧，口底同大，墓道口平面呈长方形，平底，墓壁较直，加工一般。墓道长3.40、宽2.60～2.64米，深2.61米。墓底北、南、西三面设有生土二层台，二层台距墓口深1.65米，台宽：北壁0.72～0.84、南壁0.64～0.78、西壁1.02米，台高0.96米。墓室为土洞室，平面近长方形，弧形顶，墓室壁近直，加工一般。墓室长2.50、宽1.18、高0.90～1.20米，墓门高1.20米。

填土　墓道填土为黄褐色花土，较疏松。墓室内为黄褐色淤土，较软较疏松。

葬具　木棺。已朽，人骨下见草木灰，残长1.84～1.90、残宽0.64～0.82、厚约0.05米。

人骨　一具。侧身屈肢葬，头向西，面向南，保存状况较好，性别为男性，年龄不详（图一七五；彩版五，1）。

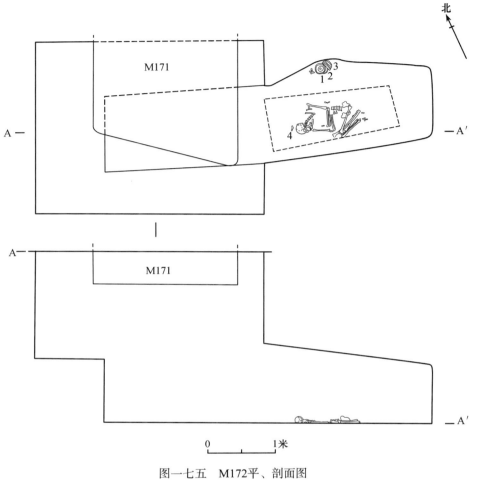

图一七五　M172平、剖面图
1.陶甑　2.陶釜灶　3.陶盆　4.铜带钩

（2）出土器物

共出土4件随葬品。陶甑、陶釜灶、陶盆位于墓室北侧，铜带钩位于墓主头骨处。

陶甑　1件。M172：1，泥质灰陶。直口，折沿，方唇，弧腹，近平底，矮圈足。唇下有一周凹槽，底部有一圆孔。腹部饰四周凸弦纹。口径20.8、圈足径8.0、高9.6厘米（图一七六，1；图版二七，3）。

陶釜灶　1件。M172：2，夹砂灰陶。敛口，厚方唇，矮领，折腹，圜底。上腹部与底交错相接，应为残器拼接而成。口径17.4、肩径20.7、高9.4厘米（图一七六，2；图版二七，4）。

陶盆　1件。M172：3，泥质灰陶。直口，折沿，沿面有一周凹弦纹，方唇，弧腹，近平底，矮圈足。唇下有一周凹槽，腹部饰六周凸弦纹。口径21.0、圈足径8.4、高9.8厘米（图一七六，3；图版二七，5）。

铜带钩　1件。M172：4，曲棒形，钩首呈扁平状，背部有一方形柱钮。长8.6、宽1.3厘米、钮径1.3、高0.8厘米（图一七六，4；图版二七，6）。

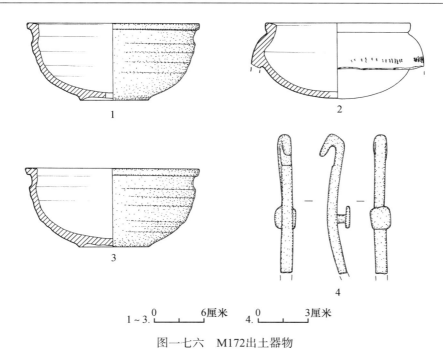

1~3. 0———6厘米　　4. 0———3厘米

图一七六　M172出土器物

1. 陶瓿（M172：1）　2. 陶釜灶（M172：2）　3. 陶盆（M172：3）　4. 铜带钩（M172：4）

85. M173

（1）墓葬概况

位置和层位关系　位于发掘区北部。该墓开口于地表土层下，向下打破生土，墓口距现地表深0.80米。方向270°。

形制与结构　竖穴土坑墓，口大底小，墓口平面呈长方形，墓壁较斜直，底近平。墓口长3.02、宽2.30米，墓室长2.02、宽0.86~0.91米，墓室距墓口深1.88米。墓室北、南、西三面设有生土二层台，二层台距墓口深0.85米，台宽：北壁0.67、南壁0.56~0.61、西壁0.90米，台高1.03米。

填土　红褐色花土，土质较软较疏松。

葬具　不详。

人骨　一具。仰身屈肢葬，头向西，面向上，保存状况较好，年龄、性别不详（图一七七）。

（2）出土器物

共出土2件随葬品。位于墓主头骨以南，为铁带钩、铜印章。

铁带钩　1件。M173：1，曲棒形，钩首残断，横截面近椭圆形，腹下钮锈蚀严重，形状不详，尾部残断。残长8.0、宽2.0厘米，钮径1.4、高1.2厘米（图一七八，1）。

铜印章　1枚。M173：2，方形，桥形钮，篆书四字阳文，印文为"日敬毋治（怠）"，外加方栏。边长1.5、高1.0厘米（图一七五，2；彩版一二，2、3）。

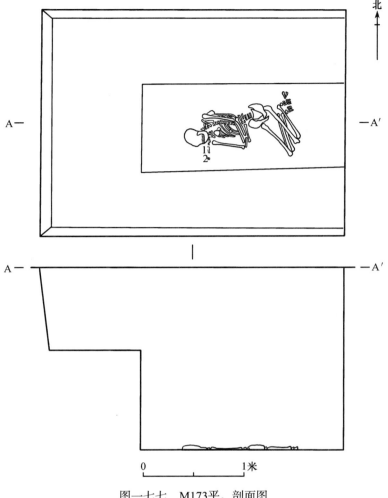

图一七七　M173平、剖面图
1. 铁带钩　2. 铜印章

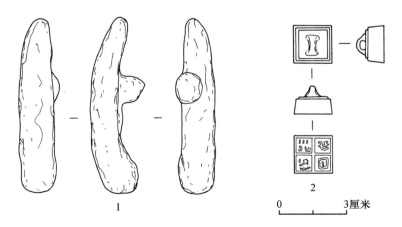

图一七八　M173出土器物
1. 铁带钩（M173：1）　2. 铜印章（M173：2）

86. M174

（1）墓葬概况

位置和层位关系 位于发掘区中南部。该墓开口于地表土层下，向下打破生土，墓口距现地表深0.80米。方向170°。

形制与结构 竖穴墓道土洞墓，由墓道、墓室组成。墓道位于墓室南侧，墓道口平面呈长方形，墓壁近直，加工较好，平底。墓道长3.90、宽2.64、深2.35米。墓底东、西、南三面设有生土二层台，二层台距墓口深1.11米，台宽：西壁0.62～0.68、东壁0.69～0.71、南壁1.48米，台高1.24米。墓室为土洞室，平面呈长方形，弧形顶，墓室壁近直，加工一般。墓室长2.04、宽1.24、高0.85～1.24米，墓门高1.24米。

填土 墓道填土为黄褐色花土，较软较疏松。墓室内为黄褐色淤土，较软较疏松。

葬具 不详。

人骨 一具。仰身屈肢葬，头向北，面向东，保存状况较好，性别、年龄不详（图一七九）。

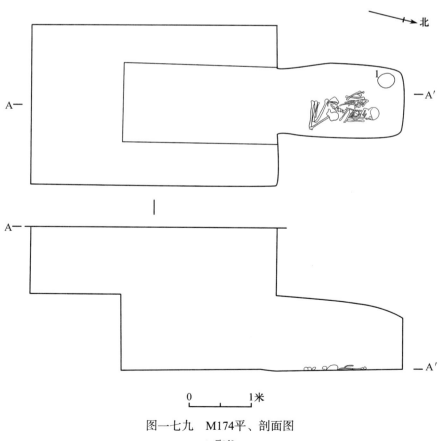

图一七九 M174平、剖面图

1. 陶釜

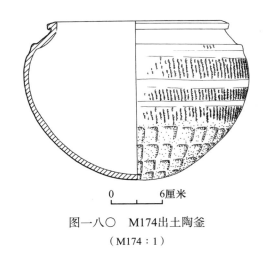

图一八〇　M174出土陶釜
（M174：1）

（2）出土器物

共出土1件陶釜，位于墓室西北角。

陶釜　1件。M174：1，夹砂灰陶。微侈口，厚方唇，斜肩，鼓腹，圜底。肩腹交接明显，有一周凸棱。上腹饰三周旋断细绳纹，下腹及底部饰交错的长方形按压纹。近底部有烟熏痕迹。口径21.4、肩径26.5、高19.2厘米（图一八〇；图版二八，1）。

87. M175

（1）墓葬概况

位置和层位关系　位于发掘区东北部，东邻M178，西邻M174。该墓开口于扰土层下，向下打破生土，墓道开口距现地表深1.60米。方向275°。

形制与结构　竖穴墓道土洞墓，由墓道、墓室组成。墓道位于墓室西侧，口底同大，墓道口平面呈长方形，墓壁较直，加工较好，平底。墓道长4.50、宽3.11～3.20、深3.80米。墓室为土洞室，平面近长方形，弧形顶，墓室壁近直，加工一般。墓室长2.45、宽1.70～1.94、高1.20～1.72米，墓门高1.72米。

填土　墓道填土为黄褐色花土，较疏松。墓室内为黄褐色淤土，较软较疏松。

葬具　木棺。已腐朽，残留棺痕，残长2.02～2.06、残宽0.70、残高0.10、厚度0.05米。

人骨　一具。仰身直肢葬，头向西，面向上，保存状况极差，为老年男性（图一八一）。

（2）出土器物

共出土3件随葬品。铜带钩位于墓室西部，陶釜灶、陶罐位于墓室西北部，釜内有兽骨。

铜带钩　1件。M175：1，曲棒形。钩首为蛇形，背面中部靠上处有圆形柱钮，钩尾呈蛇尾状，略上翘。长13.7、宽1.1厘米，钮径1.5、高1.2厘米（图一八二，3；彩版一二，5）。

陶釜灶　1件。M175：2，夹砂灰陶。侈口，卷沿外翻，沿面微凹，方唇，束颈，折肩，鼓腹，圜底。肩、腹交接明显，上腹部饰竖向细绳纹，下腹及底部饰交错粗绳纹。腹部有明显的拼接痕迹，器内外有烟熏痕迹。口径19.2、肩径20.1、高13.6厘米（图一八二，1；图版二八，2）。

陶罐　1件。M175：3，泥质灰陶。侈口，折沿，方唇，束颈，圆肩，鼓腹，平底。肩腹部饰七周弦断细绳纹。口径9.6、肩径23.0、底径11.8、高24.4厘米（图一八二，2；图版二八，3）。

88. M176

（1）墓葬概况

位置和层位关系　位于发掘区南部。该墓开口于扰土层下，向下打破生土，墓口距现地表深2.50米。方向265°。

北

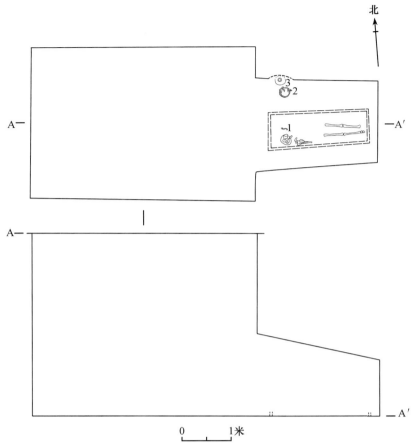

0　　　1米

图一八一　M175平、剖面图

1. 铜带钩　2. 陶釜灶　3. 陶罐

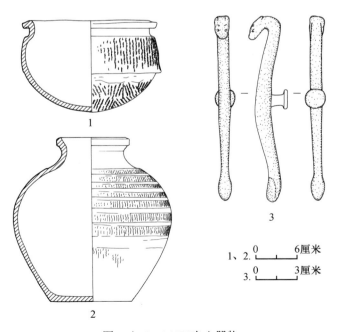

1、2. 0　　　6厘米

3. 0　　　3厘米

图一八二　M175出土器物

1. 陶釜灶（M175：2）　　2. 陶罐（M175：3）　　3. 铜带钩（M175：1）

形制与结构　　竖穴墓道土洞墓，由墓道、墓室组成。墓道位于墓室西侧，口大底小，墓道口平面呈长方形，墓壁斜直，平底。墓道口长4.02、宽2.96~3.06米，墓道底长3.70、宽2.62~2.65米，墓底距墓口深2.81米。墓底北、西、南三面设有生土二层台，二层台距墓口深2.01米，台宽：北壁0.74、南壁0.71~0.83、西壁1.63米，台高0.84米。墓道西壁上有2个脚窝。墓室为土洞室，平面近长方形，弧形顶，墓室壁近直，加工一般。墓室长2.08、宽0.90~1.14、高1.10~1.30米，墓门高1.30米。

填土　　墓道填土为黄褐色花土，较疏松。墓室内为黄褐色淤土，较软较疏松。

葬具　　墓室葬具不详，人骨四周有少量黑灰。墓道葬具为木棺，已腐朽，人骨四周有棺痕，长1.97、宽1.20、残高0.06米。

人骨　　两具。墓室一具，仰身屈肢葬，头向西，面向北，保存状况一般，性别、年龄不详。墓道一具，侧身屈肢葬，头向西，面向北，保存状况一般，性别、年龄不详（图一八三；彩版五，2）。

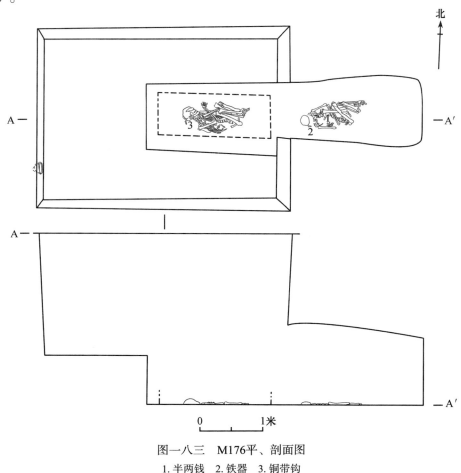

图一八三　M176平、剖面图
1.半两钱　2.铁器　3.铜带钩

（2）出土器物

共出土3件（套）随葬品。铜带钩位于墓道人骨头骨南侧，半两钱位于墓室人骨腰椎处，铁器位于墓室人骨头骨南侧。

半两钱 1组5枚。M176：1，腐蚀严重。M176：1-1～3，3枚粘在一起，钱文"半两"，"两"字上无短横，"人"字出头较长，无郭。M176：1-4～5，2枚粘在一起，"两"字上有短横，"人"字出头较短。无郭。钱径3.1厘米（图一八四，3）。

铁器 1件。M176：2，残断，锈蚀严重。长条形，横截面呈方形。残长5.9厘米（图一八四，2）。

铜带钩 1件。M176：3，琵琶形，钩首呈蛇形，钩体渐宽，背面中部偏下处有圆形柱钮。长9.4、宽1.7厘米，钮径1.5、高0.8厘米（图一八四，1；彩版一二，6）。

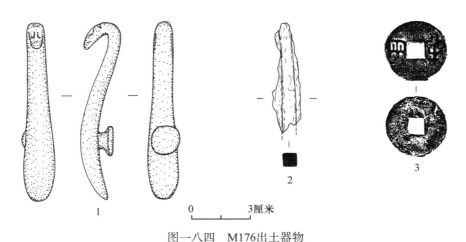

图一八四 M176出土器物

1. 铜带钩（M176：3） 2. 铁器（M176：2） 3. 铜钱拓片（M176：1-4～5）

89. M178

（1）墓葬概况

位置和层位关系 位于发掘区东北部，东邻M179、M180，西邻M175、M176。该墓开口于扰土层下，向下打破生土，墓道开口距现地表深1.60米。方向280°。

形制与结构 竖穴墓道土洞墓，由墓道、墓室组成。墓道位于墓室西侧，口大底小，墓道口平面呈长方形，墓壁斜直，加工一般，平底。墓道口长3.85、宽2.88～2.94米，墓道底长3.70、宽2.70米，墓底距墓口深2.60米。墓道西壁发现一个脚窝，距开口0.05米，距南壁0.60～0.80米，宽0.20、高0.20、进深0.14米。墓道南壁发现两个脚窝，上部脚窝距西壁0.70～0.90米，宽0.20、高0.20、进深0.10米，下部脚窝距西壁0.74～0.90米，宽0.16、高0.25、进深0.14米。墓底北、南、西三面设有生土二层台，二层台距墓口深1.74米，台宽：北壁0.78、南壁0.86～0.88、西壁1.00米，台高0.88米。墓室为土洞室，平面近长方形，弧形顶，墓室壁近直，加工一般。墓室长2.14、宽0.98～1.28、高0.78～1.12米，墓门高1.12米。

填土 墓道填土为黄褐色花土，较疏松。墓室内为黄褐色淤土，较软较疏松。

葬具 木棺。已朽，人骨下见草木灰，长1.62～1.66、宽0.56～0.72米。

人骨 一具。侧身屈肢葬，头向西，面向南，保存状况较差，性别、年龄不详（图一八五）。

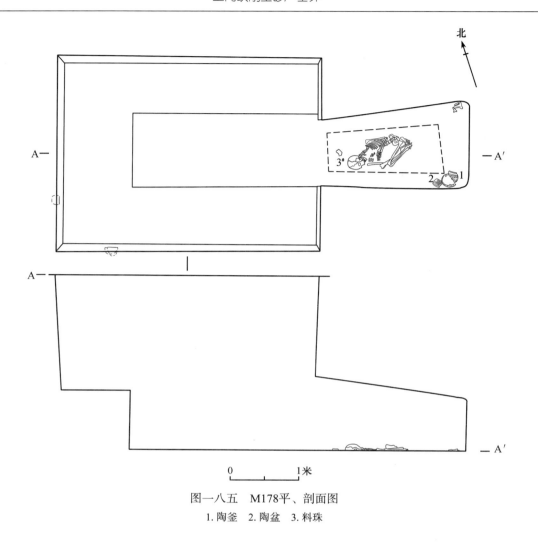

图一八五　M178平、剖面图
1. 陶釜　2. 陶盆　3. 料珠

（2）出土器物

共出土3件（套）随葬品。陶釜、陶盆位于墓室东南部，内有兽骨，料珠位于墓室西部。

陶釜　1件。M178：1，夹砂灰陶。器物变形，整体呈椭圆形。微侈口，折沿下翻，沿面有一周凹弦纹，方唇，束颈，溜肩，鼓腹，圜底。肩腹交接明显，有一周凸棱。上腹饰较浅的竖向细绳纹，下腹及底部饰较深的交错粗绳纹。器身有烟熏痕迹。口径20.6、肩径22.8、高16.0厘米（图一八六，1；图版二八，5）。

陶盆　1件。M178：2，泥质灰陶。直口，折沿，沿面有两周凹弦纹，方唇，唇下内凹，弧腹，近平底，矮圈足。腹部有五周凸弦纹，内壁有四周凹弦纹。口径20.3、圈足径8.2、高10.6厘米（图一八六，2；图版二八，4）。

料珠　1组7枚。M178：3，个体较小，呈圆环状，其中3枚粘连。直径0.8厘米（图一八六，3；图版二八，6）。

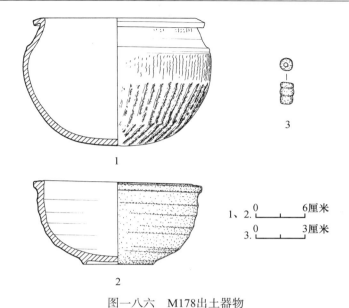

图一八六　M178出土器物

1. 陶釜（M178：1）　2. 陶盆（M178：2）　3. 料珠（M178：3）

90. M179

（1）墓葬概况

位置和层位关系　位于发掘区中东北部，东邻M181，西邻M178。该墓开口于扰土层下，向下打破生土，南部被M180打破。墓道开口距现地表深1.60米。方向270°。

形制与结构　竖穴墓道土洞墓，由墓道、墓室组成。墓道位于墓室西侧，口大底小，墓道口平面呈长方形，墓壁斜直，加工较好，平底。墓道口长3.90、宽3.04～3.13米，墓道底长3.62、宽2.96米，墓底距墓口深2.55米。墓底北、南、西三面设有生土二层台，二层台距墓口深1.46米，台宽：北壁0.71～0.84、南壁0.77～0.97、西壁1.10米，台高1.07米。墓室为土洞室，平面近长方形，弧形顶，墓室壁近直，加工一般。墓室长2.12～2.30、宽1.50～1.60、高1.12～1.75米，墓门高1.75米。

填土　墓道填土为黄褐色花土，较疏松。墓室内为黄褐色淤土，较软较疏松。

葬具　木棺。已腐朽，残留有棺痕、棺钉，棺痕长1.50～1.58、宽0.64～0.92、高0.06米。

人骨　一具。仰身屈肢葬，头向西，面向南，性别为男性，年龄不详（图一八七）。

（2）出土器物

共出土2件随葬品。位于墓室中西部，为铁带钩、铁刀。

铁带钩　1件。M179：1，曲棒形，锈蚀严重，钩首残断，钩尾稍宽，背面中部偏下处有一圆形柱钮。残长10.5、宽1.5厘米，钮径1.5、高1.2厘米（图一八八，1）。

铁刀　1件。M179：2，环首，直背，直刃，锈蚀严重，刃尖残断。残长13.5、宽2.7厘米（图一八八，2）。

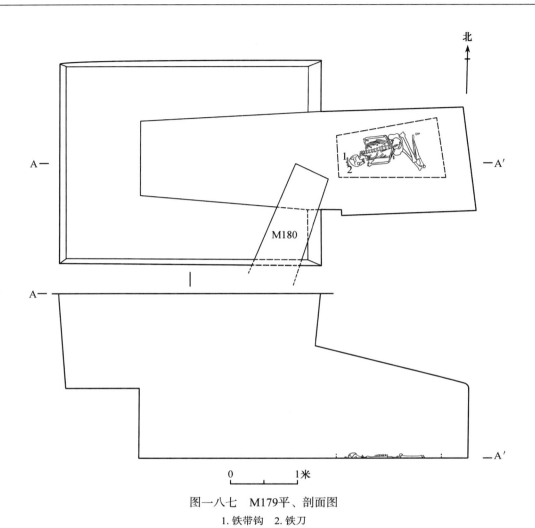

图一八七　M179平、剖面图

1. 铁带钩　2. 铁刀

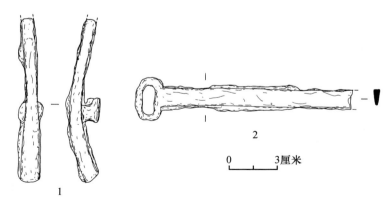

图一八八　M179出土器物

1. 铁带钩（M179：1）　2. 铁刀（M179：2）

91. M182

（1）墓葬概况

位置和层位关系　位于发掘区东北部，西邻M181。该墓开口于扰土层下，西部被M001打破，向下打破生土，墓口距现地表深1.40米。方向260°。

形制与结构　竖穴墓道土洞墓，由墓道、墓室组成。墓道位于墓室西侧，墓道口平面呈长方形，直壁，近平底，加工一般。墓道残长3.18～3.36、宽2.62、深2.05米。墓底北、南、西三面设有生土二层台，二层台距墓口深1.24米，台宽：北壁0.75～0.78、南壁0.72～0.85、西壁0.59～0.61米，台高0.79米。墓室为土洞室，平面近长方形，弧形顶，近平底，比墓道底部高0.20米，加工一般。墓室长2.18、宽1.10、高0.70～0.90米，墓门高0.90米。墓室北壁中部有一壁龛，龛口立面呈半圆形，拱顶，长0.62、高0.36、进深0.34米。

填土　墓道填土为黄褐色花土，土质松软。墓室内为黄褐色淤土，土质松软。

葬具　不详。

人骨　一具。仰身屈肢葬，头向西，面向上，保存较好，性别、年龄不详（图一八九）。

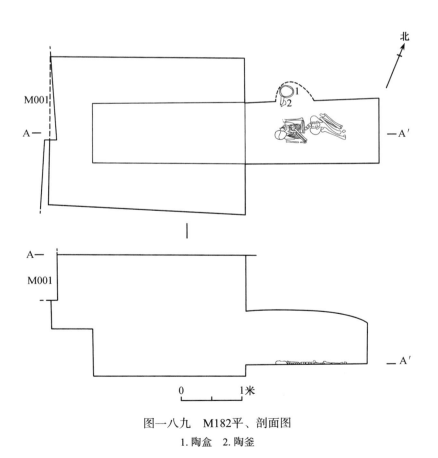

图一八九　M182平、剖面图

1. 陶盒　2. 陶釜

（2）出土器物

共出土2件随葬品。位于墓室北侧的壁龛内，为陶盒、陶釜。

陶盒　1件。M182：1，泥质灰陶。整体呈扁椭圆形。盒身子母口，尖唇，弧腹，近平底，矮圈足。腹部有数周弦纹。盒盖直口，方唇，唇面有一周凹弦纹，浅斜腹，近平底，矮圈足状捉手。盒身口径18.2、圈足径9.4、高10.4厘米，盒盖口径21.6、捉手径9.6、高6.2厘米，通高16.6厘米（图一九〇，1；图版二九，1）。

陶釜　1件。M182：2，夹砂灰陶。侈口，折沿上扬，沿面微凹，方唇，束颈，溜肩，圆腹，圜底。肩腹分界明显，有一道折棱，腹及底部饰交错细绳纹。器身及内底有烟熏痕迹。口径16.0、肩径19.5、高13.6厘米（图一九〇，2；图版二九，2）。

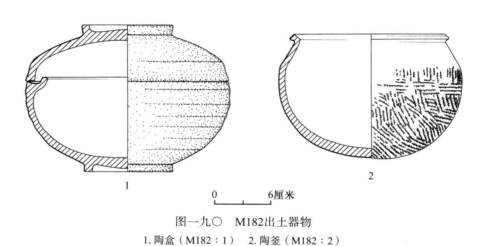

0 ⊢—⊣ 6厘米

图一九〇　M182出土器物

1. 陶盒（M182：1）　2. 陶釜（M182：2）

92. M185

（1）墓葬概况

位置和层位关系　位于发掘区东北部。该墓开口于扰土层下，向下打破生土，墓口距现地表深1.60米。方向284°。

形制与结构　竖穴墓道土洞墓，由墓道、墓室组成。墓道位于墓室西侧，口大底小，墓道口平面呈梯形，墓壁较直，加工一般。墓口长3.48、宽2.64～2.72米，墓道底长3.36、宽2.52～2.58米，墓底距墓口深1.69米。墓底北、南、西三面设有生土二层台，二层台距墓口深0.97米，台宽：北壁0.50、南壁0.44～0.50、西壁0.83米，台高0.70米。墓室为土洞室，平面近长方形，平顶，底近平，比墓道底部高0.10米，墓室壁较直，加工一般。墓室长2.32、宽0.90～1.08、高1.12米，墓门高1.12米。墓室北侧有一壁龛，龛口立面呈方形，拱顶，长0.40、高0.40、进深0.32米。

填土　墓道填土为红褐色花土，较软较疏松。墓室内为黄褐色淤土，较软较疏松。

葬具　木棺。已腐朽，仅存棺痕，长2.00、宽0.72、残高0.04、厚0.04米。

人骨　一具。仰身屈肢葬，头向西，面向上，保存状况一般，性别、年龄不详（图一九一）。

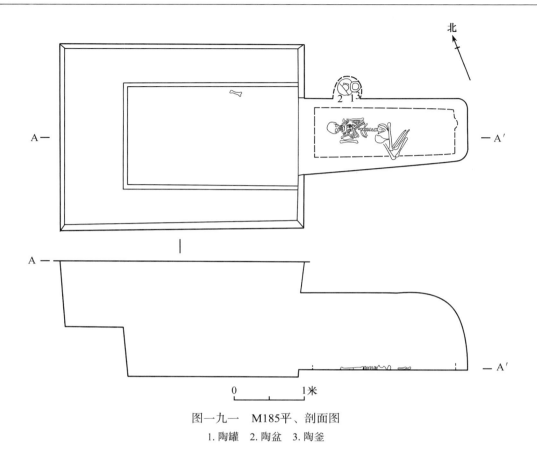

图一九一　M185平、剖面图
1. 陶罐　2. 陶盆　3. 陶釜

（2）出土器物

共出土4件随葬品。陶罐、陶盆、陶釜放置于墓室北侧壁龛内，铜镜位于墓室东侧。

陶罐　1件。M185：1，泥质灰陶。侈口，折沿，沿面微凹，方唇，束颈，溜肩，鼓腹，平底。肩腹部饰有七周弦断细绳纹，下腹部有修整痕迹。口径12.5、肩径24.0、底径12.0、高25.9厘米（图一九二，1）。

陶盆　1件。M185：2，泥质灰陶。器身变形，口部呈椭圆形，敞口，折沿，沿面微凹，方唇，折腹，上腹近直，下腹缓收，平底。腹部有一周凹槽，下腹有轮制痕迹。口径26.6、底径12.2、高10.0厘米（一九二，3；图版二九，3）。

陶釜　1件。M185：3，夹砂灰陶。侈口，卷沿，方唇，束颈，溜肩，弧腹，圜底。上腹部饰有弦断细绳纹，下腹及底部饰交错粗绳纹。器身及内底有烟熏痕迹。口径20.0、肩径20.8、高15.0厘米（图一九二，2；图版二九，4）。

铜镜　1枚。M185：4，残。弦纹镜。镜钮为三弦钮，镜背有两周弦纹。直径0.1、缘厚0.2、钮高1.2厘米（图一九二，4）。

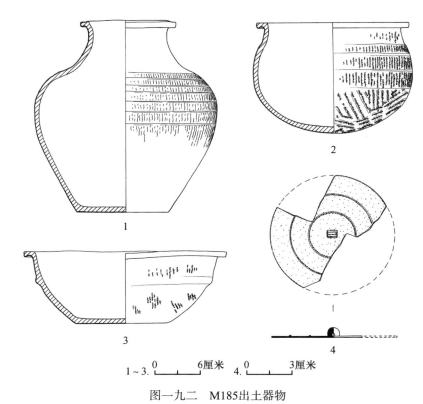

1 ~ 3. 　0 ⊢───┴───┤ 6厘米　　4. 　0 ⊢───┴───┤ 3厘米

图一九二　M185出土器物

1. 陶罐（M185：1）　2. 陶釜（M185：3）　3. 陶盆（M185：2）　4. 铜镜（M185：4）

93. M186

（1）墓葬概况

位置和层位关系　位于发掘区东北部，西邻M189。该墓开口于扰土层下，被M0019打破，向下打破生土，墓道开口距现地表深1.80米。方向265°。

形制与结构　竖穴墓道土洞墓，由墓道、墓室组成。墓道位于墓室西侧，口底同大，墓道口平面呈长方形，墓壁近直，加工一般，平底。墓道长3.75、宽2.84、深1.63米。墓室为土洞室，平面近长方形，平顶，墓室壁近直，加工一般。墓室长2.26、宽1.30~1.50、高0.86~1.01米，墓门高1.01米。

填土　墓道填土为黄褐色花土，较致密。墓室内为黄褐色淤土，较软较疏松。

葬具　不详。

人骨　一具。侧身屈肢葬，头向西，面向北，保存状况一般，性别为男性，年龄不详（图一九三）。

（2）出土器物

共出土2件随葬品。陶釜、陶盒均位于墓室西北部。

陶釜　1件。M186：1，夹砂灰陶。侈口，折沿，方唇，束颈，鼓肩，弧腹，圜底。肩腹交接处明显，有一周凸棱。上腹饰竖向细绳纹，下腹及底部饰交错粗绳纹。器身及内底有烟熏

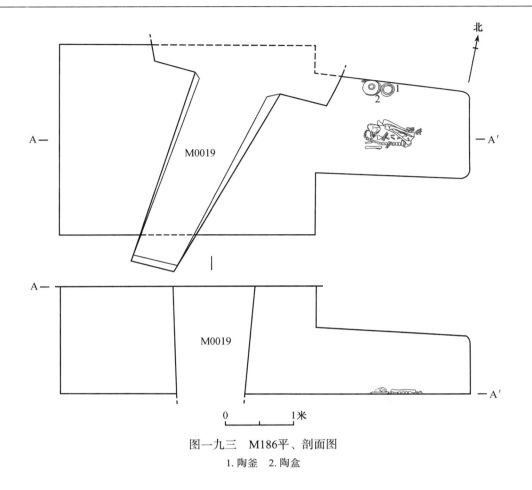

图一九三　M186平、剖面图
1. 陶釜　2. 陶盒

痕迹。口径16.2、肩径18.4、高12.0厘米（图一九四，2；图版二九，6）。

陶盒　1件。M186：2，泥质灰陶。盒身子母口，圆唇，深弧腹，平底，矮圈足。腹部饰四周凸弦纹。盒盖敞口，方唇，浅斜腹，平底，矮圈足状捉手。盖上近圈足处有一周交错的刻划纹。盒身口径18.0、圈足底径9.6、高10.6厘米，盒盖口径22.0、圈足径9.8、高6.4厘米，通高17.0厘米（图一九四，1；图版二九，5）。

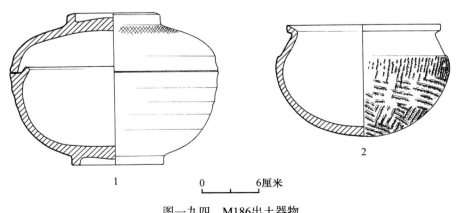

图一九四　M186出土器物
1. 陶盒（M186：2）　2. 陶釜（M186：1）

94. M188

（1）墓葬概况

位置和层位关系　位于发掘区东北部。该墓开口于地表土层下，向下打破生土，墓口距现地表深0.86米。方向264°。

形制与结构　竖穴墓道土洞墓，由墓道、墓室组成。墓道位于墓室西部，口大底小，墓道口平面呈长方形，墓壁较直，加工较好，平底。墓道口长2.78、宽1.48米，墓道底长2.75、宽1.44米，墓底距墓口深1.25米。墓室为土洞室，平面呈长方形，弧形顶，直壁平底，加工一般。墓室1.73、宽1.48、高0.66～0.90米，墓门高0.66米。

填土　墓道填土为黄褐色花土，土质较软，结构疏松。墓室内为黄褐色淤土，土质较软，结构疏松。

葬具　不详。

人骨　一具。仰身屈肢葬，头向西，面向南，保存状况一般，性别、年龄不详（图一九五）。

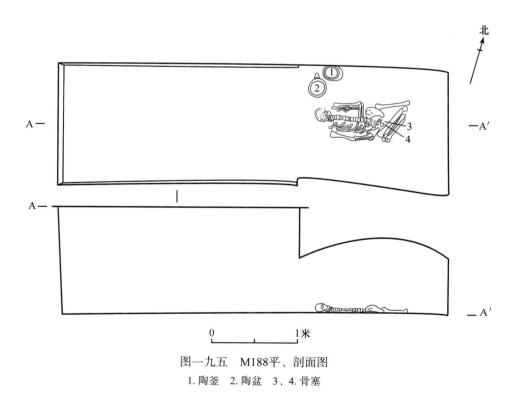

图一九五　M188平、剖面图
1. 陶釜　2. 陶盆　3、4. 骨塞

（2）出土器物

共出土4件随葬品。陶釜、陶盆位于墓主人头骨北侧，骨塞位于墓主人腹部。

陶釜　1件。M188：1，夹砂灰陶。侈口，卷沿，方唇，唇面有一周凹槽，束颈，溜肩，鼓腹，圜底。肩腹交接处有一周凸弦纹，上腹饰竖向细绳纹，下腹及底部饰斜向交错的粗绳纹。器身内外有烟熏痕迹。口径15.2、肩径18.0、高12.4厘米（图一九六，1；图版三〇，2）。

陶盆 1件。M188：2，泥质灰陶。直口，折沿，沿面有两周凹弦纹，方唇，唇下内凹。深弧腹，近平底，矮圈足。腹部饰四周凸棱，下腹近底部有轮制痕迹。腹内部有四周凹弦纹。口径21.4、圈足径8.0、高10.0厘米（图一九六，2；图版三〇，1）。

骨塞 2件。M188：3、4，喇叭状，上窄下宽，束腰，上端有圆銎，銎口略大。M188：3，高2.5厘米（图一九六，3；图版三〇，7）。M188：4，高2.4厘米（图一九六，4；图版三〇，6）。

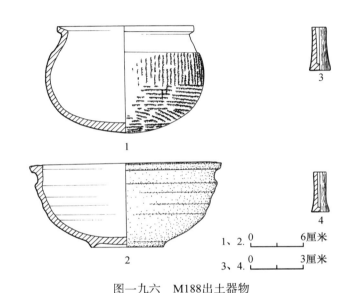

图一九六 M188出土器物
1. 陶釜（M188：1） 2. 陶盆（M188：2） 3、4. 骨塞（M188：3、4）

95. M189

（1）墓葬概况

位置和层位关系 位于发掘区北部。该墓开口于扰土层下，向下打破生土，墓口距现地表深2.40米。方向273°。

形制与结构 竖穴墓道土洞墓，由墓道、墓室组成。墓道位于墓室西部，口底同大，墓道口平面呈长方形，墓壁较直，加工较好，平底。墓道长4.50、宽3.32、深3.40米。墓室为土洞室，平面呈长方形，弧形顶，直壁平底，加工一般。墓室长2.44、宽1.52～1.68、高1.04～1.60米，墓门高1.60米。墓室北壁有一壁龛，龛口立面呈半圆形，拱顶，长0.60、高0.52、进深0.32米。

填土 墓道填土为黄褐色花土，土质较软，结构疏松。墓室内为黄褐色淤土，土质较软，结构疏松。

葬具 木棺。已腐朽，残留棺痕，长1.96、宽0.72米，厚度不详。

人骨　一具。仰身屈肢葬，头向西，面向南，保存状况较好，性别、年龄不详（图一九七）。

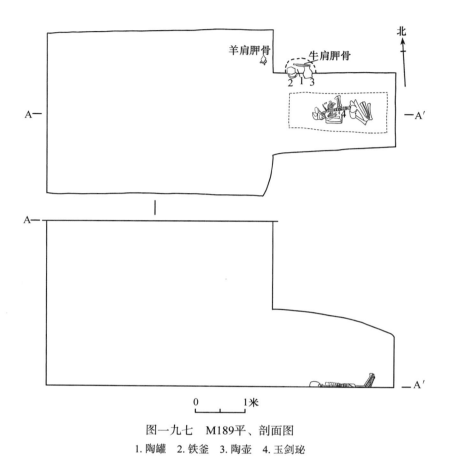

图一九七　M189平、剖面图
1.陶罐　2.铁釜　3.陶壶　4.玉剑珌

（2）出土器物

共出土4件随葬品。陶壶、陶罐、铁釜位于墓室北壁壁龛中，玉剑珌位于墓室中部墓主人腹侧。另外在壁龛内发现牛肩胛骨，墓道北壁下发现羊肩胛骨。

陶罐　1件。M189：1，夹砂灰陶。侈口，厚方唇，束颈，溜肩，鼓腹，平底，矮圈足。口径8.2、肩径14.4、圈足径8.0、高16.4厘米（图一九八，2；图版三〇，3）。

铁釜　1件。M189：2，锈蚀严重。侈口，卷沿，方唇，束颈，溜肩，鼓腹，圜底。肩部原有对称半圆形双耳。口径14.8、肩径19.0、高13.0厘米（图一九八，3）。

陶壶　1件。M189：3，泥质灰陶。侈口，卷沿，方唇内凸，束颈，圆肩，上腹圆鼓，下腹内收，底部内凹，假圈足。唇面有两周凹弦纹，颈部饰两周凸弦纹，腹部饰两组四周凹弦纹。口径8.6、底径11.2、高23.0厘米（图一九八，1；图版三〇，4）。

玉剑珌　1件。M189：4，青白玉质。纵截面为顶窄底宽的梯形，两端平面呈梭形。顶端正中有一圆孔，未穿透，两侧各有一斜向小孔。长4.7、宽2.0、高2.0厘米（图一九八，4；图版三〇，5）。

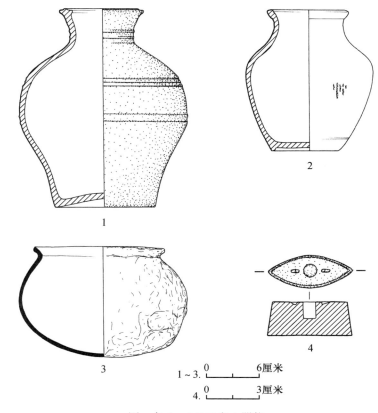

图一九八 M189出土器物

1.陶壶（M189：3） 2.陶罐（M189：1） 3.铁釜（M189：2） 4.玉剑珌（M189：4）

96. M192

（1）墓葬概况

位置和层位关系 位于发掘区北部。该墓开口于扰土层下，向下打破生土，墓口距现地表深1.00米。方向255°。

形制与结构 竖穴墓道土洞墓，由墓道、墓室组成。墓道位于墓室西侧，口底同大，墓道口平面呈长方形，墓壁较直，加工较好。墓道长3.93、宽2.73、深1.92米。墓底北、南、西三面设有生土二层台，二层台距墓口深1.18米，台宽：北壁0.70、南壁0.60、西壁1.40米，台高0.74米。墓室为土洞室，平面近梯形，弧形顶。墓室长2.21、宽0.96～1.42、高0.84～1.40米，墓门高1.40米。

填土 墓道填土为黄褐色花土，土质较硬。墓室内为黄褐色淤土，较软较疏松。

葬具 不详。

人骨 一具。仰身屈肢葬，头向西，面向上。性别、年龄不详（图一九九）。

（2）出土器物

共出土1件陶釜，位于墓室西南侧。

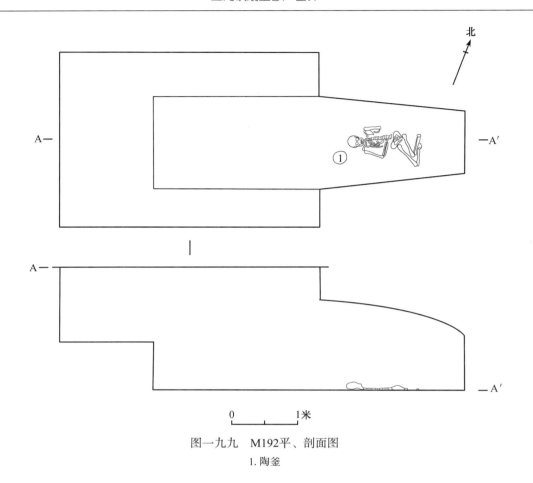

图一九九　M192平、剖面图

1. 陶釜

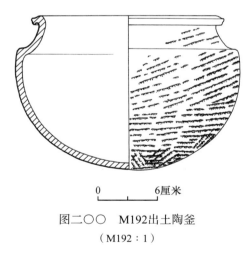

图二〇〇　M192出土陶釜

（M192：1）

陶釜　1件。M192：1，夹砂灰陶。微侈口，卷沿下翻，沿面微凹，方唇，束颈，折肩，弧腹，圜底。肩腹分界明显。上腹饰斜向粗绳纹，下腹及底部饰交错粗绳纹。器底有烟熏痕迹。口径19.1、肩径22.7、高16.0厘米（图二〇〇；图版三一，1）。

97. M194

（1）墓葬概况

位置和层位关系　位于发掘区北部。该墓开口于扰土层下，向下打破生土，墓口距现地表深1.00米。方向260°。

形制与结构　竖穴墓道土洞墓，由墓道、墓室和壁龛三部分组成。墓道位于墓室西侧，墓道口平面呈长方形，墓壁较直，加工较好。墓道长3.65、宽2.50～2.60、深2.16米。墓底北、南、西三面设有生土二层台，二层台距墓口深1.27米，台宽：北壁0.68、南壁0.62、西壁1.00米。墓室为土洞室，平面呈长方形，弧形顶。墓室长2.42、宽1.26、高0.99～1.70米，墓门高1.70米。墓室北壁下偏西有一壁龛，龛口立面呈半圆形，拱顶，长1.16、高0.40、进深0.35米。

填土　墓道填土为黄褐色花土，土质较硬。墓室内为黄褐色淤土，较软较疏松。

葬具　木棺。已朽，人骨下有草木灰，长1.46、宽0.68米，厚度不详。

人骨　一具。侧身屈肢葬，头向西，面向南，性别、年龄不详（图二〇一）。

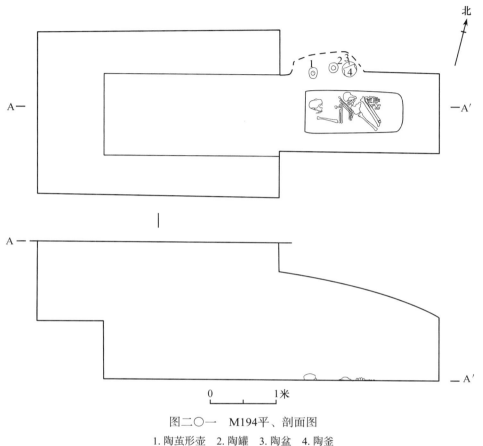

图二〇一　M194平、剖面图
1.陶茧形壶　2.陶罐　3.陶盆　4.陶釜

（2）出土器物

共出土4件随葬品。陶茧形壶、陶罐、陶盆、陶釜位于墓室西北部的壁龛内。

陶茧形壶　1件。M194：1，泥质灰陶。小侈口，折沿，方唇，高领，颈部有一周凸棱，横椭圆形腹，圜底。腹部饰有八周旋断的横向细绳纹。口径8.7、高17.6厘米（图二〇二，1；图版三二，1）。

陶罐　1件。M194：2，夹砂灰陶。侈口，卷沿，圆唇，束颈，溜肩，鼓腹，平底。腹部有一周凹弦纹。口径8.4、肩径15.5、底径8.2、高15.8厘米（图二〇二，3；图版三二，2）。

陶盆　1件。M194：3，夹炭灰陶。敞口，折沿，方唇，唇下内凹，深弧腹，平底，矮圈足。腹部饰有五周凸弦纹。口径23.6、圈足径8.4、高11.0厘米（图二〇二，4；图版三二，3）。

陶釜　1件。M194：4，夹砂灰陶。侈口，卷沿，方唇，唇面微凹，束颈，溜肩，圆腹，圜底。上腹饰竖向细绳纹，下腹及底部饰横向交错粗绳纹。器身有烟熏痕迹。口径15.6、肩径17.3、高12.8厘米（图二〇二，2；图版三二，4）。

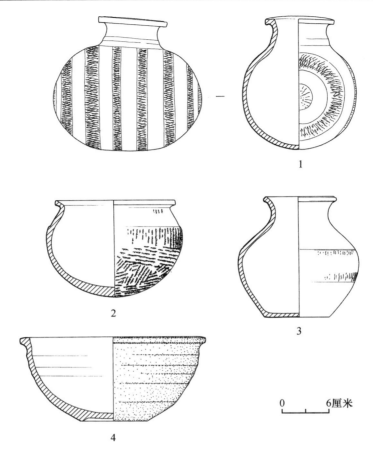

0　　　6厘米

图二○二　M194出土器物

1. 陶茧形壶（M194：1）　2. 陶釜（M194：4）　3. 陶罐（M194：2）　4. 陶盆（M194：3）

98. M200

（1）墓葬概况

位置和层位关系　位于发掘区北部。该墓开口于扰土层下，向下打破生土，墓口距现地表深1.00米。方向288°。

形制与结构　竖穴墓道土洞墓，由墓道、墓室和壁龛三部分组成。墓道位于墓室西侧，墓道口平面呈长方形，墓壁较直，加工较好。墓道长3.70、宽2.80、深2.40米。墓底北、南、西三面设有生土二层台，二层台距墓口深1.31米，台宽：北壁0.69、南壁0.81、西壁1.11米，台高1.09米。墓室为土洞室，平面近长方形，弧形顶。墓室长2.40、宽1.40、高1.10～1.80米，墓门高1.80米。墓室北壁有一壁龛，龛口立面呈半圆形，拱顶，长0.40、高0.74、进深0.20米。

填土　墓道填土为黄褐色花土，土质较硬。墓室内为黄褐色淤土，较软较疏松。

葬具　不详。

人骨　不详（图二○三）。

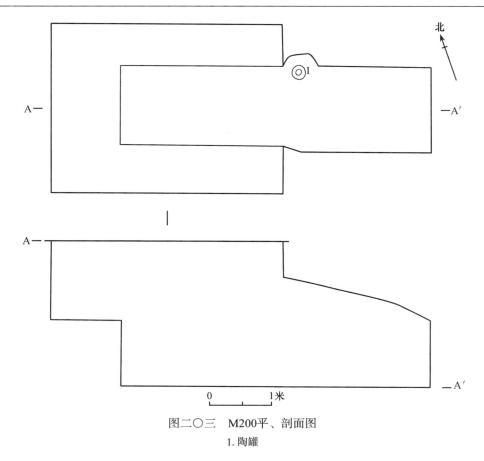

图二〇三 M200平、剖面图
1.陶罐

（2）出土器物

共出土1件陶罐，位于墓室西北部。

陶罐 1件。M200：1，泥质灰陶。口部残，侈口，束颈，圆肩，鼓腹，平底。肩部饰有一周波浪纹，腹部饰有两周凸弦纹及两周波浪纹。器身有轮制痕迹。肩径25.6、底径12.8、残高29.4厘米（图二〇四）。

99. M211

（1）墓葬概况

位置和层位关系 位于发掘区西部。该墓开口于扰土层下，向下打破生土，墓口距现地表深1.30米。方向285°。

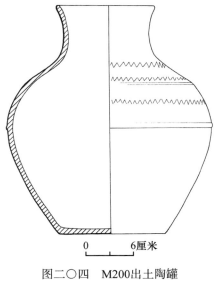

图二〇四 M200出土陶罐
（M200：1）

形制与结构 竖穴墓道土洞墓，由墓道、墓室组成。墓道位于墓室西侧，口大底小，墓道口平面呈梯形，墓壁内收，加工一般，墓底较平。墓道口长3.80、宽2.60～2.66米，墓道底长3.21、宽2.22～2.40米，墓底距墓口深2.64米。墓室为土洞室，平面近长方形，弧形顶，墓室直壁，加工一般，底近平。墓室长1.55、宽0.78～0.90、高0.84～1.40米，墓门高1.40米。

填土 墓道填土为黄褐色花土，较疏松。墓室内为黄褐色淤土，较软较疏松。

葬具　不详。

人骨　一具。侧身屈肢葬，头向西，面向南，保存一般，男性，年龄不详（图二〇五）。

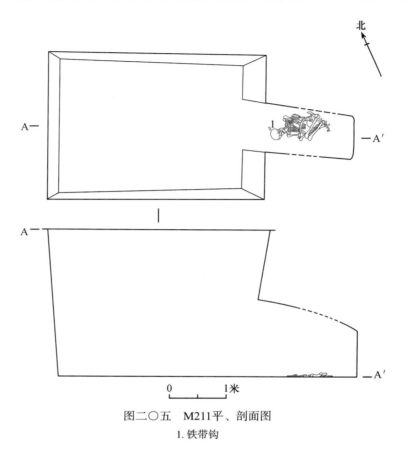

图二〇五　M211平、剖面图
1. 铁带钩

（2）出土器物

共出土1件铁带钩，位于墓室西侧。

铁带钩　1件。M211：1，锈蚀严重。略呈曲棒形，横截面呈方形，背部有圆形柱钮。残长5.7、宽2.0厘米，钮径2.0、高1.2厘米（图二〇六）。

100. M213

（1）墓葬概况

位置和层位关系　位于发掘区西部。该墓开口于扰土层下，向下打破生土，墓口距现地表深1.30米。方向260°。

形制与结构　竖穴墓道土洞墓，由墓道、墓室组成。墓道位于墓室西侧，墓道口平面呈长方形，墓道长3.18、宽2.28、深2.75米。墓底北、南、西三面设有生土二层台，二层台距墓口深1.99米，台宽：北壁0.49、南壁0.56、西壁1.00

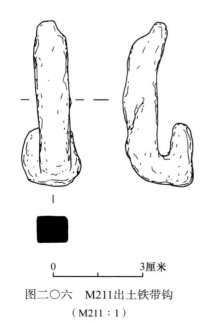

图二〇六　M211出土铁带钩
（M211：1）

米，台高0.74米。墓室为土洞室，平面近长方形，平顶，直壁，近平底，加工一般。墓室长1.84、宽1.34、高1.09米，墓门高1.09米。

填土 墓道填土为黄褐色花土。墓室内为黄褐色淤土，包含少量植物根茎。

葬具 不详。人骨下有草木灰，长1.52、宽0.66米。

人骨 一具。仰身屈肢葬，保存较一般。头向西，面向上，性别、年龄不详（图二〇七）。

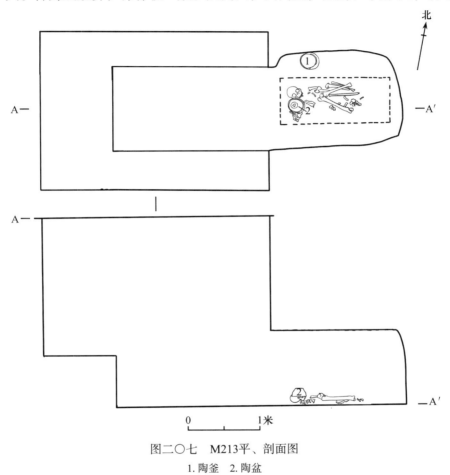

图二〇七 M213平、剖面图
1.陶釜 2.陶盆

（2）出土器物

共出土2件随葬品。陶釜位于墓室西北角，陶盆位于墓室头骨南侧。

陶釜 1件。M213：1，夹砂灰陶。侈口，卷沿，方唇，束颈，圆肩，鼓腹，圜底。腹及底部饰交错的细绳纹，腹部及器内底有烟熏痕迹。口径19.0、肩径24.1、高16.0厘米（图二〇八，1；图版三二，6）。

陶盆 1件。M213：2，泥质灰陶。敞口，折沿，沿面内凹，方唇，折腹，上腹近直，下腹斜收，平底。口径20.2、底径9.6、高9.0厘米（图二〇八，2；图版三二，5）。

101. M217

（1）墓葬概况

位置和层位关系 位于发掘区西北部，东邻M219。该墓开口于扰土层下，向下打破生

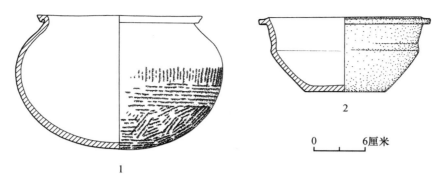

图二〇八　M213出土器物

1. 陶釜（M213：1）　　2. 陶盆（M213：2）

土，墓口距现地表深1.50米。方向240°。

形制与结构　竖穴墓道土洞墓，由墓道、墓室组成。墓道位于墓室西侧，口大底小，墓口平面呈长方形，墓壁较直，加工较好，平底。墓道口长3.36、宽2.50米，墓道底长3.20、宽2.34米，墓底距墓口深1.50米。墓室为土洞室，平面为长方形，弧形顶，墓室壁近直，加工一般，底近平，比墓道底部高0.13米。墓室长1.80、宽0.86～0.94、高0.90米，墓门高0.90米。

填土　墓道填土为黄褐色花土，土质较硬。墓室内为黄褐色淤土，土质松软。

葬具　不详。

人骨　一具。仰身屈肢葬，头向西，面向上。保存状况一般，性别、年龄不详（图二〇九）。

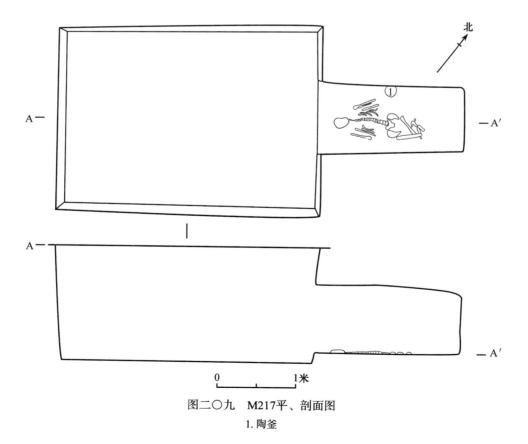

图二〇九　M217平、剖面图

1. 陶釜

（2）出土器物

共出土1件陶釜，位于墓室中北部。

陶釜 1件。M217：1，夹砂褐陶。侈口，卷沿，圆唇，束颈，溜肩，鼓腹，圜底。肩腹交接处明显，有一周凸弦纹。上腹部饰斜向的细绳纹，下腹及底部饰交错的按压纹。腹部及器内底有烟熏痕迹，腹部内壁有手制痕迹。口径16.0、肩径20.9、高15.6厘米（图二一〇；图版三一，3）。

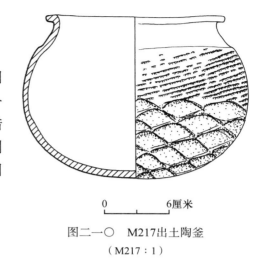

0   6厘米

图二一〇 M217出土陶釜
（M217：1）

102. M227

（1）墓葬概况

位置和层位关系 位于发掘区南部。该墓开口于扰土下，向下打破生土，墓口距地表深2.58米。方向285°。

形制与结构 竖穴墓道土洞墓，由墓道、墓室组成。墓道位于墓室西侧，口底同大，墓道口平面呈长方形，墓道为直壁，加工一般，平底。墓道长3.70、宽2.25～2.35、深2.12～2.26米。墓室为土洞室，平面呈长方形，弧形顶，墓室壁近直，加工一般，底部东高西低。墓室长2.08、宽1.10～1.22、高0.70～1.07米，墓门高1.07米。

填土 墓道填土为黄褐色花土，土质较硬；墓室内填土为黄褐色淤土，土质较硬。

葬具 木棺。已朽，人骨下有草木灰，长1.48、宽0.52～0.60、厚0.02米。

人骨 一具。仰身屈肢葬，头朝西，面向上，性别为男性，保存较好，年龄不详（图二一一）。

（2）出土器物

共出土1件陶釜，位于墓室东南侧，内有兽骨。

陶釜 1件。M227：1，夹砂灰陶。侈口，卷沿，沿面有一周凹弦纹，方唇下垂，束颈，溜肩，扁鼓腹，尖圜底。上腹部饰横向细绳纹，下腹及底部饰交错的按压纹。器内底制作不规整，腹部及内底有烟熏痕迹。口径17.4、肩径23.0、高15.0厘米（图二一二；图版三一，5）。

103. M239

（1）墓葬概况

位置和层位关系 位于发掘区南部。该墓开口于地表土层下，向下打破生土，墓口距现地表深0.50米。方向276°。

形制与结构 竖穴土坑墓，墓口平面呈长方形，墓壁较直，底近平。墓口长2.70、宽2.20

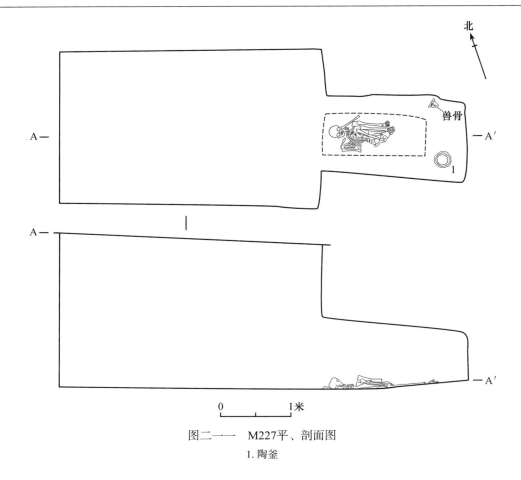

图二一一　M227平、剖面图
1. 陶釜

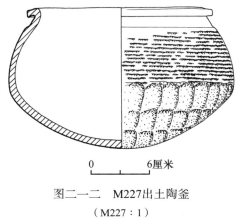

图二一二　M227出土陶釜
（M227：1）

米，墓室长1.60、宽1.00米，墓室距墓口深0.74米。墓室四周设有生土二层台，二层台距墓口深0.36米，台宽：北壁0.60、南壁0.60、西壁0.60、东壁0.50米，台高0.38米。

填土　红褐色花土，土质较硬，未发现夯土层。

葬具　不详。

人骨　一具。仰身屈肢葬，头向西，面向上，保存状况较好，性别、年龄不详（图二一三）。

（2）出土器物

共出土2件随葬品。陶釜、陶盆位于墓室西南部。

陶釜　1件。M239：1，夹砂灰陶。侈口，折沿，方唇，束颈，溜肩，鼓腹，圜底。肩腹交接处有一周凸棱，上腹饰有竖向细绳纹，下腹及底部饰交错的粗绳纹。口径15.6、肩径17.7、通高12.2厘米（图二一四，1；图版三三，2）。

陶盆　1件。M239：2，泥质灰陶。微敞口，折沿，方唇，弧腹，近平底。腹部有五周凸棱。口径21.6、底径8.6、高10.0厘米（图二一四，2；图版三三，1）。

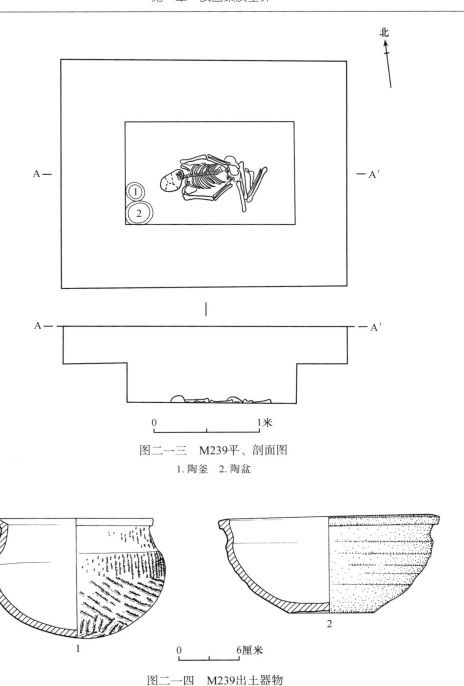

图二一三　M239平、剖面图

1.陶釜　2.陶盆

图二一四　M239出土器物

1.陶釜（M239：1）　　2.陶盆（M239：2）

104. M244

（1）墓葬概况

位置和层位关系　位于发掘区中西部，北邻M238。该墓开口于地表土层下，向下打破生土，墓道开口距现地表深0.70米。方向260°。

形制与结构　竖穴墓道土洞墓，由墓道、墓室组成。墓道位于墓室西侧，口底同大，墓道口平面呈长方形，墓壁近直，加工一般，平底。墓道长1.94、宽1.00~1.10、深0.54米。墓室为土洞室，平面近长方形，平顶，墓室壁近直，加工一般。墓室长1.46、宽1.10~1.20、高0.46米。

填土　墓道填土为黄褐色花土，较致密。墓室内为黄褐色淤土，较软较疏松。

葬具　不详。

人骨　不详（图二一五）。

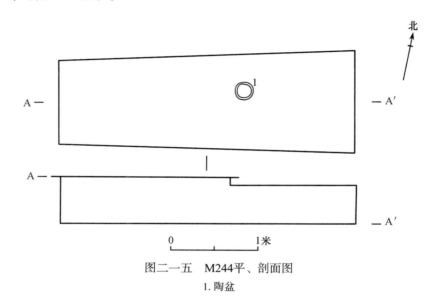

北

A —　　　　　　　　　　　　　　　— A′

A —　　　　　　　　　　　　— A′

0　　　　　　1米

图二一五　M244平、剖面图
1.陶盆

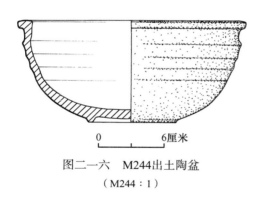

0　　　6厘米

图二一六　M244出土陶盆
（M244：1）

（2）出土器物

共出土1件陶盆，位于墓室西北部。

陶盆　1件。M244：1，泥质灰陶。敞口，折沿，方唇，深弧腹，近平底，矮圈足。沿面有两周凹弦纹，腹部饰四周凸弦纹，腹内部有四周凹槽。口径20.0、圈足径8.0、高9.6厘米（图二一六；图版三一，6）。

105. M245

（1）墓葬概况

位置和层位关系　位于发掘区南部。该墓开口于扰土层下，向下打破生土，墓口距现地表深2.20米。方向270°。

形制与结构　竖穴墓道土洞墓，由墓道、墓室组成。墓道位于墓室西部，口底同大，墓道口平面呈长方形，墓壁较直，加工较好，平底。墓道长2.40、宽2.16、深0.94米。墓室为土洞室，平面为长方形，平顶，底部西高东低。墓室长1.95、宽0.90、高0.50~0.62米，墓门高0.50米。

填土　墓道填土为黄褐色花土，土质较硬。墓室内为黄褐色淤土，土质较硬。

葬具　不详。

人骨　不详（图二一七）。

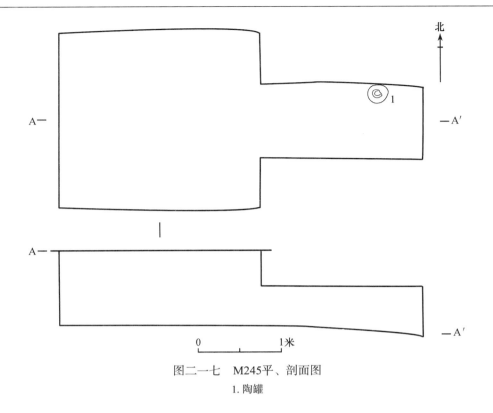

图二一七　M245平、剖面图
1. 陶罐

（2）出土器物

共出土1件陶罐，位于墓室东北部。

陶罐　1件。M245:1，泥质灰陶。侈口，卷沿，圆唇，束颈，广肩，弧腹，平底。腹部饰竖向细绳纹。近底处有修整痕迹。口径10.0、肩径19.6、底径10.0、高19.6厘米（图二一八；图版三一，2）。

106. M256

（1）墓葬概况

位置和层位关系　位于发掘区北部。该墓开口于地表土层下，向下打破生土，墓口距现地表深0.50米。方向15°。

形制与结构　竖穴土坑墓，口底同大，墓口平面呈长方形，墓壁较直，平底。墓室长3.84~3.90、宽2.00~2.04米，墓室距墓口深1.20米。墓室北部有一壁龛，龛口立面呈方形，平顶，长1.20、高0.80、进深1.55米。

填土　黄褐色花土，质地松软。

葬具　不详。

人骨　一具。仰身屈肢葬，头向北，面向上，双手置于胸前，双腿向北弯曲，性别、年龄不详（图二一九）。

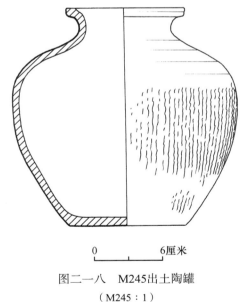

图二一八　M245出土陶罐
（M245:1）

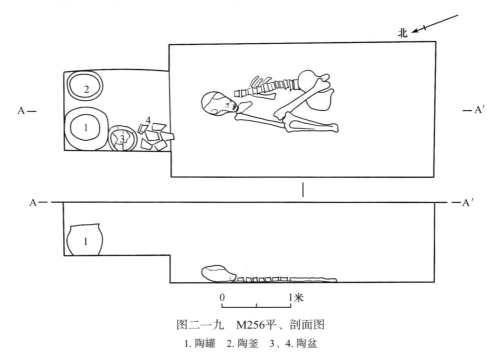

图二一九　M256平、剖面图
1.陶罐　2.陶釜　3、4.陶盆

（2）出土器物

共出土4件随葬品。陶罐1件、陶釜1件、陶盆2件均位于北部壁龛内。

陶罐　1件。M256：1，夹砂灰陶。微侈口，卷沿，方唇，矮领，鼓肩，弧腹，平底。肩腹交接处有两周凸棱，腹部饰三周弦断细绳纹。口径19.5、肩径26.7、底径15.0、高21.5厘米（图二二○，1；图版三三，3）。

陶釜　1件。M256：2，夹砂灰陶。侈口，卷沿，沿面微凹，方唇，束颈，溜肩，鼓腹，圜底。肩腹交接处有一周凸棱，上腹饰竖向细绳纹，下腹及底部饰横向粗绳纹。口径19.6、肩径23.0、通高16.0厘米（图二二○，2；图版三三，4）。

陶盆　2件。泥质灰陶。直口，折沿，方唇，近口处内凹，下腹弧收，平底。M256：3，弧腹。腹部有五周凸弦纹，器身有轮制痕迹，口径21.0、底径8.2、高9.8厘米（图二二○，3；图版三三，5）。M256：4，折腹。素面。口径21.2、底径10.2、高10.2厘米（图二二○，4；图版三三，6）。

107. M258

（1）墓葬概况

位置和层位关系　位于发掘区南部。该墓开口于扰土层下，向下打破生土，墓口距现地表深2.20米。方向265°。

形制与结构　竖穴墓道土洞墓，由墓道、墓室和壁龛三部分组成。墓道位于墓室西侧，口底同大，墓道口平面呈长方形，墓壁较直，加工较好，平底。墓道长3.46、宽2.60、深1.10米。墓室为土洞室，平面呈长方形，平顶。墓室长2.34、宽1.38、高0.78米，墓门高0.78米。墓室北壁有一壁龛，龛口立面近长方形，拱顶，长0.56、高0.66、进深0.28米。

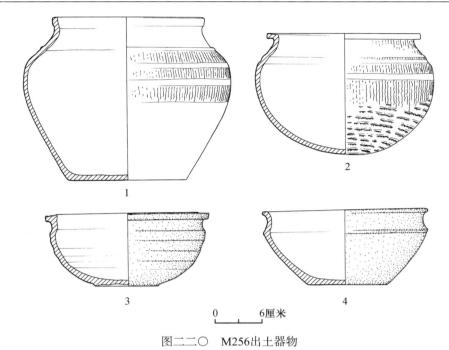

图二二〇　M256出土器物

1. 陶罐（M256：1）　2. 陶釜（M256：2）　3、4. 陶盆（M256：3、4）

　　填土　墓道填土为黄褐色花土，土质较软，结构疏松。墓室内为黄褐色淤土，土质较软，结构疏松。

　　葬具　木棺。已腐朽，仅存棺痕，长1.80、宽0.70米，厚度不详。

　　人骨　一具。侧身屈肢葬，头向西北，面向上，保存状况较好，性别、年龄不详（图二二一）。

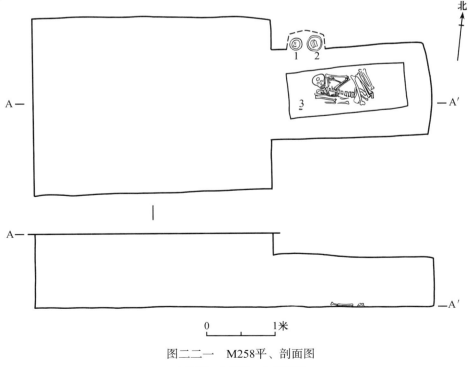

图二二一　M258平、剖面图

1. 陶釜　2. 陶盆　3. 铜带钩

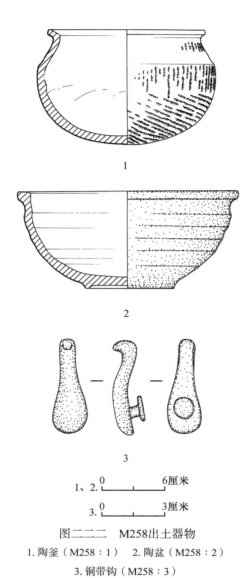

图二二二　M258出土器物
1. 陶釜（M258：1）　2. 陶盆（M258：2）
3. 铜带钩（M258：3）

（2）出土器物

共出土3件随葬品。陶釜、陶盆位于墓室壁龛内，内有兽骨；铜带钩位于墓室西南部。

陶釜　1件。M258：1，夹砂灰陶。侈口，卷沿，方唇，束颈，溜肩，圆腹，圜底。肩腹交接明显，上腹部饰竖向细绳纹，下腹及底部饰斜向交错粗绳纹。器身及内底有烟熏痕迹，器内制作不规整，有手制痕迹。口径14.8、肩径17.1、高11.4厘米（图二二二，1；图版三四，1）。

陶盆　1件。M258：2，泥质灰陶。近直口，折沿，方唇，弧腹，近平底，矮圈足。腹部饰五周凸弦纹。器内有轮制痕迹。口径21.0、圈足径8.4、高9.6厘米（图二二二，2；图版三四，2）。

铜带钩　1件。M258：3，琵琶形，个体较小。钩首残，钩体渐宽，钩尾呈椭圆形，背部有圆形柱钮。残长4.6、宽1.6厘米，钮径1.0、高0.7厘米（图二二二，3；图版三四，3）。

108. M259

（1）墓葬概况

位置和层位关系　位于发掘区南部。该墓开口于扰土层下，向下打破生土。墓道破坏严重，墓口距现地表深2.20米。方向260°。

形制与结构　竖穴墓道土洞墓，由墓道、墓室组成。墓道位于墓室西侧，口底同大，墓道口平面呈长方形，墓壁较直，墓底略斜，加工较好。墓道长3.01、宽1.72～1.74、深0.44～0.50米。墓室为土洞室，平面近长方形，平顶。墓室长2.30、宽1.24～1.30、残高0.50～0.56米。

填土　墓道填土为黄褐色花土，土质较硬。墓室内为黄褐色淤土，较软较疏松。

葬具　不详。

人骨　少量碎骨，具体不详（图二二三）。

（2）出土器物

共出土2件随葬品。陶盆、陶釜位于墓室东南角。

陶盆　1件。M259：1，泥质灰陶。敞口，折沿，沿面微凸，方唇，深弧腹，上腹稍直，下腹缓收，平底。腹部饰有数周凹弦纹，器身有轮制痕迹。口径24.0、底径11.0、高11.3厘米（图二二四，1；图版三五，1）。

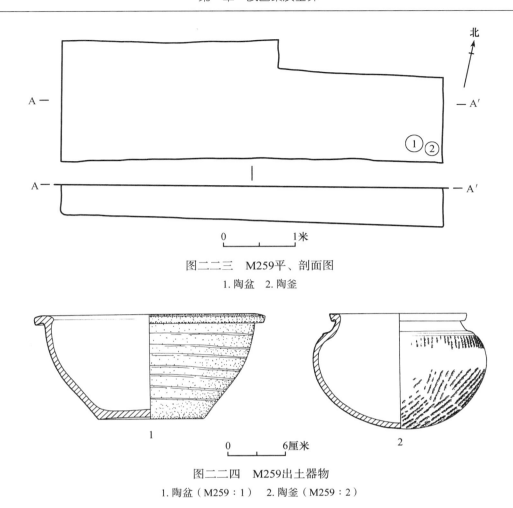

图二二三　M259平、剖面图

1. 陶盆　2. 陶釜

图二二四　M259出土器物

1. 陶盆（M259∶1）　2. 陶釜（M259∶2）

陶釜　1件。M259∶2，夹砂灰陶。侈口，折沿，沿面微凹，方唇，束颈，溜肩，鼓腹，圜底。肩腹交接明显，有一周凹弦纹，上腹饰模糊细绳纹，下腹及底部饰交错绳纹。口径14.2、肩径17.9、高12.4厘米（图二二四，2；图版三五，2）。

109. M261

（1）墓葬概况

位置和层位关系　位于发掘区南部。该墓开口于扰土层下，被M260所打破，向下打破生土，墓口距现地表深2.00米。方向280°。

形制与结构　竖穴墓道土洞墓，由墓道、甬道、墓室组成。墓道位于墓室西侧，口底同大，墓道口平面呈长方形，墓壁较直，加工较好，平底。墓道东西长2.00～2.67、南北宽2.90、残深1.30米。墓道与墓室间有短甬道，平面呈长方形，进深0.43、高0.82米。墓室为土洞室，平面近梯形，弧形顶，墓室壁近直，加工一般。墓室长1.80、宽1.15～1.20、高0.82～0.90米。在墓室北壁发现有一壁龛，长0.56、宽0.12、高0.29米。

填土　墓道填土为黄褐色花土，土质较硬。墓室内为黄褐色淤土，土质较软，结构较疏松。

葬具　不详。人骨下发现有草木灰，范围不详。

人骨　一具。仰身屈肢葬，头向东，面向上，保存状况较差，性别不详，年龄不详（图二二五）。

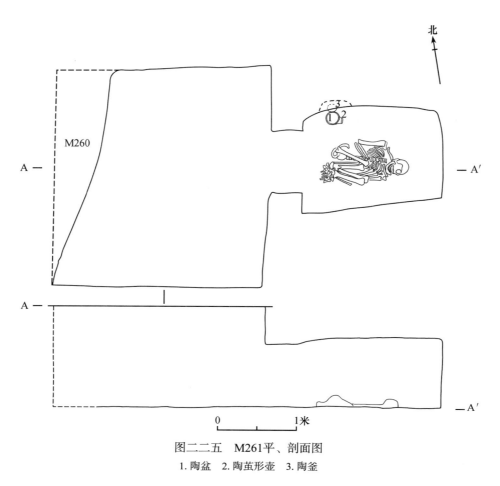

图二二五　M261平、剖面图
1.陶盆　2.陶茧形壶　3.陶釜

（2）出土器物

共出土3件随葬品。陶盆、陶茧形壶、陶釜位于墓室北壁下的壁龛内。

陶盆　1件。M261：1，泥质灰陶。直口，平折沿，厚方唇，唇下有一周凹槽，弧腹，近平底，矮圈足。腹部饰六周凸弦纹，器内有轮制痕迹。口径21.8、圈足径7.8、高10.4厘米（图二二六，1；图版三四，4）。

陶茧形壶　1件。M261：2，泥质灰陶。器身磨光，侈口，平折沿，沿面近口部有一周凹槽，方唇，束颈，横椭圆形腹呈蚕茧状，圜底，矮圈足。颈部饰一周凹弦纹，腹部饰七周竖向凸弦纹。口径10.3、圈足径7.8、高19.4厘米（图二二六，3；图版三四，5）。

陶釜　1件。M261：3，夹砂灰陶。侈口，折沿，方唇，唇面微凹，束颈，溜肩，鼓腹，圜底。肩腹交接明显，有一周凸弦纹。上腹饰斜向绳纹，下腹及底部饰交错绳纹。腹部及底部有烟熏痕迹。器内腹部制作不规整，有捏制痕迹。口径15.2、肩径17.3、高12.0厘米（图二二六，2；图版三四，6）。

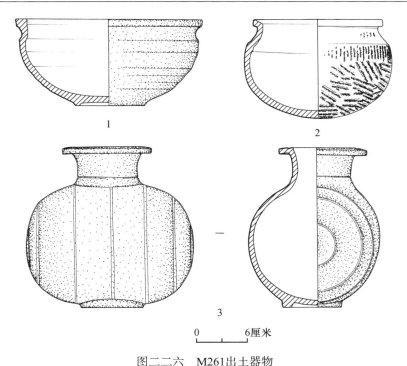

图二二六　M261出土器物

1. 陶盆（M261：1）　2. 陶釜（M261：3）　3. 陶茧形壶（M261：2）

110. M262

（1）墓葬概况

位置和层位关系　位于发掘区南部。该墓开口于扰土层下，向下打破生土，墓口距现地表深0.50米。方向260°。

形制与结构　竖穴墓道土洞墓，由墓道、墓室组成。墓道位于墓室西侧，口底同大，墓道口平面呈长方形，墓壁较直，加工较好。墓道长2.60、宽1.80~1.88、深0.70~0.82米。墓室为土洞室，平面近长方形，直壁，平底，加工一般。墓室长1.90、宽0.92~1.00、残高0.82米。

填土　墓道填土为黄褐色花土，土质较硬。墓室内为黄褐色淤土，较软较疏松。

葬具　不详。人骨下有草木灰。

人骨　一具。仰身屈肢葬，头向西，面向北。性别为男性，年龄不详，保存一般（图二二七）。

（2）出土器物

共出土2件随葬品。陶罐、陶釜均置于墓主头骨北侧。

陶釜　1件。M262：1，夹砂灰陶。侈口，卷沿，方唇，束颈，鼓肩，弧腹，圜底。肩腹交接处明显，有一周凹弦纹，上腹饰竖向细绳纹，下腹及底部饰交错粗绳纹。腹部及器内底有烟熏痕迹。腹部内壁制作不规整，有捏制痕迹。口径14.4、肩径17.1、高11.8厘米（图二二八，1；图版三五，4）。

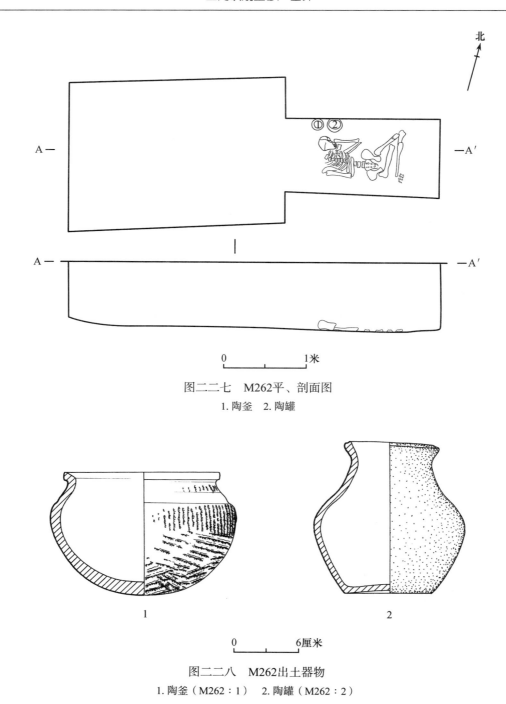

图二二七　M262平、剖面图

1. 陶釜　2. 陶罐

图二二八　M262出土器物

1. 陶釜（M262：1）　2. 陶罐（M262：2）

陶罐　1件。M262：2，泥质灰陶。侈口，卷沿，方唇，束颈，溜肩，鼓腹，平底略内凹。素面。口径7.6、肩径13.9、底径8.0、高14.6厘米（图二二八，2；图版三五，3）。

111. M264

（1）墓葬概况

位置和层位关系　位于发掘区南部。该墓开口于扰土层下，向下打破生土，墓口距现地表深2.50米。方向170°。

形制与结构　竖穴墓道土洞墓，由墓道、墓室组成。墓道位于墓室南侧，口底同大，墓道口平面呈长方形，墓壁较直，加工较好。墓道长3.00、宽1.30～1.34、深1.30米。墓室为土洞室，平面近长方形，平顶。墓室长2.50、宽1.20、残高1.30米。

填土　墓道填土为黄褐色花土，土质较硬。墓室内为黄褐色淤土，较软较疏松。

葬具　不详。人骨下发现少量草木灰。

人骨　一具。仰身直肢葬，头向北，面向上，保存较差。性别、年龄均不详（图二二九）。

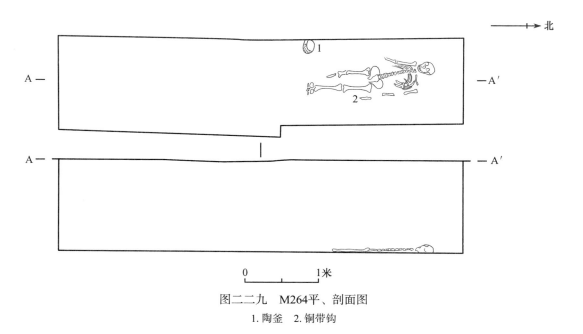

图二二九　M264平、剖面图
1. 陶釜　2. 铜带钩

（2）出土器物

共出土2件随葬品。陶釜位于墓室西南角，铜带钩位于墓主左股骨处。

陶釜　1件。M264：1，夹砂灰陶。口部和上腹部严重变形。微侈口，折沿，方唇，束颈，溜肩，鼓腹，圜底。肩腹交接明显，有一周凸弦纹。上腹饰两周旋断细绳纹，下腹及底部饰竖向交错粗绳纹。器内壁不规整，有捏制痕迹。口径16.0、肩径21.6、高14.0厘米（图二三○，1；图版三五，5）。

铜带钩　1件。M264：2，全兽形，颈部以上残，钩尾呈镂空兽形，背部有圆形柱钮。残长15.8、宽4.0厘米，钮径1.7、高1.0厘米（图二三○，2；图版三五，6）。

112. M267

（1）墓葬概况

位置和层位关系　位于发掘区南部。该墓开口于扰土层下，向下打破生土，墓口距地面深2.00米。方向285°。

形制与结构　竖穴土坑墓，墓口平面呈长方形，墓壁近直，加工一般。墓口长5.50、宽3.60

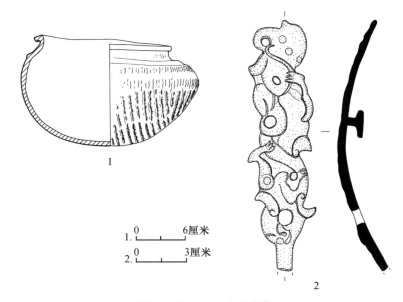

图二三〇 M264出土器物
1. 陶釜（M264：1） 2. 铜带钩（M264：2）

米，墓室长3.00、宽2.00米，墓室距墓口深2.30米。墓室四周设有生土二层台，二层台距墓口深0.90米，台宽：北壁0.73～0.82、南壁0.84、西壁1.16、东壁宽1.40米，台高1.24米。

填土 黄褐色花土，土质较软，结构较疏松。

葬具 一椁一棺。椁底由11块木板拼合而成，残长2.50、宽1.60米。棺腐朽严重，人骨下发现有草木灰。

人骨 一具。侧身屈肢葬，头向西，面向北，保存状况较差，性别不详，年龄不详（图二三一）。

（2）出土器物

共出土1件陶釜，位于墓室西北角。

陶釜 1件。M267：1，夹砂灰陶。侈口，卷沿，方唇微凹，溜肩，鼓腹，圜底。肩腹交接处有一周凸棱，上腹饰竖向细绳纹，下腹及底部饰交错粗绳纹。器底有烟熏痕迹。口径21.4、肩径25.7、高18.2厘米（图二三二；图版三一，4）。

113. M0017

（1）墓葬概况

位置和层位关系 位于发掘区中部偏南，东邻M176。该墓开口于地表扰土层下，向下打破生土，墓口距现地表深0.80米。方向177°。

形制与结构 竖穴土坑墓，口大底小，墓口平面呈长方形，墓壁斜直，平底。墓口长2.50、宽2.40米，墓室长1.56、宽0.75米，墓室距墓口深1.42米。墓室四面设有生土二层台，二层台距墓口深0.76米，台宽：北壁0.60、南壁0.80、西壁0.42、东壁0.40米，台高0.65米。

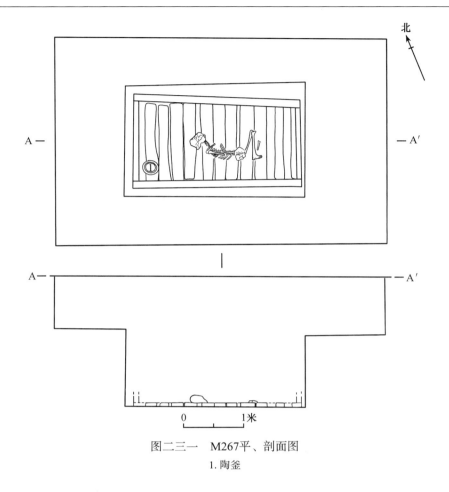

图二三一　M267平、剖面图

1.陶釜

填土　黄褐色花土。

葬具　不详。

人骨　一具。仰身屈肢葬，头向南，面向上，年龄、性别不详（图二三三）。

（2）出土器物

出土3件随葬品。陶釜、陶盘压于墓主肢骨上，铁带钩位于墓主头骨以西。

陶釜　1件。M0017：1，夹砂褐陶。侈口，卷沿，沿面有一周凹槽，方唇，束颈，溜肩，圆鼓腹，圜底。肩腹交接处有明显凸棱，上腹饰斜向细绳纹，下腹及底部

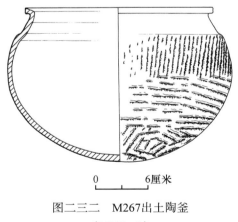

图二三二　M267出土陶釜

（M267：1）

饰交错粗绳纹。器身有明显的烟熏痕迹。口径18.0、肩径21.7、高15.2厘米（图二三四，1）。

陶盘　1件。M0017：2，泥质灰陶。近直口，平沿，沿面上有两周凹槽，浅腹，近平底较厚，矮圈足。素面。口径18.4、圈足径8.4、高5.0厘米（图二三四，2）。

铁带钩　1件。M0017：3，锈蚀严重，腹下已残断。个体较大，钩首呈蛇形，与钩身等宽，钩身横截面呈扁长方形。残长14.3、宽5.6厘米（图二三四，3）。

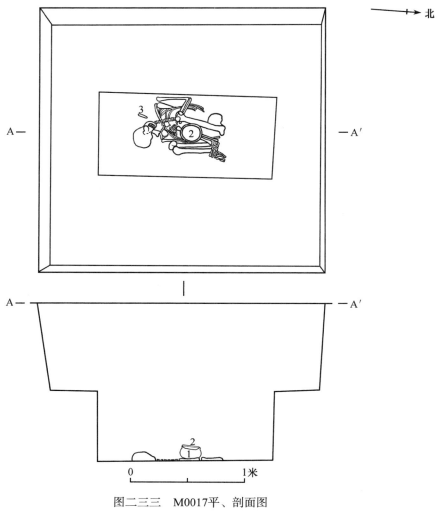

北

图二三三　M0017平、剖面图
1. 陶釜　2. 陶盘　3. 铁带钩

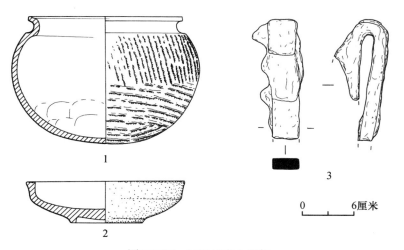

图二三四　M0017出土器物
1. 陶釜（M0017：1）　2. 陶盘（M0017：2）　3. 铁带钩（M0017：3）

114. M0021

（1）墓葬概况

位置和层位关系　位于发掘区南部。该墓开口于地表土层下，被M32打破，向下打破生土，墓口距现地表深0.40米。方向273°。

形制与结构　竖穴墓道土洞墓，由墓道、墓室组成。墓道位于墓室西侧，墓道口平面呈长方形，墓壁较直，加工较好，平底。墓道长3.54、宽2.56～2.60、深2.52米。墓底北、南、西三面设有生土二层台，二层台距墓口深1.62米，台宽：北壁0.66～0.68、南壁0.76～0.77、西壁1.10米，台高0.86米。墓室为土洞室，平面呈长方形，平顶，墓壁近直，加工较为规整。墓室长2.26、宽1.16、高0.97米，墓门高0.97米。

填土　墓道填土为以红褐色为主的花土，土质较疏松。墓室内为浅褐色淤土，较软较疏松。

葬具　木棺。已腐朽，残留棺痕，长1.76、宽0.66、厚0.04～0.06、残高0.10米。

人骨　一具。俯身屈肢葬，头向西，面向下，双手交叉于背后，人骨保存状况较差，性别为男性，年龄不详（图二三五）。

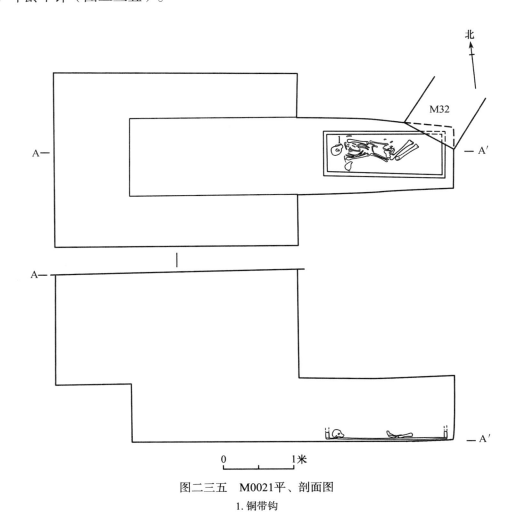

图二三五　M0021平、剖面图

1.铜带钩

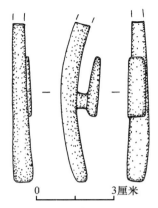

图二三六　M0021出土铜带钩

（M0021：1）

（2）出土器物

共出土1件铜带钩，位于棺内墓主头部北侧。

铜带钩　1件。M0021：1，曲棒形，钩首残，钩体呈弧形长条状，背部钮柱近方形，钮面呈长方形。残长6.4、宽0.8厘米，钮长2.4、宽0.7、高0.8厘米（图二三六）。

115. M0022

（1）墓葬概况

位置和层位关系　位于发掘区南部。该墓开口于扰土层下，向下打破生土，墓口距现地表深0.80米。方向92°。

形制与结构　竖穴土坑墓，墓口平面呈长方形，墓壁近直，加工一般。墓口长2.50、宽2.10米，墓室长1.38、宽0.65米，墓室距墓口深1.68米。墓室四面设有生土二层台，二层台距墓口深0.89米，台宽：北壁0.40、南壁0.38、西壁0.25、东壁0.32米，台高0.78米。

填土　墓室内为黄褐色花土，土质较硬。

葬具　木棺。已腐朽，仅存棺痕，人骨下残留有草木灰。

人骨　一具。仰身屈肢葬，头向东，面向南，保存状况较差，性别、年龄不详（图二三七）。

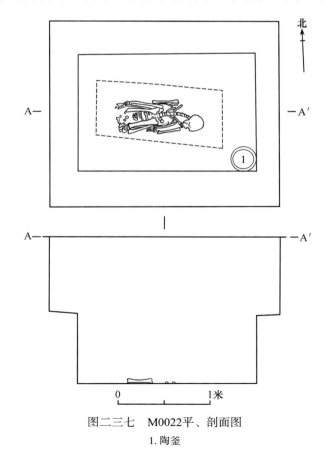

图二三七　M0022平、剖面图

1. 陶釜

（2）出土器物

共出土1件陶釜，位于墓室东南角。

陶釜　1件。M0022：1，夹砂灰陶。侈口，卷沿，沿面有一周凹槽，方唇，束颈，鼓肩，弧腹，圜底。肩腹交接处有一周明显的凸棱，上腹部饰两周旋断细绳纹，下腹及底部饰交错指压纹。口径18.4、肩径19.8、高13.2厘米（图二三八）。

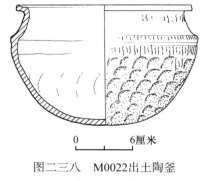

图二三八　M0022出土陶釜（M0022：1）

二、未出随葬品墓葬

1. M15

位置和层位关系　位于发掘区南部。该墓开口于扰土层下，被M0023打破，向下打破生土，墓口距现地表深0.80米。方向189°。

形制与结构　竖穴土坑墓，口底同大，墓口平面呈长方形，墓壁近直，加工一般。墓口长2.80、宽2.00米，墓室南面被M0023打破，残长1.75～1.98、宽0.90米，墓室距墓口深1.56米。墓室四面设有生土二层台，二层台距墓口深0.83米，台宽：北壁0.34、南壁0.34、西壁0.34、东壁0.14米，台高0.74米。

填土　黄褐色花土，土质较硬。

葬具　不详。发现有草木灰，具体不详。

人骨　不详（图二三九）。

2. M47

位置和层位关系　位于发掘区南部，北邻M48。该墓开口于地表土层下，向下打破生土，墓口距现地表深1.20米。方向265°。

形制与结构　竖穴墓道土洞墓，由墓道、墓室组成。墓道位于墓室西侧，口底同大，墓道口平面呈长方形，墓壁斜直，平底。墓道长3.70、宽2.78、深1.81米。墓室为土洞室，平面呈长方形，弧形顶，直壁，加工一般。墓室长2.38、宽2.45、高0.75～0.97米，墓门高0.75米。

填土　墓道填土为黄褐色花土。墓室内为黄褐色淤土，较软较疏松。

葬具　不详。

人骨　不详（图二四〇）。

3. M57

位置和层位关系　位于发掘区南部。该墓开口于扰土层下，向下打破生土，墓口距现地表

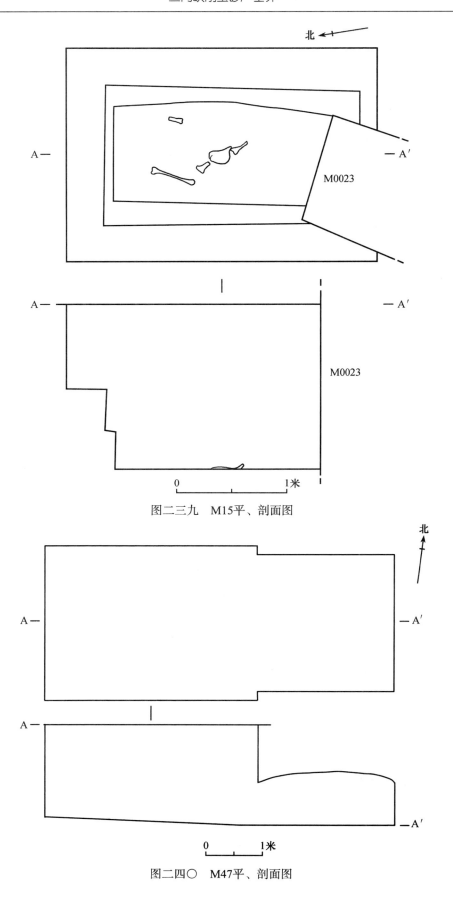

图二三九　M15平、剖面图

图二四〇　M47平、剖面图

深2.00米。方向0°。

形制与结构 竖穴土坑墓，墓口平面呈长方形，墓壁近直，加工一般。墓口长2.60、宽1.80米，墓室长1.72、宽0.87米，墓室距墓口深1.00米。墓室东、南、西三面设有生土二层台，二层台距墓口深0.41米，台宽：东壁0.60、南壁0.90、西壁0.34米，台高0.59米。

填土 墓内为浅褐色花土，土质较硬。

葬具 不详。

人骨 一具。侧身屈肢葬，头向北，面向东，保存状况较好，性别、年龄不详（图二四一）。

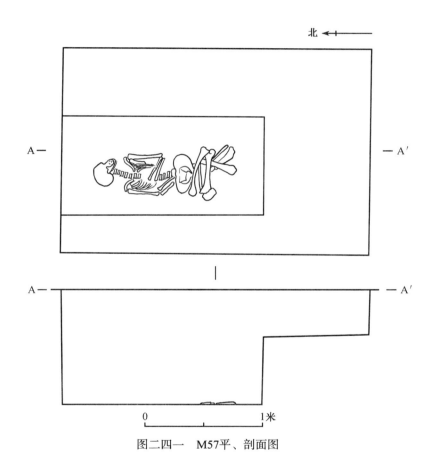

图二四一 M57平、剖面图

4. M68

位置和层位关系 位于发掘区南部。该墓开口于地表土层下，向下打破生土，墓道开口距现地表深2.10米。方向236°。

形制与结构 竖穴墓道土洞墓，由墓道、墓室组成。墓道位于墓室西侧，墓道口大底小，墓道口呈长方形，墓壁斜直，加工较好，平底。墓道口长3.60、宽2.50米，墓道底长3.38、宽1.97～2.09米，墓底距墓口深2.32米。墓室为土洞室，弧形顶，底部近长方形，墓室壁近直，加工一般。墓室长1.81、宽1.12、高0.70～1.10米，墓门高1.10米。

　　填土　墓道填土为黄褐色花土，较疏松。墓室内为黄褐色淤土，较软较疏松。

　　葬具　木棺。已朽，仅存棺痕，残长0.16、残宽0.60～0.70、厚约0.05米。

　　人骨　一具。侧身屈肢葬，头向西，面向南，保存状况良好，性别、年龄不详（图二四二）。

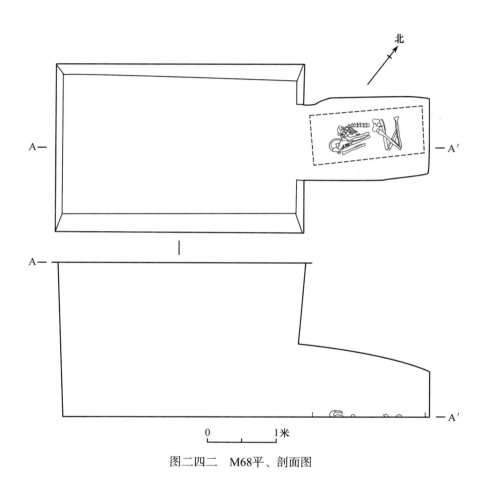

图二四二　M68平、剖面图

5. M72

　　位置和层位关系　位于发掘区东部，南邻M71。该墓开口于扰土层下，向下打破生土，墓口距现地表深0.46米。方向0°。

　　形制与结构　长方形竖穴土坑墓。口底同大，墓口呈方形，墓壁近直，加工一般。墓口长2.50、宽2.24米，墓室距墓口深2.24米。

　　填土　黄褐色花土，土质较松软。

　　葬具　不详。

　　人骨　不详（图二四三）。

6. M77

位置和层位关系　位于发掘区东北部。该墓开口于地表土层下，向下打破生土，墓口距现地表深1.30米。方向266°。

形制与结构　竖穴墓道土洞墓，由墓道、墓室组成。墓道位于墓室西侧，口大底小，墓道口呈长方形，墓壁较斜直，底近平。墓道口长3.44、宽2.24～2.30米，墓道底长3.18、宽2.14～2.20米，墓底距墓口深1.80米。墓道西壁、南壁各有脚窝1个，脚窝平面呈圆角三角形。墓室为土洞室，平面近长方形，弧形顶，墓室壁较直，底近平。墓室长2.22、宽1.10～1.28、高0.70～1.20米，墓门高1.20米。

填土　墓道填土为红褐色花土，土质较软较疏松。墓室内为红褐色淤土，土质较软较疏松。

葬具　不详。

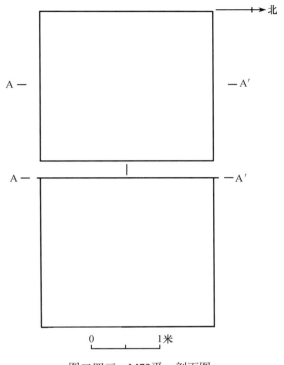

图二四三　M72平、剖面图

人骨　一具。仰身屈肢葬，头向西，面向上，性别、年龄不详（图二四四）。

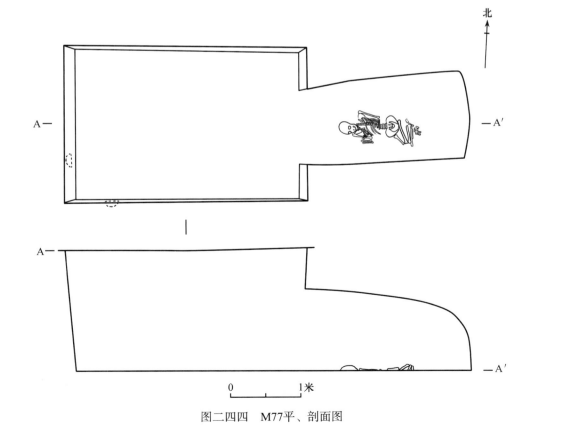

图二四四　M77平、剖面图

7. M88

位置和层位关系　位于发掘区东部，北邻M89，西邻M87，东邻M84。该墓开口于地表土层下，向下打破生土，墓口距现地表深1.80米。方向270°。

形制与结构　竖穴墓道土洞墓，由墓道、墓室组成。墓道位于墓室西侧，墓道口呈长方形，直壁近平底，加工一般。墓道长2.67、宽1.90、深1.00米。墓底北、南、西三面设有生土二层台，二层台距墓口深0.39米，台宽：北壁0.39～0.57、南壁0.48～0.57、西壁0.65米，台高0.60米。墓室为土洞室，平面近长方形，近平顶，加工一般，近平底。墓室长1.86、宽0.94～1.00、高0.80米，墓门高0.80米。

填土　墓道填土为黄褐色花土，土质松软。墓室内为黄褐色淤土，土质松软。

葬具　不详。

人骨　一具。侧身屈肢葬，头向西，面向南，保存状况较差，性别、年龄不详（图二四五）。

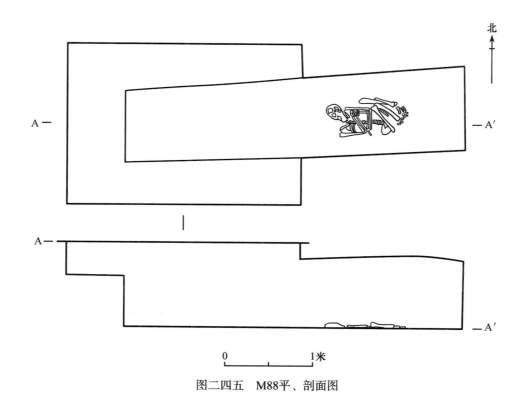

图二四五　M88平、剖面图

8. M89

位置和层位关系　位于发掘区中部，东南邻M88。该墓开口于地表土层下，向下打破生土，墓口距现地表深0.70米。方向272°。

形制与结构　竖穴墓道土洞墓，由墓道、墓室组成。墓道位于墓室西侧，口大底小，墓道近长方形，墓壁斜直，加工一般。墓道口长3.30、宽2.32～2.40米，墓道底长3.15、宽

2.14～2.18米，墓底距墓口深2.02米。墓底北、南、西三面设有二层台，二层台距墓口深1.13米，台宽：北壁0.52～0.61、南壁0.60、西壁0.99米，台高0.90米。墓室为土洞室，平面近长方形，平顶，墓室壁较直，加工一般，底近平，比墓道底部高0.40米。墓室长1.38、宽0.68～0.80、高1.20米，墓门高1.20米。

　　填土　墓道填土为黄褐色花土，较软较疏松。墓室内为黄褐色淤土，较软较疏松。

　　葬具　不详。

　　人骨　一具。侧身屈肢葬，头向西，面向南，保存状况一般，性别、年龄不详（图二四六）。

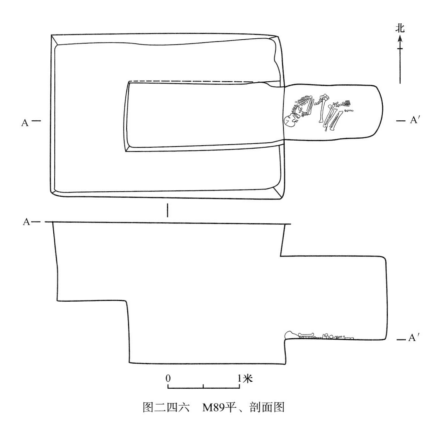

图二四六　M89平、剖面图

9. M92

　　位置和层位关系　位于发掘区中部，西邻M93，东邻M91。该墓开口于地表土层下，向下打破生土，墓口距现地表深0.40米。方向294°。

　　形制与结构　竖穴墓道土洞墓，由墓道、墓室和壁龛三部分组成。墓道位于墓室西侧，口底同大，墓道口呈长方形，直壁近平底，加工较好。墓道长3.15、宽1.96～2.06、深3.95米。西壁发现脚窝5个，南壁发现脚窝3个。墓室为土洞室，平面近长方形，弧形顶，加工一般，近平底。墓室长2.10、宽1.05～1.26、高1.10～1.30米，墓门高1.30米。墓室南壁中部有一壁龛，龛口立面呈半圆形，拱顶，长0.34、高0.20、进深0.13米。

　　填土　墓道填土为黄褐色花土，较坚硬。墓室内为黄褐色淤土，土质较硬。

　　葬具　木棺。已朽，仅存棺痕。

人骨　一具。仰身屈肢葬，头向西，面向不详，保存状况较好，性别、年龄不详（图二四七）。

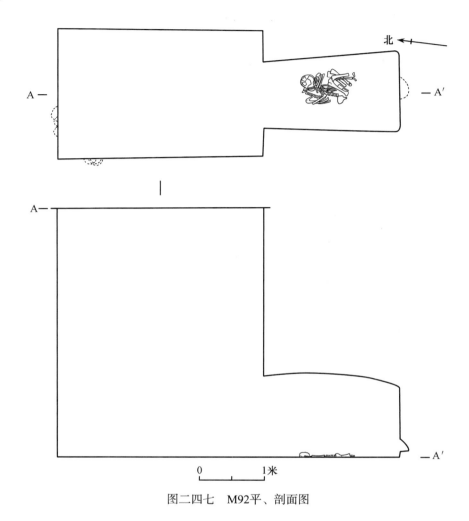

图二四七　M92平、剖面图

10. M96

位置和层位关系　位于发掘区中部偏南，东邻M95。该墓开口于地表土层下，向下打破生土，墓口距现地表深0.30米。方向270°。

形制与结构　长方形竖穴土坑墓，口大底小，墓口近长方形，墓壁斜直。墓口长3.00、宽1.96～2.04米，墓室长1.80、宽0.84～0.88米，墓室距墓口深2.60米。墓室四面设有生土二层台，二层台距墓口深1.80米，台宽：北壁0.42～0.52、南壁0.39～0.41、东壁0.48、西壁0.48米，台高0.79米。

填土　黄褐色花土。

葬具　不详。

人骨　一具。仰身直肢葬，头向西，面向上（图二四八）。

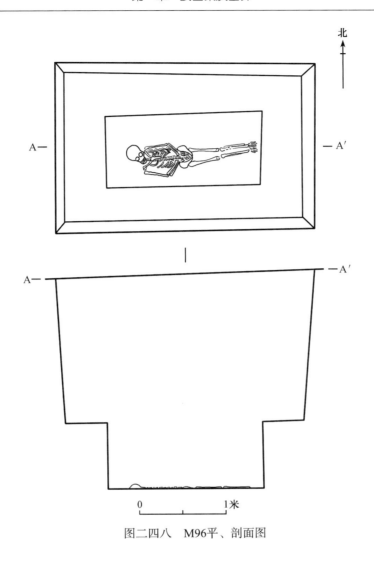

图二四八　M96平、剖面图

11. M98

位置和层位关系　位于发掘区中部，西邻M99。该墓开口于地表土层下，向下打破生土，墓口距现地表深0.60米。方向173°。

形制与结构　竖穴墓道土洞墓，由墓道、墓室组成。墓道位于墓室南侧，口大底小，墓道口呈长方形，加工较一般，墓道南侧被现代渣土堆积压，未清理到边。墓道口残长2.47～2.77、宽2.27米，墓道底残长2.47～2.63、宽1.41米，墓底距墓口深2.33米。墓道北壁贴近墓门处各有一方形土台，长0.40、宽0.38、高0.30米。墓室为土洞室，平面近长方形，弧形顶，平底，加工较一般。墓室长1.84、宽0.98、高0.80～1.07米，墓门高1.07米。

填土　墓道填土为黄褐色花土，土质较松软。墓室内为黄褐色淤土，土质较松软。

葬具　不详。

人骨　一具。仰身直肢葬，头向北，面向上，保存状况较差，年龄、性别不详（图二四九）。

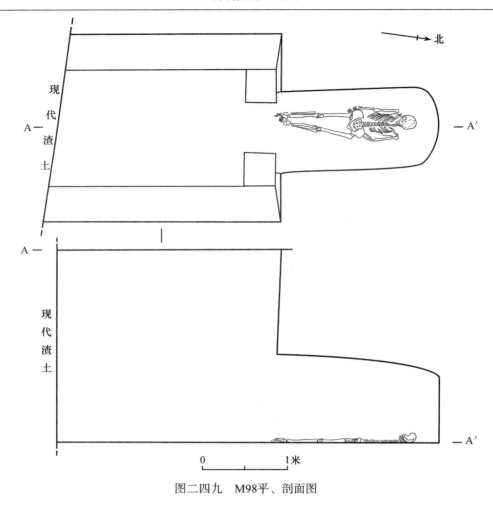

图二四九　M98平、剖面图

12. M101

位置和层位关系　位于发掘区南部，南邻M100。该墓开口于扰土层下，向下打破生土，墓口距现地表深2.64米。方向350°。

形制与结构　竖穴墓道土洞墓，由墓道、墓室组成。墓道位于墓室东侧，口底同大，墓道口呈长方形，墓道壁平直，加工较好，平底。墓道长3.40、宽2.60、深1.95米。墓底北、东、南三面设有生土二层台，二层台距墓口深0.97米，台宽：北壁0.60、南壁0.54、东壁1.16米，台高1.00米。墓室为偏洞室，平面呈长方形，弧形顶，墓室壁近直，加工一般。墓室长2.26、宽2.44、高1.00~1.36米。

填土　墓道填土为浅褐色花土，土质较硬。墓室内为浅褐色淤土，土质较硬。

葬具　不详。人骨下发现草木灰，长1.40、宽0.70米，厚度不详。

人骨　一具。仰身屈肢葬，头向北，面向上，保存状况较差，性别、年龄不详（图二五〇）。

13. M109

位置和层位关系　位于发掘区西部。该墓开口于地表土层下，向下打破生土，墓口距现地表深0.70米。方向240°。

形制与结构 竖穴土坑墓，墓口近长方形，墓室壁较直，加工一般，底近平。墓口长2.48、宽1.50米，墓室长1.64、宽0.70~0.80米，墓室距墓口深2.26米。墓室四面设有生土二层台，二层台距墓口深1.70米，台宽：北壁0.40~0.56、南壁0.28、东壁0.36、西壁0.46~0.50米，台高0.54米。

填土 红褐色花土，较软较疏松。

葬具 不详。

人骨 两具。均为仰身屈肢葬，头向分别为东和西，面向分别为北和南，保存状况一般，性别、年龄不详（图二五一）。

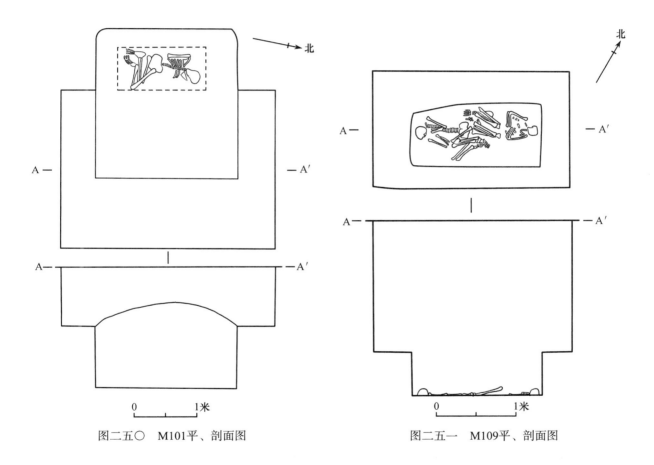

图二五〇 M101平、剖面图　　　　　图二五一 M109平、剖面图

14. M111

位置和层位关系 位于发掘区西部，南邻M110。该墓开口于地表土层下，向下打破生土，墓道东部被现代建筑基址打破，墓口距现地表深2.50米。方向180°。

形制与结构 竖穴墓道土洞墓，由墓道、墓室组成。墓道位于墓室南侧，口大底小，墓道口近长方形，墓道口长3.22、残宽0.96米，墓道底长2.75、残宽0.71米，墓底距墓口深2.65米。墓室为土洞室，平面近长方形，弧形顶，底近平，墓室壁较直，加工一般。墓室长2.44、宽1.60、高1.20~1.50米，墓门高1.50米。

填土　墓道填土为红褐色花土，土质较软较疏松。墓室内为黄褐色淤土，较软较疏松。

葬具　木棺。已腐朽，残存棺痕，长1.90、宽0.60米，高度不详。

人骨　一具。仰身直肢葬，头向北，面向上，保存状况良好，性别、年龄不详（图二五二）。

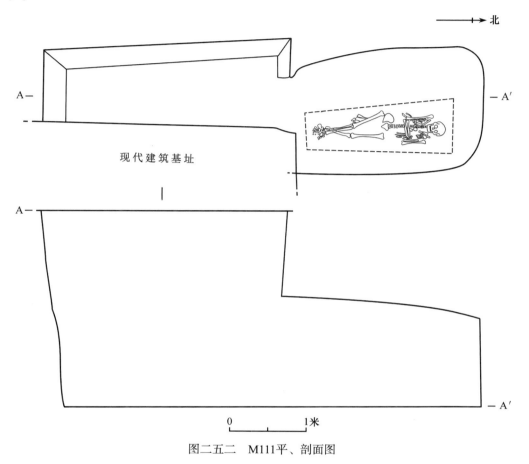

图二五二　M111平、剖面图

15. M124

位置和层位关系　位于发掘区中东部。该墓开口于扰土层下，自身向下打破生土，墓口距现地表深0.30米。方向167°。

形制与结构　竖穴墓道土洞墓，由墓道、墓室组成。墓道位于墓室南侧，口大底小，墓道口呈长方形，斜直壁底部内收，加工较为规整。墓道口长3.46、宽2.70～2.76米，墓道底长3.23、宽2.42～2.53米，墓底距墓口深2.96米。墓底东、西、南三面设有生土二层台，二层台距墓口深1.84米，台宽：东壁0.68～0.74、西壁0.60、南壁0.76米，台高1.12米。墓室为土洞室，平面呈长方形，平顶，墓室周壁近直壁，加工较为规整，近平底，比墓道底部高0.08米。墓室长2.12、宽1.20～1.30、高1.03～1.14米，墓门高1.14米。

填土　墓道填土为以红褐色为主的花土，土质较疏松。墓室内为黄褐色淤土。

葬具　不详。人骨底部铺有草木灰，长1.72、宽0.66～0.72、厚约0.02米，内含有少量的植物根系。

人骨　一具。侧身屈肢葬，头向南，面向东，双手交叉置于盆骨位置，人骨保存状况一般，性别、年龄不详（图二五三）。

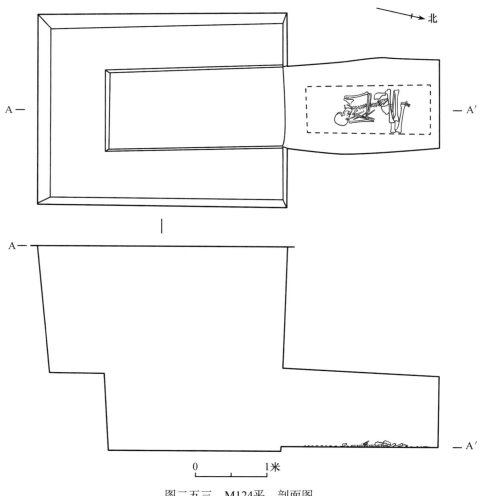

图二五三　M124平、剖面图

16. M129

位置和层位关系　位于发掘区南部，南邻M125，北邻M130，西邻M128。该墓开口于地表土层下，向下打破生土，墓道开口距现地表深0.40米。方向321°。

形制与结构　竖穴土坑墓，墓口呈长方形，墓壁近直，加工一般。墓口长2.75、宽2.12米，墓室长1.90、宽1.05~1.09米，墓室距墓口深1.81米。墓室四面设有生土二层台，二层台距墓口深1.05米，台宽：北壁0.44~0.48、南壁0.54~0.62、西壁0.40、东壁0.40米，台高0.74米。

填土　墓室内为黄褐色填土，较软较疏松。

葬具　不详。

人骨　一具。侧身屈肢葬，头向西，面向东南，保存状况良好，性别为男性，年龄不详（图二五四）。

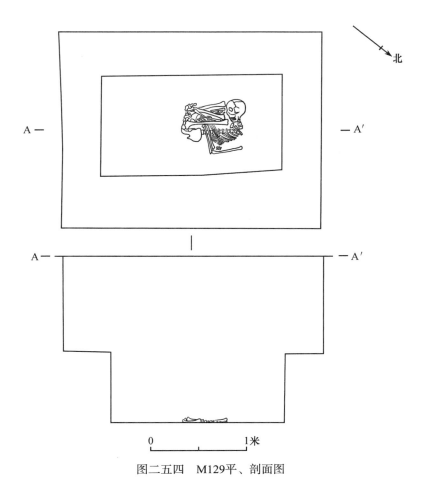

图二五四　M129平、剖面图

17. M130

位置和层位关系　位于发掘区南部，西邻M133、M131，南邻M128、M129。该墓开口于地表土层下，向下打破生土，墓道开口距现地表深0.60米。方向245°。

形制与结构　竖穴墓道土洞墓，由墓道、墓室组成。墓道位于墓室西侧，口大底小，墓道口平面呈长方形，平底，墓壁斜直，加工较好。墓道口长2.90、宽1.90米，墓道底长2.70、宽1.64～1.75米，墓底距墓口深1.50米。墓室为土洞室，平面近长方形，弧形顶，墓室壁近直，平底，加工一般。墓室长1.83、宽0.83～1.00、高0.85～1.00米，墓门高1.00米。

填土　墓道填土为黄褐色花土，较疏松。墓室内为红褐色淤土，较软较疏松。

葬具　不详。

人骨　一具。仰身屈肢葬，头向东，面向上，保存状况一般，性别为男性，年龄不详（图二五五）。

18. M136

位置和层位关系　位于发掘区北部，南邻M135。该墓开口于地表土层下，向下打破生土，墓口距现地表深0.20米。方向247°。

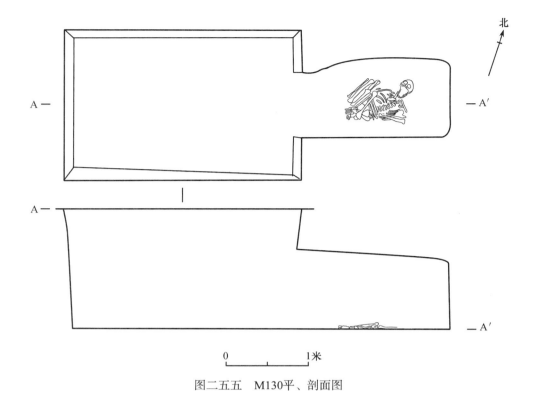

图二五五 M130平、剖面图

形制与结构 长方形竖穴土坑墓，口大底小，墓口平面近长方形，壁斜直，底较平，墓口长2.68、宽1.90~2.00米，墓室长1.90、宽0.98米，墓室距墓口深1.24米。墓室四面设有生土二层台，二层台距墓口深0.60米，台宽：北0.40~0.44、南壁0.42~0.48、东壁0.26、西壁0.34米，台高0.64米。

填土 黄褐色花土。

葬具 不详。

人骨 一具。仰身屈肢葬，头向西，面向上，性别、年龄不详（图二五六）。

19. M140

位置和层位关系 位于发掘区北部。该墓开口于地表土层下，向下打破生土，墓口距现地表深0.80米。方向243°。

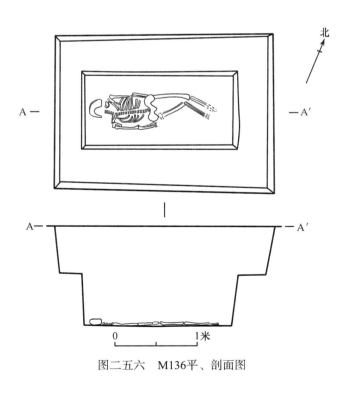

图二五六 M136平、剖面图

形制与结构 竖穴墓道土洞墓，由墓道、墓室组成。墓道位于墓室西侧，口大底小，墓道口平面呈梯形，墓壁斜直，加工较好，平底。墓道口长4.00、宽3.30~3.55米，墓道底长3.65、宽2.90米，墓底距墓口深3.80米。墓底北、南、西三面设有生土二层台，二层台距墓口深2.79米，台宽：北壁0.87～0.95、南壁0.82～0.90、西壁1.39米，台高1.00米。墓室为土洞室，平面近长方形，弧形顶，墓室壁近直，加工一般。墓室长2.26、宽1.10～1.40、高1.20～1.50米，墓门高1.45米。

填土　墓道填土为黄褐色花土，较软较疏松。墓室内为黄褐色淤土，较软较疏松。

葬具　不详。人骨下发现草木灰，长1.56、宽0.60米，厚度不详。

人骨　一具。仰身屈肢葬，头向西，面向上，保存状况较差，性别、年龄不详（图二五七）。

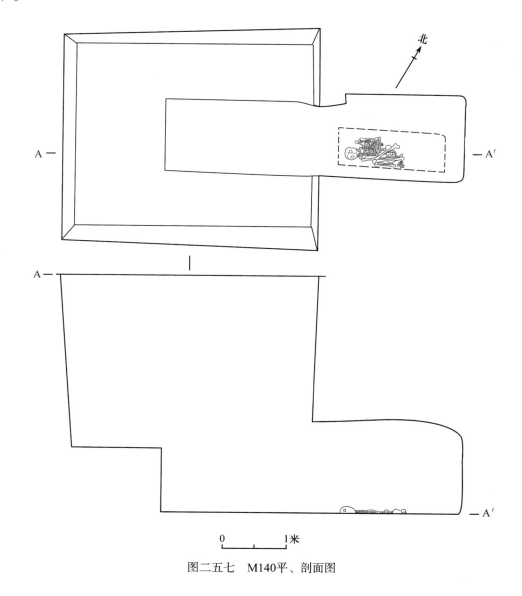

图二五七　M140平、剖面图

20. M142

位置和层位关系　位于发掘区北部，北邻M141。该墓开口于地表土层下，向下打破生土，墓口距现地表深0.80米。方向275°。

形制与结构 竖穴土坑墓，墓口平面近梯形，直壁。墓口长3.04、宽1.95～2.22米，墓室长1.96、宽1.02米，墓室距墓口深1.60米。墓室四面设有生土二层台，二层台距墓口深0.60～0.73米，台宽：北壁0.56、南壁0.60、西壁0.56、东壁0.48米，台高0.90米。

填土 黄褐色夹杂红褐色花土。

葬具 木棺。已腐朽，仅存棺痕，长1.56、宽0.60米。

人骨 一具。仰身屈肢葬，头向西，面向上，保存一般，性别、年龄不详（图二五八）。

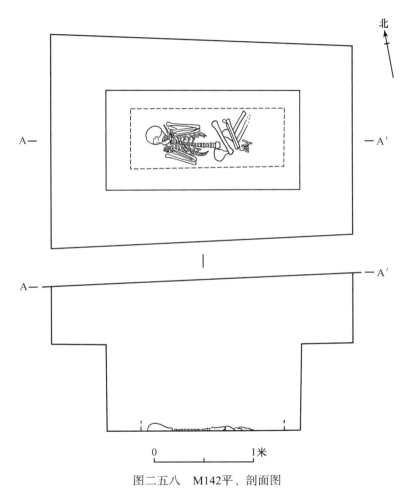

图二五八 M142平、剖面图

21. M143

位置和层位关系 位于发掘区中部。该墓开口于地表土层下，向下打破生土，墓口距现地表深2.00米。方向153°。

形制与结构 竖穴土坑墓，口底同大，墓口平面呈长方形，直壁，平底，加工一般。墓口长2.10、宽1.20～1.28、深0.46米。

填土 黄褐色淤土。

葬具 不详。

人骨 一具。葬式不详，保存较差（图二五九）。

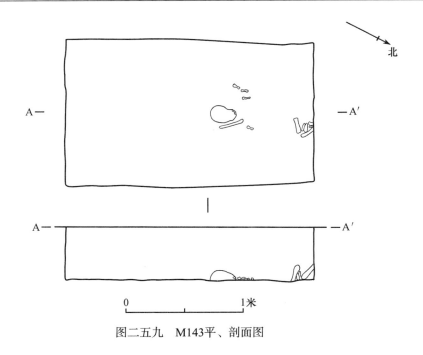

图二五九　M143平、剖面图

22. M144

位置和层位关系　位于发掘区北部。该墓开口于地表土层下，向下打破生土，墓口距现地表深0.80米。方向160°。

形制与结构　竖穴墓道土洞墓，由墓道、墓室组成。墓道位于墓室南侧，口大底小，墓道平面呈长方形，墓壁较斜直，底近平。墓道口长3.40、宽2.12米，墓道底长2.96、宽1.60～1.70米，墓底距墓口深2.44米。东壁、南壁共发现脚窝3个，脚窝平面呈圆角三角形。墓室为土洞室，平面呈长方形，弧形顶，墓室壁较直，底近平。墓室长2.30、宽1.06、高0.72～1.47米，墓门高1.38米。

填土　墓道填土为红褐色花土，土质较硬，未发现有夯土层。墓室内为红褐色淤土，土质较硬。

葬具　不详。

人骨　一具。仰身直肢葬，头向北，面向上，保存状况较好，年龄、性别不详（图二六〇）。

23. M145

位置和层位关系　位于发掘区北部。该墓开口于地表土层下，向下打破生土，北部被M004打破。墓口距现地表深0.80米。方向160°。

形制与结构　竖穴土坑墓，墓口平面呈长方形，墓壁较直，底近平。墓口长2.70、宽2.00米，墓室长1.75、宽1.05米，墓室距墓口深1.38米。墓室四面设有生土二层台，二层台距墓口深1.11米，台宽：北壁0.50、南壁0.50、西壁0.45、东壁0.52米，台高0.25米。

填土　红褐色花土，土质较软较疏松。

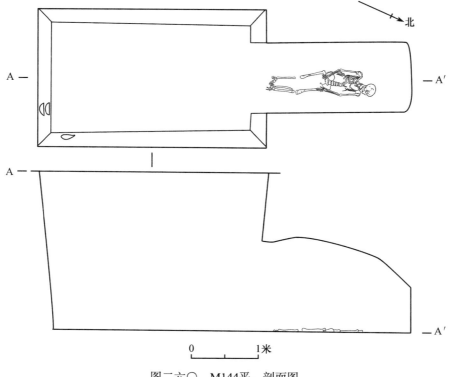

图二六〇　M144平、剖面图

葬具　不详。

人骨　不详（图二六一）。

24. M149

位置和层位关系　位于发掘区中部。该墓开口于地表土层下，向下打破生土，墓口距现地表深0.80米。方向237°。

形制与结构　竖穴墓道土洞墓，由墓道、墓室组成。墓道位于墓室西侧，口大底小，墓道口平面呈长方形，墓壁较直，加工一般。墓道口长3.46、宽2.44～2.52米，墓道底长3.36、宽2.32～2.42米。墓底距墓口深2.06米。墓室为土洞室，平面近长方形，弧形顶，墓室壁较直，加工一般，底近平，比墓道底部高0.40米。墓室长1.88、宽0.87～0.98、高1.06米，墓门高1.06米。

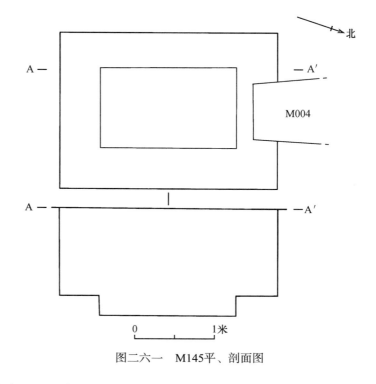

图二六一　M145平、剖面图

填土　墓道填土为红褐色花土，较软较疏松。墓室内为黄褐色淤土，较软较疏松。

葬具　木棺。已腐朽，残存棺痕，长1.30、宽0.70米，高度不详。

　　人骨　一具。仰身屈肢葬，头向西，面向上，保存状况一般，性别、年龄不详（图二六二）。

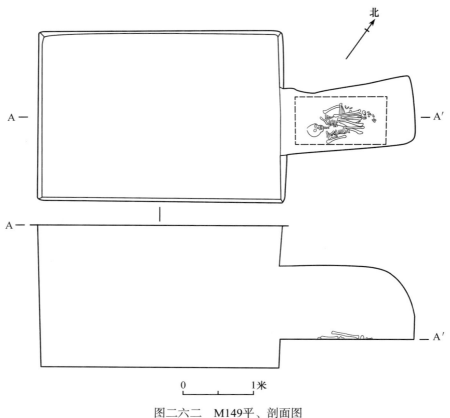

图二六二　M149平、剖面图

25. M150

　　位置和层位关系　位于发掘区北部。该墓开口于扰土层下，向下打破生土，墓口距现地表深0.30米。方向260°。

　　形制与结构　竖穴墓道土洞墓，由墓道、墓室组成。墓道位于墓室南侧，墓道口平面呈长方形，墓壁较直，加工较好。墓道长3.10、宽2.20、深1.90米。墓底北、南、西三面设有生土二层台，二层台距墓口深1.92米，台宽：北壁0.64、南壁0.58、西壁1.50米，台高0.80米。墓室为土洞室，平面呈长方形，弧形顶。墓室长1.70、宽1.00、高1.40～1.75米，墓门高1.53米。

　　填土　墓道填土为黄褐色花土，土质较硬。墓室内为黄褐色淤土，较软较疏松。

　　葬具　不详。

　　人骨　不详（图二六三）。

26. M158

　　位置和层位关系　位于发掘区西北部，西邻M157。该墓开口于地表土层下，向下打破生土，墓口距现地表深2.33米。方向180°。

　　形制与结构　竖穴墓道土洞墓，由墓道、墓室组成。墓道位于墓室南侧，口大底小，墓道

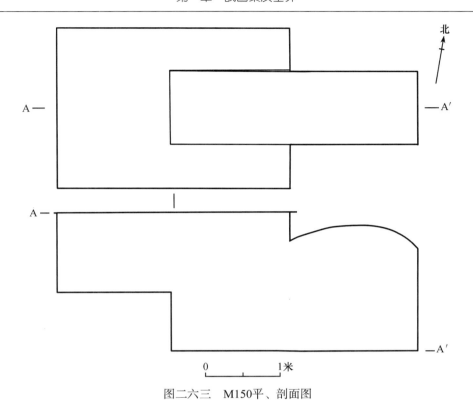

图二六三 M150平、剖面图

口平面呈长方形，墓道口长3.72、宽2.49~2.55米，墓道底长3.65、宽2.35~2.43米，墓底距墓口深2.39米。墓室为土洞室，平面呈长方形，弧形顶，墓室壁较直，加工一般，底近平。墓葬长1.94、宽1.11~1.22、高1.50~1.72米，墓门高1.50米。

　　填土　墓道填土为黄褐色花土，土质较软。墓室内为黄褐色淤土，土质较软。

　　葬具　不详。人骨下有草木灰，长约1.54、宽0.59米。

　　人骨　一具。仰身屈肢葬，头朝北，面向上，保存状况一般，性别、年龄不详（图二六四）。

27. M161

　　位置和层位关系　位于发掘区中部。该墓开口于地表土层下，向下打破生土，墓口距现地表深1.60米。方向150°。

　　形制与结构　竖穴墓道土洞墓，由墓道、墓室组成。墓道位于墓室西侧，口大底小，墓道口平面呈不规则四边形，墓壁较直，加工一般。墓道口长3.67、宽2.83米，墓道底长3.39~3.50、宽2.72米，墓底距墓口深2.44米。墓底东、西、南三面设有二层台，二层台距墓口深1.60米，台宽：西壁0.68~0.80、东壁1.30、南壁0.72米，台高0.89米。墓道西壁有脚窝1个。墓室为土洞室，平面近长方形，平顶，墓室壁较直，加工一般，底部比墓道底高0.15米。墓室长2.06、宽1.28、高1.33米，墓门高1.33米。

　　填土　墓道填土为红褐色花土，较软较疏松。墓室内为黄褐色淤土，较软较疏松。

　　葬具　木棺。已腐朽，残存棺痕，长1.24、宽0.74、残高0.04、厚0.04米。

　　人骨　一具。仰身屈肢葬，头向西北，面向南，保存状况一般，性别、年龄不详（图二六五）。

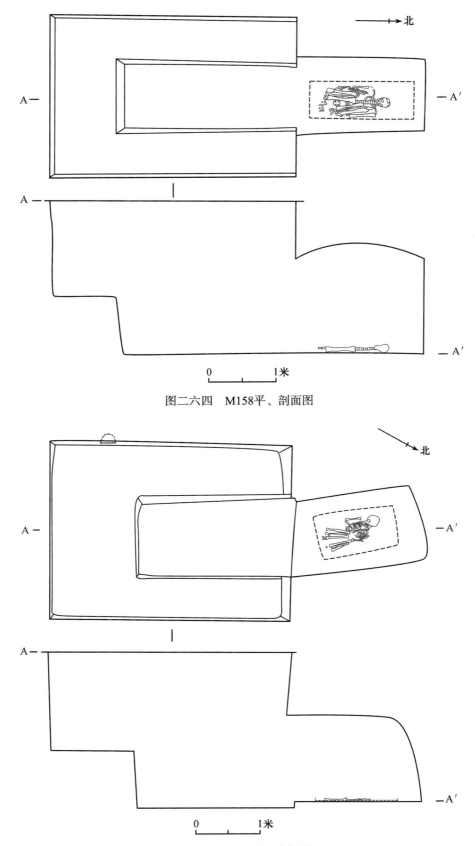

图二六四　M158平、剖面图

图二六五　M161平、剖面图

28. M181

位置和层位关系 位于发掘区东部。该墓开口于地表土层下，向下打破生土，墓口距现地表深0.70米。方向180°。

形制与结构 竖穴墓道土洞墓，由墓道、墓室组成。墓道位于墓室南侧，口大底小，墓道口平面呈长方形，斜直壁，平底，加工一般。墓道口长4.00、宽2.82米，墓道底长3.82、宽2.65米，墓底距墓口深2.65米。墓底东、西、南三面设有生土二层台，二层台距墓口深1.61米，台宽：东壁0.76、西壁0.80、南壁1.34米，台高1.01米。西壁、南壁各有脚窝1个。墓室为土洞室，平面呈长方形，弧形顶，平底，比墓道底部高0.08米。墓室长2.06、宽0.94~1.12、高1.18~1.55米，墓门高1.55米。

填土 墓道填土为黄褐色花土，土质软硬适中，包含少量植物根茎。墓室内为黄褐色淤土，土质软硬适中。

葬具 不详。人骨下有草木灰，长1.56、宽0.67米。

人骨 一具。仰身屈肢葬，头向南，面向西，人骨保存一般，性别、年龄不详（图二六六）。

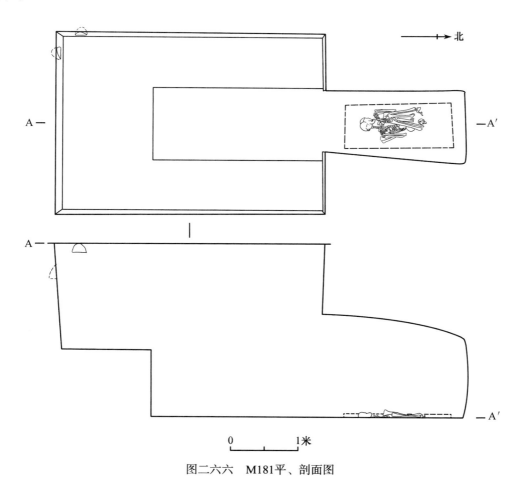

图二六六 M181平、剖面图

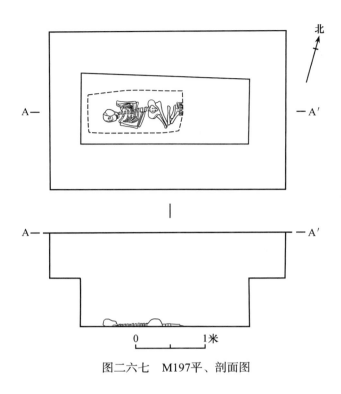

图二六七　M197平、剖面图

29. M197

位置和层位关系　位于发掘区北部。该墓开口于扰土层下，向下打破生土，墓口距现地表深1.20米。方向255°。

形制与结构　竖穴土坑墓，墓口平面近长方形，直壁，平底。墓口长3.33、宽2.33米，墓室长2.39、宽0.94～1.06米，墓室距墓口深1.40米。墓室四面设有生土二层台，二层台距墓口深0.68米，台宽：北壁0.62～0.72、南壁0.66、西壁0.42、东壁0.52米，台高0.73米。

填土　黄褐色花土，较软较疏松。

葬具　不详。人骨下发现有草木灰，长1.36、宽0.66米。

人骨　一具。仰身屈肢葬，头向西，面向南，性别、年龄不详（图二六七）。

30. M198

位置和层位关系　位于发掘区北部。该墓开口于扰土层下，向下打破生土，墓口距现地表深1.00米。方向260°。

形制与结构　竖穴墓道土洞墓，由墓道、墓室组成。墓道位于墓室南侧，口大底小，墓道口平面近长方形，墓壁斜直，加工较好。墓道口长4.47、宽3.20米，墓道底长3.53、宽2.67米，墓底距墓口深2.53米。墓底北、南、西三面设有二层台，二层台距墓口深1.92米，台宽：北壁0.68、南壁0.72、西壁1.00米，台高0.55米。墓室为土洞室，平面近长方形，弧形顶。墓室长1.87、宽1.47、高1.20～1.60米，墓门高1.60米。

填土　墓道填土为黄褐色花土，土质较硬。墓室内为黄褐色淤土，较软较疏松。

葬具　不详。

人骨　一具。侧身屈肢葬，头向西，面向北，性别、年龄不详（图二六八）。

31. M201

位置和层位关系　位于发掘区南部。该墓开口于扰土层下，向下打破生土，墓口距现地表深1.00米。方向270°。

形制与结构　竖穴墓道土洞墓，由墓道、墓室组成。墓道位于墓室西侧，口底同大，墓道口平面呈长方形，墓壁较直，加工较好。墓道长3.44、宽2.00、深2.01米。墓室为土洞室，平面近长方形，弧形顶，墓壁加工较好。墓室长2.16、宽1.26、高0.60～1.30米，墓门高1.30米。

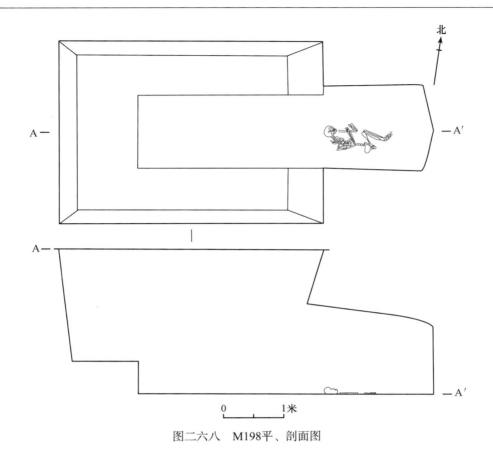

图二六八　M198平、剖面图

填土　墓道填土为黄褐色花土，土质较硬。墓室内为黄褐色淤土，较软较疏松。

葬具　不详。

人骨　一具。仰身屈肢葬，头向西，面向上，性别、年龄不详（图二六九）。

32. M202

位置和层位关系　位于发掘区西北部。该墓开口于地表土层下，向下打破生土，墓口距现地表深1.50米。方向280°。

形制与结构　竖穴墓道土洞墓，由墓道、墓室组成。墓道位于墓室西侧，墓道口平面呈长方形，墓壁较直，底近平。墓道长2.89、宽2.16、深2.37米。墓底北、南、西三面设有生土二层台，二层台距墓口深1.24米，台宽：北壁0.53、南壁0.35～0.41、西壁0.41米，台高1.12米。墓室为土洞室，平面近长方形，平顶，墓室壁较直，底近平，比墓道底部高0.56米。墓室长2.37、宽1.05～1.58、高1.02米，墓门高1.02米。

填土　墓道填土为黄褐色，土质较硬。墓室内为黄褐灰淤土，较软较疏松。

葬具　不详。

人骨　一具。仰身屈肢葬，头向西，面向北，性别、年龄不详（图二七〇）。

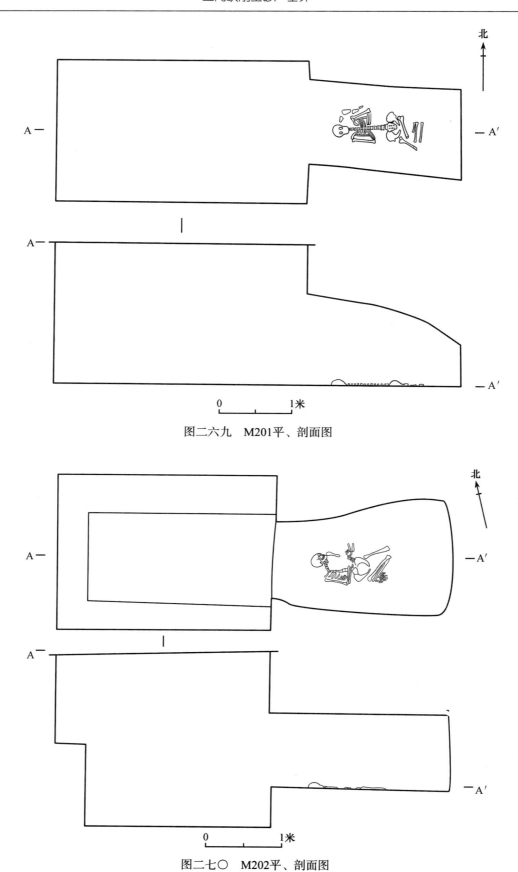

图二六九　M201平、剖面图

图二七〇　M202平、剖面图

33. M203

位置和层位关系　位于发掘区西部。该墓开口于地表土层下，向下打破生土，墓口距现地表深0.40米。方向275°。

形制与结构　竖穴墓道土洞墓，由墓道、墓室组成。墓道位于墓室西侧，口底同大，墓道口平面呈长方形，墓道长2.52、宽1.68、深1.16米。墓室为土洞室，平面呈长方形，平顶，墓壁较直，加工一般。墓室长1.68、宽0.80、高0.60米，墓门高0.60米。

填土　墓道填土为黄褐色花土，土质较疏松。墓室为黄褐色淤土，土质松软。

葬具　木棺。已腐朽，仅存棺痕，长1.32、宽0.56～0.60米，高度不详。人骨下铺有一层草木灰。

人骨　一具。仰身屈肢葬，头向东，面向上。人骨保存一般。性别、年龄不详。人骨头部左侧发现有兽骨，保存较差，推测为鸡骨（图二七一）。

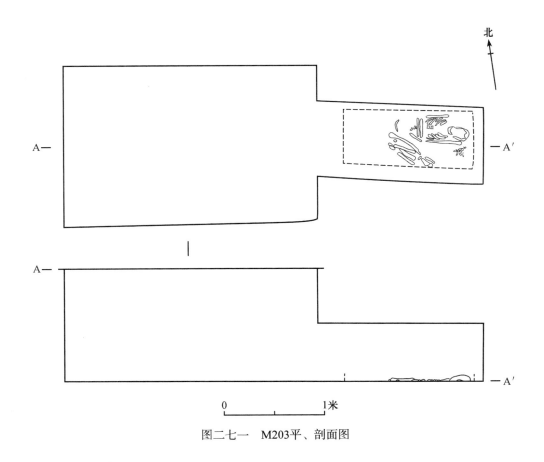

图二七一　M203平、剖面图

34. M204

位置和层位关系　位于发掘区西部，南邻M205。该墓开口于地表土层下，向下打破生土，墓口距现地表深1.30米。方向250°。

形制与结构　竖穴墓道土洞墓，由墓道、墓室组成。墓道位于墓室西侧，口底同大，墓道口平面呈长方形。墓道长3.30、宽1.92～1.98、深1.61米。墓室为土洞室，平面近梯形，弧形顶，直壁，平底，加工一般。墓室长1.90、宽1.01～1.12、高0.65～0.79米，墓门高0.79米。

填土　墓道填土为黄褐色花土。墓室内为黄褐色夹杂红褐色淤土。

葬具　不详。

人骨　一具。仰身屈肢葬，头向西，面向上，保存状况一般，性别、年龄不详（图二七二）。

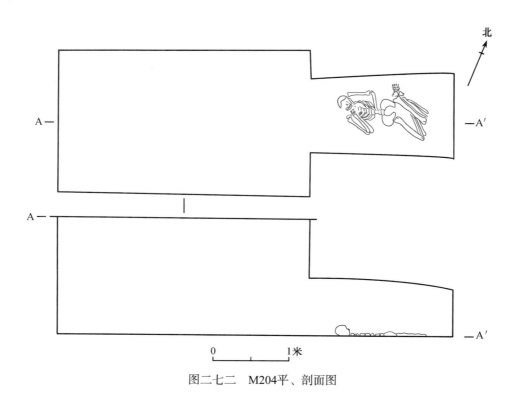

图二七二　M204平、剖面图

35. M205

位置和层位关系　位于发掘区北部。该墓开口于扰土层下，被M0025打破，向下打破生土，墓口距现地表深1.10米。方向85°。

形制与结构　竖穴墓道土洞墓，由墓道、墓室组成。墓道位于墓室东侧，口大底小，墓道口平面呈长方形，墓壁较直，加工较好，平底。墓道口长3.10、宽3.04米，墓道底长3.10、宽2.80米，墓底距墓口深3.05米。在距墓道口0.90米下的北、南、东三面设有生土二层台，北二层台长1.90、宽0.72、高1.05米；南二层台长1.90、宽0.72、高1.05米；东二层台长1.60、宽1.20、高1.05米。墓道深3.05米。墓室为土洞室，底部为梯形，弧形顶，墓室壁近直，加工一般。墓室长1.70、宽1.10～1.30米，高0.70米，墓门高0.70米。

填土　墓道填土为黄褐色花土，土质较硬。墓室内为黄褐色淤土，土质较硬。

葬具　不详。

人骨　不详。

36. M207

位置和层位关系 位于发掘区中部。该墓开口于扰土层下，上部被M206、M0027打破，向下打破生土。方向224°。

形制与结构 竖穴土坑墓，口底同大，墓口平面呈长方形，墓壁近直壁，底部平坦，壁面加工一般。墓口长2.08、宽1.26米，墓室长1.42、宽0.70米，墓室距墓口残深0.14米。

填土 红褐色为主的花土，较疏松。

葬具 不详。人骨下发现草木灰，长1.36、宽0.68～0.72、厚约0.02米。

人骨 一具。仰身屈肢葬，头西足东，面向上，双手交叉置于腹部，保存状况较差，性别、年龄不详（图二七三）。

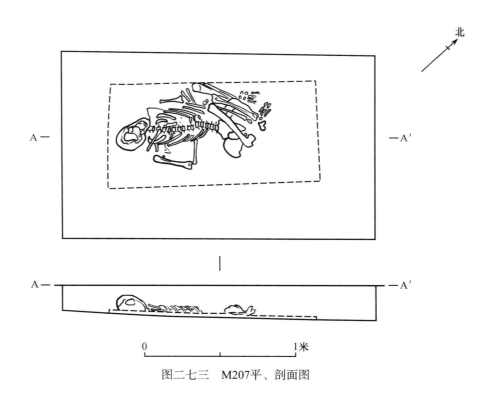

图二七三 M207平、剖面图

37. M208

位置和层位关系 位于发掘区中东部。该墓开口于扰土层下，自身向下打破生土，墓口距现地表深0.40米。方向270°。

形制与结构 竖穴墓道土洞墓，由墓道、墓室组成。墓道位于墓室西侧，墓道口平面呈长方形，近直壁，加工较为规整。墓道长3.40、宽2.30～2.34、深1.45米。墓底南、北、西三面设有生土二层台，二层台距墓口深0.72米，台宽：北壁0.54～0.64、南壁0.54、西壁1.00～1.06米，台高0.74米。墓室为土洞室，平面呈长方形，弧形顶，壁面近斜弧壁，底部内收，平底，比墓道底部高0.10米，加工一般。墓室长2.48、宽1.20~1.46、高1.00~1.07米，墓门高1.07米。

　　填土　墓道内填土较疏松，土色为以红褐色为主的花土。墓室内填黄褐色淤土。

　　葬具　不详。

　　人骨　一具。葬式、面向不详，双手交叉置于腹部，保存状况较差，性别、年龄不详（图二七四）。

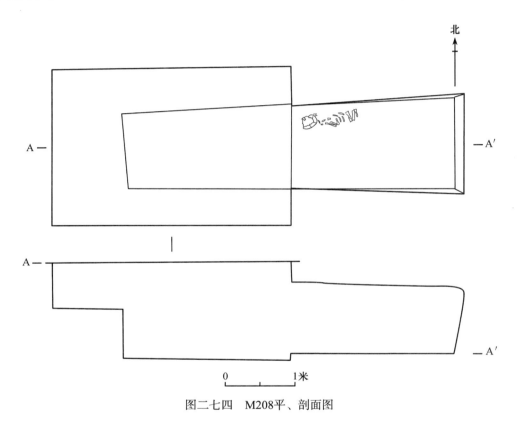

图二七四　M208平、剖面图

38. M210

　　位置和层位关系　位于发掘区西部。该墓开口于地表土层下，向下打破生土，墓口距现地表深1.30米。方向260°。

　　形制与结构　竖穴墓道土洞墓，由墓道、墓室组成。墓道位于墓室西侧，口大底小，墓道口平面呈长方形，斜壁近平底，加工一般。墓道口长3.35、宽2.35米，墓道底长3.29、宽2.29米，墓底距墓口深1.90米。墓室为土洞室，平面近长方形，弧形顶，近平底，加工一般。墓室长2.13、宽1.06~1.24、高0.80~1.40米，墓门高1.40米。

　　填土　墓道填土为黄褐色花土，土质较软。墓室内为黄褐色淤土，土质较软。

　　葬具　木棺。已朽，残留棺痕，长1.88、宽0.71、厚0.05米。

　　人骨　一具。仰身屈肢葬，头向西，面向上，保存较好。性别为女性，年龄为中年（图二七五）。

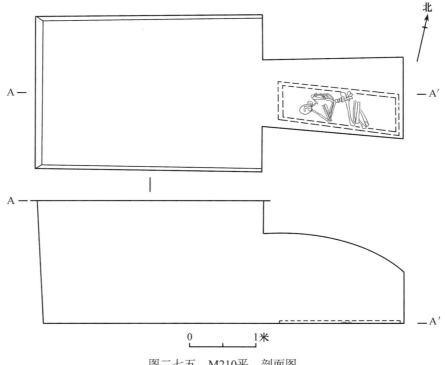

图二七五 M210平、剖面图

39. M215

位置和层位关系 位于发掘区西部。该墓开口于地表土层下，向下打破生土，墓口距现地表深1.30米。方向272°。

形制与结构 竖穴墓道土洞墓，由墓道、墓室组成。墓道位于墓室西侧，口大底小，墓道口平面近长方形，墓道口长3.82、宽2.47～2.66米，墓道底长3.53、宽2.06～2.29米，墓底距墓口深2.88米。墓室为土洞室，平面近长方形，弧形顶，加工一般，底近平，比墓道底部高0.20米。墓室长2.30、宽1.29～1.41、高1.00～1.71米，墓门高1.71米。

填土 墓道填土为黄褐色花土，土质较软。墓室内为黄褐色淤土，土质较软。

葬具 木棺。已朽，人骨下有草木灰，长1.00、宽0.56米。

人骨 一具。仰身屈肢葬，头朝东，面向上，保存状良好，性别为男性，年龄不详（图二七六）。

40. M218

位置和层位关系 位于发掘区北部。该墓开口于地表土层下，向下打破生土，墓口距现地表深0.80米。方向267°。

形制与结构 竖穴土坑墓，口底同大，墓口平面呈长方形，墓壁较直，底近平。墓口长1.54、宽1.10米，墓室长1.54、宽1.10米，墓室距墓口深0.66米。

填土 红褐色花土，土质较软较疏松。

葬具 不详。

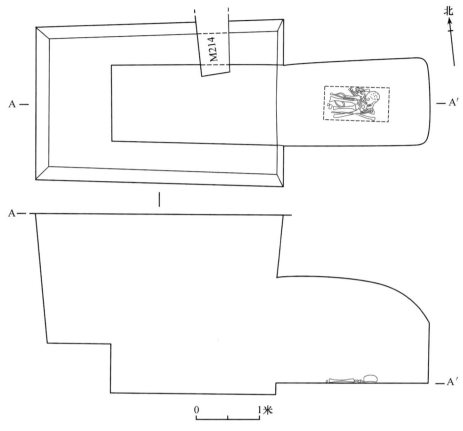

图二七六　M215平、剖面图

人骨　一具。仰身屈肢葬，头向西，面向上，保存状况较差，年龄、性别不详（图二七七）。

41. M219

位置和层位关系　位于发掘区西北部。该墓开口于地表土层下，向下打破生土，墓口距现地表深0.40米。方向175°。

形制与结构　竖穴墓道土洞墓，由墓道、墓室组成。墓道位于墓室南侧，口底同大，墓道口平面呈长方形，墓壁较直，底近平。墓道长2.82、宽1.90～2.00、深2.35米。墓室为土洞室，平面近长方形，平顶，墓室壁较直，底近平。墓室长2.18、宽1.10～1.20、高1.50米，墓门高1.50米。

填土　墓道填土为黄褐色，土质较硬。墓

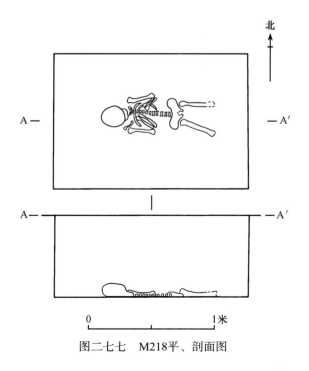

图二七七　M218平、剖面图

室内为黄褐灰淤土，较软较疏松。

葬具 不详。人骨下发现草木灰，长1.74、宽0.80米，厚度不详。

人骨 一具。仰身屈肢葬，头朝北，面向上（图二七八）。

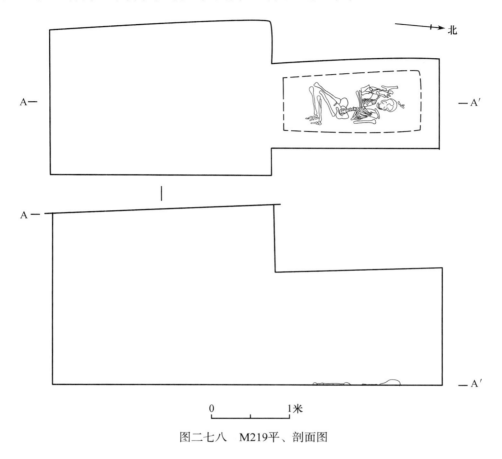

图二七八 M219平、剖面图

42. M220

位置和层位关系 位于发掘区南部偏西。该墓开口于地表土层下，向下打破生土，墓口距现地表深1.90米。方向276°。

形制与结构 竖穴墓道土洞墓，由墓道、墓室及壁龛组成。墓道位于墓室西侧，口底同大，墓道口平面呈长方形，墓壁较直，加工较好。墓道长3.06、宽2.20、深1.19～1.50米。墓室为土洞室，平面近长方形。墓室长1.60、宽2.20、高1.38米，墓门高1.38米。壁龛呈覆碗状，龛口立面呈半圆形，拱顶，宽0.56、高0.57、进深0.32米。

填土 墓道填土为黄褐色花土，土质较硬。墓室内为黄褐色淤土，较软较疏松。

葬具 不详。

人骨 不详（图二七九）。

43. M233

位置和层位关系 位于发掘区南部。该墓开口于扰土下，向下打破生土，墓口距地表深1.90米。方向185°。

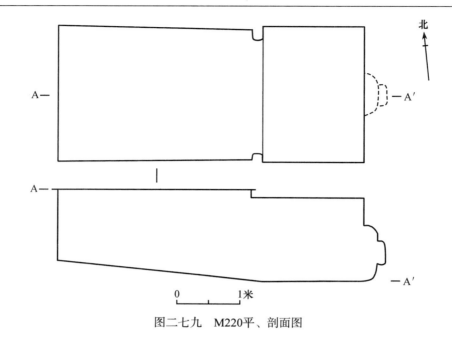

图二七九　M220平、剖面图

形制与结构　竖穴墓道土洞墓，由墓道、墓室组成。墓道位于墓室南侧，口底同大，墓道口平面呈长方形，直壁平底，加工一般。墓道长3.20、宽2.33、深1.20米。墓室为土洞室，平面呈长方形，平顶，墓室壁近直，加工一般。墓室长1.90、宽0.95、高0.80米，墓门高0.80米。

填土　墓道填土为黄褐色花土，土质较硬。墓室内为黄褐色淤土，土质较硬。

葬具　木棺。已腐朽，残存棺痕，长1.43、宽0.57、残高0.05米。

人骨　一具。侧身屈肢葬，头向南，面向西，保存状况较好，性别、年龄不详（图二八〇）。

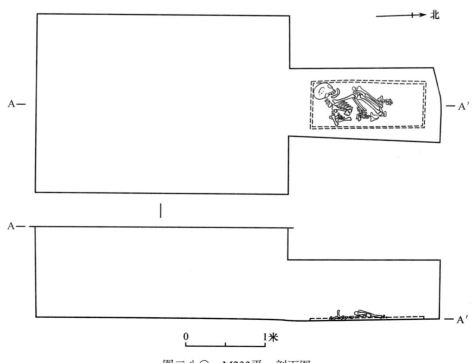

图二八〇　M233平、剖面图

44. M243

位置和层位关系　位于发掘区南部。该墓开口于扰土下，向下打破生土，墓口距地表深2.00米。方向275°。

形制与结构　竖穴墓道土洞墓，由墓道、墓室组成。墓道位于墓室西侧，口底同大，墓道口平面呈长方形，直壁平底，加工一般。墓道长3.10、宽2.28、深1.90米。墓室为土洞室，平面近梯形，平顶，墓室壁近直，加工一般。墓室长2.05、宽0.67~1.17、高1.09米，墓门高1.09米。

填土　墓道填土为黄褐色花土，土质较硬。墓室内为黄褐色淤土，土质较硬。

葬具　不详。

人骨　不详（图二八一）。

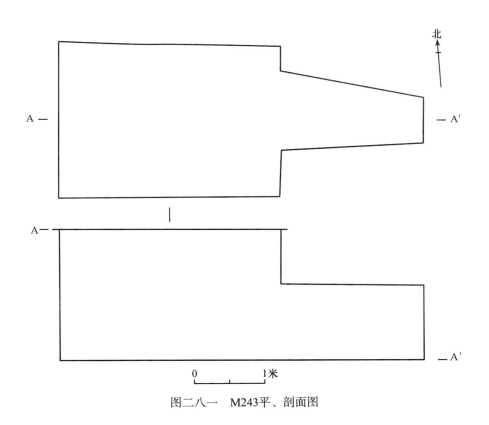

图二八一　M243平、剖面图

45. M002

位置和层位关系　位于发掘区北部。该墓开口于地表土层下，向下打破生土，墓口距现地表深0.80米。方向260°。

形制与结构　竖穴土坑墓，口大底小，墓口平面近梯形，墓壁斜直，底近平。墓口长3.40、宽2.46~2.64米，墓底长2.98、宽1.98~2.02米，墓底距墓口深1.20米。

填土　红褐色花土，土质较软较疏松。

葬具　不详。

人骨　一具。葬式不详，保存状况差，年龄、性别不详（图二八二）。

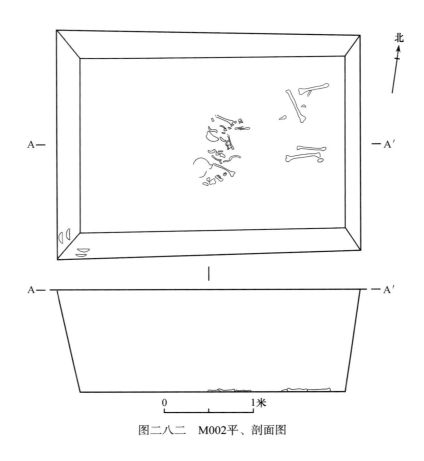

图二八二　M002平、剖面图

46. M006

位置和层位关系　位于发掘区北部。该墓开口于地表土层下，向下打破生土，墓口距现地表深0.80米。方向245°。

形制与结构　竖穴土坑墓，墓口平面呈长方形，墓壁较直，底近平。墓口长2.56、宽1.66米，墓室长1.59、宽0.66~0.73米，墓室距墓口深1.24米。墓室四面设有生土二层台，二层台距墓口深0.64米，台宽：北壁0.50~0.53、南壁0.43~0.47、西壁0.48、东壁0.49米，台高0.60米。

填土　红褐色花土，土质较软较疏松。

葬具　不详。

人骨　一具。仰身屈肢葬，头向西，面向南，性别、年龄不详（图二八三）。

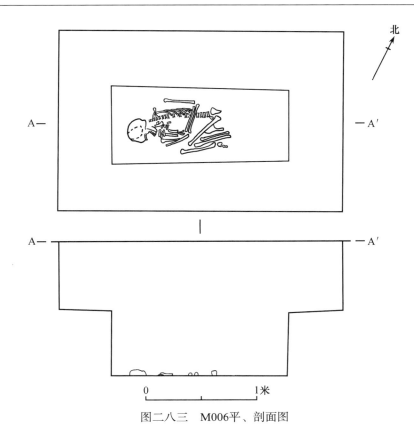

图二八三 M006平、剖面图

第三节 墓葬形制

刚玉砂厂战国秦汉墓葬共161座，均为中、小型墓，可分为竖穴土坑墓和竖穴墓道土洞墓两大类，多数带有生土二层台，占比约55.3%。竖穴土坑墓共37座，墓圹较规整，直壁或斜直壁，平底。竖穴墓道土洞墓数量较多，共124座，其墓室以长方形为主，少数墓室塌陷呈不规则形或椭圆形，墓室顶部以平顶居多，少数为弧形顶，均为单洞室，墓道多宽于墓室。另外有4座偏洞室墓，即将墓室开凿于墓道的长边。部分墓葬内设置有壁龛，壁龛内放置随葬品，共有29座，其中洞室墓26座（表一）。其中竖穴土坑墓的壁龛位于墓主足部（M126、M128）或头部（M81），于二层台下掏洞而成；竖穴墓道土洞墓的壁龛多位于墓室北壁下，或靠近墓道处。壁龛形状不一，多呈半圆形、拱顶，也有少数呈不规则形。以下对这些墓葬形制进行类型分析。

表一 战国秦汉墓壁龛统计表

墓号	方向	形制	位置	尺寸（米） 长×高—进深	备注
M20	296°	竖穴墓道土洞墓	墓室北壁近墓道处	0.57×0.31—0.18	塌陷
M24	286°	竖穴墓道土洞墓	墓室北壁	1.12×0.87—0.30	塌陷
M42	276°	竖穴墓道土洞墓	墓室东壁偏南	1.00×0.76—0.30	

墓号	方向	形制	位置	尺寸（米）长×高—进深	备注
M48	268°	竖穴墓道土洞墓	墓室北壁	0.66×0.44—0.24	
M52	272°	竖穴墓道土洞墓	墓室北壁	0.28×0.20—0.18	
M55	265°	竖穴墓道土洞墓	墓室北壁	0.28×0.20—0.22	
M61	276°	竖穴墓道土洞墓	墓室北壁	0.30×0.18—0.15	
M78	170°	竖穴墓道土洞墓	墓室北壁	0.38×0.14—0.28	
M80	256°	竖穴墓道土洞墓	墓室北壁	0.88×0.54—0.52	
M81	355°	竖穴土坑墓	墓室北壁	0.64×0.34—0.20	
M92	294°	竖穴墓道土洞墓	墓室南壁中部	0.34×0.20—0.13	
M102	265°	竖穴墓道土洞墓	墓室北壁偏西	0.44×0.20—0.16	
M104	273°	竖穴墓道土洞墓	墓室北壁	0.40×0.20—0.20	
M107	280°	竖穴墓道土洞墓	墓室北壁	0.30×0.16—0.12	
M108	260°	竖穴墓道土洞墓	墓室南壁	0.26×0.20—0.18	
M110	262°	竖穴墓道土洞墓	墓室北壁	0.66×0.28—0.30	
M117	270°	竖穴墓道土洞墓	墓室南壁	0.74×0.24—0.26	
M123	171°	竖穴墓道土洞墓	墓室东壁	0.48×0.20—0.20	
M126	62°	竖穴土坑墓	墓室东壁	0.60×0.50—0.30	
M128	70°	竖穴土坑墓	墓室西壁	0.62×0.50—0.31	
M160	175°	竖穴墓道土洞墓	墓室西北角	0.30×0.14—0.18	
M167	290°	竖穴墓道土洞墓	墓室北壁	0.61×0.22—0.18	
M182	260°	竖穴墓道土洞墓	墓室北壁	0.62×0.36—0.34	
M185	284°	竖穴墓道土洞墓	墓室北壁偏西	0.40×0.40—0.32	
M189	273°	竖穴墓道土洞墓	墓室北壁偏西	0.60×0.52—0.32	
M194	260°	竖穴墓道土洞墓	墓室北壁	1.16×0.40—0.35	
M200	288°	竖穴墓道土洞墓	墓室北壁	0.40×0.74—0.20	
M258	265°	竖穴墓道土洞墓	墓室北壁	0.56×0.66—0.28	
M261	280°	竖穴墓道土洞墓	墓室北壁	0.56×0.27—0.10	
M256	15°	竖穴土坑墓	墓室北部	1.20×0.80—1.55	

　　甲类　竖穴土坑墓，37座。平面均呈长方形，根据墓葬有无生土二层台分为两型。

　　A型　带有生土二层台，31座。根据二层台及墓室位置分为两亚型。

　　Aa型　26座。墓室位于墓圹中央，四周均留有生土二层台。其中M72和M145未见人骨，M81和M146墓主头向北，M128墓主头向东，M15和M0017墓主头向南。其余19座墓葬为东西向，墓主头向西。M109为合葬墓，墓内葬两具人骨，头向相反，一具朝东，一具朝西。

　　Ab型　5座。墓室偏于墓圹一侧，另外三面设置生土二层台。1座（M57）南北向，4座（M125、M154、M173、M74）东西向。

　　B型　无二层台，6座。其中3座（M256、M72、M143）南北向，3座（M207、M218、

M002）东西向。

乙类　竖穴墓道土洞墓，124座。根据墓室与墓道平面布局关系分为三型。

A型　墓室开凿于墓道短边，即直线型洞室墓，119座。据墓道有无二层台分为两亚型。

Aa型　墓道无生土二层台，61座。45座墓葬为东西向，16座为南北向。墓道长度均大于墓室长度，其比值为2.5∶1～1.2∶1；墓道亦多宽于墓室，少数墓葬的墓道和墓室基本等宽，墓道宽与墓室宽的比值为2.3∶1～1∶1。有7座墓葬的墓道底低于墓室底，其余墓葬的墓道与墓室底均处于同一水平面。

Ab型　墓道带有生土二层台，58座。51座墓葬为东西向，7座为南北向。生土二层台的位置多位于墓室方向外的其他三个方位，也有少数墓葬（M215）的生土二层台是设置于墓道一侧的。墓道长度均大于墓室长度，其比值为2.4∶1～1.3∶1；墓道亦多宽于墓室，二层台下的墓道宽度与墓室宽度基本相等，墓道宽与墓室宽的比值为2.3∶1～1.5∶1。有12座墓葬的墓道底低于墓室底，其余墓葬的墓道与墓室底均处于同一水平面。

B型　偏洞室墓，墓室开凿于墓道长边，人骨与墓室长边平行，即平行式洞室墓。4座（M43、M134、M101、M205）。其中M101和M205的洞室均开凿于墓道西部，其余三座墓葬的墓室开凿于墓道北部。

C型　墓室开凿于墓道长边，人骨方向与墓室短边平行，即垂直式墓，1座（M160）。墓道位于墓室南侧，口大底小，底部与墓室处于同一水平线，墓室西北角有一小龛。

第四节　葬式与葬具

一、葬　式

刚玉砂厂的161座战国秦汉墓葬中，除20座墓葬未见人骨或人骨葬式不详外，其余139座墓葬内葬有一具人骨，2座墓（M109和M176）内有两具人骨。可辨葬式的141座墓葬有屈肢葬和仰身直肢葬两种，以屈肢葬为主，占比93.8%，直肢葬所占比例较少，仰身直肢葬10座，占6.2%。屈肢葬具体可分为仰身屈肢和侧身屈肢两种，仰身屈肢葬数量最多，有110座（含M109），占比78%；侧身屈肢葬次之，有22座（含M176），占比15.8%（表二）。

表二　战国秦汉墓葬式、葬具统计表

墓葬类别	葬式		头向	面向	人骨数量	墓葬编号及葬具	备注
土坑墓	屈肢葬	仰身	西	上	1	M16（木）、M40、M45（木）、M63（木）、M126（木）、M146、M239、M136、M142（木）、M125（木）、M173、M207、M218	13
			西	南	1	M51、M109、M129、M197	4
			西	北	1	M70（木棺椁）	1
			西		1	M76	1

续表

墓葬类别	葬式		头向	面向	人骨数量	墓葬编号及葬具	备注
土坑墓	屈肢葬	仰身	西	不详	1	M44、M95	2
			北	上	1	M81（木）、M256	2
			北	东	1	M57	1
			东	上	1	M128	1
			南	上	1	M0017、M143	2
			东	南	1	M0022（木）	1
			东	北	1	M109	1
		侧身	西	北	1	M267（木棺椁）、M154	2
			西	南	1	M006	1
	仰身直肢葬		西	上	1	M96	1
	不详		未知	未知	无	M145、M74、M002、M72、M15	5
土洞墓	屈肢葬	仰身	西	上	1	M17、M20、M29、M31（木）、M43、M48（木）、M64、M80（木）、M87（木）、M104（木）、M110（木）、M126、M133（木）、M153（木）、M217、M227（木）、M77、M149（木）、M201、M204、M210（木）、M24（木）、M27、M39、M52、M71（木）、M83、M107（木）、M115、M121（木）、M151（木）、M159（木）、M166（木）、M182、M185（木）、M192、M213（木）、M0021（木）、M140	39
			西	北	1	M262、M25（木）、M55、M85（木）、M116（木）、M176、M202	7
			西	南	1	M91、M102（木）、M117、M188、M189（木）、M34、M78、M94（木）、M135、M162、M179（木）、M167	12
			北	上	1	M59、M160（木）、M82（木）、M101、M139（灰）、M146、M158、M219（灰）	8
			北	东	1	M163（木）、M174	2
			北	西	1	M123	1
			北	不详	1	M160	1
			西北	上	1	M258（木）、M92（木）	2
			西北	南	1	M161（灰）	1
			东	上	1	M261、M130、M203（木）、M215（灰）	4
			东	南	1	M128	1
			南	上	1	M155（木）	1
			南	西	1	M181（木）	1
			南	东	1	M124（灰）	1

续表

墓葬 类别	葬式		头向	面向	人骨 数量	墓葬编号及葬具	备注
土洞墓	屈肢葬	侧身	西	北	1	M49、M134、M137（灰）、M176（木）、M198、M86	6
			西	南	1	M88、M89、M99（木）、M105（木）、M211、M68（木）、M36、M119、M172（木）、M178（木）、M194	11
			西	上	1	M83	1
			北	西	1	M75、M122	2
			东	北	1	M73、M50（木）	2
			南	西	1	M233（木）	1
			南	东	1	M127（灰）	1
			西北	上	1	M90	1
	仰身直肢葬		西	上	1	M3、M120、M175（木）、M264、M98、M111（木）、M144	7
			北	上	1	M53、M58（木）	2
	不详		未知	未知	无	M42、M61、M103、M108、M114、M200、M244、M245、M259、M150、M205、M220、M243、M208、M47	15

竖穴土坑墓中，31座墓葬为屈肢葬，含32具人骨（M109两具人骨均为屈肢葬），仰身直肢葬1座，葬式不详5座。屈肢葬的葬式主要有两类，一类蜷曲较甚，下肢骨重合在一起，与上肢骨相接；另一类是蜷曲明显，下肢骨间夹角较小，呈跪坐状。

土洞墓中，屈肢葬有101座，含102具人骨（M176内葬两具人骨），仰身直肢葬9座，葬式不详15座。仰身屈肢葬的人骨架基本为上体仰卧，下肢骨蜷曲在一起，有的蜷曲较甚，股骨和胫骨基本重合在一起，或与上肢重叠；有的双腿蜷曲，呈跪坐状或蹲坐状；有的下肢微屈。侧身屈肢葬的人骨架上身侧卧，下肢骨蜷曲在一起，蜷曲较甚，股骨和胫骨多重合在一起。

二、葬　具

刚玉砂厂161座战国秦汉墓中有104座未发现葬具痕迹，其余57座墓内残留有木棺痕（表二），M176的墓道内发现有木棺葬具，墓室内未见葬具痕迹。这些木质葬具均已腐朽，只能从朽痕来判断葬具的结构和尺寸。一般为单棺，其中M70和M267的葬具为一棺一椁。根据棺痕判断，木棺的形状有长方形和梯形两种，部分墓葬在人骨下铺有草木灰。

第五节　随　葬　品

刚玉砂厂161座战国秦汉墓葬中有115座墓葬出土随葬品约300件（套），根据质地可分为陶器、铜器、铁器、骨器和漆器等。

一、陶　器

陶器有釜、盆、罐、壶、茧形壶、瓿、盒、缶、蒜头壶、碗、甗、钵、盘等器形，以泥质灰陶为主，夹砂灰陶次之，制法主要有轮制和手制。以下就出土数量较多、器形变化较明显的釜、盆、罐、瓿、壶等器形进行型式分析。

1. 陶釜

78件，按整体形态差异分为三型。

A型　折肩釜，62件。根据颈、肩部变化分为三式。

Ⅰ式　短颈，折肩明显，6件。标本M76：3、标本M0017：1、标本M114：2、标本M137：2、标本M146：2、标本M151：1。

Ⅱ式　颈部变长，折肩稍明显，32件。标本M52：4、标本M16：3、标本M0022：1、标本M25：1、标本M43：1、标本M44：1、标本M45：1、标本M63：2、标本M78：2、标本M81：1、标本M82：4、标本M85：2、标本M94：1、标本M95：2、标本M99：2、标本M116：1、标本M119：1、标本M122：1、标本M125：2、标本M126：1、标本M127：2、标本M128：2、标本M133：1、标本M153：5、标本M162：2、标本M166：2、标本M178：1、标本M192：1、标本M194：4、标本M239：1、标本M262：1、标本M267：1。

Ⅲ式　颈部较长，折肩不明显，24件。标本M42：1、标本M3：4、标本M20：3、标本M27：1、标本M48：4、标本M61：1、标本M73：3、标本M80：3、标本M102：2、标本M117：2、标本M123：1、标本M134：3、标本M155：1、标本M160：1、标本M167：1、标本M174：1、标本M186：1、标本M188：1、标本M217：1、标本M227：1、标本M258：1、标本M259：2、标本M261：3、标本M264：1。

B型　圆肩釜，14件。根据腹部变化分为两式。

Ⅰ式　腹部较扁　4件。标本M51：3、标本M17：1、标本M163：1、标本M256：2。

Ⅱ式　腹部较深，10件。标本M49：2、标本M70：2、标本M71：2、标本M87：1、标本M103：3、标本M107：2、标本M110：2、标本M182：2、标本M185：3、标本M213：1。

C型　双耳釜，2件。标本M31：1、标本M55：1。

2. 釜灶

4件。分为两型。

A型　3件，折肩，深弧腹。标本M24：2、标本M75：1、标本M175：2。

B型　1件，溜肩，扁鼓腹。标本M172：2。

3. 陶罐

36件。根据整体形态差异分为四型。

A型　束颈罐，25件。分为两亚型。

Aa型　折沿，14件。根据器物形态变化分两式。

Ⅰ式　束颈较长，鼓腹，11件。标本M71：1、标本M16：1、标本M51：2、标本M70：3、标本M81：2、标本M95：1、标本M107：1、标本M110：1、标本M114：3、标本M115：1、标本M185：1。

Ⅱ式　短束颈，圆腹，3件。标本M175：3、标本M85：5、标本M245：1。

Ab型　卷沿，11件。根据腹部变化分三式。

Ⅰ式　弧腹，1件。标本M126：2。

Ⅱ式　腹部较鼓，5件。标本M194：2、标本M25：2、标本M134：2、标本M200：1，另外标本M73：1口部残缺，根据整体形态判断也属此式。

Ⅲ式　鼓腹，最大径偏上，5件。标本M42：2、标本M80：2、标本M122：2、标本M189：1、标本M262：2。

B型　矮领罐，9件。该器物有报告称之为坛或瓿者。根据最大腹径位置变化分为两式。

Ⅰ式　最大径近中部，圆腹，4件。标本M153：1、标本M166：1、标本M256：1、标本M154：2。

Ⅱ式　最大径靠上部，鼓肩弧腹，5件。标本M85：3、标本M49：1、标本M91：9（带盖）、标本M103：1、标本M104：1。

C型　深腹圜底罐，1件。标本M34：1。

D型　小陶罐，1件。标本M95：3。

4. 陶盆

42件。根据腹、底部不同分三型。

A型　折腹，平底，11件。根据腹部变化分为两式。

Ⅰ式　上腹较浅，较直，下腹斜收，3件。标本M256：4、标本M126：4、标本M128：4。

Ⅱ式　上腹变深，外敞，8件。标本M85：1、标本M70：1、标本M70：6、标本M71：3、标本M85：4、标本M117：3、标本M185：2、标本M213：2。

B型　弧腹，底部微内凹，30件。标本M24：3、标本M34：2、标本M48：3、标本M73：2、标本M94：3、标本M99：1、标本M102：1、标本M110：3、标本M119：2、标本M151：3、标本M153：3、标本M162：1、标本M166：3、标本M167：2、标本M172：3、标本M178：2、标本M188：2、标本M194：3、标本M244：1、标本M258：2、标本M259：1、标本M261：1、标本M51：1、标本M76：2、标本M128：3、标本M146：1、标本M154：1、标本M239：2、标本M256：3、标本M126：3。

C型　斜直腹，1件。标本M125：1。

5. 陶甑

8件。其中1件未复原。其他7件根据腹部不同分为两型。

A型　弧腹，4件。标本M117：4、标本M63：3、标本M110：4、标本M172：1。

B型　折腹，3件。标本M82：2、标本M48：2、标本M78：1。

6. 陶盒

6件。根据盒腹和底部不同分两型。

A型　深腹，矮圈足，带盖，矮圈足状捉手，5件。标本M42：3、标本M133：2、标本M182：1、标本M186：1、标本M135：1（无盖）。

B型　浅腹较鼓，平底，1件。标本M127：1。

7. 陶壶

6件。根据口部和底部不同分为两型。

A型　浅盘口，束颈，圆鼓腹，平底，3件。标本M103：2、标本M108：2、标本M139：1。

B型　侈口，短束颈，平底内凹，略显假圈足，3件。标本M189：3、标本M76：1、标本M128：1。

8. 陶茧形壶

6件。根据底部不同分为两型。

A型　矮圈足，茧形腹饰竖向弦纹，2件。标本M261：2、标本M155：2。

B型　圜底，茧形腹饰横向旋断绳纹，4件。标本M82：3、标本M94：2、标本M153：2、标本M194：1。

二、铜　　　器

53件铜器中以铜带钩最多，此外有铜镜、铜印章、铜镞、铜铃、铜勺、半两钱、铜环、铜饰件、铜壶、铜矛等。就铜带钩和铜镜分型如下。

1. 铜带钩

31件。根据整体形态差异分为四型。

A型　曲棒形，13件。宽度较均匀，呈明显的弓形弯曲，钮多近中部。根据钩体形状和装饰分为两个亚型。

Aa型　钩体细长，素面无纹，8件。标本M20：1、标本M36：3、标本M82：1、标本M94：4、标本M154：3、标本M172：4、标本M175：1、标本M0021：1。

Ab型　钩尾略宽，钩体饰一组或多组横向凸棱或凹弦纹，5件。标本M50：1、标本M80：1、标本M83：1、标本M99：3、标本M110：5。

B型　琵琶形，15件。首窄尾宽，钮在尾部或略偏向中部处。根据钩体形状和装饰分为三个亚型。

Ba型　钩体较长，宽体粗颈，钩尾有纹饰，3件。标本M91：3、标本M114：1、标本M159：2。

Bb型　钩体短于Ba型，窄体细长颈，素面无纹，8件。标本M48：5、标本M70：5、标本M78：3、标本M91：4、标本M127：3、标本M151：2、标本M163：2、标本M176：3。

Bc型　钩体短粗，素面无纹，部分个体极小，4件。标本M104：4、标本M102：3、标本M107：3、标本M258：3。

C型　粗形，1件。标本M121：2。

D型　全兽形，2件。首窄尾宽。根据钩体形状不同分为两个亚型。

Da型　个体较小，钩尾呈椭圆形，上铸蟠螭，1件。标本M120：4。

Db型　钩尾铸成镂空的兽形，1件。标本M264：2。

2. 铜镜

5枚。圆形，三弦钮。根据镜背纹饰不同分为两型。

A型　弦纹镜，4枚。镜背饰有两周凸弦纹。标本M103：4、标本M36：1、标本M120：1、标本M185：4。

B型　羽状纹地四叶镜，1枚。方形钮座，钮座四边中间各伸出一单片桃形叶纹，满铺羽状地纹，方缘。标本M91：1。

第六节　墓葬分组

刚玉砂厂战国秦汉墓葬形制多为带二层台的竖穴土坑墓和带二层台的竖穴墓道土洞墓以及无二层台的竖穴墓道土洞墓等。绝大多数墓葬随葬品以陶器为主。根据出土器物情况，其陶器组合有釜、盆、罐；釜、盆；釜、罐；釜、盆、罐、壶等，也有不随葬陶器的墓葬，可分为以下8组（表三）。

第一组，8座。陶器组合为釜、盆、罐，另有铜带钩、铜铃及铁釜等。墓葬有M51、M70、M71、M73、M110、M153、M166、M256。

第二组，23座。陶器组合为釜、盆，另有铜带钩、铜镞、印章等。墓葬有M24、M48、M76、M94、M102、M117、M119、M125、M128、M146、M151、M162、M167、M172、M178、M185、M188、M194、M213、M239、M258、M259、M261。

第三组，13座。陶器组合为釜、罐，另有陶蒜头壶、铜镜、铜带钩、铁器等。墓葬有M16、M25、M42、M49、M78、M81、M82、M95、M103、M114、M122、M126、M134。

第四组，1座。陶器组合为釜、盆、罐，另有铜饰品等。墓葬有M85。

第五组，3座。陶器组合为罐、盆或罐、壶，另有铜带钩等。墓葬有M34、M154、M189。

第六组，22座。陶器以釜为主，或釜+罐、盒等陶器，另有陶瓿、陶蒜头壶、铜带钩、铜铃、铁带钩等。墓葬有M3、M20、M43、M44、M45、M52、M63、M80、M99、M107、M116、M127、M133、M137、M155、M163、M175、M182、M186、M262、M264、M0017。

第七组，18座。陶器为单件陶釜或单件陶盆、陶罐。墓葬有M17、M27、M31、M55、M61、M75、M87、M91、M123、M160、M174、M192、M217、M227、M267、M0022、M244、M245。

第八组，20座。不随葬陶器，但随葬铜镜、铜镞、铜带钩、铁带钩、半两钱等。墓葬有

M36、M83、M120、M121、M159、M173、M176、M179、M29、M39、M40、M50、M53、M58、M59、M64、M74、M105、M211、M0021。

从上述分组中可以看出，随葬品陶器主要是以陶釜为主，每组墓葬也都涵盖了A型、B型竖穴土坑墓、Aa型土洞墓、Ab型土洞墓，且每组内及组与组之间的墓葬各类型比例差别不大。根据器物类型，每组内的墓葬在时代上均有早晚之分，所以以上按器物组合的分组不能很好体现墓葬的早晚关系。

表三　战国秦汉墓器物组合统计表

第一组

墓号/类型	陶器类型									铜带钩	其他
	釜	盆	罐	壶	缶	茧形壶	甑	盒	碗		
M51/甲Aa	BⅠ	B	AaⅠ								
M70/甲Aa	BⅡ	AⅡ2	AaⅠ							Bb	铜铃、铁釜
M71/乙Ab	BⅡ	AⅡ	AaⅠ								
M73/乙Aa	AbⅢ	B	AbⅡ								
M110/乙Aa	BⅡ	B	AaⅠ				A			Ab	铁器、料塞
M153/乙Aa	AⅡ	B	BⅠ			B	√				
M166/乙Ab	AⅡ	B	BⅠ								
M256/甲B	BⅠ	AⅠ、B	BⅠ								

第二组

墓号/类型	陶器类型									铜带钩	其他
	釜	盆	罐	壶	缶	茧形壶	甑	盒	碗		
M24/乙Ab	釜灶A	B									铜镞
M48/乙Aa	AⅢ	B					B			Bb	料塞、料珠
M76/甲Aa	AⅠ	B		B							
M94/乙Ab	AⅡ	B				B				Aa	铜印章、玉印章、料塞
M102/乙Aa	AⅢ	B								Bc	
M117/乙Aa	AⅢ	AⅡ					√				铜镞
M119/乙Ab	AⅡ	B									
M125/甲Ab	AⅡ	C									
M128/甲Aa	AⅡ	AⅠ、B		B							
M146/甲Aa	AⅠ	B									
M151/乙Ab	AⅠ	B								Bb	
M162/乙Ab	AⅡ	B									
M167/乙Aa	AⅢ	B									
M172/乙Ab	釜灶B	B					A			Aa	
M185/乙Ab	BⅡ	AⅡ	AaⅠ								铜镜
M188/乙Aa	AⅢ	B									骨器2
M194/乙Ab	AⅡ	B	AbⅡ			B					
M213/乙Ab	BⅡ	AⅡ									
M239/甲Aa	AⅡ	B									

第二组											
墓号/类型	陶器类型									铜带钩	其他
	釜	盆	罐	壶	缶	茧形壶	甑	盒	碗		
M258/乙Aa	AⅢ	B								Bc	
M259/乙Aa	AⅢ	B									
M261/乙Aa	AⅢ	B			A						

第三组											
墓号/类型	陶器类型									铜带钩	其他
	釜	盆	罐	壶	缶	茧形壶	甑	盒	碗		
M16/甲Aa	AⅡ		AaⅠ						√		
M25/乙Ab	AⅡ		AbⅡ								
M42/乙Ab	AⅢ		AbⅢ					A			蒜头壶
M49/乙Aa	BⅡ		BⅡ								铜矛、骨塞
M81/甲Aa	AⅡ		AaⅠ								
M78/乙Ab	AⅡ				B					Bb	铁器
M82/乙Ab	AⅡ				B		B			Aa	
M95/甲Aa	AⅡ		AaⅠ、D								
M103/乙Aa	BⅡ		BⅡ	A							铜镜
M114/乙Aa	AⅠ		AaⅠ							Ba	玉印章
M122/乙Aa	AⅡ		AbⅢ								玉环
M126/甲Aa	AⅡ	AⅠ、B	AbⅠ								
M134/乙B	AⅢ	AbⅢ	AbⅡ								铁器
M189/乙Aa			AbⅢ	B							铁釜、玉剑珌

第四组											
墓号/类型	陶器类型									铜带钩	其他
	釜	盆	罐	壶	缶	茧形壶	甑	盒	碗		
M85/乙Ab	AⅡ	AⅡ	AaⅡ、BⅡ								铜鍪

第五组											
墓号/类型	陶器类型									铜带钩	其他
	釜	盆	罐	壶	缶	茧形壶	甑	盒	碗		
M34/乙Ab		B	C								
M154/甲Ab		B	BⅠ							Aa	

第六组											
墓号/类型	陶器类型									铜带钩	其他
	釜	盆	罐	壶	缶	茧形壶	甑	盒	碗		
M3/乙Aa	AⅢ				√						瓿、蒜头壶
M20/乙Aa	AⅢ									Aa	铜环
M43/乙B	AⅡ										钵

第六组

墓号/类型	陶器类型									铜带钩	其他
	釜	盆	罐	壶	缶	茧形壶	甑	盒	碗		
M44/甲Aa	AⅡ								√		
M45/甲Aa	AⅡ										铁刀、铁锥
M52/乙Ab	AⅡ										铜铃、铜饰、铁带钩、铁器
M63/甲Aa	AⅡ							A			铁带钩
M80/乙Aa	AaⅢ		AbⅢ							Ab	
M99/乙Aa	AⅡ	B								Ab	铜环、铁刀、铁犁铧
M107/乙Ab	BⅡ		AaⅠ							Bc	
M116/乙Ab	AⅡ								√		
M127/乙Ab	AⅡ							B		Bb	
M133/乙Aa	AⅠ							A			
M137/乙Ab	AⅢ										料珠
M155/乙Aa	BⅠ					A					
M163/乙Ab	釜灶A									Bb	
M175/乙Aa	BⅡ		AaⅡ							Aa	
M182/乙Ab	AⅢ							A			
M186/乙Aa	AⅡ							A			
M262/乙Aa	AⅡ		AbⅢ								
M264/乙Aa	AⅢ									Db	
M0017/甲Aa	AⅠ										盘、铁带钩

第七组

墓号/类型	陶器类型									铜带钩	其他
	釜	盆	罐	壶	缶	茧形壶	甑	盒	碗		
M17/乙Ab	BⅠ										
M27/乙Ab	AⅢ										
M31/乙Aa	C										
M55/乙Ab	C										
M61/乙Ab	AⅢ										
M75/乙Aa	釜灶A										
M87/乙Aa	BⅡ										
M91/乙Aa			BⅡ							Ba、Bb	B型铜镜、料珠、铁刀、铜壶、铁釜、漆器
M123/乙Ab	AⅢ										
M160/乙Aa	AⅢ										
M174/乙Ab	AⅢ										

续表

第七组											
墓号/类型	陶器类型									铜带钩	其他
	釜	盆	罐	壶	缶	茧形壶	瓿	盒	碗		
M192/乙Ab	AⅡ										
M217/乙Aa	AⅢ										
M227/乙Aa	AⅢ										
M244/乙Aa		B									
M245/乙Aa			AaⅡ								
M267/甲Aa	AⅡ										
M0022/甲Aa	AⅡ										

第八组											
墓号/类型	陶器类型									铜带钩	其他
	釜	盆	罐	壶	缶	茧形壶	瓿	盒	碗		
M36/乙Ab										Aa	铜镜、铜镞
M83/乙Ab										Ab	铁器
M120/乙Aa										Da	铜镜、料塞、贝币
M121/乙Ab										C	玉环
M159/乙Ab										Ba	铁锸
M173/甲Ab											铁带钩、铜印章
M176/乙Ab										Bb	半两钱、铁器
M179/乙Ab											铁带钩、铁刀
M29/乙Aa											铜铃
M39/乙Ab											料珠
M40/甲Aa											铁带钩
M50/乙Ab										Ab	
M53/乙Aa											铁带钩
M58/乙Aa											料塞
M59/乙Aa											铁带钩
M64/乙Aa											铜镞
M74/甲Ab											铁锸
M105/乙Aa											铁器
M211/乙Aa											铁带钩
M0021/乙Ab										Aa	

注：未标明质地者均为陶器。

第七节　墓葬分期与年代

根据随葬器物组合、类型及墓葬形制，参照三门峡地区及周边同期墓葬资料，可将这些墓葬分为两期（图二八四）。

第一期　典型墓葬有51座：M16、M17、M51、M70、M76、M78、M81、M115、M120、

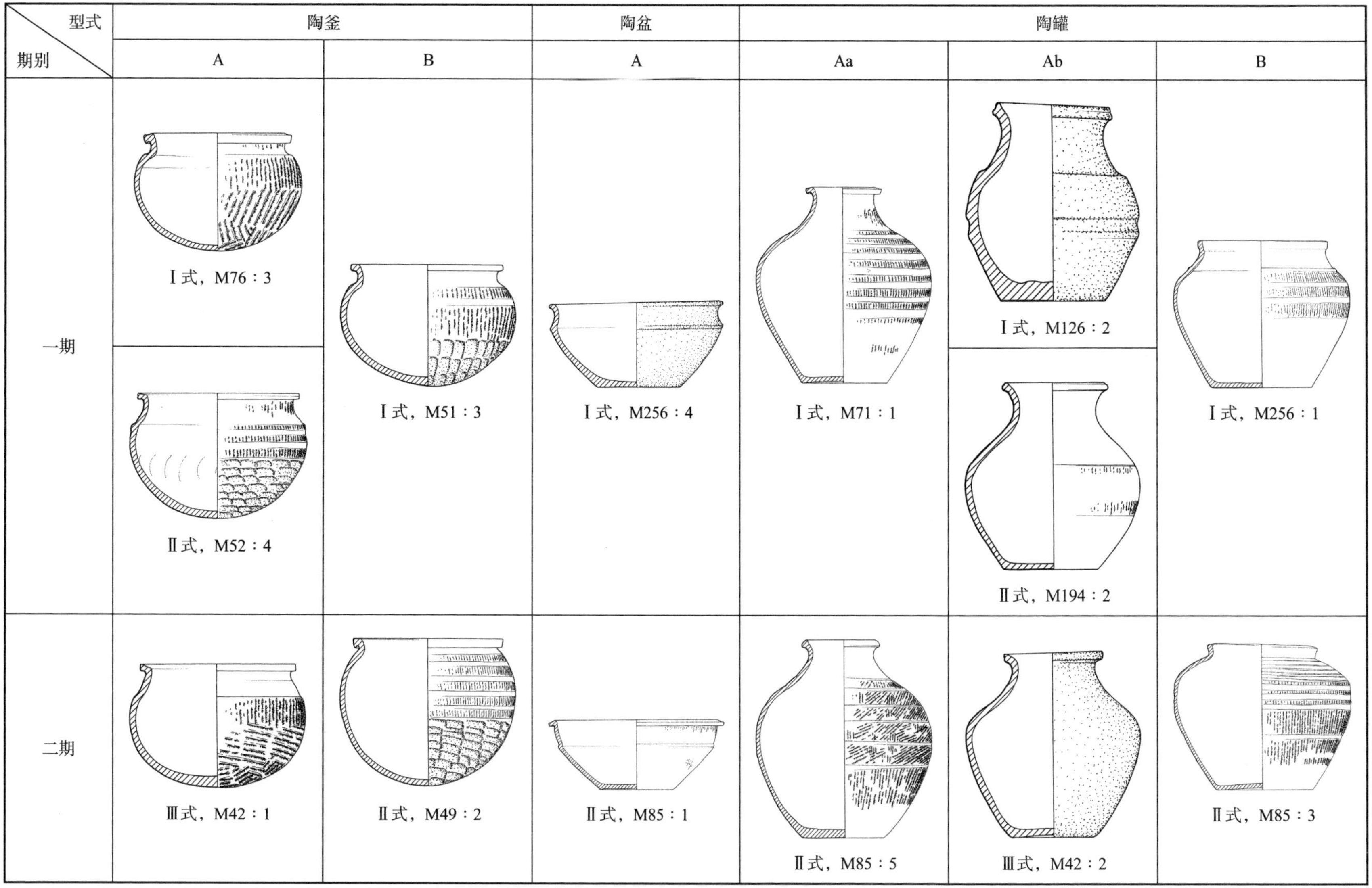

型式 \ 期别		陶釜		陶盆	陶罐			
		A	B	A	Aa	Ab	B	

	I式，M76：3	I式，M51：3	I式，M256：4	I式，M71：1	I式，M126：2	I式，M256：1	一期
	II式，M52：4				II式，M194：2		
	III式，M42：1	II式，M49：2	II式，M85：1	II式，M85：5	III式，M42：2	II式，M85：3	二期

图二八四　战国秦汉墓典型器物分期图

M125、M127、M137、M146、M151、M163、M256、M0017、M25、M43、M44、M45、M52、M63、M71、M82、M87、M94、M95、M107、M114、M116、M119、M126、M128、M133、M153、M162、M166、M178、M182、M185、M192、M194、M200、M213、M239、M245、M267、M0022、M34、M154。墓葬形制以带二层台的竖穴土坑墓（甲A）和竖穴墓道土洞墓（乙Ab）为主，以及个别不带二层台的竖穴土坑墓（甲B）和土洞墓（乙Aa）。随葬器物以AⅠ、AⅡ、BⅠ、BⅡ式陶釜，AaⅠ、BⅠ式陶罐，AaⅠ、AbⅠ、AbⅡ式陶盆为主，另出土A、B、D型铜带钩，B型茧形壶器物和A型铜镜等。

　　M70出土的BⅡ式陶釜（M70：7）、AaⅠ式陶罐（M70：3）分别与三门峡印染厂M23出土的AbⅠ式陶釜（M23：3）、Bb型陶罐（M23：1）的形制相似，年代为战国晚期至秦统一[①]。出土的AⅡ式陶盆（M70：1）分别与塔儿坡秦墓出土的AaⅢ式陶盆（27063：10）、AbⅢ式陶盆（25086：3）形制相同，时代均属于战国晚期[②]。M94出土的B型陶茧形壶（M94：2）为圜底，无圈足，形制特征与三门峡市司法局战国晚期M178出土的茧形壶（M178：4）[③]较为相似，但腹部更扁；与塔儿坡秦墓33018出土的Ⅳ式茧形壶（33018：4）形制相同，该墓为战国晚期后段[④]；出土的陶釜（M94：1）分别与西安南郊潘家庄秦墓出土的BbⅠ式鍪（M153：5）[⑤]和三门峡市印染厂M49出土的陶釜（M49：4）[⑥]形制相似，两者时代属于战国晚期至秦统一时期。M110出土的BⅡ式陶釜（M110：2）、B型陶盆（M110：3）、陶甑（M110：4）分别与西安南郊茅坡邮电学院秦墓出土的AⅢ式溜肩夹砂陶釜（M48：2）、AbⅣ式陶钵（M54：3）、AbⅡ式钵形甑（M54：4）形制相同，茅坡邮电学院秦墓为战国晚期至秦统一时期[⑦]。AaⅠ式陶罐（M110：1）与三门峡市火电厂秦人墓CM09102出土的Ⅰ式罐（CM09102：4）形制相近，下腹斜直，CM09102为秦末汉初时期[⑧]。M114出土的铜带钩为琵琶形，体较宽，为战国时期的形制特征[⑨]。出土的AaⅠ式陶罐（M114：3）与三门峡后川村铁路区M4046出土的Ⅱ型1式陶罐（铁墓4046：1）形制相似，该墓为战国晚期至秦统一时期[⑩]。出土陶器中的AaⅠ式罐（M71：1）、AⅠ式釜（M76：3）、AⅡ式釜（M52：4）、BⅠ式釜（M51：3）等器形分别与三门峡市印染厂墓地第二期墓葬出土的AaⅠ式罐（M85：7）、AbⅢ式釜（M109：2）、BaⅢ式釜（M75：5）、BaⅠ式釜（M123：1）形制相同，墓葬年代为战国晚期至秦统一时期[⑪]。

　　故将该期墓葬定为战国晚期至秦代时期。

①　河南省文物考古研究院：《三门峡市印染厂墓地》，中州古籍出版社，2017年，第14页。
②　咸阳市文物考古研究所：《塔儿坡秦墓》，三秦出版社，1998年，第117页。
③　三门峡市文物工作队：《三门峡市司法局、刚玉砂厂秦人墓发掘简报》，《华夏考古》1993年第4期。
④　咸阳市文物考古研究所：《塔儿坡秦墓》，三秦出版社，1998年，第104页。
⑤　西安市文物保护考古所：《西安南郊秦墓》，陕西人民出版社，2004年，第675页。
⑥　河南省文物考古研究院：《三门峡市印染厂墓地》，中州古籍出版社，2017年，第38页。
⑦　西安市文物保护考古所：《西安南郊秦墓》，陕西人民出版社，2004年，第311、316、321页。
⑧　三门峡市文物工作队：《三门峡市火电厂秦人墓发掘简报》，《华夏考古》1993年第4期。
⑨　王仁湘：《带钩概论》，《考古学报》1985年第3期，第285页。
⑩　中国社会科学院考古研究所：《陕县东周秦汉墓》，科学出版社，1994年，第124页。
⑪　河南省文物考古研究院：《三门峡市印染厂墓地》，中州古籍出版社，2017年，第146、150、153页。

第二期墓葬　典型墓葬有37座：M3、M20、M27、M42、M48、M49、M61、M73、M80、M85、M91、M99、M102、M103、M110、M117、M122、M123、M134、M155、M160、M167、M174、M175、M176、M186、M188、M189、M217、M227、M258、M259、M261、M262、M264、M31、M55。墓葬形制主要为不带二层台的竖穴墓道土洞墓（乙Aa）及个别偏洞室墓（乙B），一期时常见的带二层台的竖穴土坑墓（甲A）和竖穴墓道土洞墓（乙Ab）少见。随葬器物以AⅢ式陶釜、AbⅡ式陶罐、BⅡ式陶罐等较常见，陶器数量和种类变少，AⅡ、BⅡ式陶釜仍存，出现AⅢ式釜；B型盆、AbⅡ式罐仍存，出现AbⅢ、BⅡ式陶罐，其他出土物还有A、B、D、E型铜带钩，蒜头壶，A、B型茧形壶，A、B型铜镜以及铁釜、半两钱等。

出土陶器中的AⅢ式釜（M42：1）、BⅡ式釜（M49：2）、AⅡ式盆（M85：1）等器形与三门峡市印染厂墓地第三期墓葬出土的同类器物形制相同，其年代为西汉早期[①]。AaⅡ式罐（M175：3）与三门峡市火电厂秦人墓出土的Ⅰ式罐（CM09102：4）形制相同，其时代为秦末汉初[②]。出土的AbⅢ式罐（M42：2）与三门峡三里桥秦人墓出土的Ⅴ式坛（M96：12）形制相同，时代为西汉早期[③]。出土的瓿（M3：1、2）、蒜头壶（M3：3）、缶（M3：5）等器物与刚玉砂厂西汉早期秦人墓出土的同类器物形制相近[④]。M176出土半两钱（M176：1）与烧沟汉墓Ⅰ型半两钱最为相似，其所属年代是秦统一之后至西汉吕后时[⑤]。综上，该期墓葬应为秦末汉初，最晚至西汉早期。

第八节　丧葬习俗与墓地性质

三门峡地区地势险要，地处陕、豫、晋交界处，在战国时期属于秦、韩、魏争夺之地。秦人在战国晚期就已占据该地，据《史记·六国年表》载："（秦惠公十年）与晋战武城。县陕。"[⑥]《史记·秦本纪》载"孝公元年……于是乃出兵东围陕城，西斩戎之獂王""（秦惠文君）十三年四月戊午……使张仪伐取陕，出其人与魏"[⑦]，故最迟在公元前325年，三门峡地区已纳入了秦的势力范围，一直到西汉早期，秦人在此地留下了浓厚的秦文化遗存。

一、丧葬习俗

刚玉砂厂地处三门峡市湖滨区，在陕州故城东约2.5公里处，东距上村岭虢国墓地约2公里，地势较高。该批战国秦汉时期墓葬有以下几个特征：

①墓葬规模不小，而墓中随葬品较少。刚玉砂厂战国秦汉墓葬124座土洞墓中，除24座墓

---

① 河南省文物考古研究院：《三门峡市印染厂墓地》，中州古籍出版社，2017年，第146、150、153页。
② 三门峡市文物工作队：《三门峡市火电厂秦人墓发掘简报》，《华夏考古》1993年第4期。
③ 三门峡市文物工作队：《三门峡市三里桥秦人墓发掘简报》，《华夏考古》1993年第4期。
④ 三门峡市文物工作队：《三门峡市司法局、刚玉砂厂秦人墓发掘简报》，《华夏考古》1993年第4期。
⑤ 洛阳区考古发掘队：《洛阳烧沟汉墓》，科学出版社，1959年，第215、223页。
⑥ （汉）司马迁：《史记》卷十五《六国年表第三》，中华书局，1959年，第713页。
⑦ （汉）司马迁：《史记》卷五《本纪第五》，中华书局，1959年，第202、206页。

葬的墓道长度小于3米外，其余墓葬的墓道长度多在3～5米，M85的墓道长5.3、深4.9米，但出土的随葬品仅有陶釜、盆、罐等6件随葬品。竖穴土坑墓中也有墓葬长度近5米者，如M81长4.8、宽3.7、深3.5米，仅出土了陶釜、陶罐2件随葬品。这115座出土随葬品的墓葬中，随葬品数量多在1～3件，部分墓葬可达5件，随葬品数量最多的M91也只出土了11件器物。年代较早的墓葬随葬品数量大多在5件以下，年代稍晚的墓葬随葬品数量有所增多。

② 葬式以屈肢葬占据主流，直肢葬较少。刚玉砂厂161座战国秦汉墓葬主要为单人葬，葬具可辨的为木棺，部分墓葬人骨下有草木灰。葬式以屈肢葬为主，且蜷曲程度较甚，占全部战国秦汉墓葬的81.4%，而仰身直肢葬所占比例较小，仅为6.2%。屈肢葬数量在墓地中所占比例较高，这在三门峡地区秦人墓中表现尤为突出。

③ 墓葬以西向为主，南北向较少。刚玉砂厂发掘的161座战国秦汉墓中，有117座墓葬为西向，尤其是以竖穴墓道土洞墓为主。墓向250°～290°的就有103座墓葬，约占全部墓葬的64%。南北向的墓葬33座，占20.5%。西向的墓葬排列较有规律，多成排分布，相互之间无打破关系。

④ 墓葬文化因素中秦文化因素浓厚。墓葬形制中竖穴土坑墓延续了本地战国以来的风格，多数带有生土二层台。而墓葬方向以西向为主，墓葬形制多为土洞墓，有直线型、平行线型、垂直型；葬式上以屈肢葬最多，屈肢蜷曲较甚，这些与关中地区秦墓有较多相似性。随葬品以釜、盆、罐等日常生活用器为主，数量较少，另外常见带钩。随葬品中的釜、盆、罐、茧形壶、蒜头壶等器物与三门峡市印染厂、司法局等墓地出土的同类器物形制相似，与关东地区秦墓如塔儿坡秦墓出土的同类器物亦有较多的共性特征，故刚玉砂厂战国秦汉墓葬中的秦文化因素十分浓厚。

二、墓地性质

三门峡刚玉砂厂战国秦汉墓葬的分布较为规整，墓地北部较为密集。墓葬之间的成组关系并不明显，南北向的墓葬与东西向的墓葬在墓地北部相间排列，并且相互之间无叠压打破关系。墓葬形制有长方形竖穴土坑墓、竖穴墓道单室土洞墓，以竖穴墓道土洞墓居多，墓葬方向也以西向居多。其中部分墓葬的墓道内设置有二层台，延续了战国墓葬的传统。葬具发现有木棺痕，一般为单棺。葬式有侧身屈肢葬、仰身屈肢葬、仰身直肢葬等，以前两者较为常见。随葬品以陶釜、陶盆、陶罐等生活用器为主，不见中原地区战国晚期的鼎、豆、盒、壶等仿铜陶礼器组合。这些特征均具有明显的秦人墓葬特征。

刚玉砂厂秦人墓地西距后川墓地直线距离约500米，地势相比后川墓地要高；前者战国秦汉墓的规模较大，但出土器物较少，后者的墓葬形制有竖穴墓道土洞墓、围沟墓等，葬式有屈肢葬和直肢葬，屈肢葬蜷曲程度不重，西向和南向的墓葬比例相当，随葬品较丰富，常见陶瓿、壶、盒、缶、盆、罐等。两者存在明显的差异，这种差异或为时间早晚不同导致，或为墓主身份来源不同所致。刚玉砂厂墓地东侧约500米即为印染厂墓地，刚玉砂厂墓地在墓葬形制、随葬器物上与印染厂墓地较为近似，但刚玉砂厂的屈肢葬在葬式中的比例要大，印染厂秦人墓的屈肢葬比例较小[①]。两者之间的关系较为密切，或为当时的一处分布范围较广的大墓地。

---

① 河南省文物考古研究院：《三门峡市印染厂墓地》，中州古籍出版社，2017年，第136-139页。

第二章 北魏墓葬

第一节 M10

北魏时期墓葬只有1座，编号M10。

（1）墓葬概况

位置和层位关系 位于发掘区西南部。该墓开口于地表土层下，向下打破生土，墓口距现地表深1.60米。方向189°。

形制与结构 斜坡墓道土洞墓，由墓道、甬道、墓室组成。墓道位于墓室南侧，平面近长方形，墓底南部为斜坡，无台阶，北部为平底，墓壁较直，加工较好。墓道口长6.00、宽0.86～1.00、底宽0.86～1.00、墓道深2.60米，坡长5.20米，坡度28°。墓道与墓室间有短甬道，平面呈梯形，土洞拱顶，进深0.47、宽1.12～1.23、高1.19米。甬道口有砖封门，为单层条砖纵向错缝平砌而成，残高1.15、宽1.00、厚0.34米。墓室为土洞室，平面近长方形，墓室壁略弧，底近平。墓室进深2.46、宽2.68、高1.81米。

填土 墓道填土为黄褐色花土，较软较疏松。墓室内为黄褐色淤土，较软较疏松。

葬具 不详。墓室北部有生土棺床，长2.38～2.64、宽1.06、高0.20米。

人骨 不详（图二八五；图版三六，1）。

（2）出土器物

共出土4件（套）随葬品，分别为陶瓶、陶罐、铜钱、刻铭砖。陶瓶、陶罐出土于墓室上层淤土中，铜钱散落于人骨旁，刻铭砖砌于砖封门上部。

陶瓶 1件。M10：1，泥质灰陶。侈口，折沿，沿面有一周凹弦纹，方唇，束颈，圆肩，弧腹，近平底微内凹。素面。口径6.8、底径7.4、高20.6厘米（图二八六，2；图版三六，2）。

陶罐 1件。M10：2，泥质灰陶。侈口，卷沿，圆唇，束颈，圆肩，弧腹，平底微内凹。素面。肩上近口沿处饰对称双耳。器底有"十"图案。口径8.4、肩径15.2、底径9.0、高16.7厘米（图二八六，1；图版三六，3）。

铜钱 1组5枚。M10：3，锈蚀严重。圆形方穿，有郭，钱文"五铢"，"五"字交笔较直，上下两横不出头，与穿、郭相接。"铢"字较矮，"朱"字的山字头高出方穿。钱径2.4厘米（图二八六，3）。

刻铭砖 1件。M10：4，长方形，砖上铭文为"马养孙□冯鲁女延昌三年四月廿四日铭记"。砖长30.3、宽15.1、厚5.0厘米。

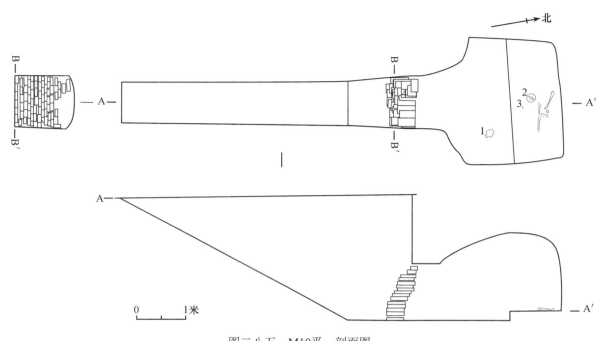

图二八五 M10平、剖面图

1. 陶瓶 2. 陶罐 3. 铜钱 4. 刻铭砖

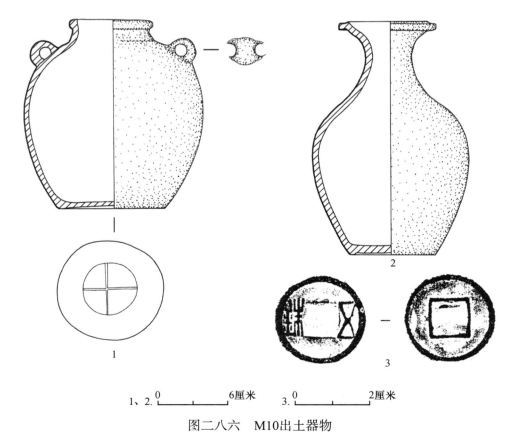

图二八六 M10出土器物

1. 陶罐（M10:2） 2. 陶瓶（M10:1） 3. 五铢钱拓片（M10:3）

第二节　相 关 认 识

　　三门峡刚玉砂厂发现的北魏墓数量极少，仅有一座，编号M10。M10为长斜坡墓道单室土洞墓，平面呈铲形，墓门为砖封门，墓室北侧设置有生土棺床。墓葬平面形状与洛阳偃师杏园M4031相近[①]，但前者不见天井，后者无棺床。M10的随葬器物仅有陶罐、陶瓶、五铢钱等，陶罐、陶瓶形制与洛阳地区北魏墓葬随葬陶器风格迥异，应为三门峡本地器物。M10为一座小型的北魏平民墓葬，其中出土的"延昌三年"（公元514年）的纪年铭砖，为该墓年代的断定提供了直接证据。该墓的发掘为三门峡地区北魏墓葬年代的判断提供了参考。

---

①　中国社会科学院考古研究所河南二队：《河南偃师县杏园村的四座北魏墓》，《考古》1991年第9期。

第三章　唐代墓葬

第一节　墓葬综述

　　共49座（图二八七）。其中出土随葬品墓葬45座，分别为M2、M4、M5、M6、M7、M8、M9、M18、M26、M28、M30、M33、M35、M41、M54、M62、M79、M84、M93、M97、M112、M138、M152、M165、M170、M187、M190、M191、M193、M214、M216、

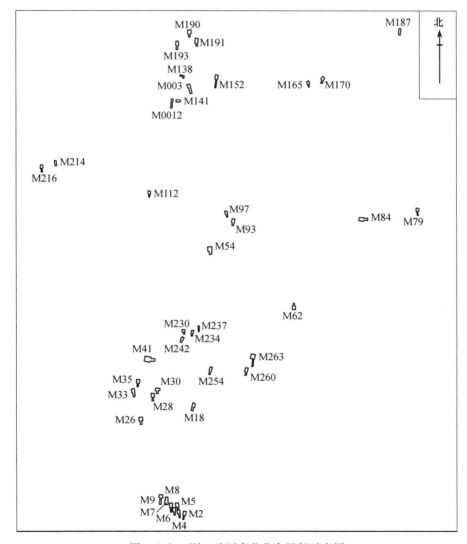

图二八七　刚玉砂厂唐墓分布局部示意图

M230、M234、M237、M242、M254、M260、M263、M003、M004、M005、M0012、M0018、M0020、M0024。未出随葬品的唐墓有M141、M001、M009、M0010。

第二节　墓 葬 分 述

一、出土随葬品墓葬

1. M2

（1）墓葬概况

位置和层位关系　位于发掘区东南部，东邻M1，西邻M4，北邻M3。该墓开口于地表土层下，向下打破生土，墓口距现地表深0.60米。方向190°。

形制与结构　竖穴墓道土洞墓，由墓道、墓室组成。墓道位于墓室南侧，墓道平面近梯形，底面呈斜坡状，墓壁较直，加工一般。墓道长2.72、宽1.22～1.84、墓道深1.05～1.45米。墓室为土洞室，平面近梯形，弧形顶，墓室壁较直，加工一般。墓室长2.20、宽1.80、高1.20米，墓门高1.06米。

填土　墓道填土为黄褐色花土，较软较疏松。墓室内为黄褐色淤土，较软较疏松。

葬具　木棺。已朽，残留棺痕、棺钉。

人骨　两具。西侧人骨为侧身直肢葬，性别为女性，年龄不详。东侧人骨为侧身直肢葬，性别为男性，年龄不详（图二八八）。

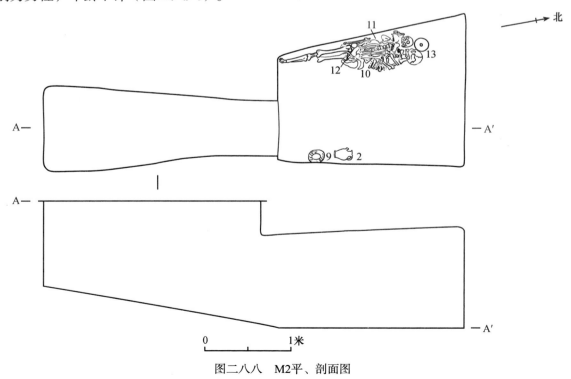

图二八八　M2平、剖面图

2. 陶执壶　9. 彩绘陶罐　10. 铁镰刀　11. 铁剪刀　12. 蚌壳　13. 铜镜

（2）出土器物

共出土14件（套）随葬品。墓道内有陶器盖残片、铜钱1组3枚、铁刀1件、陶瓶1件、铁器1件、铜挖耳勺1件，墓室内东南有陶执壶1件、彩绘陶罐1件，人骨周围有铜镜1枚、骨梳1件、铁镰刀1件、铁剪刀1件、蚌壳1个、瓷碗1件。

彩绘陶罐　1件。M2：9，泥质灰陶。侈口，圆唇，束颈，圆肩，弧腹，平底微内凹。颈、肩部饰有双耳，已残。通体饰有一层白色化妆土，肩部用黑线勾绘覆莲纹，肩腹部用黑线勾绘一周几何形纹饰带，下腹部用黑线勾绘出四朵花卉图案，两两相向交错排列，花卉均呈半朵状，中心涂红彩，花卉之间填以橘黄彩。下腹近底处饰红彩，在红彩上用黑线勾画莲瓣纹。口径11.6、肩径18.2、底径9.6、高21.2厘米（图二八九，1）。

陶瓶　1件。M2：5，泥质灰陶。侈口，折沿，方唇略下垂，唇面有一周凹弦纹，短束颈，溜肩，长椭圆形腹，平底内凹。素面。口径5.4、底径6.0、高23.0厘米（图二八九，2；图版三七，2）。

陶执壶　1件。M2：2，泥质灰陶。侈口，卷沿，沿面下翻，尖唇，束颈，圆肩，弧腹，平底不规则外扩，饼形足内凹。口沿下至肩部有一桥形錾，錾中部有一道凹槽，相对一侧有锥状短流。腹部饰有数周弦纹，器身有磨光痕。口径7.7、底径7.6、高20.4厘米（图二八九，4；图版三七，1）。

瓷碗　1件。M2：14，白釉，黄褐胎。敞口，尖圆唇，浅斜腹，玉璧形底。器内施满釉，器外施半釉，内底有支钉痕。口径12.0、底径6.0、高3.6厘米（图二八九，3）。

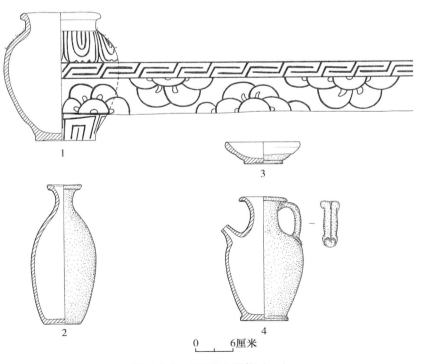

0　　6厘米

图二八九　M2出土器物（一）

1. 彩绘陶罐（M2：9）　2. 陶瓶（M2：5）　3. 瓷碗（M2：14）　4. 陶执壶（M2：2）

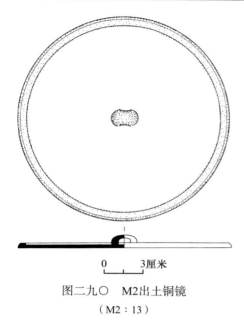

图二九〇　M2出土铜镜
（M2：13）

铜镜　1枚。M2：13，竹林七贤镜。圆形，镜背中央有桥形钮。镜背纹饰不分区，为竹林七贤图像：镜钮下端有一围棋盘，其中两人相向端坐于棋盘两侧，有两人端坐于棋盘后侧，人物周围为树木图像；镜钮左侧有两人相向站立，间以植物图像；镜钮右侧有一人呈踞坐状；镜钮上端锈蚀，为树木、云气图案。直径16.4、缘厚0.4、钮高0.6厘米（图二九〇）。

铜挖耳勺　1件。M2：7，一端为挖耳勺，一端为镊。长7.8、宽0.9厘米（图二九一，4）。

铜钱　1组3枚。M2：3，锈蚀严重。两面内外均有郭。可辨识的钱文为"开元通宝""乾元重宝"。钱径2.4～2.5厘米（图四〇一，1）。

铁刀　1件。M2：4，锈蚀严重。形体较长，有锥状柄，单刃，刃、背微弧，两侧缓收呈尖圆首，中部近柄处微凹，应是经常使用所致。长35.4、宽3.6厘米（图二九一，1；图版三七，3）。

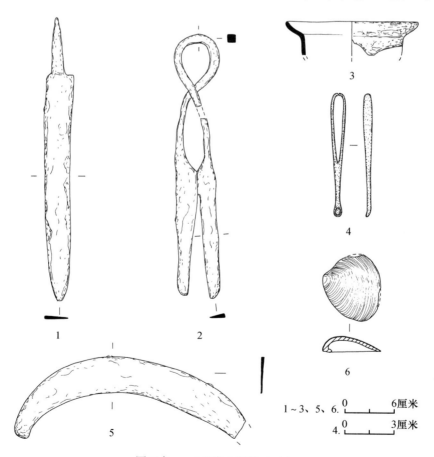

图二九一　M2出土器物（二）
1.铁刀（M2：4）　2.铁剪刀（M2：11）　3.铁釜（M2：6）
4.铜挖耳勺（M2：7）　5.铁镰刀（M2：10）　6.蚌壳（M2：12）

铁剪刀　1件。M2：11，锈蚀严重，柄残。为交股剪。形体较长，斜直刃，柄部弯曲呈"8"字形。残长33.0、宽5.6厘米（图二九一，2；图版三七，5）。

铁釜　1件。M2：6，残。敞口，宽折沿，沿面微凹上扬，圆唇，腹部残。口径16.0、残高4.2厘米（图二九一，3）。

铁镰刀　1件。M2：10，残，锈蚀严重。呈弯月形，体较宽，尖圆首，弧背，弧刃，尾端残。表面附有纺织物痕迹。残长27.6、宽4.5厘米（图二九一，5；图版三七，4）。

蚌壳　1件。M2：12，仅余半扇。背部较粗糙，凹凸不平。长8.0、宽7.0厘米（图二九一，6）。

骨梳　1件。M2：8，残。整体呈扁平状，略弧，柄与梳齿之间刻一道弦纹，梳齿部残，上部连在一起，以弦纹相隔，下端残（图版三七，6）。

2. M4

（1）墓葬概况

位置和层位关系　位于发掘区东南角，东邻M3，西邻M6，北邻M5。该墓开口于地表土层下，向下打破生土，墓口距现地表深0.20米。方向170°。

形制与结构　竖穴墓道土洞墓，由墓道、墓室组成。墓道位于墓室南侧，底部呈斜坡状，南端有6级台阶。墓道平面近长方形，四壁较直，加工一般。墓道长4.38、宽0.62～0.86、墓道深2.22米，坡长3.72米。墓道北端有封门，仅残留三层砖与一层土坯。墓室为土洞室，平面呈不规则四边形，弧形顶，墓室壁不直，加工一般，近平底。墓室长1.92、宽1.40～1.50、高0.80～1.00米，墓门高1.00米。

填土　墓道填土为黄褐色花土，较疏松。墓室内为黄褐色淤土，较软较疏松。

葬具　不详。

人骨　墓室中受流水作用影响，人骨散乱，葬式不详（图二九二）。

（2）出土器物

共出土4件（套）随葬品。墓道北侧发现1件陶罐，墓室内人骨附近散见铜带具、铜钱。

铜扣眼　1组4件。M4：1，圆环形，由上下两层铜片组成，中间以三个短柱相连。直径1.5厘米（图二九三，3；图版三九，4）。

铜带銙　1件。M4：2，长方形，由两片铜片组成，一大一小，四角各有一个短柱相连，两片铜片下方中部均有一个长方形穿孔。长3.0、宽2.6厘米（图二九三，2；图版三九，3）。

铜钱　1枚。M4：3，锈蚀。两面内外均有郭。钱文"五铢"。钱径2.5厘米（图四〇一，2；图版三九，2）。

陶罐　1件。M4：4，泥质灰陶。子母口，沿面微凹，口沿内侧有一周凹弦纹，束颈，溜肩，鼓腹，平底微凹。肩部饰有对称双耳，已残。素面。口径10.8、肩径16.7、底径8.6、高15.6厘米（图二九三，1；图版三九，1）。

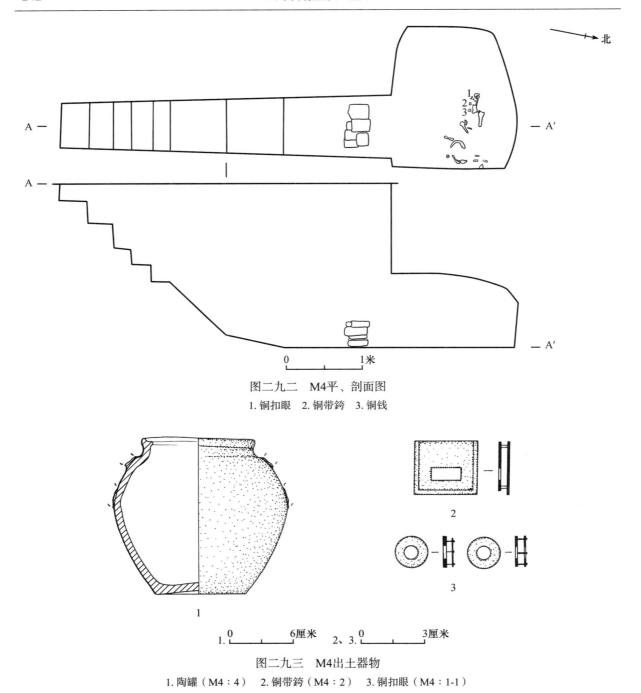

图二九二　M4平、剖面图

1. 铜扣眼　2. 铜带銙　3. 铜钱

图二九三　M4出土器物

1. 陶罐（M4：4）　2. 铜带銙（M4：2）　3. 铜扣眼（M4：1-1）

3. M5

（1）墓葬概况

位置和层位关系　位于发掘区东南角，东邻M3，西邻M7。该墓开口于地表土层下，墓道南部被破坏，向下打破生土。墓道口距地表1.60米。方向184°。

形制与结构　竖穴墓道土洞墓，由墓道、墓室组成。墓道位于墓室南侧，受现代活动影响，墓道南端与上端被破坏，残余墓道平面呈长方形，墓道壁较直，加工一般。墓道长1.16、宽0.70~0.84、深0.96米。墓室为土洞室，平面呈不规则四边形，弧形顶，墓室壁较直，加工一般，近平底。墓室长2.14、宽1.10、高1.00米，墓门高1.00米左右。

填土 墓道内填土为黄褐色花土，较疏松。墓室内为黄褐色淤土，较软较疏松。

葬具 不详。

人骨 两具。均为仰身直肢葬，头向北，墓室西侧人骨面向东，墓室东侧人骨面向西，保存状况一般，性别、年龄不详（图二九四）。

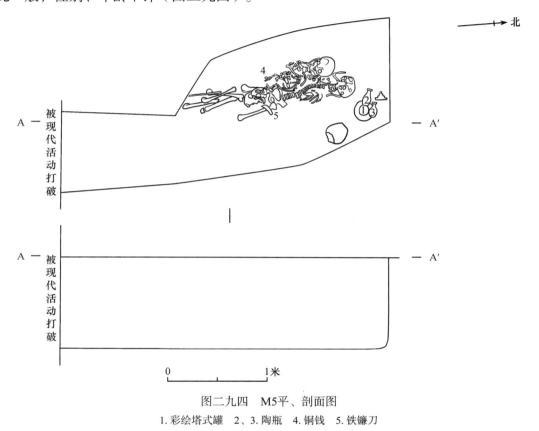

图二九四 M5平、剖面图
1.彩绘塔式罐 2、3.陶瓶 4.铜钱 5.铁镰刀

（2）出土器物

共出土5件（套）随葬品。彩绘塔式罐1件、陶瓶2件位于墓室东北侧，铜钱数枚散落在人骨周围，铁镰刀1件出土于东侧人骨腿骨上。

彩绘塔式罐 1件。M5：1，泥质灰陶。由盖、罐身、底座三部分组成。盖钮呈单层宝珠式，其下有扁圆形钮座，盖面微鼓，边缘较平，子口内倾，体中空。罐身侈口，尖唇，束颈，广圆肩，弧腹，平底微内凹；腹部饰有四周凹弦纹。底座呈喇叭形，平顶微凹，短束腰，下部斜直外扩，束腰部有一周凸棱。通体饰有一层白色化妆土，盖面边缘用橘黄色彩饰一周宽纹饰带，盖面上用黑彩勾绘出覆莲状纹饰。罐身上彩绘大多已脱落，颈、肩部用黑线勾绘覆莲状纹，肩腹部用黑彩勾绘几何形纹饰带，下腹部用黑线勾绘若干半圆组成莲花，共四朵，均呈半朵状，两两相向交错排列，花朵之间涂橘黄色，花瓣中心亦用橘黄色表现，下腹近底处用黑线勾绘莲瓣纹。底座上束腰处用黑线勾绘一周几何形纹饰带，其下用黑线勾绘覆莲纹至底座边缘。罐底座底径18.9、通高38.8厘米（图二九五，1；彩版二一，1）。

陶瓶　2件。泥质灰陶。小口，平折沿，沿面内有一周凹弦纹，方唇下垂，细颈，溜肩，鼓腹，平底内凹，素面。M5：2，口径6.0、底径5.8、高17.8厘米（图二九五，2；彩版二一，2）。M5：3，腹底交接处有刮削痕迹。口径5.6、底径6.0、高18.6厘米（图二九五，3；彩版二一，3）。

铜钱　1组4枚。M5：4，锈蚀。钱面、钱背内外均有郭。钱文"开元通宝"。可分为大小两种，大者钱径2.5厘米，其中一枚钱背有细仰月；小者钱径2.2厘米，较薄，背有粗仰月（图四〇一，3）。

铁镰刀　1件。M5：5，残，锈蚀严重。呈弯月形，弧背，弧刃，刃部不平，镰首残。残长25.0、宽3.0厘米（图二九五，4；彩版二一，4）。

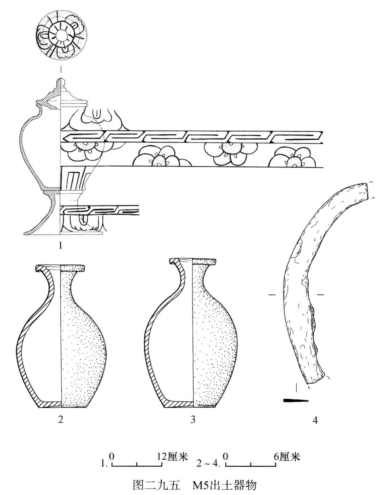

图二九五　M5出土器物

1. 彩绘塔式罐（M5：1）　　2、3. 陶瓶（M5：2、3）　　4. 铁镰刀（M5：5）

4. M6

（1）墓葬概况

位置和层位关系　位于发掘区东南角，东邻M4，西邻M7，北邻M5。该墓开口于地表土层下，向下打破生土，墓口距现地表深0.20米。方向168°。

形制与结构 竖穴墓道土洞墓，由墓道、墓室组成。墓道位于墓室南侧，南端带有6级台阶。墓道平面近长方形，墓壁较直，加工一般。墓道口长2.69、宽0.50～0.76、墓道深2.00米。墓室为土洞室，平面近长方形，弧形顶，墓室壁较直，加工一般，近平底。墓室长2.50、宽1.10、高1.15～1.25米，墓门高1.15米。

填土 墓道填土为黄褐色花土，较疏松。墓室内为黄褐色淤土，较软较疏松。

葬具 不详。

人骨 人骨散乱，葬式不详（图二九六）。

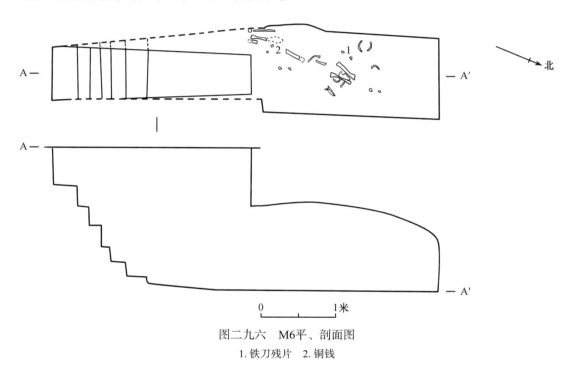

图二九六 M6平、剖面图
1.铁刀残片 2.铜钱

（2）出土器物

共出土2件（套）随葬品。铜钱位于墓室西南侧，铁刀残片散见墓室内。

铁刀 1件。M6：1，已残碎，具体形制不详。

铜钱 1组2枚。M6：2，锈蚀严重。两面内外均有郭。其中一枚钱文为"开元通宝"，表面附有纺织物痕迹。钱径2.5厘米（图四〇一，4）。

5. M7

（1）墓葬概况

位置和层位关系 位于发掘区东南角，东邻M6。该墓开口于地表土层下，向下打破生土，墓口距现地表深2.60米。方向180°。

形制与结构 竖穴墓道土洞墓，由墓道、墓室组成。墓道位于墓室南侧，底部呈斜坡状，南端有6级台阶。墓道平面呈不规则四边形，墓壁较直，加工一般。墓道口长3.70、宽

0.65～0.80、深3.10米。墓室为土洞室，平面近长方形，弧形顶，墓室壁较直，加工一般，底近平。墓室长1.70、宽0.80～1.10、高0.60～1.16米，墓门高1.16米。

　　填土　墓道填土为黄褐色花土，较软较疏松。墓室内为黄褐色淤土，较软较疏松。

　　葬具　不详。

　　人骨　墓道北侧发现散乱人骨，墓室西南角发现两根腿骨，推测与墓道内人骨属于同一个体。葬式不详，性别、年龄不详（图二九七）。

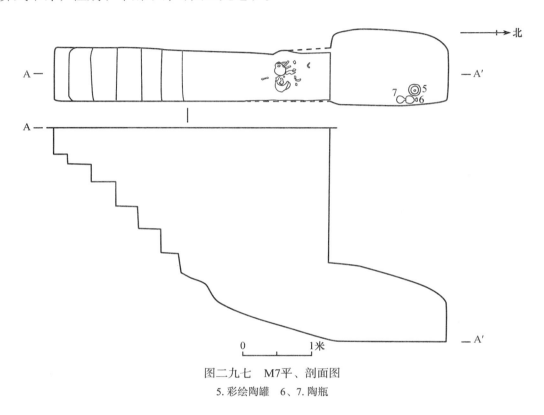

图二九七　M7平、剖面图
5.彩绘陶罐　6、7.陶瓶

（2）出土器物

　　共出土7件随葬品。墓道填土中发现瓷碗1件、铁刀2件、铜钱1枚，墓室东北角有彩绘陶罐1件、灰陶瓶2件。

　　陶瓶　2件。泥质灰陶。侈口，宽折沿，沿面微凹，内有一周凸起，方唇下垂，短束颈，溜肩，弧腹，平底微凹。M7：6，近底处有两周凹弦纹，底部有刮削痕迹。口径7.7、底径6.8、高18.0厘米（图二九八，1；图版三九，5）。M7：7，近底处有数周凹弦纹，底部有刮削痕迹。口径7.0、底径7.2、高18.0厘米（图二九八，2；图版三九，6）。

　　彩绘陶罐　1件。M7：5，泥质灰陶。罐盖为浅盘形，中心有两层宝珠式钮，盖缘上扬，盖面凹弧，子口内倾，底面较平。盖上饰有红彩，大多已脱落。罐近直口，折沿下翻，方唇，短颈，圆肩，鼓腹，平底内凹。罐身彩绘大多已脱落，漫漶不清。颈部残留有红彩，腹部用黑彩勾绘出莲瓣纹，莲瓣中央涂红褐彩。底径9.6、通高24.4厘米（图二九八，4；彩版二二，2）。

瓷碗　M7：1，青釉，灰白胎。敞口，圆唇，斜直腹，玉璧形底，底心微凸。器内施满釉，器外亦施满釉。器内底有三个支钉痕。口径15.0、底径6.8、高4.3厘米（图二九八，3；彩版二二，4）。

铁刀　2件。残，锈蚀严重。M7：2，一端有短柄，斜肩，单侧开刃。残长11.0、宽4.0厘米（图二九八，5）。M7：4，长方形，单侧开刃，刃微弧。残长12.6、宽3.8厘米（图二九八，6）。

铜钱　1枚。M7：3，锈蚀严重。两面内外均有郭。钱文为"开元通宝"。钱径2.5厘米（图四〇一，5）。

6. M8

（1）墓葬概况

位置和层位关系　该墓位于发掘区东南角，东邻M7，西邻M9。该墓开口于地表土层下，向下打破生土，墓口距现地表深0.75米。方向180°。

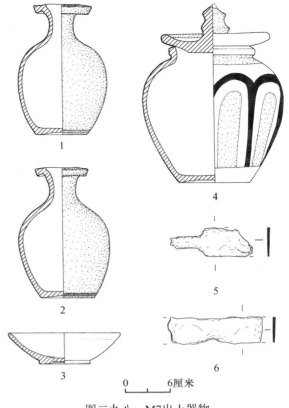

图二九八　M7出土器物
1、2. 陶瓶（M7：6、7）　3. 瓷碗（M7：1）
4. 彩绘陶罐（M7：5）　5、6. 铁刀（M7：2、4）

形制与结构　竖穴墓道土洞墓，由墓道、墓室组成。墓道位于墓室南侧，平面呈近梯形，墓壁较直，加工一般。墓道整体呈斜坡式，底面共有8级台阶。墓道长4.00、宽0.60～0.90、深3.00米。墓室为土洞室，平面近梯形，弧形顶，墓室壁较直，加工一般，底近平。墓室长2.00、宽1.40、高0.70～1.13米，墓门高1.13米。

填土　墓道填土为黄褐色花土，土质较疏松。墓室内为黄褐色淤土，较软较疏松。

葬具　不详。见有棺钉。

人骨　一具。仰身直肢葬，头向北，面向上，保存情况较好，性别、年龄不详（图二九九）。

（2）出土器物

共出土2件随葬品。位于人骨头部以北，分别为瓷罐、铁刀。

瓷罐　1件。M8：1，青釉，灰白胎。侈口，卷沿，尖圆唇，束颈，圆肩，鼓腹，饼形足稍外撇，足与腹交接处有刮削痕迹。肩部饰有对称的双股桥形耳，素面。器内除腹部有一处小三角形区域未施釉，余皆施釉；器外施半釉。口径10.6、肩径19.1、底径8.0、高17.6厘米（图三〇〇，1；彩版二二，3）。

铁刀　1件。M8：2，柄残，锈蚀严重。近长方形，前侧开刃，近直背，刃略弧。残长

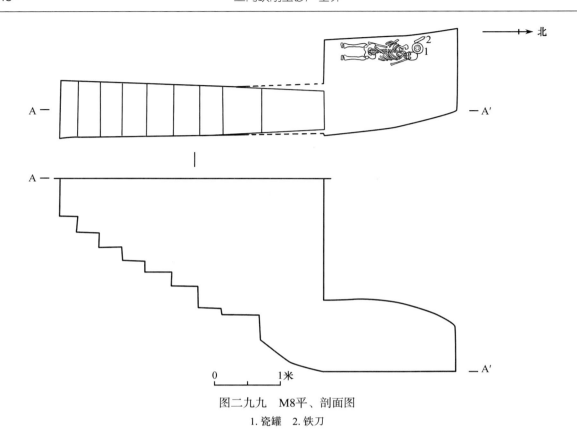

图二九九　M8平、剖面图
1. 瓷罐　2. 铁刀

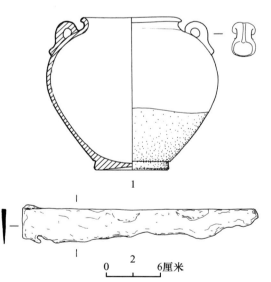

图三〇〇　M8出土器物
1. 瓷罐（M8∶1）　2. 铁刀（M8∶2）

26.2、宽3.8厘米（图三〇〇，2）。

7. M9

（1）墓葬概况

位置和层位关系　该墓位于发掘区南部，北邻M8。该墓开口于扰土层下，向下打破生土，墓口距现地表深0.50米。方向175°。

形制与结构　竖穴墓道土洞墓，由墓道、墓室组成。墓道位于墓室南侧，平面呈梯形，加工较好，整体呈斜坡式，底面分布有10级台阶。墓道长3.90、宽0.52～0.76、深2.80米，坡长4.64米。墓室为土洞室，平面近长方形，弧形顶，墓室壁近直，加工一般。墓室长2.20、宽1.02～1.18、高1.10米，墓门高1.10米。

填土　墓道填土为黄褐色花土，较疏松。墓室内为浅褐色淤土，较软较疏松。

葬具　木棺。已腐朽，残留棺钉。

人骨　一具。保存状况较差，葬式不明，性别、年龄不详（图三〇一）。

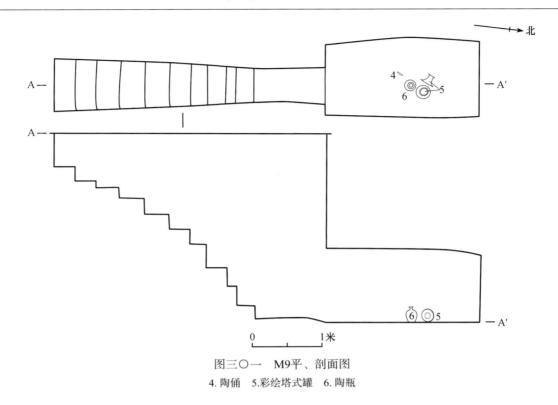

图三〇一 M9平、剖面图
4.陶俑 5.彩绘塔式罐 6.陶瓶

（2）出土器物

共出土6件（套）随葬品。墓道内出土陶罐、板瓦、铜钱，墓室中部出土有陶俑、彩绘塔式罐、陶瓶。

陶罐 1件。M9：1，泥质灰陶。侈口，折沿，沿面微凹，圆唇，束颈，圆肩，弧腹，平底微凹。肩部饰有对称双耳，耳部微凹，有两道弦纹。素面。口径10.6、肩径14.0、底径8.6、高14.6厘米（图三〇二，2；图版四〇，1）。

陶瓶 1件。M9：6，泥质灰陶。侈口，宽折沿，沿面微凹，口部有一周凸起，斜方唇微凹，短细颈，广圆肩，弧腹，平底微凹。素面。口径8.0、底径8.8、高24.2厘米（图三〇二，3；图版四〇，3）。

彩绘塔式罐 1件。M9：5，泥质灰陶。由盖、罐身、底座组成。盖顶部有五层宝珠式钮，盖缘微上翘，盖面近平，子口内倾，体中空。罐身微侈口，短折沿，方唇，短斜颈，圆肩，鼓腹，平底，腹部饰有五周凹弦纹。底座呈喇叭形，平顶，束腰，底部边缘上翻。通体

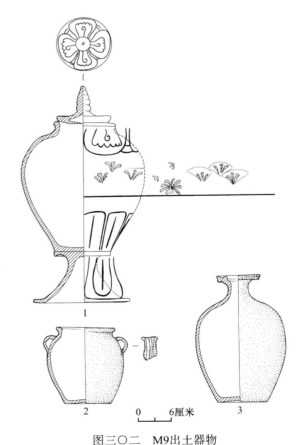

图三〇二 M9出土器物
1.彩绘塔式罐（M9：5） 2.陶罐（M9：1） 3.陶瓶（M9：6）

施有一层白色化妆土。盖钮上用黑彩和红彩勾画数周弦纹，盖面上用黑线勾画出覆莲纹。罐身口沿处涂朱，颈、肩部涂渐变的红彩，在红彩上用黑线勾绘出覆莲状纹饰，腹部用红褐彩、橘黄彩绘出四组花卉图案，同向相间，每组各有三朵呈品字形排列，两组花卉之间用黑彩勾绘出飞鸟，形态各异。四组花卉图案偏下位置用红彩等距勾绘四朵团花。下腹至底部，用黑彩勾绘出莲瓣纹。底座在化妆土上涂有一层红彩，在红彩上用黑线勾绘出覆莲纹。局部彩绘已脱落。座底径18.0、通高41.0厘米（图三○二，1；彩版二二，1）。

陶俑　1件。M9：4，残碎严重，形制不详。

板瓦　1件。M9：2，残。泥质灰陶。上饰绳纹。

铜钱　1组2枚。M9：3，锈蚀严重。钱背，钱面内外均有郭。一枚钱文不清，一枚钱文为"开元通宝"。钱径2.5厘米（图四○一，6；图版四○，2）。

8. M18

（1）墓葬概况

位置和层位关系　位于发掘区南部，西邻M17。该墓开口于地表土层下，向下打破M20部分及生土，距地表1.20米。方向0°。

形制与结构　竖穴土坑墓，口大底小，墓口平面近长方形，壁斜直，底斜平。墓口长2.40、宽0.90米，墓室长2.20、宽0.90米，墓室距墓口深0.50～0.70米。

填土　黄褐色花土。

葬具　木棺。已腐朽，残存棺痕、棺钉。

人骨　两具。均为仰身直肢葬，头向上。西侧人骨面向南，东侧人骨面向西南。性别、年龄不详（图三○三）。

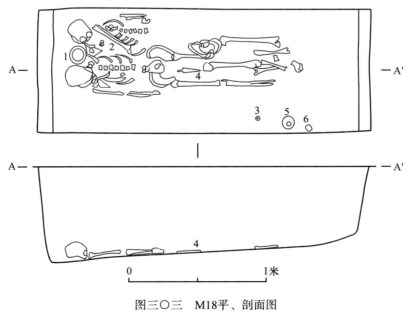

图三○三　M18平、剖面图
1. 铁灯台　2、5. 彩绘塔式罐　3. 铜钱　4. 铁匕首

（2）出土器物

共出土4件（套）随葬品。铁灯台、器盖位于墓室西南处，铜钱2枚位于东侧人骨下颌处，铁匕首位于西侧人骨两腿中部下方，彩绘陶罐位于两头骨中间。

彩绘陶罐 1件。M18：2、5，泥质灰陶。罐盖顶部有三层宝珠式钮，盖面略鼓，子口内倾，体中空。通体饰有一层白色化妆土，盖钮和边缘有橘黄色彩，大多已脱落，盖面上有一周凹弦纹，用黑线勾绘出四朵覆莲纹。罐侈口，卷沿，圆唇，束颈，圆肩，弧腹，平底，底部微外张。通体饰有一层白色化妆土，颈、肩部用黑线勾绘四朵覆莲纹，肩腹部用黑线勾绘几何形纹饰带，下腹部纹饰不详，近底处一个黑线勾绘一周弦纹，其下为黑线勾画出五瓣莲花图案。底径6.8、高23.2厘米（图三〇四，1；彩版二三，1、2）。

铁灯台 1件。M18：1，锈蚀严重。形体厚重，敞口，折沿，尖唇，浅斜腹，平底。口径16.0、底径11.0、高3.6厘米（图三〇四，2）。

铁匕首 1件。M18：4，锈蚀严重。首残，两侧斜收，斜肩，锥状柄，末端上勾。表面残留有木屑痕迹。残长16.0、宽3.2厘米（图三〇四，3）。

铜钱 1组3枚。M18：3，锈蚀。钱背、钱面内外均有郭，表面残留纺织物痕迹。钱文"开元通宝"。钱径2.4～2.5厘米（图四〇一，7）。

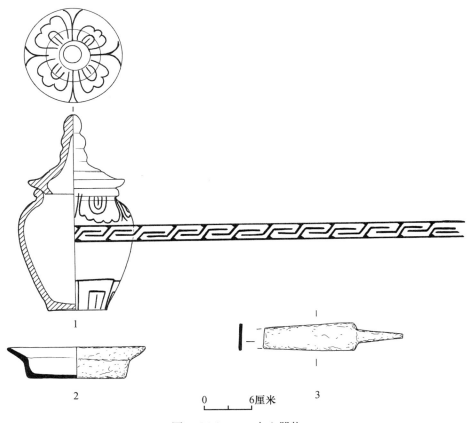

图三〇四 M18出土器物

1.彩绘陶罐（M18：2、5）　2.铁灯台（M18：1）　3.铁匕首（M18：4）

9. M26

（1）墓葬概况

位置和层位关系　位于发掘区西部。该墓开口于地表土层下，向下打破生土，墓口距现地表深0.25米。方向187°。

形制与结构　竖穴墓道土洞墓，由墓道、墓室组成。墓道位于墓室南侧，墓道平面呈梯形，墓壁较直，加工一般。墓道长3.24、宽0.78~1.24、深1.96米，南部有一长1.20米的平台，北部为一斜坡，坡长1.87米。墓室为土洞室，平面近长方形，弧形顶，墓室壁较直，加工一般，底近平。墓室长1.80、宽1.40、高1.15~1.32米，墓门高1.32米。

填土　墓道填土为黄褐色花土，较软较疏松。墓室内为黄褐色淤土，较软较疏松。

葬具　不详。

人骨　两具。均为仰身直肢葬，头向北，面向不详，性别、年龄不详（图三〇五）。

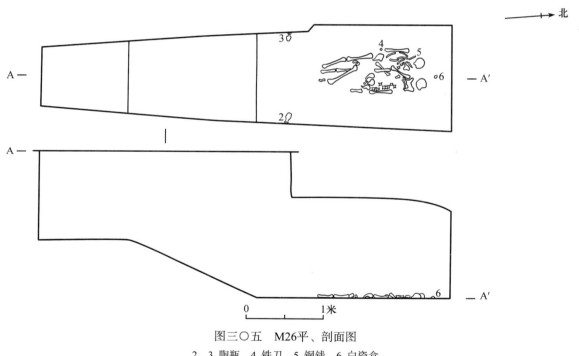

图三〇五　M26平、剖面图

2、3.陶瓶　4.铁刀　5.铜钱　6.白瓷盒

（2）出土器物

共出土6件（套）随葬品。其中墓道内出土有彩绘陶罐，墓室内出土的随葬品中，陶瓶2件分别位于墓门两侧，铜钱4枚散见人骨骨盆处，铁刀1件位于右侧人骨骨椎处，白瓷盒1件位于头骨北部。

彩绘陶罐　1件。M26：1，泥质灰陶。侈口，厚圆唇，束颈，溜肩，弧腹，饼形足微凹。通体饰有一层白色化妆土，部分已脱落。颈、肩部用黑线勾绘出覆莲纹，其下用黑线勾绘几何形纹饰带，下腹部用黑线勾绘出四个半朵形花卉，两两相向交错排列，花卉图案下部有一周黑线勾绘的弦纹，近底部用黑线勾绘莲瓣纹。口径8.0、底径7.0、高15.2厘米（图三〇六，1；彩版二四，1）。

陶瓶 2件。泥质灰陶。小口，束颈，长椭圆形腹，平底，素面。M26：2，折沿较平，斜方唇下垂。口径6.0、底径5.0、高22.0厘米（图三〇六，3；图版四二，1）。M26：3，口沿残。底径4.6、残高21.6厘米（图三〇六，4；图版四二，2）。

白瓷盒 1件。M26：6，白釉，局部泛青，灰白胎。子口微敛，尖唇，外折腹，上腹近直，下腹斜收，内弧腹，平底。下腹及底部各有数周凹弦纹，器内施满釉，器外仅上腹部施釉。口径5.8、底径4.0、高2.5厘米（图三〇六，2；彩版二四，2）。

铁刀 1件。M26：4，残，锈蚀严重。刀体较窄，单刃，尖首，背较直，柄残断。残长28.0、宽3.0厘米（图三〇六，5；图版四二，8）。

铜钱 1组4枚。M26：5，锈蚀严重。两面内外有郭。可辨识钱文"开元通宝"。钱径2.4厘米（图四〇一，8）。

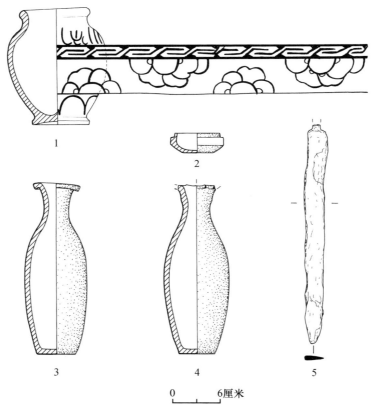

0　　6厘米

图三〇六　M26出土器物

1.彩绘陶罐（M26：1） 2.白瓷盒（M26：6） 3、4.陶瓶（M26：2、3） 5.铁刀（M26：4）

10. M28

（1）墓葬概况

位置和层位关系 该墓位于发掘区东南角，东邻M29，南邻M25，西邻M27、M34，北邻

M30、M31。该墓开口于地表土层下，向下打破生土，墓道开口距现地表深0.55米。方向190°。

形制与结构　竖穴墓道土洞墓，由墓道、墓室、壁龛组成。墓道位于墓室南侧，平面呈梯形，墓壁较直，加工一般。墓道底部为斜坡状，南端有2级台阶。墓道长2.25、宽0.40~0.80、深1.14米。墓室为土洞室，平面近长方形，弧形顶，北壁近底处设一壁龛。壁龛平面呈长方形，拱顶，长0.54~0.63、高1.23、进深0.15米。墓室壁较直，加工一般，斜平底。墓室长1.37、宽1.00~1.38、高0.88~1.10米，墓门高0.88米。

填土　墓道填土为黄褐色花土，较软较疏松。墓室内为黄褐色淤土，较软较疏松。

葬具　不详。

人骨　墓道内发现少量人骨，推测属于同一个体。葬式不详、性别、年龄不详（图三〇七）。

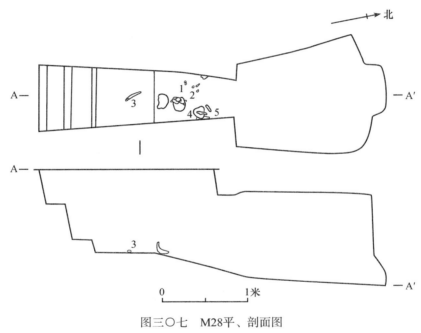

图三〇七　M28平、剖面图
1. 铜片　2. 铁镰刀　3. 铁剪刀　4. 铁犁铧　5. 铁釜

（2）出土器物

墓道内共出土5件随葬品。铜片、铁镰刀、铁剪刀、铁犁铧、铁釜均散落于墓道内。

铜片　1件。M28：1，残。呈薄片状，形状不规则，器形不详。

铁镰刀　1件。M28：2，残，锈蚀严重。呈弯月状，较窄，刃部较厚，弧背，弧刃，首尾残缺。残长12.6、宽2.0~2.4、厚0.3厘米。

铁剪刀　1件。M28：3，残，锈蚀严重。仅存单股，刃部残缺。残长24.8、宽4.8厘米（图三〇八，2）。

铁犁铧　1件。M28：4，残，锈蚀严重。整体呈V形，尖部残缺，顶面有折棱，底面稍平，銎呈“＞”形。残长12.8、宽23.4厘米（图三〇八，1）。

铁釜　1件。M28：5，残，锈蚀严重。敞口，窄折沿，尖唇，弧腹，下腹残。

11. M30

（1）墓葬概况

位置和层位关系　位于发掘区东南角，南邻
M28。该墓开口于地表土层下，向下打破生土，
墓口距现地表深0.22米。方向184°。

形制与结构　竖穴墓道土洞墓，由墓道、
墓室组成。墓道位于墓室南侧，平面近长方形，
墓壁外撇，加工一般，墓底呈斜坡状，南端有一
平台。墓道长2.00、宽0.72~0.92、深1.40米。墓
室为土洞室，平面近长方形，弧形顶，墓室壁外
撇。墓室长1.98、宽1.14、高0.95~1.13米，墓门高1.13米。

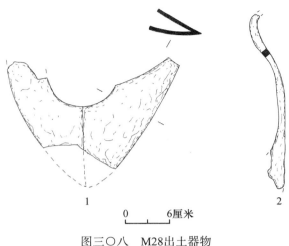

图三〇八　M28出土器物
1. 铁犁铧（M28∶4）　2. 铁剪刀（M28∶3）

填土　墓道填土为黄褐色花土，较软较疏松。墓室内为黄褐色淤土，较软较疏松。

葬具　不详。

人骨　墓道出土少量人骨，包括肢骨、椎骨、骨盆等，分布散乱，推测属于同一个体。葬
式不详，性别、年龄不详（图三〇九）。

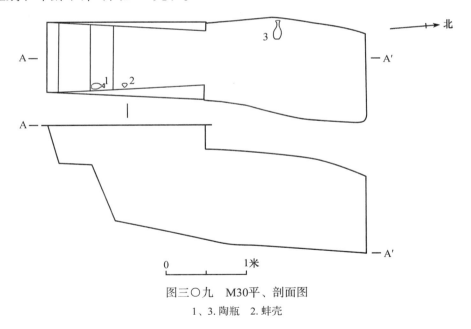

图三〇九　M30平、剖面图
1、3. 陶瓶　2. 蚌壳

（2）出土器物

共出土3件随葬品。墓道东南角出土有陶瓶、蚌壳各1件，墓室西部出土1件陶瓶。

陶瓶　2件。泥质灰陶。侈口，折沿，沿面微上扬，方唇，束颈，溜肩，微鼓腹，平底。
素面。M30∶1，腹向下弧收，底面微凹。口径5.8、底径6.4、高17.8厘米（图三一〇，2；
图版四二，3）。M30∶3，腹下向略斜收，大平底。口径7.2、底径9.4、高27.8厘米（图三一〇，
1；图版四二，4）。

蚌壳　1件。M30：2，仅余半扇。背面较粗糙，饰有彩绘，大部分已脱落。长8.0、宽7.0厘米（图三一〇，3；图版四三，6）。

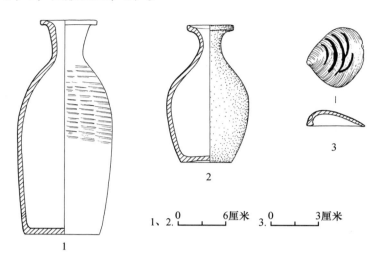

图三一〇　M30出土器物

1、2.陶瓶（M30：3、1）　3.蚌壳（M30：2）

12. M33

（1）墓葬概况

位置和层位关系　位于发掘区西南。该墓开口于地表土层下，东北角打破M34，向下打破生土，墓口距现地表深0.50米。方向176°。

形制与结构　竖穴墓道土洞墓，由墓道、墓室组成。墓道位于墓室南侧，墓道平面呈近长方形，墓道墓壁较直，加工一般。墓道长1.90、宽0.60～0.70、深1.64米。墓室为土洞室，平面近长方形，弧形顶，墓室壁较直，加工一般，底近平。墓室长1.70、宽1.10～1.20、高0.95米，墓门高0.95米。

填土　墓道填土为黄褐色花土，较软较疏松。墓室内为黄褐色淤土，较软较疏松。

葬具　木棺。已腐朽，仅存棺痕、棺钉。

人骨　墓道、墓室内发现少量人骨，推测属于同一个体。葬式不详，性别、年龄不详（图三一一）。

（2）出土器物

出土1件铁刀，位于墓室东部。

铁刀　1件。M33：1，残，锈蚀严重。整体呈长方形，刀体较宽，平首，直背，弧刃，平肩，锥状柄。残长35.9、宽4.8厘米（图三一二）。

13. M35

（1）墓葬概况

位置和层位关系　位于发掘区西南部，东邻M37。该墓开口于地表土层下，向下打破生

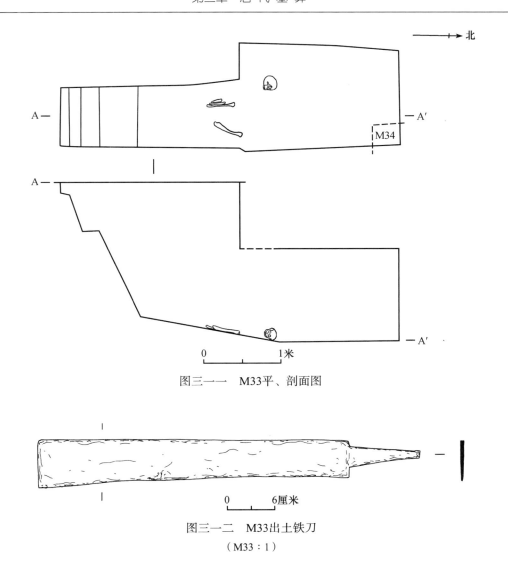

北 →

图三一一 M33平、剖面图

图三一二 M33出土铁刀
（M33：1）

土，墓口距现地表深0.50米。方向195°。

形制与结构 竖穴墓道土洞墓，由墓道、墓室组成。墓道位于墓室南侧，平面呈长方形，口大底小，墓壁较直，加工一般。墓道南端有2级台阶，底为斜坡状。墓道长1.60、宽0.64～0.68、深0.60～0.80米。墓室为土洞室，平面近长方形，弧形顶，墓室壁较直，加工一般，底近平。墓室长0.94、宽0.60、高0.80米，墓门高0.80米。

填土 墓道填土为黄褐色花土，较软较疏松。墓室内为黄褐色淤土，较软较疏松。

葬具 不详。

人骨 墓室内发现少量人骨，推测属于同一个体。葬式不详，性别、年龄不详（图三一三）。

（2）出土器物

共出土2件随葬品。铁刀、铜钱位于墓室人骨附近。

铁刀 1件。M35：1，锈蚀严重，刀首残。短柄，斜肩，斜直背，弧刃。残长21.5、

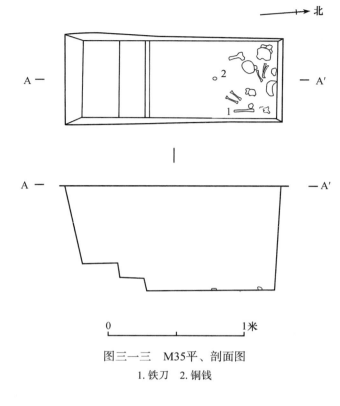

图三一三　M35平、剖面图
1. 铁刀　2. 铜钱

宽2.2 ~ 3.6、厚0.1 ~ 0.2厘米。

铜钱　1枚。M35：2，锈蚀严重。钱面内外均有郭，钱背无郭，钱文可辨识为"开元通宝"。钱径2.5厘米（图四〇一，9）。

14. M41

（1）墓葬概况

位置和层位关系　位于发掘区西部，北邻M42。该墓开口于地表土层下，向下打破生土，墓口距现地表深1.80米。方向192°。

形制与结构　竖穴墓道土洞墓，由墓道、墓室组成。墓道位于墓室南侧，平面呈梯形，墓壁较直，加工一般，南端有4级台阶。墓道长3.15、宽0.82 ~ 1.04、深2.05米。墓室为土洞室，平面近梯形，弧形顶，加工一般，近平底。墓室长2.10、宽1.36、高0.90 ~ 1.26米，墓门高1.26米。

填土　墓道填土为黄褐色花土，较软较疏松。墓室内为黄褐色淤土，较软较疏松。

葬具　木棺。已腐朽，残留棺痕、棺钉。

人骨　墓道内发现少量人骨，推测属于同一个体。葬式不详，性别、年龄不详（图三一四）。

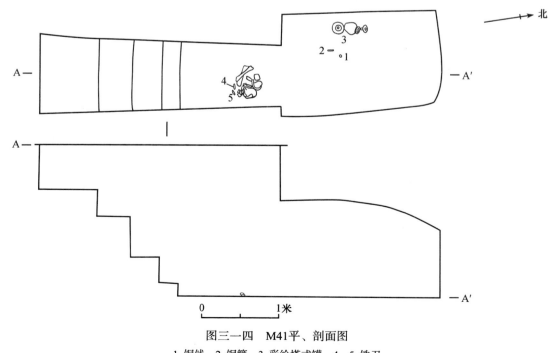

图三一四　M41平、剖面图
1. 铜钱　2. 铜簪　3. 彩绘塔式罐　4、5. 铁刀

（2）出土器物

共出土5件随葬品。其中3件位于墓室西侧，分别为铜钱、铜簪、彩绘塔式罐。铁刀2件发现于墓道东北盗洞内。

彩绘塔式罐　1件。M41：3，泥质灰陶。由盖、罐身、底座三部分组成。盖顶部有双层宝珠式钮，盖面微弧，沿薄锐，子口内倾，体中空。罐身侈口，卷沿，圆唇，束颈，圆肩，鼓腹，平底内凹，腹部饰有三周凹弦纹。底座呈喇叭形，平顶微凹，未封顶，束腰，座下部外扩。盖、罐身、底座器表通体饰一层白色化妆土，其上彩绘：盖钮饰红彩，盖缘亦饰红彩，盖面至缘用黑彩勾绘出三朵覆莲纹；罐口及颈部饰有四处呈椭圆形的红彩，肩部用黑线勾绘大小不一的四朵覆莲纹，肩腹部用黑彩勾绘一周几何形纹饰带，下腹部用红、褐彩绘出四朵花卉图案，均呈半朵形，相向交错排列，花卉外有半圆形的开光，开光之间用红彩、橘黄色彩填充；花卉图案下用黑线绘有一周不规整的弦纹，弦纹至底部之间的上半部涂红褐彩，从底部至弦纹处用黑线勾绘出五朵莲瓣纹；底座束腰处用黑线勾绘一周几何形纹饰带，其下至底座边缘用黑线勾绘出三朵覆莲纹。座底径15.6、通高35.6厘米（图三一五；彩版二五，1）。

0　　　　6厘米

图三一五　M41出土彩绘塔式罐
（M41：3）

铜钱　1枚。M41：1，锈蚀严重。两面内外均有郭。钱文为"开元通宝"。表面附有纺织物痕迹。钱径2.5厘米（图四〇一，10）。

铜簪　1件。M41：2，残，呈细条状。残长8.0厘米（图三一六，1；图版四二，6）。

铁刀　2件。锈蚀严重。M41：4，尖圆首，弧背，弧刃，刃部有残缺，刀体渐宽，斜肩，短柄。长21.0、宽3.0厘米（图三一六，3；图版四二，7）。M41：5，略呈弧形，弧背，弧刃，刀体较宽，一面近尾端有一圆形柱钮。表面残留有木屑痕迹。推测为铡刀类的器物。残长14.8、宽4.0厘米（图三一六，2）。

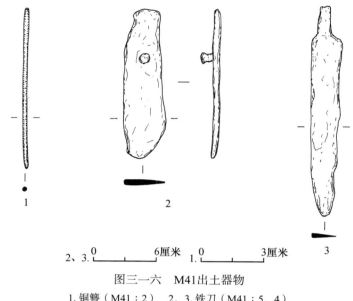

图三一六　M41出土器物

1. 铜簪（M41：2）　2、3. 铁刀（M41：5、4）

15. M54

（1）墓葬概况

位置和层位关系　位于发掘区中部。该墓开口于地表土层下，向下打破生土，墓口距现地表深1.50米。方向176°。

形制与结构　竖穴墓道土洞墓，由墓道、过洞、天井、甬道、墓室组成。墓道位于墓室南侧，口小底大，东西壁斜直，南壁至天井南部的斜坡分布有15级台阶。墓道口长4.43、宽0.57～1.00米，底长4.30、宽1.08～1.20米。过洞位于墓道以北，进深0.70、宽0.61～0.70、高1.83米。过洞以北有一长方形天井，口小底大，壁斜直，口长2.10、宽0.70～0.80米，底长2.10、宽0.40～0.56米。天井与墓室间有一短甬道，平面为梯形，进深0.43、宽1.04～1.21、高1.63～1.74米。墓室为土洞室，平面近梯形，弧形顶，底较平。墓室长3.43、宽1.00～2.20、高1.63～2.04米，墓门高1.63米。

填土　黄褐色淤土。

葬具　不详。

人骨　不详（图三一七）。

（2）出土器物

共出土1件彩绘塔式罐，位于墓室北部偏西。

彩绘塔式罐　1件。M54：1，泥质灰陶。由盖、罐身、底座三部分组成。盖顶部有双层宝珠式钮，盖面微弧，厚缘，子口内倾，底面较平。罐身微侈口，卷沿，圆唇，束颈，圆肩，鼓腹，平底内凹。底座呈喇叭形，未封顶，束腰，座下部外扩较甚。盖、罐身、底座器表施有一层白色化妆土，其上彩绘：盖钮饰橘黄彩，局部脱落，钮座上未饰彩绘，盖缘亦饰橘黄彩，盖面用黑彩勾绘出九朵未盛开的花朵，边缘用黑线勾绘出花叶；罐身颈部饰有一周橘黄彩，多脱落，颈、肩

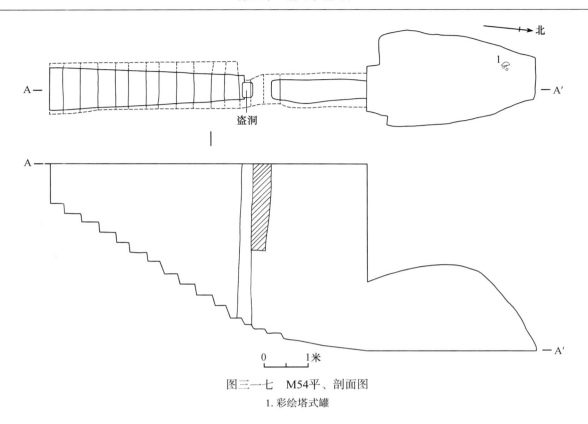

图三一七　M54平、剖面图
1. 彩绘塔式罐

部用黑线勾绘若干覆莲纹，腹部用黑线勾绘出两道弦纹，弦纹之间的上部用红彩绘出云朵图案，下部与云朵相向交错绘出花卉图案，花卉均呈半朵形，花卉图案下至底部涂黄彩，其上纹饰不清；底座束腰处有一周较宽的橘黄色带，其下至底座边缘用黑线勾绘出八朵覆莲纹。器内壁肩部饰有大凸圆点。座底径18.8、通高41.6厘米（图三一八；彩版二五，2）。

16. M62

（1）墓葬概况

位置和层位关系　位于发掘区中部偏南，打破M63，东邻M64。该墓开口于地表土层下，向下打破M63，墓口距现地表深2.20米。方向173°。

形制与结构　竖穴土坑墓，平面呈长方形，被破坏严重。墓室残长2.70、宽0.82、高0.12～0.44米。

填土　黄褐色，较松软。

葬具　木棺。已腐朽，残存棺痕，墓室北侧发现有一排棺钉。

人骨　不详（图三一九）。

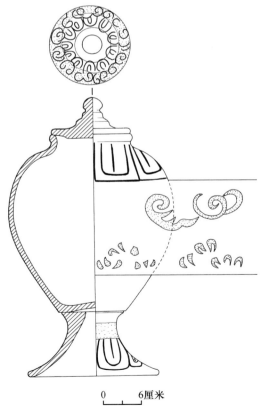

图三一八　M54出土彩绘塔式罐
（M54：1）

（2）出土器物

共出土1件陶罐，位于墓葬西北角。

陶罐 1件。M62：1，泥质灰陶。侈口，卷沿，圆唇，束颈，圆肩，鼓腹，饼形足微内凹。颈、肩部有对称双耳，已残。素面。口径11.6、肩径16.6、底径7.6、高17.0厘米（图三二〇）。

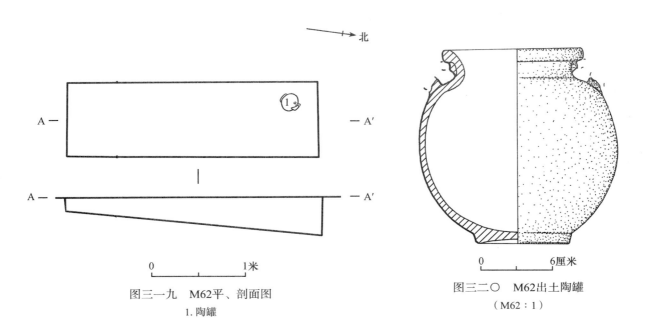

图三一九 M62平、剖面图
1.陶罐

图三二〇 M62出土陶罐
（M62：1）

17. M79

（1）墓葬概况

位置和层位关系 位于发掘区东部，西邻M81。该墓开口于地表土层下，向下打破生土，墓口距现地表深0.15米。方向180°。

形制与结构 竖穴墓道土洞墓，由墓道、墓室组成。墓道位于墓室南侧，平面呈长方形，直壁近平底，加工一般。墓道长2.90、宽0.72～0.98、深2.00米，墓道南壁距开口1.44米处有二层台，长0.84、宽0.72、高0.55米。墓室为土洞室，平面近长方形，弧形顶，加工一般，近平底。墓室长2.16、宽0.86、高0.80～1.20米，墓门高1.20米。

填土 墓道填土为黄褐色花土，土质松软。墓室内为黄褐色淤土，土质松软。

葬具 不详。

人骨 一具。人骨散乱，葬式不详，性别、年龄不详（图三二一）。

（2）出土器物

共出土2件随葬品。彩绘陶罐位于墓室西北部，铁刀位于人骨附近。

彩绘陶罐 1件。M79：1，泥质灰陶。微敛口，折沿，沿面内凹，尖唇，沿面内有一周凹

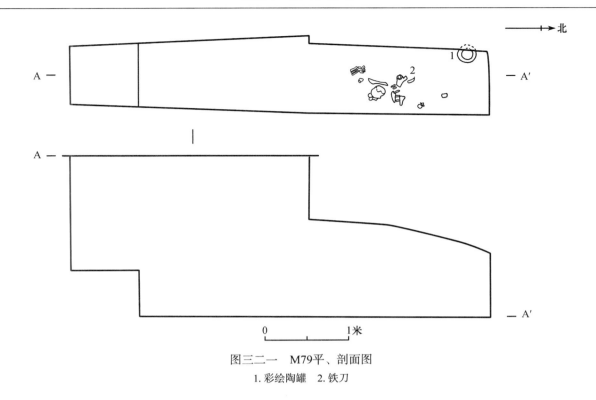

图三二一　M79平、剖面图
1. 彩绘陶罐　2. 铁刀

弦纹，束颈，溜肩，圆腹，平底内凹。肩部饰有对称双耳，耳部较宽，已残，形制不详。器表通体施有一层白色化妆土，其上彩绘：口部涂红彩，颈、肩部用黑线勾绘出覆莲纹，腹部上下用黑线各绘一周弦纹，弦纹之间用红彩、橘黄彩绘出八个半朵形花卉图案，上下相向交错排列，花卉中心为红色，外侧为橘黄色，富有层次感；弦纹至底部用黑粗线绘出莲瓣纹，纹饰不清；器内壁肩腹部布满凸圆点。口径14.8、肩径21.6、底径11.6、高23.0厘米（图三二二，1；彩版二四，3）。

铁刀　1件。M79：2，残，锈蚀严重。整体近长方形，有柄，直背，直刃。一侧表面附有木屑痕迹。残长14.2、残宽4.6、厚0.2～0.3厘米（图三二二，2）。

18. M84

（1）墓葬概况

位置和层位关系　位于发掘区东部，东邻M79，西邻M82。该墓开口于地表土层下，向下打破生土，墓道口距现地表深1.50米。方向180°。

形制与结构　竖穴墓道土洞墓，由墓道、墓室组成。墓道位于墓室南侧，平面近梯形，墓壁较直，加工一般。墓道长1.90、宽0.61～0.88、深0.60米。墓室为土洞室，平面近长方形，顶部状况不详，墓室壁较直，加工一般。墓室长2.70、宽1.46、高0.40米，墓门高0.40米。

填土　墓道填土为黄褐色花土，较软较疏松。墓室内为黄褐色淤土，较软较疏松。

葬具　木棺。已腐朽，残存棺痕、棺钉。

人骨　三具。东侧人骨为仰身直肢葬，性别为男性，年龄不详。西侧人骨为仰身直肢葬，性别为女性，年龄不详。南侧人骨为仰身直肢葬，性别为女性，年龄不详（图三二三）。

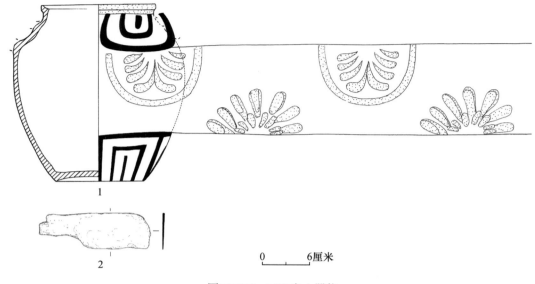

图三二二　M79出土器物
1. 彩绘陶罐（M79：1）　2. 铁刀（M79：2）

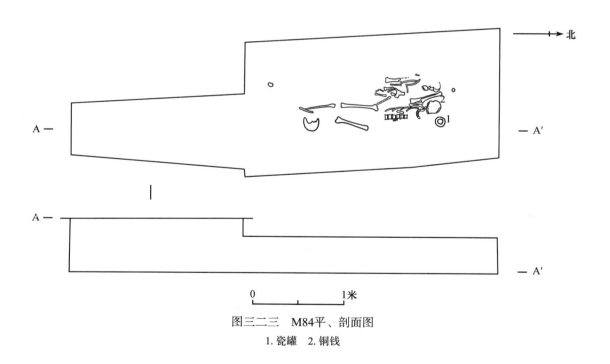

图三二三　M84平、剖面图
1. 瓷罐　2. 铜钱

（2）出土器物

共出土2件随葬品。瓷罐1件位于墓室东北角。铜钱1枚位于东侧人骨头部以北。

瓷罐　1件。M84：1，酱釉，灰白胎。直口，方唇，矮领，溜肩，鼓腹，圈足。圈足有刮削痕迹，内底中央有尖状凸起。腹部饰有四周弦纹，器内饰有数周弦纹。器内施满釉，器外施釉不及底，釉层较厚，有流釉现象。口径8.8、肩径13.2、底径6.0、高9.4厘米（图三二四；

彩版二四，5）。

铜钱 1枚。M84：2，残。锈蚀严重，钱文不详。

19. M93

（1）墓葬概况

位置和层位关系 位于发掘区南部，东邻M91。该墓开口于扰土层下，被现代渣土堆叠压，向下打破生土，墓口距现地表深0.50米。方向185°。

形制与结构 竖穴墓道土洞墓，由墓道、墓室组成。墓道位于墓室南侧，平面近长方形，墓道南部被现代渣土堆叠压未清理。墓道残长1.00、宽0.80～0.84、深1.50米。墓室为土洞室，平面呈长方形，弧形顶，墓室壁近直，加工一般。墓室长2.20、宽0.84～0.86、高1.50米，墓门高1.10米。

填土 墓道填土为黄褐色花土，土质较硬。墓室内为浅褐色淤土，土质较硬。

葬具 木棺。已腐朽，残存棺痕，长1.60、宽0.60米。

人骨 两具。均为仰身直肢葬，头均向北，面均向南，保存状况较差，性别、年龄不详（图三二五）。

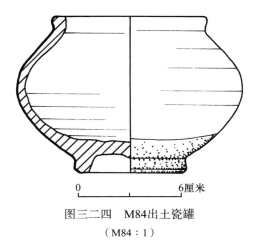

图三二四 M84出土瓷罐
（M84：1）

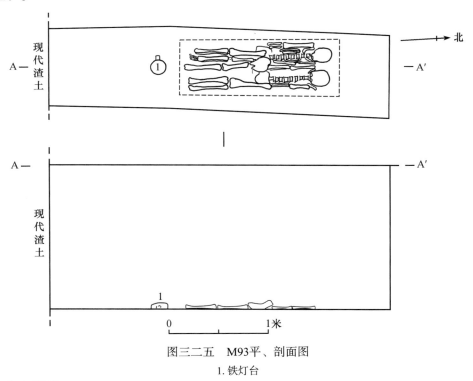

图三二五 M93平、剖面图
1.铁灯台

（2）出土器物

共出土1件铁灯台，位于墓室入口处中部。

铁灯台 1件。M93：1，锈蚀严重。敞口，折沿上扬，尖圆唇，浅直腹，平底。口部有一长方形柄。口径16.8、底径11.0、高5.6厘米，柄长4.1、宽4.1厘米（图三二六；图版四三，5）。

20. M97

（1）墓葬概况

位置和层位关系　位于发掘区中部。该墓开口于地表土层下，向下打破生土，墓口距现地表深1.20米。方向170°。

形制与结构　竖穴墓道土洞墓，由墓道、甬道、墓室组成。墓道位于墓室南侧，口大底小，平面呈梯形，墓壁斜直，加工较好，底部斜坡状，南端有一平台。墓道口长3.30、宽0.85～1.00米，墓道底长3.10、宽0.65～1.00米，墓底距墓口深2.10米。墓道与墓室间连有甬道，平面呈长方形，进深0.85、宽0.50、高1.30米。墓室为土洞结构，平面近长方形，北壁为弧壁，与弧形顶相接，东西壁较直，加工一般。墓室长1.50、宽0.85～0.96、高1.20米。

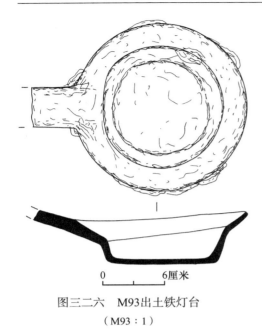

图三二六　M93出土铁灯台
（M93：1）

填土　墓道填土为黄褐色花土，较疏松。墓室内为黄褐色淤土，较软较疏松。

葬具　不详。

人骨　墓道内发现少量人骨。葬式不详，年龄、性别不详（图三二七）。

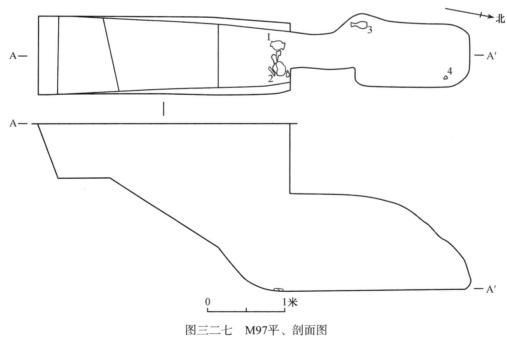

图三二七　M97平、剖面图
1. 彩绘陶罐　2. 铁镰刀　3. 陶瓶　4. 铁犁铧

（2）出土器物

共出土4件随葬品。彩绘陶罐、铁镰刀、铁犁铧位于墓道北部近墓门处，陶瓶位于墓室西南。

彩绘陶罐 1件。M97：1，泥质灰陶。侈口，圆唇，束颈，溜肩，弧腹，饼形足微凹。器表通体饰有一层白色化妆土，其上彩绘，局部已脱落。颈、肩部用黑线勾绘覆莲纹，肩腹部用黑线勾绘一周几何形纹饰带，其下用黑线勾绘出四个半朵形花卉，相向交错排列，花卉之间填橘黄彩，花卉图案下亦有用黑线勾绘一周弦纹。弦纹至底部之间用黑线勾绘莲瓣纹。口径8.6、肩径12.8、底径8.0、高15.6厘米（图三二八，1；彩版二四，4）。

陶瓶 1件。M97：3，泥质灰陶。侈口，折沿，沿面内有一周凹弦纹，斜方唇，束颈，细长椭圆形腹，平底内凹。素面。口径5.4、底径4.4、高20.8厘米（图三二八，2；图版四二，5）。

铁镰刀 1件。M97：2，残，锈蚀严重。呈弯月形，弧背，弧刃，两侧逐渐收窄呈尖圆首。残长13.8、宽4.4厘米（图三二八，3）。

铁犁铧 1件。M97：4，残存犁铧尖部，锈蚀。略呈三角形，两侧斜直，犁铧两面中央隆起微折，銎呈"＜"形。残长6.6、宽5.0厘米（图三二八，4）。

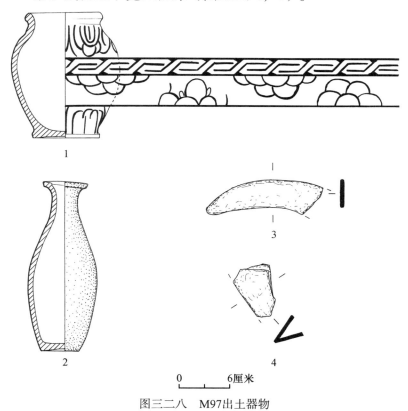

图三二八 M97出土器物

1. 彩绘陶罐（M97：1） 2. 陶瓶（M97：3） 3. 铁镰刀（M97：2） 4. 铁犁铧（M97：4）

21. M112

（1）墓葬概况

位置和层位关系 位于发掘区南部，西邻M113。该墓开口于地表土层下，向下打破生土，墓口距现地表深0.70米。方向175°。

形制与结构 竖穴墓道土洞墓，由墓道、墓室组成。墓道位于墓室南侧，口小底大，平面呈梯形，墓壁较直，加工较好，底面为缓坡。墓道口长1.78、宽0.54～0.70米，墓道底长1.73、宽0.68～0.84米，墓底距墓口深1.54～1.70米。墓室为土洞室，平面近长方形，弧形顶，墓室壁较直，加工较好，底近平。墓室长1.92、宽0.90～1.14、高0.92～1.24米，墓门高1.20米。

　　填土　墓道填土为红褐色花土，较软较疏松。墓室内为红褐色淤土，较软较疏松。

　　葬具　不详。

　　人骨　不详（图三二九）。

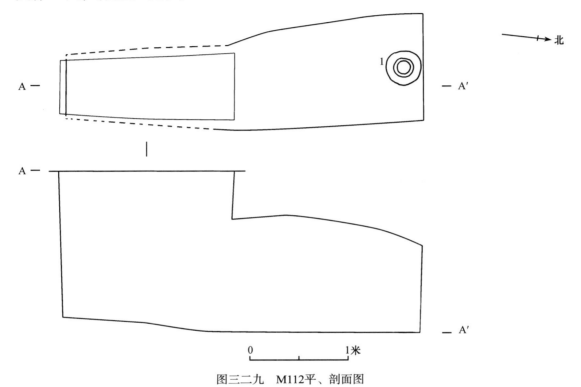

图三二九　M112平、剖面图
1. 陶瓮

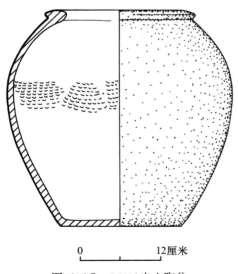

图三三〇　M112出土陶瓮
（M112：1）

（2）出土器物

　　共出土1件陶瓮，位于墓室北侧中间，内有骨灰。

　　陶瓮　1件。M112：1，泥质灰陶。敛口，圆唇，圆肩，鼓腹，平底。器内中腹部饰有凸圆点。口径22.2、肩径33.3、底径18.0、高33.2厘米（图三三〇；图版四三，1）。

22. M138

（1）墓葬概况

　　位置和层位关系　位于发掘区南部。该墓开口于地表土层下，向下打破生土，墓口距现地表深0.80米。方向196°。

形制与结构 竖穴墓道土洞墓,由墓道、墓室组成。墓道位于墓室南侧,墓道口大底小,平面近长方形,墓壁较斜直,底近平。墓道南部被一现代水泥桩打破。墓道口长3.30、宽0.80~0.84米,墓道底长3.30、宽0.76~0.80米,墓底距墓口深2.26米。墓室为土洞室,平面近长方形,墓室壁较直,底近平。墓室长2.20、宽1.24~1.28、高0.70~1.50米,墓门高1.46米。

填土 墓道填土为红褐色花土,较软较疏松。墓室内为红褐色淤土,较软较疏松。

葬具 不详。

人骨 仅在墓门处发现头骨,墓室北部发现少量肢骨。葬式不详,性别、年龄不详(图三三一)。

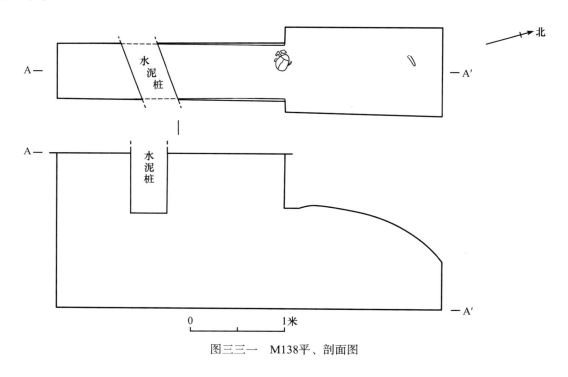

图三三一 M138平、剖面图

(2)出土器物

共出土1枚铜钱,位于墓道北部。

铜钱 1枚。M138:1,锈蚀严重。两面内外均有郭。钱文为"开元通宝"。钱径2.4厘米(图四〇一,11)。

23. M152

(1)墓葬概况

位置和层位关系 位于发掘区北部,打破M151,东邻M154。该墓开口于地表土层下,向下打破生土,墓口距现地表深0.80米。方向190°。

形制与结构 竖穴墓道土洞墓,由墓道、甬道、墓室组成。墓道位于墓室南侧,平面呈长方形,加工较一般。底部整体呈斜坡式,南端共有5级台阶。墓道长3.76、宽0.66、深2.15米。墓道与墓室间连有短甬道，斜坡底，进深0.40～0.55、宽0.70、高1.10～1.24米。墓室为土洞室，平面呈长方形，弧形顶，墓壁加工较一般。墓室长2.28、宽1.56、高1.24米，墓门高1.24米。

填土　墓道填土为黄褐色花土，土质较软较疏松，包含一些植物根茎。墓室内为黄褐色淤土。

葬具　木棺。已腐朽，残存棺痕，人骨下发现有棺钉。

人骨　一具。仰身直肢葬，头向西，面向不详，人骨保存较差，性别、年龄不详（图三三二）。

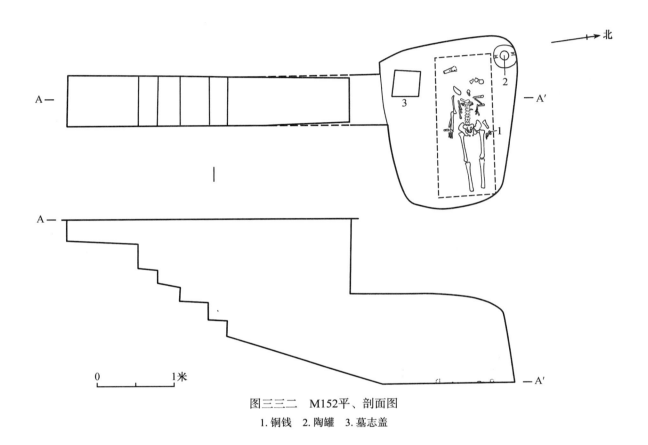

图三三二　M152平、剖面图
1. 铜钱　2. 陶罐　3. 墓志盖

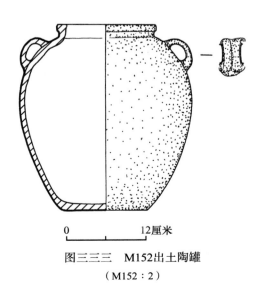

图三三三　M152出土陶罐
（M152：2）

（2）出土器物

共出土3件（套）随葬品。铜钱位于墓室北侧的人骨手骨处，陶罐位于墓室西北角，墓志盖位于墓门处。

铜钱　1组2枚。M152：1，锈蚀严重。两面内外均有郭。钱文为"开元通宝"。钱径2.5厘米（图四〇一，12）。

陶罐　1件。M152：2，泥质灰陶。微侈口，折沿，方唇，束颈，圆肩，弧腹，平底。肩部饰有对称双桥形耳，耳部较宽，中间有一道凸棱。器内壁布满大凸圆点。口径14.8、肩径25.9、底径13.4、高28.8厘米（图三三三；图版四三，2）。

墓志盖　1方。M152：3，方形。顶面用白彩绘出四出九宫格，格内篆书"大唐故乐府君墓志铭"。志盖边缘用白彩绘出花卉、卷云图案，四立面亦用白彩绘出十二朵花卉图案，每边三朵。边长35.0、厚6.4厘米。

24. M165

（1）墓葬概况

位置和层位关系　位于发掘区西北部，南邻M164。该墓开口于地表土层下，向下打破生土，墓口距现地表深0.96米。方向159°。

形制与结构　竖穴墓道土洞墓，由墓道、墓室组成。墓道位于墓室南侧，口大底小，平面呈长方形，墓道口长1.68、宽0.50～0.60米，墓道底长1.60、宽0.42～0.58米，墓底距墓口深1.93米。墓室为土洞室，平面呈长方形，弧形顶，墓室壁较直，加工一般，底近平。墓室长1.94、宽1.00～1.10、高0.53～0.76米。

填土　墓道填土为黄褐色花土，土质较硬。墓室内为黄褐色花土，土质较硬。

葬具　木棺。已腐朽，残存有棺钉。

人骨　一具。仰身直肢葬，头朝北，面向上，保存状况一般，性别、年龄不详（图三三四）。

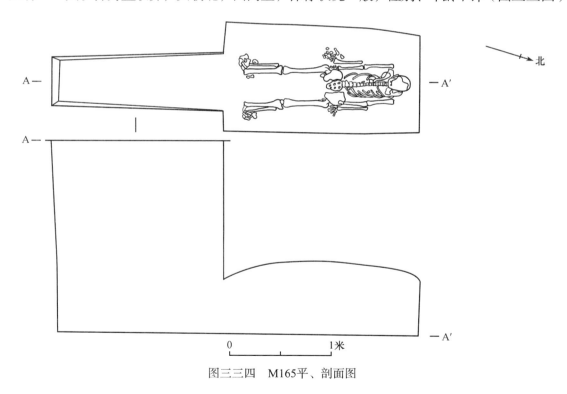

图三三四　M165平、剖面图

（2）出土器物

共出土1件瓷碗，发现于墓室淤土中。

瓷碗　1件。M165：1，黑釉，灰黄胎。敞口，圆唇，斜直腹，圈足。圈足内底中央有尖状凸起。器内施满釉，器外施釉不到底，有流釉现象。器内底有四个支钉痕，圈足底上亦有

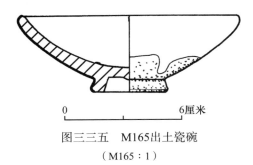

图三三五　M165出土瓷碗
（M165：1）

四个支钉痕。口径11.2、圈足底径4.0、高4.0厘米（图三三五；彩版二四，6）。

25. M170

（1）墓葬概况

位置和层位关系　位于发掘区西部，西邻M169。该墓开口于地表土层下，向下打破生土，墓口距现地表深0.80米。方向190°。

形制与结构　竖穴墓道土洞墓，由墓道、墓室组成。墓道位于墓室南侧，口大底小，平面近长方形，墓口长3.00、宽0.84～1.20米，墓道底长2.76、宽0.78～1.16米，墓底距墓口深3.17米。墓道东西两侧共发现6个脚窝，东壁4个，西壁2个。墓室为土洞室，平面近长方形，弧形顶，墓室壁较直，加工一般，底近平。墓室长2.90、宽2.34、高1.18～1.75米。

填土　墓道填土为红褐色花土，土质较软。墓室内为红褐色淤土，较软较疏松。

葬具　木棺。已腐朽，位于墓室偏西，长约2.00、宽0.66、残高0.18、厚约0.06米。

人骨　一具。侧身屈肢葬，头朝北，面向东，保存状况差，性别、年龄不详（图三三六）。

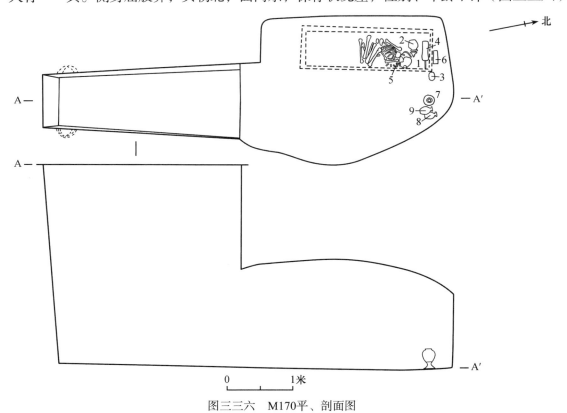

图三三六　M170平、剖面图

1. 铜镜　2、7. 彩绘塔式罐　3、4. 漆盒　5. 铜钱　6. 铁器　8、9. 陶瓶

（2）出土器物

共出土10件（套）随葬品。其中墓道内发现1枚铜钱，墓室棺内北部有铜镜1枚、漆盒2

件，铜钱2枚位于下颌骨附近，彩绘塔式罐2件，分别位于头骨西北侧与墓室东北角，铁器1件位于漆器北侧，陶瓶2件位于墓室东北角的彩绘塔式罐东侧。

彩绘塔式罐 2件。泥质灰陶。M170：2，残存盖、罐身。盖顶部有三层宝珠式钮，盖面微隆起，近边缘处微凹，沿薄锐，子口内倾，体中空。罐身侈口，卷沿，圆唇，束颈，圆肩，弧腹，平底微内凹。器表通体饰有一层白色化妆土，其上彩绘大多已脱落：盖面上彩绘仅有黑线勾绘的覆莲纹；罐身颈、肩部用黑线勾绘出覆莲纹，肩腹部用黑线勾绘一周几何形纹饰带，其下用黑线勾绘出四朵花卉图案，均呈半朵形，两两相向交错排列，花卉下有一周黑线勾绘的弦纹，弦纹下至底部为黑线勾绘的莲瓣纹。口径8.4、肩径17.8、底径9.9、通高28.0厘米（图三三八，1；彩版二五，4）。M170：7，残存罐身、底座。罐身的形制与M170：2罐身相同，底座呈喇叭形，平顶，束腰，底部边缘外扩较甚。器表通体饰有一层白色化妆土，其上彩绘：罐口及颈部用黑彩涂成若干个实心的不规则圆圈；肩部用黑线勾绘覆莲纹；腹部上下各有一周黑线勾绘的几何形纹饰带，在两者之间用黑线勾绘花卉图案，仅存三朵，均呈半朵形，花卉中心涂橘黄色彩，花卉相向交错排列，花卉之间填以橘黄彩，多脱落；下腹至底部用黑线勾绘莲瓣纹；底座束腰处用黑线勾绘一周几何形纹饰带，其下至底部边缘位置用黑线勾绘四朵覆莲纹。口径9.4、座底径16.4、通高30.4厘米（图三三八，2；彩版二五，3）。

陶瓶 2件。泥质灰陶。侈口，折沿微凹，沿面内有一周凹弦纹，方唇下垂，细颈，溜肩，鼓腹，平底内凹。素面。M170：8，口径6.0、底径6.4、高21.7厘米（图三三八，3；图版四三，3）。M170：9，口径6.3、底径6.0、高21.5厘米（图三三八，4；图版四三，4）。

漆盒 2件。M170：3、4，已腐朽，无法提取。

铁器 1件。M170：6，残碎严重，呈碎薄片状，形制不详。

铜镜 1枚。M170：1，盘龙镜。八出葵花形，弧度较小，镜背中央有桥形钮。镜背可分为三区，最外侧为镜缘，向内有一周凸弦纹，将纹饰分为两区，外区纹饰为四朵云彩和四朵花卉图案，相间排列；内区纹饰为盘龙纹，镜钮位于龙身上部。直径17.2、缘厚0.4、钮高0.6厘米（图三三七；彩版二六，1）。

铜钱 2组3枚。M170：5，2枚。锈蚀严重，钱文不清，两面内外均有郭，可辨出钱文为"开元通宝"。钱径2.4厘米（图四〇一，13）。M170：10，1枚。残，锈蚀严重，钱文不清。

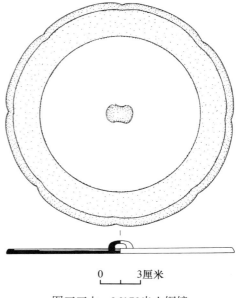

图三三七 M170出土铜镜
（M170：1）

26. M187

（1）墓葬概况

位置和层位关系 位于发掘区北部。该墓开口于扰土层下，向下打破生土，墓口距现地表

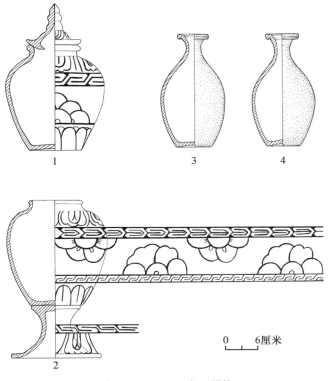

图三三八　M170出土器物

1、2.彩绘塔式罐（M170：2、7）　　3、4.陶瓶（M170：8、9）

深0.20米。方向190°。

　　形制与结构　竖穴墓道土洞墓，由墓道、墓室组成。墓道位于墓室南侧，口底同大，平面呈梯形，墓壁较直，加工较好，底部有9级台阶。墓道长4.30、宽0.76~1.18、深2.93米。墓室为土洞室，平面近梯形，弧形顶。墓室长3.10、宽2.20~2.70、高1.43~1.80米。

　　填土　墓道填土为黄褐色花土，土质较硬。墓室内为黄褐色淤土，较软较疏松。

　　葬具　不详。

　　人骨　三具。西侧、中间两具人骨为仰身直肢葬，东侧一具人骨较凌乱，葬式不明（图三三九；彩版一四）。

　　（2）出土器物

　　共出土26件（套）随葬品。铜镜、铜饰、银镯位于墓室西北侧，陶瓶、陶俑位于墓室西南部，彩绘陶罐、陶砚台、陶俑、铜镜位于墓室北部，彩绘塔式罐、陶俑、铁镰刀位于墓室东北部，瓷碗、瓷执壶、瓷唾盂位于墓室中部，陶瓶、陶墓志位于墓室东南部，铜钱89枚散见于墓室。

　　彩绘塔式罐　1件。M187：5，泥质灰陶。由盖、罐身、底座三部分组成。盖顶有双层宝珠式钮，盖面略内凹，厚缘，体中空。罐身侈口，卷沿外翻，尖圆唇，束颈，圆肩，鼓腹，平底微内凹。底座呈喇叭形，平顶微凹，顶部封闭，边缘略外扩，微束腰，下部弧形外扩。器表通体饰有一层白色化妆土，其上彩绘，大部已脱落。盖面及边缘下有朱绘宽带，盖面上

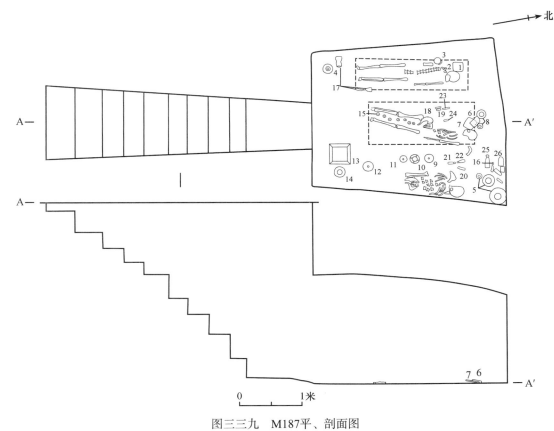

图三三九　M187平、剖面图

1、7. 铜镜　2. 鎏金铜合页　3. 银镯　4. 陶瓶　5. 彩绘塔式罐　6. 陶砚台　8. 彩绘陶罐　9. 瓷碗
10. 瓷执壶　11. 瓷唾盂　12、14. 陶瓶　13. 陶墓志　15. 铜钱　16. 铁镰刀　17～26. 彩绘陶泥俑

用黑线勾绘莲瓣纹。罐身颈、肩部用黑线勾绘出莲瓣纹；肩腹部用黑线勾绘一周弦纹，下腹部有一周黄色宽带，两者之间用橘黄色彩勾绘出花卉图案，仅存下部两朵，呈半朵形，花卉之间填有橘黄彩似为垂蔓；底部至黄色宽带间用黑线勾绘出莲瓣纹。底座近顶部饰有一周橘黄色宽带，束腰偏下用黑线勾绘两周宽几何形纹饰带，其下至底座边缘用黑线勾绘出莲瓣纹。座底径21.2、通高40.4厘米（图三四〇，1；彩版二七，1）。

　　彩绘陶罐　1件。M187：8，泥质灰陶。罐盖顶部有单层宝珠式钮，盖面略鼓，子口内倾，体中空。罐形制、装饰与M187：5罐身相近，唯尺寸较小，底面内凹。底径8.0、通高21.6厘米（图三四〇，2；彩版二七，2）。

　　彩绘陶男俑　2件。泥质灰陶，形制相同。均呈站立状，头戴幞头，八字胡，着长袍及底，腰部有黑色束带，双手拱于胸前。通体饰白色化妆土。M187：17，细目浓眉，高鼻梁、幞头、眉、眼、胡均涂黑彩。宽2.6、通高13.4厘米（图三四〇，3）。M187：18，面部温和，高鼻，幞头涂黑彩。宽3.4、通高12.4厘米（图三四〇，4；彩版二七，3）。

　　彩绘陶女俑　3件。泥质灰陶，形制相同。均呈站立状，倭堕髻，身着高腰齐胸曳地长裙，双手抱于腹前，底部有圆孔。通体饰白色化妆土，发髻用黑彩描绘。M187：19，面部形态不详。宽3.2、高12.8厘米。M187：20，细目。宽3.6、高12.8厘米（图三四〇，5；彩版二七，4）。M187：21，面部形态不详。宽4.0、高12.6厘米（图三四〇，6；彩版二七，5）。

彩绘泥俑身　2件。腰部以上残。长衣及地，底部有圆孔。器表通体饰有白色化妆土。M187：22，宽3.2、残高5.2厘米（图三四〇，8）。M187：23，宽3.4、残高4.2厘米（图三四〇，10）。

彩绘泥俑头　3件。泥质灰陶，通体饰有白色化妆土。M187：24，头戴幞头，高额，面部圆润，宽目浓眉，眼部半敛，高鼻梁，抿嘴，八字络腮胡，颈及以下残。眉上方有一周黑色宽带，冠、鬓、眉、目、胡须均为黑彩。宽3.6、残高7.2厘米（图三四〇，7）。M187：25，头戴冠，细目浓眉，口鼻残，络腮胡。额头处有一道黑色宽带。宽4.4、残高7厘米（图三四〇，9）。M187：26，头戴冠，浓眉宽目，眼部半敛，鼻梁稍高，抿嘴，髯须，表情肃穆。冠、鬓、眉、目、须用黑彩勾绘。宽3.4、残高5.2厘米（图三四〇，11）。

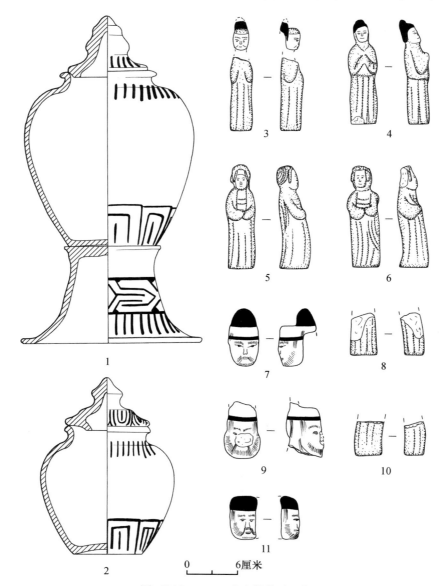

图三四〇　M187出土器物（一）

1、2.彩绘塔式罐（M187：5、8）　3、4.彩绘陶男俑（M187：17、18）　5、6.彩绘陶女俑（M187：19、20）　7、9、
11.彩绘泥俑头（M187：24、25、26）　8、10.彩绘泥俑身（M187：22、23）

陶瓶　3件。泥质灰陶。侈口，宽折沿，沿面微凹，内有一周凹弦纹，方唇下垂，短束

颈，溜肩，微鼓腹，平底微内凹。素面。M187：4，器表有水渍痕迹。口径8.0、底径9.2、高25.0厘米（图三四一，1；图版四四，1）。M187：12，口径8.0、底径10.4、高24.6厘米（图三四一，2；图版四四，2）。M187：14，口沿倾斜。口径8.0、底径9.2、高25.2厘米（图三四二，1；图版四四，3）。

陶砚台　1件。M187：6，泥质灰陶。风字砚。浅敞口，形体较长，首端近直，下有两个梯形足着地，砚堂从首向尾倾斜，内底有墨痕；尾端为三边弧形，左、右边与底相接隐约有折角。长18.4、宽13.0厘米（图三四一，3；图版四四，7）。

瓷执壶　1件。M187：10，青釉，青灰胎。微侈口，卷沿，尖圆唇，高领，溜肩，鼓腹，饼形足内凹。肩部一侧有六棱形短流，流口斜直；相对一侧有双股形鋬，残；流与鋬之间的器壁两侧各有一个双股半环形耳。器内有数周凹弦纹。器内施满釉，器表施釉不到底。口径8.0、底径8.60、高16.2厘米（图三四二，2；彩版二九，3）。

瓷唾盂　1件。M187：11，白釉，青灰胎。由盘和盂连接而成。盘呈三瓣葵花形口，圆唇，斜直腹，与口相对的位置有凸棱，底有圆孔与盂相连。盂为矮领，广肩，扁鼓腹，饼形足。整个胎体上施有白色化妆土，其上施釉；除罐内壁局部未施釉外，余皆施满釉。口径13.0、底径7.4、高10.0厘米（图三四二，3；彩版二八，5）。

瓷碗　1件。M187：9，青釉。敞口，圆唇，浅斜直腹，玉璧形底。器内外均施满釉，足部亦施釉，足底有五角形垫圈痕。口径16.0、底径6.6、高3.8厘米（图三四二，4；彩版二八，6）。

铜镜　2枚。均呈倭角方形，镜缘略弧。M187：1，"卐"字镜。镜背中部有桥形钮，以

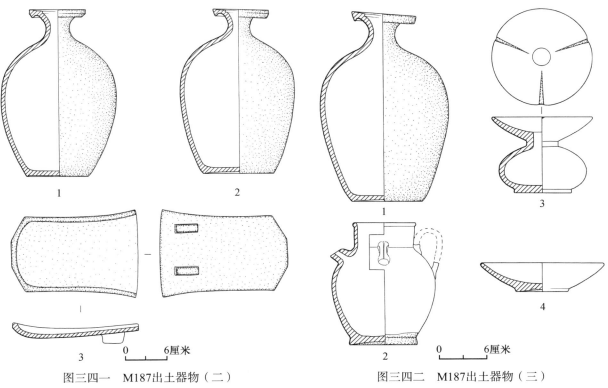

图三四一　M187出土器物（二）	图三四二　M187出土器物（三）
1、2.陶瓶（M187：4、12）　3.陶砚台（M187：6）	1.陶瓶（M187：14）　2.瓷执壶（M187：10） 3.瓷唾盂（M187：11）　4.瓷碗（M187：9）

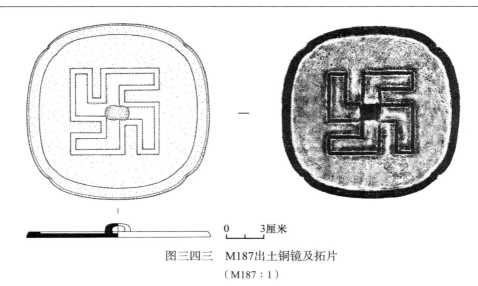

图三四三　M187出土铜镜及拓片
（M187：1）

镜钮为中心作双线"卐"字。素缘。直径14.9（图三四三；彩版二八，1）。M187：7，金银平脱镜。镜背中部有半球形钮。利用胶漆将金箔、锡箔镂刻的花鸟粘在镜背上，近缘处用锡箔粘出一周外框。直径18.4厘米（彩版二八，2）。

　　鎏金铜合页　1组4枚。M187：2，中部穿轴，两页之间可开合。M187：2-1～2，上端为两只对称的鸟，近足部有圆孔，表面鎏金，有錾刻的短线和圆圈，背部有三根短细柱连接桃形铜片；下端近圆形，背有三根短细铜柱。长5.2、宽3.6厘米。M187：2-3～4，上端近圆形，有四个缺口，背有三根细圆柱；下端亦近圆形，背有三根细圆柱。表面鎏金。长4.7、宽2.5厘米（图三四四，1；彩版二八，3）。

　　银镯　1件。M187：3，圆环状，体宽扁，系用银片弯曲而成，其上有三周凹弦纹。镯首呈圆角长方形，中空，银环从底部穿过。镯首长9.8、宽9.2、环径9.0厘米（图三四四，2；彩版二八，4）。

　　陶墓志　1合。M187：13，泥质灰陶。盖为方形，盝顶，顶面无字，刹面无纹饰，背面有较深的粗绳纹。志为方形，志面用白彩画出规整的方格，格内用白彩书写墓志文，彩绘脱落，文字不详。志文下端用白彩绘三朵莲花图案，四侧用白彩勾绘出十二个半朵形花卉，每边三个，中间纹饰向下，两侧向上，背面饰较深的粗绳纹。盖边长34.0、高6.0厘米，志边长35.2、高6.0厘米。

　　铜钱　1组89枚。M187：15，多数锈蚀严重，钱文漫漶不清，不可辨识，部分铜钱上留有纺织物痕迹。可辨识的钱文为"开元通宝"和"乾元重宝"。"开元通宝"钱大小不一，大者制作较规整，钱背、钱面内外均有郭，钱径2.2～2.5厘米。M187：15-1，钱背有仰月（图三四四，4）。M187：15-2，钱背存在错郭现象（图三四四，5、6；图版四四，8）。"乾元重宝"钱（M187：15-3），钱文直读，钱背、钱面内外均有郭，钱径2.5厘米（图三四四，7）。此外还有2枚剪轮钱，钱文不清，钱径分别为1.8厘米和2.1厘米。

　　铁镰刀　1件。M187：16，首尾残断，锈蚀严重。呈弯月形，体形较宽，弧背，弧刃。表面残留有编织物痕迹。残长19.6、宽4.0厘米（图三四四，3）。

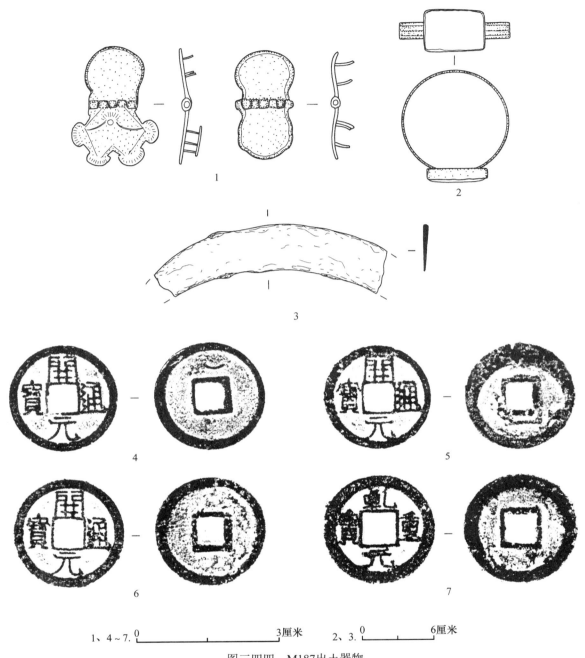

图三四四　M187出土器物

1. 鎏金铜合页（M187∶2）　2. 银镯（M187∶3）　3. 铁镰刀（M187∶16）

4、7. 铜钱（M187∶15-1、M187∶15-3）　5、6. 铜钱（M187∶15-2）

27. M190

（1）墓葬概况

位置和层位关系　位于发掘区北部。该墓开口于扰土层下，向下打破生土，墓口距现地表深1.00米。方向170°。

形制与结构　竖穴墓道土洞墓，由墓道、墓室组成。墓道位于墓室南侧，口底同大，平面呈长方形，墓道壁较直，加工较好。底呈斜坡状，南端有1级台阶。墓道长3.10、宽0.70～1.66、深2.12米。墓室为土洞室，平面近长方形，弧形顶。墓室长2.80、宽1.96～2.00、高1.26～1.54米，墓门高1.54米。

填土　墓道填土为黄褐色花土，土质较硬。墓室内为黄褐色淤土，较软较疏松。

葬具　不详。

人骨　不详（图三四五）。

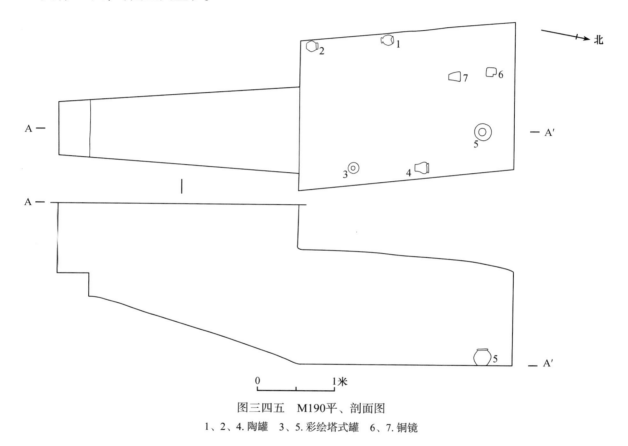

图三四五　M190平、剖面图
1、2、4.陶罐　3、5.彩绘塔式罐　6、7.铜镜

（2）出土器物

共出土6件（套）随葬品。陶罐2件位于墓室西侧，彩绘塔式罐底座位于墓室东南部，陶罐1件位于墓室东侧，彩绘塔式罐身、铜镜2枚位于墓室北部。

彩绘塔式罐　1件。M190：3、5，泥质灰陶。仅余罐身和底座。罐身侈口，卷沿，圆唇，束颈，圆肩，弧腹，平底。喇叭形底座，平顶微凹，束腰明显，圈足下缘向上翻卷。罐身、底座器表施有一层化妆土，其上彩绘。罐身口部施红彩，肩部用黑线勾出覆莲状纹饰，上腹部用橘黄彩勾绘出垂蔓，垂蔓之间用红彩、橘黄彩绘出四朵花卉图案，花卉呈半朵形，中心为红彩，边缘为橘黄彩；下腹至底部用黑线勾出莲瓣纹。底座上的化妆土和彩绘多脱落，在束腰中部施有一周红彩。口径9.6、座底径15.6、通高32.0厘米（图三四六，1；彩版二九，4）。

陶罐　3件。泥质灰陶。侈口，卷沿，束颈，圆肩，弧腹。M190：1，圆唇，腹壁向下斜收，平底。肩部饰有对称的双桥形耳，一耳残。素面。口径11.2、肩径15.8、底径6.7、高16.8厘米（图三四六，3；图版四四，4）。M190：4，圆唇，平底内凹。腹部有数周凹弦纹。器表施有一层化妆土，多剥落。口径10.6、肩径14.7、底径7.0、高14.6厘米（图三四六，2；图版四四，6）。M190：2，沿面外翻，尖唇，饼形足微内凹。腹部饰有数周暗弦纹，器底有数周凹弦纹。口径12.6、肩径14.9、底径8.0、高14.0厘米（图三四六，4；图版四四，5）。

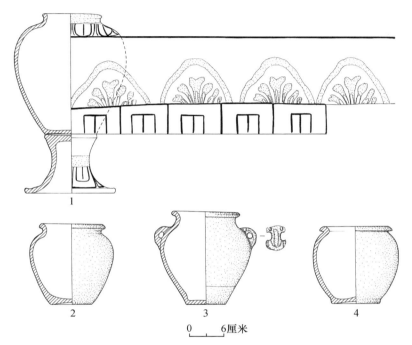

图三四六　M190出土器物（一）
1. 彩绘塔式罐（M190：3、5）　2～4. 陶罐（M190：4、1、2）

铜镜　2枚。均呈倭角方形，镜背贴锡箔。M190：6，镜体完整。镜背中央有桥形钮。镜背纹饰外缘处有一周宽纹带，其内用胶漆粘锡箔片，锡箔片上刻画有细线纹饰，具体不详。长12.6、宽12.6、缘厚0.2、钮高0.4厘米（图三四七，1）。M190：7，残，仅存一半。镜背纹饰周边有一周宽纹带，似为填漆，其内纹饰不详。残长14.3、宽8.3、缘厚0.2厘米（图三四七，2）。

28. M191

（1）墓葬概况

位置和层位关系　位于发掘区北部。该墓开口于扰土层下，向下打破生土，墓口距现地表深1.00米。方向180°。

形制与结构　竖穴墓道土洞墓，由墓道、墓室组成。墓道位于墓室南侧，口底同大，平面呈梯形，墓壁较直，加工较好。墓道长2.00、宽0.64～0.88、深0.72米。墓室为土洞室，平面近长方形，弧形顶。墓室长2.00、宽1.40、高0.43～0.92米。

填土　墓道填土为黄褐色花土，土质较硬。墓室内为黄褐色淤土，较软较疏松。

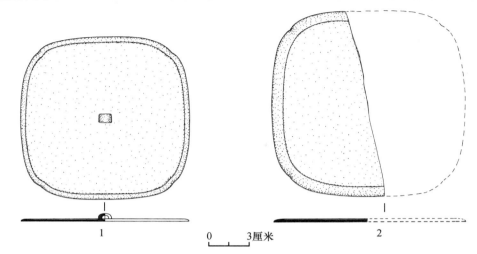

图三四七　M190出土器物（二）

1、2.铜镜（M190：6、7）

葬具　木棺。已腐朽，残存棺痕，长1.74、宽0.70～1.20米，厚度、高度不详。

人骨　两具。均为仰身直肢葬，西侧人骨头向北，面向东，为老年女性；东侧人骨头向北，面向上，为中老年男性（图三四八；彩版一五）。

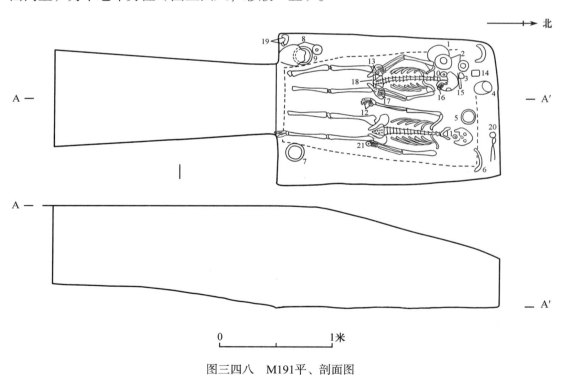

图三四八　M191平、剖面图

1.铜镜　2、5.彩绘陶罐　3.蚌壳　4、7、9.陶罐　6、19.铁釜　8.彩绘塔式罐
10.瓷盂　11～13、16、17、21.铜钱　14.玉盒　15.铜钗　18.铁刀　20.铁剪刀

（2）出土器物

共出土随葬品20件（套）。墓室西北部有铜镜、玉盒，西南部有彩绘塔式罐、陶罐，墓室

北部有蚌壳、陶罐、彩绘陶罐，墓室东北部有铁剪刀，墓室东南部有陶罐，铁釜残片散见墓室北部和西南部；瓷盂位于西侧人骨头部，铜钗2件位于西侧人骨头部下端，铁刀位于西侧人骨盆骨下，东侧人骨两手处各有2枚铜钱，另口含2枚铜钱，西侧人骨两手处各有1枚铜钱，另口含1枚铜钱。

彩绘塔式罐　1件。M191：8，泥质灰陶。由盖、罐身、底座三部分组成。盖顶部有单层宝珠式钮，盖面微凹，边缘上扬，体中空。罐身侈口，卷沿外翻，圆唇，束颈，溜肩，鼓腹，平底，底部边缘呈不规则外扩，肩腹部有数周凹弦纹。底座呈喇叭形，平顶封闭，束腰，下部弧形外扩，束腰至顶部有三周凸弦纹。器表通体饰有一层白色化妆土，其上彩绘，局部已脱落。盖面及边缘有朱绘宽带，盖面上用黑线勾绘四瓣大小不一的莲瓣纹。罐身口沿及颈部涂有五片朱绘莲瓣；肩部用黑线勾绘出莲瓣纹；肩腹部用黑线勾绘一周宽几何形纹饰带，下腹部有一周朱绘宽带，两者之间用黑线勾绘出四朵花卉图案，均呈半朵形，两上两下，相向交错排列，花蕊处涂红彩，花卉之间填有红彩和橘黄彩；底部至朱绘宽带间用黑线勾绘出莲瓣纹。底座束腰偏下用黑线勾绘一周几何形纹饰带，其下至底座边缘用黑线勾绘出四朵莲瓣纹。座底径16.0、通高37.0厘米（图三四九，1；彩版二九，1）。

彩绘陶罐　2件。泥质灰陶。M191：5，侈口，折沿，沿面下翻，尖唇，束颈，溜肩，弧腹，饼形足内凹，边缘有不规则外扩。器表通体施有一层白色化妆土，其上彩绘：口沿及颈部涂有七片朱绘莲瓣；肩部用黑线勾绘出莲瓣纹；腹部用黑线勾绘两周弦纹，弦纹之间区域用黑线勾绘出四朵半环形的花卉图案，两两相向交错排列；下腹近底部有一周红彩宽带，底部至弦纹间用黑线勾出莲瓣纹。口径9.4、肩径11.2、底径6.0、高11.0厘米（图三四九，2；彩版二六，4）。M191：2，罐盖顶部有单层宝珠式钮，整体形制、装饰与M191：8的盖、罐身相近，唯尺寸较小。罐平底内凹，口沿及颈部涂有七片朱绘莲瓣，底部至朱绘宽带用黑线勾绘出五朵莲瓣纹。底径8.0、通高18.6厘米（图三四九，3；彩版二九，2）。

陶罐　3件。泥质灰陶。侈口，卷沿外翻，尖圆唇，短束颈，圆肩，弧腹，平底内凹。M191：4，腹部饰有数周暗弦纹，近底部有刮削痕迹，底部有三周弦纹，器内壁有数周凹弦纹。口径12.1、肩径14.8、底径7.4、高13.6厘米（图三四九，4；图版四五，1）。M191：7，罐身较扁，卷沿外翻贴壁，鼓肩。肩腹部饰有数周暗弦纹，底部饰有三周凸弦纹，器内有数周弦纹。口径12.4、肩径15.8、底径8.2、高13.0厘米（图三四九，5；图版四五，2）。M191：9，颈部略长，底部有一周刮削痕迹。腹部饰有数道细弦纹，器内壁下腹部及底部饰有四周凹弦纹。口径11.0、肩径14.9、底径7.6、高15.8厘米（图三四九，6；图版四五，3）。

瓷盂　1件。M191：10，青白釉，灰黄胎。敛口，圆唇，扁鼓腹，下腹有变形，饼形足微内凹。器内底有数周凸弦纹。器内施青釉，口部两侧有白釉，另有局部露胎。器表至下腹部饰有白色化妆土，其上施白釉，不到底，有流釉现象和窑夹具痕迹；近口处有四组青釉图案，每组为四个圆点。口径3.0、最大腹径6.7、底径4.0、高4.1厘米（图三五一，2；彩版二六，5）。

铜镜　1枚。M191：1，团花镜。八出葵花形，镜背中心有桥形钮，镜背有一周连珠纹，将纹饰分为内外两区，内区纹饰为八朵连枝花卉，外区为八朵花叶图案。直径21.2、缘厚0.3、钮高0.9厘米（图三五〇；彩版二六，3）。

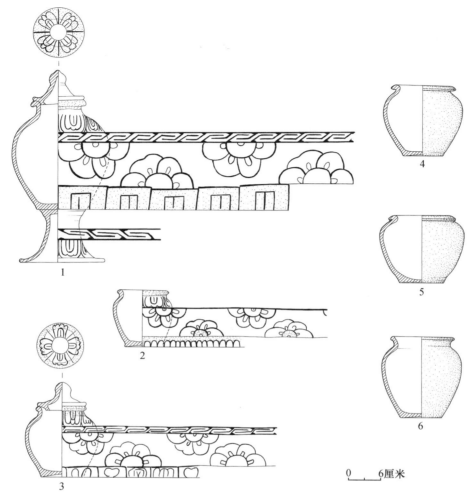

图三四九　M191出土器物（一）

1. 彩绘塔式罐（M191：8）　　2、3. 彩绘陶罐（M191：5、2）　　4~6. 陶罐（M191：4、7、9）

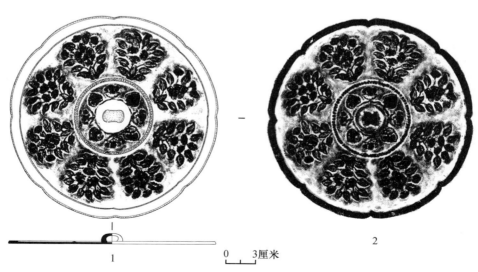

图三五〇　M191出土铜镜及拓片

1. 铜镜（M191：1）　　2. 铜镜拓片

铜钗 1组2件。M191：15，残断。均为双股钗，钗首形制不一。M191：15-1，系用两根圆形铜条焊接而成，钗首较厚，呈半圆形。残长23厘米（图）。M191：15-2，钗首和钗股为一体，系一次浇铸而成。钗首扁平，呈五边形，钗股亦为扁平状。残长10.1厘米（图三五一，1；图版四六，5）。

铁刀 1件。M191：18，锈蚀严重，整体呈梯形。短柄，斜肩，刀背较直，弧刃渐宽呈平首，刃部有使用痕迹。长35.0、宽6.0厘米（图三五一，3）。

铁釜 1件。M191：6、19，残，锈蚀严重。敞口，宽折沿，沿面内凹上扬，尖唇，弧腹，圜底。口沿近唇部有对称的半环形耳，一侧残缺。口径33.0、肩径26.0、残高10.8厘米（图三五二，1）。

铁剪刀 1件。M191：20，锈蚀严重，为交股剪，形体较细长，刀部较窄，斜直刃，两端渐窄呈尖首，剪柄呈"8"字形。长32.6、宽5.0厘米（图三五二，4）。

玉盒 1件。M191：14，青白玉质。整体呈圆角长方形。盖微隆，直壁，方唇。盒身子母口，方唇，浅直壁，平底。盒身内外有不规则的刻划磨损痕迹，盖面边缘减地，有一周凹弦纹；盖面中央刻划一飞鸟图案，周围用双线条刻划出斜向交叉的方格，方格内有单线方格纹和圆点。长6.3、宽4.7、高2.3厘米（图三五二，2；彩版二六，6）。

蚌壳 1件。M191：3，一合。背部有几何形花纹，较光滑。长6.0、宽4.8厘米（图三五二，3；彩版三〇，3）。

铜钱 6组9枚。圆形方穿，两面内外均有郭。钱文"开元通宝"。M191：11，共2枚，背"洛"字。钱径2.4厘米（图三五二，5）。M191：12，共2枚，背面穿上有仰月纹。钱径2.5厘米（图三五二，6，彩版三〇，5）。M191：13，共1枚。钱径2.5厘米（图三五二，7）。M191：16，共1枚，有错郭现象。钱径2.5厘米（图三五二，8）。M191：17，共1枚，锈蚀严重，钱径2.5厘米。M191：21，共2枚。M191：21-1，钱内较薄。钱径2.35厘米。M191：21-2，背面穿下有月纹。钱径2.5厘米（图三五二，9）。

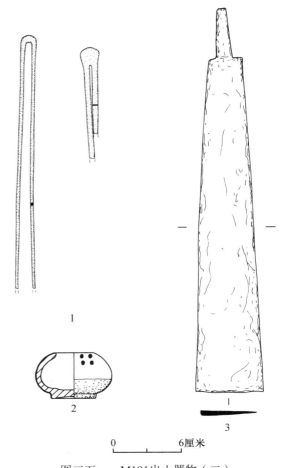

图三五一 M191出土器物（二）
1.铜钗（M191：15） 2.瓷盂（M191：10）
3.铁刀（M191：18）

29. M193

（1）墓葬概况

位置和层位关系 位于发掘区北部。该墓开口于扰土层下，向下打破生土，墓口距现地表深1.50米。方向180°。

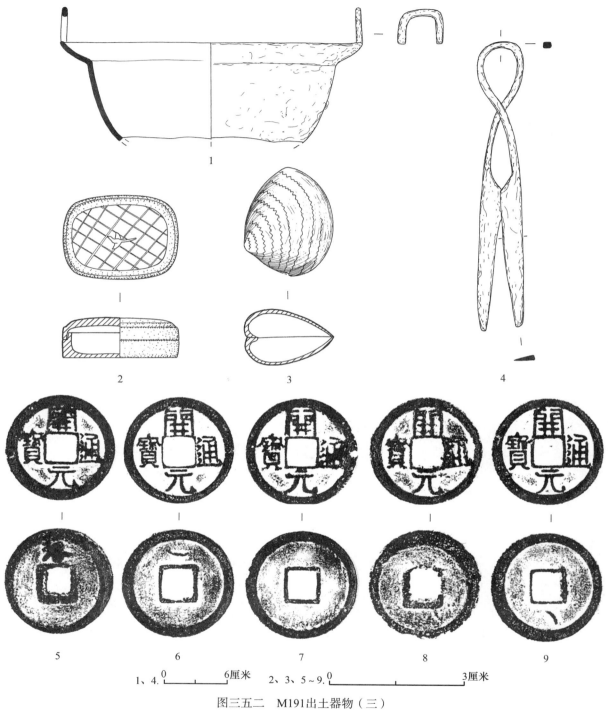

1、4. 0 ┣━━━┫ 6厘米   2、3、5~9. 0 ┣━━━━━━┫ 3厘米

图三五二　M191出土器物（三）

1. 铁釜（M191：6、19）　2. 玉盒（M191：14）　3. 蚌壳（M191：3）

4. 铁剪（M191：20）　5~9. 铜钱（M191：11-1、12-1、13、16、21-2）

　　形制与结构　竖穴墓道土洞墓，由墓道、墓室组成。墓道位于墓室南侧，口底同大，平面呈梯形，墓壁较直，墓道南端有2级台阶，加工较好。墓道残长0.50、宽0.96~1.00、残高0.68米。墓室为土洞室，平面近梯形，破坏严重，顶部形制不详。墓室长3.14、宽0.70~0.96、残高0.68~0.76米。

填土　墓道填土为黄褐色花土，土质较硬。墓室内为黄褐色淤土，较软较疏松。

葬具　不详。

人骨　不详（图三五三）。

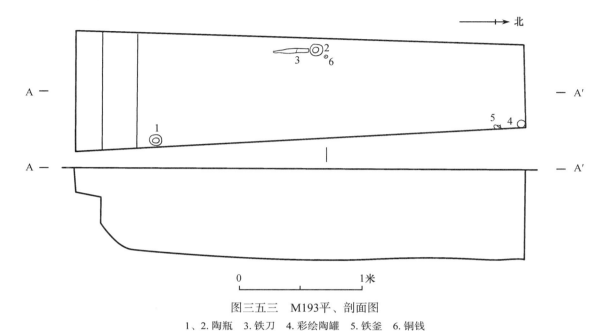

图三五三　M193平、剖面图
1、2. 陶瓶　3. 铁刀　4. 彩绘陶罐　5. 铁釜　6. 铜钱

（2）出土器物

共出土6件随葬品。陶瓶1件位于墓室东南部，陶瓶1件、铁刀1件位于墓室中西部，彩绘陶罐1件、铁釜1件位于墓室东北部，铜钱1枚位于墓室中西部。

陶瓶　2件。泥质灰陶。侈口，折沿，沿面上扬，斜方唇下垂，束颈，长椭圆形腹，平底内凹。素面。M193：1，口径5.8、底径5.4、高22.6厘米（图三五四，1；图版四七，4）。M193：2，唇部有一周凹弦纹。口径5.4、底径5.0、高22.2厘米（图三五四，2；图版四七，5）。

彩绘陶罐　1件。M193：4，泥质灰陶。微侈口，卷沿，圆唇，束颈，溜肩，弧腹，饼形足外扩。腹部饰有数周凹弦纹，肩腹部饰有数周暗纹带。颈肩部用黑线勾绘覆莲纹，肩腹部用黑线勾绘一周几何形纹饰带，其下用黑线勾绘出花卉图案，呈半朵形，两两相向交错排列，残存局部纹饰，多不清晰。口径9.5、肩径12.9、底径7.2、高15.6厘米（图三五四，3；彩版二六，2）。

铁釜　1件。M193：5，残，锈蚀严重。敞口，折沿，沿面上扬内凹，尖唇，弧腹，底部残。口径15.2、肩径11.2、残高4.6厘米（图三五四，4）。

铁刀　1件。M193：3，残，锈蚀严重。整体呈长方形，刃部较宽，平首，直背，斜直刃，斜肩，短柄。残长34.0、宽3.8厘米（图三五四，5）。

铜钱　1枚。M193：6，锈蚀严重。两面内外均有郭。钱文为"开元通宝"。钱径2.4厘米（图四〇一，14）。

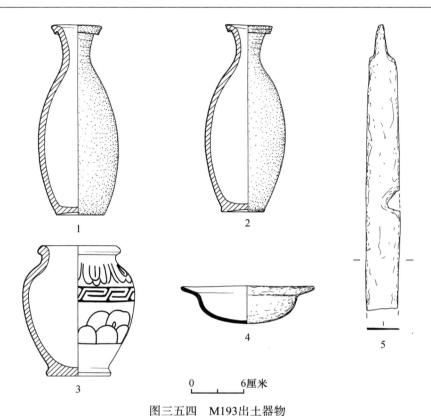

图三五四　M193出土器物

1、2. 陶瓶（M193：1、2）　3. 彩绘陶罐（M193：4）　4. 铁釜（M193：5）　5. 铁刀（M193：3）

30. M214

（1）墓葬概况

位置和层位关系　位于发掘区西部。该墓开口于地表扰土层下，向下打破生土，墓口距现地表深1.30米。方向168°。

形制与结构　竖穴墓道土洞墓，由墓道、墓室组成。墓道位于墓室南侧，口底大小不一，平面呈梯形，斜壁，近平底，加工一般。墓道口长2.36、宽0.56~0.74米，墓道底长2.25、宽0.50~0.70米，墓底距墓口深2.20米。墓室为土洞室，平面近长方形，加工一般，近平底。墓室长2.40、宽1.18、高0.70~1.10米，墓门高1.10米。

填土　墓道填土为黄褐色花土，土质较软。墓室内为黄褐色淤土，土质较软。

葬具　不详。

人骨　两具。均为仰身直肢葬，头向北，面向不详，保存一般，性别、年龄不详（图三五五）。

（2）出土器物

共出土1件陶罐，位于近墓门处。

陶罐　1件。M214：1，泥质灰陶。微侈口，卷沿，圆唇，束颈，溜肩，扁鼓腹，平底。器表磨光，颈、肩交接处有一周凸弦纹，底部有一周凹弦纹。口径12.3、肩径16.0、底径8.0、高11.2厘米（图三五六；图版四五，4）。

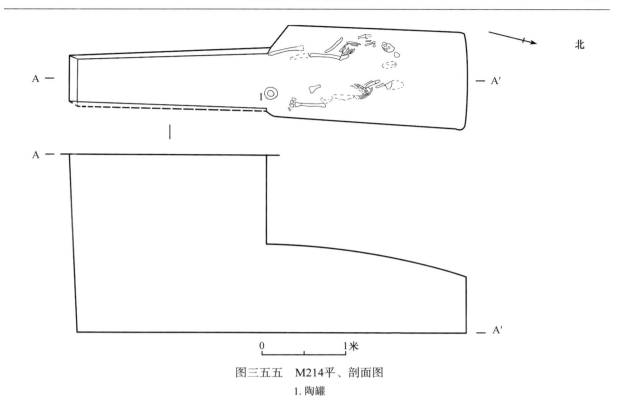

北

图三五五 M214平、剖面图
1. 陶罐

31. M216

（1）墓葬概况

位置和层位关系 位于发掘区西部，东邻M214。该墓开口于地表土层下，向下打破生土，墓口距现地表深1.30米。方向186°。

形制与结构 竖穴墓道土洞墓，由墓道、墓室组成。墓道位于墓室南侧，口大底小，平面呈梯形，南长北短，底面呈斜坡状、南端有4级台阶。墓道口长2.90、宽0.76～0.90米，墓道底长2.70、宽1.08～1.10米，墓底距墓口深2.80米。墓室为土洞室，平面近长方形，弧形顶，近平底，加工较一般。墓室长2.58、宽1.44、高0.80～1.20米。

填土 填土为黄褐色掺杂红褐色花土，包含较多植物根茎，土质较为松软。墓室内为黄褐色淤土，土质松软。

葬具 木棺。已腐朽，残存棺钉、棺痕，长2.08、宽0.60、厚0.04米。

人骨 一具。仰身直肢葬，头向北，面向东，保存较好，为中年男性（图三五七）。

（2）出土器物

共出土7件随葬品。陶瓶2件、彩绘塔式罐1件位于墓室东侧，铁犁铧位于墓室西南角，彩

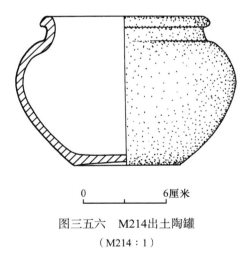

图三五六 M214出土陶罐
（M214∶1）

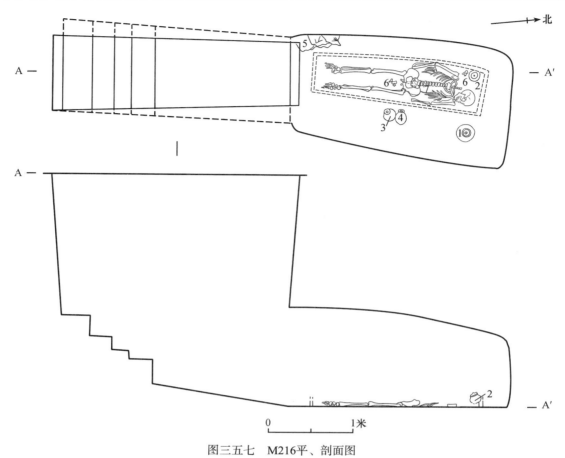

图三五七　M216平、剖面图

1. 彩绘塔式罐　2. 彩绘陶罐　3、4. 陶瓶　5. 铁犁铧　6. 彩绘泥俑　7. 铁刀

绘陶罐1件、彩绘泥俑1件位于墓主头骨以东，铁刀位于人骨腰椎下部。

　　彩绘塔式罐　1件。M216：1，泥质灰陶。由盖、罐身、底座三部分组成。盖顶部有两层宝珠式钮，盖面微隆，边缘近平，子口内倾，沿薄锐，体中空。罐身侈口，卷沿，圆唇，束颈，圆肩，弧腹，平底微内凹，底部边缘呈不规则外扩。底座呈喇叭形，封闭式平顶，束腰，下部外扩。盖、罐身、底座器表通体饰有一层白色化妆土，其上彩绘，局部已脱落。盖面边缘涂有一周橘黄彩，盖面上用黑线勾绘出四瓣覆莲纹。罐口、颈部涂有不规则的黑彩；颈、肩部用黑线勾绘出大小不一的六朵覆莲纹；肩腹部用黑线勾绘一周几何形纹饰带；腹部用黑线勾绘出四个半朵形花卉图案，花蕊处涂黑彩、红彩和橘黄彩，花朵两两相向交错排列，花卉之间填有红彩和橘黄彩，使花卉呈开光状；花卉图案下用黑线勾绘一周弦纹，下腹偏上处涂有红彩，底部至弦纹间用黑线勾绘出莲瓣纹，与弦纹相接。底座束腰处用黑线勾绘一周几何形纹饰带，其下至底座边缘用黑线勾绘出五朵覆莲纹。座底径18.0、通高40.0厘米（图三五八，1；彩版三一，1）。

　　彩绘陶罐　1件。M216：2，泥质灰陶。罐盖顶部有宝珠式钮，盖面微隆，子口内敛，体中空。罐侈口，卷沿，圆唇，束颈，圆肩，弧腹，平底内凹。器表通体饰有一层白色化妆土，其上彩绘，局部已脱落。盖边缘处施有一层橘黄彩，盖面上用黑线勾绘出三朵覆莲纹。罐肩部纹饰已脱落，依稀似为黑线绘出的覆莲纹；肩腹部用黑线勾绘一周几何形纹饰带，其下用黑线勾绘四个半朵形花卉图案，两两相向交错排列；下腹部用黑线勾绘一周弦纹与花卉相隔，其下至底部涂有红彩，其上用黑线勾绘出莲瓣纹。底径7.6、通高16.8厘米（图三五八，2；彩版三一，2）。

图三五八　M216出土器物（一）

1. 彩绘塔式罐（M216：1）　2. 彩绘陶罐（M216：2）

彩绘泥俑　1件。M216：6，残碎，形制不详。俑头表面饰有化妆土，其上施彩绘。

陶瓶　2件。泥质灰陶。侈口，宽折沿，沿面近平，方唇下垂，沿面内有一周凹弦纹，短束颈，溜肩，深腹微鼓，平底内凹，底部有一周凹弦纹。M216：3，口径8.0、底径9.0、高27.0厘米（图三五九，1；图版四七，1）。M216：4，口径7.2、底径7.6、高24.8厘米（图三五九，2；图版四七，2）。

铁犁铧　1组。M216：5，残，锈蚀严重。若干个叠在一起。形制一致，均呈V形，尖首，双面刃，犁铧一面近平，一面较鼓，中间有脊，銎呈"＞"形。残长18.3、宽9.1厘米（图三五九，3）。

铁刀　1件。M216：7，刀首残，锈蚀严重。长柄，斜肩，刀体自柄至首渐窄。表面留有木屑痕迹。残长27.6、宽3.4厘米（图三五九，4；图版四六，6）。

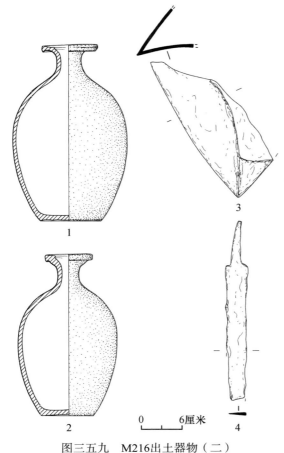

图三五九　M216出土器物（二）

1、2.陶瓶（M216:3、4）

3.铁犁铧（M216:5）　4.铁刀（M216:7）

32. M230

（1）墓葬概况

位置和层位关系　位于发掘区南部。该墓开口于生土下，向下打破生土，墓口距地表深2.20米。方向189°。

形制与结构　竖穴墓道土洞墓，由墓道、墓室组成。墓道位于墓室南侧，平面呈长方形，直壁，加工一般，底面呈缓坡状。墓道长1.35、宽0.90、深0.37~0.50米，坡长1.40米。墓室为土洞室，平面呈长方形，墓室壁近直，加工一般。墓室长1.65、宽0.73~0.85、高0.50~0.60米。

填土　墓道填土为黄褐色花土，土质较硬。墓室内为黄褐色淤土，土质较硬。

葬具　不详。

人骨　不详（图三六〇）。

（2）出土器物

共出土2件随葬品。蚌壳位于墓道东侧中部，铁器位于墓室东北部。

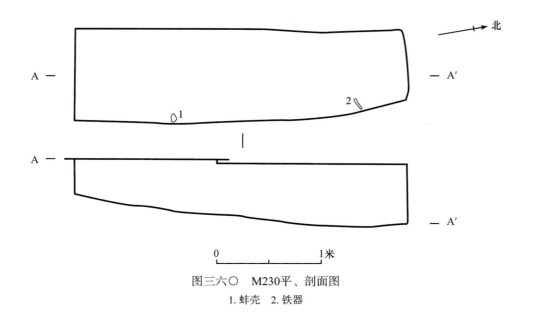

图三六〇　M230平、剖面图

1.蚌壳　2.铁器

蚌壳　1个。M230：1，仅余半扇，边缘残。背部较粗糙，凹凸不平。背上有彩绘，红彩为地，其上用黑彩绘出图案。尾端有一扁椭圆形穿孔。长8.6、宽7.8厘米（图三六一，1；彩版三〇，4）。

铁器　1件。M230：2，残，锈蚀严重。呈窄长方形，一端较平，另一端残。残长9.6、宽1.4厘米（图三六一，2）。

33. M234

（1）墓葬概况

位置和层位关系　位于发掘区南部。该墓开口于扰土下，向下打破生土，墓口距地表深1.95米。方向167°。

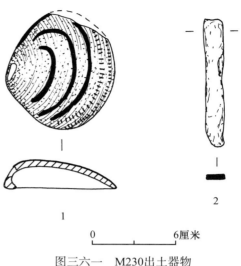

图三六一　M230出土器物
1.蚌壳（M230：1）　2.铁器（M230：2）

形制与结构　竖穴墓道土洞墓，由墓道、墓室组成。墓道位于墓室南侧，平面呈长方形，直壁平底，加工一般。墓道长1.79、宽0.70～1.07、深1.40米。墓室为土洞结构，平面呈长方形，平顶，墓室壁近直，加工一般。墓室长2.60、宽1.00～1.67、高0.80～0.88米。

填土　墓道填土为黄褐色花土，土质较硬。墓室内为黄褐色淤土，土质较硬。

葬具　不详。

人骨　一具。仰身直肢葬，头向北，面向不详，保存状况较差，性别不详，年龄不详（图三六二）。

（2）出土器物

共出土3件随葬品。瓷碗、陶执壶位于墓室西北角，陶执壶位于墓室东北角。

瓷碗　1件。M234：1，白釉，灰黄胎。敞口，圆唇，斜直腹，近平底，矮饼形足，足部微凹，有刮削痕迹。器内底有三个支钉痕。器内外通体饰有一层白色化妆土，其上施釉。器内满釉，器外施釉不到底，釉层较厚，有流釉现象。口径11.8、底径4.4、高4.2厘米（图三六三，1；彩版三〇，2）。

陶执壶　2件。泥质褐陶。直口微敛，圆唇，高领较直，圆肩，弧腹，平底，中部挖空成圈足。肩部一侧有柱状短流，相对一侧的领、肩部有半环形鋬。器表饰有数周弦纹。M234：2，口径6.6、底径5.6、高14.0厘米（图三六三，2；图版四五，5）。M234：3，口径6.6、底径5.9、高14.0厘米（图三六三，3；图版四五，6）。

34. M237

（1）墓葬概况

位置和层位关系　位于发掘区南部。该墓开口于扰土下，向下打破生土，墓口距地表深1.50米。方向186°。

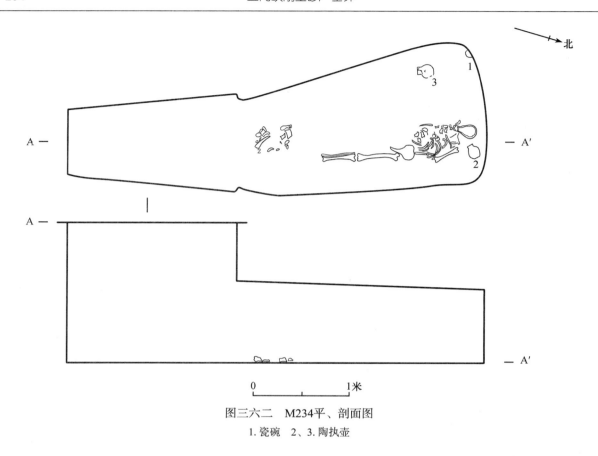

图三六二　M234平、剖面图
1. 瓷碗　2、3. 陶执壶

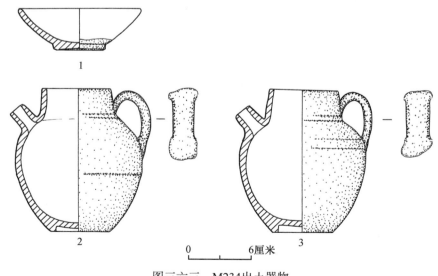

图三六三　M234出土器物
1. 瓷碗（M234：1）　2、3. 陶执壶（M234：2、3）

　　形制与结构　竖穴墓道土洞墓，由墓道、墓室组成。墓道位于墓室南侧，平面呈长方形，直壁，加工一般，底面呈缓坡状。墓道长1.40、宽1.05～1.10、残高0.40～0.56米，坡长1.90米。墓室为土洞室，平面呈长方形，墓室壁近直，加工一般。墓室长1.90、宽1.05～1.25、残高0.56米。

填土 墓道填土为黄褐色花土，土质较硬。墓室内为黄褐色淤土，土质较硬。

葬具 不详。

人骨 不详（图三六四）。

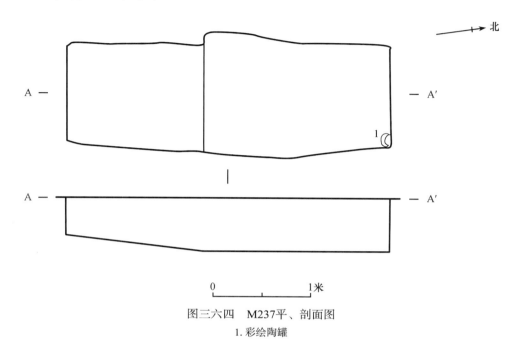

图三六四 M237平、剖面图
1. 彩绘陶罐

（2）出土器物

共出土1件彩绘陶罐，位于墓室东北角。

彩绘陶罐 1件。M237：1，泥质灰陶。侈口，圆唇，束颈，溜肩，弧腹，平底。腹部饰有一周凹弦纹，器表通体施有一层白色化妆土，其上彩绘，大多已脱落。口部用红彩涂有不规则的圆形图案，颈肩部用黑线勾绘出覆莲纹，其下为一周几何形纹饰带，下腹部用黑线勾绘半朵形花卉图案，依稀可辨。口径11.3、肩径14.1、底径8.4、高13.3厘米（图三六五；彩版三〇，1）。

35. M242

（1）墓葬概况

位置和层位关系 位于发掘区南部。该墓开口于扰土下，向下打破生土，墓口距地表深2.25米。方向180°。

形制与结构 竖穴墓道土洞墓，由墓道、墓室组成。墓道位于墓室南侧，平面呈长方形，直壁，加工一般，底面较平，南端有2级台阶。墓道长2.40、宽0.80～0.90、深

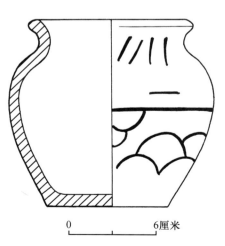

图三六五 M237出土彩绘陶罐
（M237：1）

0.90米，坡长1.92米。墓室为土洞室，平面为长方形，墓室壁近直，加工一般。墓室长1.35、宽1.00~1.10、高0.70米。

　　填土　墓道填土为黄褐色花土，土质较硬。墓室内为黄褐色淤土，土质较硬。

　　葬具　不详。

　　人骨　不详（图三六六）。

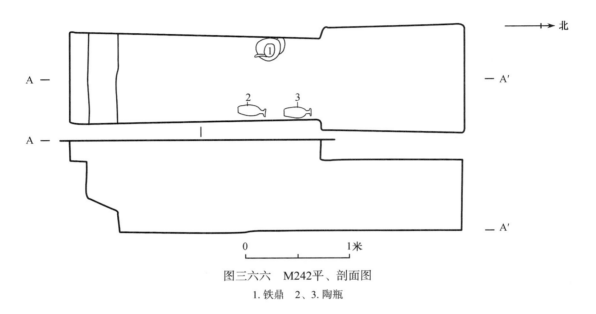

图三六六　M242平、剖面图
1. 铁鼎　2、3. 陶瓶

（2）出土器物

　　共出土3件随葬品。铁鼎1件位于墓道中部偏西，陶瓶2件位于墓道东北部。

　　铁鼎　1件。M242：1，残，锈蚀严重。M242：1-1，为鼎身。敞口，折沿，沿面微凹上扬，尖唇，斜腹，底部残。口沿上有对称双耳，成半圆形，腹部接有三个高蹄形足。口径19.9、残高5.2厘米。M242：1-2，与鼎身组合出土，呈灯台状，或作鼎盖使用。敞口，折沿，沿面上扬，尖唇，斜直腹，平底。口径17.1、底径9.2、高4.2厘米（图三六七，1）。

　　陶瓶　2件。泥质灰陶。侈口，折沿，沿面内有一周凹弦纹，斜方唇下垂，束颈，长椭圆形腹，平底。素面。M242：2，口径5.2、底径5.4、高20.7厘米（图三六七，2；图版四七，6）。M242：3，瓶身较长。口径5.4、底径5.4、高24.0厘米（图三六七，3；图版四七，7）。

36. M254

（1）墓葬概况

　　位置和层位关系　位于发掘区南部。该墓开口于扰土层下，向下打破生土，墓口距现地表深2.20米。方向185°。

　　形制与结构　竖穴墓道土洞墓，由墓道、墓室组成。墓道位于墓室南部，平面呈长方形，墓壁较直，加工较好，底面呈缓坡状。墓道长1.44、宽1.03~1.13、深0.45米。墓室为土洞室，

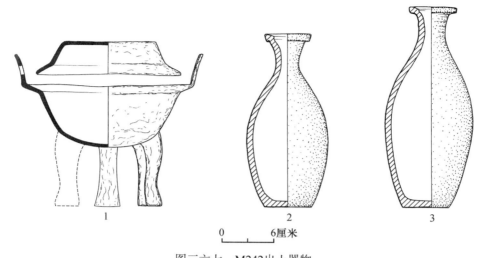

图三六七 M242出土器物
1. 铁鼎（M242：1） 2、3. 陶瓶（M242：2、3）

平面近长方形，具体结构不详。墓室长3.20、宽1.50、高0.70米。

填土 墓道填土为黄褐色花土，土质较硬。墓室内为黄褐色淤土，土质较硬。

葬具 不详。

人骨 不详（图三六八）。

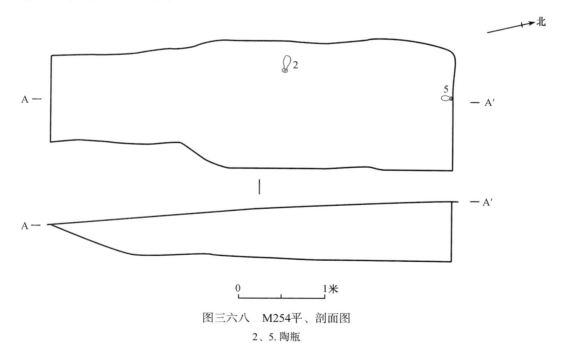

图三六八 M254平、剖面图
2、5. 陶瓶

（2）出土器物

共出土5件（套）随葬品。铁剪刀、陶瓶位于墓室西部，铜钉位于墓室中部，陶瓶位于墓室最北部，墓室四周有4枚铜钱。

陶瓶 2件。泥质灰陶。侈口，平折沿，沿面有一周凹弦纹，斜方唇微下垂，束颈，细长椭圆形腹，平底。M254：2，下腹部有数周凹弦纹。口径6.2厘米，底径4.4、高21.6厘米（图三六九，1；图版四七，8）。M254：5，近底处有两周凹弦纹。口径6.6、底径4.4、高20.4厘米（图三六九，2；图版四七，9）。

铁剪刀　1件。M254：1，残，锈蚀。交股剪，形体较短，斜直刃，背部斜直，近首端变弧形，两端渐窄呈尖首，柄部弯曲成"8"字形。长27.6、宽6.6厘米（图三六九，3；图版四六，4）。

铜钉　1组2枚。M254：3，圆盔形帽，其内中间有短柱成钉，较尖。帽径2.0厘米（图三六九，4；图版四六，3）。

铜钱　1组4枚。M254：4，锈蚀。两面内外均有郭。钱文"开元通宝"。钱径2.4厘米（图四〇一，15；图版四六，2）。

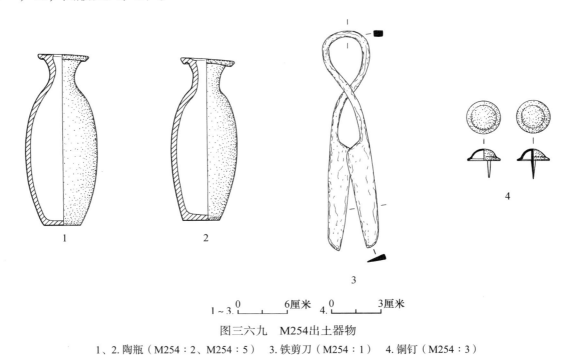

图三六九　M254出土器物

1、2.陶瓶（M254：2、M254：5）　3.铁剪刀（M254：1）　4.铜钉（M254：3）

37. M260

（1）墓葬概况

位置和层位关系　位于发掘区南部。该墓开口于扰土层下，打破M261墓道，向下打破生土，墓口距现地面深2米。方向205°。

形制与结构　竖穴墓道土洞墓，由墓道、墓室组成。墓道位于墓室南侧，口底同大，平面呈长方形，墓壁较直，加工较好。墓道长2.70、宽0.80～0.90、深3.50米。墓道口有四级台阶，第一级长0.80、宽0.46、高0.22米，第二级长0.82、宽0.24、高0.40米，第三级长0.82、宽0.22、高0.16米，第四级长0.84、宽0.22、高0.20米，斜坡长1.40米。墓室为土洞室，平面呈不规则四边形，弧形顶，墓室壁近直，加工一般平底，比墓道底高0.20米。墓室长3.30、宽2.10～2.50、高1.65～1.70米。

填土　墓道填土为黄褐色花土，土质较硬。墓室内为黄褐色淤土，土质较软较疏松。

葬具　不详。墓底发现少量草木灰。

人骨　一具。仰身直肢葬，头向北，面向上，保存状况较差，性别、年龄不详（图三七〇）。

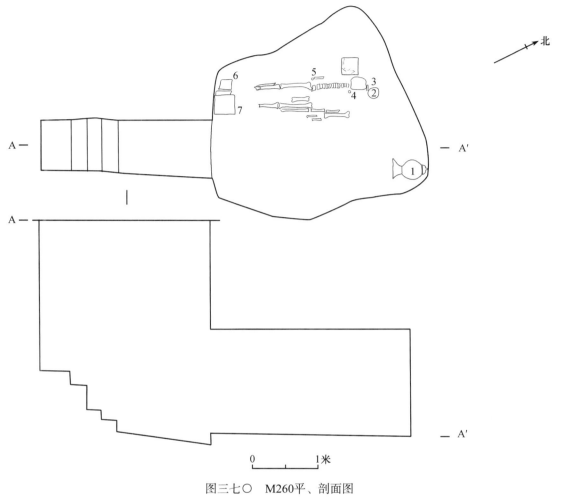

图三七〇　M260平、剖面图

1. 彩绘塔式罐　2. 铜镜　3. 银钗　4、5. 铜钱　6. 皮制品　7. 砖墓志

（2）出土器物

共出土7件随葬品。彩绘塔式罐位于墓室东北侧，铜镜、皮制品、银钗位于墓室人骨头骨以北，铜钱分别位于人骨下颌处与右手附近，砖墓志位于墓室西南角。

彩绘塔式罐　1件。M260：1，泥质灰陶。由盖、罐身、底座三部分组成。盖顶部有双层宝珠式钮，盖面隆起，平缘，体中空。罐身微侈口，折沿，圆唇，微束颈，广圆肩，圆腹，平底内凹，近底处有一周凹弦纹，器内壁腹部有大凸圆点。底座呈喇叭形，平顶封闭，其下有一"爪"字形划线，微束腰，底部外扩较甚，边缘凸起。盖、罐身和底座器表通体饰有一层白色化妆土，其上彩绘，局部已脱落。盖钮宝珠之间饰橘黄色彩，盖面上用黑线勾绘不等距的六朵覆莲纹，边缘上饰红彩，红彩上用黑彩勾绘不规则的斜线。罐身颈、肩部用黑线勾绘一周莲瓣纹，其外用黑线勾画一周不规则的放射状短线，肩腹交接处饰有一周橘黄

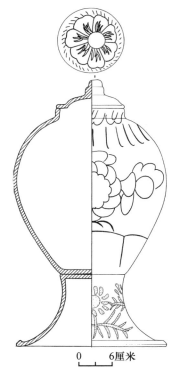

图三七一　M260出土彩绘塔式罐
（M260：1）

彩；腹部上下各用黑线勾绘一周弦纹，弦纹之间用黑线勾绘出两朵主体花卉图案，花卉为全朵形，两侧用黑线勾绘出若干花叶；下腹至底部用黑线勾绘出莲瓣纹。底座上用红彩和橘黄彩勾绘出四组花卉图案，每组上下两朵，花卉中心上下交错涂橘黄色彩；近边缘处间以花卉，已不清楚；底座边缘上涂橘黄色彩。座底径26.4、通高49.6厘米（图三七一；彩版三一，4）。

铜镜　1枚。M260：2，四神八卦干支镜。圆形，镜钮为半球形钮。镜背纹饰分三区：外区为青龙、白虎、朱雀、玄武四神图像；中区为十二方格，其内纹为十二地支；内区为八卦图像。直径14.2、缘厚0.6、钮高0.8厘米（图三七二，1；彩版三一，3）。

银钗　1件。M260：3，双股形钗。呈U形，系用两根银条焊接而成，钗首较粗。残长4.1厘米（图三七二，2）。

铜钱　2枚。锈蚀严重。M260：4，两面内外均有郭。钱文不可辨识，钱背有仰月。钱径2.5厘米。M260：5，残，不规整。钱面内外均有郭，钱背无郭，可辨识为"开元通宝"。钱径2.2～2.3厘米（图四○一，16）。

皮制品　1件。M260：6，残损严重。为薄片状，具体形制不详。

砖墓志　1合。M260：7，盖、志均为方形，其上文字不清，无法辨识。

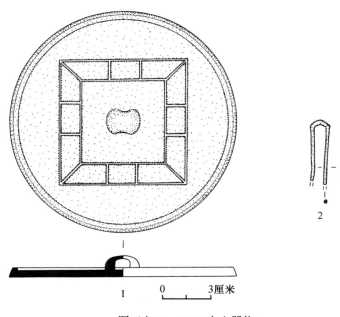

图三七二　M260出土器物

1. 铜镜（M260：2）　2. 银钗（M260：3）

38. M263

（1）墓葬概况

位置和层位关系　位于发掘区南部。该墓开口于扰土层下，向下打破生土，墓口距现地表深2.00米。方向166°。

形制与结构　竖穴墓道土洞墓，由墓道、过洞、天井、墓室组成。墓道位于墓室南部东，平面呈长方形，开口长2.30、宽0.67～0.80米。墓道口南部有两级台阶，第一级长0.70、宽0.40、高0.30米，第二级长0.70、宽0.24、高0.40米。过洞位于墓道口以北，平面呈长方形，进深1.09、宽0.67米。过洞与墓室间有一天井，口底等大，平面呈长方形。长1.64、宽0.60～0.67米。墓室为土洞室，平面近长方形，弧形顶，墓室壁近直，加工一般，近平底。墓室长2.81、宽0.63～2.31、高0.86～1.40、深3.10米。

填土　墓道填土为黄褐色花土，土质较硬。墓室内为黄褐色淤土，土质较软较疏松。

葬具　不详。

人骨　不详（图三七三）。

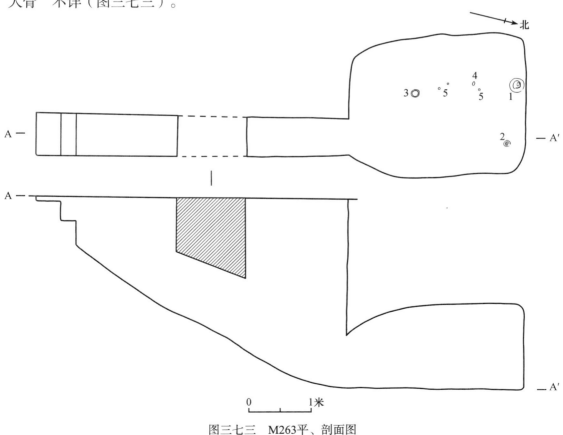

图三七三　M263平、剖面图

1. 彩绘陶罐　2. 陶瓶　3. 陶盏　4. 蚌壳　5. 铜钱

（2）出土器物

共出土5件（套）随葬品。彩绘陶罐1件位于墓室西北部，陶瓶1件位于墓室东北部，陶盏1

件位于墓室东南部，蚌壳1个位于墓室中北部，铜钱1组3枚位于墓室中部。

彩绘陶罐　1件。M263：1，泥质灰陶。微敛口，方唇微凹，矮领，圆肩，深弧腹，平底内凹。肩部饰有对称双耳，已残，形制不详；器内壁分布有大凸圆点。肩腹部用白彩勾绘图案，已不清晰，肩部用白彩勾绘覆莲纹，其下纹饰不详。口径14.0、肩径25.2、底径12.4、高29.0厘米（图三七四，1；彩版三一，5）。

陶瓶　1件。M263：2，泥质灰陶。侈口，折沿微凹，方唇下勾，唇面有一周凹弦纹，沿面内有一周凹弦纹，束颈，溜肩，鼓腹，平底内凹。素面。口径5.8、底径6.0、高16.8厘米（图三七四，2；图版四七，3）。

陶盏　1件。M263：3，泥质灰陶。敞口，圆唇，浅斜腹，平底，平底处有一周凹弦纹，底部有刮削痕迹。素面。口径10.6、底径4.0、高3.6厘米（图三七四，3；图版四六，1）。

蚌壳　1个。M263：4，残。较厚重，背部不平，有放射状线。残长6.4、宽4.4厘米（图三七四，4）。

铜钱　1组3枚。M263：5，锈蚀，其中一枚锈蚀较严重，钱文不详。另外两枚的钱文为"开元通宝"，两面内外均有郭。钱径2.5厘米（图四〇一，17）。

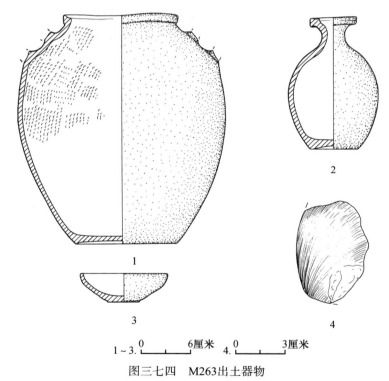

图三七四　M263出土器物

1. 彩绘陶罐（M263：1）　2. 陶瓶（M263：2）　3. 陶盏（M263：3）　4. 蚌壳（M263：4）

39. M003

（1）墓葬概况

位置和层位关系　位于发掘区南部。该墓开口于地表土层下，向下打破生土，墓口距现地表深0.80米。方向186°。

形制与结构 竖穴斜坡墓道土洞墓，由墓道、过洞、天井、墓门、墓室组成。墓道位于墓室南侧，口小底大，平面近长方形，墓壁斜直，底为斜坡状。墓道南部因故未发掘，已发掘的墓道口长2.50、宽0.64～0.70米，墓道底长2.46、宽0.80～0.83米，墓底距墓口深3.12～4.30米，坡长2.70米。墓道北侧有一过洞，过洞宽0.20～0.30、高2.53米。天井位于过洞北侧，平面近长方形，壁较直。天井口长2.30、宽0.48～0.64米，底长1.85、宽0.81、深4.40～5.20米。天井北部为墓室，墓室为土洞室，平面呈不规则四边形，弧形顶，墓壁较直，近平底。墓室长2.40、宽1.42～1.72、高0.90～1.80米，墓门高1.76米。墓室东南角发现有一壁龛，口部呈半圆形，拱顶，长0.30、高0.20、进深0.10米。

填土 墓道、天井填土为红褐色花土，土质较硬。墓室内为红褐色淤土，土质较硬。

葬具 墓室内偏西部发现有棺钉和棺痕，推测葬具为木棺，已腐朽。棺痕长1.80、宽0.80米。

人骨 两具。均为仰身直肢葬，头向南，面向上。人骨腐朽严重，保存状况差。东侧人骨为男性，西侧人骨为女性，年龄不详（图三七五；彩版一三，1）。

（2）出土器物

共出土有24件（套）随葬品，均位于墓室及壁龛内。其中棺痕南部出土陶罐、陶瓶，墓室东部出土2件彩绘陶马俑，墓室东南近墓门处出土2件彩绘陶武士俑和墓志，墓室北部、壁龛内各出土1件陶碗，墓室西南角出土较多彩绘陶泥人俑，另发现彩绘泥人首蛇身俑1件，木棺内发现的随葬品有铜带具、铜钱、铜饰、铜合页和铜钗。

① 陶俑

14件。均为彩绘陶俑。人物俑12件，马俑2件。

彩绘陶武士俑 2件。形制接近。M003：5，面部主要施白彩，双眉微蹙，两眼凸鼓圆睁，高鼻梁，嘴微张，黑彩胡须。左臂弯曲前伸，左手微张，左手指已失；右臂亦弯曲前伸，右手握空拳，两手应持有物，手持物已失。左腿直立，右腿弯曲，右脚点立于蹄形底台座之上。头戴黑彩尖顶盔，前部向上翻折，施橘黄彩；颈部饰橘黄色领巾，颈以下纵束黑彩甲带，至胸甲下横竖束至腰后，胸甲中分为两部分，各有一圆护。内着橘黄色窄袖半长裙至膝，腰系黑带后挽。明光铠以橘黄色彩间黑彩为主。足着黑彩间以橘黄色尖头靴。武士俑形体健壮、形象威武。通高59.0厘米（图三七六，1；彩版一七，1、2）。M003：6，面部主要施以白彩，双眉微蹙，两眼凸鼓圆睁，高鼻梁，撇嘴。左臂弯曲上扬，左手握空拳，手执物已失；右臂亦弯曲，右手叉于腰间。左腿弯曲，左脚点立于蹄形底台座之上；右脚直立。头戴橘黄色尖顶盔，前部向上翻折，施橘黄彩；颈部饰橘黄色领巾，颈以下纵束黑彩甲带，至胸甲下横竖束至腰后，胸甲中分为两部分，各有一圆护。内着橘黄色窄袖半长裙至膝，腰系黑带后挽。明光铠以橘黄色彩为主。足着尖头靴，彩绘颜色不详。武士俑形体健壮、形象威武。通高60.0厘米（图三七六，2；彩版一七，3、4）。

彩绘陶幞头俑 6件。M003：15，圆脸，眼部为彩绘黑彩，细长眉，低鼻梁，黑彩八字胡，嘴微张，头部微左倾右视。两臂弯曲微上抬，两手张开垂直于地面，置于膝部上方。盘腿而坐，右腿在前。头覆宽扁顶幞头帽，无结节，身着橘黄色圆领中长袍，阴刻凹槽腰带，姿

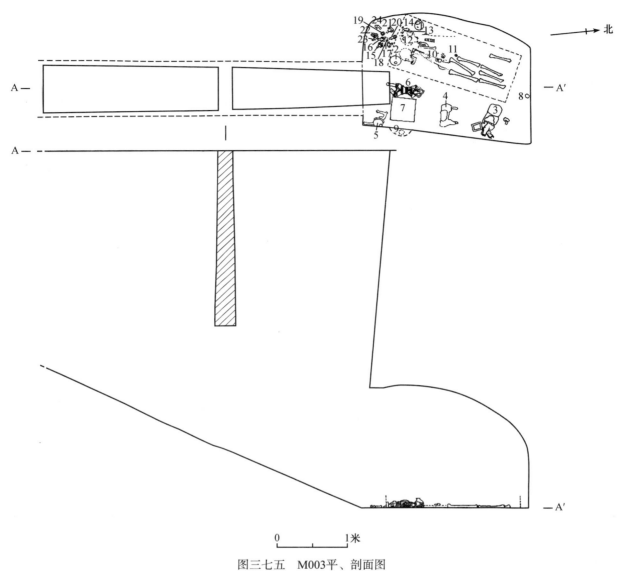

图三七五　M003平、剖面图

2.陶瓶　3、4.彩绘陶马　5、6.彩绘陶武士俑　7.墓志　8、9.陶碗　10.铜带具

11.铜钱　12.铜合页　13.铜饰　14.铜钗　15~18、20、21.彩绘陶蹼头俑

19.彩绘泥塑人俑头　22.彩绘陶风帽俑　23.彩绘泥塑蹼头俑　24.彩绘泥塑人俑

态肃穆。宽11.6、高14.2厘米（图三七八，2；彩版一八，3）。M003：16，圆脸，头部左倾，
细眼平视，高长鼻，黑彩山羊胡，嘴部张开，左臂弯曲贴于膝上，左手微张，手指已失，右臂
弯曲前伸，右手微握，两手似手中执物，手执物已失。左腿弯曲垂直置于地，右腿弯曲盘于
地。身着黑彩间以橘黄彩圆领短袖短袍，姿态安逸。宽10.2、高13.4厘米（图三七八，1；彩
版一八，4）。M003：17，圆脸，头部微上扬，微蹙眉，黑彩圆目仰视，宽鼻梁，嘴部张开微
凸，黑彩山羊胡。两臂弯曲前伸，右手实握，左手虚握似执物，手执物已失。两腿并拢呈站
立状，右脚缺失，腰部微弯，头覆宽扁顶蹼头帽，身着圆领短袖短袍，姿态安逸。宽11.6、高
19.2厘米（图三七九，1；彩版一八，2）。M003：18，圆脸，微蹙眉，圆目左视，宽鼻梁，

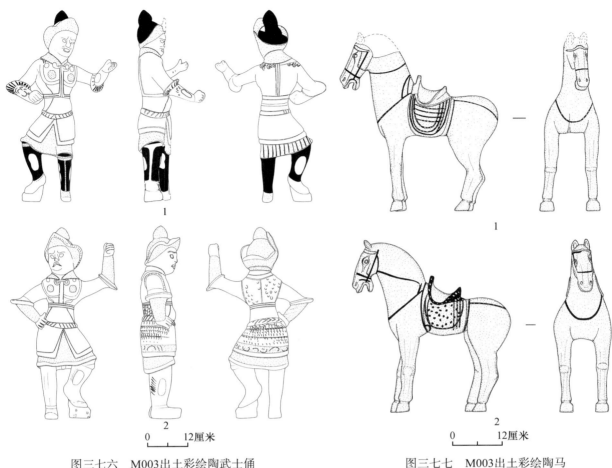

图三七六　M003出土彩绘陶武士俑
1、2.彩绘陶武士俑（M003：5、6）

图三七七　M003出土彩绘陶马
1、2.彩绘陶马（M003：3、4）

嘴部张开微凸，黑彩山羊胡。左臂弯曲向上，左手张开，右臂弯曲上扬，右肘部以下缺失。右腿盘坐贴于地，左腿弯曲前伸，足跟触地，左足尖缺失。头覆宽扁顶幞头帽，内着橘黄彩圆领衣，外着左翻领中长袍，翻领为橘黄彩，右臂不覆外衣，姿态肃穆。宽13.0、高14.0厘米（图三七八，3；彩版一九，1、2）。M003：20，长方脸，浓眉，两眼凸鼓圆睁左视，高鼻梁，黑彩八字胡，嘴微张，嘴唇凸鼓似鸭嘴。左臂张开微弯曲，左手张开，右臂张开微弯曲稍前伸，右手手指已失。双腿下蹲成马步状，重心微向上，两足间向内。头覆黑彩尖顶幞头帽，身着黑彩条纹圆领短袍，下着黑彩条纹分裆及足长裤，阴刻凹槽黑彩腰带，姿态滑稽。宽16.0、高18.2厘米（图三七九，3；彩版一八，1）。M003：21，圆脸，黑彩两眼圆睁平视，宽鼻梁，黑彩浓胡，嘴微张略向右撇。面部以红彩为主。左半身微向前倾，左臂弯曲前伸，左手已失，右臂弯曲略前伸，右手微握。双腿跪坐于地，两膝分开，两脚交叉于身后。头覆宽扁顶幞头帽，身着橘黄色彩圆领及膝中长袍，领口饰黑彩，姿态平和。微残。宽10.2、高14.8厘米（图三七九，2；彩版一九，3、4）。

彩绘陶风帽俑　1件。M003：22，长方脸，黑彩两眼圆睁俯视，头向左倾，抿嘴。左臂微曲下垂于地，右臂弯曲前伸，两手皆拢于袖中。该俑呈坐姿，左腿弯曲垂于地，右腿似盘坐于地，两腿皆遮于衣下。头覆黑彩风帽，身着白彩左翻领及足长袍，翻领为橘黄色彩，姿态慵

图三七八　M003出土陶俑（一）

1～3.彩绘陶幞头俑（M003：16、15、18）

懒。宽9.0、高13.6厘米（图三八〇，1；彩版一九，5、6）。

彩绘泥塑幞头俑　1件。M003：23，圆脸，黑彩两眼圆睁平视，高鼻梁，抿嘴。两臂已失。坐于圆形椅上，双腿自然下垂于地。头覆黑彩宽扁顶幞头帽，身着白彩圆领及足长袍，姿态平和。宽6.6、高16.4厘米（图三八〇，2）。

彩绘泥塑人俑　1件。M003：24，长方脸，黑彩两眼圆睁，高鼻梁，宽嘴巴。两臂已失，鼓腹。宽7.6、高14厘米（图三八〇，3）。

彩绘泥塑人俑头　1件。M003：19，仅存俑头，俑体形制不详。宽2.6、高4.6厘米（图三八〇，4）。

彩绘陶马　2件。形制相近。M003：3，勾首，平背，四肢站立，无底座，马尾缺失，体中空，嘴衔黑彩马嚼，两眼凸鼓平视，鼻孔凹陷为长条状，两耳竖直，颈部及马背饰有长条黑彩辔头，背置橘黄色彩马鞍及黑彩夹杂圆形白彩马鞯，马鞯下方有黑彩夹杂圆形白彩马镫，马体态饱满健硕。体长38.0、通高41.8厘米（图三七七，1；彩版一六，2）。M003：4，勾首，平背，马尾残失，四肢直立，无底座，体中空，嘴衔黑彩夹杂圆形白彩马爵，两眼凸鼓俯视，

图三七九　M003出土陶俑（二）

1~3.彩绘陶幞头俑（M003：17、21、20）

鼻孔凹陷为长条状，两耳竖直，颈部及马背饰有长条黑彩夹杂圆形白彩辔头，背置白彩、边缘为黑彩马鞍及橘黄彩夹杂圆圈黑彩马鞯，马鞯下方有黑彩夹杂圆形白彩马镫，马体态饱满健硕。体长38.0、通高43.0厘米（图三七七，2；彩版一六，1）。

②陶器

陶罐　1件。M003：1，泥质灰陶。侈口，卷沿，圆唇，束颈，圆肩，微鼓腹，平底微内凹。肩部附有对称双环耳。素面。口径6.6、肩径13.4、底径7.0、高13.8厘米（图三八一，1；图版三八，1）。

陶瓶　1件。M003：2，泥质灰陶。口残，细颈，圆肩，圆鼓腹，平底微内凹。素面。底径8.2、残高18.4厘米（图三八一，2）。

图三八〇　M003出土陶、泥俑
1. 彩绘陶风帽俑（M003：22）　　2. 彩绘泥塑幞头俑（M003：23）
3. 彩绘泥塑人俑（M003：24）　　4. 彩绘泥塑人俑头（MM003：19）

　　陶碗　2件。M003：9，泥质灰陶。敞口，折沿，方唇，斜直腹，平底微凹。素面。口径10.6、底径5.0、高3.6厘米（图三八一，3；图版三八，2）。M003：8，泥质灰陶。敞口，圆唇，浅斜腹，平底微凹。素面。口径10.3、底径4.8、高2.8厘米（图三八一，4；图版三八，3）。

　　③铜器

　　铜带具　1组6件。M003：10-1，铜带扣，一端为椭圆形扣孔及直扣鼻，另一端为两片半椭圆形铜片铆合而成。长3.0、宽2.8、厚0.8厘米。M003：10-2，铜带銙4件，形制分两类。一类为长方形铜带銙，一件由两块长方形铜片用铆钉铆合，四角有铆钉；一件已残，仅剩一块铜

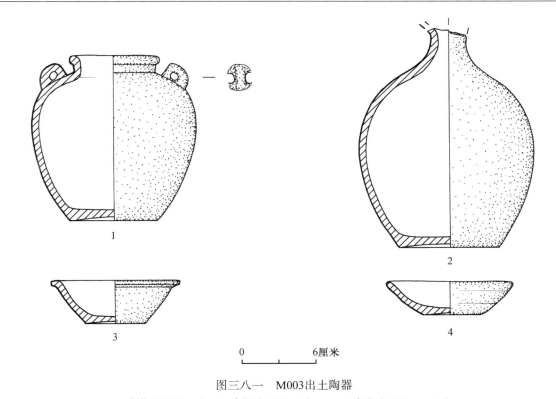

图三八一 M003出土陶器

1. 陶罐（M003：1） 2. 陶瓶（M003：2） 3、4. 陶碗（M003：9、8）

片，四角有铆钉。该类两件一端皆由长方形扣孔。一类为半圆形铜带銙，由两块半圆形的铜片用铆钉铆合而成，共四处铆钉，两端两边各有一铆钉，一整一残，近中部有一长方形扣孔。长2.7、宽3.2、厚0.8厘米。M003：10–3，铜铊尾一件，由两片半椭圆形铜片铆合而成。长2.5、宽2.2、厚0.8厘米（图三八二，1；图版三八，5）。

铜饰 1件。M003：13，首部呈花瓣状，背面有两个细柱状钉用以镶嵌，细柄，柄尾部卷起，形成一圆孔。长4.0、宽2.0厘米（图三八二，2；图版三八，4）。

铜合页 1套6件。M003：12，形制相同，皆由两个半椭圆形铜片制成，中间有环轴，环轴已锈，两面之间用细柱状钉相连。长4.8、宽2.2厘米（图三八二，3；图版三八，6）。

铜钗 1件。M003：14，系由圆形铜料弯曲制成，分两股，整体呈U形，钗股已残，自钗首至尾端渐收窄。残长6.5、宽1.5厘米（图三八二，4）。

铜钱 1组2枚。M003：11，圆形方穿，正面内外郭规整，背面无郭。钱文"开元通宝"，楷书，直读。钱径2.5厘米（图三八二，5）。

④ 墓志

M003：7 1合。方砖墓志。志、盖均为正方形。志盖盝顶，顶面用白彩篆书"大唐故□□□墓志铭"。志盖背面饰绳纹，正面平滑无字。墓志正面文字不清，背面饰绳纹。志盖边长34.0、厚5.0米，志边长35.0、厚6.5厘米。

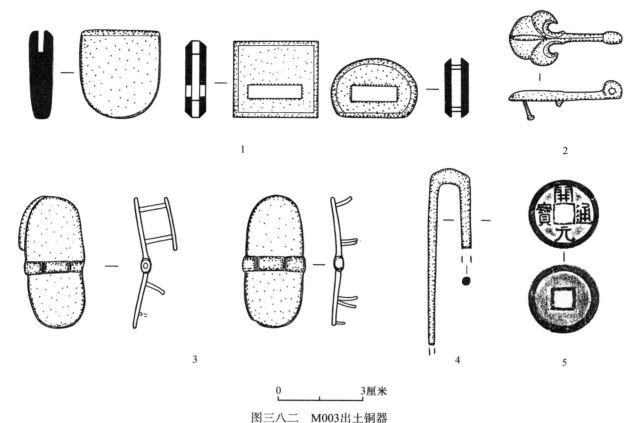

0   3厘米

图三八二　M003出土铜器

1. 铜带具（M003：10-2）　2. 铜饰（M003：13）　3. 铜合页（M003：12）

4. 铜钗（M003：14）　5. 铜钱（M003：11-1）

40. M004

（1）墓葬概况

位置和层位关系　位于发掘区南部。该墓开口于地表土层下，向下打破生土，墓口距现地表深0.80米。方向163°。

形制与结构　竖穴墓道土洞墓，由墓道、甬道、墓室组成。墓道位于墓室南侧，口小底大，平面近长方形，墓壁较斜直，底近平。墓道口长1.60、宽0.74～0.90米，墓道底长1.46、宽0.84～0.98米，墓底距墓口深1.10米。墓室为土洞室，平面近长方形，弧顶，墓室壁较直，底近平。墓室长1.58、宽1.20～1.44、高0.80～0.86米，墓门高0.80米。

填土　墓道填土为红褐色花土，较软较疏松。墓室内为红褐色淤土，较软较疏松。

葬具　木棺。已腐朽，仅存棺痕，长1.88、宽0.66、残高0.07米。

人骨　一具。仰身直肢葬，头向北，面向上，性别、年龄不详（图三八三）。

（2）出土器物

共出土1件铁器，位于人骨骨盆上方。

铁器　M004：1，锈蚀严重，首尾残缺。曲棒形，应为铁带钩，背部有圆形柱钮。

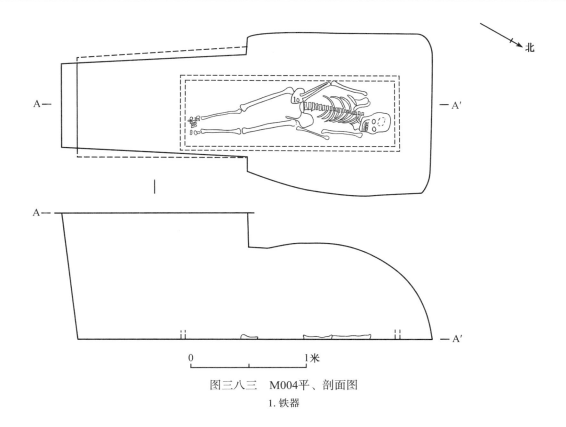

图三八三　M004平、剖面图
1. 铁器

41. M005

（1）墓葬概况

位置和层位关系　位于发掘区北部。该墓开口于地表土层下，向下打破生土，墓口距现地表深0.80米。方向188°。

形制与结构　竖穴墓道土洞墓，由墓道、墓室组成。墓道位于墓室南侧，口小底大，平面呈长方形，斜直壁，加工一般，近平底。墓道口长1.75、宽0.65~0.80米，墓道底长2.00、宽0.57~1.05米，墓底距墓口深2.56米。甬道进深0.29米。墓室为土洞室，平面近长方形，弧顶，近平底，加工一般。墓室长1.46、宽1.00~1.18、高0.60~1.20米，墓门高1.20米。

填土　墓道填土为黄褐色花土，土质较硬。墓室内为黄褐色淤土，土质坚硬。

葬具　不详。

人骨　三具。均为仰身直肢葬，头向北，面向上，保存一般，性别、年龄不详（图三八四）。

（2）出土器物

共出土1件白瓷碗，位于墓室填土中。

瓷碗　1件。M005：1，白釉，黄褐胎。敞口，圆唇，斜直腹，平底微内凹，底面边沿有一周凸起。腹部饰有三周弦纹。器身饰有化妆土，器内施满釉，外部施釉不到底，足底有朱书"平"字。口径11.2、底径4.0、高3.8厘米（图三八五；彩版二〇，4、5）。

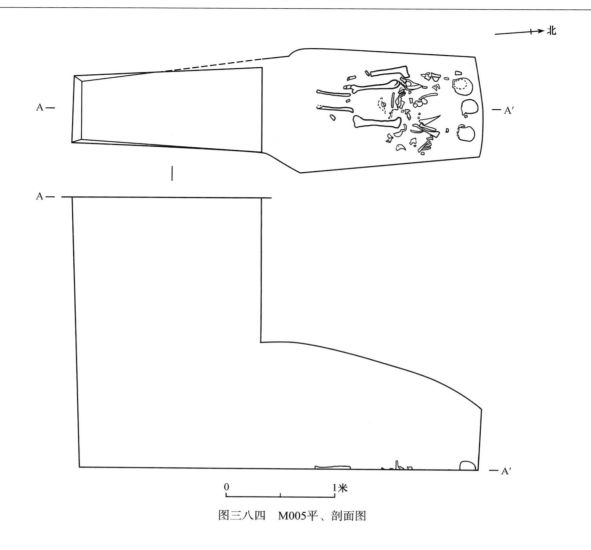

图三八四　M005平、剖面图

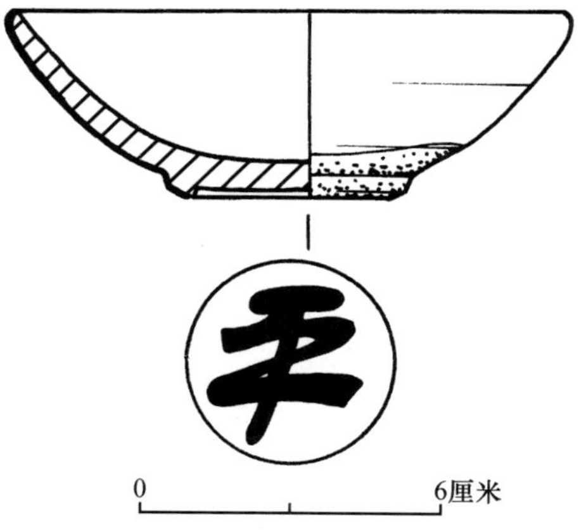

42. M0012

（1）墓葬概况

位置和层位关系　位于发掘区北部。该墓开口于地表土层下，向下打破生土，墓口距现地表深0.8米。方向180°。

形制与结构　竖穴墓道土洞墓，由墓道、墓室组成。墓道位于墓室南侧，平面呈梯形，直壁，加工一般。墓道长2.35、宽0.72~0.96、深1.30米。墓道南端有2级台阶，第一级长0.95、宽0.13、高0.40米，第二级长0.93、宽0.15、高0.50米。墓室为土洞室，平面近长方形，加工一般，弧顶，近平底。墓室长1.65、宽0.86、高0.52~0.70米，墓门高0.70米。

填土　墓道填土为黄褐色花土，土质较软。墓室内

图三八五　M005出土瓷碗

（M005：1）

为黄褐色淤土，土质较软。

葬具　不详。

人骨　两具。保存较差，葬式不明，性别、年龄不详（图三八六；彩版一三，2）。

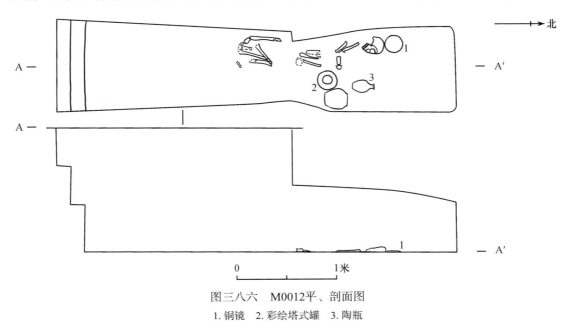

图三八六　M0012平、剖面图
1. 铜镜　2. 彩绘塔式罐　3. 陶瓶

（2）出土器物

共出土15件（套）随葬品。其中铜镜1枚位于人头骨北侧，彩绘塔式罐1件、陶瓶2件位于墓室东南方向，铜手镯2件、彩绘陶俑1件、铁镰刀1件位于墓室人骨附近，铜镜1枚、陶砚台1方、蚌壳1件、铜钗1件、骨器1件、铁器1件、铜钱位于墓室人骨下。

彩绘塔式罐　1件。M0012：2，泥质灰陶。由盖、罐身、底座三部分组成。盖为宝珠钮，顶部呈尖状，盖面微隆起，平折沿，尖唇，腹部中空，上部饰白色彩绘，局部脱落。罐为侈口，卷沿，圆唇，束颈，圆肩，鼓腹，平底微内凹。器身饰有白、黑、红三种彩绘，以白色为地，口、颈部饰红彩，肩腹部用黑彩勾出莲瓣状纹饰，其下为雷纹，下腹部饰红彩。底座为喇叭形，底部有轮制痕迹。外部饰白色彩绘。座底径19.0、通高29.0厘米（图三八七，1；彩版二〇，1）。

陶瓶　2件。泥质灰陶。侈口，平折沿，方唇下垂，束颈，溜肩，鼓腹，平底微凹。口沿内有一周凹弦纹。M0012：3，个体较大。口径6.0、底径6.6、高20.8厘米（图图三八七，3；图版四一，1）。M0012：14，个体较小。口径5.4、底径5.4、高18.3厘米（图三八七，2；图版四一，2）。

铜镜　2枚。M0012：1，花枝镜。六出葵花形，桥形钮，镜缘素面凸起。镜背通体饰花卉图案，图案分内外两区，内区较宽，外区较窄，内区以镜钮为中心依次向外饰相连三层四组花卉纹，最外层花卉间各有一只蝴蝶展翅飞翔；外区近镜缘饰有一周密布的小花瓣纹。镜面平。锈蚀严重。直径18.0、缘厚0.5、钮高0.7厘米（图三八八；彩版二〇，2）。M0012：4，倭角方形，桥形钮，镜缘素面凸起。无纹饰。锈蚀严重。直径13.2、缘厚0.4、钮高0.6厘米（图三八九，1；彩版二〇，3）。

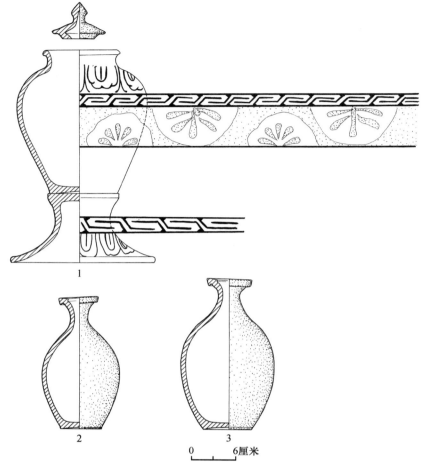

图三八七　M0012出土器物（一）

1. 彩绘塔式罐（M0012：2）　　2、3. 陶瓶（M0012：14、3）

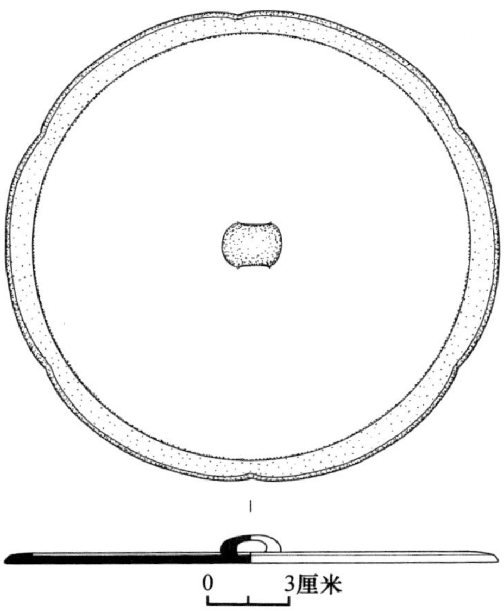

图三八八　M0012出土铜镜

（M0012：1）

陶砚台　1方。M0012：5，泥质灰陶。风字砚，浅敞口，体型较小，尾端为三边弧形，着地，左、右边与底相接隐约有折角，首端近直，下有两个梯形足着地，砚堂从首向尾倾斜，内底有墨痕。长15.6、宽11.6厘米（图三八九，2；图版四一，3）。

铜手镯　1组2件。椭圆形，扁平体，中间宽，两头窄细，活口，头部曲成环状，用铜丝缠绕数周。M0012：7，铜体中部饰有三周凸棱。长径7.2、短径5.5厘米（图三九〇，1；图版四一，5）。M0012：15，铜体中部饰有一周凸棱。长径6.5、短径4.9厘米（图三九〇，3；图版四一，6）。

蚌壳　1件。M0012：6，仅余半扇。通体磨光。宽5.9、长6.7厘米（图三九〇，2；图版四一，4）。

陶俑　1件。M0012：9，整体呈扁长方形，一端有

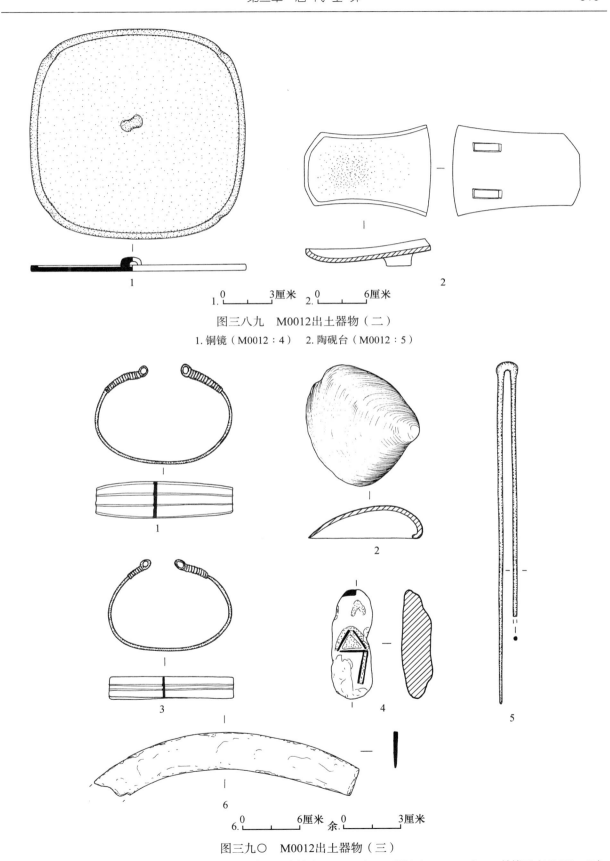

图三八九 M0012出土器物（二）
1. 铜镜（M0012：4） 2. 陶砚台（M0012：5）

图三九〇 M0012出土器物（三）

1、3. 铜手镯（M0012：7、15） 2. 蚌壳（M0012：6） 4. 陶俑（M0012：9） 5. 铜钗（M0012：8） 6. 铁镰刀（M0012：12）

缺口，器身饰一层化妆土，有黑、红彩绘，纹饰不清。长5.9、宽2.1厘米（图三九〇，4）。

铜钗　1件。M0012：8，双股钗。系用一圆形铜条制成，首部稍宽，尾端磨尖。素面。长18.8厘米（图三九〇，5）。

铁镰刀　1件。M0012：12，锈蚀严重，前端残缺呈弯月形，弧背，弧刃，刃部呈锯齿状。残长27.6、宽3.9厘米（图三九〇，6；图版四一，8）。

骨器　1件。M0012：10，残，圆形长条状。残长4.7厘米（图版四一，7）。

铁器　1件。M0012：11，锈蚀严重，呈碎片状。

铜钱　1组3枚。M0012：13，上下粘连，锈蚀严重。钱文"开元通宝"。钱径2.5厘米。

43. M0018

（1）墓葬概况

位置和层位关系　位于发掘区中南部。方向188°。

形制与结构　竖穴墓道土洞墓，由墓道、墓室组成。墓道位于墓室南侧，口底同大，平面呈长方形，墓壁斜直，加工较好，平底。墓道长1.20、宽0.68、深0.86米。墓室为土洞室，平面近长方形，弧形顶，墓室壁近直，加工一般。墓室长1.90、宽1.14、高0.60～0.74米，墓门高0.74米。

填土　墓道填土为黄褐色花土，较疏松。墓室内为黄褐色淤土，较软较疏松。

葬具　不详。

人骨　一具。仰身直肢葬，头向北，面向上，保存状况较差，性别、年龄不详（图三九一）。

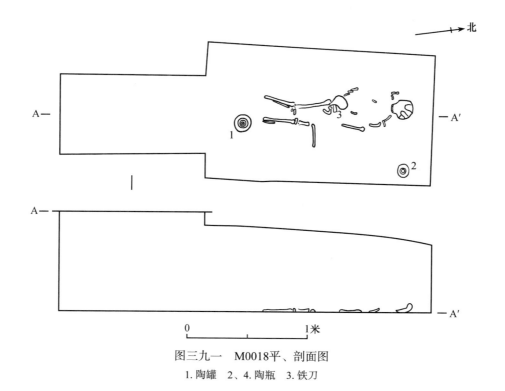

图三九一　M0018平、剖面图

1. 陶罐　2、4. 陶瓶　3. 铁刀

（2）出土器物

共出土4件随葬品。陶罐1件位于墓室南部，陶瓶2件位于墓室北部，铁刀1件位于人骨骨盆下。

陶罐　1件。M0018：1，泥质灰陶。侈口，卷沿，圆唇，束颈，圆肩，鼓腹，平底。腹部饰有一周凹弦纹，内壁近底处有一周凹槽。罐盖顶部有宝珠式钮，顶部有尖，盖面隆起，窄平沿，尖唇，子口内倾，体中空。底径7.4、高20.6厘米（图三九二，1；图版四〇，4）。

陶瓶　2件。泥质灰陶。侈口，平折沿，方唇下垂，束颈，溜肩，鼓腹，平底微凹。口沿内有一周凹弦纹。M0018：2，口径5.4、底径6.0、高16.4厘米（图三九二，2；图版四〇，5）。M0018：4，口沿略倾斜。口径5.4、底径5.6、高16.8厘米（图三九二，3；图版四〇，6）。

铁刀　1件。M0018：3，锈蚀严重，形制不详。

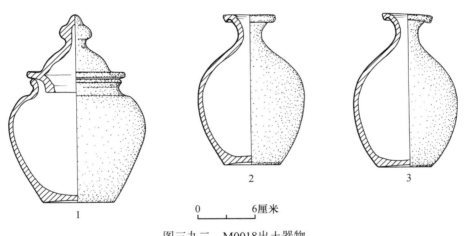

图三九二　M0018出土器物

1. 陶罐（M0018：1）　　2、3. 陶瓶（M0018：2、4）

44. M0020

（1）墓葬概况

位置和层位关系　位于发掘区中南部。该墓开口于地表土层下，向下打破生土，墓口距现地表深0.80米。方向183°。

形制与结构　竖穴墓道土洞墓，由墓道、墓室组成。墓道位于墓室南侧，口底同大，平面呈长方形，墓壁近直，加工较好，平底。墓道长1.20、宽0.50、深1.00米。墓室为土洞室，平面近长方形，平顶，墓室壁近直，加工一般。墓室长1.70、宽0.70、高0.50米。

填土　墓道填土为黄褐色花土，较软较疏松。墓室内为黄褐色淤土，较软较疏松。

葬具　不详。

人骨　不详（图三九三）。

（2）出土器物

共出土1件白瓷碗，位于墓室南部。

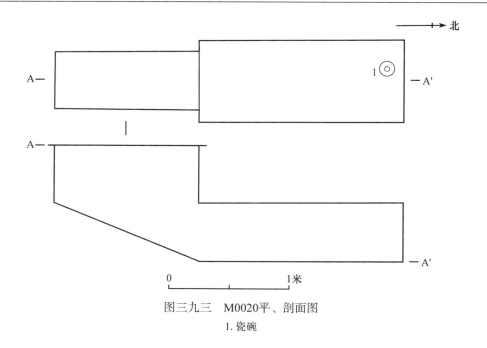

图三九三　M0020平、剖面图
1. 瓷碗

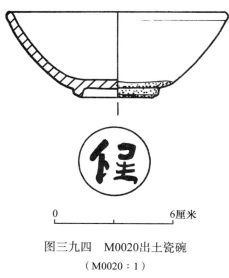

图三九四　M0020出土瓷碗
（M0020：1）

瓷碗　1件。M0020：1，白釉，青灰胎。敞口、尖圆唇，斜直腹，矮圈足。器身饰有化妆土。器内施满釉，外部施釉不到底。近口部有一周凹弦纹，圈足底部墨书"程"字。口径11.2、底径4.4、高4.5厘米（图三九四；彩版二三，3、4）。

45. M0024

（1）墓葬概况

位置和层位关系　位于发掘区南部。该墓开口于扰土下，向下打破生土，墓口距地表深1.80米。方向190°。

形制与结构　竖穴墓道土洞墓，由墓道、墓室组成。墓道位于墓室南侧，平面近长方形，直壁，平底，加工一般。墓道长0.66、宽0.90～1.24、残高0.90米。墓室为土洞室，平面近长方形，墓室壁近直，加工一般，底面南高北低。墓室长2.34、宽1.24～1.70、残高1.00～1.16米。

填土　墓道填土为黄褐色花土，土质较硬。墓室内填土为黄褐色淤土，土质较硬。

葬具　木棺。已腐朽，残存棺痕，长约1.85、宽0.95～1.31、残高0.27、厚0.04米。

人骨　三具。东侧人骨为侧身直肢葬，头向北，面向右，保存状况一般，性别为女性，年龄不详。中部人骨为侧身直肢葬，头向北，面向左上，保存较差，性别为男性，年龄不详。西侧人骨为仰身直肢葬，头向北，面向右下，保存较差，性别为男性，年龄不详（图三九五）。

（2）出土器物

共出土4件（套）随葬品。陶罐1件位于墓道西南角，瓷执壶1件位于墓室西侧人骨头骨西

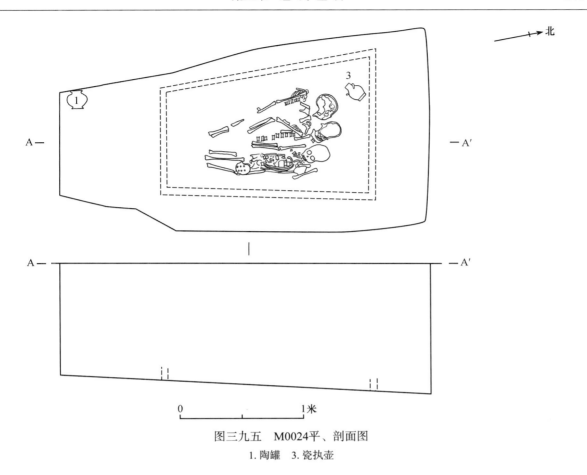

图三九五 M0024平、剖面图

1. 陶罐 3. 瓷执壶

北方，铜钱2枚位于中间人骨头骨西侧。

瓷执壶 1件。M0024：3，酱釉，黄褐胎。近直口，斜方唇，直颈，溜肩，肩部稍突出，鼓腹，假圈足内凹。肩腹部一侧有锥状短流，另一侧有环形鋬，鋬已残。腹部有两周凹弦纹。口部有一周无釉，器内仅口部施釉，器外施釉不及底。口径6.0、底径7.0、高18.6厘米（图三九六，1；彩版二三，5）。

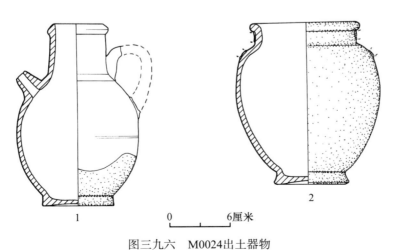

图三九六 M0024出土器物

1. 瓷执壶（M0024：3） 2. 陶罐（M0024：1）

陶罐　1件。M0024：1，泥质灰陶。侈口，卷沿，圆唇，束颈，圆肩，弧腹，假圈足微内凹。腹部饰有数周暗弦纹带，器内有轮制痕迹。口径10.8、肩径14.2、底径7.0、高16.6厘米（图三九六，2；彩版二三，6）。

铜钱　2枚。M0024：2、4，圆形方穿，两面内外均有郭。钱文"开元通宝"。

二、未出土随葬品墓葬

1. M141

位置和层位关系　位于发掘区北部，该墓开口于地表土层下，向下打破生土，墓口距现地表深0.80米。方向185°。

形制与结构　竖穴墓道土洞墓，由墓道、墓室组成。墓道位于墓室南侧，平面呈梯形，口底同大，墓壁较直，底近平。墓道长1.80、宽0.70~0.88、深0.88米。墓室为土洞室，平面近长方形，弧顶，墓室壁较直，底近平。墓室长2.00、宽1.00~1.16、高0.75~0.58米，墓门高0.58米。

填土　墓道填土为红褐色花土，较软较疏松。墓室内为红褐色淤土，较软较疏松。

葬具　不详。

人骨　墓室西部发现有被烧灼过的碎骨渣，疑为火葬（图三九七）。

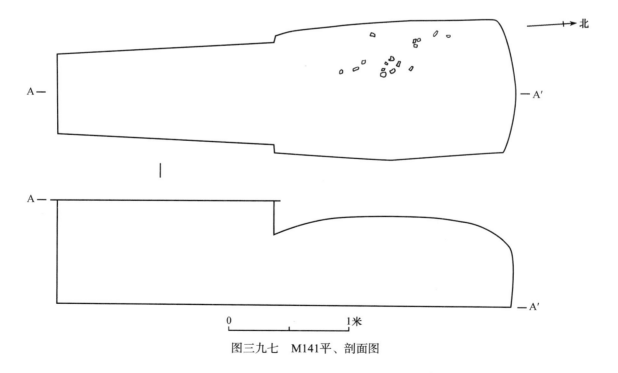

图三九七　M141平、剖面图

2. M001

位置和层位关系　位于发掘区东北部，西邻M181，东邻M182。该墓开口于地表土层下，向下打破生土，墓口距现地表深1.40米。方向160°。

　　形制与结构　　竖穴墓道土洞墓，由墓道、墓室组成。墓道位于墓室南侧，平面呈梯形，直壁，近平底，加工一般。墓道长1.96、宽0.48～0.72、深1.00米。墓室为土洞室，平面近长方形，弧顶，加工一般，近平底。墓室长2.34、宽1.11～1.18、高0.77～0.87米，墓门高0.80米。

　　填土　　墓道填土为黄褐色花土，土质松软。墓室内为黄褐色淤土，土质松软。

　　葬具　　不详。

　　人骨　　一具。人骨散乱，葬式不详，性别、年龄不详（图三九八）。

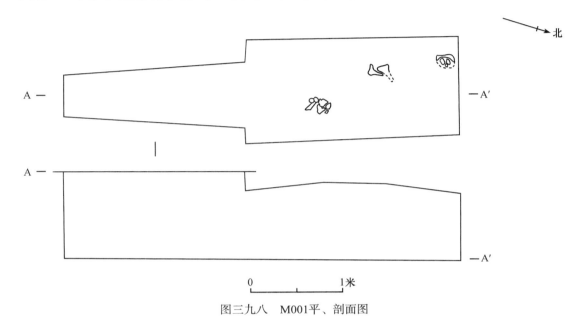

0　　　　　　1米

图三九八　M001平、剖面图

3. M009

　　位置和层位关系　　位于发掘区中北部。该墓开口于地表土层下，向下打破生土，墓口距现地表深0.80米。方向173°。

　　形制与结构　　竖穴墓道土洞墓，由墓道、墓室组成。墓道位于墓室南侧，口底同大，平面呈长方形，墓壁直，加工较好，平底。墓道长1.80、宽0.54～0.66、深1.50米。墓室为土洞室，平面近长方形，弧形顶，墓室壁近直，加工较好。墓室长1.34、宽0.66～1.20、高1.00～1.30米，墓门高1.30米。

　　填土　　墓道填土为黄褐色花土，较软较疏松。墓室内为黄褐色淤土，较软较疏松。

　　葬具　　不详。

　　人骨　　一具。仅有头骨及少量肢骨，葬式不详，年龄、性别不详（图三九九）。

4. M0010

　　位置和层位关系　　位于发掘区北部。该墓开口于地表土层下，向下打破生土，墓口距现地表深0.80米。方向195°。

　　形制与结构　　竖穴墓道土洞墓，由墓道、墓室组成。墓道位于墓室南侧，口小底大，平面呈长方形，墓壁斜直，平底，加工较好。墓道口长1.86、宽0.58～0.86米，墓道底长1.70、宽

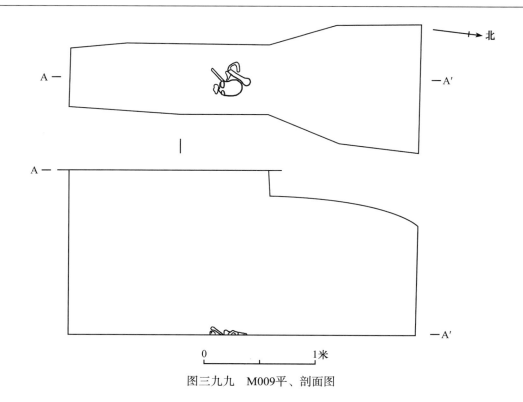

图三九九　M009平、剖面图

0.58～1.00米，墓底距墓口深0.88米。墓室为土洞室，平面近长方形，弧形顶，墓室壁近直，加工一般。墓室长2.12、宽1.12、高0.60～0.68米，墓门高0.68米。

　　填土　墓道填土为黄褐色花土，较软较疏松。墓室内为黄褐色淤土，较软较疏松。

　　葬具　不详。

　　人骨　四具。均为仰身直肢葬，头向北，面向上，保存状况较差，性别、年龄不详（图四〇〇）。

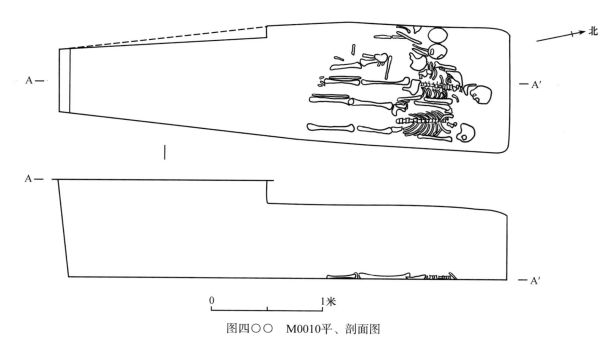

图四〇〇　M0010平、剖面图

第三节 墓葬形制

刚玉砂厂墓地共发掘唐代墓葬49座，均为中小型墓葬。墓葬形制可分为洞室墓和土坑墓两大类，洞室墓47座，占唐代墓葬的96%。洞室墓根据墓道结构不同又可分为阶梯墓道、竖穴墓道和斜坡墓道三型，少数墓葬带有封门。洞室墓的顶部，横截面多为弧形，纵剖面呈平顶、坡状顶、抛物线形顶。竖穴土坑墓2座，均为长方形，可能也为土洞墓，或因墓葬上部被破坏，结构不清。

一、洞室墓

47座。均为单室土洞墓，南北向，由墓道和土洞墓室组成。根据墓道结构不同可分为三型。

A型 带阶梯墓道。20座。根据墓道和墓室形制、位置的不同分为四式。

Ⅰ式 2座（M4、M152）。墓室呈横长方形，葬具位于墓室北侧，墓道位置偏于一侧。M4有土坯和砖封门，M152葬具为木棺。

Ⅱ式 5座（M6、M9、M41、M54、M263）。墓室呈竖长方形，宽于墓道，墓道位于墓室中部或微偏一侧，墓葬整体平面呈铲形。墓道底部与墓室底部基本在同一水平面上。M54有一天井和过洞，墓室顶部呈抛物线形。

Ⅲ式 5座（M7、M8、M30、M33、M216）。墓室宽于墓道，墓道壁与墓室壁的一侧相连，墓葬整体平面略呈刀形。M8人骨位于墓室西侧。M216人骨位于墓室中部偏西，葬具为木棺。

Ⅳ式 8座（M28、M97、M187、M190、M193、M242、M260、M0012）。墓道变短，墓葬整体呈折背刀形，或墓室与墓道均为梯形。M28、M190、M260、M0012平面呈折背刀形。M193的墓道和墓室接近一条直线。M187为双梯形墓，墓内葬两具人骨，葬具为木棺。

B型 竖穴墓道。24座。根据墓道和墓室形制、位置的不同分为三式。

Ⅰ式 5座（M138、M191、M001、M0018、M009）。墓室宽于墓道，墓道位于墓室中部。M138和M009墓道位于墓室中部，直壁。

Ⅱ式 6座（M2、M26、M35、M79、M170、M141）。墓室宽于墓道，墓道偏于墓室一侧，整体呈刀形或纵长方形。M170墓道偏于东侧，墓道两侧有脚窝，木棺放置于墓室西部。

Ⅲ式 13座（M5、M84、M93、M112、M165、M214、M234、M237、M005、M0024、M230、M004、M0010）。墓室略宽于墓道，或墓道与墓室宽度相等。墓道较短，一般短于墓室长度，或墓道偏于墓室一侧，墓葬整体平面呈折背刀形。M5、M84、M112、M234、M237、M0010平面均呈折背刀形。M93、M230、M0010的墓道和墓室基本呈一条直线。M165、M214、M005、M0024、M004的墓道较短。

C型 斜坡墓道。2座（M003、M254）。根据墓道和墓室位置不同分为两式。

Ⅰ式 1座（M003）。长斜坡墓道，墓道偏于墓室东侧。M003墓道带有过洞和天井，木棺放置于墓室西部。

　　Ⅱ式　1座（M254）。斜坡墓道较短，墓道一侧与墓室壁相连近一条直线。M254内未见人骨和葬具痕迹，墓道西壁与墓室西壁相连成直线。

二、土　坑　墓

　　2座（M18、M62）。均为长方形竖穴土坑墓，南北向。M18为斜直壁，底部不平，北部较深，内葬两具人骨，均为仰身直肢，葬具为木棺，出土4件随葬品。M62为直壁，底部不平，北部较深，葬具为木棺，未见人骨，随葬1件陶罐。

第四节　随　葬　品

　　刚玉砂厂唐代墓葬共49座，其中M141、M001、M009和M0010未见随葬品，其他45座唐墓共出土各类遗物200余件（套），质地有陶、瓷、铜、铁、玉、银、蚌、骨、皮、漆木等。以陶器、铜器（含铜钱）、铁器最多，瓷器次之。

一、陶　　器

　　陶器器形有塔式罐、罐、瓶、执壶、碗、砚台等。少数墓葬还随葬有陶俑，种类包含彩绘陶马、彩绘武士俑、彩绘女俑、彩绘男俑、舞俑等，制作较粗糙，火候较低，器表多施有化妆土，保存较差。以下对出土数量多、器形变化明显的彩绘塔式罐、素面陶罐、彩绘陶罐、陶瓶、陶执壶进行型式分析。

1. 彩绘塔式罐

　　12件。均为泥质灰陶，器身施有一层白色化妆土，再用红、白、橘黄等色进行彩绘图案。其中两件（M170：7，M190：3、5）无盖，M170：2无座，M0012：2的盖径较小，罐口径较大，两者不配套。根据盖钮、罐口不同分为三式。

　　Ⅰ式　3件。盖钮为多层宝珠钮，薄沿较长；罐口微侈，最大径偏上。标本M9：5、标本M41：3、标本M170：2。

　　Ⅱ式　5件。盖钮变矮，为单宝珠钮，盖沿变短；罐侈口，颈部变高，最大径下移。标本M5：1、标本M0012：2、标本M54：1、标本M216：1、标本M170：7。

　　Ⅲ式　4件。盖钮进一步简化，盖沿较短；罐侈口外翻，最大径近中部，器形显瘦长。标本M187：5、标本M190：3、5，标本M191：8，标本M260：1。

2. 彩绘陶罐

　　13件。均为泥质灰陶。根据有无双耳分为两型。

A型 带有双耳，已残缺。3件。根据腹部变化分为两式。

Ⅰ式 2件。子母口，广肩，深腹。标本M79：1、标本M263：1，器表彩绘脱落，器内壁有圆形麻点。

Ⅱ式 1件。侈口，束颈，圆肩，圆鼓腹。标本M2：9。

B型 无耳，10件。根据器形不同分为两亚型。

Ba型 3件。器形较瘦高，饼形足内凹。标本M26：1、标本M97：1、标本M193：4。

Bb型 7件。个体较小。罐身较宽，侈口，卷沿，弧腹，最大腹径偏上，平底内凹。出土时部分带有宝珠钮盖，器形及纹饰与塔式罐较为相似，可能为塔式罐的一部分。标本M7：5，标本M18：2、5，标本M216：2，标本M187：8，标本M191：2，标本M191：5，标本M237：1。

3. 素面陶罐

14件。均为泥质灰陶。根据有无双耳分为两型。

A型 带有双耳，7件。根据器形变化分为四式。

Ⅰ式 2件。微敛口或子母口，短颈，圆鼓腹，器形较矮胖，平底内凹。标本M4：4、标本M152：2。

Ⅱ式 2件。侈口，圆腹，平底内凹。标本M9：1、标本M003：1。

Ⅲ式 1件。侈口，束颈变长，双耳近口部，弧腹，矮饼形足微内凹。标本M62：1。

Ⅳ式 2件。整体显瘦长，侈口，短颈较高，双耳近口部，深弧腹，假圈足较高，内凹。标本M0024：1、标本M190：1。

B型 无耳，7件。根据整体形态不同分为三个亚型。

Ba型 3件。大口，折沿外翻。标本M190：2、标本M191：4、标本M191：7。

Bb型 3件。侈口，卷沿，束颈，弧腹，平底内凹。标本M0018：1（带盖）、标本M190：4、标本M191：9。

Bc型 1件。微侈口，束颈，扁鼓腹，平底内凹。标本M214：1。

4.陶瓶

30件。均为泥质灰陶。根据器物整体形态的不同分为三型。

A型 27件。宽折沿，椭圆形腹，平底内凹。根据腹部变化分为四式。

Ⅰ式 6件。腹部较圆鼓。标本M003：2、标本M9：6、标本M187：4、标本M187：12、标本M187：14、标本M263：2。

Ⅱ式 13件。弧形腹，腹部变瘦。标本M5：2、标本M5：3、标本M7：6、标本M7：7、标本M0012：3、标本M0012：14、标本M0018：2、标本M0018：4、标本M30：1、标本M170：8、标本M170：9、标本M216：3、标本M216：4。

Ⅲ式 1件。深弧形腹，腹部较Ⅱ式更加瘦高。标本M2：5。

Ⅳ式 7件。长椭圆形腹。标本M97：3、标本M193：1、标本M193：2、标本M242：2、标本M242：3、标本M254：2、标本M254：5。

B型　1件。侈口，卷沿，深直筒型腹，大平底。标本M30：3。

C型　2件。短折沿，长椭圆形腹，平底。标本M26：2、标本M26：3。

5. 陶执壶

3件。根据器物整体形态的不同分为两式。

Ⅰ式　1件。器形较瘦高，侈口，束颈，深弧腹，饼形足微凹。标本M2：2。

Ⅱ式　2件。器形较矮胖，微敛口，高领，圆腹，圈足。标本M234：2、M234：3。

二、瓷　　器

瓷器出土数量比较少，共14件，器形有碗、罐、盒、唾盂、盏、执壶等。胎质较粗，多为灰白胎，釉色有白釉、青釉、酱釉、黑釉等，器表多施一层白色化妆土，内施满釉，外部施釉不及底，部分浅腹器物内底见有支钉痕。以下就瓷碗和瓷执壶进行型式分析。

1.瓷碗

7件。根据底部不同分为两型。

A型　6件。器足低矮。根据器底和腹部变化分为两式。

Ⅰ式　3件。浅直腹，玉璧形底。标本M2：14、标本M7：1、标本M187：9。

Ⅱ式　3件。浅弧腹，矮圈足或平底边缘有一周凸棱。标本M005：1、标本M0020：1、标本M234：1。

B型　1件。圈足，足墙较高。标本M165：1。

2. 瓷执壶

2件。根据整体形态不同分为两型。

A型　1件。器形较瘦高。标本M0024：3。

B型　1件。器形较矮胖，肩部饰一对半环形耳。标本M187：10。

三、铜　　器

刚玉砂厂唐墓出土的铜器主要为铜镜和铜钱。超过半数的墓葬出土有铜钱，钱文以开元通宝为主，也有少量的五铢、乾元重宝。除铜镜和铜钱，还有铜挖耳勺、铜簪、鎏金铜合页、铜钗、铜带具、铜合页、铜手镯、铜饰等。以下对铜镜和铜钱进行型式分析。

1. 铜镜

10枚。根据镜形不同分为以下三型。

A型　圆形，2枚。标本M2：13为竹林七贤镜，标本M260：2为四神八卦干支镜。

B型　葵花形，3枚。标本M170：1为盘龙镜，标本M191：1为团花镜，标本M0012：1为花枝镜。

C型　倭角方形，5枚。根据镜背纹饰不同分为三个亚型。

Ca型　万字镜，1枚。标本M187：1。

Cb型　金银平脱镜，1枚。标本M187：7。

Cc型　素面镜，3枚。标本M190：6，标本M190：7，标本M0012：4。

2.铜钱

31件（套），143枚。根据钱文不同分为三型（图四〇一）。

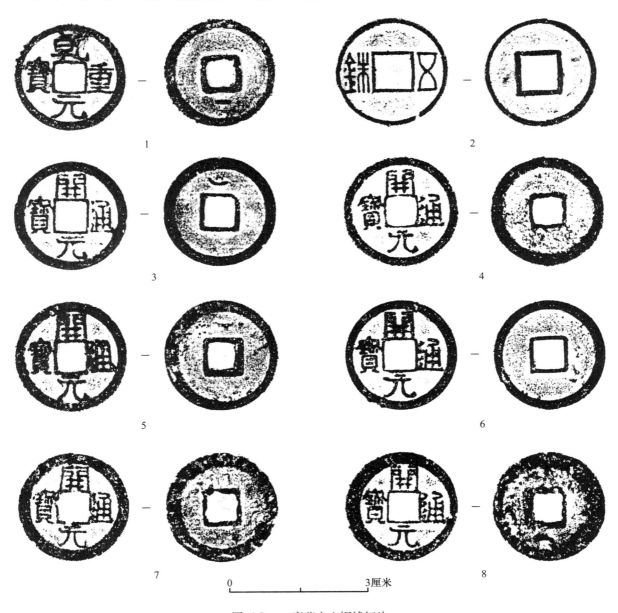

图四〇一　唐墓出土铜钱拓片

1.乾元重宝（M2：3）　2.五铢（M4：3）　3～10.开元通宝（M5：4、M6：2、
M7：3、M9：3、M18：3、M26：5、M35：2、M41：1）

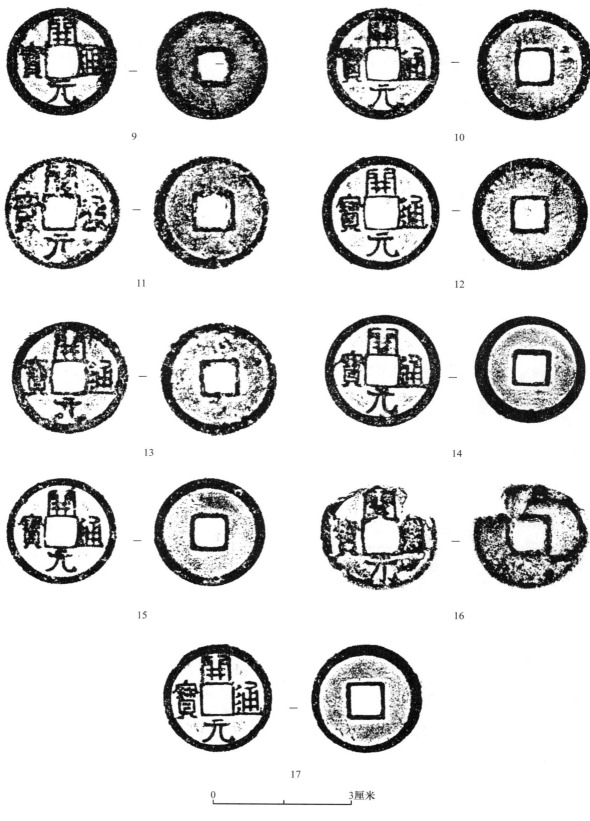

图四〇一　唐墓出土铜钱拓片（续）

11～17. 开元通宝（M138：1、M152：1、M170：5、M193：6、M254：4、M260：5、M263：5）

A型 五铢，1枚。标本M4：3，"五"字交笔稍曲，字体规整。

B型 开元通宝，140枚。根据钱文特征分为四式。

Ⅰ式 "元"字上横较短，"通"字的走之旁的前三笔呈顿挫状。

Ⅱ式 "元"字上横加长，"通"字的走之旁的前三笔似连非连，部分钱背有月痕。

Ⅲ式 "元"字上横较长，"宝"字下的"贝"字两横较长，"通"字的走之旁的前三笔连在一起，部分钱背有月痕。

Ⅳ式 "元"字上横较长，"宝"字下的"贝"字两横与两侧竖笔相连，少数钱币的背面有"洛"字或错郭现象。

C型 乾元重宝，2枚。标本M2：3、标本M187：15-3，均为宽郭。

第五节 墓葬分期与年代

一、墓葬分期

刚玉砂厂唐代墓葬共有49座，出土随葬品的有45座（表四）。其中7座墓葬（M141、M001、M009、M0010、M004、M230、M33）的年代只能依据墓葬位置、墓葬方向、形制特征等大致定在唐代。其余42座墓可以根据其出土遗物进行分期。虽然有4座墓葬（M003、M187、M152、M260）出土了墓志，但志文用白彩书写，出土时漫漶不清，无法识别其年代。依据现有的分期成果，结合墓葬出土铜钱、铜镜以及其他随葬品的特征，我们将刚玉砂厂唐代墓葬分为四期。

表四 唐墓出土器物组合统计表

墓号	陶罐	塔式罐	彩绘陶罐	陶瓶	陶俑	瓷器	铜镜	铜钱	蚌壳	其他
M4	√							√		铜带具2
M152	√							√		墓志盖
M6								√		铁刀残片
M9	√	√		√	√			√		板瓦
M41		√						√		铜簪；铁刀2
M138								√		
M263			√	√				√	√	陶盏
M003	√			√	√14			√		墓志；陶碗2；铜带具；铜合页；铜饰；铜钗
M2			√	√		瓷碗	√	√	√	器盖；陶执壶；铁剑；铁釜；铜挖耳勺；骨梳；铁镰刀；铁剪刀
M5		√		√2				√		铁镰刀
M7			√	√2		瓷碗		√		铁刀2
M8						瓷罐				铁刀
M18			√					√		铁灯台；铁匕首

墓号	陶罐	塔式罐	彩绘陶罐	陶瓶	陶俑	瓷器	铜镜	铜钱	蚌壳	其他
M26			√	√2		瓷盒		√		铁刀
M30				√2					√	
M35								√		铁刀
M54		√								
M62	√									
M79			√							铁刀
M170		√2		√2			√	√2		漆盒2；铁器
M216		√	√	√2	√					铁犁铧；铁刀
M0012		√		√2	√		√2	√	√	陶砚台；铜手镯2；铜钗；骨器；铁器；铁镰刀
M0018	√			√2						铁刀
M28										铜片；铁镰刀；铁剪刀；铁犁铧；铁釜
M84						瓷罐		√		
M93										铁灯台
M97			√	√						铁犁铧；铁镰刀
M112										陶瓮
M165						瓷碗				
M187		√	√	√3	√12	瓷碗；瓷执壶；瓷唾盂	√2	√		鎏金铜合页；银镯；陶砚台；陶墓志；铁镰刀
M190	√3	√						√2		
M191	√3	√	√2			瓷盂	√	√5	√	铁釜2；玉盒；铜钗；铁刀；铁剪刀
M193			√	√2				√		铁刀；铁盆
M214	√									
M234						瓷碗				陶执壶2
M237			√							
M242				√2						铁鼎
M254				√2				√		铁剪刀；铜钉
M260		√					√	√2		银钗；皮制品；砖墓志
M005						瓷碗				
M0020						瓷碗				
M0024	√					瓷执壶		√2		
M33										铁刀
M230									√	铁器
M004										铁器

第一期 2座。墓葬有M4、M152。墓葬形制为AⅠ式土洞墓，随葬器物主要为AⅠ式素面陶罐、铜钱、铜饰、墓志盖等。

第二期 6座。墓葬有M003、M9、M263、M41、M138、M6。墓葬形制为AⅡ式、BⅠ式、CⅠ式土洞墓，随葬器物有Ⅰ式彩绘塔式罐、AⅠ式彩绘陶罐、AⅡ式素面陶罐、AⅠ式陶瓶等，另有陶俑、铜钱、墓志等。

第三期 15座。墓葬有M2、M5、M7、M8、M18、M26、M30、M35、M54、M62、M79、M170、M216、M0012、M0018。墓葬形制为AⅢ式、BⅡ式、CⅡ式土洞墓和土坑墓。随葬器物有Ⅱ式彩绘塔式罐、AⅡ式彩绘陶罐、Bb型彩绘陶罐、AⅢ式素面陶罐、AⅡ式陶瓶、AⅢ式陶瓶、AⅠ式瓷碗、Ⅰ式陶执壶等，另随葬有铜镜、铜钱、铁剪、铁镰、铁犁铧等。

第四期 19座。墓葬有M187、M190、M191、M193、M28、M84、M93、M97、M112、M165、M214、M234、M237、M242、M254、M260、M005、M0020、M0024。墓葬形制主要为AⅣ式、BⅢ式土洞墓。随葬器物有Ⅲ式彩绘塔式罐、AⅣ式素面陶罐、AⅣ式陶瓶、AⅡ式瓷碗、AⅡ式陶执壶等，另有铜镜、铜钱、陶瓮、陶俑、瓷执壶、Ba型彩绘陶罐、Bb型彩绘陶罐、B型素面陶罐、铁镰、铁剪、铁刀、铁犁铧等器物。

二、年 代 推 断

三门峡刚玉砂厂唐代墓葬基本上为坐北朝南，墓葬形制以土洞墓为主，其中M152出土了一方墓志盖，M003、M187、M260出土了三合墓志，墓志文基本采用白彩书写，多已脱落，字迹不清，无法判断该墓的准确年代以及墓主人情况。出土铜钱31件（组），不乏隋代五铢钱、唐代早期的武德开元、唐代中期的乾元重宝、唐代晚期的会昌开元等具有时段性的钱币。另外还出土了一些具有时代特征的铜镜。刚玉砂厂唐代墓葬的年代判定主要依据墓葬形制、典型器物特征、铜镜和铜钱特征，结合已发表唐墓资料，对上述四期墓葬的年代进行分析。

第一期 唐代早期。2座，墓葬有M4、M152。墓葬形制为AⅠ式土洞墓，随葬器物主要为AⅠ式素面罐、铜钱、铜饰、墓志盖等。墓葬形制是由阶梯墓道和墓室组成，墓室呈横长方形，墓主位于墓室北部。这种形制亦被称为"铲形墓"，属于隋至初唐时期流行的墓葬形制[①]。随葬器物较少，构不成组合，其中AⅠ式素面陶罐（M4：4）与三门峡庙底沟唐宋墓M228出土的BⅠ式陶罐（M228：2）形制接近，但前者腹部较鼓，该墓被定为盛唐时期[②]。M4中出土的钱币为五铢，M152中出土的钱币为"开元通宝"，"通"字的走之旁前三笔呈顿挫状，"元"字上横较短，属于初唐武德开元钱币的特征[③]。故该期墓葬定为唐代早期。

第二期 盛唐时期。6座，墓葬有M003、M9、M263、M41、M138、M6。墓葬形制为AⅡ式、BⅠ式、CⅠ式土洞墓，随葬器物有Ⅰ式彩绘塔式罐、AⅠ式彩绘陶罐、AⅡ式素面陶罐、

① 徐殿魁：《洛阳地区唐墓的分期》，《考古学报》1989年第3期。
② 河南省文物考古研究所：《三门峡庙底沟唐宋墓葬》，大象出版社，2006年，第152页。
③ 徐殿魁：《唐代开元通宝的主要品类和分期》，《中国钱币》1992年第3期。

AⅠ式陶瓶等，另有陶俑、铜钱、墓志等。

三门峡刚玉砂厂M003出土有一合墓志，仅志盖上使用白彩书写了篆书九字"大唐故□□□墓志铭"，墓志使用白彩书写，字迹不清。该墓是由长斜坡墓道、过洞、天井、墓室组成的土洞墓，墓道与天井呈较长的竖井斜坡状，葬具靠近墓室西壁放置，墓葬形制具有明显的中原地区唐墓特征[1]。

该期墓葬中出土的铜钱均为"开元通宝"，"通"字走之旁前三笔为不相连的三点，属于盛唐以前武德开元铜钱的典型特征[2]。出土的AⅡ式陶双耳罐（M9：1）分别与三门峡印染厂唐墓M149出土的陶双耳罐（M149：2）[3]和三门峡庙底沟唐宋墓M3出土的陶双耳罐（M3：1）[4]形制相似，口沿外侈明显，后两者墓葬均属于盛唐时期。出土的AⅠ式陶瓶（M9：6）宽折沿，短细颈，腹部较圆，器形矮胖，这些特征与三门峡庙底沟唐宋墓中盛唐初期M144出土的陶瓶（M144：1）[5]形制一致。出土的Ⅰ式彩绘塔式罐（M41：3）分别与庙底沟盛唐墓葬M144出土的Ⅰ式塔式罐（M144：4、5、6）形制相同，出土的AⅠ式彩绘陶罐（M79：1）与印染厂墓地盛唐墓葬出土的A型彩绘陶双耳罐（M114：2）形制相近。此外M003出土的彩绘武士俑（M003：5、6）着明光铠，具有初唐风格，与三门峡三里桥11号唐代早墓葬出土的武士俑（M11：4）[6]形制近似，唯帽饰不同。出土的彩绘陶马（M003：3、4）分别与河南偃师杨堂墓（公元672年）出土的陶马[7]和巩义芝田晋唐墓中初唐偏晚的AⅠ式陶马（M90：27、M35：24）[8]形制接近。

结合上述特征推断，该期墓葬定为盛唐时期，其中M003、M9、M263、M6的年代偏早，应属盛唐偏早阶段。

第三期　中唐时期。15座，墓葬有M2、M5、M7、M8、M18、M26、M30、M35、M54、M62、M79、M170、M216、M0012、M0018。墓葬形制为AⅢ式、BⅡ式、CⅡ式土洞墓和土坑墓。随葬器物有Ⅱ式彩绘塔式罐、AⅡ式彩绘陶罐、Bb型彩绘陶罐、AⅢ式素面陶罐、AⅡ式陶瓶、AⅢ式陶瓶、AⅠ式瓷碗、Ⅰ式陶执壶等，另随葬有铜镜、铜钱、铁剪、铁镰刀、铁犁铧等。

该期墓葬形制主要流行墓道壁与墓室壁的一侧相连略呈刀形，这是中唐时期流行的墓型[9]。随葬的Ⅱ式彩绘塔式罐（M216：1）、AⅡ式彩绘陶罐（M2：9）分别与三门峡印染厂中唐时期墓葬出土的AaⅡ式彩绘塔式罐（M115：11）、中唐末晚唐初墓葬出土的C型Ⅰ式彩绘陶双耳罐（M12：6）器物形制相同[10]。随葬的AⅡ式彩绘陶罐（M2：9）、AⅢ式素面陶罐（M62：1）

① 徐殿魁：《洛阳地区唐墓的分期》，《考古学报》1989年第3期。
② 徐殿魁：《唐代开元通宝的主要品类和分期》，《中国钱币》1992年第3期。
③ 河南省文物考古研究院：《三门峡市印染厂墓地》，中州古籍出版社，2017年。
④ 河南省文物考古研究所：《三门峡庙底沟唐宋墓葬》，大象出版社，2006年。
⑤ 河南省文物考古研究所：《三门峡庙底沟唐宋墓葬》，大象出版社，2006年，第167页。
⑥ 三门峡市文物考古研究所：《三门峡三里桥村11号唐墓》，《中原文物》2003年第3期。
⑦ 中国社会科学院考古研究所：《河南偃师杏园唐墓》，科学出版社，2001年。
⑧ 郑州市文物考古研究所：《巩义芝田晋唐墓葬》，科学出版社，2003年。
⑨ 徐殿魁：《洛阳地区唐墓的分期》，《考古学报》1989年第3期。
⑩ 河南省文物考古研究院：《三门峡市印染厂墓地》，中州古籍出版社，2017年，第307、182页。

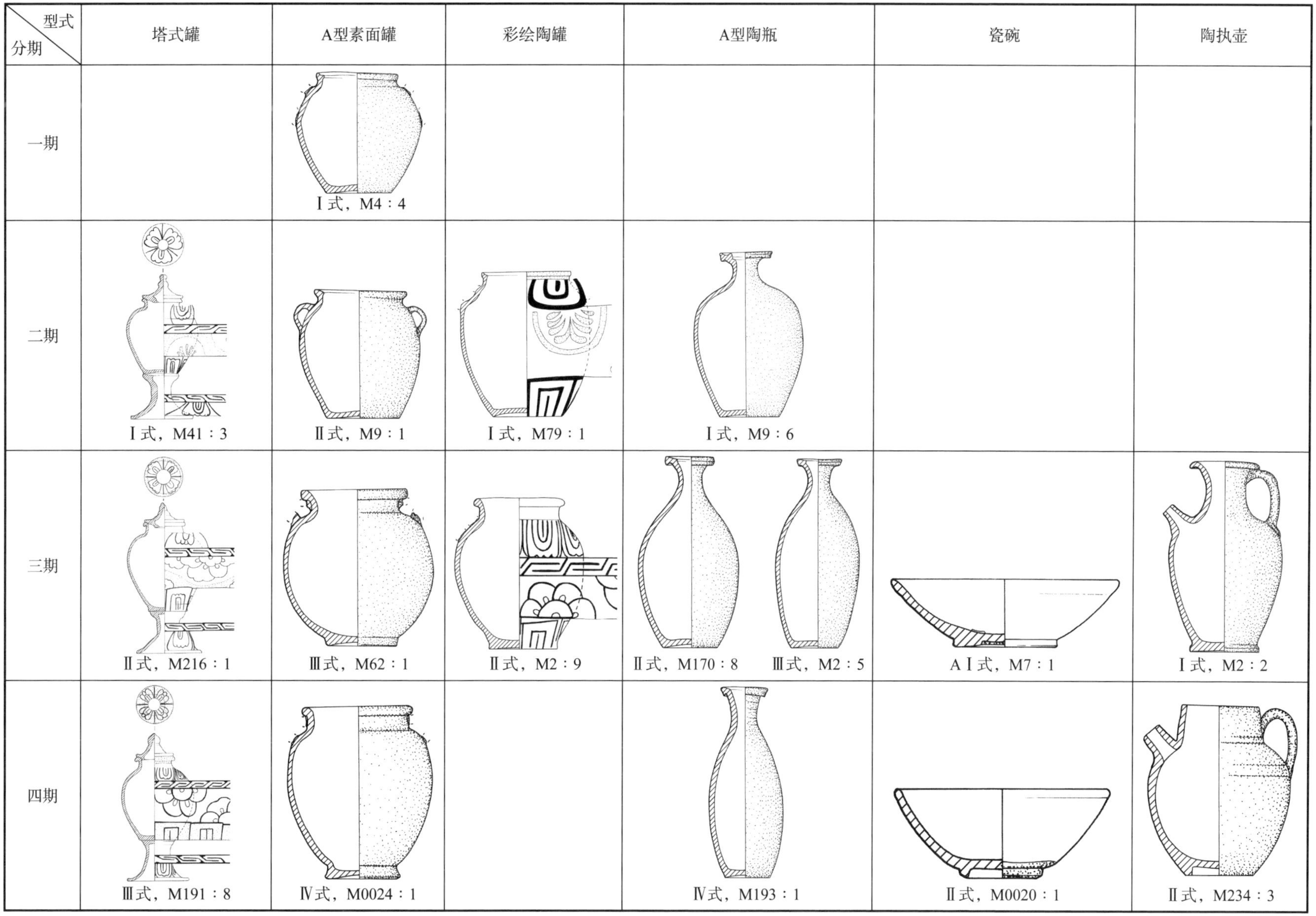

型式 分期	塔式罐	A型素面罐	彩绘陶罐	A型陶瓶	瓷碗	陶执壶
一期		I式，M4：4				
二期	I式，M41：3	II式，M9：1	I式，M79：1	I式，M9：6		
三期	II式，M216：1	III式，M62：1	II式，M2：9	III式，M2：5 II式，M170：8	A I 式，M7：1	I式，M2：2
四期	III式，M191：8	IV式，M0024：1		IV式，M193：1	II式，M0020：1	II式，M234：3

图四〇二 唐代墓葬典型器物分期图

与三门峡庙底沟第五期墓葬出土的A型Ⅱ式双耳罐（M177：9）形制相同；出土的AⅡ式陶瓶
（M170：8）与庙底沟第四期盛唐末中唐初墓葬出土的Ⅲ式陶瓶（M129：7）形制相同，出
土的AⅢ式陶瓶（M2：5）与庙底沟第五期中唐时期墓葬出土的Ⅳ式陶瓶（M177：8）形制相
同，该期墓葬出土的AⅠ式瓷碗（M7：1）、Ⅰ式陶执壶（M2：2）与庙底沟第五期唐墓葬出
土的A型青瓷碗（M68：2）、Ⅱ式瓷水注（M146：1）形制相同①。

　　M18、M7、M5、M170、M26出土的钱币均为开元通宝，"通"字的走之旁前三笔似连非
连，"元"字上横加长，"宝"字的贝字内两横与两侧竖笔基本相接在一起。M2出土有乾元
重宝钱币。这些均为中唐时期的钱币特征②。该期墓葬出土的铜镜有竹林七贤镜、盘龙镜、花
枝镜、方形倭角镜等，其中人物镜、盘龙镜和花枝镜在中唐时期比较流行③。

　　综合以上分析，该期墓葬为中唐时期。

　　第四期　唐代晚期。19座，墓葬有M187、M190、M191、M193、M28、M84、M93、
M97、M112、M165、M214、M234、M237、M242、M254、M260、M005、M0020、M0024。
墓葬形制主要为AⅣ式、BⅢ式土洞墓。随葬器物有Ⅲ式彩绘塔式罐、AⅣ式素面陶罐、AⅣ式
陶瓶、AⅡ式瓷碗、AⅡ式陶执壶等，另有铜镜、铜钱、陶瓮、瓷执壶、Ba型彩绘陶罐、Bb型
彩绘陶罐、B型素面陶罐、铁镰、铁剪、铁刀、铁犁铧等器物。

　　M187和M190均为双梯形的竖穴阶梯墓道土洞墓，即墓道、墓室均呈梯形，墓道较窄，墓
室较宽，这种墓在晚唐墓中具有代表性④。M191为竖穴斜坡式墓道土洞墓，亦为唐墓中常见的
墓葬形制。虽M187出土有一合墓志，惜用白彩书写，字迹不存，无法准确判断其年代及墓主
人情况。

　　M187出土的Ⅲ式彩绘塔式罐（M187：5）、瓷唾盂（M187：11）、陶瓶（M187：4、
12）分别与三门峡市印染厂中唐末晚唐初的墓葬M36出土的塔式罐（M36：13）、瓷盂
（M36：4）、陶瓶（M36：9、22）⑤形制相同，出土的瓷唾盂（M187：11）与河南偃师郑
绍方墓出土的瓷唾壶（M2544：16）⑥形制亦相同。M187出土的铜镜为万字镜（M187：1）
与陕县刘家渠5号唐墓出土的铜镜形制一致⑦，唯"卐"字周围无"永寿同昌"铭文，属于晚
唐时期流行的镜类。故M187的年代应属唐代晚期。M191墓中出土的彩绘塔式罐（M191：8）
与三门峡市印染厂唐墓M52出土的彩绘塔式罐（M52：4）⑧相比形制较为一致，出土的彩绘
陶罐（M191：5）、素面陶罐（M191：4）分别与庙底沟晚唐墓葬M203和M88出土的陶罐
（M203：2、M88：1）⑨形制相同。出土的铜钱（M191：11），钱背有"洛"字，字体形制与

①　河南省文物考古研究所：《三门峡庙底沟唐宋墓葬》，大象出版社，2006年，第167页。
②　徐殿魁：《唐代开元通宝的主要品类和分期》，《中国钱币》1992年第3期。
③　徐殿魁：《唐镜分期的考古学探讨》，《考古学报》1994年第3期。
④　徐殿魁：《洛阳地区唐墓的分期》，《考古学报》1989年第3期。
⑤　河南省文物考古研究所：《河南三门峡市印染厂唐墓清理简报》，《华夏考古》2002年第1期。
⑥　中国社会科学院考古研究所河南第二工作队：《河南偃师杏园村的六座纪年唐墓》，《考古》1986年第5期。
⑦　黄河水库考古队：《一九五六年河南陕县刘家渠汉唐代墓葬发掘简报》，《考古通讯》1957年第4期。
⑧　河南省文物考古研究院：《三门峡市印染厂墓地》，中州古籍出版社，2017年。
⑨　河南省文物考古研究所：《三门峡庙底沟唐宋墓葬》，大象出版社，2006年。

会昌年间的"开元通宝"钱文形制一致①。出土的铜镜为团花镜（M191：1），与河南偃师郑洄墓出土的铜镜②形制近似，该墓为代宗大历十三年（公元778年）的纪年墓。故M191年代应为唐代晚期。M190位置与M191相近，两者墓向相同，墓中出土的铜镜为方形倭角镜，此类镜流行于唐代晚期③；墓中出土的彩绘塔式罐（M190：3、5）与三门峡印染厂墓地晚唐墓葬M36出土的同类器④形制相近，故其年代与M191相近，同属唐代晚期。

综合上述分析，推断该期墓葬应属于唐代晚期。其中M187、M254、M112、M190时代稍早。

① 徐殿魁：《唐代开元通宝的主要品类和分期》，《中国钱币》1992年第3期。

② 中国社会科学院考古研究所：《偃师杏园唐墓》，科学出版社，2001年。

③ 徐殿魁：《唐镜分期的考古学探讨》，《考古学报》1994年第3期。

④ 河南省文物考古研究院：《三门峡市印染厂墓地》，中州古籍出版社，2017年。

第四章 宋金墓葬

第一节 墓葬综述

共11座。分别为M60、M131、M156、M157、M212、M250、M255、M257、M266、M008、M0016。

第二节 墓葬分述

1. M60

（1）墓葬概况

位置和层位关系 位于发掘区中部偏南，西邻M59，东邻M63。该墓开口于地表土层下，向下打破生土，墓口距现地表深2.20米。方向188°。

形制与结构 竖穴墓道土洞墓，由墓道、墓室组成。墓道位于墓室南侧，平面呈梯形，直壁，近平底，加工一般。墓道长2.20、宽0.50～0.72、深3.04米。墓室为土洞室，平面近长方形，弧形顶，加工一般，近平底。墓室长1.84、宽1.10～1.26、高0.90～1.10米，墓门高0.90米。

填土 墓道填土为黄褐色花土，较软较疏松。墓室内为黄褐色淤土，土质较软。

葬具 不详。

人骨 一具。仰身直肢葬，头向北，面向不明，保存状况较差，性别、年龄不详（图四〇三）。

（2）出土器物

共出土3件（套）随葬品，瓷碗1件、墓志1方位于墓室北侧，镇墓石1组位于墓室四角及中部。

瓷碗 1件。M60：1，白釉，青灰胎。敞口，圆唇，斜弧腹，圈足，足底有刮削痕迹。腹部及圈足内饰有数周凹弦纹。器身施有一层化妆土，未至底；器内施满釉，器外施半釉。器内底有五个支钉痕，圈足底亦有五个支钉痕。口径16.4、圈足底径5.7、高6.4厘米（图四〇四；图版四八，1）。

镇墓石 1组5块。M60：2，颜色、石质不一，有白色石英岩、棕色砂岩、青灰色砂岩等。

墓志 1方。M60：3，砖质。近方形，一面有戳印纹，另一面字迹不详。

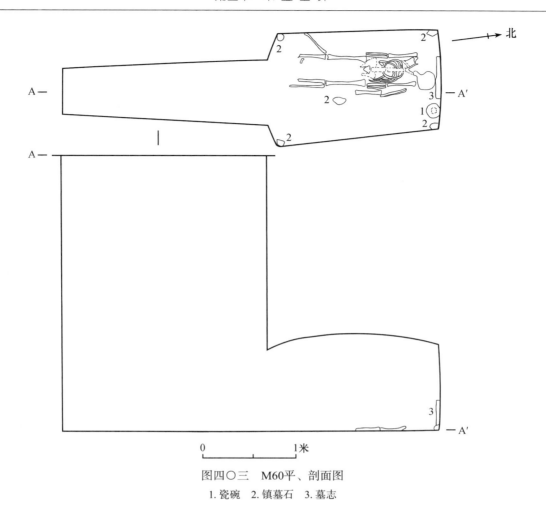

图四〇三 M60平、剖面图
1. 瓷碗 2. 镇墓石 3. 墓志

2. M131

（1）墓葬概况

位置和层位关系 该墓位于发掘区南部，东邻M130，西邻M133，南邻M127、M128。该墓开口于地表土层下，向下打破生土，墓道开口距现地表深0.10米。方向197°。

形制与结构 竖穴墓道土洞墓，由墓道、封门、墓室组成。墓道位于墓室南侧，口底同大，平面呈梯形，墓道壁和底加工情况一般。墓道长2.30、宽0.60～0.80、深

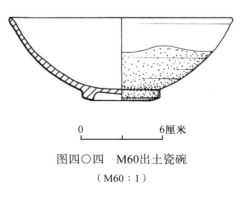

图四〇四 M60出土瓷碗
（M60：1）

1.18～1.38米。墓室为土洞室，平面近长方形，弧形顶，墓室壁近直，加工一般。墓室长2.14、宽0.70～0.98、高0.60～0.83米，墓门高0.83米。墓门为土坯封门，土坯长0.75、宽0.20、高0.36米。

填土 墓道填土为黄褐色花土，较软较疏松。墓室内为黄褐色淤土，较软较疏松。

葬具 木棺。残留棺钉。

人骨 一具。仰身直肢葬，头向北，面向上，保存状况一般，墓主为壮年男性（图四〇五）。

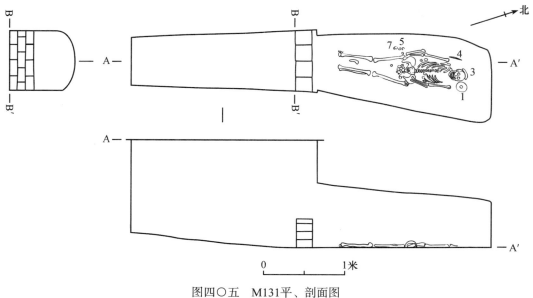

图四〇五　M131平、剖面图

1.陶罐　2、5、6.铜钱　3.铁钗　4.铁削　7.铜铃

（2）出土器物

共出土7件（套）随葬品。陶罐1件、铁钗1件位于墓室北部，铁削1件位于墓室西北部，铜钱位于墓室中部，铜铃1件位于墓室中部偏西。

陶罐　1件。M131：1，泥质灰陶。侈口，卷沿，尖圆唇，束颈，圆肩，弧腹，假圈足，足底内凹。颈、肩部饰对称双耳，耳中部有一道凹槽。腹部饰数周暗弦纹，器内壁饰数周凹弦纹，器底有轮制痕迹。口径12.0、肩径15.5、底径8.0、高16.6厘米（图四〇六，1；图版四八，2）。

铁钗　1件。M131：3，锈蚀严重，残断，形制不详。

铁削　1件。M131：4，扁长条形，锈蚀严重。残长9.6、宽1.4厘米（图四〇六，2）。

铜铃　1件。M131：7，整体呈圆球形，顶端有一圆孔，中腹饰有一周凸棱，下端开扁口，铃内有一圆球。直径2.1厘米（图四〇六，3；图版四八，4）。

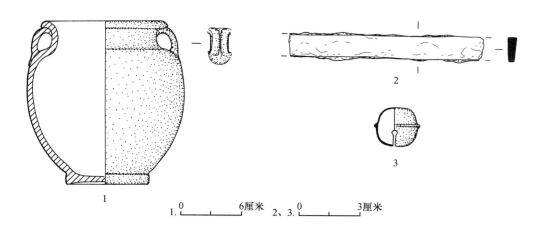

图四〇六　M131出土器物

1.陶罐（M131：1）　2.铁削（M131：4）　3.铜铃（M131：7）

铜钱　3组20枚。M131：2，1枚。已残，钱文"周元通宝"。M131：5，2枚。钱文"宋元通宝"（图四二八，1、图版四八，3）。M131：6，17枚。钱文为"周元通宝"（图四二八，2）。

3. M156

（1）墓葬概况

位置和层位关系　位于发掘区北部。该墓开口于地表土层下，向下打破生土，墓口距现地表深0.80米。方向190°。

形制与结构　竖穴墓道土洞墓，由墓道、墓室组成。墓道位于墓室南侧，口大底小，平面呈梯形，墓壁较直，加工一般，底面为斜坡状，南端有一平台。墓道口长1.82、宽0.63～0.78米，墓道底长1.70、宽0.56～0.70米，墓底距墓口深0.97～1.40米。墓室为土洞室，平面近长方形，平顶，墓室壁较直，加工一般，底近平。墓室长1.58、宽0.84～0.94、高1.08米。

填土　墓道填土为红褐色花土，较软较疏松。墓室内为黄褐色淤土，较软较疏松。

葬具　木棺。已腐朽，残存棺痕，长1.34、宽0.48、残高0.04、厚0.04米。

人骨　两具。人骨散落于墓道中，葬式不详，性别、年龄不详（图四〇七）。

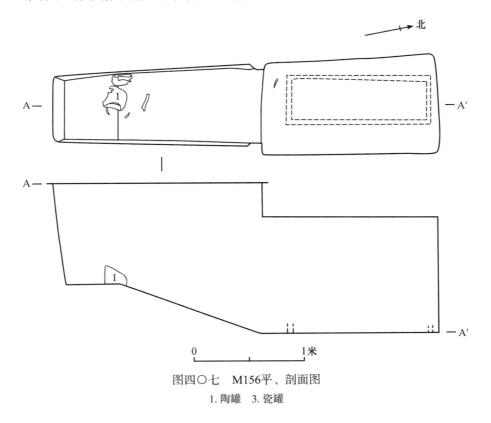

图四〇七　M156平、剖面图
1. 陶罐　3. 瓷罐

（2）出土器物

共出土3件（套）随葬品。陶罐1件位于墓道南侧，瓷罐1件位于墓道西侧，铜钱1组3枚散落于墓室内。

陶罐　1件。M156：1，泥质灰陶。侈口，折沿，沿面有一周凹槽，厚圆唇，束颈，溜肩，鼓

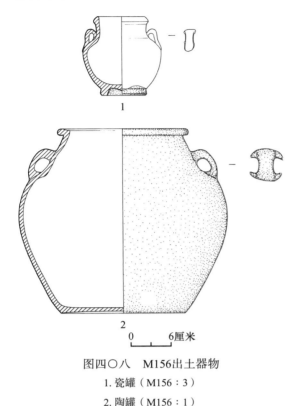

图四〇八　M156出土器物

1. 瓷罐（M156：3）

2. 陶罐（M156：1）

腹，平底略内凹。肩部饰有对称双耳。素面。口径19.2、肩径31.2、底径18.8、高28.6厘米（图四〇八，2；图版四八，5）。

瓷罐　1件。M156：3，酱黄釉，灰白胎。微侈口，斜方唇，束颈，溜肩，鼓腹，圈足。颈、肩部饰有对称双耳。腹部饰数周凸弦纹。器内施满釉，外部施釉不到底。口部及腹部有流釉现象。口径7.0、肩径11.7、圈足底径6.6、高12.2厘米（图四〇八，1；图版四八，6）。

铜钱　1组3枚。M156：2，一枚钱文不清，一枚钱文为"政和通宝"，一枚钱文为"绍圣元宝"（图四二八，3、4）。

4. M157

（1）墓葬概况

位置和层位关系　位于发掘区西部，西邻M156。该墓开口于地表土层下，向下打破生土，墓口距现地表深1.50米。方向200°。

形制与结构　竖穴墓道土洞墓，由墓道、墓室组成。墓道位于墓室南侧，平面近长方形，墓道长1.94、宽0.60～0.74、深1.50～1.78米。墓室为土洞室，平面近长方形，弧形顶，墓室壁较直，加工一般，底近平。墓室长2.43、宽1.40、高0.80～1.00米。

填土　墓道填土为黄褐色花土，土质较软。墓室内为黄褐色淤土，较软较疏松。

葬具　木棺。已腐朽，残存棺痕，长约2.10、宽0.46～1.14、厚约0.06米。

人骨　一具。仰身直肢葬，头朝北，面向东，保存状况良好，性别、年龄不详（图四〇九）。

（2）出土器物

共出土2件（套）随葬品。铜钱位于墓室内人骨周围，瓷灯位于人头骨以北。

铜钱　1组16枚。M157：1，钱文可辨识的有"开元通宝"8枚，"宋元通宝"1枚，"淳化元宝"1枚，"至道元宝"2枚，"咸平元宝"3枚，"景德元宝"1枚（图四二八，5～10）。

瓷灯　1件。M157：2，黄褐釉，灰白胎。近直口，宽折沿，圆唇，浅直腹，喇叭形高圈足。圈足及内底饰有凸弦纹。器内仅口部施釉，器外施釉不到底，局部有流釉现象。口径10.5、圈足底径5.0、高6.1厘米（图四一〇；彩版三二，2）。

5. M212

（1）墓葬概况

位置和层位关系　位于发掘区西南。该墓开口于地表土层下，向下打破生土，墓口距现地

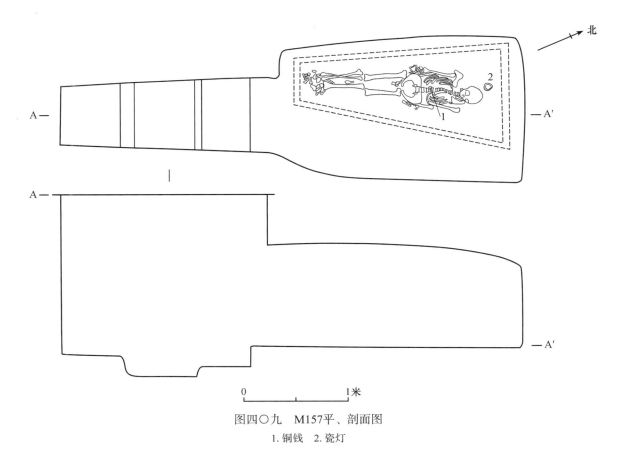

图四〇九 M157平、剖面图
1. 铜钱 2. 瓷灯

表深1.05米。方向190°。

形制与结构 竖穴墓道土洞墓，由墓道、墓室组成。墓道位于南侧，平面呈梯形，直壁较规整，未见明显的工具加工痕迹，底部有台阶。墓道长1.80、宽0.60~0.72、深1.96米。墓室为土洞室，平面近长方形，平顶，近直壁，墓壁较规整，未发现明显的加工痕迹，平底。墓室长2.00、宽1.41、高1.31米。

填土 墓道内填土为黄褐色花土，土质较疏松。

葬具 不详。

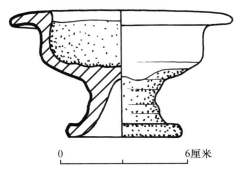

图四一〇 M157出土瓷灯
（M157：2）

人骨 三具。头向均向北，自西向东编为1号、2号、3号。1号墓主面向南，人骨较杂乱，葬式不详，推测为青年女性；2号墓主面向东，仰身直肢葬，推测为中老年男性；3号墓主面向西，与2号墓主相对，仰身直肢葬，推测为中老年女性（图四一一；彩版三四，6）。

（2）出土器物

共出土22件（套）随葬品。均位于墓室内，包括瓷碗、瓷罐、瓷瓶、瓷钵、瓷盏、瓷执壶、瓷香炉、瓷碟、瓷枕、陶钵、铁器、铜钱等。

瓷碗 2件。M212：1，黑釉，灰白胎。敞口，尖圆唇，斜直腹，近平底，圈足。器内底有

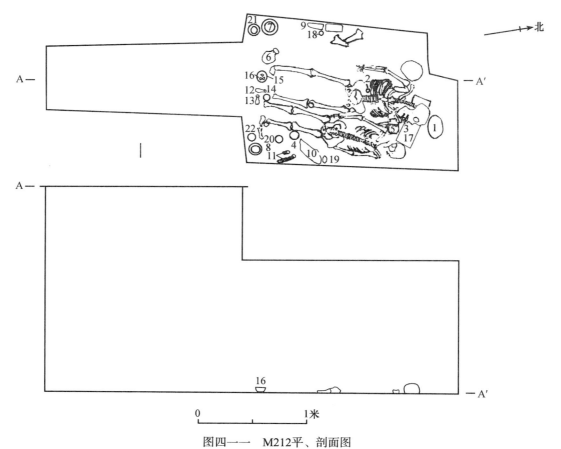

图四一一　M212平、剖面图

1、16.瓷碗　2、3、11.铜钱　5、7、8、21.瓷罐　12、13.瓷瓶　4.瓷钵　6.瓷执壶　9、10.铁器
18、19.石块　14.瓷香炉　15.瓷碟　17.瓷枕　20.瓷盏　22.陶钵

涩圈，外壁施釉不及底。口径20.0、圈足底径7.4、高6.8厘米（图四一二，1；彩版三四，1）。M212：16，白釉，灰白胎。敞口，尖唇，斜直腹，近平底内凹，中部微凸，圈足。腹部有数周弦纹。器身施有化妆土，器内施满釉，外部施半釉。口径9.8、圈足底径3.4、高3.6厘米（图四一三，5；彩版三四，5）。

　　瓷盘　1件。M212：15，白釉，灰白胎。敞口，尖圆唇，浅斜腹，近平底，圈足，圈足底上有六个支钉痕。器身施有化妆土，内施满釉，外施半釉，内底用褐彩画出花卉图案。口径15.2、圈足底径5.7、高4.2厘米（图四一二，2；彩版三四，3、4）。

　　瓷罐　4件。直口微敛，矮领，溜肩，鼓腹，矮圈足。领、肩交接处饰对称双耳。M212：5，酱釉，青灰胎。尖圆唇，内底中部内凹。内壁饰有数周轮制而成的弦纹。器内、外施半釉，局部有流釉现象。口径8.8、肩径12.4、圈足底径6.0、高12.6厘米（图四一二，3；彩版三五，1）。M212：7，黑釉，黄褐胎。圆唇，口、颈倾斜，腹较扁。口部无釉，器内饰数周凹弦纹，局部无釉；器外施半釉，釉层较厚，有流釉现象。口径9.4、肩径13.3、圈足底径6.6、高10.4厘米（图四一二，4；彩版三六，3）。M212：8，黑釉，黄褐胎。方唇，腹较扁。器内近底处有一周凹槽。器内施满釉，器外施釉不到底，局部有流釉现象至圈足底。口径10.4、肩径13.5、圈足底径7.6、高10.4厘米（图四一二，6；彩版三六，2）。M212：21，酱釉，灰白胎。圆唇，耳一宽一窄。腹部饰有四周凹弦纹。窄耳所在的器内壁有一长方形区域未施釉，其余地方施满釉，器外施半釉。口径8.8、肩径12.4、圈足底径5.8、高11.8厘米（图四—二，5；彩版三六，1）。

瓷执壶 1件。M212:6，青釉，灰白胎。小口，平折沿内勾，细长颈，溜肩，弧腹，矮圈足。颈部饰六周凹弦纹，肩部有一周凸起，肩腹交接明显。颈、腹部一侧有环形鋬，已残；另一侧有一流，流口残。器身内、外施满釉，圈足底无釉。口径3.8、圈足底径5.8、高15.0厘米（图四—三，1；彩版三五，2）。

瓷盏 1件。M212:20，黄褐釉，灰白胎。敞口，方唇，浅斜腹，圈足内凹。芒口，内施满釉，外施半釉。口径8.4、圈足底径4.0、高3.4厘米（图四—三，2；彩版三六，4）。

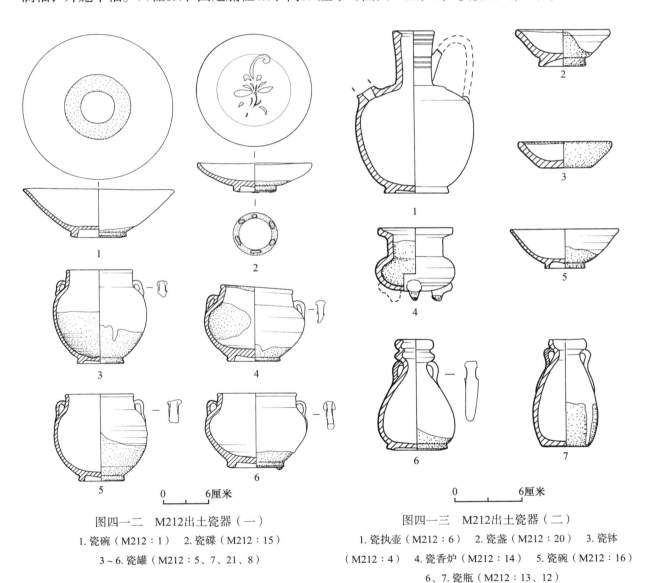

图四—二 M212出土瓷器（一）
1. 瓷碗（M212:1） 2. 瓷碟（M212:15）
3~6. 瓷罐（M212:5、7、21、8）

图四—三 M212出土瓷器（二）
1. 瓷执壶（M212:6） 2. 瓷盏（M212:20） 3. 瓷钵
（M212:4） 4. 瓷香炉（M212:14） 5. 瓷碗（M212:16）
6、7. 瓷瓶（M212:13、12）

瓷钵 1件。M212:4，黑釉，黄褐胎。敞口，方唇，斜直腹，平底。口及外壁无釉，器内施釉不均。底部有轮制痕迹。口径8.4、底径4.6、高2.4厘米（图四—三，3；彩版三六，5）。

瓷香炉　1件。M212：14，绿釉，黄褐胎。浅盘口，折沿，直颈，扁鼓腹，微圜底，三水禽形足。腹、底部饰有凹弦纹。口部及器表施有白色化妆土，器内未施釉，器外施釉不到底，局部有流釉现象。口径6.8、高6.8厘米（图四一三，4；彩版三四，2）。

瓷瓶　2件。M212：13，酱釉，青灰胎。葫芦形口，圆唇内勾，束颈，溜肩，垂腹，平底，矮圈足。颈部饰有对称双耳。器内施满釉，器外施釉不到底，口部釉层较薄。口径2.6、圈足底径5.5、高10.2厘米（图四一三，6；彩版三五，3）。M212：12，酱釉，灰黄胎。盘口，方唇，束颈，弧腹，平底。颈部有对称双耳。芒口，器内施满釉，器外施半釉，局部有流釉现象。口径3.0、底径4.3、高9.8厘米（图四一三，7；彩版三五，4）。

瓷枕　1件。M212：17，青釉，青灰胎。整体呈长方形，腹部中空。枕面略大于底，中部略收，两边稍阔，前低后高。前壁内弧，后壁上端有两个圆形通气孔。上半部施釉，枕面边沿用双直线刻出长方形外框，框内刻有花卉图案，两角有卷云纹。长35.0、宽16.8、高12.0厘米（图四一四；彩版三七，1、2）。

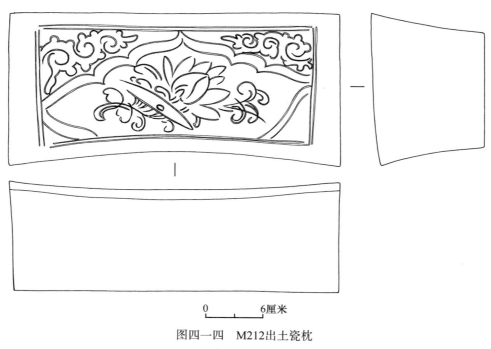

图四一四　M212出土瓷枕
（M212：17）

陶钵　1件。M212：22，泥质灰陶。敞口，方唇，浅斜腹，平底。口径8.4、底径4.6、高2.8厘米（图四一五，3）。

铁盆　1件。M212：9，锈蚀严重，仅余少量残片。敞口，折沿，尖圆唇，斜直腹，大平底。复原后口径47.2、底径42.0、高6.6厘米（图四一五，4）。M212：10，推测应为M212：9的底部和腹部残片。

铜钱　3组126枚。M212：2、3，共2枚。锈蚀严重，钱文不清。从出土位置推测为手握、口含。M212：11，共124枚。钱文可辨识的有"开元通宝""太平通宝""至道元宝""淳化

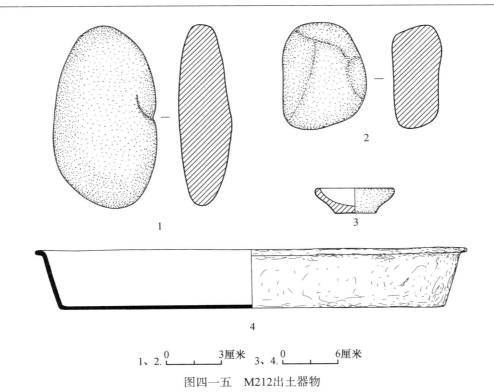

图四一五　M212出土器物

1. 石块（M212：18）　　2. 石块（M212：19）

3. 陶钵（M212：22）　　4. 铁盆（M212：9）

元宝""元祐通宝""绍圣元宝""元丰通宝""熙宁元宝""咸平元宝""天禧通宝""景德元宝""祥符元宝""祥符通宝""圣宋元宝""大观通宝""宣和通宝""政和通宝""治平元宝""景祐元宝""明道元宝""嘉祐元宝""天圣元宝""至和元宝""皇宋通宝""正隆元宝"等25种年号钱，部分为对钱（图四一六）。

石块　2件。M212：18，近椭圆形，灰色，砂岩质。长10.3、宽5.6、厚2.8厘米（图四一五，1）。M212：19，不规则形，灰白色，石英岩质。长6.0、宽4.6、厚2.4～2.7厘米（图四一五，2）。

6. M250

（1）墓葬概况

位置和层位关系　位于发掘区南部。该墓开口于扰土层下，向下打破生土，墓口距现地表深2.20米。方向180°。

形制与结构　竖穴墓道土洞墓，由墓道、墓室组成。墓道位于墓室北侧，口底同大，平面呈长方形，墓底呈斜坡状。墓道长1.80、宽0.82、深0.90米。墓室为土洞室，平面呈长方形，具体结构不详。墓室长2.70、宽1.05、高0.50米。

填土　墓道填土为黄褐色花土，土质较硬。墓室内为黄褐色淤土，土质较硬。

葬具　木棺。棺痕长2.00、宽0.66米，棺板厚0.06米。

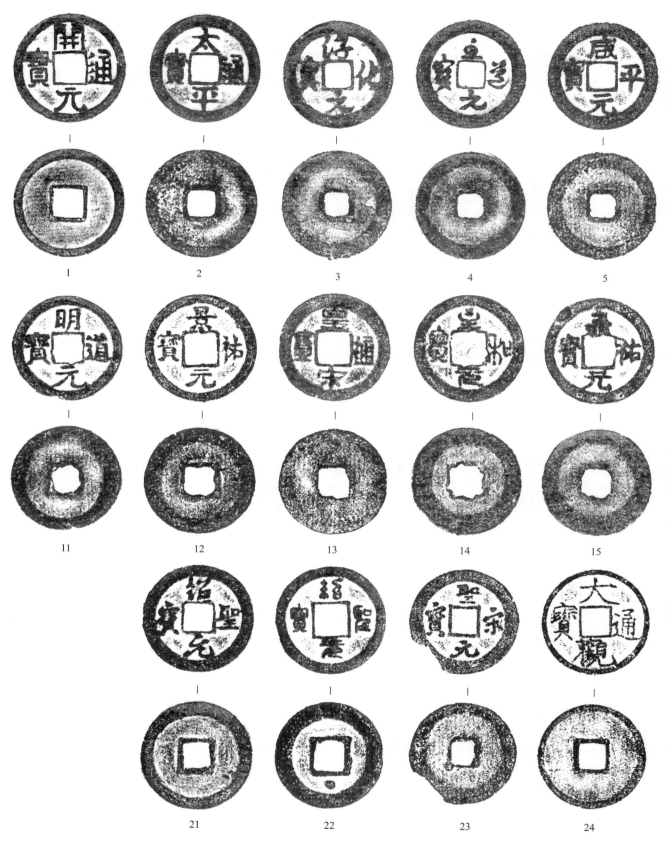

（M212

1.开元通宝　2.太平通宝　3.淳化元宝　4.至道元宝　5.咸平元宝　6.景德元宝　7.祥符元宝　8.祥符通宝

16.治平元宝　17.熙宁元宝　18.元丰通宝　19.元丰通宝　20.元祐通宝　21.绍圣元宝

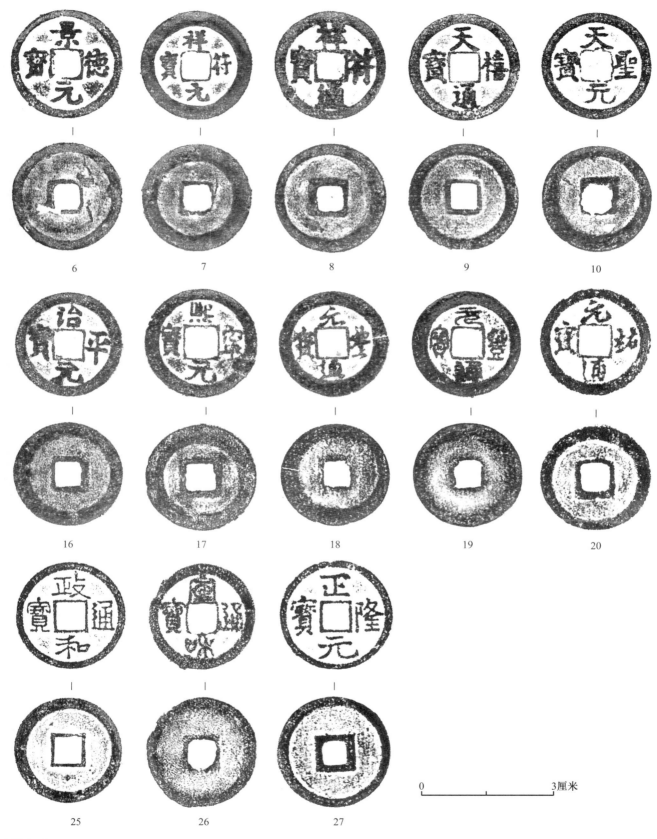

出土铜钱拓片

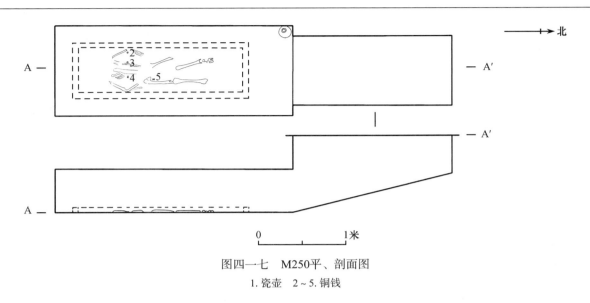

图四一七　M250平、剖面图
1. 瓷壶　2~5. 铜钱

人骨　一具。仰身直肢葬，头向、面向不详，保存状况较差，性别、年龄不详（图四一七）。

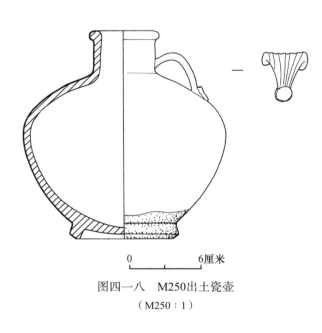

图四一八　M250出土瓷壶
（M250：1）

（2）出土器物

共出土5件（套）随葬品。瓷壶位于墓室东南角，铜钱散见人骨处。

瓷壶　1件。M250：1，酱釉，青灰胎。小口微侈，厚圆唇，直颈，广肩，鼓腹，矮圈足外撇。颈、肩部有一鋬，鋬上饰七道竖向凹弦纹。圈足底有刮削痕迹。器内口颈部施釉，器外施釉不到底，有流釉现象。口径5.2、圈足底径8.0、高19.2厘米（图四一八；彩版三三，1）。

铜钱　4组5枚。M250：2，1枚。残，锈蚀严重。钱文"元丰通宝"。M250：3，1枚。锈蚀严重，钱文"元丰通宝"。M250：4，锈蚀严重，钱文不详。M250：5，2枚。锈蚀严重，一枚钱文"元丰通宝"，一枚钱文不详。

7. M255

（1）墓葬概况

位置和层位关系　位于发掘区南部。该墓开口于扰土层下，向下打破生土，墓口距现地表深2.20米。方向210°。

形制与结构　竖穴墓道土洞墓，由墓道、墓室组成。墓道位于墓室南侧，平面呈长方形，墓壁较直，加工较好，底部呈斜坡状。墓道长2.50、宽0.95~1.00、深1.80~2.00米，底坡长2.50米。墓道东西两壁各发现2个半圆形脚窝，宽0.25、高0.15米。墓室为土洞室，平面呈梯形，平顶，墓室壁近直，加工一般。墓室长3.00、宽1.10~2.60、高1.45米。墓室北壁上部有一壁龛，龛口立面呈半圆形，拱顶，长0.20、高0.15、进深0.16米，东北部写有"街在城一（十）□"五个字。

填土　墓道填土为黄褐色花土，土质较硬。墓室内为黄褐色淤土，土质较硬。

葬具　木棺。残存有棺痕和棺钉、棺环。棺痕长1.83、宽0.60~0.70米，棺板厚0.07米。

人骨　两具。均为仰身直肢葬，头向北，面向上，保存状况较差，性别、年龄不详（图四一九）。

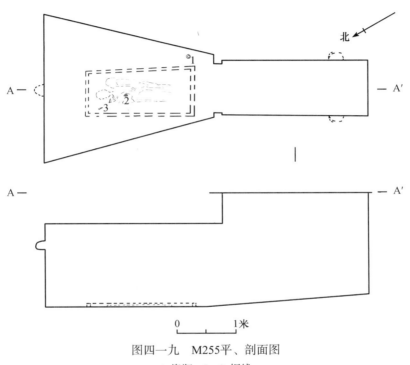

图四一九　M255平、剖面图
1. 瓷瓶　2、3. 铜钱

（2）出土器物

共出土2件（套）随葬品。瓷瓶1件位于墓室东南角，铜钱1组9枚位于东部墓主人肋部。

瓷瓶　1件。M255：1，黑釉，灰黄胎。小口外侈，卷沿，尖唇，束颈，溜肩，鼓腹，圈足。颈、肩部饰对称双耳，耳上有两道凸弦纹。圈足内有刮削痕迹，内底中心微凸。器内施满釉，器外施釉不到底。口径4.4、圈足底径6.0、高17.0厘米（图四二〇；彩版三三，2）。

铜钱　1组9枚。M255：2，锈蚀严重，钱文不清，钱文可辨识的有"绍圣元宝""大观通宝"。钱径2.3~2.5厘米（图四二八，12、13）。

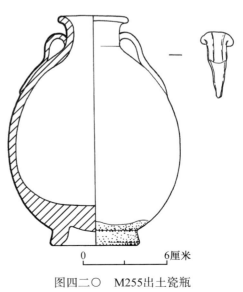

图四二〇　M255出土瓷瓶
（M255：1）

8. M257

（1）墓葬概况

位置和层位关系　位于发掘区南部。该墓开口于扰土层下，向下打破至生土，墓口距地表深2.50米。方向187°。

形制与结构　竖穴墓道土洞墓，由墓道、墓室组成。墓道位于墓室南侧，平面呈长方形，墓道长1.78、宽0.90、残高0.50米。墓室为土洞室，平面呈长方形，顶部已坍塌，墓室周壁近直壁，平底。墓室长2.44、宽1.40～1.45、残高0.30米。

填土　墓道内为黄褐色花土。墓室内为黄褐色淤土。

葬具　木棺。已朽，置于墓道与墓室之间。棺痕长1.70、宽0.45～0.60、厚约0.06、残高0.08米。

人骨　一具。仰身直肢葬，头向北，面向不详，保存较差，性别、年龄不详（图四二一）。

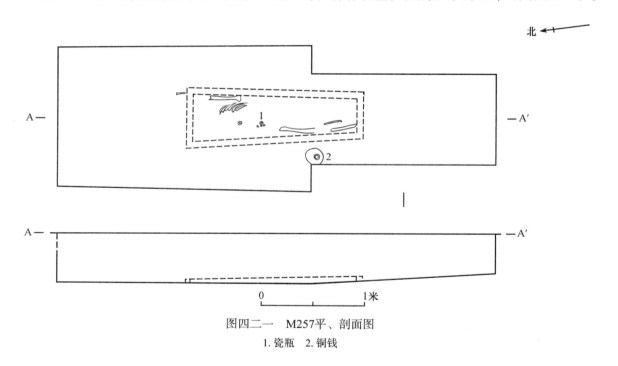

图四二一　M257平、剖面图
1. 瓷瓶　2. 铜钱

（2）出土器物

共出土2件随葬品。铜钱位于墓主人胸部，瓷瓶位于墓室棺外东南角墓门处。

瓷瓶　1件。M257：1，残碎，不可复原。黑釉，灰白胎。子母口，束颈，溜肩，弧腹，圈足。器内饰有数周凹弦纹。器内施满釉，器外施釉不到底，有流釉现象。

铜钱　1枚。M257：2，内外有郭。钱文"崇宁重宝"，楷书，直读。钱径3.4厘米（图四二八，14；彩版三二，4）。

9. M266

（1）墓葬概况

位置和层位关系　位于发掘区南部。该墓开口于扰土层下，向下打破生土，墓口距现地表深1.50米。方向350°。

形制与结构　竖穴墓道土洞墓，由墓道、墓室组成。墓道位于墓室北侧，口底同大，平面呈长方形，墓壁较直，墓底略斜，加工较好。墓道长2.48、宽1.04～0.65、残高0.30～0.45米。墓室为土洞室，平面近梯形，破坏严重。墓室长2.28、宽1.57～2.17、残高0.40米。

填土　墓道填土为黄褐色花土，土质较硬。墓室内为黄褐色淤土，较软较疏松。

葬具　木棺。腐朽严重，具体尺寸不详。

人骨　两具。均为仰身直肢葬，头向北。保存较差，面向、性别、年龄均不详（图四二二）。

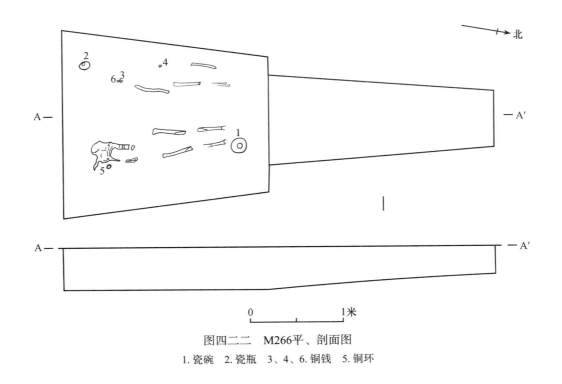

图四二二　M266平、剖面图
1. 瓷碗　2. 瓷瓶　3、4、6. 铜钱　5. 铜环

（2）出土器物

共出土6件（套）随葬品。瓷碗位于墓室近入口处，瓷瓶位于墓室西南角，铜环与铜钱散落于人骨附近。

瓷碗　1件。M266：1，酱釉，青灰胎。敞口，圆唇，斜直腹，圈足。腹部有数周弦纹。器内满施青釉，口部用酱釉画两周弦纹，内底用酱釉在中心画一圆圈，底腹交接处用酱釉画三周弦纹，内底有8个支钉痕。器外施釉不到底，圈足上有8个支钉痕。口径15.6、圈足底径6.6、高6.0厘米（图四二三，1；彩版三三，3）。

瓷瓶　1件。M266：2，黑釉，青灰胎。小侈口，卷沿，方唇，唇面微凹，束颈，广斜肩，深弧腹，矮圈足。圈足有刮削痕迹。器内施满釉，器外施釉不到底。口径4.0，圈足底径5.6、高19.6（图四二三，2；彩版三三，4）。

铜环　1件。M266：5，圆环形，外径2.0厘米。横截面呈圆形，直径0.2厘米（图四二三，3；彩版三三，6）。

铜钱　3组4枚。M266：3，1枚。内外有郭。钱文"崇宁通宝"，楷书，旋读。钱径3.5厘米（图四二八，15；彩版三三，5）。M266：4，2枚。锈蚀严重，钱文不详。表面残留有布纹。钱径2.4厘米。M266：6，1枚。锈蚀严重，钱文不详。钱径2.5厘米。

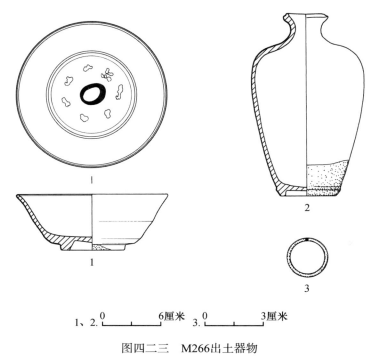

图四二三　M266出土器物

1. 瓷碗（M266：1）　2. 瓷瓶（M266：2）　3. 铜环（M266：5）

10. M008

（1）墓葬概况

位置和层位关系　位于发掘区北部。该墓开口于地表土层下，向下打破生土，墓口距现地表深0.80米。方向185°。

形制与结构　竖穴墓道土洞墓，由墓道、墓室组成。墓道位于墓室南侧，平面呈梯形，直壁，近平底，加工一般。墓道长1.80、宽0.54～0.70、深1.00米。墓室为土洞室，平面近长方形，加工一般，弧形顶，近平底。墓室长1.78、宽0.88、高0.30～0.66米，墓门高0.66米。

填土　墓道填土为黄褐色花土，土质较软。墓室内为黄褐色淤土，土质较软。

葬具　不详。

人骨　两具。均为仰身直肢葬，头向北，面向上，保存较差，性别、年龄不详（图四二四）。

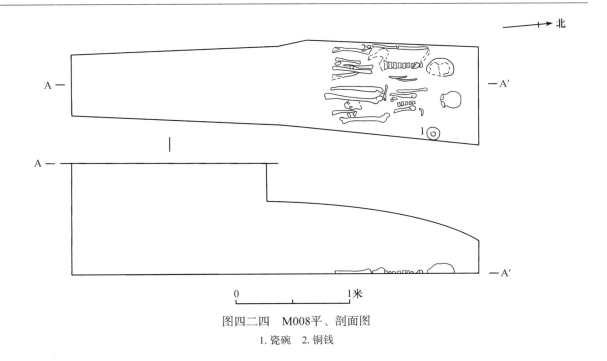

图四二四　M008平、剖面图
1. 瓷碗　2. 铜钱

（2）出土器物

共出土2件（套）随葬品。白瓷碗1件位于墓室北侧，铜钱1组4枚位于西侧人骨右手处。

瓷碗　1件。M008：1，白釉，黄褐胎。敞口，圆唇，斜直腹，矮圈足。器身施有化妆土，器内施满釉，器外施釉不及底，局部有流釉现象。器内底有3个支钉痕。口径12.0、圈足底径4.0、高4.2厘米（图四二五；彩版三二，1）。

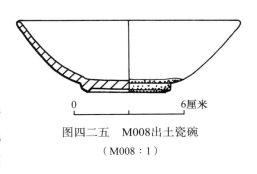

图四二五　M008出土瓷碗
（M008：1）

铜钱　1组4枚。M008：2，钱文可辨的有"至道元宝""景德元宝""天禧通宝"。

11. M0016

（1）墓葬概况

位置和层位关系　位于发掘区北部，西邻M163。该墓开口于地表土层下，向下打破生土，墓口距现地表深0.80米。方向183°。

形制与结构　竖穴墓道土洞墓，由墓道、墓室组成。墓道位于墓室南端，平面呈梯形，墓壁整体向东倾斜，口、底偏差较大。墓道口长1.44、宽0.40～0.60米、深1.90米。墓室为土洞室平面近长方形，弧形顶，近平底，加工一般。墓室2.10、宽0.96、高0.53～0.84米，墓门高0.53米。

填土　墓道填土为黄褐色花土，包含少量植物根茎，土质较为纯净，硬度适中。墓室内为黄褐色淤土，包含部分植物根茎。

　　葬具　不详。

　　人骨　两具。均为仰身直肢葬，头向北。西侧人骨仅存头骨与少量肢骨，面向不明；东侧人骨保存较好，面向上。性别、年龄均不详（图四二六）。

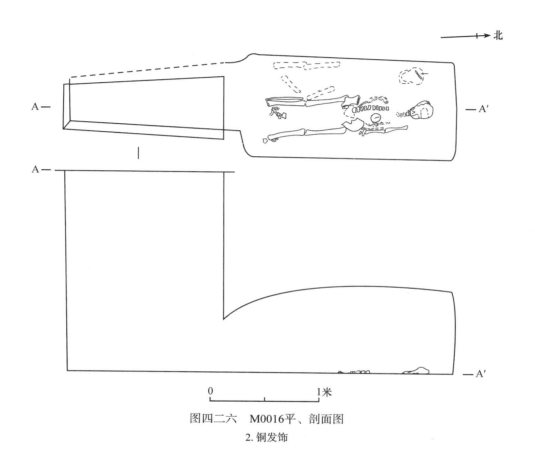

图四二六　M0016平、剖面图

2. 铜发饰

（2）出土器物

　　共出土2件随葬品。白瓷盏位于墓室东侧，铜发饰位于墓室西侧人头骨下。

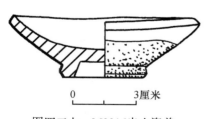

图四二七　M0016出土瓷盖

　　白瓷盏　1件。M0016：1，白釉，青灰胎。口部不平，敞口，斜方唇，浅斜腹，圈足。圈足外壁中部有一周凸棱。器内满釉，内底有涩圈，器外施釉仅及口沿，腹部有流釉现象。口径8.8、圈足底径3.8、高3.0厘米（图四二七，1；彩版三二，2）。

　　铜簪　1件。M0016：2，呈细长条状，一侧内凹，一侧弧凸。长22.9厘米（彩版三二，5）。

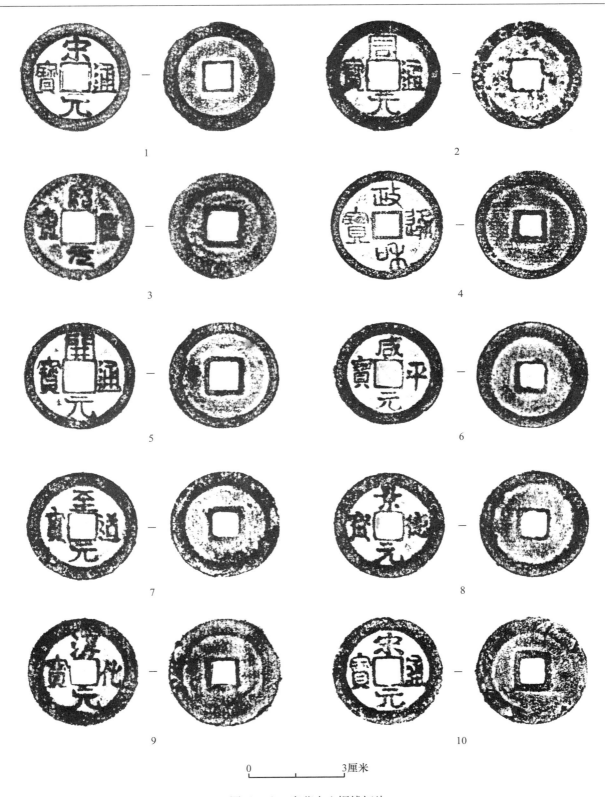

图四二八 宋墓出土铜钱拓片

1. 宋元通宝（M131：5） 2. 周元通宝（M131：6） 3. 绍圣元宝（M156：2-1） 4. 政和通宝（M156：2-2）

5. 开元通宝（M157：1-1） 6. 咸平元宝（M157：1-2） 7. 至道元宝（M157：1-3） 8. 景德元宝（M157：1-4）

9. 淳化元宝（M157：1-5） 10. 宋元通宝（M157：1-6）

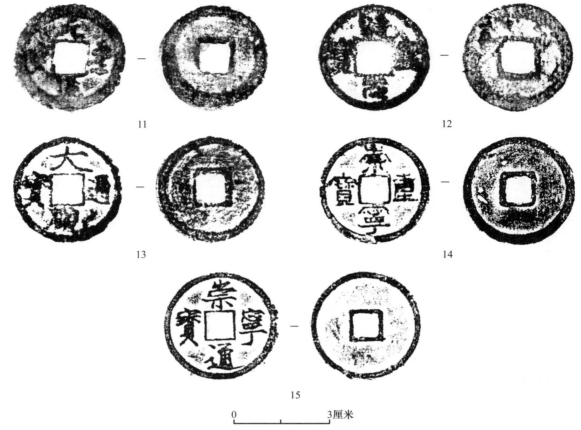

0　　　　　　　3厘米

图四二八　宋墓出土铜钱拓片（续）

11. 元丰通宝（M250：3）　　12. 绍圣元宝（M255：2-2）　　13. 大观通宝（M255：2-1）

14. 崇宁重宝（M257：2）　　15. 崇宁通宝（M266：3）

第三节　相 关 认 识

三门峡刚玉砂厂工地发掘清理了11座宋金时期墓葬，均为小型墓。根据墓葬出土器物及钱币年号可分为宋代和金代。

宋代墓葬10座，分别为M60、M131、M156、M157、M250、M255、M257、M266、M008和M0016。墓葬形制均为竖穴墓道土洞墓，墓向为坐北朝南。M156、M157、M0016位于发掘区北部，M250、M255、M257、M266位于发掘区南部，其他墓葬散布于发掘区中部。除M60、M008和M0016的葬具不详之外，其余墓葬均为木棺，5座单人葬，5座双人合葬；葬式除M156不详外，其余均为仰身直肢葬。墓道多为梯形，墓室长度为2～3米。墓葬中随葬器物以瓷器为主，同出的钱币有"开元通宝""宋元通宝""淳化元宝""至道元宝""咸平元宝""景德元宝"等。墓主身份应为当地的平民。

根据墓葬中出土典型器物，可以分为三组。第一组以陶罐为主，同出有瓷罐、铜铃等，墓葬有M131、M156。第二组以瓷碗和瓷灯为主，同出铜钱，墓葬有M60、M157、M008。第三组以瓷瓶为主，同出瓷碗、铜钱等，墓葬有M255、M257、M266。

　　根据墓葬分组、出土钱币年号，结合墓葬分布，将宋代墓葬分为两期。第一期包括了第一组和第二组墓葬，分别为M008、M157、M60、M131。该期墓葬出土的钱币为"开元通宝""宋元通宝""淳化元宝""至道元宝""咸平元宝""景德元宝""天禧通宝"。M131出土的陶双耳罐（M131:1）与三门峡庙底沟中唐时期墓葬M194出土的陶双耳罐（M194:1）[①]形制相同，但墓中出土了"宋元通宝"钱币，故M131的年代应为北宋早期。M008出土的白瓷碗与三门峡印染厂宋代M60出土的瓷碗（M60:1）[②]形制相近，但M008出土有宋真宗时期的钱币。M157出土的黄褐釉瓷灯（M157:2）与庙底沟北宋中期墓葬M193出土的白瓷灯（M193:7）[③]形制接近，但器腹更浅，圈足更矮；另据三门峡庙底沟中唐墓葬中出土的瓷灯（M229:1）器腹较浅、圈足较矮的特点看，刚玉砂厂M157出土瓷灯的器腹深度和圈足高度介于庙底沟中唐墓葬M229与北宋中期墓葬M193出土瓷灯的形制之间，故M157的时代应为北宋早期。综上推断，该期墓葬应属北宋早期。

　　第二期墓葬，包括第一组的M156和第三组的M255、M257、M266，根据墓葬分布及出土器物情况，将M250和M0016亦归入此期。M266出土的黑釉瓷瓶（M266:2）与庙底沟北宋晚期墓葬M247出土的黑瓷瓶（M247:2）[④]形制相同；M266出土的瓷碗（M266:1）圈足挖足过肩，与庙底沟北宋晚期M188出土的瓷碗形制相近，腹部更为斜直。该期墓葬中，M156出土的钱币有"绍圣通宝"和"政和通宝"，M250出土了"元丰通宝"，M255、M257和M266则同出宋徽宗时所铸的"大观通宝""崇宁重宝"等。综上所述，该期墓葬应为北宋中晚期，其中M250和M0016时代稍早，可早至北宋中期，M156、M255、M257和M266则同属北宋末期。

　　刚玉砂厂墓地距离印染厂墓地较近，但墓葬中出土的器物不同，与庙底沟宋代墓葬出土器物具有较多的相似性。个别墓葬中随葬有与道教有关的器物，如M60出土有五色镇墓石，分别位于墓室的四角和中部。

　　金代墓葬1座，即M212。三门峡地区发现的金代墓葬已刊布的达十余座，墓葬形制基本为砖室墓或砖雕墓[⑤]，土洞墓及其出土器物发表较少，因而对其时代推断较为模糊。M212墓中出土的铜钱年代最早的为"开元通宝"，年代最晚的是"正隆元宝"，铸于金代海陵王正隆二年（1157年）。墓葬中出土的瓷器具有明显的宋金时期特征，如瓷碗的圈足挖足过肩属于北宋晚

①　河南省文物考古研究所：《三门峡庙底沟唐宋墓葬》，大象出版社，2006年，第121页。

②　河南省文物考古研究院：《三门峡市印染厂墓地》，中州古籍出版社，2017年，第446页。

③　河南省文物考古研究所：《三门峡庙底沟唐宋墓葬》，大象出版社，2006年，第284页。

④　河南省文物考古研究所：《三门峡庙底沟唐宋墓葬》，大象出版社，2006年，第288页。

⑤　上官荣光：《河南义马锦铺佳园金代砖雕墓发掘简报》，《中国国家博物馆馆刊》2021年第3期；高鸣：《河南三门峡市陕州区大营镇金代砖墓发掘简报》，《文物鉴定与鉴赏》2020年第6期；三门峡市文物考古研究所：《河南义马狂口村金代壁画墓发掘简报》，《文物》2017年第6期；三门峡市文物考古研究所：《河南三门峡市化工厂两座金代砖雕墓发掘简报》，《中原文物》2015年第4期；史智民、贾永寿、宁文阁：《三门峡市技工学校三座金墓发掘简报》，载《三门峡文物考古与研究》，北京燕山出版社，2003年，第115~122页；王光有、宁文阁：《三门峡上阳路金墓发掘简报》，载《三门峡文物考古与研究》，北京燕山出版社，2003年，第111~114页；三门峡市文物工作队、义马市文物管理委员会：《义马市金代砖雕墓发掘简报》，《华夏考古》1993年第4期；三门峡市文物工作队：《三门峡市崤山西路发现三座古墓》，《华夏考古》1993年第4期。

期以后的时代特征①。该墓出土的瓷罐（M212：7）与荥阳后真村金代中晚期墓葬M26出土的瓷罐（M26：1）②形制相似；出土的瓷碗（M212：1）与三门峡上阳路金墓出土的瓷碗③形制相同，后者拱顶外北部发现有大定二十八年（1188年）刻砖。出土的白瓷碗（M212：16）和瓷香炉（M212：14），分别与陕县化纤厂宋墓M2出土的同类器（M2：2、M2：1）④形制接近，有学者认为陕县化纤厂M2年代应属于金代中晚期⑤。综合上述特征判断，M212的年代可能属于金代中期。

　　根据M212墓葬形制和出土器物特征来看，墓室西北有曲折，墓中随葬的器物中瓷罐分两个类型，这些现象表明应属合葬导致。墓主为一男两女，应属于夫妇合葬，其中西侧人骨较杂乱，推测埋葬时间稍早。从该墓出土瓷器的数量和种类推测，该墓墓主应属富裕的平民阶层。刚玉砂厂金代墓葬M212的发掘丰富了我们对三门峡地区金代中小型墓葬特征的认识，为进一步研究三门峡地区宋金墓葬的合葬及其丧葬习俗提供了详实的实物资料。

①　河南省文物考古研究所：《河南荥阳市关帝庙遗址唐、金墓葬发掘简报》，《华夏考古》2008年第4期。

②　郑州大学历史学院考古系、河南省文物局南水北调文物保护办公室：《荥阳后真村墓地唐、宋、金墓发掘简报》，《中原文物》2015年第1期。

③　王光有、宁文阁：《三门峡上阳路金墓发掘简报》，载《三门峡文物考古与研究》，北京燕山出版社，2003年，第111～114页。

④　三门峡市文物工作队、陕县文物管理委员会：《河南省陕县化纤厂宋墓发掘简报》，《华夏考古》1993年第4期。

⑤　郝军军：《金代墓葬的区域性及相关问题研究》，吉林大学博士学位论文，2016年，第205页。

第五章 明清墓葬

第一节 墓葬综述

共18座。分别为M19、M21、M22、M23、M38、M171、M229、M231、M232、M235、M241、M247、M0013、M0014、M0015、M0019、M0023、M0026。

第二节 墓葬分述

1. M19

（1）墓葬概况

位置和层位关系 位于发掘区南部。该墓开口于扰土层下，向下打破生土，墓口距现地表深0.80米。方向186°。

形制与结构 竖穴墓道土洞墓，由墓道、墓室组成。墓道位于墓室南侧，口底同大，平面呈近梯形，墓壁较直，加工较好，底面呈缓坡状。墓道长2.64、宽0.70～1.00、深4.40米，坡长2.60米。墓道东西两壁各发现12个脚窝，呈两列分布，脚窝长0.20、宽0.26、进深0.14米。墓室为土洞室，平面近梯形，平顶，墓室壁近直，加工一般。墓室长3.56、宽1.62～3.10、高1.23～1.33米。

填土 墓道填土为黄褐色花土，土质较硬。墓室内为黄褐色淤土，土质较硬。

葬具 不详。

人骨 不详（图四二九）。

（2）出土器物

共出土1方墓志，位于墓室中部偏西。

墓志 1方。M19∶1，砖质。长方形，志文为"卫门高氏"。长30.0、宽6.1、厚6.1厘米。

2. M21

（1）墓葬概况

位置和层位关系 位于发掘区东南部，西南邻M22。该墓开口于地表土层下，向下打破生

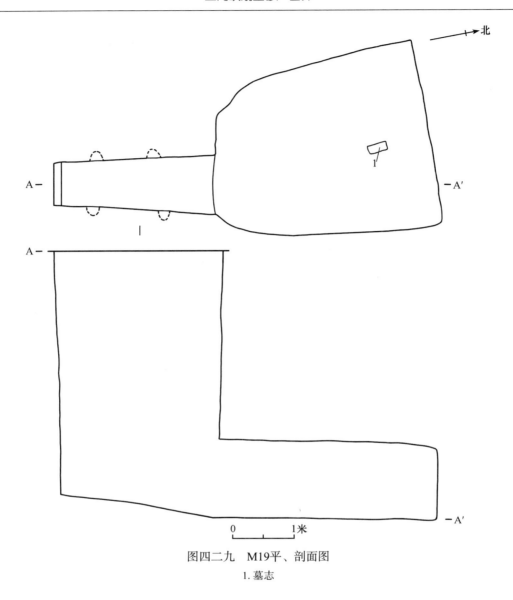

图四二九　M19平、剖面图
1. 墓志

土，墓口距现地表深0.55米。方向264°。

形制与结构　竖穴墓道土洞墓，由墓道、甬道、墓室组成。墓道位于墓室西侧，口大底小，平面近梯形，墓壁较直，底面较平，加工一般。墓道口长2.42、宽0.66～0.96米，墓道底长2.34、宽0.60～0.96米，墓底距墓口深1.26米。甬道宽0.91、高0.73、进深0.48米。墓室为土洞室，平面近长方形，平顶，墓室壁较直，加工一般，底近平。墓室长2.50、宽1.04～1.16、高0.93米，墓门高0.77米。

填土　墓道填土为黄褐色花土，较软较疏松。墓室内为黄褐色淤土，较软较疏松。

葬具　木棺。已腐朽，见有棺痕、棺钉。

人骨　一具。仰身直肢葬，头向北，面向上，保存状况一般，性别、年龄不详（图四三〇）。

（2）出土器物

共出土3件（套）随葬品，分别为瓷罐、铜钱、铜扣。瓷罐1件位于墓室人骨右胫骨处，铜

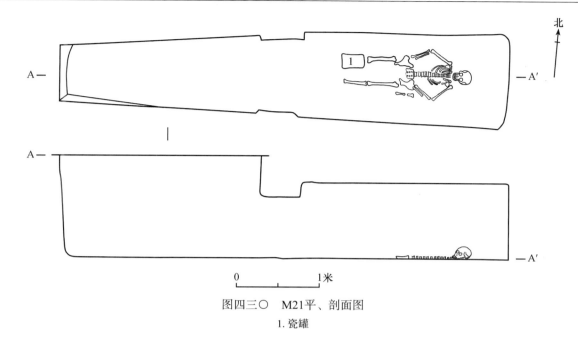

图四三〇 M21平、剖面图
1. 瓷罐

钱1组位于瓷罐内，铜扣1组位于椎骨处。

瓷罐 1件。M21：1，酱釉，灰白胎。直口，厚圆唇，直筒腹，矮圈足。近口部有对称双耳，已残。圈足底有刮削痕迹。器内仅口部施釉，局部有流釉现象，器表施半釉。口径14.7、圈足底径11.7、高20.4厘米（图四三一，1；彩版三八，1）。

铜钱 1组3枚。M21：2，1枚为圆形圆孔，2枚为圆形方孔，锈蚀严重，钱文不清。

铜扣 1组4枚。M21：3，呈圆球形，上有半环形钮。直径0.9～1.0厘米（图四三一，2；彩版三九，1）。

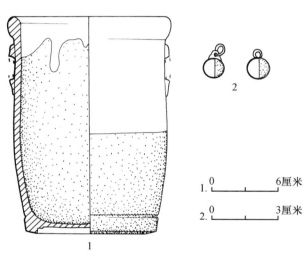

图四三一 M21出土器物
1. 瓷罐（M21：1） 2. 铜扣（M21：3）

3. M22

（1）墓葬概况

位置和层位关系 位于发掘区东部偏南，东北邻M21，西邻M23。该墓开口于地表土层下，向下打破生土，墓口距现地表深0.45米。方向190°。

形制与结构 竖穴墓道土洞墓，由墓道、墓室组成。墓道位于墓室南侧，口大底小，平面呈近长方形，墓壁较直，底较平。墓道口长3.15、宽0.56～1.10米，墓道底长2.95、宽0.43～0.90米，墓底距墓口深1.22米。墓室为土洞室，平面近长方形，弧形顶，墓室壁较直，底近平。墓室长2.90、宽0.90～1.10、高0.90～1.04米，墓门高0.90米。

填土　墓道填土为黄褐色花土，较软较疏松。墓室内为黄褐色淤土，较软较疏松。

葬具　木棺。已腐朽，残留有棺痕、棺钉。

人骨　两具。西侧仅余头骨。东侧人骨仰身直肢葬，头向北，面向西，保存较完整。性别、年龄不详（图四三二）。

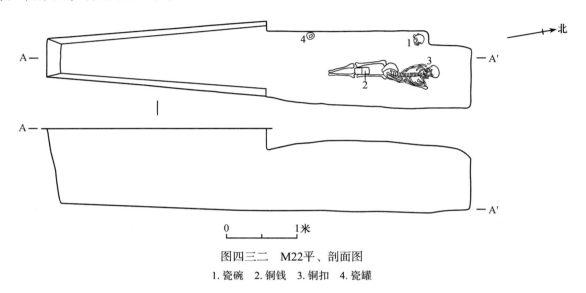

图四三二　M22平、剖面图
1. 瓷碗　2. 铜钱　3. 铜扣　4. 瓷罐

（2）出土器物

共出土5件（套）随葬品。瓷碗位于墓室西壁中部偏南处，铜钱位于西侧头骨附近，铜扣分散于东侧人骨肋骨附近，瓷罐位于东侧人骨双腿之间，罐内有12枚铜钱。

瓷碗　1件。M22：1，青釉，灰白胎。敞口，尖唇，斜弧腹，圈足，足内底中心突出。器内底部有一周素胎，余施釉，器外施釉不到底，腹部用褐釉绘出花卉图案。口径10.6、圈足底径4.4、高4.6厘米（图四三三，2；彩版三八，2）。

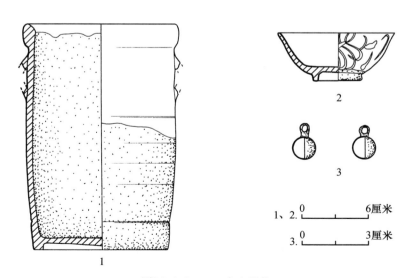

图四三三　M22出土器物
1. 瓷罐（M22：4）　2. 瓷碗（M22：1）　3. 铜扣（M22：3）

瓷罐 1件。M22：4，黑釉，灰白胎。直口，厚圆唇，直筒腹，矮圈足。近口部饰有对称双耳，已残。腹部和圈足内底饰有数周凹弦纹。器内仅口部施釉，有流釉现象，器外施半釉。口径13.6、圈足底径12.0、高20.8厘米（图四三三，1；彩版三八，3）。

铜钱 2组13枚。M22：2，1枚。钱文"乾隆通宝"，楷书，直读。钱径2.5厘米。M22：5，12枚。锈蚀严重，钱文不清，其中可辨识的为"乾隆通宝"。钱径2.3～2.6厘米。

铜扣 1组3枚。M22：3，呈圆球形，上有半环形钮。直径1.0厘米（图四三三，3）。

4. M23

（1）墓葬概况

位置和层位关系 位于发掘区东南部，东邻M22、M21，西邻M25，北邻M24。该墓开口于地表土层下，向下打破生土，墓道开口距现地表深0.20米。方向177°。

形制与结构 竖穴墓道土洞墓，由墓道、墓室组成。墓道位于墓室南侧，口小底大，平面呈梯形，墓壁弧收，加工一般，底部为斜坡式。墓道口长2.90、宽0.70～1.10米，墓道底长2.80、宽0.90～1.10米，墓底距墓口深1.20～1.30米。墓室为土洞室，平面近长方形，平顶，墓室壁较直，平底，比墓道底部略高，加工一般。墓室长2.90、宽1.16～1.44、高0.82～0.94米，墓门高0.94米。

填土 墓道填土为黄褐色夹杂红褐色花土，较软较疏松。墓室内为黄褐色淤土，较软较疏松。

葬具 木棺。已腐朽，残留棺痕、棺钉。

人骨 两具。西侧为仰身曲肢，头向北，面向下，保存较完整，性别为女性，年龄不详。东侧葬式不详，头向上，面向南，保存较差，性别为男性，年龄不详（图四三四）。

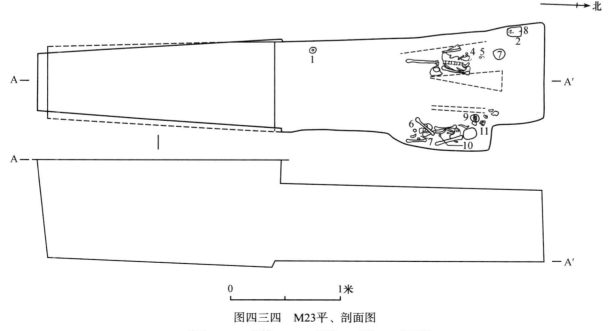

图四三四 M23平、剖面图

1. 瓷碗 2、11. 瓷罐 6～10. 铜钱 4. 铜扣 5. 银耳饰

（2）出土器物

共出土11件（套）随葬品。瓷碗1件位于墓室入口处西壁下；西侧人骨附近发现铜扣、银耳饰与瓷罐，罐内有9枚铜钱；东侧人骨附近发现铜钱、瓷罐，罐内有5枚铜钱。

瓷碗　1件。M23：1，酱釉，灰黄胎。敞口，尖唇，斜直腹，圈足。器内底部有涩圈，器外施釉不到底，有流釉现象。口径13.2、圈足底径5.2、高4.8厘米（图四三五，1；彩版三八，4）。

瓷罐　2件。M23：2，黑釉，青灰胎。微敛口，厚圆唇，筒形腹微鼓，矮圈足。下腹近底处有一周凸棱。口部无釉，器内满施酱黄釉，器外施黑釉不到底，有流釉现象。口径12.6、圈足底径10.2、高16.2厘米（图四三五，3；彩版三八，5）。M23：11，酱黄釉，红褐胎。微敛口，圆唇，束颈，溜肩，鼓腹，圈足。颈、肩部饰有对称的双环耳，环耳呈对角状。圈足底有3个长条形支钉痕。器内施满釉，器外施釉不到底，有窑变现象。口径11.0、肩径14.9、圈足底径8.6、通高12.8厘米（图四三五，2；彩版三八，6）。

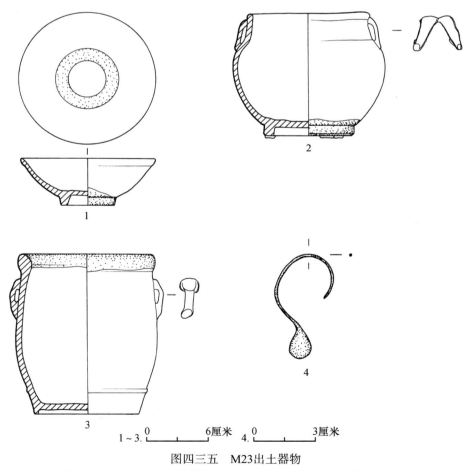

图四三五　M23出土器物

1.瓷碗（M23：1）　　2、3.瓷罐（M23：11、M23：2）　　4.银耳饰（M23：5）

铜钱 6组18枚。M23：3，1枚。锈蚀严重，钱文似为"道光通宝"。钱径2.3厘米。M23：6，1枚。钱文"乾隆通宝"，背有满文。钱径2.5厘米。M23：7，1枚。钱文"嘉庆通宝"。钱径2.3厘米。M23：8，9枚。锈蚀严重，钱文不详，位于2号瓷罐内。M23：9，5枚。锈蚀严重，钱文不详，位于11号瓷罐内。M23：10，1枚。钱文"嘉庆通宝"，背有满文。钱径2.4厘米。

铜扣 1枚。M23：4，锈蚀严重。呈球形，上有环钮。

银耳饰 1枚。M23：5，上端为半环形钩，尾端呈水滴状。长5.3、宽2.7厘米（图四三五，4；彩版三九，2）。

5. M38

（1）墓葬概况

位置和层位关系 位于发掘区东南部，东邻M36，西邻M37，北邻M39。该墓开口于地表土层下，向下打破生土，墓口距现地表深0.60米。方向186°。

形制与结构 竖穴墓道土洞墓，由墓道、墓室组成。墓道位于墓室南侧，口大底小，平面呈近梯形，墓壁较直，底部为平台和缓坡。加工一般。墓道口长2.56、宽0.66～1.00米，墓道底长2.46、宽0.63～0.95米，墓底距墓口深1.05～1.64米。墓室为土洞室，平面近长方形，弧形顶，墓室壁较直，加工一般。墓室长2.45、宽1.26～1.46、高0.74～1.10米，墓门高0.74米。

填土 墓道填土为黄褐色花土，较软较疏松。墓室内为黄褐色淤土，较软较疏松。

葬具 不详。

人骨 不详（图四三六）。

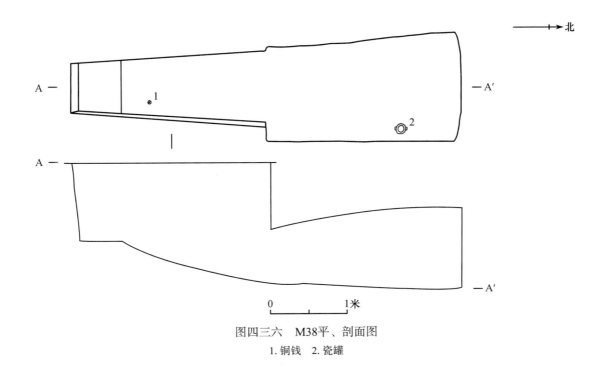

图四三六 M38平、剖面图
1.铜钱 2.瓷罐

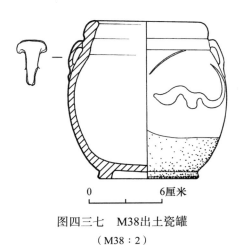

图四三七　M38出土瓷罐
（M38∶2）

（2）出土器物

共出土2件随葬品。铜钱位于墓道内，瓷罐位于墓室东北部。

铜钱　1枚。M38∶1，内外有郭，钱文"康熙通宝"，背有满文。钱径2.7厘米。

瓷罐　1件。M38∶2，青釉，青灰胎。微敛口，厚圆唇，矮领，溜肩，弧腹，平底，圈足。领中部有一周凹弦纹，领、肩部饰对称环耳。器内仅口部施釉，器外施釉不到底，釉面有破损的气泡。腹部有褐彩勾绘的云纹线条。口径9.0、肩径13.0、圈足底径8.0、高13.6厘米（图四三七；彩版四〇，1）。

6. M171

（1）墓葬概况

位置和层位关系　位于发掘区中东北部，东邻M174，西邻M168。该墓开口于地表土层下，向下打破生土，墓室开口距现地表深1.60米。方向350°。

形制与结构　竖穴墓道土洞墓，由墓道、墓室组成。墓道被现代建筑基址打破。墓室为土洞室，平面近长方形，弧形顶，墓室壁近直，加工一般。墓室长1.40～1.90、宽2.10、高0.50米。

填土　墓室内为黄褐色淤土，较软较疏松。

葬具　木棺。已腐朽，残存棺痕、棺钉。

人骨　两具。均已散乱，葬式不详，性别、年龄不详（图四三八）。

（2）出土器物

共出土7件随葬品，主要位于墓室南部。

瓷碗　2件。M171∶1，黑釉，青灰胎。敞口，尖唇，斜直腹，圈足，足底有刮削痕迹。器内施满釉，器外施半釉，釉层较厚。口径10.0、圈足底径4.2、高5.0厘米（图四三九，4；彩版四一，1）。M171∶2，酱釉，灰黄胎。敞口，方唇，弧腹近直，圈足，足内斜直壁，中心突出。口部无釉，内施满釉，外施半釉。口径8.4、圈足底径4.4、高4.8厘米（图四三九，5；彩版四一，2）。

瓷罐　4件。直口微敛，厚圆唇，深筒形腹，

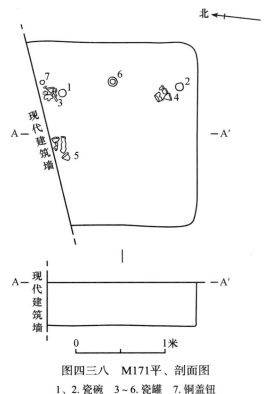

图四三八　M171平、剖面图
1、2.瓷碗　3～6.瓷罐　7.铜盖钮

矮圈足，内底微凹。口沿下饰对称双耳，耳已残。M171：3，黑釉，青灰胎。束颈，折肩，弧腹斜收。近底处有一周凸棱，器内饰有数周弦纹。器内仅口部施釉，器外施釉不到底。口径10.2、圈足底径7.4、高16.6厘米（图四三九，2；彩版四一，3）。M171：4，黑釉，青灰胎。束颈，折肩，腹斜收。近底处有一周凸棱，器内饰有数周弦纹，器内仅口部施釉，器外施釉不到底。口径11.0、圈足底径10.0、高16.3厘米（图四三九，3；彩版四一，4）。M171：5，黑釉，灰白胎。弧腹微鼓。器内下腹部有数周凹槽，器表近底处有一周凹弦纹，圈足底有垫具痕。器内仅口部施釉，器外施半釉。口径13.4、圈足底径11.8、高18.4厘米（图四三九，1；彩版四一，5）。M171：6，酱黄釉，青灰胎。上腹微弧，下腹近直。腹部饰数周凹弦纹，器内饰有数周弦纹，粘有其他器物腹片。口部无釉，器内施满釉，器外施半釉，有流釉现象。口径10.4、圈足底径7.0、高13.4厘米（图四三九，6；彩版四一，6）。

铜盖钮　1件。M171：7，圆柄下接覆盆形盖。有一圆球，中空。高3.6、宽3.4厘米（图四三九，7；彩版三九，3）。

7. M229

（1）墓葬概况

位置和层位关系　位于发掘区南部。该墓开口于扰土下，向下打破生土，墓口距地表深1.80米。方向75°。

形制与结构　竖穴墓道土洞墓，由墓道、墓室组成。墓道位于墓室东侧，平面呈长方形，直壁，加工一般，底面呈缓坡状。墓道长2.40、宽1.20～1.30、残高0.56米，坡长2.29米。墓室为土洞室，平面为长方形，墓室壁近直，加工一般。墓室长3.05、宽1.72、残高0.43～0.52米。

填土　墓道填土为黄褐色花土，土质较硬。墓室内为黄褐色淤土，土质较硬。

葬具　不详。

人骨　不详（图四四〇）。

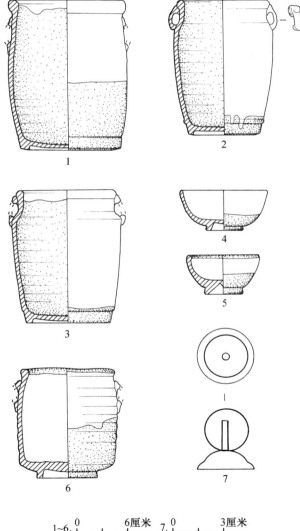

图四三九　M171出土器物

1～3、6. 瓷罐（M171：5、3、4、6）

4、5. 瓷碗（M171：1、2）　7. 铜盖钮（M171：7）

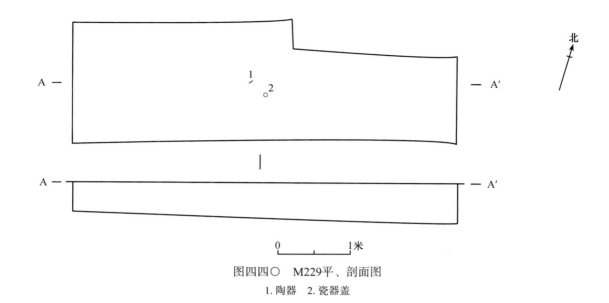

图四四〇　M229平、剖面图
1. 陶器　2. 瓷器盖

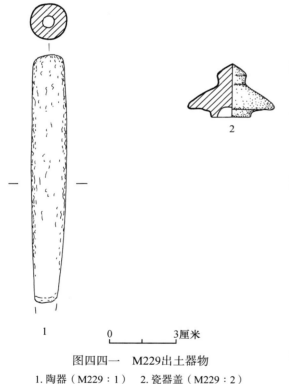

图四四一　M229出土器物
1. 陶器（M229：1）　2. 瓷器盖（M229：2）

（2）出土器物

共出土2件随葬品。陶器、瓷器盖各1件位于墓室东部。

陶器　1件。M229：1，呈长筒形，中空，一端稍粗，疑似烟杆。长11.8、宽1.59厘米（图四四一，1）。

瓷器盖　1件。M229：2，黑釉，灰黄胎。宝珠钮，盖面斜直，子口微敛。盖面施釉。口径1.8、高2.5厘米（图四四一，2；彩版四二，1）。

8. M231

（1）墓葬概况

位置和层位关系　位于发掘区南部。该墓开口于扰土下，向下打破生土，墓口距地表深1.50米。方向160°。

形制与结构　竖穴墓道土洞墓，由墓道、墓室组成。墓道位于墓室南侧，平面呈长方形，直壁，加工一般，底面呈斜坡状。墓道长1.65、宽0.96～1.10、深0.70～1.00米，坡长1.35米。墓室为土洞室，北部坍塌，顶部不详，平面呈长方形，墓室壁近直，加工一般。墓室长2.95、宽0.90、高0.30米。

填土　墓道填土为黄褐色花土，土质较硬。墓室内为黄褐色淤土，土质较硬。

葬具　不详。残留少量草木灰。

人骨　不详（图四四二）。

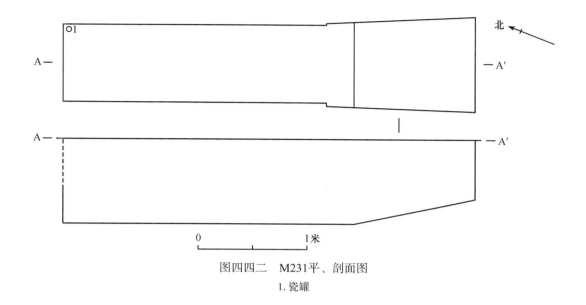

图四四二　M231平、剖面图
1. 瓷罐

（2）出土器物

共出土1件瓷罐，位于墓室东北侧，罐内有少量铜钱碎片。

瓷罐　1件。M231：1，黑釉，青灰胎。直口，厚圆唇，直筒腹微鼓，矮圈足。近口部有对称双耳，已残。近底处有一周凹弦纹。器内口部施釉，器外施半釉，有流釉现象。口径12.6、圈足底径11.2、高20.2厘米（图四四三；彩版四二，2）。

9. M232

（1）墓葬概况

位置和层位关系　位于发掘区南部，该墓开口于扰土下，向下打破生土，墓口距地表深1.84米。方向190°。

形制与结构　竖穴墓道土洞墓，由墓道、甬道、墓室组成。墓道位于墓室南侧，平面呈长方形，直壁，加工一般，底面呈缓坡状。墓道长2.60、宽0.98~1.10、残高0.58~0.88

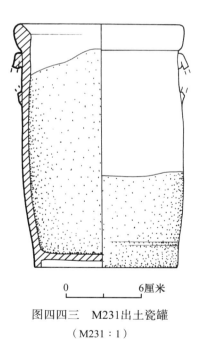

图四四三　M231出土瓷罐
（M231：1）

米，坡长2.63米。甬道宽0.94、进深0.22米。墓室为土洞室，平面为长方形，北部坍塌，顶部形制不详，墓室壁近直，加工一般。墓室长2.80、宽1.15、残高0.30~0.87米。

填土　墓道填土为黄褐色花土，土质较硬。墓室内为黄褐色淤土，土质较硬。

葬具　不详。

人骨　不详（图四四四）。

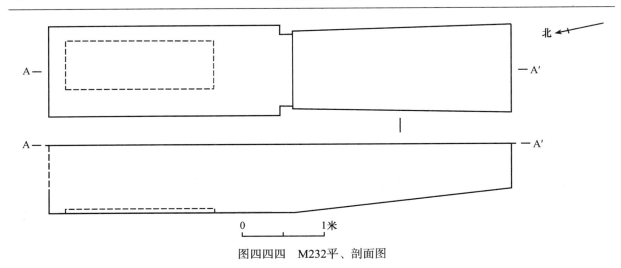

图四四四 M232平、剖面图

（2）出土器物

共出土1组铜扣，出于墓室淤土内。

铜扣 1组3枚。M232：1，呈圆球形，上有半环形钮。直径1.0～0.8厘米（图四四五；彩版三九，4）。

0 ————— 1厘米

图四四五 M232出土铜扣

（M232：1）

10. M235

（1）墓葬概况

位置和层位关系 位于发掘区南部。该墓开口于扰土下，向下打破生土，墓口距地表深1.70米。方向180°。

形制与结构 竖穴墓道土洞墓，由墓道、墓室组成。墓道位于墓室南侧，平面近长方形，直壁，底呈斜坡状，加工一般。墓道长1.10、宽1.10～1.20、深0.40～0.80米。墓室为土洞室，北部坍塌，顶部形制不详，平面呈梯形，墓室壁近直，加工一般。墓室长2.80、宽1.20～1.90、高0.40～0.80米。

填土 墓道填土为黄褐色花土，土质较硬。墓室内为黄褐色淤土，土质较硬。

葬具 不详。

人骨 不详（图四四六）。

（2）出土器物

共出土4件（套）随葬品。瓷罐位于墓室东北侧，铜扣位于墓室东侧，铜钱、银耳环位于墓室西北侧。

瓷罐 1件。M235：1，黑釉，灰白胎。直口，厚圆唇，直筒腹微鼓，矮圈足。近口部有对称双耳，已残。近底处有一周凹弦纹，圈足有刮削痕迹。器内仅口部施釉，器外施半釉。罐内有少量铜钱碎片。口径12.4、圈足底径11.0、高18.8厘米（图四四七，1；彩版四二，3）。

铜扣 1组4枚。M235：2，呈圆球形，上有半环形钮。直径1.0厘米（图四四七，2；彩版

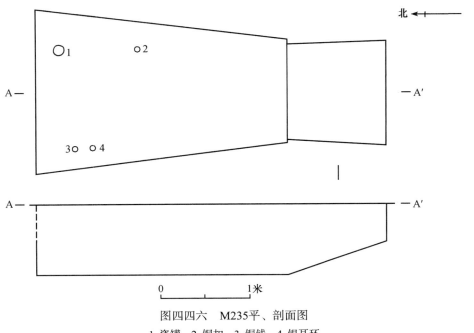

图四四六　M235平、剖面图
1.瓷罐　2.铜扣　3.铜钱　4.银耳环

三九，6）。

铜钱　1组2枚。M235∶3，锈蚀严重，钱文不详。钱径为2.4～2.8厘米。

银耳环　1件。M235∶4，呈圆环状，一端有缺口。环径2.6～2.7厘米（图四四七，3；彩版三九，5）。

11. M241

（1）墓葬概况

位置和层位关系　位于发掘区南部。该墓开口于扰土下，向下打破生土，墓口距地表深1.80米。方向165°。

形制与结构　竖穴墓道土洞墓，由墓道、墓室组成。墓道位于墓室南侧，平面

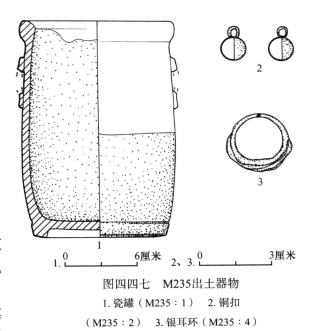

图四四七　M235出土器物
1.瓷罐（M235∶1）　2.铜扣
（M235∶2）　3.银耳环（M235∶4）

呈长方形，直壁，底面呈斜坡状，加工一般。墓道长2.40、宽0.60～0.80、残高0.25米。墓室为土洞室，北部坍塌，顶部形制不详，平面为长方形，墓室壁近直，加工一般。墓室长2.00、宽1.30～1.90、残高0.35米。

填土　墓道填土为黄褐色花土，土质较硬。墓室内填土为黄褐色淤土，土质较硬。

葬具　不详。

人骨　不详（图四四八）。

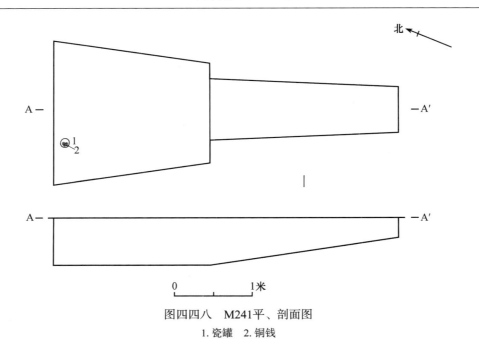

图四四八　M241平、剖面图
1.瓷罐　2.铜钱

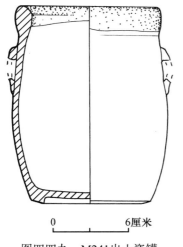

图四四九　M241出土瓷罐
（M241：1）

（2）出土器物

共出土2件（套）随葬品。瓷罐1件位于墓室填土中，内有铜钱12枚。

瓷罐　1件。M241：1，黑釉，青灰胎。直口，厚圆唇，直筒腹微鼓，平底，矮圈足。近口部有对称双耳，已残。口部无釉，器内施酱黄釉，局部无釉；器外施满釉。口径11.2、圈足底径8.0、高16.5厘米（图四四九；彩版四二，4）。

铜钱　1组12枚。M241：2，锈蚀严重，钱文不详。

12. M247

（1）墓葬概况

位置和层位关系　位于发掘区南部。该墓开口于扰土层下，向下打破M248，墓口距现地表深2.20米。方向35°。

形制与结构　竖穴墓道土洞墓，由墓道、墓室组成。墓道位于墓室东北部，平面近梯形，墓壁较直，加工较好，平底。墓道长2.10、宽0.65~1.00、深0.80~0.54米。墓室为土洞室，平面近长方形，平顶，底近平，墓室长2.35、宽1.00、高0.65米。

填土　墓道填土为黄褐色花土，土质较硬。墓室内为黄褐色淤土，土质较硬。

葬具　不详。

人骨　一具。保存较差，具体不详（图四五〇）。

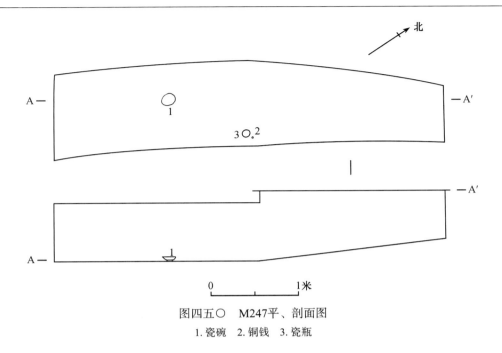

图四五〇 M247平、剖面图

1. 瓷碗 2. 铜钱 3. 瓷瓶

（2）出土器物

共出土3件随葬品。瓷碗位于墓室中部，铜钱、瓷瓶位于墓室东南角。

瓷碗 1件。M247：1，黑釉，灰黄胎。敞口，浅斜腹，圈足。圈足内底中部呈乳突状。口部无釉，器内施满釉，器外施釉不到底。口径14.0、圈足底径6.6、高6.0厘米（图四五一，2；彩版四二，5）。

铜钱 1枚。M247：2，锈蚀严重，钱文不详。钱径2.4厘米。

瓷瓶 1件。M247：3，口颈已残。黑釉，青灰胎。小口，广圆肩，弧腹斜收，小平底，圈足。器内满釉，器外施釉不到底。圈足底径7.8、残高19.8厘米（图四五一，1；彩版四二，6）。

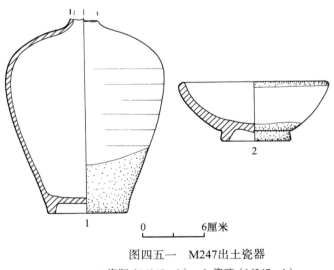

图四五一 M247出土瓷器

1. 瓷瓶（M247：3） 2. 瓷碗（M247：1）

13. M0013

（1）墓葬概况

位置和层位关系 位于发掘区北部。该墓开口于扰土层下，向下打破至生土，墓口距地表深0.80米。方向180°。

形制与结构 长方形竖穴土坑墓，平面近长方形，直壁，平底，加工一般。墓室长3.00、宽1.00～1.36、残高1.20米（图四五二）。

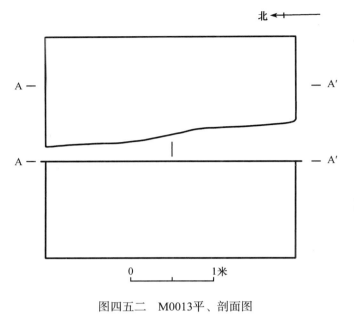

图四五二　M0013平、剖面图

填土　黄褐色淤土，土质较软，包含物有植物根茎。

葬具　不详。

人骨　不详。

（2）出土器物

共出土1组铜钱，散落于墓室填土中。

铜钱　1组2枚。M0013：1，锈蚀严重，钱文不详。钱径2.7厘米。

14. M0014

（1）墓葬概况

位置和层位关系　位于发掘区南部，南邻M167，西邻M166、M0015。该墓开口于地表土层下，向下打破生土，墓道开口距现地表深1.60米。方向180°。

形制与结构　竖穴墓道土洞墓，由墓道、墓室组成。墓道位于墓室南侧，口小底大，平面呈长方形，墓壁斜直，加工一般，平底。墓道口长1.60、宽0.40～0.48米，墓道底长1.60、宽0.65～0.45米，墓底距墓口深1.70米。墓室为土洞室，平面近长方形，弧形顶，墓室壁近直，加工一般。墓室长2.00、宽1.00、高0.70～0.84米，墓门高0.84米。

填土　墓道填土为黄褐色花土，较疏松。墓室内为黄褐色淤土，较软较疏松。

葬具　不详。

人骨　两具。均为仰身直肢葬，头向北，面向上，保存状况一般。西侧人骨性别为女性，年龄不详，东侧人骨性别为男性，年龄不详（图四五三）。

（2）出土器物

共出土1件瓷碗，位于墓室西北角。

瓷碗　1件。M0014：1，白釉，黄褐胎。敞口，圆唇，浅斜腹，圈足，足内壁有一周凸棱。器内底有涩圈，器外施釉不到底。口径9.8、圈足底径4.1、高3.2厘米（图四五四；彩版四〇，2）。

15. M0015

（1）墓葬概况

位置和层位关系　位于发掘区北部，东邻M0014，南邻M166。该墓开口于地表土层下，向下打破生土，墓道开口距现地表深1.60米。方向180°。

形制与结构　竖穴墓道土洞墓，由墓道、墓室组成。墓道位于墓室南侧，口小底大，平面呈长方形，墓壁斜直，加工一般，平底。墓道口长1.60、宽0.50～0.60米，墓道底长1.58、

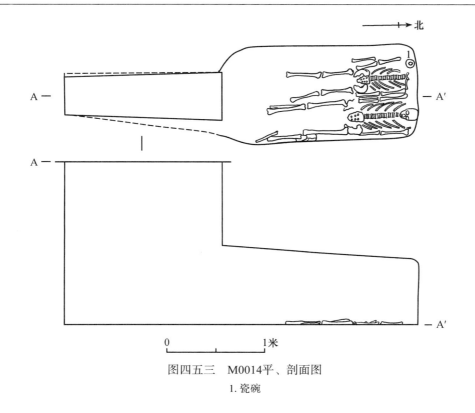

图四五三　M0014平、剖面图

1. 瓷碗

宽0.52～0.66米，墓底距墓口深2.02米。墓室为土洞室，平面近长方形，弧形顶，墓室壁近直，加工一般。墓室长2.04、宽1.30～1.38、高0.90～1.02米，墓门高1.02米。

填土　墓道填土为黄褐色花土，较疏松。墓室内为黄褐色淤土，较软较疏松。

葬具　不详。

人骨　两具。均为仰身直肢葬，头向西，面向上，

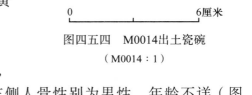

图四五四　M0014出土瓷碗

（M0014∶1）

保存状况一般。西侧人骨性别不详，年龄为老年；东侧人骨性别为男性，年龄不详（图四五五）。

（2）出土器物

共出土1件瓷罐，位于墓室西北角。

瓷罐　1件。M0015∶1，黑釉，青灰胎。微敛口，圆唇，深弧腹，矮圈足。口部饰有对称双耳。器内饰有数周凹弦纹，内底有3个支钉痕，器外底部有5个支钉痕。器内满釉，器外施釉不到底。口径16.4、底径12.0、高20.2厘米（图四五六；彩版四〇，3）。

16. M0019

（1）墓葬概况

位置和层位关系　位于发掘区中东北部，西邻M189。该墓开口于地表土层下，向下打破

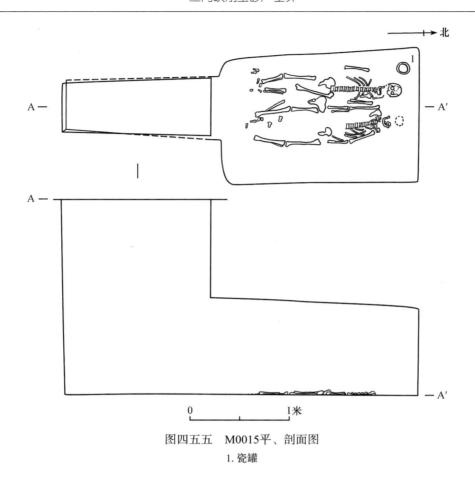

图四五五　M0015平、剖面图
1. 瓷罐

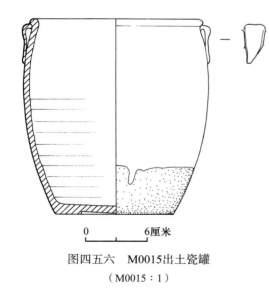

图四五六　M0015出土瓷罐
（M0015∶1）

M186，墓道开口距现地表深1.80米。方向193°。

形制与结构　竖穴墓道土洞墓，由墓道、墓室组成。墓道位于墓室南侧，口大底小，平面呈近长方形，墓壁较直，加工较好，平底。墓道口长2.60、宽0.66~1.26米，墓道底长2.42~2.51、宽0.66~1.26米，墓底距墓口深4.15米。墓室为土洞室，平面近长方形，弧形顶，墓室壁近直，加工一般。墓室长3.14、宽2.72~3.58、高1.55~1.17米。

填土　墓道填土为黄褐色花土，较疏松。墓室内为黄褐色淤土，较软较疏松。

葬具　木棺。已腐朽，残留有棺痕和棺钉，具体尺寸不详。

人骨　五具。均为仰身直肢葬，人骨已散乱，头向不详，面向上，性别、年龄不详（图四五七）。

（2）出土器物

共出土3件（套）随葬品。墓志1方位于墓室北侧中部，铜钱2组分别位于墓室中部、东

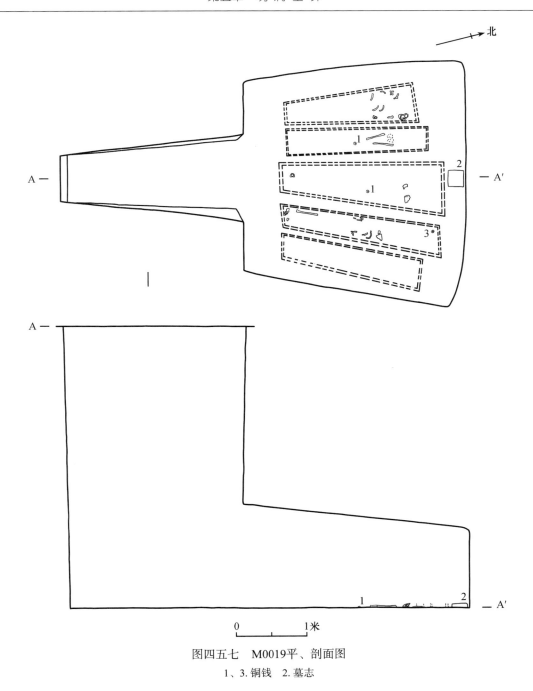

北

A —

A'

A —

A'

0   1米

图四五七　M0019平、剖面图
1、3.铜钱　2.墓志

北部。

铜钱　2组3枚。M0019：1，2枚。锈蚀严重。内外有郭。钱文"天启通宝"，楷书，直读。钱径2.6厘米。M0019：3，1枚。锈蚀严重。内外有郭。钱文"咸平元宝"，楷书，旋读。钱径2.5厘米。

墓志　1方。M0019：2，石质。方形，其上有朱书，字迹不清。长35.1、宽35.1、高5.8厘米。

17. M0023

（1）墓葬概况

位置和层位关系　位于发掘区南部。该墓开口于扰土层下，向下打破M15与生土，墓口距现地表深0.80米。方向220°。

形制与结构　竖穴墓道土洞墓，由墓道、墓门、墓室三部分组成。墓道位于墓室西侧，口底同大，平面呈梯形，墓壁较直，加工较好，底面呈缓坡状。墓道长2.30、宽0.65～0.90、深3.70米，坡长2.30米。墓道两壁发现若干脚窝，长0.20、宽0.16、进深0.10米。墓室为土洞室，平面呈长方形，弧形顶，墓室壁近直，加工一般。墓室长3.70、宽2.00、高1.90米。墓门位于墓室、墓道连接处，为砖封门，券顶已塌陷。墓门残高1.86、宽0.95、进深0.20米。

填土　墓道填土为黄褐色花土，土质较硬。墓室内为黄褐色淤土，土质较硬。

葬具　木棺。已腐朽，残留少量棺痕。

人骨　不详（图四五八）。

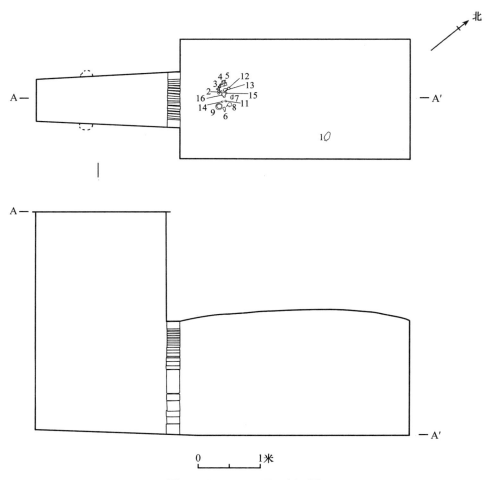

图四五八　M0023平、剖面图

1. 瓷瓶　2. 铜钱　3～5. 锡灯台　6. 锡瓶　7. 锡盒　8. 锡壶　9. 锡盆　10、12～16. 锡盘　11. 铁锁

（2）出土器物

共出土16件（套）随葬品。瓷瓶1件位于墓室东北部，铜钱位于棺木内部，锡灯台3件、瓷瓶1件、锡盏1件、壶1件、盆1件、盘6件、铁锁1件位于墓室南部。

瓷瓶 1件。M0023：1，黑釉，青灰胎。小侈口，卷沿，圆唇，束颈，折肩，深弧腹，平底内凹成圈足。器内、外施满釉，足墙底面露胎。口径5.5、圈足底径6.2、高18厘米（图四五九，1）。

铜钱 1组6枚。M0023：2，锈蚀严重，钱文不详。钱径2.4～2.5厘米。

锡灯台 3件。由灯盘、柄和底座组成。灯盘敞口，尖唇，斜腹，近平底，其下接长柄，柄部连接有圆形托盘，喇叭形底座，底缘上卷。M0023：3，灯盘与柄连体。灯盘腹较浅，柄部呈柱状，靠下处有一圆形托盘。灯盘内饰有数周凹弦纹，外部近口处有一周凹弦纹，柄部饰五周凹弦纹，托盘饰三周凹弦纹，底座上饰五周凹弦纹。灯盘口径4.8、托盘直径6.3、底座径7.6、通高11.4厘米（图四五九，3；图版四九，1）。M0023：4，灯盘与柄分离。灯盘腹壁斜直，柄部分节，上端较细，下端较粗，柄部靠下有一圆形托盘。灯盘内饰有一周凹弦纹，外部近口处有一周凹弦纹，托盘饰四周凹弦纹。灯盘口径4.0、托盘直径7.9、底座径7.2、柄至底座残高11.6厘米（图四五九，2；图版四九，2）。M0023：5，灯盘与柄分离。灯盘腹壁斜直，柄部分节，上端较细，下端较粗，每节柄部靠下均有一圆形托盘。灯盘内饰有一

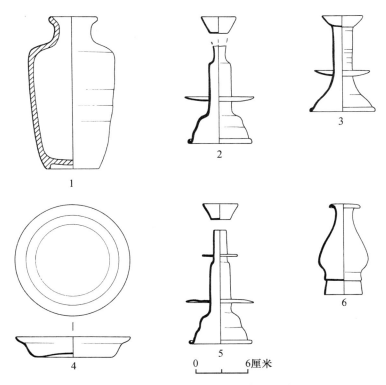

图四五九　M0023出土器物（一）

1.瓷瓶（M0023：1）　2、3、5.锡灯台（M0023：4、3、5）

4.锡盘（M0023：10）　6.锡瓶（M0023：6）

周凸纹，粗柄上部有一周凹弦纹，下部托盘饰四周凹弦纹，底座上饰两周凹弦纹。灯盘口径4.2、上部托盘直径4.5、下部托盘直径7.8、底座径7.0、柄至底座高13.4厘米（图四五九，5；图版四九，3）。

锡瓶　1件。M0023：6，由瓶、底座组成。瓶为侈口，卷沿下翻，尖唇，束颈，溜肩，垂腹，假圈足。肩部饰有三周凹弦纹。底座焊接于平底，已脱落，呈圆环状。口径3.6、底径4.4、通高10.8厘米（图四五九，6；图版四九，4）。

锡镦斗　1件。M0023：7，挤压变形。微敛口，直腹，平底，底下接三足，口部有一弧形鋬手。腹部饰有四周凹弦纹。口径8.8、高7.2厘米（图四六○，4）。

锡壶　1件。M0023：8，由盖、壶、底座三部分组成。盖为桃形钮，与盖身有焊接痕迹，直口。壶身为微敛口，矮领，广圆肩，斜弧腹，平底。肩部焊接有半环形提梁，上腹部与提梁呈直线的一侧有长管形流，流弯曲高于壶口。素面。底径4.0、通高13.0厘米（图四六○，1；图版四九，5）。

锡盆　1件。M0023：9，由盆和底座组成。盆敞口，边缘外卷，圆唇，曲腹，平底，中部内凹。器内近口处有一周凹弦纹。底座为圆环状，上部有焊接痕迹。盆口径5.4、底径4.0、高3.2厘米（图四六○，2）。

锡盘　6件。除1件无底座外，余者均由浅盘和底座组成。M0023：10，个体较大，底部无座。敞口，尖唇，折沿，斜直腹，平底内凹。器内盘口处有两周凹弦纹，上腹部饰一周凹弦纹。口径13.2、底径8.8、高2.4厘米（图四五九，4；图版四九，6）。M0023：12，盘上部残，仅存平底。底座为圆环状，略束腰，上部有焊接痕迹。盘底残径，底座上径5.6、下径4.0、高1.6厘米（图四六○，3）。M0023：13，盘敞口，较浅，平底微凹。底座为圆环状，直壁，上部有焊接痕迹。盘口径7.6、底座径4.1、高2.2厘米（图四六○，6）。M0023：14，盘敞口，尖唇，腹部不规整，近平底微凹，盘口内一侧有扁圆形鋬。底座为圆环状，略束腰，上部有焊接痕迹。鋬手高1.9、宽1.3厘米，盘口径5.3、底座径4.4、高2.2厘米（图四六○，8）。M0023：15，盘敞口，尖唇，斜弧腹，近平底。底座为圆环状，斜直壁，上部留有焊接痕迹。盘口径6.2、底座径4.6、高2.2厘米（图四六○，7）。M0023：16，盘敞口，浅斜腹，近平底。底座为圆环状，略外撇，下部残缺，底座与盘底有焊接痕迹。盘口径7.6、底座径4.4、高2.0厘米（图四六○，5）。

铁锁　1件。M0023：11，呈长方形，上窄下宽，上部中间有环。锈蚀严重，未见锁孔。长4.2、宽5.3厘米（图四六○，9）。

18. M0026

（1）墓葬概况

位置和层位关系　位于发掘区南部。该墓开口于扰土层下，墓室打破M0023，向下打破生土，墓口距现地表深0.80米。方向185°。

形制与结构　竖穴墓道土洞墓，由墓道、墓室组成。墓道位于墓室南侧，口底同大，平面呈近梯形，墓壁较直，加工较好，底面呈缓坡状。墓道长2.50、宽0.60～0.90、深3.90米，坡长

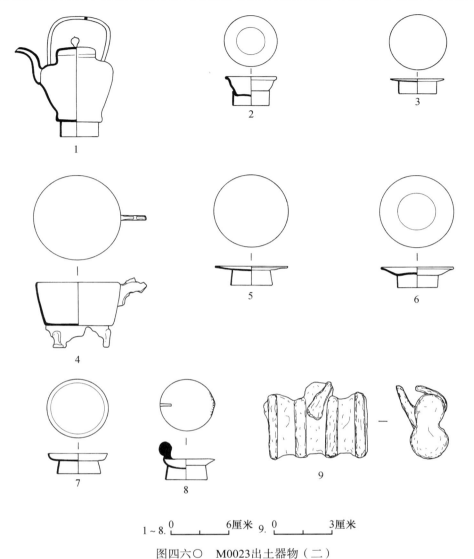

图四六〇 M0023出土器物（二）

1.锡壶（M0023：8） 2.锡盆（M0023：9） 3、5～8.锡盘（M0023：12、16、13、15、14）

4.锡鐎斗（M0023：7） 9.铁锁（M0023：11）

2.32米。墓道东西两壁共发现8个脚窝，脚窝长0.12、宽0.12、进深0.14米。墓室为土洞室，平面近梯形，弧形顶，墓室壁近直，加工一般。墓室长2.74、宽1.16～2.14、高1.10～1.00米。

填土 墓道填土为黄褐色花土，土质较硬。墓室内为黄褐色淤土，土质较硬。

葬具 两具木棺。已腐朽，仅余棺痕。东侧棺痕残长1.70、残宽0.14～0.58米，西侧棺痕残长1.82、残宽0.40～0.60米。厚度不详。

人骨 不详（图四六一）。

（2）出土器物

共出土6件（套）随葬品。东侧棺痕处发现铜钱、瓷罐；西侧棺痕处发现铜钱、铜扣、铜饰和瓷罐。

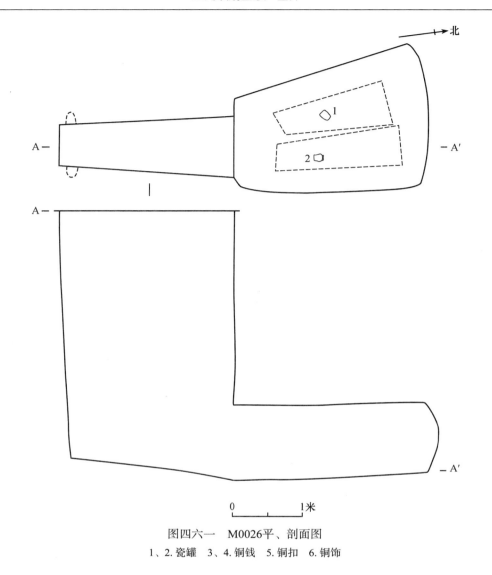

图四六一　M0026平、剖面图
1、2.瓷罐　3、4.铜钱　5.铜扣　6.铜饰

　　瓷罐　2件。M0026：1，黑釉，黄褐胎。微敛口，圆唇，高领，溜肩，弧腹，圈足。领、肩部饰对称双耳，腹部饰有数周弦纹。器内施满釉，器外施釉不到底。口径8.8、高14.0、圈足底径6.6厘米（图四六二，1；彩版四〇，4）。M0026：2，黑褐釉，青灰胎。微敛口，圆唇，深鼓腹，圈足。器内有数周凹弦纹。口部无釉，器内施满釉，器外施釉不到底。口径10.0、圈足底径6.8、高15.6厘米（图四六二，2；彩版四〇，5）。

　　铜钱　2组。M0026：3，6枚，其中5枚锈蚀严重，钱文不清。一枚钱文"康熙通宝"，背面满文。钱径2.8厘米（彩版四〇，6）。M0026：4，6枚，4枚钱文为"康熙通宝"，钱径2.7厘米；一枚钱文为"顺治通宝"，钱径2.7厘米；一枚钱文为"永昌通宝"。钱径3.8厘米。

　　铜扣　1组2枚。M0026：5，呈球形，上部钮残。直径0.6～0.9厘米（图四六二，4）。

　　铜饰　1件。M0026：6，呈长方形，两侧各有一圆孔。长3.1、宽1.7厘米（图四六二，3）。

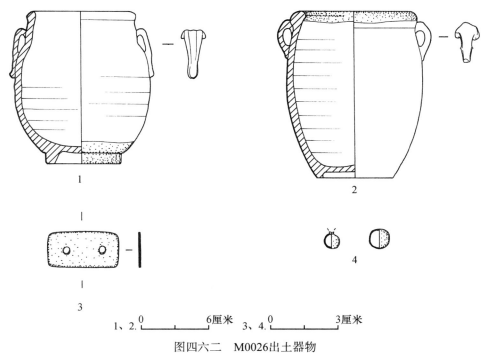

1、2. 0 _____ 6厘米   3、4. 0 _____ 3厘米

图四六二　M0026出土器物

1. 瓷罐（M0026：1）　2. 瓷罐（M0026：2）　3. 铜饰（M0026：6）　4. 铜扣（M0026：5）

第三节　相 关 认 识

明清时期的墓葬共18座，大部分位于发掘区的南部，其中M21、M22、M23和M229、M231、M232、M235、M241、M247分布较集中，可能分属不同的家族墓地，其余墓葬的分布较为散乱。墓葬形制分竖穴土坑墓和竖穴墓道土洞墓，竖穴土坑墓1座，为M0013。土洞墓的墓道较窄，除M171的墓道形制不详外，其余墓葬的墓道多呈南窄北宽的窄梯形。这些明清墓葬均属小型墓。

这18座明清墓葬中，有8座为合葬墓，墓主少则2人，多则5人。M23西侧墓壁较直，东侧有曲折，推测西侧人骨埋葬时间较晚。单人葬2座，其余8座不详。葬具较明确的有9座，葬具为木棺，多为窄梯形。葬式中比较明确的有6座，均为仰身直肢葬。大部分墓葬随葬有双系敛口瓷罐，器表多施黑釉，内置铜钱。其中M0026打破M0023，根据墓葬分布、形制结构、出土钱币年号及瓷罐形制的差别，可分为明代墓葬、清代墓葬。

明代墓葬以M0019、M0023为代表，根据墓葬形制与墓志的摆放方式，将M19亦归入此期。其中M0019中出土有"咸平元宝""天启通宝"钱币。M0023随葬器物除了黑釉瓷瓶、铜钱和铁锁外，其余均为锡器，铜钱锈蚀严重，钱文不详。该墓随葬较多的锡器，这在三门峡地区明代墓葬中极为罕见。在河南宝丰廖旗营墓地明代家族墓中发现有使用锡器进行随葬的现象，如M49（李持衡墓）和M53（丁氏墓）中随葬有锡罐[1]。

---

① 郑州大学历史学院：《宝丰廖旗营墓地》，科学出版社，2019年。

　　清代墓葬以M22、M38、M0026、M23等为代表，多随葬黑釉瓷器，器形以双耳瓷罐为主，兼有瓷瓶和瓷碗。出土钱币为"永昌通宝""顺治通宝""康熙通宝""乾隆通宝""嘉庆通宝""道光通宝"，铸造时间从明末延续至清中晚期。未出土带年号钱币的墓葬中，M21、M171、M231、M235、M241所出的双耳瓷罐均为筒形腹，个体较大，与M22出土瓷罐的形制相近，推测墓葬时代为清中期。该时期墓葬出现在筒形腹瓷罐内放置铜钱的现象，此类瓷罐的双耳均残，或属于该时期的葬俗之一。M0015所出双耳瓷罐腹部圆弧，与M0026所出瓷罐（M0026：1）相比，个体较大，罐身较宽，圈足低矮，推测墓葬时代应晚于康熙时期。该墓地大约在康熙时期开始随葬个体稍小的鼓腹双耳瓷罐，罐耳往往完整，其内亦多放置铜钱。出土此类瓷罐的墓葬为M0026、M38、M23，从墓内出土的年号钱币可推测，此类瓷罐存在个体减小、腹部变矮的趋势，随葬盛放钱币的瓷罐的葬俗一直持续至道光时期。

　　上述墓葬丰富了三门峡地区明清墓葬特征，为进一步探讨该地区明清时期丧葬习俗提供了实物资料。

第六章 采 集 遗 物

一、战国秦汉时期

1. M47附近采集

陶釜　1件。M47附近采：1，夹砂灰陶。侈口，折沿，方唇，束颈，溜肩，鼓腹，圜底。上腹部饰竖向中绳纹，下腹部及底部饰斜向交错粗绳纹。口径15.0、肩径17.5、高11.2厘米（图四六三）。

2. M187附近采集

陶釜　1件。M187附近采：1，夹砂灰陶。侈口，卷沿，沿面微凹，方唇，束颈，溜肩，鼓腹，圜底。腹部及底部饰交错细绳纹，器身有烟熏痕迹。口径14.0、肩径16.4、高10.4厘米（图四六四，1）。

陶盆　1件。M187附近采：2，泥质灰陶。敞口，折沿，方唇，唇下有一周凹槽，浅弧腹，厚平底。素面。口径19.4、底径7.6、高7.2厘米（图四六四，2）。

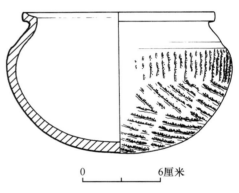

0　　　　6厘米

图四六三　M47附近采集陶器
（M47附近采：1）

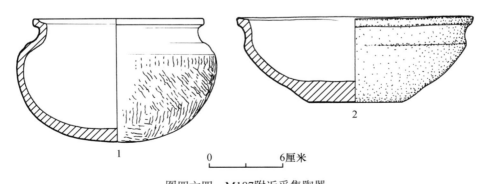

1

0　　　　6厘米

2

图四六四　M187附近采集陶器
1.陶釜（M187附近采：1）　2.陶盆（M187附近采：2）

3. M206附近采集

陶釜　1件。M206附近采：1，夹砂灰陶。侈口，卷沿，方唇微凹，束颈，溜肩，

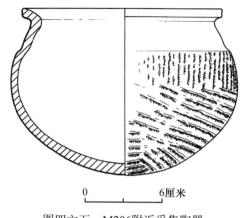

图四六五　M206附近采集陶器
（M206附近采：1）

鼓腹，圜底。上腹饰竖向中绳纹，下腹及底部饰斜向粗绳纹。腹部有烟熏痕迹。口径15.6、肩径17.7、高13.4厘米（图四六五）。

二、唐　代

1. M21附近采集

陶罐　1件。M21附近采：1，泥质灰陶。侈口，卷沿，方唇，束颈，溜肩，深弧腹，饼形足略内凹。器内底中心乳突，腹部饰有数周弦纹，圈足外壁有一周凸棱。口径8.0、肩径11.9、底径6.8、高15.8厘米（图四六六）。

铁刀　1件。M21附近采：2，锈蚀严重，刀首残。呈长方形，直背，弧刃，有短柄。残长16.6、宽4.2～5.0、厚0.2～0.8厘米。

铜钗　1件。M21附近采：3，锈蚀严重，残断。双股，利用细铜丝弯曲而成，钗首较粗。残长6.0厘米。

2. M27附近采集

彩绘陶罐　1件。M27附近采：1，泥质灰陶。侈口，卷沿，圆唇，微束颈，溜肩，鼓腹，平底微凹。器身施有一层化妆土，部分已脱落。颈部至上腹部用黑彩勾绘覆莲形纹饰，其下用黑彩勾绘几何形纹，下腹部用黑彩勾绘出上下交错的花卉图案，花卉中心涂朱，花卉之间的空隙用红彩填充，下部用一周黑彩作间隔，近底部使用黑彩勾绘莲瓣纹。口径12.8、肩径17.2、底径8.8、高18.0厘米（图四六七，1）。

蚌壳　1件。M27附近采：2，仅余半扇，边缘残，表面涂红彩。长8.4、宽9.0厘米（图四六七，2）。

铁刀　1件。M27附近采：3，锈蚀严重，刀首残。呈长方形，有短柄，弧背，弧刃。残长9.7、宽4.7、厚0.1～0.4厘米。

铁犁铧　4件。锈蚀严重。整体呈V形，犁铧一面中部折棱明显，一面较平，銎呈"＜"形。M27附近采：4，残长26.6、宽28.0、厚6.5厘米（图四六八，1）。M27附近采：5，残长25.0、宽28.0、厚6.4厘米（图四六八，2）。M27附近采：6，残长24.5、宽29.0、厚6.2厘米（图四六九，1）。M27附近采：7，器身较窄。残长22.0、宽19.1、厚5.2厘米（图四六九，2）。

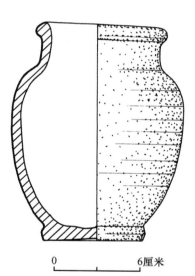

图四六六　M21附近采集陶器
（M21附近采：1）

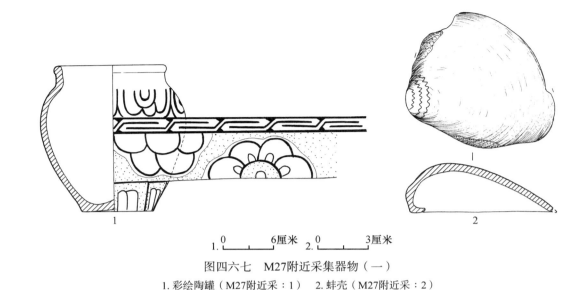

1. □□□□□□□□□□□□□□□0　　6厘米　2. □□□□□□□□□□0　　3厘米

图四六七　M27附近采集器物（一）

1. 彩绘陶罐（M27附近采：1）　2. 蚌壳（M27附近采：2）

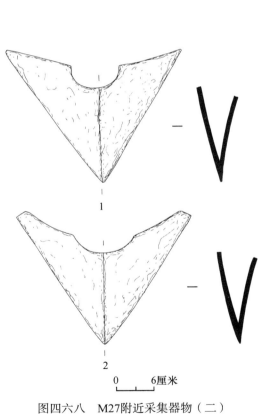

0　　6厘米

图四六八　M27附近采集器物（二）

1. 铁犁铧（M27附近采：4）　2. 铁犁铧（M27附近采：5）

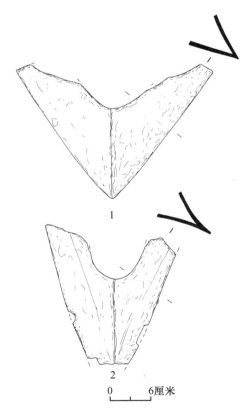

0　　6厘米

图四六九　M27附近采集器物（三）

1. 铁犁铧（M27附近采：6）　2. 铁犁铧（M27附近采：7）

3. M28附近采集

铜钱　1枚。M28附近采：1，内外有郭。钱文"开元通宝"，楷书，直读。钱径2.4厘米。

4. M68附近采集

彩绘陶罐　2件。泥质灰陶。侈口，卷沿，圆唇，束颈，圆肩，弧腹，平底。通体饰有一层白色化妆土，其上用黑彩、红彩勾画图案。颈肩部用黑线勾画出覆莲状纹饰，肩腹交接处为黑线勾绘几何形纹饰带，下腹部饰有花卉图案，呈半朵形，花朵中心填红彩，上下相向交错排列，之间局部填红彩。M68附近采：3，肩较窄。口部涂红彩。口径8.0、肩径11.0、底径6.4、高17.2厘米（图四七〇，1）。M68附近采：11，肩较宽，底面微内凹。大部分彩绘已脱落。口径8.7、肩径12.4、底径7.4、高16.6厘米（图四七〇，2）。

陶瓶　2件。泥质灰陶。小口微侈，宽折沿，方唇，束颈，溜肩，细长椭圆形腹，平底微内凹。素面。M68附近采：4，瓶身较矮，沿面微凹。口径5.2、底径4.2、高21.0厘米（图四七〇，3）。M68附近采：5，瓶身较高，沿面斜直。口径6.7、底径4.8、高24.4厘米（图四七〇，4）。

铜钗　1件。M68附近采：1，6件，均为双股钗，由细铜条弯曲而成。钗首形制不一，从

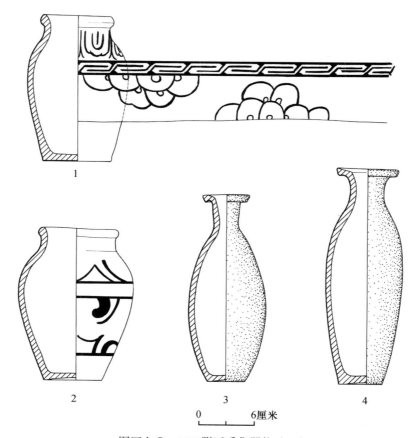

图四七〇　M68附近采集器物（一）

1. 彩绘陶罐（M68附近采：3）　2. 彩绘陶罐（M68附近采：11）

3. 陶瓶（M68附近采：4）　4. 陶瓶（M68附近采：5）

铜花鸟装饰为主，部分鎏金（图四七一，1）。

　　铜镜　1枚。M68附近采：2，山海蝶鸟花枝镜。为八出葵花形，镜缘弧度较明显，镜面微弧，镜背略弧，正中置一桥形钮。镜背用两周凸弦纹将纹饰分为三区，内区桥形钮四周为四山，之间填海水图案；中区为四朵花卉，花卉之间各有一鸟两蜂蝶，飞鸟衔枝。外区为八个宝相花图案。直径10.4、缘厚0.5、钮高0.4厘米（图四七一，2）。

　　铜镯　1组2件。M68附近采：6，形制一致。为扁平状铜片弯曲而成，中部较宽，两端逐渐收窄，活扣。镯面上压出一周凹槽，镯尾两端上卷呈圆形穿孔，近镯两端处用铜条缠绕镯体。短径5.6～5.7、长径6.0～6.7厘米（图四七一，3）。

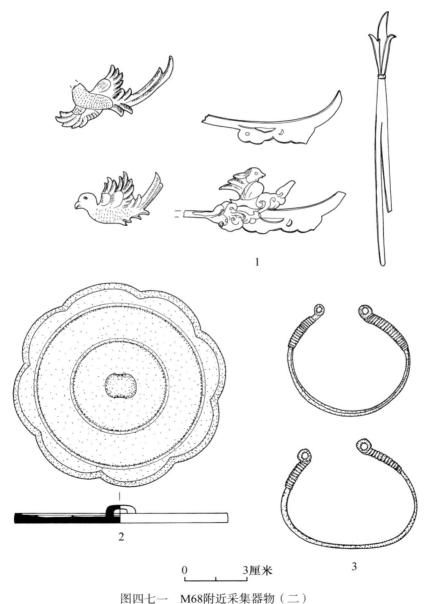

0　　　　3厘米

图四七一　M68附近采集器物（二）

1. 铜钗（M68附近采：1）　　2. 铜镜（M68附近采：2）　　3. 铜镯（M68附近采：6）

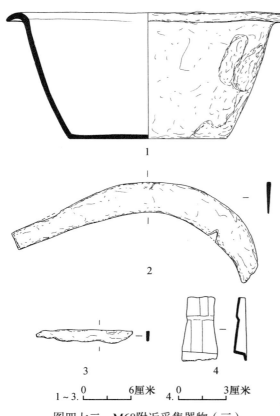

图四七二　M68附近采集器物（三）

1. 铁盆（M68附近采：10）　2. 铁镰（M68附近采：8）
3. 铁匕首（M68附近采：9）　4. 铜器（M68附近采：12）

铁镰　1件。M68附近采：8，锈蚀严重。呈弯月形，有柄，弧背，弧刃，镰首较宽，镰尾渐窄。残长31.4、宽4.4厘米（图四七二，2）。

铁匕首　1组2件。M68附近采：9，锈蚀严重。一件较厚，残断，匕首渐收成尖首，有柄，残。残长12.4、宽1.8厘米。另一件较薄，微弧背，斜直刃，尖首。残长12.2、宽1.8厘米（图四七二，3）。

铁盆　1件。M68附近采：10，残，锈蚀严重。敞口，卷沿，尖唇，斜直腹，平底。口径35.5、底径20.0、高16.6厘米（图四七二，1）。

铜器　1件。M68附近采：12，残，平面呈长方形，疑似器足，上部半圆形，其上有凸棱。残长4.2、宽2.2厘米（图四七二，4）。

铜钱　1组11枚。M68附近采：7，钱文"开元通宝"，分两个类型。一类是正、背面内外均有郭，共6枚。其中一枚钱背有仰月，钱径2.5厘米；一枚为"元"字背面下月，钱背周郭为花边，钱径2.5厘米；还有一枚为花穿，钱径2.4厘米。另一类为正面内外有郭，背面无郭，钱径2.4厘米，其中一枚钱背有星，钱径2.4厘米。

5. M80附近采集

蚌壳　1件。M80附近采：1，仅余半扇。边缘残，表面凹凸不平。残长8.4、宽8.1厘米（图四七三）。

铜钱　1枚。M80附近采：2，内外有郭。钱文"开元通宝"，楷书，直读。钱径2.4厘米。

6. M90附近采集

铁匕首　1件。M90附近采：1，锈蚀严重。弧背，弧形刃，尖首，短柄。刀身留有布纹。长18.6、宽3.0厘米（图四七四）。

铜钱　1组5枚。M90附近采：2，四整一残。直读，内外有郭，钱文"开元通宝"。钱径2.5厘米。

7. M99附近采集

陶瓶　2件。泥质灰陶。小口微侈，宽折沿，方唇下垂，细

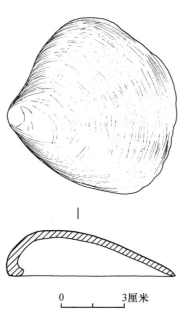

图四七三　M80附近采集器物
（M80附近采：1）

长颈，长椭圆形腹，平底微内凹。素面。M99附近采：1，沿面略内斜。口径5.0、底径4.4、高21.9厘米（图四七五，1）。M99附近采：2，宽平折沿。口径6.0、底径4.8、高21.2厘米（图四七五，2）。

铁犁铧 1件。M99附近采：3，锈蚀严重，仅余残片。头部较尖，銎呈"＜"形。残长14.4、宽9.8厘米（图四七五，3）。

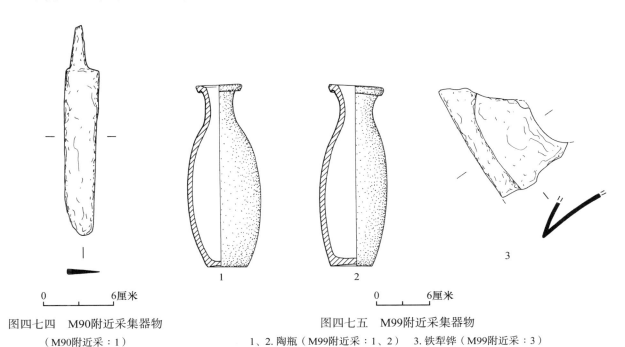

图四七四 M90附近采集器物
（M90附近采：1）

图四七五 M99附近采集器物
1、2. 陶瓶（M99附近采：1、2） 3. 铁犁铧（M99附近采：3）

8. M107附近采集

铁犁铧 1件。M107附近采：1，锈蚀严重。整体呈V形，一面中部折棱明显，一面较平，銎呈"＜"形。长27.0、宽26.4、厚7.3厘米（图四七六）。

9. M116附近采集

陶瓶 2件。M116附近采：1，泥质灰陶。小口，折沿内勾，沿面下有一周凹槽，方唇下垂，束颈，溜肩，椭圆形腹，平底。素面。口径5.6、底径5.6、高18.2厘米（图四七七，2）。M116附近采：2，泥质灰陶。小口，折沿内勾，沿面下有一周凹槽，方唇，束颈，溜肩，椭圆形腹，平底微内凹，素面，底部有席纹。口径5.6、底径6.0、高20.2厘米（图四七七，3）。

彩绘塔式罐 1件。M116附近采：3，泥质灰陶。残余盖、罐身。盖顶部有双层宝塔式

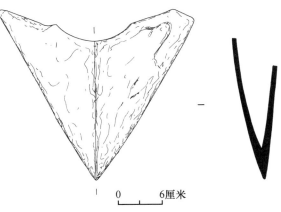

图四七六 M107附近采集器物
（M107附近采：1）

钮，盖面微弧上翻，平缘，尖舌，体中空。盖面施白色化妆土，其上用黑线勾绘出花卉图案，花瓣间饰橘红彩。罐微侈口，厚圆唇，束颈，圆肩，鼓腹，平底内凹。罐身施白色化妆土，口部为红彩，颈、肩部用黑线绘出花卉图案，肩腹交接处用黑线勾绘几何形折线，腹部饰四朵花卉图案，两两上下间错而对，间饰橘红彩。近底处用黑线勾绘莲瓣状纹饰。底径11.2、通高29.4厘米（图四七七，1）。

铁镰　1件。M116附近采：7，锈蚀严重，镰首残。呈弯月形，弧背，弧刃，刃部呈锯齿状。镰首残，尾部上卷。长29.2、宽3.6厘米（图四七七，4）。

蚌壳　2组3件。M116附近采：5，2件，均为半扇。背面不平，一件饰黑彩，一件饰红彩。长9.0、宽8.0厘米（图四七八，1）。M116附近采：4，1件。仅余半扇。背面不平。长9.0、宽8.1厘米（图四七八，2）。

铜镯　1件。M116附近采：6，已残断。为铜片弯曲而成，活扣，呈半环形。长径7.0、短径5.3厘米（图四七八，3）。

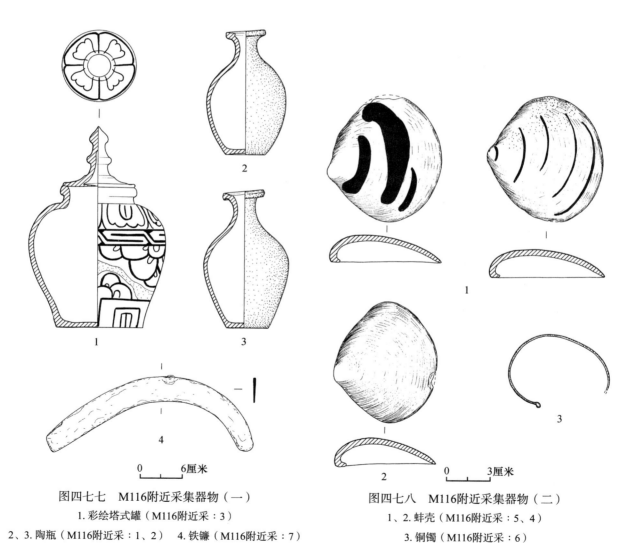

图四七七　M116附近采集器物（一）

1. 彩绘塔式罐（M116附近采：3）

2、3. 陶瓶（M116附近采：1、2）　4. 铁镰（M116附近采：7）

图四七八　M116附近采集器物（二）

1、2. 蚌壳（M116附近采：5、4）

3. 铜镯（M116附近采：6）

铜钱 1枚。M116附近采：8，内外有郭。钱文"开元通宝"，楷书，直读。钱径2.5厘米。

10. M198附近采集

陶瓶 4件。泥质灰陶。侈口，宽折沿内勾，沿面微凹，方唇下垂，细长颈，溜肩，长椭圆形腹，平底内凹。素面。M198附近采：5，口径5.8、底径6.8、高24.0厘米（图四七九，1）。M198附近采：6，口径5.8、底径6.0、高18.6厘米（图四七九，4）。M198附近采：7，口径6.0、底径5.4、高24.6厘米（图四七九，3）。M198附近采：8，瓶身较矮。口径5.0、底径6.0、高23.4厘米（图四七九，2）。

彩绘陶罐 2件。泥质灰陶。罐盖顶部有单层宝珠式钮。M198附近采：9，盖面微凹，厚缘，子口内倾，体中空。罐微侈口，卷沿，圆唇，短束颈，圆肩，弧腹，平底，底部边缘略呈不规则外张。盖面施有一层白色化妆土，其上用黑线勾画图案，局部填橘红色彩，彩绘大多已脱落，图案不详。罐身施有一层白色化妆土，局部已脱落。其上彩绘为：颈肩部用黑线勾绘三朵覆莲状纹饰，上腹部饰一周几何纹带，下腹近底处用黑线勾绘一周弦纹，两者之间用黑线勾画四朵花卉图案，皆为半朵，两上两下，相向交错排列。底径8.0、通高19.2厘米（图四八〇，1）。M198附近采：14。盖面微鼓，平口，尖舌，子口内倾，体中空。罐侈口，折沿内凸，尖唇，短束颈，溜肩，弧腹，平底内凹。肩部有对称双耳，已残缺。盖面施有一层白色化妆土，其上饰红彩，局部已脱落。罐身亦施有一层白色化妆土，其上用黑、红彩勾画图案，上部大多已脱落。颈、肩部用黑线勾画覆莲状纹饰，

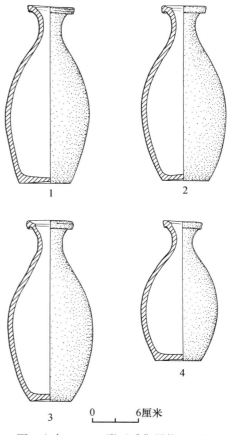

图四七九 M198附近采集器物（一）
1～4.陶瓶（M198附近采：5、8、7、6）

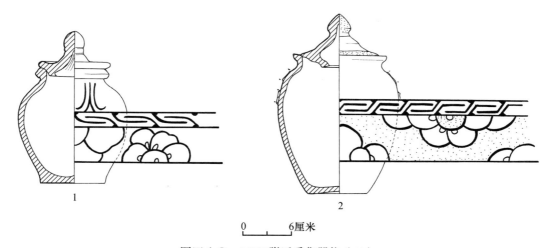

图四八〇 M198附近采集器物（二）
1、2.彩绘陶罐（M198附近采：9、14）

模糊不清；肩腹部用黑线勾画几何形纹饰带，下腹部饰有四朵花卉，均呈半朵，共七个半圆组成，中心填红彩，花瓣内用黑线勾绘小半圆，四朵花卉上下相向交错排列，花卉之间填红彩；下腹近底处饰有红彩，从底部用黑线勾画莲瓣纹。底径8.0、通高22.5厘米（图四八〇，2）。

铜镜　2枚。M198附近采：1，花枝镜。六出葵花形，弧度较平。镜背中央有半球形钮，镜背较平。钮外有四朵花叶，花叶之间为四朵盛开的花卉，在花卉之间各有一只蜂蝶飞向花卉。近边缘处有一周小花瓣。直径18.3、缘厚0.4、钮高0.7厘米（图四八一，1）。M198附近采：2，方形倭角镜。镜面较平，呈四瓣花形，镜背中央有桥形钮。镜背素面无纹，原似填有漆。长12.6、宽12.6、缘厚0.3、钮高0.5厘米（图四八一，2）。

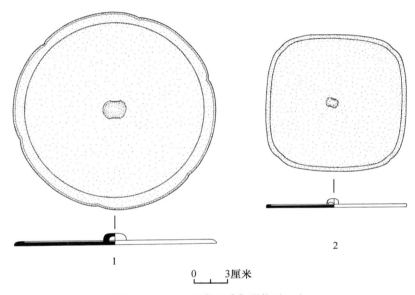

图四八一　M198附近采集器物（三）
1、2. 铜镜（M198附近采：1、2）

蚌壳　1组2件。M198附近采：11，均为半扇。背部磨光，其上饰有红彩，大部分已脱落。长8.9~9.0、宽7.8~8.0厘米（图四八二，1）。

铜镯　1组2件。M198附近采：3，形制一致，一件已残断。为扁平状铜片弯曲而成，中部较宽，两端逐渐收窄，活扣。镯面上压出三周凹槽，镯尾两端上卷呈圆形穿孔，近镯两端处用铜条缠绕镯体。长径6.5~6.7、短径6.6~6.7厘米（图四八二，2）。

铁剪　1件。M198附近采：10，锈蚀严重。为交股剪，形体较长，刃部斜直，尖首，柄部弯曲成“8”字形。长33.4厘米（图四八二，3）。

铁刀　1件。M198附近采：12，锈蚀严重，刀首残。有柄，刃、背微弧，刀身向下缓收。残长28.4、宽5.5厘米（图四八二，4）。

铜钗　1组4件。M198附近采：4，双股钗。呈U形，钗首较厚，末端较细。长23.5~26.2厘米（图四八二，5）。

铜钱　1组13枚。M198附近采：13，钱文可辨识的11枚，内外均有郭。钱文“开元通宝”，楷书，直读。大者钱径2.5厘米，小者钱径2.3厘米。

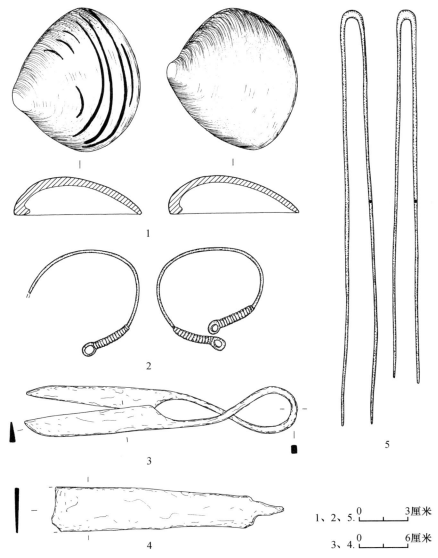

图四八二 M198附近采集器物（四）

1. 蚌壳（M198附近采：11） 2. 铜镯（M198附近采：3） 3. 铁剪（M198附近采：10）

4. 铁剑（M198附近采：12） 5. 铜钗（M198附近采：4）

三、宋 金

1. M114附近采集

陶碗 1件。M114附近采：1，泥质灰陶。敞口，尖唇，斜直腹，小平底微凹。素面，底部有数周凹弦纹。口径11.6、底径4.9、高4.0厘米（图四八三）。

2. M148附近采集

瓷碗 1件。M148附近采：1，黑釉，青灰胎。敞口，圆唇，斜直腹，饼形足，足底微凹，中心呈乳突状。器内施满釉，器外施釉不到底，有流釉现象。釉色不匀，呈兔毫状。口径13.6、底径4.0、高6.0厘米（图四八四）。

3. M29附近采集

瓷罐　1件。M29附近采：1，酱釉，红褐胎。侈口，卷沿，圆唇，束颈，溜肩，鼓腹，底内凹。肩部饰有对称双耳。器内满釉，器外施釉不到底，有流釉现象。口径7.6、肩径10.5、底径5.0、高12.2厘米（图四八五）。

铜钱　1枚。M29附近采：2，锈蚀严重。内外有郭。钱文"正隆元宝"，楷书，旋读。钱径2.6厘米。

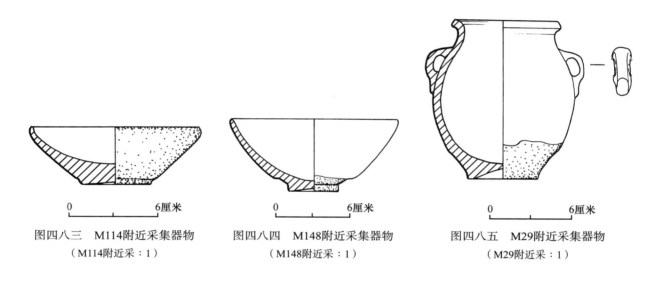

图四八三　M114附近采集器物　　　图四八四　M148附近采集器物　　　图四八五　M29附近采集器物
（M114附近采：1）　　　　　　　（M148附近采：1）　　　　　　　（M29附近采：1）

四、明　清

1. M7附近采集

瓷罐　2件。黑釉，灰黄胎。直口，圆唇，矮领，折肩，深弧腹缓收，矮圈足。圈足上有刮削痕迹，上腹部及近底处饰有凹弦纹。口部无釉，器外施釉不到底，圈足底有三个支钉痕。M7附近采：1，器内施满釉，底部有三个支钉痕。口径10.6、底径9.0、高18.4厘米（图四八六，1）。M7附近采：2，器内及底部有数周弦纹。器内满施酱黄釉。口径10.0、底径7.6、高17.8厘米（图四八六，2）。

铜钱　1枚。M7附近采：3，锈蚀严重，钱文不详。钱径2.8厘米。

2. M186附近采集

铜钱　1组10枚。M186附近采：1，大部分锈蚀严重，表面留有布纹。可辨识的钱文为"崇祯通宝"。钱径2.4厘米。

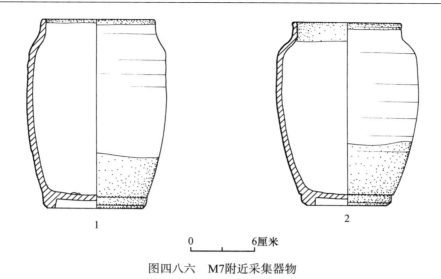

图四八六　M7附近采集器物
1、2. 瓷罐（M7附近采：1、2）

五、相 关 认 识

　　刚玉砂厂墓地采集器物根据考古发掘墓葬的年代进行判断，可大致分为四个时期：战国秦汉、唐、宋金及明清。战国秦汉时期采集物主要是陶釜和陶盆，唐代采集物主要有彩绘陶罐、陶瓶、铜镜、"开元通宝"铜钱及铁犁铧等，宋金时期采集物有瓷碗和双系瓷罐等，明清时期采集物有瓷罐和"崇祯通宝"铜钱。每个时期的采集物都具有该时期的典型特征，可为各时期的相关考古研究提供参考。

第七章 结 语

　　刚玉砂厂墓地位于三门峡市湖滨区，地处甘棠北路（规划道路）以东，八一路以南，上官路（规划道路）以西，黄河西路以北。此处处于三门峡秦人墓地的主要集中区域内[①]。三门峡刚玉砂厂墓地包括战国秦汉墓葬、北魏墓葬、唐代墓葬、北宋墓葬、金代墓葬、明清墓葬，共281座。其中战国秦汉墓葬161座，北魏墓葬1座，唐代墓葬49座，北宋墓葬10座，金代墓葬1座，明清墓葬18座，年代不详墓葬41座。墓葬形制均为中小型土洞墓或竖穴土坑墓。这批墓葬在墓葬形制、葬俗、随葬器物等方面丰富了三门峡地区古代文化面貌。

第一节 随葬品分析

　　三门峡市刚玉砂厂墓地281座墓葬，出土各类随葬品及采集品700余件（套）。出土的随葬品类型丰富，器形多样，尤其是战国秦汉墓葬和唐代墓葬出土的典型器物形态演变规律，年代序列较为完整；北魏墓葬和金代墓葬出土的器物为该地区北魏和金代小型墓葬的年代判定提供了参考资料。

1. 类别多样，器形丰富

　　三门峡刚玉砂厂墓地115座战国秦汉墓葬共出土300余件随葬品，根据质地分为陶器、铜器、铁器、骨器、漆器等，以陶器最多。出土陶器泥质灰陶为主，夹砂灰陶次之，器形主要有釜、盆、罐、壶、茧形壶、甑、盒、蒜头壶、碗等。铜器主要有带钩、镜、印章、镞、铃、环等。铁器器形主要有带钩、釜、刀、锸等。玉器主要有印章、剑珌、环等。料器主要为料珠和料塞。

　　45座唐墓共出土各类遗物200余件（套），质地有陶、瓷、铜、铁、玉、银、蚌、骨、皮、漆木等。以陶器、铜器（含铜钱）、铁器最多，瓷器次之。陶器器形主要有塔式罐、罐、瓶、人俑等。铜器以铜镜和铜钱为主，兼有铜饰、铜带具等。铁器主要为铁剑、铁镰、铁刀、铁剪、铁犁铧等。瓷器器形主要有碗、罐、盒、盏、执壶等。其他质地的器物有蚌壳、玉盒、银钗、皮制品、漆盒等。

　　10座北宋墓葬共出土各类遗物30余件（套），质地有陶、瓷、铜、铁等。瓷器器形主要为碗、罐、瓶等。

---

　　① 李书谦：《试论三门峡秦人墓葬》，《中原文物》2013年第2期。

18座明清墓葬共出土各类遗物70件（套），质地有瓷、铜、锡、银等。瓷器主要为瓷罐、瓷碗，器表多施黑釉。铜器为铜扣、铜钱、铜簪。锡器主要为盘、灯台、瓶、壶、镰斗等。

此外，北魏墓葬出土4件随葬品为陶瓶、陶罐、铜钱、刻铭砖。金代墓葬出土21件随葬品，以瓷器为主，器形有碗、罐、钵、执壶、香炉、枕、瓶等。

2. 典型器物较多，发展演变序列清晰

刚玉砂厂战国秦汉墓葬的随葬器物组合中，基本不见中原地区战国晚期墓葬中常见的鼎、豆、壶与鼎、盒、壶等仿铜陶礼器组合。在第一期墓葬中，主要器物组合为釜、盆、罐、甑等日用陶器组合，以釜、盆，釜、罐或釜、盆、罐或单釜，单釜+其他器物的组合最为常见，陶釜的数量最多。出土的茧形壶既有类关中秦墓出土的圜底茧形壶，也有类关东地区墓葬出土的圈足茧形壶。陶釜的制法基本为上部轮制，下部模制，整体特征与关中地区同时期秦墓的随葬器物特点较为一致[①]。到第二期墓葬中，随葬器物组合中新出现了瓿、盒、蒜头壶、缶等器物。陶瓿和个别陶罐上还有戳印文字。

刚玉砂厂唐代墓葬出土的器物中，塔式罐的演变基本上是由矮胖向瘦高发展，早期的罐身最大腹径偏上。陶瓶的演变形态也是由矮胖向瘦高发展，早期的瓶腹较粗，晚期的瓶腹呈长椭圆形，口沿由宽折沿向短沿演变。素面陶罐的演变形态较为清晰，初唐时期矮领，鼓腹；盛唐时期罐腹部变圆；中唐时期束颈变长，双耳近口部，弧腹；晚唐时期整体显瘦长，短颈较高，深弧腹。

刚玉砂厂出土的铜镜和钱币也是断定年代的重要依据。战国秦汉墓中出土的弦纹镜、草叶纹镜数量不多，出土5枚半两钱币，为该时期墓葬的分期断代提供了可参照的依据。北魏墓葬出土带有"延昌三年"的纪年文字的刻铭砖，为三门峡地区北魏墓葬的断代提供了参考资料。

唐代墓葬中出土的铜镜形制有圆形、葵花形和倭角方形，据纹饰可划分为人物镜、八卦四神十二生肖镜、盘龙镜、团花镜、花枝镜、金银平脱镜、万字镜等。这些铜镜基本出现在盛唐以后，流行于中晚唐时期，与其流行的时代相一致[②]。出土的铜钱有五铢、开元通宝和乾元重宝。开元通宝的时代特征明显，武德开元为初唐时所铸，背月纹开元通宝流通于盛唐至晚唐初，会昌开元被视作晚唐钱币的典型标本[③]。这批钱币的出土为唐代墓葬的分期和年代推断提供了资料依据。

北宋墓葬随葬器物较少，主要是瓷器和铜钱，墓葬分期的断代主要依据带年号的铜钱以及器物组合。宋墓出土的器物组合有瓷罐、陶罐或瓷碗、铜钱或瓷瓶、瓷碗、铜钱等。早期墓葬出土有开元通宝、宋元通宝、淳化元宝、至道元宝、咸平元宝、景德元宝、天禧通宝等，晚期墓葬出土有元丰通宝、大观通宝、崇宁重宝、政和通宝等。金代墓葬M212出土器物主要为瓷器，其中瓷碗挖足过肩，带有北宋后期以后的时代特征，出土的正隆元宝，为三门峡地区金代土洞墓的年代推断提供了实物资料。

---

① 滕铭予：《论秦釜》，《考古》1995年第8期。

② 孔祥星、刘一曼：《中国古代铜镜》，文物出版社，1984年，第137～172页。

③ 徐殿魁：《唐代开元通宝的主要品类和分期》，《中国钱币》1992年第3期。

第二节　丧葬习俗分析

刚玉砂厂出土随葬品的战国秦汉墓葬，基本上随葬1~3件随葬品，多为陶釜、陶盆或陶釜、陶罐。墓葬方向有东西向和南北向，以西向为主。墓葬形制为土坑墓和竖穴墓道土洞墓，以土洞墓为主。部分墓葬葬具为木棺，人骨下有铺草木灰，部分墓葬随葬动物骨骼。葬式主要为屈肢葬，下肢蜷曲较甚，基本与上肢重合在一起。上述这些葬俗在关中地区秦人墓中亦可见到，符合秦人墓葬的埋葬习俗。

唐代墓葬中，墓葬形制出现由铲形墓到刀形墓，再到折背刀形墓的转变，葬具的位置出现由墓室北部到墓室西部的变化，均符合唐代洛阳地区墓葬形制的演变规律[1]。出土墓志的墓葬，其墓志放置于墓室口处。随葬器物中，陶双耳罐的双耳均被敲掉，这与印染厂唐墓的丧葬习俗一致[2]。出土铁刀、铁剪、铁剑的唐墓有19座，时代基本上为中晚唐时期，这也属三门峡地区唐代墓葬的葬俗之一。

北魏墓葬和金代墓葬发现的数量较少，不论是墓葬形制，还是随葬器物组合及特征，均符合时代特征。

北宋墓葬，墓葬形制均为竖穴墓道土洞墓，个别墓葬有砖封门。一些墓葬的墓道底略呈斜坡状，土洞墓室结构简单。墓葬方向为南北向，随葬器物数量较少，基本在3件以内，以瓷器和铜钱为主，符合本地北宋小型墓葬的特征。其中M255形制独特，墓室平面呈梯形，墓室北壁上部有壁龛，墓室北壁东部写有"街在城一（十）□"，对探索北宋的城、街制度以及当时的城、街、墓地位置关系提供了实物资料。

明清墓葬的墓葬形制为竖穴墓道土洞墓，墓道窄，葬具为木棺，随葬器物以黑釉瓷罐为主，罐内多放置铜钱。这种葬俗在三门峡地区一直延续至近现代。

第三节　墓地性质分析

三门峡刚玉砂厂墓地的墓葬均为中小型墓，绝大多数属于小型墓葬，墓室为竖穴土坑或土洞，结构简单。墓主身份较低，主要为平民。

161座战国秦汉墓葬中，无随葬品的墓葬46座，出土1~3件随葬品的墓葬87座，出土4~7件随葬品的墓葬27座，出土8件以上随葬品的墓葬1座（M91）。绝大多数墓葬的随葬品少于5件，等级较低，主要是陶釜、陶盆、陶罐等日常生活用品，不见中原地区常见的鼎、豆、壶及鼎、盒、壶组合。这也反映出刚玉砂厂墓地应为一处秦人平民墓地，墓主的身份和经济地位大致相当。M91的时代稍晚，墓葬为竖穴墓道土洞墓，总长达7.34米，墓

---

① 徐殿魁：《洛阳地区隋唐墓的分期》，《考古学报》1989年第3期。
② 河南省文物考古研究院：《三门峡市印染厂墓地》，中州古籍出版社，2017年，第455页。

道深4.7米，墓内出土了铜壶、草叶纹铜镜、料珠、铁釜和漆器等11件（套）随葬品，其墓主身份当高于其他墓主。刚玉砂厂秦人墓的墓向较为一致，仅西向的墓葬就达117座，墓葬之间无打破关系，如此集中的有规律地埋葬，应属于战国秦汉时期陕州城内及附近居民的公共墓地。

北魏墓葬仅发现1座（M10），位于墓地发掘区的南部最西端，周围无墓葬，墓室内北部有生土棺床，随葬品较少，仅见生活用器，亦为平民墓葬。

唐代墓葬均为土洞墓或土坑墓，个别墓葬有过洞、天井，少数有砖、土坯封门，不见棺床，墓室结构简单。绝大多数为小型墓葬，墓室长度多在2米左右，个别有超过3米者；墓道长度有5座在4米以上，其余多在4米以内。随葬品差别较大，多寡不一，除4座墓葬无随葬品外，其余墓葬少则1件，多则20余件。器物种类多样，以陶器、铜器、铁器、瓷器为主，主要是陶罐、陶瓶、铁刀、铁镰、铁犁铧、铁剑等，少数墓葬随葬有陶俑、鎏金铜饰和铜钗；出土墓志4合（一合仅有墓志盖），均为陶质方砖形，志文用白彩书写，已脱落。这些反映出此墓地在唐代也是平民墓地，只是墓主经济实力有所差别。唐代早期墓葬较少，分布较散，中晚唐时期墓葬较多，逐渐形成聚集状。在该墓地附近的印染厂墓地发现有80座唐代墓葬，同样是唐代早期墓葬较少，盛唐以后的墓葬数量较多。可见在唐代早期，这两处墓地还未作为主要葬地，在中晚唐时期受战乱、经济等社会因素的影响，墓葬数量大为增多。

北宋墓葬均为竖穴墓道土洞墓，部分墓葬的墓道底略呈斜坡状，墓葬结构简单，随葬品较少，大多在5件以下，主要为瓷碗、瓷壶、铜饰、铜钱等，表明在北宋为一处平民墓地。金代墓葬仅1座（M212），为合葬墓，位于发掘区的西部，墓葬形制为竖穴墓道土洞墓，随葬品以瓷器为主，墓主应是具有一定经济实力的平民阶层。另在发掘区的南部M29附近采集有瓷罐和正隆元宝铜钱，可能也为一座金代墓葬。

明清墓葬主要集中于墓地南部，其余地方则是零散分布。墓葬形制均为竖穴墓道土洞墓，随葬器物以瓷罐、瓷瓶、铜扣、铜钱为主，均为小型墓葬，反映出此墓地在明清时期也是当地的平民墓地。其中M0023随葬有较多的锡器，放置在墓门内，锡器类别多样，以灯、盘为主，这在三门峡地区较为少见。

第四节 存 在 问 题

刚玉砂厂墓地受地面建筑及渣坑影响，只能进行分批勘探和发掘，发掘过程中将未探出的墓葬进行重新编号，以00开头，共发现27座。其中战国秦汉时期墓葬和大部分唐代墓葬的位置和时代明确，分别在分布图上标注，而北魏、宋金和明清时期墓葬分布较散，未能标注其分布。刚玉砂厂在早年建设中，遗留了较多的渣坑，无法勘探。墓地在发掘过程中，一些墓葬已经被严重破坏，只残留一些随葬品，其他信息不详。本报告将这些随葬品作为采集品进行披露。

晚唐墓葬M187为合葬墓，墓中随葬的陶瓶具有早期风格，却随葬金银平脱镜和万字镜。

墓中亦随葬有小型陶俑，制作简单，器表施有一层白色化妆土，再施彩绘。目前所见资料中，除了三门峡市粮食局第二面粉厂张弘庆墓（M132）出土有半身俑外，刚玉砂厂盛唐以后的墓葬M216、M0012和M187均出土有彩绘陶俑，可改变三门峡地区盛唐以后至晚唐墓葬多不见随葬镇墓兽、陶俑的葬俗的认识[①]。

---

①　河南省文物考古研究院：《三门峡市印染厂墓地》，中州古籍出版社，2017年，第456页。

附 表

附表一 三门峡刚玉砂厂战国秦汉墓葬统计表

墓号	方向	形制	尺寸（米）墓道（长×宽-深）	尺寸（米）墓室（长×宽-高）	随葬品	人骨	葬式	葬具	分期	备注
M3	190°	Aa型竖穴墓道土洞墓	3.25×2.50-2.80	2.36×1.24-（0.70~1.55）	1、2.陶瓿；3.陶蒜头壶；4.AⅢ式陶釜；5.陶缶	一具	仰身直肢	不详	二期	
M16	279°	Aa型竖穴土坑墓		口3.12×2.54；底1.30×0.52-1.42	1.AaⅠ式陶罐；2.陶碗；3.AⅡ式陶釜	一具	仰身屈肢	木棺	一期	
M17	275°	Ab型竖穴墓道土洞墓	口3.40×2.60；底3.10×2.38-2.80	1.60×（1.00~1.32）-0.90	1.BⅠ式陶釜	一具	仰身屈肢	不详	一期	
M20	296°	Aa型竖穴墓道土洞墓	3.00×2.50-3.30	2.20×1.48-（0.67~1.33）	1.Aa型铜带钩；2.铜环；3.AⅢ式陶釜	一具	仰身屈肢	不详	二期	有壁龛
M24	286°	Ab型竖穴墓道土洞墓	3.90×2.80-3.50	2.10×1.24-1.60	1.铜镞；2.A型陶釜灶；3.B型陶盆	一具	仰身屈肢	木棺	一期	有壁龛
M25	291°	Ab型竖穴墓道土洞墓	口4.03×（2.73~2.80）；底3.67×（2.38~2.48）-3.48	2.54×（1.13~1.37）-（0.95~1.42）	1.AⅡ式陶釜；2.AbⅡ式陶罐	一具	仰身屈肢	木棺	一期	
M27	288°	Ab型竖穴墓道土洞墓	3.83×（2.42~2.55）-2.92	2.23×（0.95~1.03）-（1.02~1.25）	1.AⅢ式陶釜	一具	仰身屈肢	不详	二期	
M29	275°	Aa型竖穴墓道土洞墓	口3.10×2.40；底2.90×2.16-2.20	1.90×1.12-1.08	铜铃	一具	仰身屈肢	不详		
M31	267°	Aa型竖穴墓道土洞墓	口3.28×（2.33~2.37）；底3.12×（2.34~2.46）-2.61	1.88×（0.94~1.14）-（0.53~0.99）	1.C型陶釜	一具	仰身屈肢	木棺	二期	

续表

墓号	方向	形制	尺寸（米） 墓道（长×宽—深）	尺寸（米） 墓室（长×宽—高）	随葬品	人骨	葬式	葬具	分期	备注
M34	290°	Ab型竖穴墓道土洞墓	4.22×2.92—3.86	2.12×1.50—1.70	1.C型陶罐；2.B型陶盆	一具	仰身屈肢	不详	一期	
M36	271°	Ab型竖穴墓道土洞墓	口2.89×2.94；底2.78×2.70—3.83	3.12×1.44—1.70	1.A型铜镜；2.铜镞；3.Aa型铜带钩	一具	侧身屈肢	不详		
M39	270°	Ab型竖穴墓道土洞墓	3.90×2.83—2.80	2.00×（0.90~0.94）—0.90	蜻蜓眼玻璃珠	一具	仰身屈肢	不详		
M40	266°	Aa型竖穴土坑墓		口3.66×2.66；底2.00×0.96—3.12	1.铁带钩	一具	仰身屈肢	不详		
M42	276°	Aa型竖穴墓道土洞墓	口3.92×（3.14~3.21）；底3.92×3.06—2.00	2.20×1.40—（1.23~1.52）	1.AⅢ型陶瓮；2.AbⅢ式陶罐；3.A型陶盒；4.陶蒜头壶	无	不详	不详	二期	有壁龛
M43	283°	B型竖穴墓道土洞墓	口2.94×1.63；底2.71×（1.35~1.38）—1.70	2.08×（0.30~0.76）—1.16	1.AⅡ式陶釜；2.陶钵	一具	仰身屈肢	不详	一期	
M44	283°	Aa型竖穴土坑墓		口3.37×2.36；底1.90×（0.90~1.00）—3.20	1.陶碗；2.AⅡ式陶釜	一具	仰身屈肢	木棺	一期	
M45	274°	Aa型竖穴土坑墓		口2.20×2.13；底（1.73~1.77）×（0.76~0.80）—1.71	1.AⅡ式陶釜；2.铁削；3.铁锥	一具	仰身屈肢	木棺	一期	
M48	268°	Aa型竖穴墓道土洞墓	3.63×2.57—3.32	2.12×（1.46~1.50）—（1.17~1.50）	1.蜻蜓眼玻璃珠；2.B型陶瓿；3.B型陶盆；4.AⅢ式陶釜；5.Bb型铜带钩；6.料器	一具	仰身屈肢	木棺	二期	有壁龛
M49	265°	Aa型竖穴墓道土洞墓	4.20×2.60—5.84	1.66×1.20—（1.12~1.44）	1.BⅡ式陶罐；2.BⅡ式陶釜；3.骨簪；4.铜矛	一具	仰身屈肢	不详	二期	
M50	82°	Ab型竖穴墓道土洞墓	口3.90×3.28；底3.70×3.16—3.60	1.82×1.36—（1.16~1.26）	1.Ab型铜带钩	一具	侧身屈肢	木棺		

墓号	方向	形制	尺寸（米）墓道（长×宽×深）	尺寸（米）墓室（长×宽×高）	随葬品	人骨	葬式	葬具	分期	备注
M51	275°	Aa型竖穴土坑墓		口3.52×2.30；底2.38×1.40—5.14	1.B型陶盆；2.Aa I 式陶罐；3.B I 式陶釜	一具	仰身屈肢	不详	一期	
M52	272°	Ab型竖穴墓道土洞墓	口3.59×2.70；底3.25×2.48—3.22	2.10×（1.12—1.32）—（0.71～1.11）	1.铁带钩；2.铁器；3.铜铃；4.A II 式陶釜；5.铜饰	一具	仰身屈肢	不详	一期	有壁龛
M53	172°	Aa型竖穴墓道土洞墓	口3.24×2.34；底2.89×（2.10～2.14）—2.33	1.66×1.06—（0.67～1.12）	1.铁带钩	一具	仰身直肢	不详		
M55	265°	Ab型竖穴墓道土洞墓	口2.98×（2.42～2.44）；底2.96×（2.08～2.10）—3.50	2.14×（0.94～1.20）—1.20	1.C型陶釜	一具	仰身直肢	木棺	二期	有壁龛
M58	174°	Aa型竖穴墓道土洞墓	口2.75×1.62；底2.33×1.34—1.68	1.67×1.00—（0.74～1.12）	1.料塞	一具	仰身直肢	木棺		
M59	180°	Aa型竖穴墓道土洞墓	口3.00×（1.86～1.98）；底2.40×（1.44～1.46）—1.79	1.78×（0.88～1.10）—（0.65～1.05）	1.铁带钩	一具	仰身屈肢	不详	二期	有壁龛
M61	276°	Ab型竖穴墓道土洞墓	口3.23×2.27；底3.05×2.13—2.47	1.82×1.16—（1.08～1.20）	1.A III 式陶釜	无	不详	不详	二期	
M63	268°	Aa型竖穴土坑墓		口3.62×（2.50～2.60）；底2.15×（1.14～1.22）—2.50	1.铁带钩；2.A II 式陶釜；3.A型陶瓶；4.圆陶片	一具	仰身屈肢	木棺	一期	
M64	220°	Aa型竖穴土坑墓	口3.01×（1.85～1.92）；底（2.60～2.68）×（1.56～1.65）—1.15	1.33×0.68—（0.60～0.80）	1.铜镞	一具	侧身屈肢	不详		
M70	276°	Aa型竖穴土坑墓		口5.14×3.60；底3.44×1.75—（4.76～4.80）	1.Aa II 型陶盆；2.铁釜；3.Aa I 式陶罐；4.铜铃；5.Bb型铜带钩；6.A II 型陶釜；7.B II 型陶罐	一具	侧身屈肢	一棺一椁	一期	
M71	266°	Ab型竖穴墓道土洞墓	口4.60×（3.00～3.10）；底4.50×（2.80～2.95）—4.10	2.65×（1.42～1.91）—（0.90～1.80）	1.Aa I 式陶罐；2.B II 式陶釜；3.A II 式陶盆	一具	仰身屈肢	木棺	一期	
M73	275°	Aa型竖穴墓道土洞墓	口3.05×（2.1～2.14）；底2.85×（1.99～2.02）—2.09	1.80×1.00—（0.70～1.10）	1.Ab II 式陶罐；2.B型陶盆；3.A III 式陶釜	一具	侧身屈肢	不详	二期	

续表

墓号	方向	形制	尺寸（米）		随葬品	人骨	葬式	葬具	分期	备注
			墓道（长×宽×深）	墓室（长×宽×高）						
M74	285°	Ab型竖穴土坑墓		口（2.70～3.00）×（2.87～2.90）；底（1.83～1.93）×（1.05～1.24）—2.32	1.铁锸	无	不详	不详		
M75	335°	Aa型竖穴墓道土洞墓	口3.26×2.50；底3.16×（2.30～2.42）—2.71	2.08×（1.14～1.24）—1.42	1.A型陶釜灶	一具	侧身屈肢	不详		
M76	281°	Aa型竖穴土坑墓		口2.80×（1.98～2.14）；底1.80×（0.95～1.06）—2.22	1.B型陶壶；2.B型陶盆；3.AI式陶釜	一具	仰身屈肢	木棺	一期	
M78	270°	Ab型竖穴墓道土洞墓	口4.00×3.26；底3.90×3.07—2.40	2.16×1.50—（1.40～1.50）	1.B型陶瓿；2.AII式陶釜；3.Bb型铜带钩；4.铁器	一具	仰身屈肢	不详	一期	有壁龛
M80	256°	Aa型竖穴墓道土洞墓	口（5.44～5.49）×（3.14～3.20）；底（5.12～5.17）×2.84—2.76	（2.21～2.46）×（1.33～1.73）—（0.70～1.66）	1.Ab型铜带钩；2.AbIII式陶釜；3.AIII式陶罐	一具	仰身屈肢	木棺	二期	有壁龛
M81	355°	Aa型竖穴土坑墓		口4.80×3.70；底3.20×1.44—3.55	1.AII式陶釜；2.AaI式陶罐	一具	仰身屈肢	木棺	一期	有壁龛
M82	10°	Ab型竖穴墓道土洞墓	口3.39×（2.60～2.65）；底2.80×（2.02～2.13）—2.90	2.30×1.30—（0.89～1.70）	1.Aa型铜带钩；2.B型陶瓿；3.B型陶茧形壶；4.AII式陶釜	一具	侧身屈肢	木棺	一期	
M83	255°	Ab型竖穴墓道土洞墓	4.00×（3.04～3.08）—3.70	2.42×（1.10～1.20）—（1.20～1.40）	1.Ab型铜带钩；2.铁器	一具	侧身屈肢	木棺		
M85	270°	Ab型竖穴墓道土洞墓	口5.30×3.68；底4.90×3.07—4.91	2.70×（1.68～2.08）—（1.30～1.80）	1.AII式陶盆；2.AII式陶罐；3.BII式陶盆；4.AII式陶罐；5.AaII式陶罐；6.铜鍪	一具	仰身屈肢	木棺	二期	
M87	264°	Aa型竖穴墓道土洞墓	口3.90×2.84；底3.06×（1.94～2.04）—2.60	1.40×（0.92～1.26）—（0.70～1.30）	1.BII式陶釜	一具	仰身屈肢	木棺	一期	
M90	278°	Aa型竖穴墓道土洞墓	口3.22×2.46；底2.90×（1.90～2.10）—2.50	2.20×（1.04～1.09）—（0.80～1.30）	1.陶碗	一具	侧身曲肢	不详	一期	

墓号	方向	形制	尺寸（米）墓道（长×宽×深）	尺寸（米）墓室（长×宽—高）	随葬品	人骨	葬式	葬具	分期	备注
M91	266°	Aa型竖穴墓道土洞墓	口4.60×3.36；底4.00×2.54—4.70	2.60×（1.36~1.70）—（1.20~1.42）	1.B型铜镜；2.料珠；3.Ba型铜带钩；4.Bb型铜带钩；5.蜻蜓眼玻璃珠；6.铁刀；7.铜壶；8.铁釜；9.BⅡ式陶罐；10.漆木盒；11.漆木盒		仰身屈肢	不详	二期	
M94	268°	Ab型竖穴墓道洞室墓	口3.30×2.35；底3.04×2.18—2.80	2.05×（1.20~1.28）—（1.31~1.45）	1.AⅡ式陶罐；2.B型陶茧形壶；3.B型陶盆；4.Aa型铜带钩；5.铜印章；6.料塞；7.玉印章	一具	仰身屈肢	木棺	一期	
M95	278°	Aa型竖穴土坑墓		口2.76×（2.04~2.08）；底（1.83~1.88）×（0.65~0.73）—2.21	1.AaⅠ式陶罐；2.AⅡ式陶盆；3.D型陶罐	一具	仰身屈肢	不详	一期	
M99	262°	Aa型竖穴墓道土洞墓	口3.76×2.76；底3.47×2.65—3.08	2.24×1.24—（0.68~1.36）	1.B型陶盆；2.AⅡ式陶罐；3.Ab型铜带钩；4.铜环；5.铁刀；6.铁犁铧	一具	侧身屈肢	木棺	二期	
M102	265°	Aa型竖穴墓道土洞墓	口（3.28~3.36）×2.52；底3.12×（1.88~2.00）—4.32	1.74×（0.88~1.08）—1.04	1.B型陶盆；2.AⅢ式陶罐；3.Bc型铜带钩	一具	仰身屈肢	木棺	二期	有壁龛
M103	252°	Aa型竖穴墓道土洞墓	口4.20×（2.80~2.88）；底3.92×（2.57~2.73）—4.00	2.30×（1.12~1.42）—（1.20~1.50）	1.BⅡ式陶罐；2.A型陶盆；3.BⅡ式陶壶；4.A型铜镜	一具	不详	不详	二期	
M104	273°	Aa型竖穴墓道土洞墓	口4.26×3.20；底3.70×2.55—3.70	2.56×1.25—（1.30~1.60）	1.BⅡ式陶罐；2.铁釜；3.铜勺；4.Bc型铜带钩	一具	仰身屈肢	木棺	二期	有壁龛
M105	266°	Aa型竖穴墓道土洞墓	口2.90×2.12；底2.74×1.90—2.30	1.90×（0.66~0.76）—1.20	1.铁器	一具	侧身屈肢	木棺	二期	
M107	280°	Ab型竖穴墓道土洞墓	口3.20×2.60；底2.56×2.06—3.09	1.94×1.20—（0.59~1.13）	1.AaⅠ式陶罐；2.BⅡ式铜带钩；3.Bc型铜带钩	一具	仰身屈肢	木棺	一期	有壁龛
M108	260°	Ab型竖穴墓道土洞墓	3.10×2.00—3.99	2.00×1.20—（0.60~1.09）	1.陶碗；2.A型陶壶	一具	不详	不详		有壁龛

续表

墓号	方向	形制	尺寸（米） 墓道（长×宽—深）	尺寸（米） 墓室（长×宽—高）	随葬品	人骨	葬式	葬具	分期	备注
M110	262°	Aa型竖穴墓道土洞室墓	口4.21×3.14；底3.43×2.57—4.00	2.10×1.24—（1.10~1.65）	1. AaⅠ式陶罐；2. BⅡ式陶釜；3. B型陶盆；4. A型陶甑；5. Ab型铜带钩；6. 料塞；7. 铁器	一具	仰身屈肢	木棺	一期	有壁龛
M114	270°	Ab型竖穴墓道土洞室墓	口4.40×3.00；底4.20×（2.75~2.82）—4.00	2.40×1.50—（1.30~1.80）	1. Ba型铜带钩；2. AaⅠ式陶釜；3. AaⅠ式陶罐；4. 玉印章	一具	不详	不详	一期	
M115	270°	Ab型竖穴墓道土洞墓	口3.93×（2.64~2.71）；底3.61×（2.38~2.44）—3.21	2.29×（1.00~1.29）—（1.00~1.43）	1. AaⅠ式陶罐；2. 铁器；3. 玉环	一具	仰身屈肢	不详	一期	
M116	260°	Ab型竖穴墓道土洞墓	口3.13×2.20；底3.07×2.20—1.86	2.07×（0.93~1.07）—（0.60~0.93）	1. AⅡ式陶釜；2. 陶碗	一具	仰身屈肢	木棺	一期	
M117	270°	Aa型竖穴墓道土洞墓	口3.60×2.40；底3.18×2.10—1.79	2.26×（1.16~1.26）—（0.90~1.20）	1. 铜镞；2. AⅢ式陶盆；3. AⅡ式陶釜；4. A型陶甑	一具	仰身屈肢	不详	二期	有壁龛
M119	255°	Ab型竖穴墓道土洞墓	3.40×2.40—2.30	1.52×（1.10~1.25）—（1.03~1.30）	1. AⅡ式陶釜；2. B型陶盆	一具	侧身屈肢	不详	一期	
M120	274°	Aa型竖穴墓道土洞墓	口2.82×2.45；底2.94×（2.11~2.21）—2.35	2.47×1.14—（1.05~1.75）	1. A型铜镜；2. 料塞；3. 贝币；4. Da型铜带钩	一具	仰身直肢	不详	一期	
M121	275°	Ab型竖穴墓道土洞墓	口4.10×2.80；底3.74×2.60—3.75	1.80×（0.92~1.21）—1.16	1. 玉环；2. C型铜带钩	一具	仰身屈肢	不详	二期	
M122	175°	Aa型竖穴墓道土洞墓	3.40×2.40—2.70	2.00×1.40—（0.80~1.35）	1. AⅡ式陶罐；2. AbⅡ式陶罐；3. 玉环	一具	侧身屈肢	不详	二期	
M123	171°	Ab型竖穴墓道土洞墓	3.54×（2.78~2.86）—2.58	2.54×（1.02~1.25）—（1.15~1.35）	1. AⅢ式陶罐	一具	仰身屈肢	不详	二期	有壁龛
M125	255°	Ab型竖穴土坑墓		口2.51×（1.83~2.01）；底1.90×0.86—1.47	1. C型陶盆；2. AⅡ式陶釜	一具	仰身屈肢	木棺	一期	

续表

墓号	方向	形制	尺寸（米）		随葬品	人骨	葬式	葬具	分期	备注
			墓道（长×宽-深）	墓室（长×宽-高）						
M126	262°	Aa型竖穴土坑墓		口2.17×1.80；底1.32×0.74-1.89	1.AⅡ式陶釜；2.AbⅠ式陶罐；3.B型陶盆；4.AⅠ式陶釜	一具	仰身屈肢	木棺	一期	有壁龛
M127	210°	Ab型竖穴墓道土洞墓	3.70×（2.58~2.64）-4.25	2.10×（1.00~1.12）-（1.10~1.30）	1.B型陶盒；2.AⅡ式陶釜；3.Bb型铜带钩	一具	侧身屈肢	木棺	一期	
M128	70°	Aa型竖穴土坑墓		口2.80×2.14；底1.98×0.93-1.88	1.B型陶壶；2.AⅡ式陶釜；3.B型陶盆；4.AⅠ式陶盆	一具	仰身屈肢	不详	一期	有壁龛
M133	279°	Aa型竖穴墓道土洞墓	口3.70×2.76；底3.30×（2.48~2.60）-2.31	2.00×0.87-0.80	1.AⅡ式陶釜；2.A型陶盒	一具	仰身屈肢	木棺	一期	
M134	150°	B型竖穴墓道土洞墓	口3.47×2.86；底3.32×2.71-1.66	2.12×1.10-（0.91~1.25）	1.铁器；2.AbⅡ式陶罐；3.AⅢ式陶釜	一具	侧身屈肢	不详	二期	
M135	254°	Ab型竖穴墓道土洞墓	口3.50×（2.80~2.94）；底3.32×2.63-2.94	1.90×（1.00~1.20）-（0.86~1.16）	1.A型陶盒	一具	仰身屈肢	不详	一期	
M137	244°	Ab型竖穴墓道土洞墓	口3.10×2.32；底2.90×2.14-2.59	2.20×1.10-（1.40~1.63）	1.料珠；2.AⅠ式陶釜	一具	侧身屈肢	木棺	一期	
M139	150°	Ab型竖穴墓道土洞墓	口3.47×2.53；底3.27×2.40-2.87	2.31×（1.13~1.33）-1.65	1.A型陶壶	一具	侧身屈肢	不详		
M146	14°	Aa型竖穴土坑墓		口3.35×2.35；底1.74×0.90-2.06	1.B型陶盆；2.AⅠ式陶釜	一具	仰身屈肢	不详	一期	
M151	240°	Ab型竖穴墓道土洞墓	口3.84×2.59；底3.65×（2.35~2.47）-2.51	2.20×（1.18~1.41）-（0.94~1.24）	1.AⅠ式陶釜；2.Bb型铜带钩；3.B型铜盆	一具	仰身屈肢	木棺	一期	
M153	270°	Aa型竖穴墓道土洞墓	3.61×2.52-1.81	2.40×（1.40~1.60）-（0.94~1.13）	1.BⅠ式陶罐；2.B型陶茧形壶；3.B型陶盆；4.陶甑；5.AⅡ式陶釜	一具	侧身屈肢	木棺	一期	
M154	265°	Ab型竖穴土坑墓		口3.06×（2.21~2.36）；底2.36×1.04-1.62	1.B型陶盆；2.BⅠ式陶罐；3.Aa型铜带钩	一具	侧身屈肢	木棺		

墓号	方向	形制	尺寸（米）		随葬品	人骨	葬式	葬具	分期	备注
			墓道（长×宽—深）	墓室（长×宽—高）						
M155	170°	Aa型竖穴墓道土洞墓	口2.94×2.86；底2.84×2.56—2.64	2.16×1.10—（1.40~1.74）	1.AⅢ式陶釜；2.A型陶茧形壶	一具	侧身屈肢	木棺	二期	
M159	273°	Ab型竖穴墓道土洞墓	口4.05×（2.88~2.97）；底3.88×（2.74~2.86）—3.52	1.72×（0.92~1.36）—1.06	1.铁镞；2.Ba型铜带钩	一具	仰身屈肢	木棺	二期	
M160	175°	C型竖穴墓道土洞墓	2.20×2.00；底（2.09~2.12）×（1.72~1.90）—1.58	1.92×（1.11~1.14）—（0.58~1.01）	1.AⅢ式陶釜	一具	仰身屈肢	不详	二期	有壁龛
M162	260°	Ab型竖穴墓道土洞墓	口3.23×（2.10~2.20）—（1.59~1.68）	1.78×（1.06~1.20）—1.10	1.B型陶盆；2.AⅡ式陶釜	一具	仰身屈肢	不详	一期	
M163	185°	Ab型竖穴墓道土洞墓	口4.02×（2.74~2.76）；底3.81×（2.50~2.52）—2.53	2.20×1.20—（0.85~1.54）	1.BⅠ式陶釜；2.Bb型铜带钩	一具	仰身屈肢	木棺	一期	
M166	265°	Ab型竖穴墓道土洞墓	口3.69×（2.82~2.92）；底3.50×（2.67~2.82）—2.78	2.20×（1.12~1.20）—（0.71~1.11）	1.BⅠ式陶罐；2.AⅡ式陶釜；3.B型陶盆	一具	仰身屈肢	木棺	一期	
M167	290°	Aa型竖穴墓道土洞墓	3.40×2.12；底3.23×1.94~1.86	1.98×（0.90~1.08）—（0.96~1.26）	1.AⅢ式陶釜；2.B型陶盆	一具	仰身屈肢	不详	二期	有壁龛
M172	290°	Ab型竖穴墓道土洞墓	3.40×（2.60~2.64）—2.61	2.50×1.18—（0.90~1.20）	1.A型陶瓶；2.B型陶釜灶；3.B型陶盆；4.Aa型铜带钩	一具	侧身屈肢	木棺	二期	
M173	270°	Ab型竖穴土坑墓	口3.02×2.30；底2.02×（0.86~0.91）—1.88		1.铁带钩；2.铜印章	一具	仰身屈肢	不详	二期	
M174	170°	Ab型竖穴墓道土洞墓	3.90×2.64—2.35	2.04×1.24—（0.85~1.24）	1.AⅢ式陶釜	一具	仰身屈肢	不详	二期	
M175	275°	Aa型竖穴墓道土洞墓	4.50×（3.11~3.20）—3.80	2.45×（1.70~1.94）—（1.20~1.72）	1.Aa型铜带钩；2.A型陶釜灶；3.AaⅡ式陶罐	一具	仰身直肢	木棺	二期	
M176	265°	Ab型竖穴墓道土洞墓	口4.02×（2.96~3.06）；底3.70×（2.62~2.65）—2.81	2.08×（0.90~1.14）—（1.10~1.30）	1.半两钱；2.铁器；3.Bb型铜带钩	两具	墓室：仰身屈肢；墓道：侧身屈肢	墓道木棺墓室不详	二期	

墓号	方向	形制	尺寸（米）墓道（长×宽-深）	尺寸（米）墓室（长×宽-高）	随葬品	人骨	葬式	葬具	分期	备注
M178	280°	Ab型竖穴墓道土洞墓	口3.85×（2.88~2.94）；底3.70×2.70-2.60	2.14×（0.98~1.28）-（0.78~1.12）	1.AⅡ式陶釜；2.B型陶盆；3.料珠	一具	侧身屈肢	木棺	一期	
M179	270°	Ab型竖穴墓道土洞墓	口3.90×（3.04~3.13）；底3.62×2.96-2.55	（2.12~2.30）×（1.50~1.60）-（1.12~1.75）	1.铁带钩；2.铁刀	一具	仰身屈肢	木棺		
M182	260°	Ab型竖穴墓道土洞墓	（3.18~3.36）×2.62-2.05	2.18×1.10-（0.70~0.90）	1.A型陶盒；2.BⅡ式陶釜	一具	仰身屈肢	不详	一期	有壁龛
M185	284°	Aa型竖穴墓道土洞墓	口3.48×（2.64~2.72）；底3.36×（2.52~2.58）-1.69	2.32×（0.90~1.08）-1.12	1.AaⅠ式陶罐；2.AⅡ式陶盆；3.BⅡ式陶釜；4.A型铜镜	一具	仰身屈肢	木棺	一期	有壁龛
M186	265°	Aa型竖穴墓道土洞墓	3.75×2.84-1.63	2.26×（1.30~1.50）-（0.86~1.01）	1.AⅢ式陶釜；2.A型陶盒	一具	侧身屈肢	不详	二期	
M188	264°	Aa型竖穴墓道土洞墓	口2.78×1.48；底2.75×1.44-1.25	1.73×1.48-（0.66~0.90）	1.AⅢ式陶釜；2.B型陶盆；3、4.骨塞	一具	仰身屈肢	不详	二期	
M189	273°	Aa型竖穴墓道土洞墓	4.50×3.32-3.40	2.44×（1.52~1.68）-（1.04~1.60）	1.AbⅢ式陶罐；2.铁釜；3.B型陶壶；4.玉剑珌	一具	仰身屈肢	木棺	二期	有壁龛
M192	255°	Ab型竖穴墓道土洞墓	3.93×2.73-1.92	2.21×（0.96~1.42）-（0.84~1.40）	1.AⅡ式陶釜	一具	仰身屈肢	不详	一期	
M194	260°	Ab型竖穴墓道土洞墓	3.65×（2.50~2.60）-2.16	2.42×1.26-（0.99~1.70）	1.B型黄形壶；2.AbⅡ式陶罐；3.B型陶盆；4.AⅡ式陶釜	一具	侧身屈肢	木棺	一期	有壁龛
M200	288°	Ab型竖穴墓道土洞墓	3.70×2.80-2.40	2.40×1.40-（1.10~1.80）	1.AbⅡ式陶罐	无	不详	不详	一期	有壁龛
M211	285°	Aa型竖穴墓道土洞墓	口3.80×（2.60~2.66）；底3.21×（2.22~2.40）-2.64	1.55×（0.78~0.90）-（0.84~1.40）	1.铁带钩	一具	侧身屈肢	不详		
M213	260°	Ab型竖穴墓道土洞墓	3.18×2.28-2.75	1.84×1.34-1.09	1.BⅡ式陶釜；2.AⅡ式陶盆	一具	仰身屈肢	不详	一期	

续表

墓号	方向	形制	尺寸（米）		随葬品	人骨	葬式	葬具	分期	备注
			墓道（长×宽—深）	墓室（长×宽—高）						
M217	240°	Aa型竖穴墓道土洞墓	口3.36×2.50；底3.20×2.34—1.50	1.80×（0.86～0.94）—0.90	1.AⅢ式陶釜	一具	仰身屈肢	不详	二期	
M227	285°	Aa型竖穴墓道土洞墓	3.70×（2.25～2.35）—（2.12～2.26）	2.08×（1.10～1.22）—（0.70～1.07）	1.AⅢ式陶釜	一具	仰身屈肢	木棺	二期	
M239	276°	Aa型竖穴土坑墓		口2.70×2.20；底1.60×1.00—0.74	1.AⅡ式陶釜；2.B型陶盆	一具	仰身屈肢	不详	一期	
M244	260°	Aa型竖穴墓道土洞墓	1.94×（1.00～1.10）—0.54	1.46×（1.10～1.20）—0.46	1.B型陶盆	无	不详	不详	一期	
M245	270°	Aa型竖穴墓道土洞墓	2.40×2.16—0.94	1.95×0.90—（0.50～0.62）	1.AaⅡ式陶罐	无	不详	不详	一期	
M256	15°	B型竖穴土坑墓		（3.84～3.90）×（2.00～2.04）—1.20	1.BⅠ式陶罐；2.BⅠ式陶釜；3.B型陶盆；4.AⅠ式陶盆	一具	侧身屈肢	不详	一期	有壁龛
M258	265°	Aa型竖穴墓道土洞墓	3.46×2.60—1.10	2.34×1.38—0.78	1.AⅢ式陶釜；2.B型陶盆；3.Bc型铜带钩	一具	侧身屈肢	木棺	二期	
M259	260°	Aa型竖穴墓道土洞墓	3.01×（1.72～1.74）—（0.44～0.50）	2.30×（1.24～1.30）—（0.50～0.56）	1.B型陶盆；2.AⅢ式陶釜	一具	不详	不详	二期	
M261	280°	Aa型竖穴墓道土洞墓	（2.00～2.67）×2.90—1.30	1.80×（1.20～1.15）—（0.82～0.90）	1.B型陶盆；2.A型陶茧形壶；3.AⅢ式陶釜	一具	仰身屈肢	不详	二期	有壁龛
M262	260°	Aa型竖穴墓道土洞墓	2.60×（1.80～1.88）—（0.70～0.82）	1.90×（0.92～1.00）—0.82	1.AⅡ式陶罐；2.AbⅢ式陶釜	一具	仰身屈肢	不详	二期	
M264	170°	Aa型竖穴墓道土洞墓	3.00×（1.30～1.34）—1.30	2.50×1.20—1.30	1.AⅢ式陶釜；2.Db型铜带钩	一具	仰身直肢	不详	二期	
M267	285°	Aa型竖穴土坑墓		口5.50×3.60；底3.00×2.00—2.30	1.AⅡ式陶釜	一具	侧身屈肢	一棺一椁	一期	

续表

墓号	方向	形制	尺寸（米）		随葬品	人骨	葬式	葬具	分期	备注
			墓道（长×宽－深）	墓室（长×宽－高）						
M0017	177°	Aa型竖穴土坑墓		口2.50×2.40；底1.56×0.75－1.42	1.AI式陶釜；2.陶盘；3.铁带钩	一具	仰身屈肢	不详	一期	
M0021	273°	Ab型墓道土洞墓	3.54×（2.56~2.60）－2.52	2.26×1.16－0.97	1.Aa型铜带钩	一具	俯身屈肢	木棺		
M0022	92°	Aa型竖穴土坑墓		口2.50×2.10；底1.38×0.65－1.68	1.AⅡ式陶釜	一具	仰身屈肢	木棺	一期	
M15	189°	Aa型竖穴土坑墓		口2.80×2.00；底（1.75~1.98）×0.90－1.56	无	一具	不详	不详		
M47	265°	Aa型墓道土洞墓	3.70×2.78－1.81	2.38×2.45－（0.75~0.97）	无	无	无	不详		
M57	0°	Ab型竖穴土坑墓		口2.60×1.80；底1.72×0.87－1.00	无	一具	仰身屈肢	不详		
M68	236°	Aa型竖穴墓道土洞墓	口3.60×2.50；底3.38×（1.97~2.09）－2.32	1.81×1.12－（0.70~1.10）	无	一具	侧身屈肢	木棺		
M72	0°	B型竖穴土坑墓		2.50×2.24－2.24	无	无	无	不详		
M77	266°	Aa型墓道土洞墓	口3.44×（2.24~2.30）；底3.18×（2.14~2.20）－1.80	2.22×（1.10~1.28）－（0.70~1.20）	无	一具	仰身屈肢	不详		
M88	270°	Ab型竖穴土洞墓	2.67×1.90－1.00	1.86×（0.94~1.00）－0.80	无	一具	仰身屈肢	不详		
M89	272°	Ab型竖穴墓道土洞墓	口3.30×（2.32~2.40）；底3.15×（2.14~2.18）－2.02	1.38×（0.68~0.80）－1.20	无	一具	侧身屈肢	不详		
M92	294°	Aa型竖穴墓道土洞墓	3.15×（1.96~2.06）－3.95	2.10×（1.05~1.26）－（1.10~1.30）	无	一具	仰身屈肢	不详		有壁龛

续表

墓号	方向	形制	尺寸（米）墓道（长×宽×深）	尺寸（米）墓室（长×宽×高）	随葬品	人骨	葬式	葬具	分期	备注
M96	270°	Aa型竖穴土坑墓		口3.00×（1.96~2.04）；底1.80×（0.84~0.88）—2.60	无	一具	仰身直肢	不详		
M98	173°	Ab型竖穴墓道土洞墓	口（2.47~2.77）×2.27；底（2.47~2.63）×1.41—2.33	1.84×0.98—（0.80~1.07）	无	一具	仰身直肢	不详		
M101	350°	B型竖穴墓道土洞墓	3.40×2.60—1.95	2.26×2.44—（1.00~1.36）	无	一具	仰身直肢	不详		
M109	240°	Aa型竖穴土坑墓		口2.48×1.50；底1.64×（0.70~0.80）—2.26	无	两具	仰身屈肢	不详		
M111	180°	Ab型竖穴墓道土洞墓	口3.22×0.96；底2.75×0.71—2.65	2.44×1.60—（1.20~1.50）	无	一具	仰身直肢	木棺		
M124	167°	Ab型竖穴墓道土洞墓	口3.46×（2.70~2.76）；底3.23×（2.42~2.53）—2.96	2.12×（1.20~1.30）—（1.03~1.14）	无	一具	侧身屈肢	不详		
M129	321°	Aa型竖穴土坑墓		口2.75×2.12；底1.90×（1.05~1.09）—1.81	无	一具	仰身屈肢	不详		
M130	245°	Aa竖穴墓道土洞墓	口2.90×1.90；底2.70×（1.64~1.75）—1.50	1.83×（0.83~1.00）—（0.85~1.00）	无	一具	仰身屈肢	不详		
M136	247°	Aa竖穴土坑墓		口2.68×（1.90~2.00）；底1.90×0.98—1.24	无	一具	仰身屈肢	不详		
M140	243°	Ab竖穴墓道土洞墓	口4.00×（3.30~3.55）；底3.65×2.90—3.80	2.26×（1.10~1.40）—（1.20~1.50）	无	一具	仰身屈肢	不详		
M142	275°	Aa竖穴土坑墓		口3.04×（1.95~2.22）；底1.96×1.02—1.60	无	一具	仰身屈肢	木棺		
M143	153°	B竖穴土坑墓		2.10×（1.20~1.28）—0.46	无	一具	不详	不详		

续表

墓号	方向	形制	尺寸（米）		随葬品	人骨	葬式	葬具	分期	备注
			墓道（长×宽—深）	墓室（长×宽—高）						
M144	160°	Aa型竖穴墓道土洞墓	口3.40×2.12；底2.96×（1.60~1.70）—2.44	2.30×1.06—（0.72~1.47）	无	一具	仰身直肢	不详		
M145	160°	Aa型竖穴土坑墓		口2.70×2.00；底1.75×1.05—1.38	无	无	无	不详		
M149	237°	Aa型竖穴墓道土洞墓	口3.46×（2.44~2.52）；底3.36×（2.32~2.42）—2.06	1.88×（0.87~0.98）—1.06	无	一具	仰身屈肢	木棺		
M150	260°	Ab型竖穴墓道土洞墓	3.10×2.20—1.90	1.70×1.00—（1.40~1.75）	无	无	不详	不详		
M158	0°	Ab型竖穴墓道土洞墓	口3.72×（2.49~2.55）；底3.65×（2.35~2.43）—2.39	1.94×（1.11~1.22）—（1.50~1.72）	无	一具	仰身屈肢	不详		
M161	150°	Ab型竖穴墓道土洞墓	口3.67×2.83；底（3.39~3.50）×2.72—2.44	2.06×1.28—1.33	无	一具	仰身屈肢	木棺		
M181	180°	Ab型竖穴墓道土洞墓	口4.00×2.82；底3.82×2.65—2.65	2.06×（0.94~1.12）—（1.18~1.55）	无	一具	仰身屈肢	不详		
M197	255°	Aa型竖穴土坑墓		口3.33×2.33；底2.39×（0.94~1.06）—1.40	无	一具	仰身屈肢	不详		
M198	260°	Ab型竖穴墓道土洞墓	口4.47×3.20；底3.53×2.67—2.53	1.87×1.47—（1.20~1.60）	无	一具	侧身屈肢	不详		
M201	270°	Aa型竖穴墓道土洞墓	口3.44×2.00—2.01	2.16×1.26—（0.60~1.30）	无	一具	仰身屈肢	不详		
M202	280°	Ab型竖穴墓道土洞墓	2.89×2.16—2.37	2.37×（1.05~1.58）—1.02	无	一具	仰身屈肢	不详		
M203	275°	Aa型竖穴墓道土洞墓	2.52×1.68—1.16	1.68×0.80—0.60	无	一具	仰身屈肢	木棺		
M204	250°	Aa型竖穴墓道土洞墓	3.30×（1.92~1.98）—1.61	1.90×（1.01~1.12）—（0.65~0.79）	无	一具	仰身屈肢	不详		

续表

墓号	方向	形制	尺寸（米）		随葬品	人骨	葬式	葬具	分期	备注
			墓道（长×宽-深）	墓室（长×宽-高）						
M205	85°	B型竖穴墓道土洞墓	口3.10×3.04 底3.10×2.8~3.05	1.70×（1.10~1.30）-0.70	无	无	不详	不详		
M207	224°	B型竖穴土坑墓		口2.08×1.26；底1.42×0.70-0.14	无	一具	仰身屈肢	不详		
M208	270°	Ab型竖穴墓道土洞墓	3.40×（2.30~2.34）-1.45	2.48×（1.20~1.46）-（1.00~1.07）	无	一具	仰身屈肢	不详		
M210	260°	Aa型竖穴墓道土洞墓	口3.35×2.35；底3.29×2.29-1.90	2.13×（1.06~1.24）-（0.80~1.40）	无	一具	仰身屈肢	木棺		
M215	272°	Ab型竖穴墓道土洞墓	口3.82×（2.47~2.66）；底3.53×（2.06~2.29）-2.88	2.30×（1.29~1.40）-（1.00~1.71）	无	一具	仰身屈肢	不详		
M218	267°	B型竖穴土坑墓		口1.54×1.10；底1.54×1.10-0.66	无	一具	仰身屈肢	不详		
M219	175°	Aa型竖穴墓道土洞墓	2.82×（1.90~2.00）-2.35	2.18×（1.10~1.20）-1.50	无	一具	仰身屈肢	不详		
M220	276°	Aa型竖穴墓道土洞墓	3.06×2.20-（1.19~1.50）	1.60×2.20-1.38	无	无	不详	不详		
M233	185°	Aa型竖穴墓道土洞墓	3.20×2.33-1.20	1.90×0.95-0.80	无	一具	侧身屈肢	木棺		
M243	275°	Aa型竖穴墓道土洞墓	3.10×2.28-1.90	2.05×（0.67~1.17）-1.09	无	无	不详	不详		
M002	260°	B型竖穴土坑墓		口3.40×（2.46~2.64）；底2.98×（1.98~2.02）-1.20	无	一具	不详	不详		
M006	245°	Aa型竖穴土坑墓		口2.56×1.66；底1.59×（0.66~0.73）-1.24	无	一具	侧身屈肢	不详		

附表二　三门峡刚玉砂厂唐宋金墓葬统计表

墓号	方向	形制	尺寸（米）墓道（长×宽—深）	尺寸（米）墓室（长×宽—高）	随葬品	人骨	葬式	葬具	时代
M2	190°	B型Ⅱ式竖穴墓道土洞墓	2.72×（1.22~1.84）—（1.05~1.45）	2.20×1.80—1.20	1. 陶器盖（残碎）；2. Ⅰ式执壶；3. 铜钱3枚；4. 铁剑；5. AⅢ式陶瓶；6. 铁釜；7. 铜挖耳勺；8. 骨梳；9. AⅡ式彩绘陶罐；10. 铁镰刀；11. 铁剪刀；12. 蚌壳；13. A型铜镜；14. AⅠ式瓷碗	两具	两侧：仰身直肢；东侧：侧身直肢	木棺	中唐
M4	170°	A型Ⅰ式竖穴墓道土洞墓	4.38×（0.62~0.86）—2.22	1.92×（1.40~1.50）—（0.80~1.00）	1. 铜扣眼4枚；2. 铜带钩1枚；3. 铜钱1枚；4. AⅠ式陶罐	一具	不详	不详	初唐
M5	184°	B型Ⅲ式竖穴墓道土洞墓	1.16×（0.70~0.84）—0.96	2.14×1.10—1.00	1. Ⅱ式彩绘菩武罐；2. AⅡ式陶瓶；3. AⅡ式陶瓶；4. 铜钱4枚；5. 铁镰刀2件	两具	仰身直肢	不详	中唐
M6	168°	A型Ⅱ式竖穴墓道土洞墓	2.69×（0.50~0.76）—2.00	2.50×1.10—（1.15~1.25）	1. 铁刀残片；2. 铜钱2枚	一具	不详	不详	盛唐
M7	180°	A型Ⅲ式竖穴墓道土洞墓	3.70×（0.65~0.80）—3.10	1.70×（0.80~1.10）—（0.60~1.16）	1. AⅠ式瓷碗；2. 铁刀；3. 铜钱1枚；4. 铁刀；5. Bb型彩绘陶罐；6. AⅡ式陶瓶；7. AⅡ式陶瓶	一具	不详	不详	中唐
M8	180°	A型Ⅲ式竖穴墓道土洞墓	4.00×（0.60~0.90）—3.00	2.00×1.40—（0.70~1.13）	1. 瓷罐；2. 铁刀	一具	仰身直肢	不详	中唐

续表

墓号	方向	形制	尺寸（米）墓道（长×宽－深）	尺寸（米）墓室（长×宽－高）	随葬品	人骨	葬式	葬具	时代
M9	175°	A型Ⅱ式竖穴墓道土洞墓	3.90×(0.52~0.76)－2.80	2.20×(1.02~1.18)－1.10	1.AⅡ式陶罐；2.板瓦；3.铜钱2枚；4.陶俑；5.Ⅰ式彩绘塔式罐；6.AⅠ式陶瓶	一具	仰身直肢	木棺	盛唐
M18	0°	竖穴土坑墓		口2.40×0.90；底2.20×0.90—(0.50~0.70)	1.铁灯台；2.Bb型彩绘陶罐；3.铜钱3枚；4.铁匕首	二具	西侧：仰身直肢葬；东侧：仰身直肢葬	木棺	中唐
M26	187°	B型Ⅱ式竖穴墓道土洞墓	3.24×(0.78~1.24)－1.96	1.80×1.40—(1.15~1.32)	1.Ba型彩绘陶罐；2.C型陶瓶；3.C型陶瓶；4.铁刀；5.铜钱4枚；6.白瓷盒	两具	仰身直肢	不详	中唐初
M28	190°	A型Ⅳ式竖穴墓道土洞墓	2.25×(0.40~0.80)－1.14	1.37×(1.00~1.38)—(0.88~1.10)	1.铜片；2.铁镰刀；3.铁剪刀；4.铁犁铧；5.铁釜	一具	不详	不详	晚唐
M30	184°	A型Ⅲ式竖穴墓道土洞墓	2.00×(0.72~0.92)－1.40	1.98×1.14—(0.95~1.13)	1.AⅡ式陶瓶；2.蚌壳；3.B型陶瓶	一具	不详	不详	中唐
M33	176°	A型Ⅲ式竖穴墓道土洞墓	1.90×(0.60~0.70)－1.64	1.70×(1.10~1.20)－0.95	1.铁刀	不详	不详	木棺	唐代
M35	195°	B型Ⅱ式竖穴墓道土洞墓	1.60×(0.64~0.68)—(0.60~0.80)	0.94×0.60－0.80	1.铁刀；2.铜钱1枚	一具	不详	不详	中唐
M41	192°	A型Ⅱ式竖穴墓道土洞墓	3.15×(0.82~1.04)－2.05	2.10×1.36—(0.90~1.26)	1.铜钱1枚；2.铜簪；3.Ⅰ式彩绘塔式罐；4、5.铁刀	一具	不详	木棺	盛唐
M54	176°	A型Ⅱ式竖穴墓道土洞墓	口5.12×(0.70~1.20)；底5.12×(1.00~0.43)－4.00	3.90×(1.00~2.20)—(1.63~2.04)	1.Ⅱ式彩绘塔式罐	不详	不详	不详	中唐
M62	173°	竖穴土坑墓		2.70×0.82—(0.12~0.44)	1.AⅢ式陶罐	无	不详	木棺	中唐
M79	180°	B型Ⅱ式竖穴墓道土洞墓	2.90×(0.72~0.98)－2.00	2.16×0.86—(0.80~1.20)	1.AⅠ式彩绘陶罐；2.铁刀	一具	不详	不详	中唐
M84	180°	B型Ⅲ式竖穴墓道土洞墓	1.90×(0.61~0.88)－0.60	2.70×1.46－0.40	1.瓷罐；2.铜钱	三具	仰身直肢	木棺	晚唐

续表

墓号	方向	形制	尺寸（米）墓道（长×宽-深）	尺寸（米）墓室（长×宽-高）	随葬品	人骨	葬式	葬具	时代
M93	185°	B型Ⅱ式竖穴墓道土洞墓	1.00×（0.80~0.84）-1.50	2.20×（0.84~0.86）-1.50	1.铁灯台	两具	仰身直肢	木棺	晚唐
M97	170°	A型Ⅳ式竖穴墓道土洞墓	口3.10×（0.85~1.00）；底3.10×（0.65~1.00）-2.10	2.20×（0.46~0.96）-1.20	1.Ba型彩绘陶罐；2.铁镰刀；3.AⅣ式陶瓶；4.铁犁铧	一具	不详	不详	晚唐
M112	175°	B型Ⅲ式竖穴墓道土洞墓	口1.78×（0.54~0.70）；底1.73×（0.68~0.84）-（1.54~1.70）	1.92×（0.90~1.14）-1.35	1.陶瓮	无	无	不详	晚唐
M138	196°	B型Ⅱ式竖穴墓道土洞墓	口3.30×（0.80~0.84）；底3.30×（0.76~0.80）-2.26	2.20×（1.24~1.28）-（0.70~1.50）	1.铜钱1枚	不详	不详	不详	盛唐
M152	190°	A型Ⅰ式墓道竖穴土洞墓	3.76×0.66-2.15	2.28×1.56-1.24	1.铜钱2枚；2.AⅠ式陶罐；3.墓志盖	一具	仰身直肢	木棺	初唐
M165	159°	B型Ⅲ式竖穴墓道土洞墓	口1.68×（0.50~0.60）；底1.60×（0.42~0.58）-1.93	1.94×（1.00~1.10）-（0.53~0.76）	1.B型瓷碗	一具	仰身直肢	木棺	晚唐
M170	190°	B型Ⅱ式竖穴墓道土洞墓	口3.00×（0.84~1.20）；底2.76×（0.78~1.16）-3.17	2.90×2.34-（1.18~1.75）	1.B型铜镜；2.Ⅱ式彩绘塔式罐；3.漆盒；4.漆盒；5.铜钱2枚；6.铁器；7.Ⅱ式彩绘塔式罐；8.AⅡ式陶瓶；9.AⅡ式彩绘塔式罐；10.铜钱1枚	一具	仰身屈肢	木棺	中唐初
M187	190°	A型Ⅳ式竖穴墓道土洞墓	4.30×（0.76~1.18）-2.93	3.10×（2.20~2.70）-（1.43~1.80）	1.Ca型铜镜；2.鎏金铜合页；3.银镯；4.AⅠ式陶瓶；5.Ⅲ式彩绘塔式罐；6.陶砚台；7.Cb型铜镜；8.Bb型彩绘陶罐；9.AⅠ式瓷碗；10.B型瓷执壶；11.瓷唾盂；12.AⅠ式陶瓶；13.陶墓志；14.AⅠ式陶瓶；15.铜钱89枚；16.铁镰刀；17~26.彩绘陶俑、彩绘泥俑	三具	仰身屈肢葬	不详	晚唐初

续表

墓号	方向	形制	尺寸（米）		随葬品	人骨	葬式	葬具	时代
			墓道（长×宽－深）	墓室（长×宽－高）					
M190	170°	A型IV式竖穴墓道土洞墓	3.10×（0.70~1.66）－2.12	2.80×（1.96~2.00）－（1.26~1.54）	1.AIV式陶罐；2.Ba型陶罐；3、5.III式彩绘塔式罐；4.Bb型陶罐；6.Cc型铜镜；7.Cc型铜镜	无	不详	不详	晚唐
M191	180°	B型I式竖穴墓道土洞墓	2.00×（0.64~0.88）－0.72	2.00×1.40－（0.43~0.92）	1.B型铜镜；2.Bb型彩绘陶罐；3.蚌壳；4.Ba型陶罐；5.Bb型彩绘陶罐；7.Ba型陶罐；8.III式彩绘塔式罐；9.Bb型陶罐；10.瓷盂；11.铜钱2枚；12.铜钱2枚；13.铜钱1枚；14.玉盒；15.铜钏2枚；16.铜剪刀；17.铜钱1枚；18.铁刀；6、19.铁盒；20.铁剪刀；21.铜钱2枚	两具	仰身直肢	木棺	晚唐
M193	180°	A型IV式竖穴带阶梯墓道土洞墓	0.50×（0.96~1.00）－（0.20~0.68）	3.14×（0.70~0.96）－（0.68~0.76）	1.AIV式陶瓶；2.AIV式陶罐；3.铁刀；4.Ba型彩绘陶罐；5.铁釜；6.铜钱1枚	无	不详	不详	晚唐
M214	168°	B型III式竖穴墓道土洞墓	口2.36×（0.56~0.74）；底2.25×（0.50~0.70）－2.20	2.40×1.18－（0.70~1.10）	1.Bc型陶罐	两具	仰身直肢	不详	晚唐
M216	186°	A型III式带阶梯墓道土洞墓	口2.90×（0.76~0.90）；底2.70×（1.08~1.10）－2.80	2.58×1.44－（0.80~1.20）	1.II式彩绘塔式罐；2.Bb型彩绘陶罐；3.AII式陶瓶；4.AII式陶瓶；5.铁犁铧；6.彩绘泥俑；7.铁刀	一具	仰身直肢	木棺	中唐
M230	189°	B型III式竖穴墓道土洞墓	1.35×0.90－（0.37~0.50）	1.65×0.85－0.60	1.蚌壳；2.铁器	无	不详	不详	唐代
M234	167°	B型III式竖穴墓道土洞墓	1.79×（0.70~1.07）－1.40	2.60×（1.00~1.67）－（0.80~0.88）	1.AII式瓷碗；2.II式陶执壶；3.II是陶执壶	一具	仰身直肢	不详	晚唐
M237	186°	B型III式竖穴墓道土洞墓	1.40×（1.05~1.10）－（0.40~0.56）	1.90×（1.05~1.25）－0.56	1.Bb型彩绘陶罐	无	不详	不详	晚唐
M242	180°	A型IV式竖穴墓道土洞墓	2.40×（0.80~0.90）－0.90	1.35×（1.00~1.10）－0.70	1.铁鼎；2.AIV式陶瓶；3.AIV式陶瓶	无	不详	不详	晚唐

续表

墓号	方向	形制	尺寸（米）		随葬品	人骨	葬式	葬具	时代
			墓道（长×宽—深）	墓室（长×宽—高）					
M254	185°	C型竖穴斜坡墓道土洞墓	口1.44×（1.03~1.13）—0.45	3.20×1.50—0.70	1.铁剪刀；2.AIV式陶瓶；3.铜钉12枚；4.铜钱4枚；5.AIV式陶瓶	无	不详	不详	中唐末晚唐初
M260	205°	A型IV式竖穴墓道土洞墓	2.70×（0.80~0.90）—3.50	3.30×（2.10~2.50）—（1.65~1.70）	1.III式彩绘塔式罐；2.A型铜镜；3.银钗；4.铜钱1枚；5.铜钱1枚；6.皮制品；7.墓志	一具	仰身直肢	不详	晚唐
M263	166°	A型II式竖穴斜坡墓道土洞墓	5.00×（0.60~0.80）—3.10	2.81×（0.63~2.31）—（0.86~1.40）	1.AI式彩绘陶罐；2.AI式陶瓶；3.陶盏；4.蚌壳；5.铜钱3枚	无	不详	不详	盛唐
M003	186°	C型竖穴斜坡墓道土洞墓	口2.50×（0.64~0.70）；底2.46×（0.80~0.83）—（3.12~4.30）	2.40×（1.42~1.72）—（0.90~1.80）	1.AII式陶罐；2.AI式陶瓶；3.彩绘陶马；4.彩绘陶马；5.彩绘陶武士俑；6.彩绘陶武士俑；7.墓志；8.陶碗；9.陶碗；10.铜带具；11.铜钱2枚；12.铜合页；13.铜饰；14.铜钗，1件；15.彩绘陶幞头俑；16.彩绘陶幞头俑；17.彩绘陶幞头俑；18.彩绘陶幞头俑；19.彩绘泥塑人俑；20.彩绘陶幞头俑；21.彩绘陶幞头俑；22.彩绘泥塑风帽俑；23.彩绘泥塑蜡帽俑；24.彩绘泥塑人俑	两具	仰身直肢	木棺	盛唐早期
M004	163°	B型III式竖穴墓道土洞墓	口1.60×（0.74~0.90）；底1.46×（0.84~0.98）—1.10	1.58×（1.20~1.44）—（0.80~0.86）	1.铁器	一具	仰身直肢	木棺	唐代
M005	188°	B型III式竖穴墓道土洞墓	口1.75×（0.65~0.80）；底2.00×（0.57~1.05）—2.56	1.75×（1.00~1.18）—（0.60~1.20）	1.AII式瓷碗	三具	仰身直肢	不详	晚唐

续表

墓号	方向	形制	尺寸（米）		随葬品	人骨	葬式	葬具	时代
			墓道（长×宽—深）	墓室（长×宽—高）					
M0012	180°	A型Ⅳ式竖穴墓道土洞墓	2.35×（0.72~0.96）—1.30	1.65×0.86—（0.52~0.70）	1. B型铜镜；2. Ⅱ式彩绘塔式罐；3. AⅡ式陶瓶；4. Cc型铜镜；5. 陶砚台；6. 蚌壳；7. 铜手镯；8. 铜钗；9. 陶俑；10. 骨器；11. 铁器；12. 铁镰刀；13. 铜钱3枚；14. AⅡ式陶瓶；15. 铜手镯	两具	仰身直肢	不详	中唐
M0018	188°	B型Ⅰ式竖穴墓道土洞墓	1.20×0.68—0.86	1.90×1.14—（0.60~0.74）	1. Bb型陶罐；2. AⅡ式陶瓶；3. 铁刀；4. AⅡ式陶瓶	一具	仰身直肢	不详	中唐
M0020	183°	竖穴墓道土洞墓	1.20×0.50—1.00	1.70×0.70—0.50	1. AⅡ式瓷碗	无	不详	不详	晚唐
M0024	190°	B型Ⅲ式竖穴墓道土洞墓	0.66×（0.90~1.24）—0.90	2.34×（1.24~1.70）—（1.00~1.16）	1. AⅣ式陶罐；2. 铜钱1枚；3. A型瓷执壶；4. 铜钱2枚	三具	东—侧身直肢葬、中—侧身直肢葬、西—仰身直肢葬	木棺	晚唐
M141	185°	B型Ⅱ式竖穴墓道土洞墓	1.80×（0.70~0.88）—0.88	2.00×（1.00~1.16）—（0.58~0.75）	无	不详	无	不详	唐代
M001	160°	B型Ⅰ式竖穴墓道土洞墓	1.96×（0.48~0.72）—1.00	2.34×（1.11~1.18）—（0.77~0.87）	无	一具	不详	不详	唐代
M009	173°	B型Ⅰ式竖穴墓道土洞墓	1.80×（0.54~0.66）—1.50	1.34×（0.66~1.20）—（1.00~1.30）	无	一具	不详	不详	唐代
M0010	195°	B型Ⅲ式竖穴墓道土洞墓	口1.86×（0.58~0.86）；底1.70×（0.58~1.00）—0.88	2.12×1.12—（0.60~0.68）	无	四具	仰身直肢	不详	唐代
M60	188°	竖穴墓道土洞墓	2.20×（0.50~0.72）—3.04	1.84×（1.10~1.26）—（0.90~1.10）	1. 瓷碗；2. 镇墓石；3. 墓志	一具	仰身直肢	不详	北宋早期

续表

墓号	方向	形制	尺寸（米）		随葬品	人骨	葬式	葬具	时代
			墓道（长×宽—深）	墓室（长×宽—高）					
M131	197°	竖穴墓道土洞墓	2.30×（0.60~0.80）—（1.18~1.38）	2.14×（0.70~0.98）—（0.60~0.83）	1.陶罐；2.铜钱1枚；3.铁钗；4.铁削；5.铜钱2枚；6.铜钱17枚；7.铜铃	一具	仰身直肢	木棺	北宋早期
M156	190°	竖穴墓道土洞墓	口1.82×（0.63~0.78）；底1.70×（0.56~0.70）—（0.97~1.40）	1.58×（0.84~0.94）—1.08	1.陶罐；2.铜钱3枚；3.瓷罐	二具	不详	木棺	北宋晚期
M157	200°	竖穴墓道土洞墓	1.94×（0.60~0.74）—（1.50~1.78）	2.43×1.40—（0.80~1.00）	1.铜钱16枚；2.瓷灯	一具	仰身直肢	木棺	北宋早期
M212	190°	竖穴墓道土洞墓	1.80×（0.60~0.72）—1.96	2.00×1.41—1.31	1、16.瓷碗；2、3、11.铜钱；4.瓷钵；5、7、8、21.瓷罐；6.瓷执壶；9.铁盆；10.铁器；12、13.瓷瓶；14.瓷香炉；15.瓷碟；17.瓷枕；18、19.石块；20.瓷盏；22.陶钵	三具	仰身直肢	不详	金代中期
M250	180°	竖穴墓道土洞墓	1.80×0.82—0.90	2.70×1.05—0.50	1.瓷壶；2.铜钱1枚；3.铜钱1枚；4.铜钱2枚；5.铜钱2枚	一具	仰身直肢	木棺	北宋晚期
M255	210°	竖穴墓道土洞墓	2.50×（0.95~1.00）—（1.80~2.00）	3.00×（1.10~2.60）—1.45	1.瓷瓶；2.铜钱9枚	二具	仰身直肢	木棺	北宋晚期
M257	187°	竖穴墓道土洞墓	1.78×0.90—0.50	2.44×（1.40~1.45）—0.30	1.瓷瓶；2.铜钱	一具	仰身直肢	木棺	北宋晚期
M266	190°	竖穴墓道土洞墓	2.48×（0.65~1.04）—（0.30~0.45）	2.28×（1.57~2.17）—0.40	1.瓷碗；2.瓷瓶；3.铜钱1枚；4.铜钱2枚；5.铜环；6.铜钱1枚	二具	仰身直肢	木棺	北宋晚期
M008	185°	竖穴墓道土洞墓	1.80×（0.54~0.70）—1.00	1.78×0.88—（0.30~0.66）	1.瓷碗；2.铜钱4枚	两具	仰身直肢	不详	北宋早期
M0016	183°	竖穴墓道土洞墓	1.44×（0.40~0.60）—1.90	2.10×0.96—（0.53~0.84）	1.白瓷盏；2.铜发饰	两具	仰身直肢	不详	北宋晚期

附表三 三门峡刚玉砂厂明清墓葬统计表

墓号	方向	形制	尺寸（米）		随葬品	人骨	葬式	葬具	时代
			墓道（长×宽－深）	墓室（长×宽－高）					
M19	186°	竖穴墓道土洞墓	2.64×（0.70~1.00）－4.40	3.56×（1.62~3.10）－（1.23~1.33）	1.墓志	无	不详	不详	明代
M21	264°	竖穴墓道土洞墓	口2.42×（0.66~0.96）；底2.34×（0.60~0.96）－1.26	2.50×（1.04~1.16）－0.93	1.瓷罐；2.铜钱3枚；3.铜扣4枚	一具	仰身直肢	木棺	清代
M22	190°	竖穴墓道土洞墓	口3.15×（0.56~1.10）；底2.95×（0.43~0.90）－1.22	2.90×（0.90~1.10）－（0.90~1.04）	1.瓷碗；2.铜钱1枚；3.铜扣3枚；4.瓷罐；5.铜钱12枚	两具	西侧：不详；东侧：仰身直肢	木棺	清代
M23	177°	竖穴墓道土洞墓	口2.90×（0.70~1.10）；底2.80×（0.90~1.10）－（1.20~1.30）	2.90×（1.16~1.44）－（0.82~0.94）	1.瓷碗；2.瓷罐；3.铜钱1枚；4.铜扣1枚；5.银耳饰1枚；6.铜钱1枚；7.铜钱1枚；8.铜钱9枚；9.铜钱5枚；10.铜钱1枚；11.瓷罐	两具	西侧：仰身曲肢；东侧：不详	两具 木棺	清代
M38	186°	竖穴墓道土洞墓	口2.56×（0.66~1.00）；底2.46×（0.63~0.95）－（1.05~1.64）	2.45×（1.26~1.46）－（0.74~1.10）	1.铜钱1枚；2.瓷罐	无	不详	不详	清代
M171	350°	竖穴墓道土洞墓	不详	（1.40~1.90）×2.10－0.50	1.瓷碗；2.瓷碗；3.瓷罐；4.瓷罐；5.瓷罐；6.瓷罐；7.铜盖钮	两具	不详	木棺	清代
M229	75°	竖穴墓道土洞墓	2.40×（1.20~1.30）－0.56	3.05×1.72－（0.43~0.52）	1.陶器；2.瓷器盖	无	不详	不详	清代

续表

墓号	方向	形制	尺寸（米）		随葬品	人骨	葬式	葬具	时代
			墓道（长×宽—深）	墓室（长×宽—高）					
M231	160°	竖穴墓道土洞墓	1.65×（0.96~1.10）—（0.70~1.00）	2.95×0.90—0.30	1.瓷罐	无	不详	不详	清代
M232	190°	竖穴墓道土洞墓	2.60×（0.98~1.10）—（0.58~0.88）	2.80×1.15—（0.30~0.87）	1.铜扣13枚	无	不详	不详	清代
M235	180°	竖穴墓道土洞墓	1.10×（1.10~1.20）—（0.80~0.40）	2.80×（1.20~1.90）—（0.40~0.80）	1.瓷罐；2.铜扣14枚；3.铜钱2枚；4.银耳环	无	不详	不详	清代
M241	165°	竖穴墓道土洞墓	2.40×（0.60~0.80）—0.25	2.00×（1.30~1.90）—0.35	1.瓷罐；2.铜钱12枚	无	不详	不详	清代
M247	35°	竖穴墓道土洞墓	2.10×（0.65~1.00）—（0.54~0.80）	2.35×1.00—0.65	1.瓷碗；2.铜钱1枚；3.瓷瓶	一具	不详	木棺	清代
M0013	180°	竖穴土坑墓		3.00×（1.00~1.36）—1.20	1.铜钱2枚	无	不详	不详	明清
M0014	180°	竖穴墓道土洞墓	口1.60×（0.40~0.48）；底1.60×（0.45~0.65）—1.70	2.00×1.00—（0.70~0.84）	1.瓷碗	两具	仰身直肢	不详	清代
M0015	180°	竖穴墓道土洞墓	口1.60×（0.50~0.60）；底1.58×（0.52~0.66）—2.02	2.04×（1.30~1.38）—（0.90~1.02）	1.瓷罐	两具	仰身直肢	不详	清代
M0019	193°	竖穴墓道土洞墓	口2.60×（0.66~1.26）；底（2.42~2.51）×（0.66~1.26）—4.15	3.14×（2.72~3.58）—（1.17~1.55）	1.铜钱2枚；2.墓志；3.铜钱1枚	五具	仰身直肢	木棺	明代
M0023	220°	竖穴墓道土洞墓	2.30×（0.65~0.90）—3.70	3.70×2.00—1.90	1.瓷瓶；2.铜钱6枚；3.锡灯台；4.锡灯台；5.锡灯台；6.锡瓶；7.锡锥斗；8.锡壶；9.锡盆；10.锡盆；11.铁锁；12.锡盘；13.锡盘；14.锡盘；15.锡盘；16.锡盘	无	不详	木棺	明代
M0026	185°	竖穴墓道土洞墓	2.50×（0.60~0.90）—3.90	2.74×（1.16~2.14）—（1.00~1.10）	1.瓷罐；2.瓷罐；3.铜钱6枚；4.铜钱6枚；5.铜扣12枚；6.铜饰	不详	不详	两具木棺	清代

附　录

三门峡刚玉砂厂墓葬人骨研究

河南省文物考古研究院　王煜

三门峡市刚玉砂厂位于三门峡市区西北部，甘棠北路以东，八一路以南，上官路以西，黄河西路以北，北距黄河约1千米。2020年10月至2021年3月，为配合三门峡市刚玉砂厂周边改造项目工程建设，河南省文物考古研究院联合三门峡市文物考古研究所对项目用地进行了考古勘探和发掘。共发掘墓葬281座，时代跨战国、秦代、西汉、唐、宋、金、元、明清等时期。本文研究的人骨数量较多，埋葬地域集中。通过对墓葬出土人骨进行性别年龄鉴定、并对保存完好的骨骼观察测量、进行颅骨研究、肢骨研究和古病理研究等。可以深入分析居民与环境、资源之间的关系，在一定程度上可以反映出三门峡地区历史时期人群的人口状况。

第一节　性别年龄鉴定

本文性别年龄鉴定的方法主要依据《体质人类学》[1]、《人骨手册》[2]、《人体测量方法》[3]和《人体测量手册》[4]。

三门峡刚玉砂厂墓葬战国秦汉时期人骨鉴定数量共136例，鉴定率为73.72%。其中男性53例，女性47例，未成年5例，性别不明确31例。死亡人口的年龄分布于未成年到老年等五个阶段。死亡高峰期为壮年、中年期。年龄段明确者96例，不明确者40例，鉴定率70.80%。经计算，战国秦汉组人骨平均年龄为31.66岁，其中男性平均年龄为32.55岁，女性平均年龄为30.14岁（表1-1，图1-1）。

表1-1　战国秦汉组死亡年龄分布统计表

年龄阶段	男性		女性		性别不详		合计	
	N	%	N	%	N	%	N	%
未成年（X～14）	0	0.00%	0	0.00%	5	62.50%	5	5.10%
青年期（15～23）	6	13.05%	14	31.82%	1	12.50%	21	21.43%
壮年期（24～35）	21	45.65%	17	38.64%	0	0.00%	38	38.78%

① 朱泓：《体质人类学》，高等教育出版社，2004年，第92～106页。
② Tim D. White, Pieter A. Folkens. The Hunman Bone Manual, Academic Press, 2005: 364-398.
③ 吴汝康、吴新智、张振标：《人体测量方法》，科学出版社，1984年，第11～101页。
④ 邵象清：《人体测量手册》，上海辞书出版社，1985年，第34～132页。

续表1-1：

年龄阶段	男性		女性		性别不详		合计	
	N	%	N	%	N	%	N	%
中年期（36~55）	19	41.30%	12	27.27%	2	25.00%	33	33.67%
老年期（56~X）	0	0.00%	1	2.27%	0	0.00%	1	1.02%
合计	46	100.00%	44	100.00%	8	100.00%	98	100.00%
年龄不详（成年）	7		3		14		24	
年龄不详（无法判定）	0		0		14		14	
总计	53		47		36		136	

　　三门峡刚玉砂厂墓葬唐代人骨鉴定数量共41例，鉴定率为78.05%。其中男性16例，女性16例，未成年1例，性别不明确8例。死亡人口的年龄分布于未成年到中年等四个阶段。死亡高峰期为壮年期。年龄段明确者32例，不明确者9例，鉴定率78.05%。经计算，唐代组人骨平均年龄为30.87岁，其中男性平均年龄为35.93岁，女性平均年龄为27.77岁（表1-2，图1-2）。

表1-2　唐代组死亡年龄分布统计表

年龄阶段	男性		女性		性别不详		合计	
	N	%	N	%	N	%	N	%
未成年（X~14）	0	0.00%	0	0.00%	1	33.33%	1	3.12%
青年期（15~23）	1	7.14%	5	33.33%	2	66.67%	8	25.00%
壮年期（24~35）	7	50.00%	7	46.67%	0	0.00%	14	43.75%
中年期（36~55）	6	42.86%	3	20.00%	0	0.00%	9	28.13%
老年期（56~X）	0	0.00%	0	0.00%	0	0.00%	0	0.00%
合计	14	100.00%	15	100.00%	3	100.00%	32	100.00%
年龄不详（成年）	2		1		2		5	
年龄不详（无法判定）	0		0		4		4	
总计	16		16		9		41	

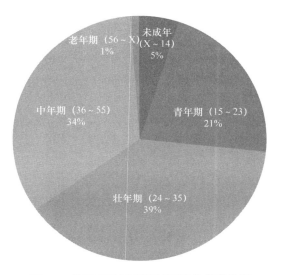

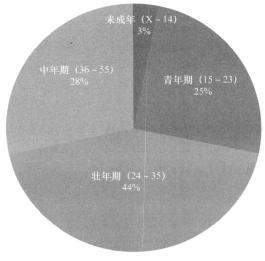

图1-1　战国秦汉组不同年龄段分布饼状图　　　　图1-2　唐代组不同年龄段分布饼状图

三门峡刚玉砂厂墓葬宋金明清时期墓葬提取人骨数量较少。其中宋金时期人骨鉴定数量共13例，其中男性4例、女性4例，年龄段属于中年期和壮年期。还包括未成年1例，9岁左右；性别年龄不详者4例。

明清时期人骨鉴定数量共8例，男性4例，女性3例，除1例女性个体属于中年期，其余均属于壮年期。还有未成年个体1例，9岁左右。

三门峡刚玉砂厂墓葬年代跨度大，战国秦汉时期出土人骨数量136例，唐代41例，宋金13例，明清8例。总体上，虽处在不同历史时期，但壮年期均在其所处时代墓葬中数量最多，其次是中年期、青年期，未成年个体和老年期最少。从战国秦汉时期和唐代男女两性死亡比例可以看出，墓葬中年期和壮年期的男性较多，青年期女性个体明显多于男性，可能是因为女性在前期承担生育责任而造成死亡率比男性高。

第二节　古病理研究

通过病理学研究，可以了解个体乃至群体的健康信息。透过这些信息，我们可以更深入地解析古代人类的生计模式、社会关系、人群的交流与迁徙等[1]。本节对刚玉砂厂墓葬保存的人类骨骼上呈现出的病理现象进行总结描述。

（一）骨折

骨折表现为骨骼部分或完全破损，可由直接打击、间接打击和积累性损伤造成[2]。本文研究的人骨标本中可见到的骨折现象共15处，包括压缩性骨折、锁骨骨折、肋骨骨折和四肢肢骨骨折，患病个体包括1例未成年个体和13例成年个体，男性8例，女性5例（表2-1）。

表2-1　刚玉砂厂骨折现象统计表

	标本号	性别	年龄	患病部位
战国秦汉	M45	男性	30～35	左侧股骨、两侧锁骨
	M233	女性	40	左侧肱骨中段
	M213	男性	20～25	左侧锁骨
	M82	女性	40～45	左侧胫骨中段
	M130	男性	30	左侧锁骨
唐	M165	男性	30～35	左侧股骨颈
	M187东	女性	22	肋骨骨折
	M187西	不详	成年	左侧胫骨上端骨折
	M216	男性	33	压缩性骨折
	M234	男性	50	压缩性骨折

---

① 杨诗雨、张全超：《古病理学指南评介》，《人类学学报》2018年第4期。

② （英）夏洛特·罗伯茨等著，张桦译：《疾病考古学》，山东画报出版社，2010年，第93页。

续表2-1：

	标本号	性别	年龄	患病部位
宋金	M131	男性	27	肋骨骨折
	M212①	女性	30～34	11胸椎压缩性骨折
	M212②	男性	35～39	12胸椎1腰椎压缩性骨折
	M212③	女性	34	左侧胫骨下段
	M156南	未成年	8	左侧桡骨下端

① 压缩性骨折是指骨骼在受到相互外力挤压的情况下造成的骨折，胸椎和腰椎是比较容易发生的部位。刚玉砂厂墓葬中发现4例压缩性骨折，包括3例男性、1例女性，涉及胸椎和腰椎。M212②墓主的第12胸椎和第1腰椎的椎体发生了腹侧面压缩变扁的形态变化，出现不规则褶皱。伴随严重的韧带骨化和骨赘增生（图2-1）。可能是因为高处坠落受到强烈冲击而导致。

② 锁骨是连接上肢与躯干的骨性支架，表浅，呈S形，位于胸骨柄与肩峰之间，受外力作用时易发生骨折，多发生在儿童及青壮年[①]。本文M213和M130发现左侧锁骨骨折，M45两侧锁骨骨折，转折处不规律，有明显的新骨生成（图2-2、图2-3）。均属于战国秦汉时期的男性，可能为直接暴力导致。

图2-1　压缩性骨折（M212②）

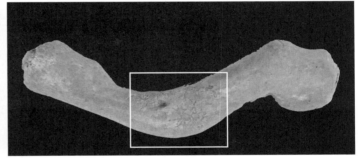

图2-2　锁骨骨折（M213）

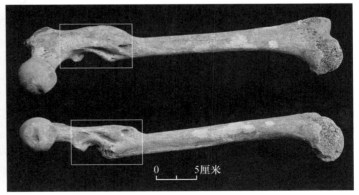

图2-3　左侧股骨上端骨折（M45）

③ 肢骨骨折在任何年龄都可能发生，多由直接暴力和间接暴力导致。刚玉砂厂墓葬出土人骨中，6例个体发生肢骨骨折，包括2例男性、3例女性、1例未成年个体。涉及股骨、胫骨、

① 张敬雷：《青海省西宁市陶家寨汉晋时期墓地人骨研究》，吉林大学博士学位论文，2008年，第116页。

肱骨、桡骨等部位。

以M45为例，为一壮年期男性，其左侧股骨上端粉碎性骨折，骨干几乎完全移位，错位愈合之后在滋养孔处形成了大量骨赘，呈现出股骨上部异常膨大的现象，受创部位骨膜反应强烈，骨干表面遍布层状新骨。推测伤者自高处坠落时，股骨直接受到强烈冲击而导致。

（二）骨膜炎

骨膜炎的主要表现是骨膜反应，表现比较显著，一般会出现覆盖在骨骼表面的层状物，平行于原本的骨表面；另一种骨膜反应是有多层新骨[①]（表2-2）。

表2-2　刚玉砂厂骨膜炎症统计

	标本号	性别	年龄	患病部位
战国秦汉	M233	女骨折	40	左侧肱骨中段、股骨
	M82	女骨折	40~45	左侧胫骨中段内侧
	M125	女	20	两侧胫骨
	M117	男	20~25	股骨、锁骨
唐	M165	男骨折	30~35	左股骨颈
	M187西	不详骨折	成年	胫骨上端
宋金	M131	男骨折	27	右侧胫骨
	M157	男	29	胫骨下端
	M212③	女骨折	34	左侧胫骨中下段

刚玉砂厂墓葬人骨中共发现9例骨膜炎。其中的M233、M82、M165、M187、M131、M212③六个个体的骨膜炎症状明显，主要是由骨折导致的原发性感染。M82骨表面呈现大量骨膜反应，骨表面皮质扩张，疏松多孔的结构布满胫骨（图2-4）。

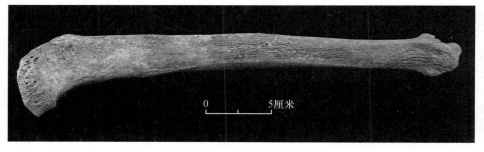

图2-4（M82）

（三）骨关节炎和施莫尔结节

骨关节炎也称为关节退变疾病，多见于脊椎和髋、膝关节，表现为关节软骨破坏、骨赘

---

①　D. J. Ortner. Identification of pathological conditions in human skeletal remains, Academic Press, 2003: 206-207.

和骨边缘唇状增生。一般认为，机械性损伤是导致关节退变的主要原因，与年龄密切相关。创伤、细菌感染也可导致[1]。施莫尔结节（Schmor's nodes）是椎间盘组织突入锥体松质骨内，形成椎体压迹，腰胸段多见。后天外伤和长期机械劳动是导致其重要原因[2]。刚玉砂厂墓葬共发现23例骨关节炎，大部分发生于胸椎和腰椎上，少部分见于髋膝关节处和跖骨。主要表现为椎体边缘大量唇状增生、骨赘明显、骨质象牙化。施莫尔结节发现18例，大部分发生于胸椎和腰椎上，其中14例男性，且有8例有骨折创伤。总体上，男性关节炎和施莫尔结节患病率高于女性，患病程度与年龄和创伤相关（表2-3、表2-4，图2-5、图2-6）。

表2-3　刚玉砂厂墓葬骨关节炎统计

	标本号	性别	年龄	患病部位
战国秦汉	M258	男	35~39	部分胸椎、腰椎
	M215	男	30~35	23腰椎、8~12胸椎
	M130	男	30	1、4腰椎
	M73	女	20	2、3腰椎
	M117	男	20~25	2~4颈椎、锁骨
	M107	男	24~30	第5腰椎、骶骨
	M104	女	50+	大部分骨骼
	M101	男	40	跖骨、右髋骨
	M119	男	25	右股骨下端
	M105	女	24	右跟骨
	M74	女	20~25	右侧1跖骨
唐	M005③	女	25	9~11胸椎、3~5腰椎；股骨下端、胫骨上端
	M2③	女	30~35	四节胸椎
	M165	男	30~35	2~7颈椎
	M187东	女	22	2~5腰椎、8~10胸椎，股骨颈
	M187西	不详	成年	12胸椎、1~5腰椎
	M216	男	33	1、3、5腰椎
宋金	M131	男	27	6~9胸椎、1~5腰椎
	M212①	女	30~34	3~5腰椎
	M212②	男	35~39	颈椎、胸椎、腰椎骨赘；股骨下端和胫骨上端
	M212③	女	34	9~12胸椎、2~5腰椎
	M157	男	29	两侧股骨下端骨质象牙化
明清	M0014东	男	30~35	1~5腰椎

[1]　（美）蒂姆·怀特、（美）皮耶特·弗肯斯著，杨天潼译：《人骨手册》，北京科学技术出版社，2018年，第339~341页。

[2]　Simon Mays. The Archaeology of Bones, New York: Routledge, 1998: 165.

表2-4　刚玉砂厂墓葬施莫尔结节统计

	标本号	性别	年龄	患病部位
战国秦汉	M45	男	30～35	23颈椎、10～12胸椎
	M80	女	20～25	部分胸腰椎
	M0021	男	29	11、12胸椎、1腰椎
	M258	男	35～39	2节胸椎
	M233	女	40	部分胸腰椎
	M215	男	30～35	23腰椎、8～12胸椎
	M213	男	20～25	3节胸椎
	M130	男	30	1、4腰椎
	M64	女	30～35	11胸椎、1腰椎
	M107	男	24～30	5腰椎、骶骨
	M102	男	25	2节胸椎
唐	M005①	男	50	3节胸椎
	M005③	女	25	9～11胸椎、3～5腰椎
	M165	男	30～35	2～7颈椎
	M216	男	33	135腰椎
宋金	M131	男	27	6～9胸椎、1～5腰椎
	M212②	男	35～39	3～6颈椎、7～12胸椎、1～5腰椎
明清	M22东	男	33	2节腰椎

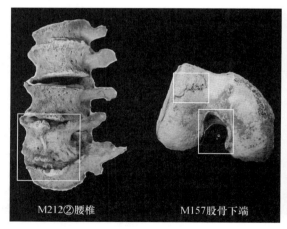

M212②腰椎　　　　　　M157股骨下端

图2-5　骨关节炎

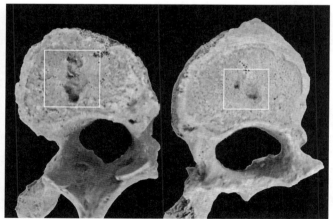

图2-6　施莫尔结节（M215）

（四）发育异常与先天性疾病

刚玉砂厂墓葬战国秦汉时期的M119、M108，两例成年男性个体发现骶骨隐形脊柱裂。脊柱裂也称椎弓裂或椎板裂，是脊椎轴线上的先天畸形，表现为脊椎后弓的两侧未能融合连接而造成的缺损，多见于腰骶部[1]（图2-7）。与遗传和环境因素相关，比如胎儿发育期母体缺乏叶酸、锌和硒[2]。

（五）牙病

为了获取更多有关古人的生态、饮食、行为等方面的信息，对刚玉砂厂墓葬出土人骨的牙病进行了统计和分析。包括龋齿、牙周炎、根尖脓肿、生前脱落、釉质发育不良。通过统计，战国秦汉时期可供观察的69具人骨的牙齿总数为1385颗；唐代可供观察的21具人骨的牙齿总数为237颗；宋金时期可供观察的7具人骨的牙齿总数为83颗；明清时期可供观察的1具人骨的牙齿总数为24颗。

① 龋病是最常见的口腔疾病之一，主要是因为口腔卫生和食物残渣导致细菌滋生，进而致使牙釉组织发生不可逆的破坏[3]（图2-8）。

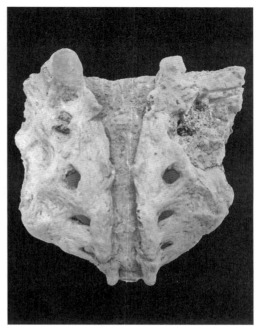

图2-7　骶骨隐形脊柱裂（M119）

刚玉砂厂墓葬战国秦汉发现26例个体发生龋齿，患龋率为37.68%；发现龋齿80颗，龋齿率为5.78%。患龋个体均为成年个体，发病部位主要分布于咬合面和平滑面，龋齿集中于前臼齿和臼齿。

唐代4例个体发生龋齿，患龋率为19.04%；发现龋齿8颗，龋齿率为3.38%。

宋金4例个体发生龋齿，患龋率为57.14%；发现龋齿12颗，龋齿率为14.46%。

Turner对全球范围古代人群的龋齿调查表明，采集狩猎居民龋齿发病率在0～5.30%（平均1.30%）混合经济居民为0.44%～10.30%（平均4.8%），农业型经济居民为2.1%～26.9%，（平均8.6%）[4]。宋金人骨患龋率和龋齿率明显高于战国秦汉和唐代人骨，一定程度上反映了农业的发展。

② 牙周炎是一种进行性疾病，具有累积性效应，严重可致根尖脓肿和牙齿脱落。口腔卫生、高糖食物和年龄增长都可导致发病[5]。在人骨上经常表现为，齿槽异常萎缩、牙根明显显露。

通过观察，战国秦汉时期15例人骨发生牙周炎，患病率21.74%；唐代2例，患病率9.52%；宋金5例，患病率71.42%；明清仅1例人骨可供观察牙齿，亦患有牙周炎（图2-9）。

③ 根尖脓肿是一种炎症疾病，严重的牙周炎、龋病和磨耗等会导致牙根尖产生炎症，不

---

① 韩涛：《山西翼城大河口墓地出土人骨研究》，吉林大学博士学位论文，2019年，第74页。

② E. Barnes. Developmental Defects of the Axial Skeleton in Palaeopathology, Boulder: University Press of Colorado, 1994: 34-35.

③ 于世凤：《口腔组织病理学（第7版）》，人民卫生出版社，2012年，第157页。

④ R. Scott, C. Turner. Dental anthropology, Annual Review of Anthropology, 1988, 17(1): 99-126.

⑤ 曹采方：《临床牙周病学》，北京大学医学出版社，2006年，第1页。

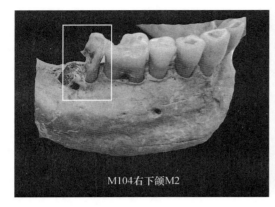

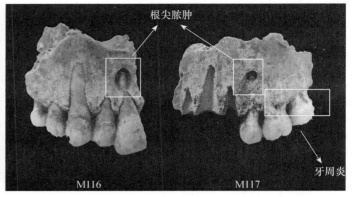

图2-8　龋病　　　　　　　　　　　　　　图2-9　牙周炎、根尖脓肿

经治疗，根尖组织会不断修复和破坏，令牙槽骨受到损伤[1]。在颌骨上呈现出，牙根尖处形成空洞或者在牙齿脱落后有明显齿槽吸收痕迹。

刚玉砂厂墓葬战国秦汉11例人骨发生根尖脓肿，累及牙齿16颗，患病率为15.94%；唐代3例人骨发生根尖脓肿，累及牙齿4颗，患病率为19.05%；宋金4例人骨发生根尖脓肿，累及牙齿13颗，患病率为57.14%。

④ 牙釉质发育不良的发生受很多因素影响，包括儿童时期的营养不良、维生素D缺乏、甲状腺功能减退和发疹性高烧等。多出现于牙齿的门齿、前臼齿的唇侧面，主要表现为釉质表面呈现出不规则的水平线性槽或凹点[2]。

刚玉砂厂墓葬战国秦汉24例人骨发生釉质发育不良，患病率34.78%；唐代5例人骨发生釉质发育不良，患病率23.80%；宋金2例人骨发生釉质发育不良，患病率28.57%；明清1例也有发现。集中出现于门齿、侧门齿、犬齿和前臼齿（图2-10、图2-11）。

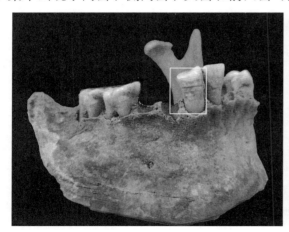

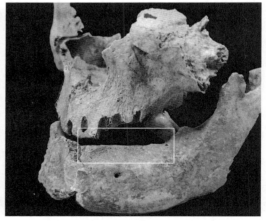

图2-10　犬齿釉质发育不全（M130）　　　　　图2-11　生前脱落（M104）

⑤ 很多因素会导致牙齿生前脱落，包括严重龋齿、牙周炎等疾病，及老年个体的自然脱落、拔牙等。刚玉砂厂墓葬出现4例明显牙齿生前脱落，战国秦汉2例，唐1例。M104、

① 樊明文：《牙体牙髓病学（第3版）》，人民卫生出版社，2011，第193～202页。
② 樊明文：《牙体牙髓病学》，人民卫生出版社，2000年，第120～121页。

M005①主要是老年个体的牙齿自然脱落和牙齿疾病导致。M133只有右侧下颌臼齿全部脱落，其余牙齿良好，可能为疾病导致。此外有7例个体都存在生前脱落一两颗牙齿的状况，主要是臼齿脱落，不排除病理及拔牙造成。

表2-5　牙病患病率

时代	个体	性别	龋齿	牙周炎	根尖脓肿	釉质发育不全	生前脱落
战国秦汉	69	男	12（17.39%）	10（14.49%）	7（10.14%）	13（18.84%）	0（0.00%）
		女	11（15.94%）	5（7.25%）	3（4.35%）	9（13.04%）	2（2.9%）
		不详	3（4.35%）	0（0.00%）	0（0.00%）	2（2.9%）	0（0.00%）
唐	21	男	4（19.05%）	1（4.76%）	1（4.76%）	3（14.29%）	1（4.76%）
		女	0（0.00%）	1（4.76%）	2（9.52%）	2（9.52%）	0（0.00%）
宋金	6	男	1（16.67%）	3（50.00%）	1（16.67%）	2（33.33%）	1（16.67%）
		女	3（50%）	2（33.33%）	3（50%）	0（0.00%）	0（0.00%）
明清	1	男	0（0.00%）	1（100%）	0（0.00%）	1（100%）	0（0.00%）

从表2-5中可以看出战国秦汉时期男性的龋齿、牙周炎、根尖脓肿、釉质发育不全患病率都要高于女性；唐代只有龋齿患病率男性显著高于女性；宋金时期牙周炎、釉质发育不全男性高于女性，龋齿、根尖脓肿女性高于男性。总体来看，宋金时期居民的五种牙病患病率都要高于战国秦汉时期及唐代，在一定程度上也能表明农业的发展，饮食结构的改变。

第三节　颅骨形态学研究和种系类型分析

为了对刚玉砂厂墓葬出土人骨的体质特征和种系类型有更清晰的了解，本节主要对刚玉砂厂保存较好的16例成年个体的颅骨进行非测量性状和测量性状的研究。包括战国秦汉时期3例男性、2例女性；唐代5例女性、1例男性；宋金时期2例男性、2例女性；清代1例男性颅骨。对颅骨的观察标准主要依据《人类学》①《人体测量手册》②《人体测量方法》③《体质人类学》④中的相关著述。

一、战国秦汉时期颅骨形态特征和种系类型

1. 颅骨形态特征

刚玉砂厂墓葬战国秦汉墓葬可供观察测量的颅骨有5例，3例男性，2例女性。颅骨非测量形态观察结果见表3-1。颅骨的测量性项目见附表。

---

① 　（苏联）Я. Я. 罗金斯基、М. Г. 列文：《人类学》，警官教育出版社，1993年。
② 　邵象清：《人体测量手册》，上海辞书出版社，1985年，第34～56页。
③ 　吴汝康、吴新智、张振标：《人体测量方法》，科学出版社，1985年，第14～15页。
④ 　朱泓：《体质人类学》，高等教育出版社，2004年，第123～132页。

表3-1　刚玉砂厂墓葬战国秦汉时期颅骨连续性形态特征观察统计表

观察项目	性别		特征	观察项目	性别		特征
颅型	男	3	卵圆形3	乳突	男	3	中等2、大1
	女	2	卵圆形1、椭圆形1		女	2	小2
眉弓突度	男	3	弱1、显著1、中等1	枕外隆突	男	2	稍显2
	女	2	弱1、中等1		女	2	稍显1、中等1
眉间突度	男	3	显著1、稍显2	顶孔	男	1	1孔
	女	2	稍显2		女	2	2孔1、缺如1
前额	男	3	平直2、中等1	翼区	男	3	翼上骨2、顶蝶1
	女	2	平直2		女	1	顶蝶1
额中缝	男	3	不存在3	下颌圆枕	男	1	弱
	女	2	不存在1、全部存在1		女	1	弱
眶形	男	3	方形2、椭圆1	下颌角区	男	1	外翻
	女	2	方形1、长方形1		女	1	直型
鼻根区凹陷	男	2	明显1、无1	颏形	男	1	圆形
	女	2	无1、略有1		女	1	圆形
鼻前棘	男	3	显著1、稍显2	颏孔	男	1	2孔
	女	2	不显2		女	1	2孔
梨状孔	男	3	梨形3	顶骨缝 前囟段	男	1	微波
	女	2	梨形2		女	2	微波2
梨状孔下缘	男	3	鼻前窝2、锐形1	顶段	男	1	锯齿
	女	2	鼻前窝2		女	2	微波1、深波1
犬齿窝	男	3	中等2、弱1	顶孔段	男	1	微波
	女	2	弱2		女	2	微波1、深波1
腭形	男	3	抛物线3	后段	男	1	深波
	女	2	抛物线1、U1		女	2	微波2
腭圆枕	男	3	嵴状1、瘤状1、缺如1	眉弓范围	男	3	未至中点3
	女	1	缺如1		女	2	未至中点1、缺如1

根据表3-1中的统计结果,将战国秦汉墓葬颅骨的形态特征描述如下:

男性拥有卵圆的颅形,中颅型、高颅型、狭颅型相结合;眉弓凸度弱、眉弓范围未至中点、眉间突度稍显,前额较为平直,无额中缝,额宽指数为中额型;颅骨顶缝较为简单;乳突大,枕外稍显,浅平的鼻根凹陷,梨状孔为梨形,下缘为鼻前窝,阔鼻型,方形眶型,中颌型;腭形为抛物线形,颏型为圆形,下颌角外翻,下颌圆枕弱。

女性颅形卵圆,圆颅型、高颅型、中颅型结合中额型;眉弓凸度中等、眉弓范围未至中点、眉间突度稍显,前额较为平直,存在1例额中缝;颅骨顶缝较为简单,乳突小,枕外稍显;方形眶形和中眶型,鼻根凹陷和鼻前棘不显,梨状孔为梨形,下缘为鼻前窝,鼻型较阔,正颌型;颏型为圆形,下颌角直型,下颌圆枕弱,上面高中等。上述颅骨形态特征显示出较明显的蒙古人种的性质,因此,刚玉砂厂墓葬战国秦汉墓葬居民应归属于亚洲蒙古人的范畴。

2. 颅骨种系类型

三门峡地区位于"中华文明"的核心地带[①]。对于该地区战国秦汉墓葬出土人骨的研究为探讨汉民族的形成、演变等问题提供了视角。为了进一步了解其种系类型，选取相关对比组进行比较。

（1）与现代亚洲蒙古人种类型的对比

为了解刚玉砂厂战国秦汉组种系类型。本文选择男性平均值的颅长、颅宽、颅高、额角、最小额宽、颧宽、上面高、颅指数、颅长高指数、颅宽高指数、垂直颅面指数、上面指数、面角、鼻颧角、鼻指数、鼻根指数、眶指数等17项测量数据分别与现代亚洲蒙古人种的四个区域类型（北亚类型、东亚类型、南亚类型和东北亚类型）进行比较[②]，并绘制折线图。比较值见表3-2，折线图见图3-1。

表3-2　刚玉砂厂战国秦汉组男性与现代亚洲蒙古人种各类型的比较

（长度：毫米；角度：度；指数%）

马丁号	项目	刚玉砂厂战国秦汉组	亚洲蒙古人种			
			北亚类型	东北亚类型	东亚类型	南亚类型
1	颅长（g-op）	184.33	174.9～192.7	180.7～192.4	175.0～182.2	169.9～181.3
8	颅宽（eu-eu）	144.00	144.4～151.5	134.3～142.6	137.6～143.9	137.9～143.9
17	颅高（b-ba）	140.50	127.1～132.4	132.9～141.1	135.3～140.2	134.4～137.8
32	额角	82.67	77.3～85.1	77～79	83.3～86.9	84.2～87
9	最小额宽（ft-ft）	96.33	90.60～95.8	94.2～96.6	89～93.7	89.7～95.4
45	颧宽（zy-zy）	129.00	138.2～144.0	137.9～144.8	131.3～136.0	131.5～136.3
48	上面高（n-sd）	73.50	72.1～77.6	74.0～79.4	70.2～76.6	66.1～71.5
8:1	颅指数	78.13	75.4～85.9	69.8～79.0	76.9～81.5	76.9～83.3
17:1	颅长高指数	77.40	67.4～73.5	72.6～75.2	74.3～80.1	76.5～79.5
17:8	颅宽高指数	98.56	85.2～91.7	93.3～102.8	94.4～100.3	95.0～101.3
48:17（sd）	垂直颅面指数	52.96	55.8～59.2	53.0～58.4	52.0～54.9	48.0～52.2
48:45（sd）	上面指数	55.43	51.4～55.0	51.3～56.6	51.7～56.8	49.9～53.3
72	面角（n-prFH）	80.33	85.3～88.1	80.5～86.3	80.6～86.5	81.1～84.2
77	鼻颧角	150.00	147.0～151.4	149.0～152.0	145.0～146.6	142.1～146.0
54:55	鼻指数	51.62	45.00～50.70	42.60～47.60	45.20～50.20	50.30～55.50
SS:SC	鼻根指数	31.80	26.9～38.5	34.7～42.5	31.0～35.0	26.1～36.1
52:51（mf）	眶指数R	81.40	79.3～85.7	81.4～84.9	80.7～85.0	78.2～81.0

---

① 刘庆柱：《三门峡——中国考古学史上的"圣地"》，《三门峡职业技术学院学报》2010年第2期。

② 韩康信、潘其风：《安阳殷墟中小墓人骨的研究》，中国社会科学院历史研究所、中国社会科学院考古研究所主编：《安阳殷墟头骨研究》，文物出版社，1985年，第50～81页。

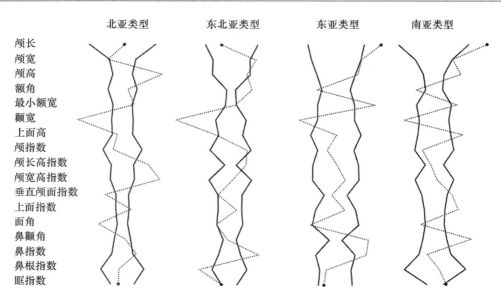

图3-1　战国秦汉组与亚洲蒙古人种各区域类型对比分析图

上述比较项目中，大部分平均值都落入现代蒙古人种变异范围内，由于M213个体的颧宽、颅高、鼻颧角等项目数值与另外两例个体差异略大，导致颧宽项目数值超出变异范围、鼻颧角稍大。

战国秦汉组与北亚类型比较，落入其变异范围的项目有颅长、额角、上面高、颅指数、鼻颧角、鼻根指数、眶指数7项；颅宽、颅高、最小额宽、颧宽、颅长高指数、颅宽高指数、垂直颅面指数、上面指数、面角、鼻根指数、眶指数等10项超出变异范围。战国秦汉组表现出的狭颅、较小的垂直颅面与北亚典型的低颅高面相去甚远。

落入东北亚类型变异范围的有颅长、颅高、最小额宽、颅指数、颅宽高指数、上面指数、鼻颧角、眶指数等8项；颅宽、额角、颧宽、上面高、颅长高指数、垂直颅面指数、面角、鼻指数、鼻根指数等9项超出变异范围。其中垂直颅面指数和面角接近变异范围下限。

与东亚类型相比，共有上面高、颅指数、颅长高指数、颅宽高指数、垂直颅面指数、上面指数、鼻根指数、眶指数等8项落入其变异范围，其余颅长、颅宽、颅高、最小额宽、颧宽、额角、面角、鼻颧角、鼻指数9项则游离于该类型对比项目之外。其中颅宽、颅高、比较接近东亚类型的变异范围上限。面角接近东亚类型的变异范围下限。

落入南亚的变异范围内有颅指数、颅长高指数、颅宽高指数、上面指数、鼻指数、鼻根指数等6项；超出其变异范围的项目有颅长、颅宽、颅高、额角、最小额宽、颧宽、上面高、垂直颅面指数、面角、鼻颧角、共11项。其中颅宽、垂直颅面指数、眶指数接近其上限。

整体来看上刚玉砂厂战国秦汉组具有较明显的高颅、狭颅、中颌特征，更接近东亚蒙古人种类型；阔鼻、浅平的鼻根与南亚类型基本的颅面部形态相似；战国秦汉组表现出的狭颅、较小的垂直颅面与北亚典型的低颅高面相去甚远；相对较大的鼻颧角可能是受到了古代北方地区人群的影响。

综合与亚洲蒙古人种各类型17项主要的颅面部值对比结果，显示战国秦汉组的体质特征与现代亚洲蒙古人种的东亚类型最为相似，其次为南亚类型、东北亚类型，与北亚类型关系最为疏远。

（2）与各近代组的对比

为了更详细地了解战国秦汉组人群和现代人群的关系，本文选用了一些近现代的人骨样本，包括华北组、蒙古组、因纽特组、抚顺组、通古斯组[1][2]的17个项目值与之进行比较，并计算战国秦汉组与各近代组之间的欧氏距离和均方根值（表3-3、表3-4、表3-5）。

表3-3　刚玉砂厂战国秦汉组与各近代组的比较（男性）

（长度：毫米；角度：度；指数%）

马丁号	项目	刚玉砂厂战国秦汉组	华北组	华南组	蒙古组	因纽特组	抚顺组	通古斯组
1	颅长（g-op）	184.33	178.5	179.9	182.2	182.3	180.8	185.5
8	颅宽（eu-eu）	144	138.2	140.9	149	141.2	139.7	145.7
17	颅高（b-ba）	140.5	137.2	137.8	131.4	135.2	139.2	126.3
9	最小额宽（ft-ft）	96.33	89.4	91.5	94.3	94.9	90.8	90.6
48	上面高（n-sd）	73.5	75.3	73.82	78	77.6	76.2	75.4
54	鼻宽	27	25	25.25	27.4	24.4	25.7	27.1
55	鼻高（n-ns）	52.5	55.3	52.6	56.5	54.6	55.1	55.3
51	眶宽R（mf-ek）	39	44	42.1	43.2	43.4	42.9	43
52	眶高R	35	35.5	34.6	35.8	36.7	35.5	35
72	面角（n-prFH）	80.33	83.39	84.7	87.5	83.3	83.6	86.6
8:1	颅指数	78.13	77.56	78.75	82	77.4	77.3	78.7
17:1	颅长高指数	77.4	77.02	77.02	72.12	74.16	77.1	68.09
17:8	颅宽高指数	98.56	99.53	97.8	88.19	95.75	100	86.68
9:8	额宽指数	66.91	64.69	64.94	63.29	67.21	65	62.25
48:45（sd）	上面指数	55.43	56.8	55.7	55.01	56.07	56.8	53.25
54:55	鼻指数	51.62	45.23	47.4	48.6	44.7	46.9	49.4
52:51（mf）	眶指数R	81.4	80.66	84.9	82.9	83	83	81.5

表3-4　战国秦汉组与各近代组均方根值比较（男性）

刚玉砂厂战国秦汉组	华北组	华南组	蒙古组	因纽特组	抚顺组	通古斯组
	1.128	0.809	1.364	1.053	0.899	1.524

表3-5　战国秦汉组与各近代组欧氏距离值比较（男性）

刚玉砂厂战国秦汉组	华北组	华南组	蒙古组	因纽特组	抚顺组	通古斯组
	3.645	2.733	4.836	3.172	2.852	5.765

平均数组间差异均方根计算公式：$\alpha = \sqrt{\dfrac{\sum \dfrac{d^2}{\delta^2}}{n}}$

[1]　韩康信、潘其风：《安阳殷墟头骨研究》，中国社会科学院历史研究所、中国社会科学院考古研究所主编：《安阳殷墟中小墓人骨的研究》，文物出版社，1985年，第50～81页。

[2]　朱泓：《吉林省大安县渔场墓地汉晋时期人骨研究》，《边疆考古研究》（第2辑），科学出版社，2003年，第353～361页。

d代表两个对比组项目值之差，δ是同种系标准差，n代表测定值的项目数。结果数值越小，两组间的关系越近。

欧氏距离系数计算公式：$D_{ij} = \sqrt{\dfrac{\sum\limits_{k=1}^{m}(X_{ik} - X_{jk})^2}{m}}$

i、j用来表示各对比组，k代表测量项目，m表示项目数。结果函数值越小，说明两组之间的距离越近。

从均方根值可以看出刚玉砂厂战国秦汉组与华南组最为接近，其次为抚顺组，距离蒙古组和通古斯组最远；从欧氏距离可以看出，刚玉砂厂战国秦汉组与华南组最为接近，其次为抚顺组，距离蒙古组和通古斯组最远。可以说战国秦汉组与现代亚洲蒙古人种的南亚类型和东亚类型居民具有最为接近的颅面部形态特征。与北亚类型在体质上较为疏远。

（3）与各相关古代组的对比

为考察刚玉砂厂战国秦汉组居民与相关古代居民种系源流，本节六个古代人种类型的相关古代对比组与刚玉砂厂战国秦汉组的平均值与进行比较（表3-6）。包括 "古中原类型"的仰韶合并组[①]、庙底沟组[②]；"古西北类型"的柳湾合并组[③]、阳山组[④]；"古华北类型"的姜家梁组[⑤]、内阳垣组[⑥]；"古华南类型"的昙石山组[⑦]、甑皮岩组[⑧]；"古东北类型"的平阳组[⑨]、白庙Ⅱ组[⑩]；"古蒙古高原类型"的新店子组[⑪]、井沟子组[⑫]等12个古代对比组的16个项目进行比较。并采用聚类分析制作树状图的方法来分析各组之间的关系，比较结果见图3-2。

[①]　a. 考古研究所体质人类学组：《陕西华阴横阵的仰韶文化人骨》，《考古》1977年第4期；b. 颜訚：《宝鸡新石器时代人股的研究报告》，《古脊椎动物与古人类》1960年第1期；c. 颜訚：《华县新石器时代人骨的研究》，《考古学报》1962年第2期。

[②]　韩康信、潘其风：《陕县庙底沟二期文化墓葬人骨的研究》，《考古学报》1979年第2期。

[③]　潘其风、韩康信：《柳湾墓地的人骨研究》，青海省文物管理处考古队、中国社会科学院考古研究所主编：《青海柳湾》，文物出版社，1984年，第261～303页。

[④]　韩康信：《青海民和阳山墓地人骨》，青海省文物考古研究所主编：《民和阳山》，文物出版社，1990年，第160～173页。

[⑤]　李法军：《河北阳原姜家梁新石器时代人骨研究》，科学出版社，2008年，第88～89页。

[⑥]　贾莹：《山西浮山桥北及乡宁内阳垣先秦时期人骨研究》，文物出版社，2010年。

[⑦]　韩康信、张振标、曾凡：《闽侯县昙石山遗址的人骨》，《考古学报》1976年第1期。

[⑧]　张银运、王令红、董兴仁：《广西桂林甑皮岩新石器时代遗址的人类头骨》，《古脊椎动物与古人类》1977年第1期。

[⑨]　潘其风：《平阳墓葬人骨的研究》，黑龙江省文物考古研究所，杨志军、郝思德、李陈奇主编：《平洋墓葬》，文物出版社，1990年，第187～235页。

[⑩]　易振华：《河北宣化白庙墓地青铜时代居民的人种学研究》，《北方文物》1998年第4期。

[⑪]　张全超：《内蒙古和林格尔县新店子墓地人骨研究》，科学出版社，2013年，第37～56页。

[⑫]　朱泓、张全超：《内蒙古林西县井沟子遗址西区墓地人骨研究》，《人类学学报》2007年第2期。

表3-6　刚玉砂厂战国秦汉组男性与相关古代组的比较

（长度：毫米；角度：度；指数%）

马丁号	项目	刚玉砂厂战国秦汉组	仰韶合并组	庙底沟组	柳湾合并组	阳山组	姜家梁组	内阳垣组	昙石山组	甑皮岩组	亚洋组	白庙II组	新店子组	井沟子组
1	颅长（g-op）	184.33	180.08	179.43	185.93	181.8	178.27	181.64	189.7	193.3	190.54	181.13	173.8	184.43
8	颅宽（eu-eu）	144	141.92	143.75	136.41	133.3	134.2	142.71	139.2	143.2	144.6	149.25	153.27	147.88
17	颅高（b-ba）	140.5	141.51	143.17	139.38	133.9	138.1	139.68	143.12	140.9	140.11	140	129.18	131.5
9	最小额宽（ft-ft）	96.33	93.44	93.69	90.3	87.7	88.6	92.79	91	93.5	91.26	98.03	94.33	93.83
48	上面高（n-sd）	73.50	73.96	73.48	78.19	75.6	75.53	75.85	68	69.7	77.08	76.38	73.91	76
52	眶高R	35	33.51	32.42	34.27	33.3	33.39	33.44	33.4	34.4	33.91	33.15	33.12	32.84
51	眶宽R（mf-ek）	39	43.17	41.75	43.87	42.2	44.41	42.31	39.6	42.6	43.74	44.25	44.34	43.34
54	鼻宽	25	27.59	27.31	27.26	25.9	27.04	26.98	29.5	28.3	28.9	26.85	27.12	27.66
55	鼻高（n-ns）	55.3	53.69	53.99	55.77	54.8	55.58	53.44	51.9	53.1	58.38	54.5	56.52	57.72
72	面角（n-prFH）	80.33	81.84	85.75	89.21	89.2	82.59	82.53	81	84	90.8	89.75	88	89.8
8:1	颅指数	78.13	79.3	80.31	73.92	73.31	75.76	78.58	73.4	73.2	75.89	82.54	88.13	80.39
17:1	颅长高指数	77.40	78.58	77.64	74.74	73.76	78.74	76.89	73.8	70.5	74.09	77.31	72.8	71.76
17:8	颅宽高指数	98.56	99.04	99.47	100.96	101.84	102.33	97.95	99.5	97.9	97.3	93.84	84.57	89.51
48:45（sd）	上面指数	55.43	53.62	51.86	57.6	53.68	55.71	54.08	50.2	50.4	53.06	52.59	51.93	51.93
52:51（mf）	眶指数R	81.40	78.31	77.71	78.46	79.29	77.39	79.18	77.1	80.4	77.77	77.47	74.71	75.88
54:55	鼻指数	51.62	51.55	50.15	49.09	47.25	49	50.71	57	53.3	49.4	49.23	48.06	47.99

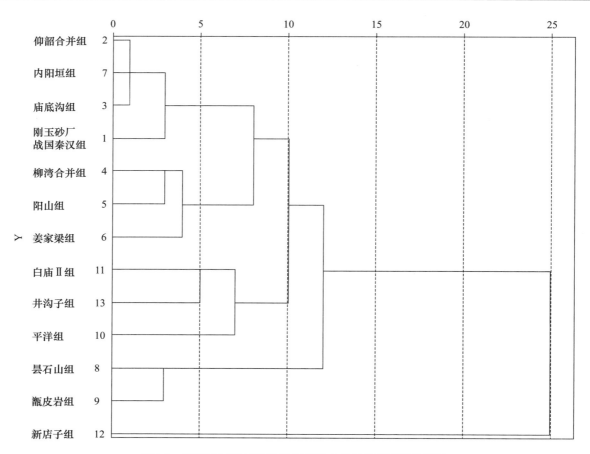

图3-2　刚玉砂厂战国秦汉组与相关古代对比组聚类分析图

由图3-2可以看出，在0～5刻度内，刚玉砂厂战国秦汉组与仰韶合并组、内阳垣组、庙底沟组形成聚类群；在0～10刻度上此四组又与柳湾合并组、阳山组、姜家梁组聚为一类，与另外六组距离较远。其中庙底沟组、仰韶合并组为古中原类型，内阳垣组为古华北类型，柳湾合并组、阳山组为古西北类型。这表明刚玉砂厂战国秦汉组与古中原类型在体质特征上较为一致，同时某些体质特征与古华北和古西北类型接近。

为了进一步验证刚玉砂厂战国秦汉组的种系类型，我们用SPSS对各对比组采用主成分分析制作散点图进行分析[①]。由表3-7可知，对各对比组颅骨相关项目值提取公因子进行主成分分析，前五个因子累计贡献率为91.368%，前三公因子达到73.740%，基本可以代表颅骨特征。根据表3-8中的因子提取结果，我们选择3个公因子进行分析。

第一主成分最大载荷的原变量有上面高、鼻高、面角、鼻指数、眶宽等，代表了鼻部的形态、面部高度、眼眶等形态特征。第二主成分最大载荷的原变量有颅宽、最小额宽、颅指数、颅宽高指数等，代表了颅型的宽高、额部等的特征。第三主成分最大载荷的原变量有颅长、眶高、眶指数等，大致代表了颅骨的长度及眶部等特征。

---

① 林少宫：《多元统计分析及计算机程序》，华中理工大学出版社，1987年。

表3-7 前五个主成分的方差累积贡献率

成分	初始特征值			提取载荷平方和		
	总计	方差百分比	累积 %	总计	方差百分比	累积 %
1	5.732	35.826	35.826	5.732	35.826	35.826
2	3.575	22.344	58.170	3.575	22.344	58.170
3	2.491	15.570	73.740	2.491	15.570	73.740
4	1.760	11.000	84.740	1.760	11.000	84.740
5	1.060	6.628	91.368	1.060	6.628	91.368
6	0.598	3.737	95.105			
7	0.411	2.571	97.676			
8	0.178	1.112	98.788			
9	0.092	0.572	99.360			
10	0.067	0.418	99.778			
11	0.033	0.204	99.982			
12	0.003	0.018	100.000			
13	1.865E-16	1.166E-15	100.000			
14	6.864E-19	4.290E-18	100.000			
15	−1.392E-16	−8.703E-16	100.000			
16	−4.547E-16	−2.842E-15	100.000			

表3-8 提取的前五个公因子的因子载荷矩阵

	1	2	3	4	5
上面高（n-sd）	0.891	−0.051	0.006	−0.317	0.233
鼻高（n-ns）	0.828	0.156	0.042	−0.099	−0.270
面角（n-prFH）	0.818	0.082	−0.150	0.177	−0.301
鼻指数	−0.802	−0.005	0.218	0.484	0.136
眶宽R	0.760	0.041	−0.399	0.087	0.035
颅宽（eu-eu）	0.101	0.958	−0.146	0.092	−0.180
最小额宽（ft-ft）	−0.118	0.941	0.148	−0.038	0.174
颅指数	0.160	0.789	−0.478	−0.325	−0.017
颅宽高指数	−0.212	−0.761	0.323	0.024	0.494
眶高R	−0.067	−0.053	0.918	−0.053	−0.015
眶指数R	−0.295	−0.230	0.812	−0.180	0.227
鼻宽	−0.081	−0.072	−0.245	0.928	−0.072
颅长（g-op）	−0.118	−0.186	0.637	0.705	−0.166
上面指数	0.453	−0.346	0.328	−0.536	0.393
颅长高指数	−0.066	−0.030	−0.124	−0.413	0.879
颅高（b-ba）	−0.416	−0.129	0.324	0.404	0.717

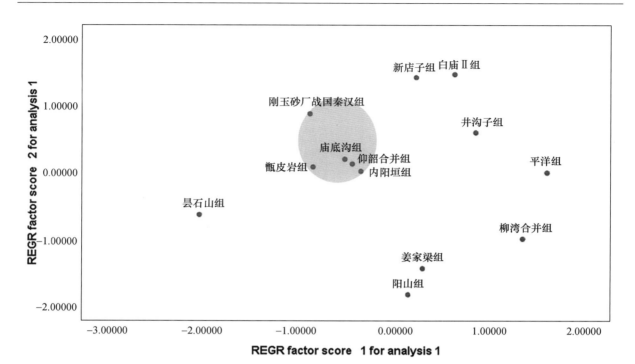

图3-3　刚玉砂厂战国秦汉组与相关古代对比组一、二因子散点图

从散点图（图3-3）中可以看出，刚玉砂厂战国秦汉组主要面部形态上与古中原类型的庙底沟组、仰韶合并组相对距离较近，在颅型及额宽等与古华南类型的甑皮岩组和古华北类型的内阳垣组存在相对较近的形态学距离。

总体上，刚玉砂厂战国秦汉组拥有的高而偏狭的颅型及主要面部特征方面与古中原类型最为接近，在某些颅型特征和较大的上面指数也受到了古华北类型和古华南类型影响。

刚玉砂厂战国秦汉墓葬还有2例女性颅骨可以观察测量。为了解女性的种系类型，选取了9组相关的古代人群颅骨的17项项目平均值数据进行对比，分别为：虒祁组、郑州汉代组代表古中原类型；姜家梁组代表古华北类型；扎赉诺尔组代表古蒙古高原类型；甑皮岩组、昙石山组代表古华南类型；上孙寨组、陶家寨组代表古西北类型；喇嘛洞三燕文化组代表古东北类型。

表3-9　刚玉砂厂战国秦汉组与相关古代组的比较（女）

（长度：毫米；角度：度；指数%）

马丁号	项目	刚玉砂厂战国秦汉组	姜家梁组	虒祁组	扎赉诺尔组	郑州汉代组	甑皮岩组	昙石山组	上孙家寨组	陶家寨组	喇嘛洞三燕文化组
1	颅长（g-op）	172	171.47	175.05	180.5	174.44	184.3	183.5	174.1	177.16	173.24
8	颅宽（eu-eu）	141	138.14	138.89	142.17	138.08	137.5	132	135.8	135.47	140.78
17	颅高（b-ba）	132.5	130.39	133.83	119.17	133.94	133.9	140	129.1	129.96	131.73
9	最小额宽（ft-ft）	94	87.8	90.01	90	90.09	91.9	94.9	89	88.59	90.48
48	上面高（n-sd）	64.5	71.73	69.22	73.87	72.14	63.8	65.72	71	71.43	72.69
51	眶宽R（mf-ek）	39	41.75	41.4	41	43.15	42.3	40.73	40.5	42.38	43.43
52	眶高R	35	33.26	33.95	33.13	33.52	30.4	34	34.4	34.85	33.72
54	鼻宽	26.5	27.11	26.18	26.13	26.86	27.3	27.33	26.2	26	25.99

续表3-9:

马丁号	项目	刚玉砂厂战国秦汉组	姜家梁组	庑祁组	扎赉诺尔组	郑州汉代组	甄皮岩组	昙石山组	上孙家寨组	陶家寨组	喇嘛洞三燕文化组
55	鼻高（n-ns）	47	52.11	52	53.8	51.43	45.8	50.67	52.1	51.74	52.34
72	面角（n-prFH）	79.5	81.8	81.78	86.5	81.25	82.3	83	85.4	82.58	85.17
8:1	颅指数	82.03	80.45	79.48	78.79	78.65	73.9	71.93	78.1	76.56	81.06
17:1	颅长高指数	77.11	77.01	76.71	66.02	76.57	74.3	76.29	74.9	73.45	75.77
17:8	颅宽高指数	93.98	92.84	96.43	83.78	98.03	96.1	106.06	95.7	95.95	94.32
52:51（mf）	眶指数R	83.33	79.04	82.01	80.69	79.23	71.9	83.48	84.8	82.29	78
54:55	鼻指数	56.43	54.13	50.43	48.69	53.01	60.1	53.94	50.2	50.54	50.26
48:17（sd）	垂直颅面指数	48.68	55.34	52.02	62.1	54.17	53.19	46.92	55.5	55.05	55.22
9:8	额宽指数	66.67	63.56	64.81	63.3	65.24	66.84	71.89	65.54	65.39	64.27

表3-10 前五个主成分的方差累积贡献率

初始特征值			提取载荷平方和		
总计	方差百分比	累积%	总计	方差百分比	累积%
7.618	44.810	44.810	7.618	44.810	44.810
3.384	19.907	64.717	3.384	19.907	64.717
2.607	15.337	80.054	2.607	15.337	80.054
1.941	11.417	91.471	1.941	11.417	91.471
0.630	3.708	95.179			
0.388	2.284	97.463			
0.283	1.665	99.128			
0.125	0.734	99.862			

表3-11 提取的前五个公因子的因子载荷矩阵

	成分			
	1	2	3	4
颅指数	−0.926	0.126	0.133	0.280
颅宽（eu-eu）	−0.879	−0.294	−0.045	−0.123
额宽指数	0.796	0.271	−0.515	0.073
颅宽高指数	0.730	0.664	−0.085	0.073
颅长（g-op）	0.709	−0.450	−0.274	−0.422
颅长高指数	0.048	0.979	−0.035	0.045
颅高（b-ba）	0.525	0.803	−0.183	−0.091
面角（n-prFH）	0.169	−0.770	0.395	0.123
垂直颅面指数	−0.387	−0.727	0.531	−0.120
上面高（sd）	−0.284	−0.357	0.816	0.283
眶宽R	0.088	0.102	0.792	−0.476
最小额宽（ft-ft）	0.373	0.153	−0.791	−0.008
鼻高（n-ns）	−0.021	−0.355	0.718	0.511
眶指数R	0.090	0.011	−0.117	0.974

续表3-11：

	成分			
	1	2	3	4
眶高R	—0.114	0.204	0.013	0.945
鼻指数	0.084	0.414	—0.577	—0.667
鼻宽	0.431	0.347	—0.304	—0.549

　　由表3-10可知，对各对比组颅骨相关项目值提取公因子进行主成分分析，前四个因子累计贡献率为91.471%，前三公因子达到80.054%，基本上可以代表颅骨特征。根据表3-11中的因子提取结果，我们选择3个公因子进行分析。

　　第一主成分最大载荷的原变量有颅指数、颅宽、额宽指数、颅宽高指数、颅长等，代表了部分颅型、额部的特征；第二主成分最大载荷的原变量颅长高指数、颅高、总面角、垂直颅面指数等，大致代表了颅骨的长、高及上面部宽高和突颌长度等特征。第三主成分最大载荷的原变量有上面高、眶宽、最小额宽、鼻高等，代表了鼻部的形态、面部高度、眼眶、额宽等特征。

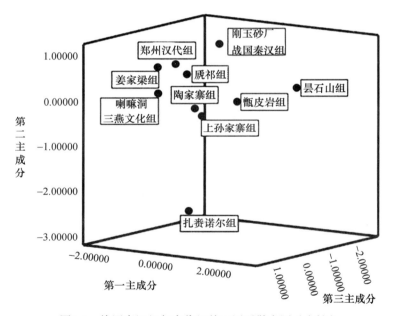

图3-4　战国秦汉组与古代组前三因子散点图（女性）

　　从图3-4中可以看出，9个相关古代组大致可分为三部分。属于北亚人种范畴的扎赉诺尔游离最远，古华南类型的甑皮岩、昙石山组归为一类，其余六组相距较近，彼此同类型的对比组相距最近。刚玉砂厂战国秦汉组在颅型特征、主要面部形态上与古中原类型的郑州汉代组、虒祁组和古华北类型的姜家梁组相对距离较近。在鼻部形态、面部高度、眼眶等特征与其余各组距离较远。

　　总体上，刚玉砂厂战国秦汉女性组的种族特征与男性基本一致，与古中原类型最为接近，在某些颅型特征和较大的上面指数也受到了古华北类型和古华南类型影响。刚玉砂厂战国秦汉人群与陕西、山西、河南的相关古代组形态一致性较高，体质特征可能受到地理位置远近的影响。

二、唐代、金代墓葬女性颅骨的形态特征和种族类型

刚玉砂厂唐代墓葬有5例保存较完整的女性颅骨，金代墓葬有2例较完整的女性颅骨。表3-12是对女性颅骨非测量性性状的观察结果，附表一为测量性项目的平均值等。

表3-12　刚玉砂厂墓葬唐代、金代女性颅骨连续性形态特征观察统计表

观察项目	性别		特征	观察项目	性别		特征
颅型	唐	5	卵圆形5	乳突	唐	5	中等3、小2
	金	2	卵圆形2		金	2	小2
眉弓突度	唐	5	弱1、中等4	枕外隆突	唐	5	稍显3、中等2
	金	2	弱1、中等1		金	2	稍显2
眉间突度	唐	5	不显2、稍显3	顶孔	唐	5	2孔1、缺如1
	金	2	稍显1、不显1		金	2	2孔2
前额	唐	5	平直4、中等1	翼区	唐	5	顶蝶3、翼上骨2
	金	2	平直2		金	2	翼上骨1、顶蝶1
额中缝	唐	5	不存在5	下颌圆枕	唐	1	无
	金	2	不存在2		金	1	弱
眶形	唐	5	椭圆3、方形1、长方形1	下颌角区	唐	1	外翻
	金	2	方形2		金	1	直型
鼻根区凹陷	唐	5	无5	颏形	唐	1	圆形
	金	2	无2		金	1	圆形
鼻前棘	唐	5	不显1、稍显4	颏孔	唐	1	2孔
	金	2	稍显2		金	1	2孔
梨状孔	唐	5	梨形4、心形1	顶骨缝　前囟段	唐	5	微波5
	金	2	梨形1、圆形1		金	2	微波1、锯齿1
梨状孔下缘	唐	5	鼻前窝4、锐形1	顶骨缝　顶段	唐	5	微波2、深波1、锯齿1、愈合1
	金	2	鼻前窝2		金	2	深波2
犬齿窝	唐	5	弱5	顶骨缝　顶孔段	唐	4	微波2、深波1、锯齿1
	金	2	弱2		金	2	微波2
腭形	唐	5	抛物线2、U3	顶骨缝　后段	唐	4	微波4
	金	2	椭圆形1、U1		金	2	微波1、深波1
腭圆枕	唐	5	缺如3、嵴状2	眉弓范围	唐	5	未至中点5
	金	2	嵴状2		金	2	未至中点2

通过观察，唐代女性颅骨呈卵圆形并伴随着长颅、高颅、狭颅；前额平直、额宽中等偏阔；眉弓、眉间、乳突、枕外隆突发育中等或稍显；梨状孔多为梨形，下缘为鼻前窝型，鼻前棘稍显，鼻根处凹陷无，鼻指数显示为阔鼻型；额中缝不存在，颅顶缝较简单，结合中等偏低的眶型和中上面型。显示了明显的蒙古人种特征。

金代女性颅形卵圆，圆颅型、高颅型、中颅型结合狭额型；眉弓凸度弱、眉弓范围未至中

点、眉间突度不显，前额较为平直，无额中缝；颅骨顶缝较为简单，乳突小，枕外稍显；方形眶形和中眶型，鼻根凹陷和鼻前棘不显，鼻型较阔，正颌型；颏型为圆形，下颌角直型，下颌圆枕弱，上面高中等。

将刚玉砂厂唐代女性颅骨组和金代女性颅骨组分别与其他6个近代组颅骨的16项测量项目、指数、角度的平均值进行比较。并计算各组间的欧氏距离函数值，值越小，两组之间距离越小。

表3-13　刚玉砂厂唐代、金代女性组与各近代组的比较

（长度：毫米；角度：度；指数%）

马丁号	项目	刚玉砂厂唐代组	刚玉砂厂金代组	华北组	蒙古组	通古斯组	抚顺组	广西壮族组	香港组
1	颅长（g-op）	179.4	163.5	172.4	172.3	174.7	173.2	168.1	171.85
8	颅宽（eu-eu）	129.4	141	133.6	142.9	140.5	135.2	134.5	135.21
17	颅高（b-ba）	133.4	132.5	131.6	126.6	120.7	133.7	131.7	132.91
9	最小额宽（ft-ft）	91.75	90	87.2	92.2	87.3	87.8	91.21	89.41
45	颧宽（zy-zy）	128	131.5	124.8	131.2	130.5	128.9	126.13	124.3
48	上面高（n-sd）	68.6	66.5	69.9	71.7	70.5	71.1	66.11	69.13
54	鼻宽	26.2	28	23.4	25.8	25.1	24.5	25.83	25.37
55	鼻高（n-ns）	50	48	50.4	52.8	51.5	52.4	49.12	49.84
51	眶宽R（mf-ek）	43.5	46	40.8	40.8	40.4	42	41.64	38.42
52	眶高R	32.75	33	33.5	35	33.9	34.6	34.43	33.12
8:1	颅指数	72.17	86.23	77.55	83	80.6	78	78.84	78.68
17:1	颅长高指数	74.39	81.04	76.35	73.48	69.09	77.3	76.77	77.34
17:8	颅宽高指数	103.09	93.99	98.15	88.59	85.91	99	95.84	98.3
48:45（sd）	上面指数	51.56	50.49	56	54.65	54.1	55.8	52.37	55.62
54:55	鼻指数	52.4	58.75	46.4	48.9	49.1	47.2	54.41	50.9
52:51（mf）	眶指数R	75.32	63.86	82	85.8	84.1	82.5	80.27	86.21

表3-14　刚玉砂厂唐代、金代女性组与各近代组的欧氏距离值

	华北组	蒙古组	通古斯组	抚顺组	广西壮族组	香港组
刚玉砂厂唐代组	4.153	6.979	7.243	4.069	4.371	4.667
刚玉砂厂金代组	7.416	7.497	8.283	7.194	5.531	7.53

从表3-14可以看出，刚玉砂厂唐代女性组与抚顺组最接近，其次为华北组、广西壮族组和香港组，距离蒙古组和通古斯组最远。可以看出，唐代女性组与北亚类型相距甚远，与东亚类型最接近，同时受到了南亚类型的影响。

从刚玉砂厂金代女性组与各组的欧氏距离值可以看出（表3-14），其与代表南亚类型的广西壮族组最为接近，其次为抚顺组，距离北亚类型的通古斯组最远。但在一定程度上与香港组和蒙古组显示出了相近的距离，可能是由于金代组某些项目值与两者的差值大致相当或者样本量少导致的误差。

为了进一步了解刚玉砂厂唐代和金代墓葬女性颅骨的种族特征，现选取了11组时空距离相关的古代女性对比组进行比较分析（表3-15）。包括了古华北类型的姜家梁组；古中原类型同时受到了北方民族影响的大同北魏组；古蒙古高原类型的扎赉诺尔组；古华南类型的甑皮岩

表3-15　刚玉砂厂唐代、金代女性组与相关古代组

（长度：毫米；角度：度；指数%）

马丁号	项目	刚玉砂厂唐代组	刚玉砂厂金代组	姜家梁组	大同北魏组	扎赉诺尔组	郑州汉代组	郑州唐代组	甄皮岩组	昙石山组	上孙家寨组	陶家寨组	喇嘛洞三燕文化组	郑州宋代组
1	颅长（g-op）	179.4	163.5	171.47	177.2	180.5	174.44	175.44	184.3	183.5	174.1	177.16	173.24	170.41
8	颅宽（eu-eu）	129.4	141	138.14	141	142.17	138.08	134.48	137.5	132	135.8	135.47	140.78	128.83
17	颅高（b-ba）	133.4	132.5	130.39	132.09	119.17	133.94	136.6	133.9	140	129.1	129.96	131.73	129.13
9	最小额宽（ft-ft）	91.75	90	87.8	92.5	90	90.09	89.02	91.9	94.9	89	88.59	90.48	86.64
48	上面高（n-sd）	68.6	66.5	71.73	68.6	73.87	72.14	66.96	63.8	65.72	71	71.43	72.69	68.41
51	眶宽R（mf-ek）	43.5	46	41.75	39.8	41	43.15	42.25	42.3	40.73	40.5	42.38	43.43	43.22
52	眶高R	32.75	33	33.26	33.5	33.13	33.52	34.19	30.4	34	34.4	34.85	33.72	34.04
54	鼻宽	26.2	28	27.11	26.3	26.13	26.86	25.4	27.3	27.33	26.2	26	25.99	25.71
55	鼻高（n-ns）	50	48	52.11	51.8	53.8	51.43	50.19	45.8	50.67	52.1	51.74	52.34	49.29
72	面角（n-prFH）	82.4	84	81.8	86.3	86.5	81.25	86.75	82.3	83	85.4	82.58	85.17	83.23
8:1	颅指数	72.17	86.23373	80.45	80.9	78.79	78.65	76.08	73.9	71.93	78.1	76.56	81.06	76.26
17:1	颅长高指数	74.39	81.03771	77.01	74.8	66.02	76.57	77.04	74.3	76.29	74.9	73.45	75.77	76.06
17:8	颅宽高指数	103.09	93.99155	92.84	92.3	83.78	98.03	101.38	96.1	106.06	95.7	95.95	94.32	100.2
52:51（mf）	眶指数R	75.32	75.095	79.04	84.9	80.69	79.23	80.99	71.9	83.48	84.8	82.29	78	78.84
54:55	鼻指数	52.4	58.75384	54.13	50.9	48.69	53.01	50.38	60.1	53.94	50.2	50.54	50.26	51.5
48:17（sd）	垂直颅面指数	51.45	50.14811	55.34	53.5	62.1	54.17	49.97	53.19	46.92	55.5	55.05	55.22	52.61
9:8	额宽指数	71.09	63.859	63.56	65.6	63.3	65.24	66.2	66.84	71.89	65.54	65.39	64.27	67.25

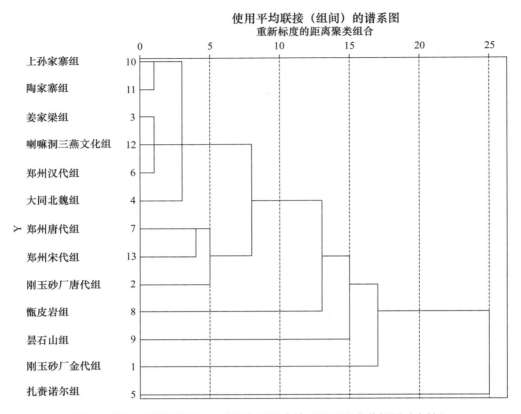

图3-5　刚玉砂厂唐代组、金代组与相关古代对比组聚类分析图（女性）

组、昙石山组；古西北类型的上孙寨组、陶家寨组；古东北类型的喇嘛洞三燕文化组；彼此之间略有差异但同属于古中原类型的郑州汉代组、唐代组、宋代组。并通过聚类分析制作树状图和因子分析制作散点图的方式来分析。

由图3-5可以看出，在刻度25时，典型北亚人种的扎赉诺尔组与其余各组分离开。在0～5刻度，有四组游离较远，其余各组大致分为两个聚类群。第一类包括刚玉砂厂唐代组、郑州唐代组、郑州宋代组形成聚类群，后两者体现出了较多古中原类型的体质特征。第二类包括上孙家寨组、陶家寨、姜家梁、三燕文化组、郑州汉代组、大同北魏组共同构成了一个较大的聚类。其中属于西北羌系民族的上孙家寨组、陶家寨组两者聚为一小类，大同北魏组可能受到北方民族的基因影响，与上孙家寨组、陶家寨组距离更近。姜家梁组、郑州汉代组、三燕文化组可能由于共同拥有的某些颅型、上面部形态特征等表现出了较近的联系。在0～10刻度，此两个大聚类又聚为一类。这表明刚玉砂厂唐代组与古中原类型在体质特征上有较大的一致性，同时某些体质特征受到了来自和西北和北方民族因素的影响。代表古华南类型的甑皮岩组和昙石山组在10～15的刻度上与前两大聚类聚合。15～20刻度，刚玉砂厂金代女性组与前面各组及扎赉诺尔组聚合。这似乎表明刚玉砂厂金代女性组整体上基本介于不同体质类型之间，体现出了较同地区战国秦汉时期和唐代女性组更加混合的体质性状。

为了进一步了解刚玉砂厂唐代、金代女性居民的体质特征，对各对比组颅骨相关项目值提取公因子进行主成分分析，前五个因子累积贡献率93.368%，前三公因子达到77.365%，基本上可以代表颅骨特征。根据表3-17中的因子提取结果，我们选择3个公因子进行分析。

表3-16 前五个主成分的方差累计贡献率

成分	初始特征值			提取载荷平方和		
	总计	方差百分比	累积%	总计	方差百分比	累积%
1	6.466	38.034	38.034	6.466	38.034	38.034
2	4.027	23.689	61.722	4.027	23.689	61.722
3	2.659	15.643	77.365	2.659	15.643	77.365
4	1.702	10.012	87.377	1.702	10.012	87.377
5	1.018	5.991	93.368	1.018	5.991	93.368

表3-17 提取的前五个公因子的因子载荷矩阵

	成分				
	1	2	3	4	5
垂直颅面指数	−0.939	0.135	0.296	−0.004	−0.036
颅高（b-ba）	0.882	−0.082	−0.249	0.154	0.151
颅长高指数	0.828	−0.103	0.120	−0.463	0.191
上面高（sd）	−0.675	0.601	0.215	−0.209	0.184
眶高R	0.125	0.903	−0.105	−0.296	−0.118
眶指数R	0.065	0.890	0.070	0.259	−0.220
鼻高（n-ns）	−0.438	0.843	0.190	0.098	0.013
鼻指数	0.404	−0.792	0.188	0.017	0.370
颅宽（eu-eu）	−0.265	−0.042	0.926	0.117	−0.055
颅指数	−0.014	0.069	0.871	−0.466	−0.041
额宽指数	0.451	−0.052	−0.732	0.407	0.103
颅宽高指数	0.692	0.022	−0.697	0.001	0.134
颅长（g-op）	−0.199	−0.102	−0.406	0.863	−0.023
最小额宽	0.393	−0.133	0.049	0.824	0.086
眶宽R	0.189	−0.461	0.036	−0.701	0.213
面角（n-prFH）	−0.085	0.258	0.319	0.119	−0.878
鼻宽	0.364	−0.440	0.463	0.173	0.592

第一主成分最大载荷的原变量有垂直颅面、颅高、颅长高指数、上面高等，大致代表了颅骨的长、高及上面部形态特征等；第二主成分最大载荷的原变量有眶高、眶指数、鼻高、鼻指数等，代表了眼眶鼻型等特征；第三主成分最大载荷原变量有颅指数、颅宽、额宽指数、颅宽高指数，代表了部分颅型、额部的特征。

从图3-6中可以看出，北亚人种的扎赉诺尔组和古华南类型的甑皮岩、昙石山组及刚玉砂厂金代组游离较远；古西北类型的陶家寨组、上孙家寨组聚为一类；大同北魏组、姜家梁组、喇嘛洞三燕文化组和郑州汉代组在颅骨的长、高及某些上面部形态特征有较接近的关系；刚玉砂厂唐代组与古中原类型的郑州汉代组、郑州唐代组相对距离最近。刚玉砂厂金代组显示出了介于不同体质类型之间的距离。

总体上，刚玉砂厂唐代女性组的种族特征与古中原类型最为接近，在某些颅型特征和较大的上面指数也受到了来自古西北类型和古华北类型的影响；而同地区，时代更晚的金代女性组则表现出了介于不同体质类型之间的距离，体现出了更加混合的体质性状。

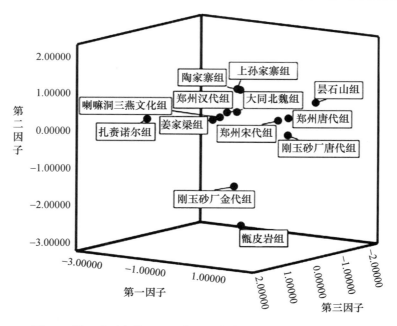

图3-6　刚玉砂厂唐代组、金代组与古代组前三因子图（女性）

三、唐代、宋金时期墓葬男性颅骨的形态特征和种族类型

1. 颅骨形态特征

刚玉砂厂墓葬唐代墓葬可供观察测量的男性颅骨仅1例，宋金时期男性颅骨2例。颅骨非测量形态观察结果见表3-18。颅骨的测量性项目见附表。

表3-18　刚玉砂厂墓葬宋金时期颅骨连续性形态特征观察统计表

观察项目	性别		特征	观察项目	性别		特征
颅型	宋金	2	卵圆形2	乳突	宋金	2	大2
	唐	1	卵圆形1		唐	1	大
眉弓突度	宋金	2	中等2	枕外隆突	宋金	2	稍显2
	唐	1	显著1		唐	1	显著
眉间突度	宋金	2	中等2	顶孔	宋金	2	2孔2
	唐	1	中等		唐	1	2孔
前额	宋金	2	平直1、中等1	翼区	宋金	2	顶蝶2
	唐	1	倾斜		唐	1	顶蝶
额中缝	宋金	2	不存在1	下颌圆枕	宋金	1	弱
	唐	1	不存在1		唐	1	弱
眶形	宋金	2	椭圆2	下颌角区	宋金	1	外翻
	唐	1	斜方形1		唐	1	外翻
鼻根区凹陷	宋金	2	无2	颏形	宋金	1	方形
	唐	1	略有		唐	0	

续表3-18：

观察项目	性别		特征	观察项目		性别		特征
鼻前棘	宋金	2	稍显2	颏孔		宋金	1	2孔
	唐	1	中等			唐	0	
梨状孔	宋金	2	梨形2		前囟段	宋金	2	微波2
	唐	1	心形			唐	1	微波
梨状孔下缘	宋金	2	鼻前窝2	顶骨缝	顶段	宋金	2	微波1、深波1
	唐	1	鼻前窝			唐	1	锯齿
犬齿窝	宋金	2	弱2		顶孔段	宋金	2	深波2
	唐	1	弱			唐	1	微波
腭形	宋金	2	抛物线1、椭圆形1	顶骨缝	后段	宋金	2	锯齿2
	唐	1	抛物线			唐	1	微波
腭圆枕	宋金	2	嵴状2	眉弓范围		宋金	2	未至中点2
	唐	1	缺如			唐	1	未至中点

根据表3-18中的统计结果，将颅骨的形态特征描述如下：

宋金时期墓葬男性拥有卵圆的颅形，中颅型、高颅型、狭颅型相结合；眉弓、眉间凸度中等、眉弓范围未至中点、前额较为平直，无额中缝，额宽指数显示为中额型；颅骨顶缝较为简单；乳突大，枕外稍显，浅平的鼻根凹陷，梨状孔为梨形，下缘为鼻前窝，中等偏阔的鼻型，低眶，中颌型；下颌角外翻，下颌圆枕弱。

通过观察研究，唐代男性颅骨卵圆形，长颅、高颅、狭颅；前额倾斜，眉弓、眉间、乳突、枕外隆突发育较显著，犬齿窝较弱；颅顶缝较简单，梨状孔为心形，下缘为鼻前窝型，鼻前棘中等，鼻根处凹陷略有，鼻指数显示为阔鼻型；方形眶型结合中眶型及中上面型。从颅面部形态来看，其高而狭的颅型、中等的上面指数等特征接近现代蒙古人种的东亚类型，其阔鼻，较矮的上面高等接近南亚蒙古人种。

两个时期颅骨形态特征显示出较明显的蒙古人种的性质。为了进一步确定宋金时期颅骨的种族特征，选取了相关近代组和古代组进行比较。

2. 与各近代组的对比

为了更详细地了解三门峡宋金组和现代人群的关系，本文选用了一些近现代的人骨样本，包括华北组、华南组、蒙古组、因纽特组、抚顺组、通古斯组[1][2]的18个项目值与之进行比较，并计算宋金组与各近代组之间的欧氏距离和均方根值。

均方根值和欧式距离值越小，两组间的距离越小。从均方根值可以看出刚玉砂厂宋金组与华北组最为接近，其次为华南组和抚顺组，距离蒙古组和通古斯组最远；从欧氏距离可以看出，刚玉砂厂宋金组与华北组最为接近，其次为抚顺组和华南组，距离蒙古组和通古斯组最远。可以说宋金组与现代亚洲蒙古人种的东亚类型居民具有最为接近的颅面部形态特征。与北

---

① 韩康信、潘其风：《安阳殷墟头骨研究》，中国社会科学院历史研究所、中国社会科学院考古研究所主编：《安阳殷墟中小墓人骨的研究》，文物出版社，1985年，第50～81页。

② 朱泓：《吉林省大安县渔场墓地汉晋时期人骨研究》，《边疆考古研究》，科学出版社，2003年。

表3-19　刚玉砂厂宋金组与各近代组的比较（男性）

（长度：毫米；角度：度；指数%）

马丁号	项目	刚玉砂厂宋金组	华北组	华南组	蒙古组	因纽特组	抚顺组	通古斯组	同种系标准差
1	颅长（g-op）	175.5	178.5	179.9	182.2	182.3	180.8	185.5	5.73
8	颅宽（eu-eu）	138	138.2	140.9	149	141.2	139.7	145.7	4.76
17	颅高（b-ba）	142.5	137.2	137.8	131.4	135.2	139.2	126.3	5.69
9	最小额宽f（ft-ft）	94	89.4	91.5	94.3	94.9	90.8	90.6	4.05
45	面宽（zy-zy）	132	132.7	132.6	141.8	138.4	134.3	141.6	4.57
48	上面高（n-sd）	69	75.3	73.82	78	77.6	76.2	75.4	4.15
54	鼻宽	25.5	25	25.25	27.4	24.4	25.7	27.1	1.77
55	鼻高（n-ns）	49.5	55.3	52.6	56.5	54.6	55.1	55.3	2.92
51	眶宽R（mf-ek）	45	44	42.1	43.2	43.4	42.9	43	1.67
52	眶高R	33	35.5	34.6	35.8	36.7	35.5	35	1.91
72	面角（n-prFH）	76	83.39	84.7	87.5	83.3	83.6	86.6	3.24
8:1	颅指数	78.64	77.56	78.75	82	77.4	77.3	78.7	2.67
17:1	颅长高指数	81.19	77.02	77.02	72.12	74.16	77.1	68.09	2.94
17:8	颅宽高指数	103.28	99.53	97.8	88.19	95.75	100	86.68	4.3
9:8	额宽指数	68.12	64.69	64.94	63.29	67.21	65	62.25	3.29
48:45（sd）	上面指数	53.03	56.8	55.7	55.01	56.07	56.8	53.25	3.3
54:55	鼻指数	51.55	45.23	47.4	48.6	44.7	46.9	49.4	3.82
52:51（mf）	眶指数R	73.27	80.66	84.9	82.9	83	83	81.5	5.05

表3-20　宋金组与各近代组均方根值比较（男性）

宋金组（男）	华北组	华南组	蒙古组	因纽特组	抚顺组	通古斯组
	1.208	1.229	2.011	1.488	1.244	2.11

表3-21　宋金组与各近代组欧氏距离值比较（男性）

宋金组（男）	华北组	华南组	蒙古组	因纽特组	抚顺组	通古斯组
	4.393	4.674	7.86	5.684	4.586	8.423

亚类型在体质上最为疏远。

3. 与各相关古代组的对比

为考察刚玉砂厂宋金组居民与相关古代居民种系源流，本节选取了时空范围相关的13个古代对比组进行比较分析。包括属于古中原类型的良辅组、郑州汉代组、唐代组、宋代组[1]，古中原类型同时可能与鲜卑有融合的大同太阳城组[2]、大同北魏组；属于汉魏时期北亚人种的朝阳组、扎赉诺尔组、南杨家营子组；古西北类型相关的上孙家寨组、陶家寨组；古华北类型的呼和乌素组；古东北类型的完工组。等13个古代对比组的18个项目进行比较。并采用计算平均数组差均方根值、聚类分析制作树状图和主成分分析制作散点图的方法来分析各组之间的关系。对比组见表3-22。

---

① 孙蕾：《郑州汉唐宋墓葬出土人骨研究》，吉林大学博士学位论文，2013年，第120～130页。

② 何昊：《山西大同太阳城墓地颅骨研究》，郑州大学硕士学位论文，2021年，第150页。

表3-22 刚玉砂厂宋金组与相关古代组的比较（男性）

（长度：毫米；角度：度；指数%）

马丁号	项目	刚玉砂厂宋金组	大同大阳城组	大同北魏组	朝阳组	扎赉诺尔组	南杨家营子组	郑州汉代组	郑州唐代组	郑州宋代组	上孙家寨组	陶家寨组	良辅组	呼和乌素组	完工组	同种系标准差
1	颅长（g-op）	175.5	181.54	182.5	185	185.65	179.63	179.9	183.49	177.51	181.2	183.98	184.93	184.5	184.25	5.73
8	颅宽（eu-eu）	138	145.98	144.4	150	147.84	144.75	141.2	140.45	133.47	139.7	140.32	141.23	140.3	140.6	4.76
17	颅高（b-ba）	142.5	138.53	137.9	131.5	130.64	126	138.5	142.69	134.93	136.2	135.56	137.58	145.2	139	5.69
9	最小额宽（ft-ft）	94	94.32	94.9	91.5	93.9	90	93.46	91.59	87.72	91.1	90.42	93.23	92.5	91	4.05
45	颧宽（zy-zy）	132	137.19	137.1	137.75	138.67	136.75	142.94	139.9	136.51	137.1	137.73	136.27	136.8	142.5	4.57
48	上面高（n-sd）	69	75.43	72.6	76.05	76.75	76.75	75.4	73.5	72.78	75.8	75.91	74.67	77.4	77.5	4.15
51	眶宽R（mf-ek）	45	43.3	41.6	43.9	42.63	41.83	44.32	43.66	44.62	42.8	44.06	45.53	43.4	43.25	1.67
52	眶高R	33	34.95	34.1	33.4	33.86	34.07	35.79	34.71	34.82	35.8	35.75	35.26	35.4	33.75	1.91
54	鼻宽	25.5	25.96	27.2	25.75	27.18	27	27.33	27.55	26.92	27.1	26.59	26.14	25.6	26.25	1.77
55	鼻高（n-ns）	49.5	53.84	54.8	52.4	56.89	57.5	54.76	53.28	53.08	56.5	54.43	52.65	57.5	59	2.92
72	面角（n-prFH）	76	85.23	85.4	85.5	86.72	91.16	85.75	84.13	83.6	85.3	84.38	84.75	87	88	3.24
8:1	颅指数	78.64	80.48	79.12	81.13	79.68	79.9	79.22	75.36	75.28	77.3	76.38	77.31	76.6	76.44	2.67
17:1	颅长高指数	81.19	76.38	75.56	71.02	70.41	70.2	76.59	76.46	75.18	75.9	73.81	76.93	78.36	75.54	2.94
17:8	颅宽高指数	103.28	94.98	95.49	87.67	88.38	87.06	97.41	101.32	102.06	97.7	96.77	97.54	103.01	98.94	4.3
52:51（mf）	眶指数R	73.27	80.81	81.3	76.05	79.18	81.34	80.95	79.38	78.26	83.7	81.24	77.44	81.57	78.01	5.05
54:55	鼻指数	51.55	48.32	49.63	49.12	47.68	47.16	49.96	51.1	52.38	48.4	48.94	50.3	44.19	45.41	3.82
48:17（sd）	垂直颅面指数	47.26	51.91	54.9	56.06	58.37	62.04	55.56	53.27	53.9	54.8	56.09	50.3	55.62	55.75	
48:45（sd）	上面指数	53.03	55.59	55.5	55.2	54.95	55.7	53.35	51.75	51.73	55.2	55.61	52.74	54.53	54.4	3.3

表3-23 宋金组与各古代组均方根值比较（男性）

刚玉砂厂宋金组	大同大阳城组	大同北魏组	朝阳组	扎赉诺尔组	南杨家营子组	郑州汉代组	郑州唐代组	郑州宋代组	上孙家寨组	陶家寨组	良辅组	呼和乌素组	完工组
	1.351	1.402	1.798	1.973	2.216	1.376	1.174	1.154	1.456	1.419	1.13	1.494	1.677

　　从刚玉砂厂宋金组与各古代组的均方根值可以看出，刚玉砂厂宋金组与代表古中原类型的良辅组、郑州唐代组、郑州宋代组最为接近；其次为大同太阳城组和郑州汉代组等接近；距离北亚人种范畴的扎赉诺尔组、南杨家营子组、朝阳组等最远。可以说刚玉砂厂宋金组与古中原类型居民具有接近的颅面部形态特征，但不排除受到了其他类型的影响，与北亚类型在体质上最为疏远。

　　为了进一步验证刚玉砂厂宋金组的种系类型，我们对各对比组采用主成分分析的方法制作散点图进行分析。由表3-24可知，对各对比组颅骨相关项目值提取公因子进行主成分分析，前五个因子累计贡献率为88.872%，前三公因子达到73.976%，基本可以代表颅骨特征。根据表3-25中的因子提取结果，我们选择3个公因子进行分析。

　　第一主成分最大载荷的原变量有颅高、颅长高、颅宽高、垂直颅面指数，大致代表了颅骨的形态特征及上面部特征。第二主成分最大载荷的原变量有鼻指数、鼻高、上面指数、眶宽、总面角，代表了鼻部的形态、面部高度、眼眶等形态特征。第三主成分最大载荷的原变量有最小额宽、颅指数、颅宽，代表了颅型的长宽、额部等的特征。

表3-24　前五个主成分的方差累计贡献率

成分	初始特征值			提取载荷平方和		
	总计	方差百分比	累积 %	总计	方差百分比	累积 %
1	7.601	42.230	42.230	7.601	42.230	42.230
2	3.479	19.327	61.557	3.479	19.327	61.557
3	2.235	12.418	73.976	2.235	12.418	73.976
4	1.425	7.916	81.891	1.425	7.916	81.891
5	1.257	6.981	88.872	1.257	6.981	88.872

表3-25　提取的前五个公因子的因子载荷矩阵

	成分				
	1	2	3	4	5
颅高（b-ba）	0.955	−0.109	0.025	0.055	−0.050
颅长高指数	0.921	−0.209	−0.003	−0.261	−0.094
颅宽高指数	0.871	−0.186	−0.397	−0.163	0.026
垂直颅面指数	−0.676	0.574	−0.128	0.229	0.270
鼻指数	−0.033	−0.880	−0.069	−0.370	0.227
鼻高（n-ns）	−0.150	0.814	−0.156	0.361	0.234
上面指数	−0.339	0.717	0.468	−0.041	−0.074
眶宽R	0.382	−0.672	−0.301	0.128	−0.340
面角（n-prFH）	−0.461	0.635	−0.081	0.457	0.256
最小额宽	0.330	−0.068	0.905	0.044	−0.023
颅指数	−0.487	0.069	0.763	−0.104	−0.194
颅宽（eu-eu）	−0.533	0.183	0.723	0.328	−0.154

续表3-25：

颅长（g-op）	−0.079	0.247	0.206	0.824	−0.061
颧宽（zy-zy）	−0.081	0.094	−0.073	0.732	0.439
上面高（n-sd）	−0.272	0.657	−0.082	0.661	0.037
鼻宽	−0.303	−0.094	−0.101	0.048	0.904
眶指数R	0.028	0.651	0.009	0.072	0.706
眶高R	0.384	0.193	−0.228	0.222	0.583

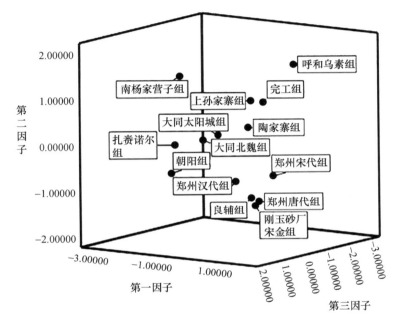

图3-7　刚玉砂厂宋金组与相关古代对比组因子散点图（男性）

从图3-7中可以看出，同属鲜卑族群的扎赉诺尔组、南杨家营子组、朝阳组聚为一类；同属古中原类型又受到鲜卑影响的大同北魏组和太阳城组聚为一类；古西北类型的上孙家寨组、陶家寨组和古东北类型的完工组相距不远；刚玉砂厂宋金组和良辅组、郑州唐代组相距最近，郑州汉代组、郑州宋代组与此三组亦有较近的距离。总体上，刚玉砂厂宋金组主要面部特征方面与古中原类型最为接近，与古代组的良辅组和郑州唐代组最为接近。

四、明清时期墓葬颅骨研究

明清时期墓葬颅骨仅有1例男性颅骨保存较好，通过形态特征观察和测量性状的研究，发现其拥有卵圆的颅形，特长颅型、高颅型、狭颅型相结合；眉弓、眉间凸度中等、眉弓范围未至中点、前额倾斜，无额中缝，额宽指数显示为中额型；颅骨顶缝较为简单；乳突大，枕外稍显，浅平的鼻根凹陷，梨状孔为梨形，下缘为鼻前窝，中等鼻型，中眶，正颌型；下颌角外翻，下颌圆枕弱。明显属于大蒙古人种的范畴，其高颅、狭颅较窄的面部体现出了东亚蒙古人种的特征，倾斜的前额、较长的颅型、较窄的鼻型等受到了东北亚蒙古人种的影响。与南亚蒙古人种和北亚蒙古人种颅面形态相去甚远。

第四节　身高推算

利用骨骼标本对古代居民进行身高推算是考古学研究中的重要部分，采用长骨进行推算是最常用的方法，其中的下肢骨在身高推算上要比上肢骨更为精准。由于刚玉砂厂墓葬人骨下肢保存相对完好，本文主要利用下肢骨测量数据进行身高推算。男性居民的身高推算采用邵象清[1]的计算公式，女性居民的身高推算采用张继宗[2]的计算公式。结果显示战国秦汉时期男性平均身高在166.467cm，女性平均身高在160.145cm；唐代男性平均身高为164.999cm.女性平均身高在152.901cm；宋金时期男性平均身高为164.332cm，女性仅两例且相距较大，一例身高为162.97cm，一例为146.258cm；明清时期男性平均身高为167.268cm，女性平均身高为150.691cm。

男性身高估算方法（邵象清）：

$$S=64.362+2.30F \pm 3.481（左）$$
$$S=64.484+2.31F \pm 3.486（右）$$
$$S=85.339+2.22T \pm 3.874（左）$$
$$S=83.310+2.28T \pm 3.813（右）$$

女性身高估算方法（张继宗）：

$$S=483.913+2.671F（左）$$
$$S=459.290+2.752F（右）$$
$$S=597.332+2.899T（左）$$
$$S=603.069+2.908T（右）$$

S：身高；F：股骨最大长；T：胫骨最大长；单位：mm。

表4-1　刚玉砂厂墓葬男性身高推算　　　　　　　　　　（单位：毫米）

时代	墓号	侧别	股骨最大长	胫骨最大长	股骨	胫骨
战国秦汉	M165	左	453.00	340.00	1685.52	1608.19
		右	450.00	337.00	1684.34	1601.46
	M119	左	—	361.00		1654.81
		右	—	—		
	M83	左	461.00	361.00	1703.92	1654.81
		右	—	—		
	M155	左	—	358.00		1648.15
		右	—	—		

----

[1]　邵象清：《人体测量手册》，上海辞书出版社，1985年，第393～404页。

[2]　张继宗：《中国汉族女性长骨推断身长的研究》，《人类学学报》2001年第4期。

续表4-1：

时代	墓号	侧别	股骨最大长	胫骨最大长	股骨	胫骨
战国秦汉	M124	左	—	376.00		1688.11
		右	—			
	M117	左	443.00	354.00	1662.52	1639.27
		右	435.00	348.00	1649.69	1626.54
	M107	左	485.00	—	1759.12	
		右	—	—		
	M57	左	—	—		
		右	429.00	364.00	1635.83	1663.02
	M40	左	443.00	360.00	1662.52	1652.59
		右	—	363.00		1660.74
	M130	左	—	—		
		右	441.00	359.00	1663.55	1651.62
	M213	左	438.00	358.00	1651.02	1648.15
		右	—	356.00		1644.78
	M261	左	470.00	—	1724.62	
		右	—	—		
	M258	左	—	—		
		右	465.00	—	1718.99	
	平均身高				1683.47	1645.87
	肢骨平均身高				1664.67	
唐	M79	左	421.00	362.00	1611.92	1657.03
		右	—	—		
	M187中	左	456.00	—	1692.42	
		右	—	361.00		1656.18
	M191东	左	456.00	—	1692.42	
		右	—	—		
	M216	左	439.00	362.00	1653.32	1657.03
		右	440.00	—	1661.24	
	M18东	左	—	341.00		1610.41
		右	418.00	—	1610.42	
	M2①	左	437.00	355.00	1648.72	1641.49
		右	438.00	355.00	1656.62	1642.50
	M234	左	—	364.00		1661.47
		右	—	—		
	平均身高				1653.39	1646.59
	肢骨平均身高				1649.99	

续表4-1：

时代	墓号	侧别	股骨最大长	胫骨最大长	股骨	胫骨
宋金	M157	左	430.00	360.00	1632.62	1652.59
		右	432.00	360.00	1642.76	1653.90
	M131	左	—	—		
		右	445.00	360.00	1672.79	1653.90
	M212②	左	431.00	348.00	1634.92	1625.95
		右	428.00	345.00	1633.52	1619.70
	平均身高				1643.32	1641.21
	肢骨平均身高				1642.27	
明清	M22东	左	445.00	365.00	1667.12	1663.69
		右	445.00	361.00	1672.79	1656.18
	M0014东	左	—	—		
		右	—	383.00		1706.34
	平均身高				1669.96	1675.40
	肢骨平均身高				1672.68	

表4-2　刚玉砂厂墓葬女性身高推算　　　　　　（单位：毫米）

时代	墓号	侧别	股骨最大长	胫骨最大长	股骨	胫骨
战国秦汉	M185	左	420.00	—	1605.73	
		右	—	—		
	M123	左	—	—		
		右	—	348.00		1615.05
	M87	左	—	352.00		1617.78
		右	436.00	—	1659.16	
	M197	左	408.00	—	1573.68	
		右	—	—		
	M233	左	416.00	—	1595.05	
		右	413.00	—	1595.87	
	M80	左	447.00	366.00	1677.85	1658.37
		右	—	—		
	M82	左	429.00	347.00	1629.77	1603.29
		右	—	—		
	M96	左	406.00	—	1568.34	
		右	403.00	318.00	1568.35	1527.81
	M126	左	—	—		
		右	—	316.00		1522.00
	M125	左	425.00	344.00	1619.09	1594.59
		右	421.00	338.00	1617.88	1585.97

续表4-2：

时代	墓号	侧别	股骨最大长	胫骨最大长	股骨	胫骨
战国秦汉	M64	左	—	342.00		1588.79
		右	424.00	339.00	1626.14	1588.88
	M73	左	373.00	—	1480.20	
		右	—	307.00		1495.83
	M104	左	—	422.00		1820.71
		右	—	—		
	平均身高				1601.32	1601.59
	肢骨平均身高				1601.45	
唐	M7	左	—	—		
		右	—	324		1545.261
	M84	左	367	—	1464.17	
		右	—	324		1545.261
	M187东	左	390	—	1525.603	
		右	—	—		
	M191西	左	—	—		
		右	—	322		1539.445
	M2②	左	392	—	1530.945	
		右	392	—	1538.074	
	平均身高				1514.698	1543.32233
	肢骨平均身高				1529.01	
金	M212①	左	432	348	1637.785	1606.184
		右	432	352	1648.154	1626.685
	M212③	左	—	—		
		右	362	298	1455.514	1469.653
明清	M171	左	395	—	1538.958	
		右	—	—		
	M0014西	左	371	—	1474.854	
		右	—	—		
	平均身高					
	肢骨平均身高				1506.906	

附表一　刚玉砂厂墓葬颅骨测量表　（长度：毫米；角度：度；指数：%）

马丁号	测量项目	清	宋金				唐		
		M22东	M131	M212②	M212①	M212③	M2①	M2②	M138
		男	男	男	女	女	男	女	女
1	颅骨最大长（g-op）	190.00	177.00	174.00	164.00	163.00	194.00	170.00	180.00
5	颅基底长（n-enba）	108.00	101.00	99.00	102.00	90.00	113.00	99.00	102.00

续附表一：

马丁号	测量项目	清	宋金				唐		
		M22东	M131	M212②	M212①	M212③	M2①	M2②	M138
		男	男	男	女	女	男	女	女
8	颅骨最大宽（eu-eu）	127.00	137.00	139.00	144.00	138.00	145.00	127.00	130.00
9	额骨最小宽（ft-ft）	86.00	95.00	93.00	90.00	90.00	102.00	97.00	/
11	耳点间宽（au-au）	120.00	127.00	125.00	130.00	122.00	136.00	118.00	/
12	枕骨最大宽（ast-ast）	/	116.00	102.00	112.00	103.00	119.00	/	102.00
7	枕骨大孔长（enba-o）	37.00	29.00	30.00	38.00	38.00	38.00	/	37.00
16	枕骨大孔宽	29.00	36.00	37.00	34.00	28.00	32.00	/	26.00
17	颅高（b-ba）	/	146.00	139.00	134.00	131.00	158.00	129.00	135.00
21	耳上颅高（po-po）	/	/	/	/	102.00	119.00	104.00	/
23	颅周长（g-op-g）	/	515.00	505.00	498.00	489.00	545.00	488.00	/
24	颅横弧（po-b-po）	/	320.00	295.00	/	290.00	322.00	291.00	/
25	颅矢状弧（n-o）	/	334.00	318.00	/		399.00	343.00	373.00
26	额骨矢状弧（n-b）	/	118.00	104.00	119.00	121.00	128.00	112.00	125.00
27	顶骨矢状弧（b-l）	/	116.00	116.00	120.00	117.00	145.00	122.00	130.00
28	枕骨矢状弧（l-o）	/	100.00	98.00	99.00	115.00	126.00	109.00	118.00
29	额骨矢状弦（n-b）	/	134.00	117.00	108.00	104.00	117.00	102.00	111.00
30	顶骨矢状弦（b-l）	/	134.00	132.00	106.00	105.00	131.00	112.00	115.00
31	枕骨矢状弦（l-o）	/	119.00	114.00	92.00	100.00	109.00	91.00	100.00
40	面底长（pr-enba）	101.00	98.00	100.00	95.00	91.00	104.00	96.00	96.00
43	上面宽（fmt-fmt）	102.00	106.00	102.00	104.00	101.50	110.00	104.00	/
44	两眶宽（ek-ek）	94.00	101.00	97.00	104.00	97.00	102.00	98.00	/
45	面宽/颧点间宽（zy-zy）	/	/	132.00	135.00	128.00	144.00	128.00	/
46	中面宽（zm-zm）	96.00	104.00	101.00	101.00	102.00	107.00	99.00	/
47	全面高（n-gn）	/	118.00	118.00	/	/	/	/	/
48	上面高（n-pr）	73.00	66.00	67.00	69.00	58.00	70.00	62.00	72.00
	上面高（n-sd）	75.00	68.00	70.00	72.00	61.00	74.00	66.00	74.00
50	前眶间宽（mf-mf）	15.00	16.00	16.00	15.00	24.00	20.00	18.00	/
51	眶宽（mf-ek L）	43.00	46.00	45.00	47.00	43.00	45.00	45.00	44.00
	眶宽（mf-ek R）	43.00	46.00	44.00	48.00	44.00	45.00	45.00	/
	眶宽（d-ek L）	39.00	42.00	38.00	41.00	38.00	40.00	41.00	/
	眶宽（d-ek R）	39.00	42.00	40.00	43.00	40.00	40.00	41.00	/
52	眶高（L）	34.00	36.00	32.00	35.00	34.00	35.00	34.00	34.00
	眶高（R）	34.00	35.00	31.00	34.00	32.00	35.00	34.00	/
MH	颧骨高（fmo-zm L）	45.00	42.00	44.00	44.00	40.00	51.00	43.00	45.00
	颧骨高（fmo-zm R）	45.00	42.00	43.00	44.00	41.00	51.00	43.00	/

续附表一：

马丁号	测量项目	清	宋金				唐		
		M22东	M131	M212②	M212①	M212③	M2①	M2②	M138
		男	男	男	女	女	男	女	女
MB	颧骨宽（zm-rim Orb L）	25.00	23.00	26.00	23.00	19.00	30.00	23.00	25.00
	颧骨宽（zm-rim Orb R）	25.00	25.00	25.00	22.00	20.00	30.00	22.00	/
54	鼻宽	28.00	24.00	27.00	29.00	27.00	33.00	26.00	27.00
55	鼻高（n-ns）	58.00	50.00	49.00	53.00	43.00	51.00	50.00	51.00
SC	鼻最小宽	10.00	7.00	/	/	/	10.00	9.00	5.00
SS	鼻最小宽高	3.00	2.00	/	/	/	3.50	2.50	3.00
60	上颌齿槽弓长（pr-alv）	/	/	/	/	/	/	/	/
61	上颌齿槽弓宽（ecm-ecm）	61.00	62.00	62.00	/	/	/	/	63.00
62	颚长（ol-sta）	/	/	/	/	/	/	/	/
63	颚宽（enm-enm）	/	/	/	/	/	/	/	37.00
FC	两眶内宽（fmo-fmo）	93.00	/	96.00	102.00	96.00	99.00	97.00	99.00
FS	鼻根点至两眶内宽矢高（n to fmo-fmo）	11.00	11.00	12.00	15.00	14.00	12.00	17.00	18.00
DC	眶间宽（d-d）	19.00	20.00	22.00	22.00	24.00	26.00	22.00	
	额侧角Ⅰ（∠n-m and FH）	76.00	84.00	81.00	78.00	95.00	82.00	83.00	82.00
	额侧角Ⅱ（∠g-m and FH）	68.00	79.00	77.00	75.00	92.00	74.00	81.00	78.00
	前囟角（∠g-b and FH）	/	45.00	44.00	45.00	48.00	49.00	50.00	42.00
72	面角（n-prFH）	88.00	79.00	73.00	89.00	79.00	85.00	84.00	82.00
73	中面角（∠n-ns and FH）	95.00	85.00	77.00	93.00	84.00	89.00	89.00	84.00
74	齿槽面角（∠ns-pr and FH）	61.00	72.00	70.00	71.00	68.00	73.00	71.00	81.00
75	鼻梁侧角（∠n-rhi and FH）	/	57.00	45.00	77.00	/	65.00	/	/
77	鼻颧角（∠fmo-n-fmo）	141.00	145.00	151.00	146.00	148.00	141.00	141.00	138.00
	颧上颌角（∠zm-ss-zm）	144.00	130.00	117.00	122.00	132.00	126.00	129.00	/
	鼻梁角（∠72-75）	/	/	/	/	70.00	/	/	/
	面三角（∠n-pr-ba）	/	/	/	/	72.00	/	/	/
	（∠pr-n-ba）	/	/	/	/	38.00	/	/	/
	（∠n-ba-pr）	/	/	/	/	/	/	/	/
65	下颌髁突间宽（cdl-cdl）	/	123.00	121.00	/	/	/	/	/
66	下颌角间宽（go-go）	/	109.00	108.00	/	/	/	/	/
67	颏孔间径	/	/	48.00	/	/	/	/	/
68	下颌体长	/	/	71.00	/	/	/	/	/
68-1	下颌体最大投影长	/	/	103.00	/	/	/	/	/
69	下颌联合高（id-gn）	/	30.00	33.00	/	/	/	/	/
69-1	下颌体高Ⅰ（L）	/	/	29.00	/	/	/	/	/

续附表一：

马丁号	测量项目	清	宋金				唐		
		M22东	M131	M212②	M212①	M212③	M2①	M2②	M138
		男	男	男	女	女	男	女	女
	下颌体高Ⅰ（R）	/	/	30.00	/	/	/	/	/
	下颌体高Ⅱ（L）	/	/	26.00	/	/	/	/	/
	下颌体高Ⅱ（R）	/	/	27.00	/	/	/	/	/
69-3	下颌体厚Ⅰ（L）	/	/	12.00	/	/	/	/	/
	下颌体厚Ⅰ（R）	/	/	13.00	/	/	/	/	/
	下颌体厚Ⅱ（L）	/	/	17.00	/	/	/	/	/
	下颌体厚Ⅱ（R）	/	/	17.00	/	/	/	/	/
70	下颌支高（L）	/	/	59.00	/	/	/	/	/
	下颌支高（R）	/	/	58.00	/	/	/	/	/
71	下颌支宽（L）	/	/	41.00	/	/	/	/	/
	下颌支宽（R）	/	/	40.00	/	/	/	/	/
71a	下颌支最小宽（L）	/	/	31.00	/	/	/	/	/
	下颌支最小宽（R）	/	/	31.00	/	/	/	/	/
79	下颌角	/	120.00	130.00	/	/	/	/	/
	颏孔间弧	/	/	57.00	/	/	/	/	/
	颅长宽指数	66.84	77.40	79.89	87.80	84.66	74.74	74.71	72.22
1	颅长高指数	/	82.49	79.89	81.71	80.37	81.44	75.88	75.00
1	颅宽高指数	/	106.57	100.00	93.06	94.93	108.97	101.57	103.85
	额顶宽指数	67.72	69.34	66.91	62.50	65.22	70.34	76.38	/
2	上面指数（sd）	/	/	53.03	53.33	47.66	51.39	51.56	/
2	上面指数（pr）	/	/	50.76	51.11	45.31	48.61	48.44	/
2	眶指数Ⅰ（L）	79.07	78.26	71.11	74.47	79.07	77.78	75.56	77.27
2	眶指数Ⅰ（R）	79.07	76.09	70.45	72.92	77.27	77.78	75.56	0.00
52:51a	眶指数Ⅱ（L）	87.18	85.71	84.21	85.37	89.47	87.50	82.93	/
52:51a	眶指数Ⅱ（R）	87.18	83.33	77.50	79.07	80.00	87.50	82.93	/
2	鼻指数	48.28	48.00	55.10	54.72	62.79	64.71	52.00	52.94
63:62	腭指数	/	/	/	/	/	/	/	/
2	垂直颅面指数	/	46.58	47.95	53.73	46.56	46.84	51.16	54.81
SS:SC	鼻根指数	30.00	28.57	/	/	/	35.00	27.78	60.00
2	面部突度指数	93.52	97.03	101.01	93.14	101.11	92.04	96.97	94.12
1	枕骨大孔指数	78.38	124.14	123.33	89.47	73.68	84.21	/	70.27
45:（1+8）/2	颅面横指数	/	/	94.96	93.75	92.75	99.31	100.79	/
71:70	下颌支指数Ⅰ（L）	/	/	69.49	0.00	0.00	/	/	/
71:70	下颌支指数Ⅱ（R）	/	/	/	0.00	/	/	/	/

附表二　刚玉砂厂墓葬颅骨测量表　　　（长度：毫米；角度：度；指数：%）

马丁号	测量项目	唐			战国秦汉				
		M33	M005③	M191西	M40	M213	M107	M96	M125
		女	女	女	男	男	男	女	女
1	颅骨最大长（g-op）	182.00	181.00	184.00	190.00	181.00	182.00	177.00	167.00
5	颅基底长（n-enba）	100.00	98.00	99.00	/	93.00	/	91.00	96.00
8	颅骨最大宽（eu-eu）	132.00	132.00	126.00	147.00	140.00	145.00	142.00	140.00
9	额骨最小宽（ft-ft）	86.00	89.00	95.00	96.00	94.00	99.00	94.00	94.00
11	耳点间宽（au-au）	120.00	120.00	121.00	126.00	119.00	130.00	118.00	/
12	枕骨最大宽（ast-ast）	115.00	102.00	/	113.00	/	/	104.00	/
7	枕骨大孔长（enba-o）	33.00	36.00	34.00	40.00	37.00	/	34.00	34.00
16	枕骨大孔宽	27.00	30.00	26.00	34.00	29.00	/	24.00	28.00
17	颅高（b-ba）	137.00	135.00	131.00	/	135.00	146.00	132.00	133.00
21	耳上颅高（po-po）	/	102.00	106.00	/	/	/	102.00	99.00
23	颅周长（g-op-g）	/	497.00	513.00	/	/	/	/	/
24	颅横弧（po-b-po）	292.00	290.00	300.00	/	/	/	/	/
25	颅矢状弧（n-o）	/	/	/	/	/	/	/	/
26	额骨矢状弧（n-b）	/	114.00	130.00	/	123.00	120.00	112.00	120.00
27	顶骨矢状弧（b-l）	/	125.00	132.00	/	135.00	130.00	143.00	108.00
28	枕骨矢状弧（1-o）	/	104.00	114.00	/	117.00		108.00	107.00
29	额骨矢状弦（n-b）	/	102.00	113.00	/	109.00	108.00	98.00	105.00
30	顶骨矢状弦（b-l）	/	110.00	119.00	/	122.00	116.00	125.00	107.00
31	枕骨矢状弦（1-o）	/	97.00	95.00	/	100.00		98.00	92.00
40	面底长（pr-enba）	94.00	95.00	92.00	100.00	92.00	100.00	86.00	95.00
43	上面宽（fmt-fmt）	100.00	100.00	106.00	107.00	107.00	102.00	101.00	99.00
44	两眶宽（ek-ek）	97.00	96.00	/	/	98.00	99.00	96.00	92.00
45	面宽/颧点间宽（zy-zy）	128.00	/	/	/	129.00	/	122.00	/
46	中面宽（zm-zm）	98.00	97.00	/	102.00	/	103.00	95.00	93.00
47	全面高（n-gn）	/	/	/	/	/	/	/	/
48	上面高（n-pr）	64.00	62.00	69.00	75.00	68.00		61.00	62.00
	上面高（n-sd）	66.00	66.00	71.00	76.00	71.50	73.00	64.00	65.00
50	前眶间宽（mf-mf）	16.00	15.00	21.00	/	17.00	17.00	20.00	/
51	眶宽（mf-ek L）	44.00	44.00	/	45.00	44.00	44.00	41.00	42.00
	眶宽（mf-ek R）	42.00	42.00	45.00		43.00	43.00	39.00	/
	眶宽（d-ek L）	41.00	39.00	/	41.00	40.00	40.00	36.00	/
	眶宽（d-ek R）	40.00	39.00	42.00		38.00	40.00	34.00	/
52	眶高（L）	34.00	32.00	/	34.00	34.00	36.00	/	35.00
	眶高（R）	32.00	32.00	33.00		35.00	35.00	/	/
MH	颧骨高（fmo-zm L）	44.00	41.00		51.00	44.00	/	39.00	45.00

续附表二：

马丁号	测量项目	唐			战国秦汉				
		M33	M005③	M191西	M40	M213	M107	M96	M125
		女	女	女	男	男	男	女	女
MB	颧骨高（fmo-zm R）	44.00	42.00	45.00		44.00	/	38.00	43.00
	颧骨宽（zm-rim Orb L）	23.00	22.00		30.00	24.00	/	21.00	24.00
	颧骨宽（zm-rim Orb R）	22.00	21.00	24.00		24.00	/	20.00	21.00
54	鼻宽	25.00	26.00	27.00	25.00	26.00	30.00	27.00	26.00
55	鼻高（n-ns）	48.00	49.00	52.00	55.00	52.00	50.50	46.00	48.00
SC	鼻最小宽	5.00	/	9.00	/	11.50	8.00	8.00	/
SS	鼻最小宽高	1.80	/	2.00	/	3.00	3.00	2.00	/
60	上颌齿槽弓长（pr-alv）	/	48.00	/	/	/	/	/	/
61	上颌齿槽弓宽（ecm-ecm）	62.00	60.00	/	/	61.00	63.00	60.00	/
62	颚长（ol-sta）	/	/	/	/	38.00	36.00	/	/
63	颚宽（enm-enm）	40.00	36.00	/	/	/	/	37.00	/
FC	两眶内宽（fmo-fmo）	95.00	94.00	99.00	99.00	100.00	96.00	95.00	91.00
FS	鼻根点至两眶内宽矢高（n to fmo-fmo）	7.00	11.00	9.00		10.00	13.00	12.00	9.00
DC	眶间宽（d-d）	19.00	20.00	23.00		22.00	20.00	28.00	/
	额侧角Ⅰ（∠n-m and FH）	82.00	85.00	87.00	85.00	85.00	78.00	93.00	85.00
	额侧角Ⅱ（∠g-m and FH）	80.00	75.00	81.00	78.00	78.00	69.00	84.00	80.00
	前囟角（∠g-b and FH）	48.00	46.00	39.00	/	35.00	44.00	50.00	44.00
72	面角（n-prFH）	84.00	78.00	84.00	83.00	80.00	78.00	83.00	76.00
73	中面角（∠n-ns and FH）	91.00	81.00	91.00	87.00	91.00	82.00	90.00	82.00
74	齿槽面角（∠ns-pr and FH）	60.00	65.00	81.00	70.00	65.00	/	60.00	52.00
75	鼻梁侧角（∠n-rhi and FH）	/	/	/		/	/	/	/
77	鼻颧角（∠fmo-n-fmo）	153.00	154.00	150.00	146.00	155.00	149.00	153.00	157.00
	颧上颌角（∠zm-ss-zm）	140.00	125.00	/		/	/	133.00	/
	鼻梁角（∠72-75）	/	/	/		/	/	/	/
	面三角（∠n-pr-ba）	/	/	/		/	/	/	/
	（∠pr-n-ba）	/	/	/		/	/	/	/
	（∠n-ba-pr）	/	/	/		/	/	/	/
65	下颌髁突间宽（cdl-cdl）	122.00	/	/		/	/	/	/
66	下颌角间宽（go-go）	96.00	/	/		/	/	/	/
67	颏孔间径	50.00	/	/		/	/	/	/
68	下颌体长	/	/	/		/	/	/	/
68-1	下颌体最大投影长	/	/	/		/	/	/	/
69	下颌联合高（id-gn）	/	/	/		/	/	/	/
69-1	下颌体高Ⅰ（L）	/	/	/		/	/	/	/

续附表二：

马丁号	测量项目	唐			战国秦汉				
		M33	M005③	M191西	M40	M213	M107	M96	M125
		女	女	女	男	男	男	女	女
	下颌体高Ⅰ（R）	/	/	/	/	/	/	/	/
	下颌体高Ⅱ（L）	/	/	/	/	/	/	/	/
	下颌体高Ⅱ（R）	/	/	/	/	/	/	/	/
69-3	下颌体厚Ⅰ（L）	/	/	/	/	/	/	/	/
	下颌体厚Ⅰ（R）	/	/	/	/	/	/	/	/
	下颌体厚Ⅱ（L）	/	/	/	/	/	/	/	/
	下颌体厚Ⅱ（R）	/	/	/	/	/	/	/	/
70	下颌支高（L）	/	/	/	/	/	/	/	/
	下颌支高（R）	/	/	/	/	/	/	/	/
71	下颌支宽（L）	/	/	/	/	/	/	/	/
	下颌支宽（R）	/	/	/	/	/	/	/	/
71a	下颌支最小宽（L）	/	/	/	/	/	/	/	/
	下颌支最小宽（R）	/	/	/	/	/	/	/	/
79	下颌角	/	/	/	/	/	/	/	/
	颏孔间弧	/	/	/	/	/	/	/	/
	颅长宽指数	72.53	72.93	68.48	77.37	77.35	79.67	80.23	83.83
1	颅长高指数	75.27	74.59	71.20	/	74.59	80.22	74.58	79.64
1	颅宽高指数	103.79	102.27	103.97	/	96.43	100.69	92.96	95.00
	额顶宽指数	65.15	67.42	75.40	65.31	67.14	68.28	66.20	67.14
2	上面指数（sd）	51.56	/	/	/	55.43	/	52.46	/
2	上面指数（pr）	50.00	/	/	/	52.71	/	50.00	/
2	眶指数Ⅰ（L）	77.27	72.73	0.00	75.56	77.27	81.82	/	83.33
2	眶指数Ⅰ（R）	76.19	76.19	73.33	/	81.40	81.40	/	/
52:51a	眶指数Ⅱ（L）	82.93	82.05	/	82.93	85.00	90.00	/	/
52:51a	眶指数Ⅱ（R）	80.00	82.05	78.57	/	92.11	87.50	/	/
2	鼻指数	52.08	53.06	51.92	45.45	50.00	59.41	58.70	54.17
63:62	腭指数	/	/	/	/	/	/	/	/
2	垂直颅面指数	48.18	48.89	54.20	/	52.96	50.00	48.48	48.87
SS:SC	鼻根指数	36.00	/	22.22	/	26.09	0.375	0.25	/
2	面部突度指数	94.00	96.94	92.93	/	98.92	/	94.51	98.96
1	枕骨大孔指数	81.82	83.33	76.47	85.00	78.38	/	70.59	82.35
45:（1+8）/2	颅面横指数	96.97	/	/	/	92.14	/	85.92	/
71:70	下颌支指数Ⅰ（L）	/	/	/	/	/	/	/	/
71:70	下颌支指数Ⅱ（R）	/	/	/	/	/	/	/	/

后 记

　　三门峡刚玉砂厂墓地是2020年河南省文物考古研究院配合三门峡市刚玉砂厂周边棚户区改造项目（黄河花园）工程时考古发掘的一处墓地。共发掘墓葬281座，包括战国秦汉墓161座，北魏墓1座，唐代墓葬49座，北宋墓葬10座，金代墓葬1座，明清墓葬18座，年代不详墓葬41座。由河南省文物考古研究院与三门峡市文物考古研究所联合发掘，发掘领队为许海星，胡赵建、张凤、郑立超、李永涛、魏唯一、金海旺、徐鑫、王名飞、吴印、王艳航、颜湛蓝、刘琦、赵梦婉、赵学敏、徐思洋、秦岳、王振爽、代纪闯、袁海腾、张康宁、苏雨露、周要港、陈明珠、杨赞赞、耿赛赛、刘彦、石可翔、吴倩戈等参加了发掘。在发掘过程中，得到了河南省文物局、河南省文物考古研究院、三门峡市文化广电和旅游局、三门峡市文物考古研究所、安阳师范学院等单位的大力支持。

　　胡赵建主持本报告的全面工作，通审全书。其中绪言、第一章的编写工作由张凤执笔，第二、三、四章、结语由胡赵建执笔，第五章由段晓静执笔，第六章由张一丹执笔；器物前期描述和附表由金海旺负责；附录中的人骨鉴定由王煜负责；现场遗迹照片由王名飞、吴印、周要港等拍摄；器物照片由王羿、梁立俊、赵昂拍摄；遗迹线图由张雪娇、赵薇、李冰洁等制作，器物线图由孙广贺、张雪娇负责；拓片由张雪娇等制作。

　　在报告的编写过程中，河南省文物考古研究院刘海旺院长给予了大力支持，三门峡市文物考古研究所郑立超所长为报告的编写提供了许多帮助，南开大学历史学院刘尊志教授提出许多宝贵意见。

　　在本报告付梓出版之际，谨向所有关心、支持、帮助和参与报告整理和编辑出版工作的单位和诸位先生表示衷心的感谢！

编著者

2023年8月

1. 发掘前地貌（上为北）

2. 发据区北部航拍（上为北）

刚玉砂厂墓地发掘前地貌及局部航拍

1.发掘区局部航拍（上为北）

2.发掘区局部航拍（上为北）

3.发掘场景航拍（上为北）

4.发掘工作照

刚玉砂厂墓地局部航拍和工作场景

1. M16全景

2. M70全景

战国秦汉墓M16、M70全景

1. M85墓道填土夯窝（局部）

2. M91墓室

3. M85全景

4. M94全景

战国秦汉墓M85、M91、M94全景及局部

1. M172全景

2. M176全景

战国秦汉墓M172、M176全景

1. 蜻蜓眼玻璃珠（M39：1）

2. 料塞（M58：1）

3. 铜带钩（M36：3）

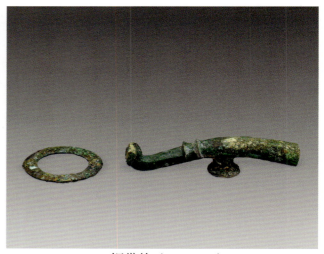

4. 铜带钩（M50：1）

5. 铜铃（M52：3）

6. 铜镞（M64：1）

战国秦汉墓M36、M39、M50、M52、M58、M64出土器物

1. 陶釜（M48：4）

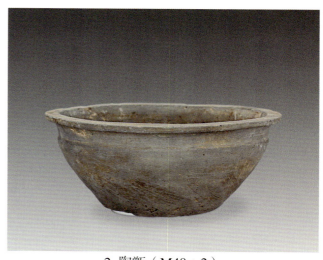

2. 陶甑（M48：2）

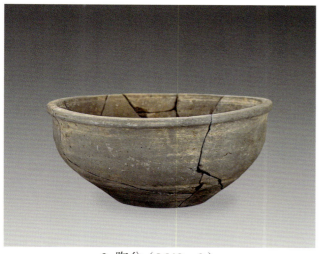

3. 陶盆（M48：3）

4. 铜带钩（M48：5）

5. 蜻蜓眼玻璃珠（M48：1）

6. 料塞（M48：6）

战国秦汉墓M48出土器物

1. 铜带钩（M114：1）

2. 陶釜（M114：2）

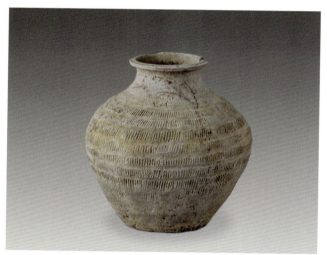

3. 陶罐（M114：3）

4. 陶罐肩部文字（M114：3）

5. 玉印章（M114：4）

6. 玉印章文字（M114：4）

战国秦汉墓M114出土器物

1. 玉环（M115：3）

2. 铜镜（M120：1）

3. 料塞（M120：2）

4. 铜带钩（M120：4）

5. 玉环（M121：1）

6. 玉环（M122：3）

战国秦汉墓M115、M120、M121、M122出土器物

1.料珠（M137：1）

2.铜印章（M173：2）

3.铜印章（M173：2）

4.铜带钩（M159：2）

5.铜带钩（M175：1）

6.铜带钩（M176：3）

战国秦汉墓M137、M159、M173、M175、M176出土器物

1. M003墓室

2. M0012全景

唐墓M003、M0012墓室与全景

1. M187全景

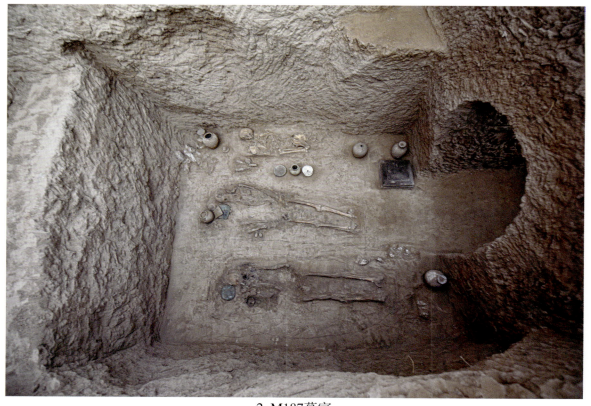

2. M187墓室

唐墓M187全景及墓室

1. M191全景

2. M191墓室

唐墓M191全景及墓室

1. 彩绘陶马（M003：4）

2. 彩绘陶马（M003：3）

唐墓M003出土彩绘陶马

1. 彩绘武士俑（M003：5）正面

2. 彩绘武士俑（M003：5）背面

3. 彩绘武士俑（M003：6）正面

4. 彩绘武士俑（M003：6）背面

唐墓M003出土陶俑（一）

1. M003：20

3. M003：15

2. M003：17

4. M003：16

唐墓M003出土陶俑（二）

1. 陶俑（M003：18）正面

2. 陶俑（M003：18）背面

3. 陶俑（M003：21）正面

4. 陶俑（M003：21）侧面

5. 陶俑（M003：22）正面

6. 陶俑（M003：22）侧面

唐墓M003出土陶俑（三）

1. 彩绘塔式罐（M0012：2）

2. 铜镜（M0012：1）

3. 铜镜（M0012：4）

4. 瓷碗（M005：1）

5. 瓷碗底部朱书（M005：1）

唐墓M005、M0012出土器物

1. 彩绘塔式罐（M5：1）

2. 陶瓶（M5：2）

3. 陶瓶（M5：3）

4. 铁镰刀（M5：5）

唐墓M5出土器物

1. 彩绘塔式罐（M9：5）

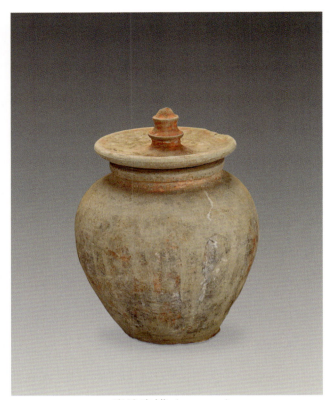

2. 彩绘陶罐（M7：5）

3. 瓷罐（M8：1）

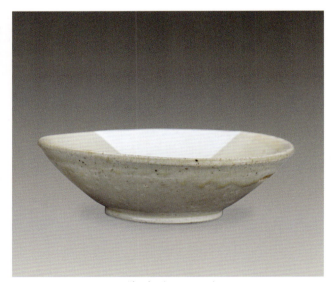

4. 瓷碗（M7：1）

唐墓M7、M8、M9出土器物

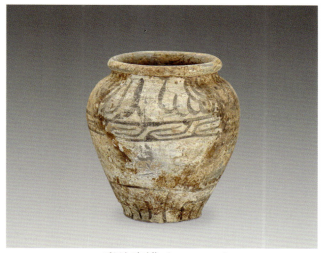

1. 彩绘陶罐（M18:2）

2. 彩绘罐盖（M18:5）

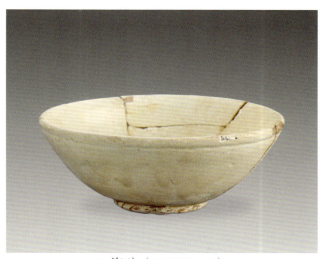

3. 瓷碗（M0020:1）

4. 瓷碗（M0020:1）底部墨书

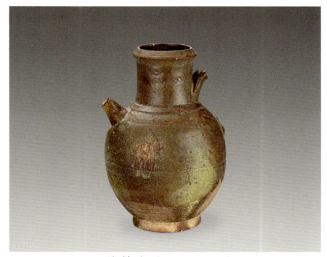

5. 瓷执壶（M0024:3）

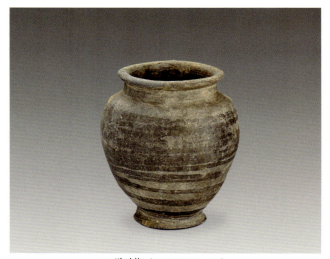

6. 陶罐（M0024:1）

唐墓M18、M0020、M0024出土器物

1. 彩绘陶罐（M26：1）

2. 白瓷盒（M26：6）

3. 彩绘陶罐（M79：1）

4. 彩绘陶罐（M97：1）

5. 瓷罐（M84：1）

6. 瓷碗（M165：1）

唐墓M26、M79、M84、M97、M165出土器物

1. M41：3

2. M54：1

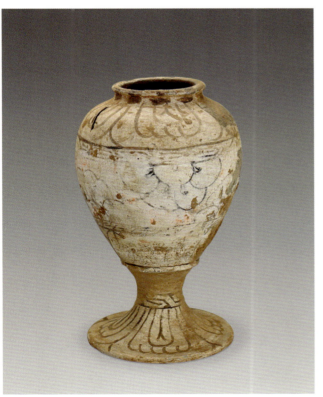

3. M170：7

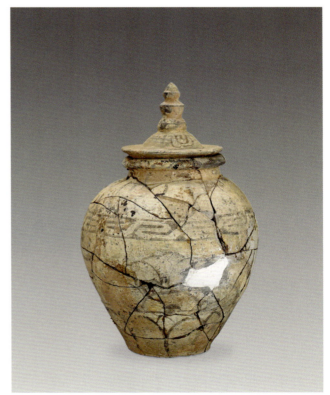

4. M170：2

唐墓M41、M54、M170出土彩绘塔式罐

1.铜镜（M170：1）

2.彩绘陶罐（M193：4）

3.铜镜（M191：1）

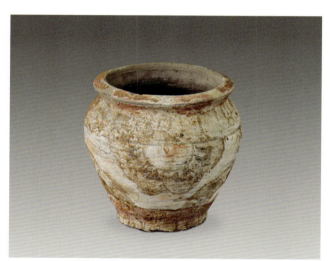

4.彩绘陶罐（M191：5）

5.瓷盂（M191：10）

6.玉盒（M191：14）

唐墓M170、M191、M193出土器物

1. 彩绘塔式罐（M187：5）

2. 彩绘陶罐（M187：8）

3. 彩绘陶男俑（M187：18）

4. 彩绘陶女俑（M187：20）

5. 彩绘陶女俑（M187：21）

唐墓M187出土陶器

1.铜镜（M187：1）

2.铜镜（M187：7）

3.鎏金铜合页（M187：2）

4.银镯（M187：3）

5.瓷唾盂（M187：11）

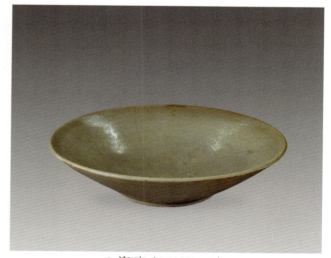

6.瓷碗（M187：9）

唐墓M187出土器物

1. 彩绘塔式罐（M191：8）

2. 彩绘陶罐（M191：2）

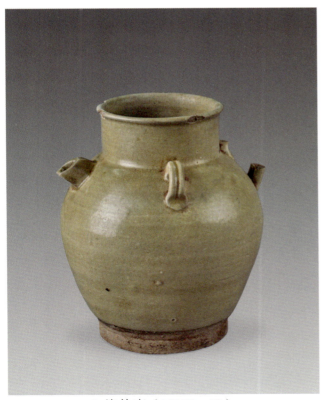

3. 瓷执壶（M187：10）

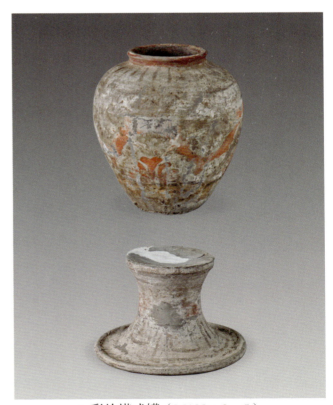

4. 彩绘塔式罐（M190：3、5）

唐墓M187、M190、M191出土陶瓷器

1. 彩绘陶罐（M237：1）

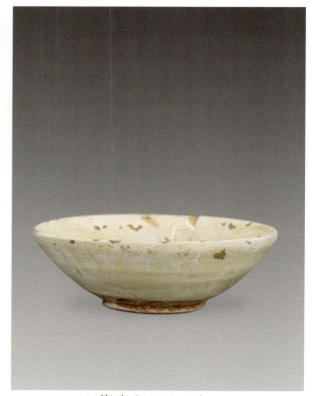

2. 瓷碗（M234：1）

3. 蚌壳（M191：3）

4. 蚌壳（M230：1）

5. 铜钱（M191：12）

唐墓M191、M230、M234、M237出土器物

1. 彩绘塔式罐（M216：1）

2. 彩绘陶罐（M216：2）

3. 铜镜（M260：2）

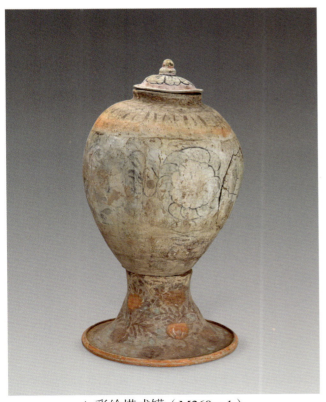

4. 彩绘塔式罐（M260：1）

5. 彩绘陶罐（M263：1）

唐墓M216、M260、M263出土器物

1. 瓷碗（M008：1）

2. 白瓷盏（M0016：1）

3. 瓷灯（M157：2）

4. 铜钱（M257：2）

5. 铜发饰（M0016：2）

宋墓M157、M257、M008、M0016出土器物

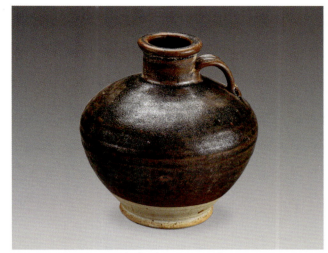

1. 瓷壶（M250：1）

2. 瓷瓶（M255：1）

3. 瓷碗（M266：1）

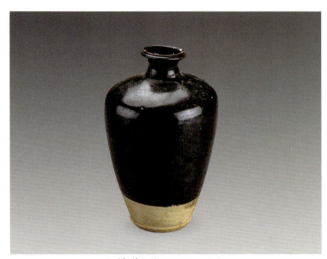

4. 瓷瓶（M266：2）

5. 铜钱（M266：3）

6. 铜环（M266：5）

宋墓M250、M255、M266出土器物

1. 瓷碗（M212：1）

2. 瓷香炉（M212：14）

3. 瓷碟（M212：15）

4. 瓷碟（M212：15）

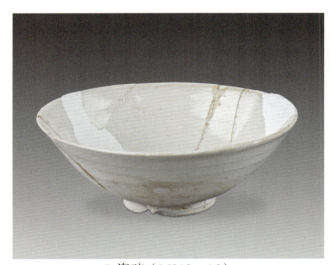

5. 瓷碗（M212：16）

6. M212墓室

金墓M212墓室及出土瓷器

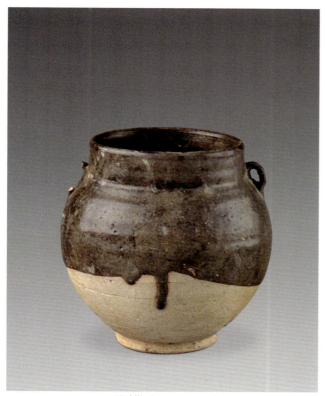

1. 瓷罐（M212：5）

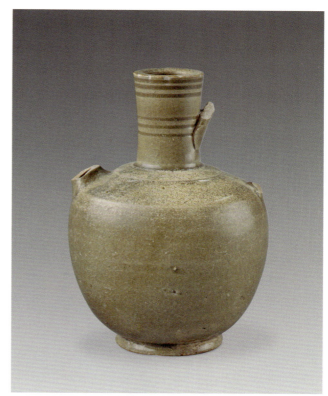

2. 瓷执壶（M212：6）

3. 瓷瓶（M212：13）

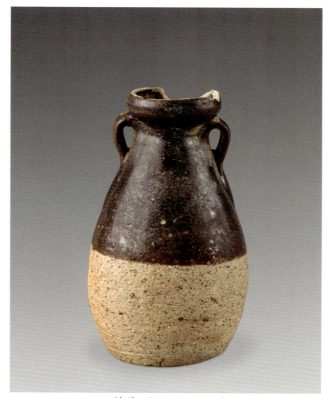

4. 瓷瓶（M212：12）

金墓M212出土瓷器（一）

1. 瓷罐（M212：21）

2. 瓷罐（M212：8）

3. 瓷罐（M212：7）

4. 瓷盏（M212：20）

5. 瓷钵（M212：4）

金墓M212出土瓷器（二）

1. M212：17

2. M212：17

金墓M212出土瓷枕

1. 瓷罐（M21：1）

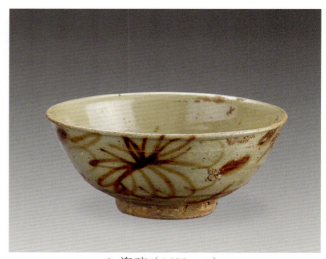

2. 瓷碗（M22：1）

3. 瓷罐（M22：4）

4. 瓷碗（M23：1）

5. 瓷罐（M23：2）

6. 瓷罐（M23：11）

清墓M21、M22、M23出土瓷器

1. 铜扣（M21∶3）

2. 银耳饰（M23∶5）

3. 铜盖钮（M171∶7）

4. 铜扣（M232∶1）

5. 银耳环（M235∶4）

6. 铜扣（M235∶2）

清墓M21、M23、M171、M232、M235出土器物

1. 瓷罐（M38：2）

2. 瓷碗（M0014：1）

3. 瓷罐（M0015：1）

4. 瓷罐（M0026：1）

5. 瓷罐（M0026：2）

6. 铜钱（M0026：3）

清墓M38、M0014、M0015、M0026出土器物

1. 瓷碗（M171：1）

2. 瓷碗（M171：2）

3. 瓷罐（M171：3）

4. 瓷罐（M171：4）

5. 瓷罐（M171：5）

6. 瓷罐（M171：6）

清墓M171出土瓷器

1.瓷器盖（M229：2）

2.瓷罐（M231：1）

3.瓷罐（M235：1）

4.瓷罐（M241：1）

5.瓷碗（M247：1）

6.瓷瓶（M247：3）

清墓M229、M231、M235、M241、M247出土瓷器

1. 陶甗（M3：1、2）

2. 陶缶（M3：5）

3. 陶蒜头壶（M3：3）

4. 陶釜（M3：4）

5. 陶釜（M20：3）

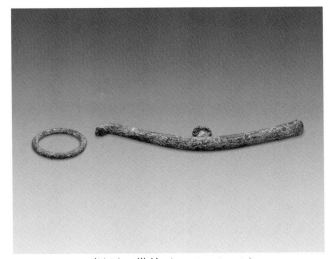

6. 铜环、带钩（M20：2、1）

战国秦汉墓M3、M20出土器物

1. 陶罐（M16：1）

2. 陶碗（M16：2）

3. 陶釜（M16：3）

4. 陶釜灶（M24：2）

5. 陶盆（M24：3）

6. 铜镞（M24：1）

战国秦汉墓M16、M24出土器物

1. 陶釜（M17：1）

2. 陶釜（M27：1）

3. 陶釜（M31：1）

4. 陶釜（M45：1）

5. 陶釜（M43：1）

6. 陶钵（M43：2）

战国秦汉墓M17、M27、M31、M43、M45出土陶器

1. 陶罐（M25∶2）

2. 陶釜（M25∶1）

3. 陶盆（M34∶2）

4. 陶罐（M34∶1）

战国秦汉墓M25、M34出土陶器

1. 陶蒜头壶（M42：4）

2. 陶釜（M42：1）

3. 陶罐（M42：2）

4. 陶盒（M42：3）

5. 陶盒（M42：3）底部

战国秦汉墓M42出土陶器

1. 陶碗（M44：1）

2. 陶釜（M44：2）

3. 陶罐（M49：1）

4. 陶釜（M49：2）

5. 骨塞（M49：3）

6. 铜矛（M49：4）

战国秦汉墓M44、M49出土器物

1. 陶罐（M51：2）

2. 陶盆（M51：1）

3. 陶釜（M51：3）

4. 陶釜（M52：4）

5. 陶釜（M55：1）

6. 陶釜（M61：1）

战国秦汉墓M51、M52、M55、M61出土陶器

1. 陶甑（M63：3）

2. 陶釜（M63：2）

3. 陶罐（M71：1）

4. 陶釜（M71：2）

5. 陶盆（M71：3）

6. 陶釜灶（M75：1）

战国秦汉墓M63、M71、M75出土陶器

1. 陶盆（M70：1）

2. 陶罐（M70：3）

3. 陶盆（M70：6）

4. 陶釜（M70：7）

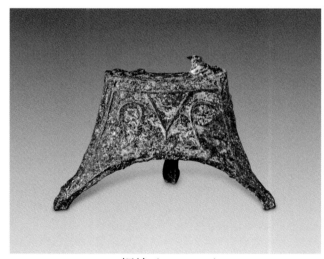

5. 铜铃（M70：4）

6. 铜带钩（M70：5）

战国秦汉墓M70出土器物

1. 陶盆（M73：2）

2. 陶釜（M73：3）

3. 陶壶（M76：1）

4. 陶釜（M76：3）

5. 陶甑（M78：1）

6. 陶釜（M78：2）

战国秦汉墓M73、M76、M78出土陶器

1. 陶罐（M80：2）

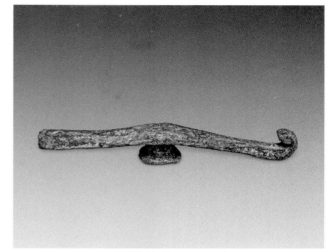

2. 铜带钩（M80：1）

3. 陶釜（M80：3）

4. 陶釜（M81：1）

5. 陶罐（M81：2）

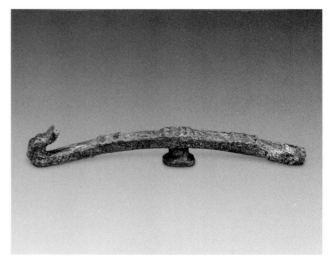

6. 铜带钩（M83：1）

战国秦汉墓M80、M81、M83出土器物

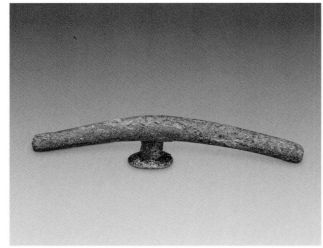

1. 铜带钩（M82：1）

2. 陶瓿（M82：2）

3. 陶茧形壶（M82：3）

4. 陶釜（M82：4）

5. 陶釜（M87：1）

6. 陶碗（M90：1）

战国秦汉墓M82、M87、M90出土器物

1. 陶盆（M85：1）

2. 陶釜（M85：2）

3. 陶罐（M85：3）

4. 陶盆（M85：4）

5. 陶罐（M85：5）

6. 铜饰（M85：6）

战国秦汉墓M85出土器物

1. 陶罐（M95：1）

2. 陶釜（M95：2）

3. 陶罐（M95：3）

4. 陶盆（M99：1）

5. 陶釜（M99：2）

6. 铜带钩（M99：3）

战国秦汉墓M95、M99出土器物

1. 陶釜（M102：2）

2. 铜带钩（M102：3）

3. 陶盆（M102：1）

4. 陶罐（M103：1）

5. 陶罐（M103：2）

6. 陶釜（M103：3）

战国秦汉墓M102、M103出土器物

1. 陶罐（M104：1）

2. 铜勺（M104：3）

3. 陶釜（M107：2）

4. 铜带钩（M104：4）

5. 陶罐（M107：1）

6. 铜带钩（M107：3）

战国秦汉墓M104、M107出土器物

1. 陶壶（M108：2）

2. 陶碗（M108：1）

3. 陶罐（M115：1）

4. 陶罐（M115：1）肩部文字

5. 陶釜（M116：1）

6. 陶碗（M116：2）

战国秦汉墓M108、M115、M116出土陶器

1. 陶罐（M110：1）

2. 陶釜（M110：2）

3. 陶盆（M110：3）

4. 陶瓿（M110：4）

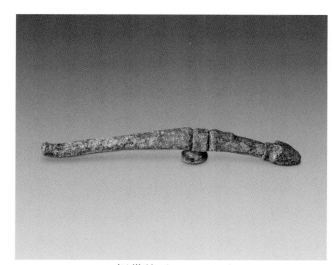

5. 铜带钩（M110：5）

6. 料塞（M110：6）

战国秦汉墓M110出土器物

1. 陶盆（M117：3）

2. 铜镞（M117：1）

3. 陶甑（M117：4）

4. 陶釜（M117：2）

5. 陶盆（M119：2）

6. 陶釜（M119：1）

战国秦汉墓M117、M119出土器物

1. 陶罐（M122：2）

2. 陶釜（M122：1）

3. 陶盆（M125：1）

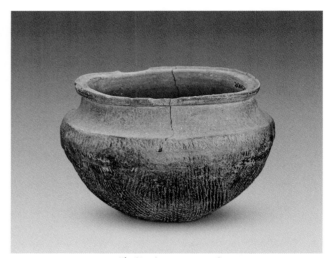

4. 陶釜（M125：2）

5. 陶釜（M123：1）

6. 铜带钩（M121：2）

战国秦汉墓M121、M122、M123、M125出土器物

1. 陶釜（M126：1）

2. 陶罐（M126：2）

3. 陶盆（M126：4）

4. 陶盒（M127：1）

5. 陶釜（M127：2）

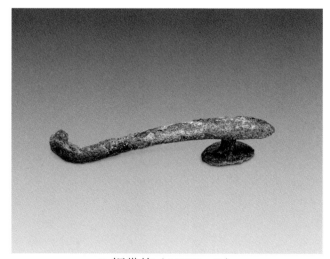

6. 铜带钩（M127：3）

战国秦汉墓M126、M127出土器物

1.陶壶（M128：1）

2.陶釜（M128：2）

3.陶盆（M128：3）

4.陶盆（M128：4）

5.陶盒（M133：2）

6.陶釜（M133：1）

战国秦汉墓M128、M133出土陶器

1.陶罐（M134：2）

2.陶釜（M134：3）

3.陶盒（M135：1）

4.陶釜（M137：2）

5.陶盆（M146：1）

6.陶釜（M146：2）

战国秦汉墓M134、M135、M137、M146出土陶器

1. 陶盆（M154：1）

2. 陶罐（M154：2）

3. 陶茧形壶（M155：2）

4. 陶釜（M155：1）

5. 陶壶（M139：1）

6. 陶釜（M160：1）

战国秦汉墓M139、M154、M155、M160出土陶器

1. 陶盆（M151：3）

2. 陶釜（M151：1）

3. 陶罐（M153：1）

4. 陶茧形壶（M153：2）

5. 陶盆（M153：3）

6. 陶釜（M153：5）

战国秦汉墓M151、M153出土陶器

1. 陶釜（M162：2）

2. 陶盆（M162：1）

3. 陶釜（M163：1）

4. 陶罐（M166：1）

5. 陶釜（M166：2）

6. 陶盆（M166：3）

战国秦汉墓M162、M163、M166出土陶器

1. 陶盆（M167：2）

2. 陶釜（M167：1）

3. 陶瓿（M172：1）

4. 陶釜灶（M172：2）

5. 陶盆（M172：3）

6. 铜带钩（M172：4）

战国秦汉墓M167、M172出土器物

1. 陶釜（M174：1）

2. 陶釜灶（M175：2）

3. 陶罐（M175：3）

4. 陶盆（M178：2）

5. 陶釜（M178：1）

6. 料珠（M178：3）

战国秦汉墓M174、M175、M178出土器物

1. 陶盒（M182：1）

2. 陶釜（M182：2）

3. 陶盆（M185：2）

4. 陶釜（M185：3）

5. 陶盒（M186：2）

6. 陶釜（M186：1）

战国秦汉墓M182、M185、M186出土陶器

1. 陶盆（M188：2）

2. 陶釜（M188：1）

3. 陶罐（M189：1）

4. 陶壶（M189：3）

5. 玉剑珌（M189：4）

6. 骨塞（M188：4）

7. 骨塞（M188：3）

战国秦汉墓M188、M189出土器物

1. 陶釜（M192：1）

2. 陶罐（M245：1）

3. 陶釜（M217：1）

4. 陶釜（M267：1）

5. 陶釜（M227：1）

6. 陶盆（M244：1）

战国秦汉墓M192、M217、M227、M244、M245、M267出土陶器

1. 陶茧形壶（M194：1）

2. 陶罐（M194：2）

3. 陶盆（M194：3）

4. 陶釜（M194：4）

5. 陶盆（M213：2）

6. 陶釜（M213：1）

战国秦汉墓M194、M213出土陶器

1. 陶盆（M239：2）

2. 陶釜（M239：1）

3. 陶罐（M256：1）

4. 陶釜（M256：2）

5. 陶盆（M256：3）

6. 陶盆（M256：4）

战国秦汉墓M239、M256出土陶器

1. 陶釜（M258：1）

2. 陶盆（M258：2）

3. 铜带钩（M258：3）

4. 陶盆（M261：1）

5. 陶茧形壶（M261：2）

6. 陶釜（M261：3）

战国秦汉墓M258、M261出土器物

1. 陶盆（M259：1）

2. 陶釜（M259：2）

3. 陶罐（M262：2）

4. 陶釜（M262：1）

5. 陶釜（M264：1）

6. 铜带钩（M264：2）

战国秦汉墓M259、M262、M264出土器物

1. M10全景

2. 陶瓶（M10：1）

3. 陶罐（M10：2）

北魏墓M10全景及出土陶器

1. 陶执壶（M2：2）

2. 陶瓶（M2：5）

3. 铁剑（M2：4）

4. 铁镰刀（M2：10）

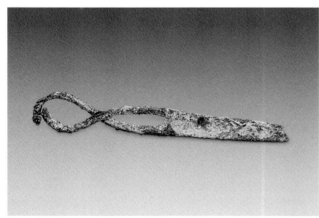

5. 铁剪刀（M2：11）

6. 骨梳（M2：8）

唐墓M2出土器物

1. 陶罐（M003：1）

2. 陶碗（M003：9）

3. 陶碗（M003：8）

4. 铜饰（M003：13）

5. 铜带具（M003：10）

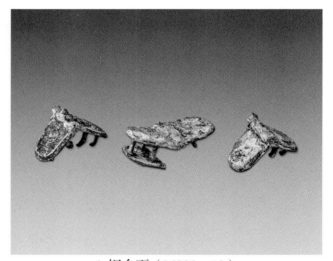

6. 铜合页（M003：12）

唐墓M003出土器物

1. 陶罐（M4：4）

2. 铜钱（M4：3）

3. 铜带铐（M4：2）

4. 铜扣眼（M4：1）

5. 陶瓶（M7：6）

6. 陶瓶（M7：7）

唐墓M4、M7出土器物

1. 陶罐（M9：1）

2. 铜钱（M9：3）

3. 陶瓶（M9：6）

4. 陶罐（M0018：1）

5. 陶瓶（M0018：2）

6. 陶瓶（M0018：4）

唐墓M9、M0018出土器物

1. 陶瓶（M0012：3）

2. 陶瓶（M0012：14）

3. 陶砚台（M0012：5）

4. 蚌壳（M0012：6）

5. 铜手镯（M0012：7）

6. 铜手镯（M0012：15）

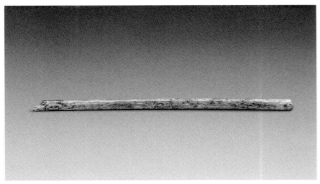

7. 骨器（M0012：10）

8. 铁镰刀（M0012：12）

唐墓M0012出土器物

1. 陶瓶（M26：2）　　2. 陶瓶（M26：3）　　3. 陶瓶（M30：1）

4. 陶瓶（M30：3）　　5. 陶瓶（M97：3）　　6. 铜簪（M41：2）

7. 铁刀（M41：4）　　8. 铁刀（M26：4）

唐墓M26、M30、M41、M97出土器物

1. 陶瓮（M112：1）

2. 陶罐（M152：2）

3. 陶瓶（M170：8）

4. 陶瓶（M170：9）

5. 铁灯台（M93：1）

6. 蚌壳（M30：2）

唐墓M30、M93、M112、M152、M170出土器物

1. 陶瓶（M187：4）　　2. 陶瓶（M187：12）　　3. 陶瓶（M187：14）

4. 陶罐（M190：1）　　5. 陶罐（M190：2）　　6. 陶罐（M190：4）

7. 陶砚台（M187：6）

8. 铜钱（M187：15-2）

唐墓M187、M190出土器物

1. 陶罐（M191：4）

2. 陶罐（M191：7）

3. 陶罐（M191：9）

4. 陶罐（M214：1）

5. 陶执壶（M234：2）

6. 陶执壶（M234：3）

唐墓M191、M214、M234出土陶器

1. 陶盏（M263：3）

2. 铜钱（M254：4）

3. 铜钉（M254：3）

4. 铁剪刀（M254：1）

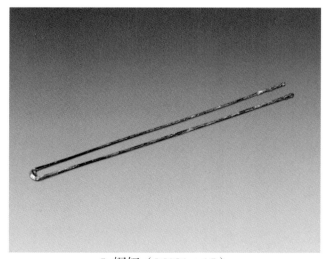

5. 铜钗（M191：15）

6. 铁刀（M216：7）

唐墓M191、M216、M254、M263出土器物

1. M216 : 3

2. M216 : 4

3. M263 : 2

4. M193 : 1

5. M193 : 2

6. M242 : 2

7. M242 : 3

8. M254 : 2

9. M254 : 5

唐墓M193、M216、M242、M254、M263出土陶瓶

1. 瓷碗（M60：1）

2. 陶罐（M131：1）

3. 铜钱（M131：5）

4. 铜铃（M131：7）

5. 陶罐（M156：1）

6. 瓷罐（M156：3）

宋墓M60、M131、M156出土器物

1. 锡灯台（M0023：3）

2. 锡灯台（M0023：4）

3. 锡灯台（M0023：5）

4. 锡瓶（M0023：6）

5. 锡壶（M0023：8）

6. 锡盘（M0023：10）

明墓M0023出土锡器